ECONOMIC LAW

厦门大学法学院经济法学系列

丛书主编　朱崇实

银行法学

Banking Law

刘志云　主编

厦门大学出版社
XIAMEN UNIVERSITY PRESS
国家一级出版社
全国百佳图书出版单位

丛书编委简介

朱崇实　经济学博士，厦门大学法学院教授、博士生导师，中国经济法学研究会副会长，厦门大学校长，厦门大学经济法学研究中心主任

卢炯星　法学学士，厦门大学法学院教授、硕士生导师，中国经济法学研究会常务理事，厦门大学经济法学研究中心副主任

林秀芹　法学博士，厦门大学法学院教授、博士生导师，中国经济法学研究会理事，厦门大学法学院副院长

肖　伟　法学博士，厦门大学法学院教授、硕士生导师

郭懿美　法学博士，厦门大学法学院教授、硕士生导师

蒋　月　法学硕士，厦门大学法学院教授、博士生导师

朱炎生　法学博士，厦门大学法学院教授、硕士生导师

王志勇　法学学士，厦门大学法学院副教授

郭俊秀　法学博士，原厦门大学法学院教授、硕士生导师，厦门大学法学院党委副书记，厦门大学经济法学研究中心副主任

朱晓勤　法学博士，厦门大学法学院教授、硕士生导师

刘志云　法学博士，厦门大学法学院教授、博士生导师

李　刚　法学博士，厦门大学法学院副教授、硕士生导师，厦门大学法学院经济法教研室主任，厦门大学法学博士后流动站研究人员

游　钰　法学博士，厦门大学法学院副教授、硕士生导师

作者简介与分工

刘志云:法学博士,厦门大学法学院教授、博士生导师、金融法研究中心主任,撰写第一章、第二章。

蔡军龙:法律硕士,中国银监会福建监管局政策法规处副处长,撰写第三章。

谢达梅:法学博士,华侨大学法学院讲师,撰写第四章。

何剑锋:法律硕士,西藏民族学院法学院讲师,撰写第五章。

方芳:法学硕士,中共新疆维吾尔自治区委员会党校法学教研部讲师,撰写第六章。

杨春娇:法学硕士,集美大学工商管理学院讲师,撰写第七章。

章　辉:法学博士,大庆师范学院法学院副教授,撰写第八章。

经济法学系列丛书序言

中国的经济法产生和发展是随着经济体制改革的不断深入而产生和发展的。1979年以来,我国理论上最重要收获:一是关于社会主义初级阶段的理论。回答了我国社会现在所处的历史阶段问题,为经济体制改革提供了理论基础;二是关于社会主义市场经济理论。为经济体制改革确定了正确的方向。随着我国经济体制改革的不断深入,我国颁布了大量的经济法律、法规,我国法学界对这些法律、法规的研究,产生了经济法学。改革开放20多年来所取得的最大成就之一就是社会主义市场经济体制及与之相应的法律制度的建立和发展。其中经济法作为一个新兴法律部门的出现,是这一成就的重要体现。

经济法的产生和发展是一个动态的过程。正如恩格斯所指出的:"'法发展'的进程大部分只在于首先设法消除那些由于将经济关系直接翻译为法律原则而产生的矛盾,建立和谐的法体系,然后是经济进一步发展的影响和强制力又经常摧毁这个体系,并使他陷入新的矛盾"。也就是说法律体系建立以后,并不是一成不变的,新的法律关系的出现,必须建立新的法律部门。经济法作为一个新的法律部门,随着市场经济的发展而不断发展和完善。

在经济全球化的大背景下,我国于2001年12月11日加入世界贸易组织(WTO),我国享有WTO成员国的权利,同时应承担WTO成员国的义务。目前我国经济法的某些规范和国际通行的规范有一定的差距,特别是税法、金融法和竞争法等法律规范,须进一步修改和完善。因此,必须加强经济法的研究,加强国家的宏观调控,保障国家的经济安全,确保国民经济长期稳定协调发展。为了适应加入WTO后经济法理论、立法和司法的需要,为了加强经济法学科建设需要,我们编写了经济法系列丛书,该丛书首批7本,包括:经济法、宏观经济法、市场竞争法、财政税收法、银行法、社会保障法、环境与资源法。

《经济法》:主要包括导论。阐述经济法的基本原理、经济法的产生与发展、经济法的调整对象、经济法的基本原则;我国主要的经济法律制度。包括企业法律制度、国有资产管理法律制度、反垄断与反不正当竞争法律制度、消费者权益保护法律制度、产品质量法律制度、环境与资源保护法律制度、会计和审计法律制度、工业产权法律制度、价格法律制度、财政与税收法律制度、银行法律制度、证券法律制度、保险法律制度、房地产法律制度、农业经济法律制度、科技进步法律制度、社会保障法律制度、对外贸易法律制度、投资法律制度和经济法的适用。

《宏观经济法》:宏观经济法一书以马列主义的基本观点为指导,结合我国社会主义市场经济的实际情况,从国家对国民经济进行宏观调控的法律调节入手,创建宏观经济法的法律体系。主要内容:宏观经济法总论。包括宏观经济与宏观经济法、宏观经济法的渊源、原则、法律关系、法的体系;宏观经济法分论。包括国民经济和社会发展计划法、统计法、财政法、税收法、金融法、投资法、产业政策法、价格法、国际收支平衡法、审计法、经济审判法。

《市场竞争法》:市场竞争法包括反不正当竞争法和反垄断法。主要内容:有关竞争的基本理论、反不正当竞争法及其特征、反不正当竞争法的原则、主要市场经济国家的反不正当竞争立法、我国反不正当竞争法律制度;反垄断法主要内容:垄断的基本理论、垄断的概念特征及危害性、反垄断法及法律特征、主要市场经济国家的反垄断立法、我国的反垄断立法;我国反垄断法律制度:经济性垄断的构成要件及表现形式、行政性垄断的构成条件及表现形式、反垄断的适用除外和域外效力、违反反垄断的法律责任。

《银行法》:银行法在我国经济法中占有重要地位,是宏观经济法的重要内容之一,因此单独成书进行研究。本书主要研究我国现行中央银行法律制度、政策性银行法律制度和商业银行法律制度。同时对商业银行储蓄保险制度、金融市场监管制度以及用法律手段防范金融危机保证金融安全等问题进行探讨。

《财政税收法》:根据我国财政税收体制改革的实际情况,创立我国财政税收法的体系。主要内容:财政税收法的基本原理、财政税收法在国民经济中的地位和作用、我国的财政管理体制、预算法、国债法、转移支付法、政府采购法和财政监督法;税收法的基本原理、我国的税制改革、我国税收法律制度:包括流转税法、所得税法、财产税法、行为税法、其他实体税法、税收征管法律制度。

《社会保障法》:保障国民的基本生活是现代国家的责任。我国实行社会主义市场经济后,如何建立有效的社会保障体系是关系到国家和社会安定的大事。本书在考证社会保障法由来和发展的基础上,提出了社会保障体系应包括社会保险法、社会救助法和社会福利法三大内容,阐述了该法律体系应坚持的基本原则。

《环境与资源法》:21世纪是环境保护的世纪,环境与资源是实施可持续发展战略的重要保障。本书阐述环境与资源法的基本法律制度、环境污染防治法、自然资源和生态保护法。为了适应我国加入 WTO 的需要，着重论述国际环境与资源法。包括国际大气环境保护法、海洋环境控制法、国际生物环境保护法、外层空间环境保护法、国际废物管理法以及国际贸易环境保护法等法律制度。

作为一所国家的重点综合性大学，厦门大学始终关注着国家经济建设和社会发展的需要，这种关注也体现在经济法学学科的建设和发展上。在 1980 年厦门大学法律系复办伊始，就面向全校开设了经济法课程；1987 年，厦门大学法律系经济法教研室集体编写了《经济法教程》一书，该书出版后深受读者好评，于 1990 年再版；1994 年经国家教委批准，厦门大学法律系设立了经济法专业，开始培养经济法本科人才；1996 年，经国务院学位委员会批准，厦门大学法律系设立经济法硕士点，成为我国经济法高级专门人才的培养基地之一。

经济法系列丛书是厦门大学经济法学科建设所做的工作之一，当然，作者希望该丛书的出版亦能为我国经济法学的建设与发展添一块砖。如前所述，经济法是一个新兴的法律部门，对经济法的研究——无论是理论还是实务，无论是法律、法规还是具体案例——仍还处在一个摸索的阶段，还有许多问题特别是一些重要的理论问题的研究仅仅是开始。因此，本系列丛书除了客观地介绍我国经济法的主要内容外，也参与对经济法若干理论问题的探讨。我们非常希望我们的观点能得到读者的认可，同时也非常欢迎读者的批评和解误。本丛书由厦门大学法学院朱崇实教授任主编，卢炯星教授、林秀芹副教授任副主编，由法律系经济法教研室全体教师和法律系部分博士研究生、硕士研究生撰写。

最后，我们衷心地感谢所有关心、支持该套丛书写作和出版的同志和朋友。

经济法学系列丛书编委会

2000 年 9 月

目录

第1章

总论

生产力的进步推动商品经济的产生与发展,而货币是商品经济的伴生物。随着商品经济的发展,借贷业务与借贷中介机构也就随即出现,金融便进入社会经济发展史的舞台。伴随着生产力的发展与社会经济制度的进步,金融经历了由简单到复杂,由低级到高级的演变。时至今日,以银行为核心的金融市场已经成为现代经济运转中最核心的领域。与之相对应,包括银行法在内的金融立法也已成为各国经济立法的重中之重。新中国成立以来,我国的金融业与金融法的发展都走了许多弯路。不过,自改革开放以来,我国金融市场迅速完成了从简单到复杂,由低级到高级的蜕变,同时包括银行法在内的金融法也获得了重大发展与进步。就银行法来说,自1995年我国银行法体系初步建立之后,其已得到不断的完善。本章作为银行法研究的基础部分,将对银行法的一般理论以及新中国成立以来的金融体制变迁进行详细介绍与分析。由于银行法作为金融法的核心部分,银行业与银行法的发展跟整个金融业与金融法的发展息息相关,因此,本章的很多论述是放到整个金融业与金融法的大背景下进行的。

第一节　银行法的概念、体系及调整对象

一、货币、金融以及银行机构

在了解银行法的概念之前,我们必须先探究货币、金融以及银行机构的情况。货币是一般等价物,是金融活动的基础,没有货币,就谈不上金融运行。因此,我们可以看到在货币、资金融通以及银行法之间有着一条清晰的逻辑发展线路,即金融活动是金融法产生的基础与前提;货币是金融活动的最初形式;有了交易活动才有创制货币的需要,有了货币才可能有金融活动;发行货币的需要以及相关金融活动,为银行法乃至整个金融法的产生提供了现实

土壤。

（一）货币的产生与历史

银行法后于国家而产生，与之相比，货币的历史显得更为悠远。在原始社会晚期，随着生产力的提高，人们逐渐有了一些剩余产品，使得部落之间商品交换成为可能。在这种互通有无的商品交换中，最先并没有货币的概念。后来，人们逐渐认识到需要用一种固定的、大家都能认可的商品来表现其他商品的价值。这种商品就是一般等价物，也就是最早的货币。在历史上，许多商品都做过一般等价物，包括粮食、动物、布匹，甚至贝壳等。汉字中跟钱有关的文字基本都以"贝"做偏旁或构成部分，这跟贝壳曾经在某些地区作为一般等价物的背景有关系。随着商品交换的进一步发展，黄金、白银等贵金属，因为本身的稀缺性，加之具有锻造、分割、携带、保存等方面的便利，在很长时期内扮演了货币的角色，即金属货币。

英国为了维持全球自由贸易秩序，于1816年率先实行金本位制。自此以降，直至1914年第一次世界大战之前，主要资本主义国家都先后实行了金本位制，即将货币的币值与贵金属的价值挂钩。1914年第一次世界大战爆发后，各国为了筹集庞大的军费，纷纷发行不可兑现的纸币，禁止黄金自由输出，金本位制随之终结。第一次世界大战以后，尤其是在1924年到1928年，各国企图恢复金本位制。但由于金铸币流通的基础已经遭到削弱，尤其是在1929—1933年的世界性经济大危机的冲击下，金本位制的恢复变得更加不可能。于是，各国纷纷实行了"不可兑现信用货币制度"。第二次世界大战后，国际社会建立了以美元为中心的国际货币体系，这实际上是一种非典型的金本位制——金汇兑本位制。之所以称为"非典型"，是因为美国国内不流通金币，但允许其他国家政府以美元向其兑换黄金，美元是其他国家的主要储备资产，"美金"的称谓便由此而来。但其后受美元危机的影响，该制度逐渐动摇，至1971年8月美国政府停止美元兑换黄金，并先后两次将美元贬值，这个非典型的金汇兑本位制也走向崩溃，世界自此彻底进入"不可兑现信用货币制度"的时代。

货币制度从"可兑现信用货币制度"即金本位制到"不可兑现信用货币制度"的转变原因包括如下几点：一是随着各国经济的发展以及经济规模的扩张，尤其是二战后各国以及世界经济的迅猛发展，货币的需求量大增，无论是国家还是得到授权的银行，都不可能有足够的贵金属满足这种货币兑换的需要；二是国家与被授权银行在发行可兑现的信用货币时逐渐发现，即使没有足够的贵金属维持，人们也相信并使用该货币，即"不可兑现的信用货币"能够发挥“可兑现的信用货币”的自由流通作用。当然,“不可兑现的信用货币”能够流通是建立在国家信用的发展以及银行信用完善的基础上的,国家不能滥用这种“信用”,一旦滥用致使货币超发就会引起通货膨胀,从而使人们对货币的“信用”失去信心,转而储存其他抗通胀物品。

值得一提的是,计算机的发明与普及和互联网的普遍使用,给人类打开了一个崭新的网络世界,电子货币也有了产生的可能。它的出现与普及,成为经济全球化的重要表现与驱动力。加之其在便捷、安全、卫生等方面的各种优势,将使得电子货币在日常生活中发挥越来越重要的作用,成为货币发展的新方向。

(二)金融的内涵

作为最基本的金融工具——货币,履行着价值尺度、流通手段、储存手段、支付手段等功能。当货币在履行这些功能时,金融便由此而生。

一般来讲,金融的概念有广义与狭义之分。广义的金融就是指资金的流通,即资金在供给者和需求者之间流转。按照这个定义,一切涉及资金流通的活动都可称之为金融。狭义的金融是指货币资金的融通,是与银行有关的各种形式的信用活动以及在信用基础上组织起来的货币流通。依照筹资者与投资者的关系,狭义的金融即资金的融通又可以分为直接融资和间接融资。[①]直接融资是指资金的最终需求者通过金融市场直接从资金的最终供给者那里取得所需资金。比如,企业通过金融市场发行股票或债券筹资。这种金融活动强调的是资金供给者与需求者之间关系的直接性,中间没有诸如银行等中介机构作为资金链条上的中转站。当然,在这种证券或债券的发行中有着像银行、证券公司、会计师事务所、评估公司等中介机构的参与,但它们并不是发挥中转作用,而仅仅是通过提供某种专业服务来收取服务费用。间接融资是指资金的最终需求者和最终供给者之间存在金融中介的资金融通。例如,储户将资金存入银行,银行再以贷款的方式将资金贷给企业或个人。在这里,我们可以看到,其与直接融资质的区别是资金链中间有中介者,储户将资金存入银行。在这种关系中,储户成为银行的债权人,银行是债务人;同时,这笔资金成为银行的资产,当银行将其贷给企业或个人时,银行成为债权人,借款者成为债务人。

(三)银行机构

银行业是金融业中最重要、最核心的部分。随着商品经济的发展,兑换商

---

① 漆多俊主编:《经济法学》,复旦大学出版社 2010 年版,第 312 页。

的业务增加了货币保管和收付业务。这样,货币兑换业就演变成货币经营业。当兑换商的业务进一步发展,开始兼营货币保管、收付、结算、放贷等业务时,货币经营业正式转变成现代意义上的银行业。

在货币流转与资金的融通过程中,一个从事存款、放款、汇兑、储蓄等业务,承担信用中介任务的金融中介信用组织——商业银行产生了。"商业银行"是英文"commercial bank"的意译,是历史遗留下来的习惯称谓。因为这类银行最初所吸收的主要是活期存款,这种资金只适用于发放短期具有"商业"性质的自偿性贷款,故称为"商业银行"。这里的"商业",既指该类银行的业务范围,又表明其自身的性质。所谓商业银行,是指通过存款、放款、汇兑、储蓄等业务,承担信用中介任务的信用机构。一般认为,最早的商业银行是意大利 1407 年在威尼斯成立的银行。其后,荷兰在阿姆斯特丹、德国在汉堡、英国在伦敦也相继设立了商业银行。1694 年,在政府的支持下,英国成立了世界上第一家股份制银行——英格兰银行。西方国家习惯上将商业银行界定为经营一年期以下短期信用的银行,因为这种短期信用是除商业银行以外的其他金融机构所不能从事的业务。18 世纪末至 19 世纪初,商业银行得到了普遍发展。

随着经济发展与国家功能的演变,银行机构也从单一的商业银行,发展成包括商业银行、中央银行、政策性银行、信用社等功能不一的多种组织形态。1844 年,英国公布了世界上最早的银行法——《英格兰银行法》,赋予了英格兰银行货币垄断发行权,正式的中央银行制度由此产生。在 20 世纪以后,随着国家干预经济成为经济发展的主流模式,由政府创立、参股或保证的,不以营利为目的的政策性银行纷纷出现,并成为专门为贯彻、配合政府的社会、经济政策或意图,在特定的业务领域内,直接或间接地从事政策性融资活动,充当政府发展经济、促进社会进步、进行宏观经济管理工具的金融机构。

二、银行法的概念、体系与属性

为了促进金融关系的正常开展,保证金融业的顺利发展,并充分发挥金融活动对国民经济发展的促进作用,国家制定了一系列调整金融关系的法律规范。这种凭借国家意志对金融关系进行规制的法律规范就是金融法。简言之,金融法就是调整货币流通和信用活动中所发生金融关系的法律规范的总称。金融活动是通过银行等各类金融机构及客户来进行的,这些主体在从事金融活动的过程中,必然形成各种各样的金融关系。其中,专门调整银行参与的金融关系的法律规范即为银行法。银行法是金融法的最核心部分,狭义的金融法指的就是银行法。广义的金融法不仅包括银行法,还包括证券法、保险法、担保法、融资租赁法等。

所谓银行法体系,是指调整不同方面的银行法律规范,按照不同属性分类以及高低位阶分层,组合成一个呈体系化且有机联系的统一整体。组成银行法体系的法律规范,不仅包括银行法律,也包括根据银行法律的授权而制定的具体操作规范。前者是指国家立法机关依照法定权限和程序制定或认可,并以国家强制力保障实施的,调整与银行有关的金融关系的规范性文件,在我国专指由全国人民代表大会及其常委会颁布的银行法律,如《中国人民银行法》、《商业银行法》等。这是银行业执法与司法的基本依据。后者是指有关机构以授权立法方式制定的具体的操作性规范,如行政法规、部门规章、司法解释、地方法规等。

由于银行法调整的与银行有关的金融关系复杂多样,性质迥异,可以根据不同的标准对银行法体系的内容进行分类。例如,按照规范的对象,可以将银行法体系划分为中央银行法、商业银行法、政策性银行法、货币法、外汇管理法等。再如,按照法律规范的内容,可以将银行法体系划分为银行主体(组织)法、金融调控法、银行监管法、银行业务法等,或者划分成银行主体法、银行客体法和银行业务管理法等。根据法理学有关同一法律部门必须符合调整对象即社会关系单一性理论,我们认为,银行法并不是独立的法律分支,而是一个由民商法规范、经济法规范,甚至还有一些行政法规范、刑法规范等构成的复杂组合。比如,在银行交易关系中,各主体之间法律地位平等,所享有的权利和应履行的义务也是对等的,主体之间的银行交易活动必须遵循平等、自愿、等价有偿等民商法的基本原则。因此,调整与银行有关的金融交易关系(以下简称“银行交易关系”)的银行交易法应属民商法范畴。而无论是与银行有关的金融监管关系(以下简称“银行监管关系”),还是金融调控关系,都与银行交易关系的性质存有明显差异。两者皆是国家动用公权力对银行业、银行业中的金融主体、银行业务等进行规制或干预而产生的,目的在于解决个体营利性与社会公益性之间的矛盾,兼顾效率与公平,促进银行业乃至整个金融业良性循环和协调发展。所以,调整这两种关系的银行监管法和金融调控法都明显属于经济法范畴。根据它们的属性,前者具备市场规制法的属性,而后者属于宏观调控法的范畴。

三、银行法的调整对象——与银行有关的金融关系

银行法是调整以银行为中心的金融关系的法律规范的总称,以银行为中

心的金融关系即属于银行法的调整对象。金融关系多种多样，与银行有关的金融关系是其核心部分。与银行有关的金融关系是在金融调控、银行监管以及银行业务经营中产生的各种经济关系，具体包括：(1)银行交易关系，即银行与客户之间在诸如存款、贷款、同业拆借、票据贴现、银行结算、外汇买卖等银行经营活动中产生的各种金融关系；(2)银行监管关系，包括银行监管机构对银行业金融机构的准入与退出，对银行业、银行业市场主体的行为及其之间的交易活动实施监管而发生的关系；(3)金融调控关系，即为稳定金融市场，实现货币政策目标，中央银行对相关金融变量实行调节和控制而产生的社会关系，其实质是货币政策的制定和实施所产生的各种关系。

与银行有关的金融关系属于社会关系的一种，而不同的社会关系会涉及社会的不同领域，包括经济、政治、文化、宗教、家庭、民族等各个方面。事实上，即使在某一领域，社会关系的范围也是极其广泛的，就经济领域而言，一样存在着多种不同性质的社会关系。按照不同的划分标准，经济领域的社会关系可以有多种分类法，但比较合理的划分应是"民间社会经济关系"和"国家经济管理关系"两种。[①] 所谓民间社会经济关系，是指民间社会的自然人和法人在从事经济活动时，相互之间所发生的经济关系，亦称"平等主体间经济关系"；而国家经济管理关系，是国家在对社会经济进行干预、管理或组织过程中，以国家(或其代表者)为一方主体，同社会经济领域的有关主体所发生的权利义务关系。[②] 金融调控法、银行监管法之所以能与银行交易法相区别，根本原因就在于前两者属国家经济管理关系，而后者为民间社会经济关系。

在国家干预经济过程中一般会产生两种内涵迥异的经济关系，即宏观调控关系和市场规制关系。显然，金融调控关系是金融主管机关在运用各种金融杠杆调节货币供给总量和结构，在全社会配置货币资金，进而影响非货币形态的经济资源之配置和市场主体的经济行为所形成的关系，显然属宏观调控关系性质；而银行监管关系是金融主管机关针对银行机构的市场准入与退出，以及在对银行业务进行监督与管理过程中所产生的各类监管关系，显然属于市场规制关系性质。具体而言，金融调控关系不仅具备国家经济管理关系的一般特征，还蕴含着宏观经济调控关系的特殊内质，即"其一是它的宏观性和总体性。它的着眼点和目的是社会经济的宏观结构和总体运行，所实行的措施影响到社会经济的全局，而不仅仅触及某些局部和个体。国家需要在充分

---

① 漆多俊著:《经济法基础理论》,法律出版社 2008 年第 4 版,第 89 页。

② 漆多俊著:《经济法基础理论》,法律出版社 2008 年第 4 版,第 89～90 页。

把握社会经济总体结构和运行状况的基础上，根据需要和可能，遵循客观经济规律，确定国家调节的目标，通过实施某些重大和广泛适用的措施，使社会经济和运行发生某种变化，产生宏观和总体性的效应。……其二是宏观调控措施的促导性。……它所采用的方式重在对社会经济活动予以引导和促进。……当前，各国的国家计划是或基本上是指导性的，经济政策都重在对经济活动主体的引导和促进，各种经济杠杆和政策工具的运用，其导向性和间接性也十分明显"[①]。

同样，银行监管关系既属于市场规制关系的性质，就必然具有异于金融调控关系的某种特征。市场规制关系是国家在规制市场主体准入、运行、变更、退出以及市场秩序的活动中产生的各种社会关系，可分市场主体规制关系和市场秩序规制关系。前者是国家通过规范市场主体的组织和与组织有关的行为而渗透进国家干预意图，以使市场主体意志符合国家和社会的整体要求，其特点是尊重市场主体意思自治，但反对绝对意思自治。[②]后者是国家在特定的市场环境中贯彻某种特定经济政策，对原有各种交易关系与竞争关系进行特殊安排，使国民经济和谐、平衡发展，以求获取实质公平和实现社会效率。其不具备平等特征，却"起到限制的作用"[③]。同样，银行监管关系也包含着银行监管当局对银行业中市场主体的规制关系以及银行业的市场秩序规制关系等。

至此，我们可以看到，按照调整对象的不同属性，银行法可以细分为银行交易法、银行监管法与金融调控法。其中，银行交易法属于民商法范畴，金融调控法与银行监管法属于经济法范畴。经过金融调控法与银行监管法调整的金融关系为金融调控法律关系与银行监管法律关系。银行监管法律关系与金融调控法律关系相比，无论是主体，还是客体，抑或是内容方面，都存在重大差异。

四、与银行有关的金融法律行为

法理学认为：法律关系并不是一成不变的，而是处于一个持续地生成、变更和消灭的运动过程中。导致这种变化的根本动力是法律事实，而在法律事实中法律行为占据了主要地位，这在银行交易法律关系、银行监管法律关系以

① 漆多俊主编：《经济法学》，武汉大学出版社2004年版，第364页。

② 李昌麒主编：《经济法学》，法律出版社2008年第2版，第225页。

③ ［日］金泽良雄著：《经济法概论》，满达人译，中国法制出版社1999年版，第45页。

及金融调控法律关系的变化中表现得尤为明显。即与银行有关的金融法律行为,包括与银行有关的金融交易行为(以下简称"银行交易行为")、银行监管行为以及金融调控行为,是促使银行法律关系变化的最主要力量。考虑到银行交易行为与金融调控行为、银行监管行为区别明显,学界对此论题的争论点也主要集中于后二者的区分上,因而在这里我们应着重比较这两者的差别。无疑,探究金融调控行为与银行监管行为(以下简称"金融调控"与"银行监管")的异同也是分析金融调控法与银行监管法之间关系极为重要的一面。

目前,金融调控与银行监管同为许多国家中央银行的两大基本职能,即使是在2003年银监会成立以后,我国中国人民银行主要负责货币政策的同时也依然兼顾部分银行监管职能。这种实践基础也表明金融调控与银行监管之间存在超常紧密的联系。这表现在:①一方面,银行监管是金融调控的前提条件和基本保障。理由有二:其一,强有力的银行监管能确保金融统计数据和其他金融信息的真实、准确和及时,这是制定正确的货币政策的前提;其二,强有力的银行监管能确保银行业金融机构的稳健运行和银行体系的稳定,这是建立货币政策有效传导机制的关键,是有效实施货币政策的基础。另一方面,金融调控的一些手段或工具如存款准备金、公开市场业务在一定程度上可为银行监管当局所利用,而货币政策目标的实现,即保持货币币值的稳定与促进经济增长等有利于金融监管工作的顺利开展。不过,金融调控与银行监管之间的紧密联系并不意味着可以将两者混同,两者的具体内涵、经济学基础、实施主体以及实施手段等皆有迥异之别。

(一)金融调控与银行监管的不同内涵

金融调控实质上是货币政策的制定和实施,包括了金融调控机构为实现特定目标调节和控制货币供应量及处理货币事务的路线、方针、规范和措施等,它是一种宏观性、长期性、调节社会总需求的间接性经济措施。② 所谓货币政策,是指货币政策当局(一般是指各国中央银行)根据确定的经济发展目标,运用货币政策工具对货币供应量和信贷总量、结构的调节和控制,以保证整个经济从宏观上实现总供给与总需求的平衡。当然,货币政策本身并不是严格意义上的法律,但制定和实施必须在法律框架下运行,这个法律框架就是金融调控法。而各国金融调控法律所规定货币政策的工具,通常既包括存款

① 张忠军著:《金融监管论——以银行法为中心的研究》,法律出版社1998年版,第4页。

② 陈晓著:《中央银行法律制度研究》,法律出版社1997年版,第319页。

准备金政策、再贴现政策、公开市场操作等一般性货币政策工具，也包括直接信用管理、间接信用管理、消费信用管理、证券市场信用管理等特殊货币政策工具。对于货币政策目标，在不同国家，乃至不同阶段，相关立法都会有不同表述，在理论界也一直有"单重目标说"、"双重目标说"，乃至"多重目标说"的分野，争论范围涉及"维持币值稳定"、"促进充分就业"、"促进经济增长"以及"保证国际收支平衡"等。而"维持币值稳定"是各国货币政策的一个共同的、最核心的目标。

银行监管即对银行业的监督与管理。前者是指国家银行监管机构或其他监管主体通过对银行机构以及业务经营进行全面的、经常性检查以促使其依法稳健经营，安全、可靠和健康地发展。而后者则是指国家银行监管机构根据相关法律法规，授权有关部门制定和颁布有关银行的组织机构和业务活动的特殊规定和条例，这些规定和条例的目的在于使银行的组织机构与业务活动步入正轨，建立一个安全和完备的银行体系。[①] 总的说来，监管着眼于维护银行体系的安全与稳定，限制银行业的过度竞争和不正当竞争，保护存款人、投资者和社会公众的合法利益，从而促进银行业公平、有效竞争，以达到维护银行业的合法、稳健、高效运行之目的。例如，我国《中华人民共和国银行业监督管理法》第3条规定："银行业监督管理的目标是促进银行业的合法、稳健运行，维护公众对银行业的信心。银行业监督管理应当保护银行业公平竞争，提高银行业竞争能力。"从实施手段看，银行监管一般是通过对银行机构的审批、检查、稽核；对银行机构和银行业的统计管理；对银行机构的财务会计管理；对银行市场主体的强制处罚等形式来实现。其中对银行机构的业务经营中的资本充足性、流动性与贷款集中度的监管尤为重要。

比较而言，金融调控着眼于金融总量，银行监管着眼于银行机构运行。前者属于国家宏观管理措施之一，作用于宏观经济领域；而后者属于外部市场管理行为，实施或发生在微观经济领域。

(二)金融调控与银行监管的经济学基础

依据萨缪尔森的观点，以宏观经济学的视角切入，货币供给的变动是重要的，其对产出、就业和价格具有至关重要的影响。[②] 但当年立足于自由资本主

① 张忠军著:《金融监管论——以银行法为中心的研究》，法律出版社1998年版，第2页。

② [美]萨缪尔森、诺德豪斯著:《经济学》，萧琛等译，人民邮电出版社2008年版，第311页。

义经济上的古典自由经济学理论却不这样认为，其主流的观点（如“萨伊定律”，“看不见的手理论”）皆认为有货币支付能力的需求将自发地与社会有效供给相平衡。例如，萨伊定律认为：供给会创造它自己的需求，任何供给都总是首先用自己的商品去购买货币，然后再用货币去购买别人的商品。这样有支付能力的需求与供给总相等，只会在局部上由于生产结构的失衡导致货币供需均衡紊乱。但这种局部失衡并不要紧，因为“看不见的手”会通过价格的作用自动地对其加以调节，使之恢复平衡。[①] 事实上，这种理论成立的前提必须立足于完全竞争市场，而完全竞争市场只是经济学家的假设。如果说在资本主义自由竞争时代的市场与完全竞争市场尚有点接近，而随着工业革命带来的生产力飞速发展并导致垄断横行，资本主义市场进入垄断阶段，市场缺陷暴露无遗。这时，凯恩斯的“国家干预理论”堂皇登场。该理论与“萨伊定律”的看法相反，认为由于“边际消费倾向递减规律”、“边际利润率递减规律”和“货币灵活偏好”的作用，有货币支付能力的需求总是小于有效供给，市场经济不可能自动达到均衡，需要国家通过调节货币供给量来实现有货币支付能力的需求和有效供给之间的平衡。自此，金融调控获取合法外衣登上经济舞台，并逐渐成为与财政措施并驾齐驱的宏观经济调控手段之一。即使在20世纪70年代西方主要发达国家陷入“滞涨”而宣布凯恩斯主义政策破产，新古典自由主义登上了历史的舞台，开启了新一轮的管制与放松的论辩之后，金融调控作为主要的宏观经济调控手段的地位也没有动摇。

与金融调控不同的是，即使在自由主义经济理论盛行的年代，银行监管也受到经济学家的青睐。虽然亚当·斯密对政府干预深恶痛绝，但他对于为禁止低面额银行券的发行和确保所有银行券能到期偿付而对银行实行管制的做法却赞赏有加。实际上，即使在自由经济时代，美国各州也需要银行遵循资本充足的要求，并对州银行的运行情况进行定期或不定期的检查。[②] 从历史看，“社会利益论”、“特殊利益论”、“多元利益论”、“社会选择论”等经济理论，在不同时期或不同侧面对银行监管的发展都产生了很大的影响。例如，“社会利益论”认为，纯粹的市场经济并不存在，完全自由竞争的市场机制并不能带来资源的最优配置，却易造成资源的浪费和社会福利的损失，而管制可纠正或消除

① 李力著：《宏观调控法律制度研究》，南京师范大学出版社2001年版，第4～10页。

② 张忠军著：《金融监管论——以银行法为中心的研究》，法律出版社1998年版，第59页。

市场缺陷,虽惠及整个社会,成本却仅由社会的极小部分的成员来承担。[①] 该理论立足于20世纪30年代资本主义经济大危机爆发,迫切需要政府通过银行监管来改善银行业,并恢复公众对存款机构和货币的信心的历史背景,对官方机构的银行监管职能的确立和加强起到了关键性作用。

实际上,银行监管会比金融调控较早获取理论与实践的支持,其根源在于,银行业除存在着诸如外部效应、垄断和信息偏在等一般性市场缺陷外,还存在一些特殊层面上的理由。具体包括:第一,银行业本身存在高风险和内在的不确定性,客观上需要银行监管,以保证存款人、投资者和其他社会公众的利益;第二,银行业有发生支付危机连锁效应的潜在可能性,容易导致系统性的危机,需要进行监管来保证银行业的安全和稳健;第三,银行体系是整个国民经济的神经中枢,作为社会经济的调节机构,其在整个国民经济中具有牵一发而动全身的地位,兼具公共性与社会性的特点,需要特殊监管。而这些特殊的理由在资本主义自由竞争时代就已具备,正因如此,银行监管存在的历史远远早于金融调控。易言之,银行监管的产生最初是银行业本身的要求,而金融调控的产生却是整个市场经济失灵时的要求。

(三)金融调控与银行监管的权力主体

制定与执行货币政策的权力主体在各国几乎都局限于中央银行。虽然在实行二元制中央银行的国家,存在依法独立的联邦中央机构与联邦成员单位(或称“共和国”、或称“州”、或称“邦”等)区域机构两个级别,但随着时代的演进,区域性中央银行正逐渐演化为中央机构的分支机构,它们的独立性越来越小,权力日益集中在中央机构的手中。[②] 中央银行在各国的职能与地位颇有差异,但作为货币的发行者和货币供应量的最终调节者,通过对货币及其运行的调节,实现对宏观经济强有力的调控,进而使自己成为宏观调控的主要机构的特征却是一样的。正如萨缪尔森所指出的那样,今天在美国,联邦储备系统——美国的中央银行是制定宏观经济政策的最重要部门;每一个现代国家都设有中央银行负责管理货币事务。[③] 事实上,国家宏观调控主要是通过财政政策和货币政策进行。在我国实行计划经济体制时代,货币政策依附于财

① 张忠军著:《金融监管论——以银行法为中心的研究》,法律出版社1998年版,第60页。

② 陈晓著:《中央银行法律制度研究》,法律出版社1997年版,第139页。

③ [美]萨缪尔森、诺德豪斯著:《经济学》,萧琛等译,人民邮电出版社2008年第18版,第167页。

政政策，几乎不能构成财政政策之外的、独立的宏观调控手段。但随着经济体制改革的日益深入，金融逐渐成为与财政并存的、独立的资金供给渠道。在发达的市场经济体制中，市场主体的资金更多地来源于金融市场，财政供给资金在资金供给结构中的地位则相对下降。这样，货币政策与财政政策在国家宏观调控行为中效用性对比就会逐渐发生变化，货币政策的地位有明显上升的趋势，即中央银行在国家宏观调控体系中的地位将日趋重要。

银行监管的官方监管主要有两种模式，即中央银行的监管或政府专门机构的监管。而后者又可分为以下几种类型，具体包括：(1)单层多头监管模式，即在中央一级设立两个以上的监管机构共同监管。如在中国，由中国人民银行、银监会、证监会、国资委等对银行业进行监督管理。(2)双层多头监管模式，即由中央和地方数家金融监管机构进行监管。如在美国，联邦和州都有权对银行发照注册并进行监管。在联邦层面上，存在美联储、金融稳定监管委员会、货币监理署、联邦存款保险公司、全国信用联社管理局、证券交易委员会等多个监管机构；而在各州层面上，同时存在着银行监管机构。

客观上讲，货币政策与银行监管虽然联系紧密，但性质迥异且存有冲突，不宜由中央银行独立承担。货币政策的运用应当是中立、持续的，不应受违背经济规律的因素干扰，因而必须让一个相对独立于政府的中央银行来行使此项职权。具体理由包括：第一，货币政策和监管职能可能存在利益冲突，央行可能会因考虑到被监管机构的财务稳健性而放松货币政策，或推迟执行从紧的货币政策；第二，监管失效引发的公信力损失可能会损害央行的声誉，进而对其货币政策的权威性造成负面影响；第三，央行的职能范围越宽，承担的涉及产权问题的监管职能越多，其所面临的政治压力或政治控制就越大，从而导致货币政策的独立性被减弱；第四，最后贷款人与监管职能必须分离，如果最后贷款人同时负责日常监管，那么它对被监管机构的救助有可能是为了掩盖监管不力。再者，由两家不同的机构来决定是否救助，有利于提高决策的质量。实际上，两大职能集中于中央银行一身，将迫使中央银行承担起银行机构的监管者和“保护人”这两种互相排斥的职能。[①]

从全球范围看，虽然目前金融调控与银行监管职能集中于中央银行一身的模式仍然存在，但分离趋势已相当明显，中央银行主要承担制定与执行货币

---

① [英]霍华德·戴维斯、大卫·格林著：《全球金融监管》，中国银行业监督管理委员会国际部译，中国金融出版社 2009 年版，第 101～103 页。

政策的职能成为一种趋势。[①] 当然,银行监管职能是否应从中央银行分离的问题仍然充满争议,反对分离理由的立足点在于金融调控与银行监管联系紧密,互相依赖,集于一个机构行使将更有效率。不过,我们认为,联系紧密但又互相排斥的职能与其说更适合一个机构来行使,还不如说由不同机构行使并在这些机构之间建立紧密的协调机制更为适宜。

五、冲突与协调:金融调控与银行监管之间的基本关系

金融调控和银行监管是一国金融当局调控和管理金融活动的两大手段,是一个国家经济金融运行的基本要素,二者根本目标一致,具体方法实施上又紧密联系。金融调控与银行监管互为前提和基础,两者最终目标具有一致性。一国的经济发展需要有良好的货币金融环境,这既包括货币稳定,又包括金融稳定。金融调控以维持币值稳定为直接目标,银行监管以金融稳定为直接目标,实际上两个目标根本上是一致的,都在于营造良好的货币金融环境,促进经济的增长与社会的进步。

不过,虽然金融调控与银行监管关系紧密,互为依托,但不意味着两者不存在冲突。除适用对象和使用方法不同外,两者之间的冲突根源集中体现在以下两个方面:一方面,两者目标在具体操作上存在冲突。从宏观上讲,央行制定货币政策的主要目标是保持币值的稳定,促进经济的发展;银行监管的主要目标是保持银行机构的安全稳健经营。两者在本质上是一致的,但在具体的实施过程中会有冲突,甚至截然相反。典型如中国人民银行在2008年国际金融危机的影响下,为了配合政府的经济刺激计划,先后出台一系列的房贷优惠政策,放出天量货币;鉴于安全监管的目标,银监会却“心惊胆战”地面对这种宽松政策以及越吹越大的房地产泡沫,三令五申“坚守二套房”政策,以防银行业不良信贷数额的进一步攀升。无疑,中国人民银行与银监会的这种冲突根源在于操作目标不一。为了防止这种互相倾轧的政策冲突,建立部门间的协调机制的重要性就凸显而出。

另一方面,金融调控与银行监管的具体操作跟经济周期存在不同的作用

---

① 据统计,在143个国家样本中,50个国家的中央银行没有监管职能,29个国家的中央银行与其他监管机构共担监管职能,而64个国家的中央银行为主要监管机构。数据显示,由中央银行作为单一或主要监管机构的国家数量呈下降趋势。参见[英]霍华德·戴维斯、大卫·格林著:《全球金融监管》,中国银行业监督管理委员会国际部译,中国金融出版社2009年版,第105页。

机理。前者对经济的调控通常是逆经济周期的，而后者通常是顺经济周期的，这种矛盾在金融体系中自然会产生不同的影响。例如，下调利率能够降低金融机构的筹资成本，增强流动性，但是会加大通货膨胀的压力。在经济高涨时期，银行机构经营效益好，风险低，银行监管对银行机构经营的风险约束相对来说较松，银行机构本身经营的难度也低。此时，货币政策则需要注重预警性地进行适度反向操作，如提高利率水平、控制货币供应量、对特定部门进行信贷控制等，这显然会加大银行经营的成本。在经济衰退时期，银行机构业务拓展困难，银行监管部门对银行机构的经营风险约束较紧，如对银行机构新增的不良贷款也更为关注，由此银行的贷款投放也就更为谨慎，此时货币政策可能采取的扩张性政策难以在银行系统得以传导。在近几年金融危机影响下的衰退时期，银行监管机构对银行业经营的流动性和安全性指标要求较高，导致银行机构对业务扩展持谨慎态度，使扩张性货币政策的传导受阻。

第二节　我国银行体制的改革与发展

一、我国银行体制改革的现状及面临的问题

银行体制泛指从事银行活动的各当事人的法律地位、职责权限、业务范围、内部构成及各当事人之间的活动协调与相互关系。一般来讲，成熟的现代银行体制应包括银行机构组织体系、银行市场体系、银行监管体系和金融调控体系等多方面内容。

（一）当前我国银行体制的现状

新中国银行体制从建立到现在，根据中央银行职能的变化与发展，共经历了三种体制形态：第一，复合式中央银行制。所谓复合式中央银行制，是指在一个国家或地区内，没有将中央银行与商业银行分开，而把中央银行业务、职能与商业银行的业务、职能集于中央银行。这时，中央银行与商业银行双重角色叠合在一起，既是行使货币发行和金融管理职能的国家机关，又是从事信贷、储蓄、结算、外汇等业务经营活动的经济组织。这一体制在我国从 1948 年 12 月 1 日起一直延续到 1979 年 2 月。第二，混合式中央银行制。所谓混合式中央银行制，是指在一个国家或地区内，既设有中央银行，又设有专业银行，但中央银行不仅行使中央银行职能，也办理专业银行的部分业务，其余业务由专业银行办理。我国这一银行体制从 1979 年 3 月起延续到 1983 年 1 月。第

三，单一式中央银行制。所谓单一式中央银行制，是在一个国家或地区内设立中央银行不从事一般的金融业务，专司中央银行的职能，作为发行的银行、银行的银行、政府的银行。从 1984 年起，我国开始采用一元式中央银行制。根据 1993 年 12 月国务院颁布的《关于金融体制改革的决定》，我国自 1994 年起开始进行金融体制的全面改革，以建立适应社会主义市场经济发展需要的金融体制，即建立在国务院领导下，独立执行货币政策的中央银行宏观调控体系；建立政策性金融与商业性金融相分离，以国有商业银行为主体、多种金融机构并存的金融组织体系；建立统一开放、有序竞争、严格管理的金融市场体系。金融体制改革至今，呈现出以下特点：

1. 改变了单一银行体制，建立了以中央银行为核心，国有专业银行为主体，多种银行机构并存，分工协作的多元化银行机构组织体系。截至 2011 年底，我国银行业金融机构包括 2 家政策性银行及国家开发银行，5 家大型商业银行，12 家股份制商业银行，144 家城市商业银行，212 家农村商业银行，190 家农村合作银行，2265 家农村信用社，1 家邮政储蓄银行，4 家金融资产管理公司，40 家外资法人金融机构，66 家信托公司，127 家企业集团财务公司，18 家金融租赁公司，4 家货币经纪公司，14 家汽车金融公司，4 家消费金融公司，635 家村镇银行，10 家贷款公司以及 46 家农村资金互助社。我国银行业金融机构共有法人机构 3800 家，从业人员 319.8 万人。①

2. 初步建立了直接调控与间接调控相结合的金融调控体系。1984 年起，中国人民银行专门行使中央银行职能，不再从事一般金融业务。自 1985 年起，中国人民银行开始使用存款准备金、再贷款、再贴现、基准利率等货币政策工具进行金融调控。自 1988 年第四季度起，原来的贷款限额开始成为指令性计划指标；随后又进行了一系列的金融体制改革，其重点之一仍然是逐步减少行政性的直接调控，增强经济性的间接调控，从而形成了直接调控和间接调控相结合的金融宏观调控体系。1994—1997 年是货币政策从直接调控向间接调控过渡的时期。1998 年 1 月 1 日，中国人民银行取消国有商业银行贷款规模限额的控制，实行适应市场经济的以“计划指导，自求平衡，比例管理，间接

① 《中国银行业监督管理委员会 2011 年报》，第 21 页。

调控”为主的新的贷款管理制度。[①] 2004 年，鉴于货币供应量的快速增长，中国人民银行采取了一些紧缩银根的措施。中国人民银行稳步推进利率市场化进程，扩大金融机构贷款利率浮动区间，并于 2004 年 10 月底进行了 9 年来的首次加息，虽然幅度不大，却标志着我国终于开始启动最重要的经济杠杆来调控经济运行。

3. 利率、汇率的市场化改革不断推进。1996 年后，中国人民银行运用利率水平的升降和利率结构的调整，调节货币的流量和流向，调节货币政策的中介目标 M1 和 M2[②]，使利率更能反映管理层决策倾向，也更能反映市场现状，这表明中国人民银行运用利率工具进行间接调控机制运行的成功。同时，随着利率期限、种类的不断丰富，金融机构定价自主权也不断扩大。2003 年 11 月，国家开始放开小额外币存款利率下限，赋予商业银行小额外币存款利率的下浮权。2004 年 11 月，中国人民银行在调整境内小额外币存款利率的同时，放开 1 年期以上小额外币存款利率，商业银行拥有了更大的外币利率决定权。2004 年 10 月 29 日，中国人民银行经国务院批准，不再设定金融机构（不含城乡信用社）人民币贷款利率上限，逐渐放开外币存贷款利率，取消贷款利率上

---

① 在 2007 年底，为了有效控制中国经济的高通胀水平，实行适度从紧的货币政策，中国人民银行再度启用信贷规模控制，并且按季度控制。自此，信贷规模控制又走进了央行货币政策“工具箱”。显然，这种指令性的货币政策工具应慎重使用，因为其与中国经济的市场化进程是背离的。

② 我国现行的货币供应量统计有三个层次：第一层次为流通中现金（M0）；第二层次为狭义货币（M1），即为流通中的现金加商业银行活期存款，计算公式为 M1＝M0（流通中货币）＋企业活期存款＋机关团体部队存款＋农村存款；第三层次为广义货币（M2），即狭义货币（M1）加商业银行定期存款的总和，计算公式为 $M_2=M_1$＋城乡居民储蓄存款＋企业存款中具有定期性质的存款＋信托类存款＋其他存款＋证券公司客户保证金。另外还有 M3＝M2＋金融债券＋商业票据＋大额可转让定期存单等；其中，M2 减 M1 是准货币，M3 是根据金融工具的不断创新而设置的。M1 反映着经济中的现实购买力；但由于各种定期存款一般可以提前支取转化为现实购买力，把它算作货币，可以更全面地反映货币流通状况，便于分析和控制市场金融活动。因此 M2 不仅反映现实的购买力，还反映潜在的购买力。若 M1 增速较快，则消费和终端市场活跃；若 M2 增速较快，则投资和中间市场活跃。M2 过高而 M1 过低，表明投资过热、需求不旺，有危机风险；M1 过高 M2 过低，表明需求强劲，投资不足，有涨价风险。参见中国人民银行官方网站有关狭义货币、广义货币以及相关文告。网页地址为：http://www.pbc.gov.cn/publish/main/851/3002/30024/30024_.html#；http://www.pbc.gov.cn/publish/chubanwu/55 0/1060/10608/10608_.html#；http://www.pbc.gov.cn/publish/main/851/3002/30025/30025_.html。

限。此外,在汇率改革方面,由原先的双重汇率和不完善的外汇调剂市场逐步转变为"以市场供求为基础、参考一揽子货币进行调节、有管理的浮动汇率制度"。人民币汇率不再盯住单一美元,形成更富弹性的人民币汇率机制。

4. 金融监管体系实现从混业监管到分业监管的改革,目前正由机构性监管向功能性监管过渡。中国金融体制改革的核心之一就是要建立起一个完整而有效的金融监管体系。这一重大改革大致分为两个阶段:第一阶段是从1983年9月国务院发布《关于中国人民银行专门行使中央银行职能的决定》开始,到1995年3月,第八届全国人大三次会议通过了《中国人民银行法》为止。这一时期实现了中国人民银行职能的转换,即把中国人民银行变成一个真正的中央银行。第二阶段是从1992年10月,国务院批准设立国务院证券委员会和中国证券业监督管理委员会(二者于1998年4月合并)开始,到1998年11月国务院批准设立中国保险业监督管理委员会,再到2003年4月,国务院批准设立中国银行业监督管理委员会为止。这一时期按照"分业经营,分业管理"的原则,建立一个完整而有效的金融监管体系。2003年12月,第十届人大常委会六次会议通过《关于修改〈中华人民共和国中国人民银行法〉的决定》,并制定了专门的《银行业监督管理法》,明确了中国人民银行及各个金融业专门监管机构的职责。

然而,近年来随着我国金融业的进一步发展,逐渐涌现出了以光大集团、中信实业、平安集团等金融控股公司为代表的一些新的金融组织形式,银行、保险、证券之间的业务交叉以及相互持股现象也成为金融机构发展的新趋势。这是在全球金融混业经营的浪潮下,对我国现行分业经营模式做出的适当调整与改革,对分业监管提出了新的要求和挑战。同时,2007年爆发的美国次贷危机继而引发的全球性金融危机也表明,在混业经营趋势下分业监管面临着一定的困境。由此,我国的"一行三会"近年来一直在摸索如何建立信息交流和共享机制,以加强部门间的信息共享与协调合作,减少摩擦成本,强化合力监管,避免监管真空与重复,保障我国金融监管顺利进行,从而促使我国金融业的监管从原来的机构性监管向功能性监管过渡。[1]

5. 银行业务不断拓展与创新。银行业务的市场运作机制逐步构建，银行业务由原先仅有的存、贷、结算扩展到现在复杂的业务结构体系，各种银行理财产品与金融衍生品种也相继出现。在负债业务方面，出现了三、六、九个月等不同期限的定期存款、保值储蓄存款、住房储蓄存款、委托存款、信托存款等新品种。在资产业务方面，出现了抵押贷款、质押贷款、按揭贷款等品种。在中间业务方面，出现了多功能信用卡等。银行业务的不断丰富，不仅便利了广大人民群众的生活，也完善了价格形成机制，从而推动了市场化程度的进一步深化。

---

① 较之机构性监管，功能性监管体制的优势主要体现在以下几个方面：第一，它更能适应新形势下金融业发展对监管体制的要求，可以根据金融产品所实现的特定金融功能来确定该产品的监管机构，可以通过专门的原则和标准来对新出现的金融产品的功能进行定性，从而决定监管权的归属，避免监管真空和多重监管现象的出现；第二，它能够实现对金融业跨产品、跨机构、跨市场的协调，可以对跨行业的金融创新产品实施有效监管，从而更加有利于金融产品的创新，实现混业经营的内在比较优势；第三，主张设立一个统一的监管机构来对金融业实施整体监管，可以使监管机构不仅关注各行业内部的金融风险，而且能关注到同一金融机构或金融集团从事不同金融业务的整体风险，从而更有效地防止金融风险的跨行业感染与积聚；第四，由于金融产品所实现的基本功能具有较强的稳定性，使得据此设计的监管体制和监管规则更具连续性和一致性，能够更好地适应金融业在未来发展中可能出现的各种新情况；第五，被监管金融机构只需与一个监管机构"打交道"，可以大大减少其服从成本(compliance costs)，即所谓的"间接监管费用"(indirect regulatory costs)，从而降低企业的行政开支，节约大量成本。此外，单一的控告和调查体系，统一的消费者赔偿计划，都将使受监管者从中受益。因此，功能性法律监管从总体上说，符合金融业自由化经营下的金融监管的内在要求。但它也并非完美无缺：其一，具有综合监管权力的监管者的权力往往过大，这无疑为权力滥用埋下了隐患；其二，即便在金融混业的背景下，银行、证券及保险公司等金融机构之间仍然存在本质区别，机构性监管体制仍然能够适应新形势的要求；其三，统一的超级监管者在监管目标上可能没有专业性的监管者那样具有清晰的监管侧重点；其四，存在滋生新道德风险的可能性，从而引发公众进行逆向的选择；其五，有可能导致监管者不能获取监管所需的信息。因此，要发挥功能性监管的优势，一个多重性的与之相制衡的监督机制是必不可少的。对此，英国 2000 年通过的《金融服务与市场法》就给各国的立法者提供了一个良好的借鉴，即借助于功能性法律框架构建一系列包括内部制衡机制、财政部与议会的监督、公共监督机制及其他监督措施在内的制衡机制，对金融服务局的监管权力形成掣肘。参见黎四奇著：《金融企业集团法律监管研究》，武汉大学出版社 2005 年版，第 80～84 页、第 99～101 页；曾筱清著：《金融全球化与金融监管立法研究》，北京大学出版社 2005 年版，第 140 页。

6. 银行信用体系初步建立。在社会信用体系中，金融信用处于核心地位，金融信用的发达程度决定了一国社会信用体系的发达程度。因此，金融信用的建设已成为我国经济发展规划着重打造的领域。而银行信用体系，又是金融信用体系中最为核心的部分。作为我国社会信用体系建设重要组成部分的征信系统，已在中国人民银行的组织与推动下，取得了长足的进步。1997 年，"银行信贷登记咨询系统"开始筹建。2002 年，初步建成投入运行。2004 年初，中国人民银行加快了个人信用信息基础数据库的建设，同年 4 月成立银行信贷征信服务中心。12 月底，实现 15 家国有和股份制商业银行、8 家城市商业银行在北京、重庆、深圳、西安、南宁、绵阳、湖州 7 个城市的试运行。2005 年，数据库在全国范围内逐步推广。2006 年 1 月，全国集中统一的个人信用信息基础数据库建成并正式运行。同年 7 月底，银行信贷登记咨询系统升级成为全国集中统一的企业信用信息基础数据库。至此，中国人民银行的企业和个人征信系统都实现全国联网运行。无疑，全国统一联网的企业和个人征信系统，对全面评价企业和个人的信用状况、维护金融秩序稳定、防范金融风险和提高社会信用水平都将起到重要作用。

（二）当前我国银行体制存在的问题

尽管我国银行体制已取得诸多成就，但现存银行体制与市场经济发展的要求相比，还有许多不适应的地方，主要表现在以下几个方面：

1. 银行业金融机构的改革仍需深化。在计划经济时代，大型国有银行具有多重身份，其政企合一的本质使它们承担着多种职能。近三十年来，将大型国有银行改造成真正意义上的商业银行，成为具有良好的自主经营、自负盈亏、自主发展、自我约束机制的独立主体成为金融体制改革的重要目标之一。随着中行、建行、工行、农行四家国家控股商业银行股份制改革的相继完成并成功上市，大型商业银行的经营绩效和竞争力获得大幅度提升。同时，政策性银行的改造也在同时进行。目前，三大政策性银行的改革原则是"分类指导、一行一策"。国家开发银行由于在开发性金融的运作上实现了良好的经济效益和社会效益，市场化程度相对较高，改革的阻力相对较小，因此成为向商业银行转型的第一家试点银行。经国务院批准，国家开发银行于 2008 年 12 月 11 日整体改制为国家开发银行股份有限公司，成功实现了由完全的政策性金融向开发性金融的转型。中国进出口银行和中国农业发展银行也正在积极探索有中国特色的政策性银行发展道路。2007 年 3 月 6 日，中国邮政储蓄银行有限责任公司正式成立，意味着邮政储蓄管理体制的改革初步完成。中国邮政储蓄银行承继原国家邮政局、中国邮政集团公司经营的邮政金融业务及因此而形成的资产和负债,并将继续从事原经营范围和业务许可文件批准/核准的业务。此外,城市信用社的改造基本完成,农村信用社的改革也正在紧锣密鼓地进行。城市银行、农村商业银行、农村合作银行、村镇银行等在金融市场逐渐显现出活力。不过,总体而言,银行业金融机构的改革仍需深化,这主要体现在公司治理机制上还不够完善,内控制度仍不健全,基础管理比较薄弱,风险控制能力有待提高,经营管理水平亟待提升等几个方面。

2. 银行业金融机构的准入制度尚不明确,市场退出机制长期缺位,银行业金融机构的金融创新能力不强。现行《商业银行法》和《公司法》对设立银行业金融机构的要求并不高,可在现实环境中,却很少有企业或资本能依法进入这一领域。银行业金融机构的准入制度不明确产生的一个直接后果就是有意愿为中小企业提供融资服务的中小银行业金融机构太少,特别是民营中小银行业金融机构太少,这也是地下金融活跃的一个重要原因。同时,银行业金融机构的退出机制也不健全,相关配套的存款保险制度也没有建立,经营失败的银行业金融机构无法通过法律程序退出市场。由于银行业金融机构的准入与退出机制所存在的问题,整个国家的金融市场的运营基本上处于国家垄断状态,"市场化"严重不足,由此也导致了银行业金融机构的金融创新能力严重不足。银行业的发达程度主要由银行业金融机构的创新能力来衡量,体现在银行经营制度是否完善、银行业务手段是否先进、银行产品种类是否齐全等几个方面。三十几年来,我国银行业的发展取得了巨大的成就,但总的来说还不发达,在很多方面还较为落后,尤其是创新能力不强,最直接的影响就是社会资金的使用效益不高,并且存在着很大的金融风险。

3. 金融调控和银行监管的手段相对落后。《中国人民银行法》、《商业银行法》以及《银行业监督与管理法》等颁布和修订,以及其他一系列相关法律、法规的出台,标志着我国已经建立起基本的金融调控与银行监管的法律体系,并初步实现了由机构监管向更完善的功能监管的转变。虽然有了法律制度的保障,但制度的执行能力不足,金融调控与银行监管的手段仍然落后。金融调控方面存在的问题包括:其一,金融调控的目标错位,"促进经济增长"的附带目标很可能对"维持币值稳定"这个首要目标的实现产生不良影响。在实践中,也经常存在中国人民银行为促进经济增长而超发货币,引发了人民币在国内大幅度的贬值,致使币值极端不稳定。其二,金融调控手段单一、"一统就死、一放就乱"的现象仍然存在,如货币政策手段使用不当,长期以来依赖存款准备金率与利率等影响力巨大的货币政策工具,导致金融市场逐渐对这些货币政策工具失去敏感性。银行监管方面存在的问题主要有:其一,监管理念落后，仍然停留在违规监管层面上，对风险监管以及功能监管的推动不力，无法适应金融混业经营的要求。其二，中国人民银行与银行业监督管理机构之间定位不清，银行业监督管理机构与其他金融监管机构之间的协调机制没有真正建立，监管真空与监管重叠的现象大量存在，银行业监管部门的监管水平和监管效率亟须提高，一个由监管部门外部监管、商业银行内部控制、中介机构市场约束的立体监管体系尚未完全形成。

4.银行信用体系尚需完善。市场经济本质是信用经济，中国市场经济目前仍处于很不发达的状态，信用缺位已成为阻碍中国市场经济进一步发展的重大障碍。作为我国社会信用体系建设重要组成部分的征信系统，已在中国人民银行的推动下，取得了长足的进步，现今已初步建立起信用信息基础平台，尤其是2006年中国人民银行征信中心的成立，推动我国社会信用体系建设向前迈出了坚实的一步。不过，目前我国银行信用体系的建设，乃至更广泛意义上金融信用体系的建设，仍然滞后于市场经济发展的需要。在宏观上，国家缺少统筹规划，相关法律法规尚付阙如，各行业内与行业间信用信息也未实现共享，资源难以整合。在微观上，信用体系建设缺乏标准规范，无论是对守信的褒奖，还是对失信的惩罚，抑或是在观念的塑造和资信的采集等各方面都还十分落后。因此，建构银行信用体系，乃至更广泛意义的金融信用体系进一步的完善，已成为促进中国市场经济进一步发展的重要举措。

总而言之，我国目前银行体制还存在许多问题，许多关系尚未理顺，不能适应市场经济的发展。在制度建设方面，不仅现有的银行制度存在许多缺陷，银行业管理和运营也没有完全纳入法治轨道。同时当下许多制度还没有得到有效执行，选择性执法现象非常严重，法律没能真正起到"奖优罚劣"的作用。无疑，这些问题的解决，不仅需要银行体制改革的进一步深化，也需要法治建设的进步，即亟须建立起一个与市场经济发展相适应的新的银行体制和运行机制，把银行业的管理和运营都纳入规范化、法治化的轨道。

二、市场经济条件下的银行体制

市场经济条件下的银行体制由四个体系组成，即金融调控体系、银行监管体系、银行机构组织体系与银行业务体系。

(一)金融调控体系

市场经济条件下，国家对经济的宏观调控主要是通过金融手段与财政手段来进行的。其中，金融手段的宏观调控即金融调控一般是授权中央银行来完成。1995年通过的《中国人民银行法》，第一次在法律层面明确中国人民银行是我国的中央银行，承担金融调控与金融监管的职责。在宏观调控方面，中国人民银行垄断了货币发行权，是金融机构的最后贷款人，制定与执行货币政策，履行金融宏观调控职责。2003 年经过较大修改的《中国人民银行法》将中国人民银行原来承担的日常金融监管职能大部分剥离。自此，中国人民银行主要执行金融宏观调控职能，其主要职责是调控货币总量，维持币值稳定。虽然其还承担诸如外汇市场管理、反洗钱等局部金融监管职能，但这些监管职能往往与货币总量控制即金融调控紧密相关。

（二）银行监管体系

银行监管是指对银行业的市场主体与交易活动的监督和管理，其具有双重含义：一是指国家银行管理部门以及行业自律组织等对银行业务活动的外部监督管理；二是指银行业金融机构对其业务活动的自我管理。银行监管一般是指银行的外部监管，特别是指官方监管，即国家银行监管部门依据金融法律法规、政策等，对银行业的市场主体及其经营活动进行领导、监督、稽核、组织和协调，以保护存款人的利益，维护银行业的市场秩序，促进银行业健康发展的一系列行为。在 1995 年以前，我国曾长时期地实行由中国人民银行负责的“单层单头”的金融监管模式。不过，随后向“单层多头”监管模式过渡。至 2003 年中国银监会的成立，我国现行由“一行三会”，即中国人民银行、银监会、证监会以及保监会组成的官方金融监管体系正式形成。目前，对银行业进行官方监管的主要有中国人民银行与银监会。但由于最近几年金融业之间出现了混业经营的趋势，因此对于银行业经营证券业务或保险业务的行为，证监会与保监会也会进行相关监管。而且，我国四大国有银行、一些股份制银行或城市商业银行都已陆续上市，证监会也必须对这些上市银行进行监管。因此，我国银行监管体系包括了“一行三会”，加之国有资本占据相当比例，因此这个监管体系还需外延到国资委、审计署等。

（三）银行业组织体系

市场经济条件下，中国银行业组织体系包括官方金融管理机构与银行业金融机构，前者包括中国人民银行、银监会等官方银行监管机构，后者主要由商业银行、政策性银行、大型商业银行、股份制商业银行、城市商业银行、农村商业银行、城市信用社、农村信用社、农村合作银行、村镇银行、邮政储蓄银行、外资独资银行、中外合资银行、外国银行分行等组成。

（四）银行业务体系

作为国家金融体系的重要组成部分，银行业是金融活动产生的重要中介，是银行业市场主体进行货币借贷、办理各种票据和外汇买卖等金融活动的场所或领域。所谓银行的业务体系,即银行办理业务的范围以及品种。按照银行机构的资产负债表的构成,通常将银行业务体系分成负债业务、资产业务、中间业务等三大类。负债业务主要由存款业务、借款业务构成,是商业银行形成资金来源的业务。资产业务是商业银行运用资金的业务,包括贷款业务、证券投资业务、现金资产业务等。中间业务又称表外业务,是指不构成商业银行表内资产、表内负债形成银行非利息收入的业务,包括交易业务、清算业务、支付结算业务、银行卡业务、代理业务、托管业务、担保业务、承诺业务、理财业务、电子银行业务。此外,商业银行的其他业务还包括代客业务、信托业务、租赁业务、咨询业务、为客户提供保管箱服务等。

第三节 银行法的基本原则与法律渊源

一、银行法的基本原则

银行法的基本原则是指在银行立法及法律适用中应遵循的基本行为准则,它贯穿于银行法制的全过程。在市场经济条件下,银行法要遵循以下几个基本原则:

(一)兼顾金融安全、金融自由以及金融公平的原则

正义是法律的永恒追求,金融法也一样。但正义有多种价值维度,包括安全、自由以及公平等。具体到金融领域,即为金融安全、金融自由以及金融公平。金融法的作用,正是在于维护金融安全、金融自由和金融公平。但在实际生活中,金融安全、金融自由、金融公平并不总是协调的,过分地追求金融安全,就可能会导致"金融压抑"现象的出现即损害了金融自由,从而影响到金融市场的效率;过分地追求金融自由能够提高金融市场的效率,但可能会对金融安全与金融公平造成负面影响,从而出现金融危机或"金融排斥"的现象;过分地追求金融公平,又有可能损害金融市场的效率以及金融市场主体的自主权,使金融自由招致负面影响。在金融法的发展史上,金融安全、金融自由以及金融公平都有可能成为一段时期或某一部分立法的侧重点,但历史经验以及金融市场的发展规律表明,现代金融法必须坚持兼顾或协调金融安全、金融自由以及金融公平的原则,任何顾此失彼的金融法律制度,都将违背正义这一法律的永恒价值追求。

同样,兼顾金融安全、金融自由以及金融公平原则,也是作为金融法的核

心部分的银行法的首要原则。

（二）银行监督管理与业务经营分离原则

与西方国家不同的是，中国的银行业与银行组织体系是由计划经济体制转轨而来。在计划经济体制中，自由金融市场基本上被取缔，也不存在享有自主经营权的银行机构。在这一时期，中央银行与商业银行职能不分，中国人民银行既是负责领导和管理全国金融业的中央银行，又是经营工商信贷及储蓄业务的商业银行；各专业银行的政策性职能与商业性职能也存在混同的现象，既从事代表国家财政、负责国家基本建设重点项目及专项性投资管理的政策性业务，又同时经营工商信贷、储蓄、汇兑、结算等商业性业务。在市场经济条件下，银行体制必须适应市场经济发展的要求，并应作出相应的变革，在这个变革的过程中，银行立法无疑要承担起这个重任，通过法律的权威贯彻管理与经营相分离的原则。为达到这一目标，银行法律不仅要明确中央银行的法律地位、职责和权限，将中央银行从商业银行中分离出来，专门执行中央银行的职能，也要将商业银行与政策性银行分离，赋予商业银行“自主经营”、“自担风险”、“自负盈亏”和“自我约束”的权利或责任。此外，还要对政策性银行的组织机构与业务经营作出具体的法律规定，明确其不以追求自身利润最大化为根本目标的性质，凸显它们专门代理国家进行专项投资，并代表国家对投资进行管理，保障国家投资安全和目标实现的职责。

（三）分业经营、分业管理原则

分业经营、分业管理就是要明确银行业金融机构与其他金融机构业务经营的分工范围，按行业特点分别进行监督管理。经过三十多年的金融体制改革，我国形成了以中国人民银行为中心，各商业银行为主体，包括其他金融机构在内的“分业经营，分业管理”的金融体制。根据我国现行立法，金融业经营实行分离制：银行业、信托业、证券业、保险业按照法定的分工范围开展业务，分业管理，禁止银行业、信托业、证券业、保险业之间交叉混合，不能越权经营。2003年银监会的成立以及《银行业监督管理法》的实施意味着我国金融业“分业经营、分业监管”模式正式形成，现有金融法律制度对金融混业行为持“普遍禁止、特殊例外”的态度。

不过，近年来，我国金融混业经营趋势却已初露端倪。在当前的实践中，不仅在金融机构组织形态上出现了金融控股公司模式，证券业、银行业、信托业和保险业的业务界限也变得越来越模糊，出现了重新融合的趋势。商业银行、证券公司、保险公司之间大规模的并购行为，更是使得证券、银行、信托和保险等行业不仅在产品上实现互通，甚至在股权上也出现了交叉，从而使得混业经营趋势向更高阶段迈进。同时，随着外资金融机构的逐步进入国内金融市场，“分业经营”的模式更是遭受到强烈冲击，中国金融体系从机构本位转向市场本位将是必然的趋势。这样，混业经营也成为金融进一步发展的方向之一。在金融混业经营潜移默化进行的同时，监管机构对此限制也从法律法规层面进行了适当的放松或认可。2003 年对《商业银行法》的修改与 2005 年对《证券法》的修改都为此留下了空间，这可以被认为是金融混业经营从法律层面上“解禁”的起步，同时也是我国金融“分业经营、分业管理”原则开始发生变化的端倪。

（四）保护存款人利益原则

现代经济是典型的信用经济，尤其在银行交易活动上体现得更为明显。这时，银行业金融机构成为沟通资金需求者与供给者之间的桥梁。作为信用中介的银行业金融机构，一方面组织闲散资金，以其信誉向存款人提供担保，形成资金聚集；另一方面向借款人提供资金，同时代表存款人利益，对借款人资金使用情况进行监督，以确保资金的安全。存款人之所以愿意将资金交给银行业金融机构，完全是相信它们具有能够按照约定提供回报的信用。如果这种信用被打破，那整个市场体系就难以维系，现代经济也没办法正常运转。因此，保护存款人的利益必须是银行法所要遵循的一项基本原则。要维护存款人的利益，就必须保证金融活动中资金的盈利性、流通性和安全性。为此，必须建立有关银行业金融机构的市场准入与退出制度、资信评级制度、信息公开制度、银行经营制度、储蓄保险制度、国家对银行业的监管制度等，以维护金融市场的稳定、透明以及交易的安全，从而维护广大存款人的利益。

（五）与国际惯例接轨原则

作为经济全球化的重要部分，金融全球化正在如火如荼地展开，外国银行业金融机构进入本国市场与本国银行业金融机构参与国际金融市场的竞争同步进行，各国银行业的发展实现“你中有我，我中有你”的发展态势。在这种背景下，无论是金融调控法，还是银行监管法，乃至银行交易法，都有互相借鉴，彼此吸收，与国际惯例接轨的需要。所谓与国际惯例接轨，是指一国银行法律制度要尽量与国际上通行做法保持一致，以减少由此产生的金融纠纷或摩擦，从而降低银行业市场主体之间的交易成本。根据这一原则，我国在银行立法时要吸收国际通行的做法，按照国际惯例来规范各种与银行有关的金融关系。

二、银行法的法律渊源

法理学一般认为，法律渊源是指那些具有法的效力作用和意义的法的外在表现形式。因此，法的渊源也叫法的形式，即从法的外在形式意义上把握法的各种表现形式。[①] 据此，银行法的渊源是指银行法律规范的表现形式。如果我们按照银行法律规范的层次，或者银行法律规范的属性，乃至银行法律规范的内容，我们可以对银行法的渊源作不同视角的讨论。

1. 按照银行法律规范的层次对银行法渊源的分类

按照银行法的渊源表现层次，可以分为国际层次的与银行业有关的国际金融条约、国际金融惯例等，国内层次的宪法与基本法、特别法中涉及规范与银行有关的金融关系的条款、银行法律法规、部门规章、规范性文件等。

(1)与银行有关的国际条约与国际惯例。我国参加或缔结的国际公约、多边条约、双边条约和协定，凡涉及银行业的条约和协定，除我国作出保留的条款外，都是我国银行法的法律渊源，成为调整我国与银行有关的金融关系法律规范的组成部分，具有法律效力。我国加入和缔结的与银行有关的国际条约主要有:《国际货币基金组织协定》、《国际复兴开发银行协定》(1965 年 12 月 17 日)、《国际复兴开发银行协定附则》(1980 年 9 月 26 日)、《国际金融公司协定》(根据 1961 年 9 月 21 日和 1965 年 9 月 1 日生效的决议修订)、《国际金融公司协定附则》(1980 年 2 月 28 日)、《国际复兴开发银行贷款和国际开发协会信贷采购指南》(1985 年 5 月);国际双边支付协定和贸易支付协定、贷款协定，这些协定大都涉及国际双边贸易支付、结算方式、手段、计算方法等内容;国际双边投资保护协定与国际双边税收协定等，这些协定涉及外汇管制、资本返还、利润转移、银行开户、投资保险等金融活动的规定;世界贸易组织的有关协定，这些协定涉及银行业的开放、政府对银行业的干预方式、金融调控与银行监管的手段、银行业金融机构的国民待遇等。

国际惯例是在国际经济交往中逐渐形成，为国际社会广泛接受并予以认可的，一经双方确认就具有法律拘束力的习惯性规范。许多国际惯例都是经过长期的反复适用，形成相对稳定的文字性内容，因此一经援引，便对当事人产生法律拘束力。一些国际惯例已经被政府间国际组织或民间组织制定为统一化规则，如国际商会的《商业单据托收统一规则》、《商业跟单信用证统一惯例》，世界银行的《贷款协定和担保协定通则》和《合同担保统一规则》等。

(2)国内法渊源。具体包括:第一，根本法。宪法是一个国家的根本大法。我国《宪法》规定了我国的政治、经济、社会制度，是银行立法的基础。第二，基本法，即由国家最高权力机关——全国人民代表大会制定的法律规范，包括

① 张文显著:《法理学》，高等教育出版社 2007 年第 3 版，第 89 页。

《民法通则》、《物权法》、《民事诉讼法》、《刑法》、《刑事诉讼法》、《合同法》等，是调整社会关系的基本法律制度。它们与银行领域的专门立法的关系是“一般法与特别法”的关系。第三，专门法，即指国家最高权力机关全国人民代表大会及其常务委员会制定的跟银行业有关的专门立法，如《中国人民银行法》、《银行业监督管理法》、《商业银行法》等。第四，行政法规、部门规章和地方法规，即由国务院、国务院各职能管理部门、中国人民银行总行、国务院银行监督管理部门，以及具有地方立法权的各地方权力机关，以“条例”、“规定”、“决定”、“通知”、“实施办法”等形式制定的具有不同效力的法律规范。

2.按照银行法律规范的不同属性对银行法渊源的分类

按照银行法律规范的不同属性，我们可以将其分成金融调控法、银行监管法以及银行交易法。每种属性的法律都有自己的法律渊源，不同的法律渊源也是区分不同属性的银行法律的重要因素。

(1)金融调控法的渊源。金融调控是中央银行的基本职能，因此，规定金融调控机构的性质、地位、职责、调控方法、工具以及法律责任等无疑是中央银行法的重大任务。事实上，中央银行法是金融调控法的核心和基础，并指导整个金融调控法体系的建构。在我国，《中国人民银行法》无论是在2003年修改之前，还是修改之后，都具有此种属性与地位。而政策性银行的功能是直接或间接地从事政策性融资业务，充当政府发展经济、调整产业结构、进行宏观经济调控的手段和工具。所以，政策性银行的性质和宗旨之特殊性决定了它们与客户之间的业务关系并非简单的平等、自愿、公平、等价有偿性质的金融交易关系，更重要的是体现了国家宏观经济目标和产业政策的金融调控关系性质，因而调整此种关系的政策性银行法从本质上已属金融调控法的范畴。货币法是调整在货币发行、货币流通和管理活动中所发生的社会关系的法律规范总称。制定货币法的目的在于加强国家对货币的管理，调节货币的流通，以保证货币的统一与币值的稳定。因此，货币法应属金融调控法的法律渊源。与货币法一样，外汇管理法也是金融调控法的重要法律渊源。

另外，按我国现行立法体制与实践做法，我国签署或参加的国际条约一旦在国内生效，就都将成为国内法的一部分。所以，在我国生效并包含金融调控内容的国际条约也是金融调控法的正式法律渊源之一。如我国是《国际货币基金组织协定》(以下简称《协定》)的成员国，该《协定》的第1条规定国际货币基金组织的职能包括：促进国际货币领域的合作与发展、促进汇率稳定、协助会员国调节国际收支平衡等。因此，该《协定》的内容及国际货币基金组织行使的各种金融职能(尤其是有关汇率制度、贷款条件性和特别提款权等)能够对成员国的金融调控产生重大影响。例如,我国在1996年从“第14条成员国”转成“第8条成员国”,就不得不将经常性外汇支付的限制取消。值得注意的是,虽然该《协定》中许多使用“促进”、“尽量”、“有义务合作”等弹性措辞的规定尚属“软法”范畴,但它们对成员国并非“无刃之剑”,其威力来自这些软法的综合效能和基金组织的地位、重要作用以及对这些软法的解释权。所以,这些“软法”规定也属正式的法律渊源。

(2)银行监管法的渊源。2003年12月,我国的《银行业监督管理法》出台,作为我国银行监管领域的专门性与基础性法律,是金融监管法的最主要的法律渊源之一。不过,与金融调控法相比,银行监管法的渊源要复杂得多,之所以如此,是因为金融调控机关一般局限于各国中央银行,而银行监管主体在各国却差异颇大,除官方监管机构,还有行业监管部门、金融机构内部监管部门等。即使是官方监管机构,也可能专指中央银行,又或者是政府专门监督机关,后者又可能涉及许多层次与不同部门。而对于任何监管主体,都必然有对其性质、地位、机构设置、权责、手段及责任等做出规定的相关立法,这将导致金融监管法的法律渊源纷繁复杂。事实上,绝大多数金融法律、法规中,都可能包含着调整银行监管关系的法律规范。如《中国人民银行法》、《商业银行法》、《票据法》中,都包含着与银行监管有关的规定。不过,2003年12月,我国出台的《银行业监督管理法》,成为我国银行监管领域的专门性与基础性法律,是银行监管法的最主要的法律渊源之一。同时,金融监管当局根据法律授权来制定和实施监管的操作规则、政策等来履行监管职能,也成为金融监管法的渊源之一。

此外,在国际银行业的监管领域影响深远的巴塞尔协议能否成为金融监管法的法律渊源?这个问题颇具探讨价值。巴塞尔协议是巴塞尔银行监管委员会通过的一系列对全球跨国银行业监管具有极强指导意义的文件总称。[①]按传统国际条约的标准,巴塞尔协议并不符合国际条约的基本特征,因其本身并未按条约的程序予以正式签署或批准,也不具有强制实施的效力。但我们认为,巴塞尔协议成为国际惯例的事实已无可厚非,因为它已符合国际惯例的一般标准,即具有重复类似实践的物质因素和法律确信的心理因素。从物质因素看,其来源于金融发达国家的长期实践,而且经由巴塞尔委员会发布后,为各国银行监管当局明示接受和默许,并为国际银行界广泛推行和适用;从心

① 2009年3月,原主要由发达国家中央银行或银行监管当局组成的巴塞尔银行监管委员会吸收澳大利亚、巴西、中国、印度、韩国、墨西哥和俄罗斯等为该组织的新成员。

理因素看，各国银行监管当局在实践中至少是将其作为一种必要的国际原则或必须遵守的行业标准，事实上许多国家当局都已直接或间接依照其规定重构国内银行监管体系，而银行业无不感到其威慑力。[①] 一旦巴塞尔协议国际惯例的性质确立，其理所当然地可作为银行监管法的非正式渊源；如果其被吸收进国内立法，则将转化成正式渊源。事实上，我国立法实践中，已大量吸收巴塞尔协议的相关内容。例如，《银行业监督管理法》对有关审慎经营、并表监管、风险评估、风险预警机制等内容的规定，便是直接借鉴了巴塞尔协议的相关内容。显然，这些借鉴性的规定，实际上已把巴塞尔协议的有关内容从银行监管法的非正式渊源转变成正式渊源。同样，在2008年爆发的国际金融危机的治理过程中，金融稳定理事会对于金融业的秩序恢复以及金融监管的完善做出了卓有成效的贡献，其发布的包括《增强国际金融标准实施的框架》在内的一系列国际金融监管新规的性质跟巴塞尔协议一样，构成我国银行监管法的非正式渊源，一旦被我国立法吸收，即从“非正式渊源”转化成“正式渊源”。[②]

(3)银行交易法的渊源

银行交易法是调整银行交易关系的法律规范总称。银行交易关系是指银行业中市场主体之间因存款、贷款、同业拆借、票据贴现、银行结算、外汇买卖等金融活动而发生的各种关系。在市场经济国家以及法治社会，银行业的市场主体之间的法律地位应是平等的，所享有的权利和应履行的义务也是对等的，市场主体之间的银行交易活动必须遵循平等、自愿、等价有偿等民商法基本原则。市场主体在进行银行交易行为时，可能会适用规范市场交易行为的民商事法律，如《合同法》、《民法通则》、《担保法》等，这些法律规范就成为银行交易法的最基本的法律渊源之一。由于银行交易行为与一般的市场行为不同，因此立法机构有可能对它们作出专门立法或特殊规定。这时，这种专门立法或特殊规定也就成为银行交易法的基本法律渊源。具体地讲，在我国有关商业银行业务、存贷款管理、支付结算、外汇管理、涉外金融业务等方面的专门立法、相关的行政法规、部门规章、地方法规、规范性文件中，有关规范银行业市场主体之间交易行为的条款，都构成银行交易法的法律渊源。此外，我国参

① 李仁真：《论巴塞尔协议的原则体系与性质》，载陈安主编：《国际经济法论丛》第2卷，法律出版社1999年版，第358～359页。

② 2009年4月在伦敦举行的G20金融峰会决定，将金融稳定理事会(FSB)成员扩展至包括中国在内的所有G20成员国。

加的涉及银行业务经营的国际条约,或认可的国际金融市场的惯例,也都是我国银行交易法的渊源。

3.按照银行法律规范的内容对银行法渊源的分类

不同的银行法律规范调整着不同的与银行相关的金融关系,按照这些金融关系的内容,它们分属于中央银行法、银行监管法、商业银行法、政策性银行法、支付结算以及涉外银行法等诸多领域。这些领域互相弥补,相互交叉,组合成一个呈体系化的有机联系的统一整体。按照内容划分,金融法的渊源至少包括以下几个方面:

(1)中央银行法。其是规定中央银行的性质与法律地位、组织机构、具体职责与权限,以及法律责任,调整中央银行在履行职责过程中所发生各种社会关系的法律规范的总称。中央银行法是一个国家的金融法律制度的基础部分,对该国的金融调控以及相关的金融监管的法治化具有重要的意义。从内容来讲,中央银行法主要由中央银行组织法、货币发行与管理制度、货币政策制度、利率与汇率制度、中央银行的法定业务以及金融监管制度等部分组成。

(2)银行业监督管理法。银行业监管法有狭义与广义之分。狭义的银行监管法是规范国家银行监管当局的组织机构、法律地位、监管权力与责任、监管手段与程序以及相应的法律责任的规范总称。广义的银行监管法还包括规范银行机构的内部监管、同业自律组织的监管和社会中介组织的监管等规范。

(3)商业银行法。其是规范商业银行的组织机构、交易原则、业务范围以及相应的法律责任的规范总称。

(4)政策性银行法。其是规范政策性银行的组织机构、经营宗旨、业务范围以及相应法律责任的规范总称。我国至今并无正式的政策性银行立法。

(5)信贷管理法。其是规范借贷双方权利与义务关系的法律规范总称,包括存款法律制度、贷款法律制度以及民间借贷法律制度。

(6)支付结算法。其是调整在支付结算活动中,结算双方与银行之间的权利义务关系的法律规范的总称。从广义上讲,支付结算法也属于中央银行法的一个重要方面。

(7)涉外银行法。其是调整与银行有关并具有涉外因素的金融关系的法律规范总称。包括外资银行机构管理法、境外中资银行机构管理法、涉外融资管理法、涉外支付法、外债管理法、外汇管理法等多个方面的内容。

复习思考题

1.货币制度的发展进程以及原因分析。

2.银行机构的发展历程以及原因分析。

3.简述银行法产生与发展的原因。

4.简述银行法的调整对象以及属性。

5.简述我国银行体制改革的成就与不足。

6.怎样理解“兼顾金融安全、金融公平以及金融自由”这一基本原则?

7.混业经营趋势如何对国内“分业经营、分业管理”的金融体制产生冲击?

8.浅谈对银行法的渊源以及体系的认识。

9.货币政策是否为金融调控法的渊源?

10.怎样理解巴塞尔协议的性质?

第2章

中央银行法律制度

中央银行法是规定中央银行的性质与法律地位、组织机构、具体职责与权限，以及法律责任，调整中央银行在履行职责过程中所发生各种社会关系的法律规范的总称。中央银行法是一个国家金融法律制度的基础部分，对该国的金融调控以及相关金融监管的法治化具有重要意义。从内容来讲，中央银行法主要由中央银行组织法、货币发行与管理制度、货币政策制度、利率与汇率制度、中央银行的法定业务以及金融监管制度等部分组成。于1995年3月颁布的《中国人民银行法》是我国第一部有关中央银行的单行立法，也是第一部由国家最高权力机关制定的金融基本法律。为了适应中国银监会分设后中国人民银行职责调整的需要，2003年12月全国人大常委会通过了《关于修改〈中华人民共和国中国人民银行法〉的决定》。本次修改，强化了中国人民银行关于制定和执行货币政策方面的职责，增加了反洗钱等部分职能，从而实现了将其直接金融监管职能向维护金融稳定职能的转换。在我国，中央银行法的渊源除《中国人民银行法》外，还包括与中国人民银行履行职责有关的法律制度。

第一节　中央银行概述

一、中央银行的概念、名称及发展史

（一）中央银行的概念与名称

中央银行，简称央行，是指按照货币政策目标，依法制定和执行货币政策，调控金融市场上的货币流通，实施金融监管，以及确保金融体系稳定的特殊金融机构，居于一国金融体系的核心位置。

在不同的国家或地区，中央银行的名称并不相同。有些被直接以“中央银行”命名，如俄罗斯联邦中央银行、伊朗中央银行、意大利中央银行、欧洲中央

银行；有的被称为“国家银行”，如马来西亚国家银行、丹麦国家银行、瑞士国家银行等；有的被称为“储备银行”，如美国联邦储备系统、澳大利亚储备银行、新西兰储备银行、印度储备银行等；有的被称为“人民银行”，如中国人民银行；有的被直接冠以国名，如日本银行、泰国银行、蒙古银行、加拿大银行、德意志联邦银行、韩国银行和法兰西银行等。因此，识别一国的中央银行，不能单纯视其名称而定，而应具体考察其地位与职能。

当然，在不同的国家或地区，不仅中央银行的名称有差异，其职权与特征在各国或地区的法律规定中也多有不同。在某些国家或地区，中央银行并不享有货币政策的决策权，仅具有执行权；在某些国家或地区，中央银行不承担金融监管的职能，或者只承担部分与金融调控紧密相关的监管职责；在某些国家或地区，中央银行或者类似中央银行的机构甚至不承担或不完全承担发行货币的职责，如在1993年4月1日成立的香港金融管理局只行使中央银行的部分职能，除拥有10元纸钞的发行权外，并不负责货币发行，而是由汇丰银行、渣打银行及中银香港负责履行该项职责；澳门金融管理局也只行使中央银行的部分职能，货币发行由大西洋银行和中国银行澳门分行负责。至于中央银行的法律性质，各国或地区的法律规定也不尽一致，有的将其定性为国家机关或公法人，有的则定性为股份有限公司，有的甚至并未对其作出明确的定性。

（二）中央银行的发展史

中央银行的前身是大型商业银行，故其历史也晚于商业银行，但是发展却颇为迅速。在当今世界，绝大多数国家都已设有中央银行，甚至有些国家联合成立中央银行，如欧洲中央银行。

商业银行向中央银行的演化，最早可以追溯到17世纪中后期的欧洲。始创于1668年的瑞典国家银行，是世界上历史最悠久的中央银行，其前身是1656年由私人创立的斯德哥尔摩银行，该私人银行于1661年开始发行银行券。1694年由英王特许成立的英格兰银行，也是世界上最早的中央银行之一，是世界各国中央银行体制的鼻祖。当然，这一时期瑞典国家银行与英格兰银行只能算是中央银行的雏形，直到1833年英国议会规定英格兰银行发行的银行券为无限法偿币才标志着真正意义上的中央银行制度的诞生。自瑞典国家银行创立至今的三百多年间，中央银行制度经历了一个形成、发展、普及和完善的漫长过程。一般认为，从1668年瑞典国家银行成立到1913年美国建立联邦储备系统这一期间为中央银行的形成时期。而美国联邦储备系统的创立，标志着较为完善的中央银行制度正式形成。从时间上划分，一般将第一次世界大战爆发到第二次世界大战结束期间作为中央银行制度的发展时期。一战结束后，为尽快恢复战争所导致的混乱金融秩序，世界各国于1920年在比利时首都布鲁塞尔召开国际金融会议，要求凡未设立中央银行的国家应尽快建立中央银行，这对推动中央银行的迅速发展发挥了重要作用。这次会议所提出的负责货币发行的银行应脱离各国政府控制的观点，成为各国建立中央银行并保持其一定的独立性的重要理论根据。第二次世界大战结束以后，中央银行制度进入到普及和加强时期，已建立中央银行的国家将之国有化以及新独立的国家纷纷建立中央银行成为中央银行制度发展的两大特征：一方面，各国政府加强了对中央银行的控制与利用，如法国于1945年，英国于1946年，将中央银行收归国有，中央银行的职能和作用得到更大的重视，在国内和国际经济领域的地位日趋提高。另一方面，新成立的社会主义国家和新独立国家纷纷建立了中央银行。时至今日，世界上绝大多数国家或地区都建立了中央银行或类似于中央银行的机构，中央银行制度得到了世界性的普及和不断地完善。

我国的中央银行制度始建于20世纪初。在1904年，清政府因整理币制的需要，由户部奏准设立户部银行并于1905年8月在北京开业。1908年户部更名为"度支部"，户部银行也由此改名为"大清银行"，承担经理国库、发行纸币等中央银行的职能。清朝灭亡后，大清银行在1912年1月被改组为中国银行，与交通银行一起受北洋政府控制，承担中央银行的部分职责。1924年孙中山在广州组成中央政府时曾经设立中央银行。1926年北伐军攻克武汉，同年12月在武汉设立中央银行。但这两大中央银行是应军事需要而设立，并没有全部执行中央银行职能。1927年南京国民政府制定并颁布了《中央银行条例》，并于1928年11月成立中央银行，总行设在上海。于1929年3月将原广州的中央银行改为其分行，1933年改称广东银行。这一时期中央银行承担国库管理职能，并与中国银行、交通银行以及1933年成立的中国农民银行一起履行货币发行的职责。1937年7月成立四行的"四联总处"，统一行使中央银行职能。1942年7月货币发行权收归中央银行，同时集中对黄金、外汇储备进行统一管理，统一经理国库。

而中国人民银行的历史，可以追溯到第二次国内革命战争时期。1931年11月7日，在江西瑞金召开的"全国苏维埃第一次代表大会"上，通过决议成立的"中华苏维埃共和国国家银行"（简称"苏维埃国家银行"），承担了中央银行与商业银行的业务，并发行货币。苏维埃国家银行于1932年正式营业，毛泽民任行长，该银行隶属于财政部，各根据地银行则逐渐变成国家银行的省分行。实际上,从土地革命到抗日战争时期直至中华人民共和国诞生前夕,人民政权被分割成彼此不能连接的区域。各根据地建立了相对独立、分散管理的根据地银行,并各自发行在本根据地内流通的货币。1948 年 12 月 1 日,以华北银行为基础,合并了北海银行、西北农民银行,在河北省石家庄市组建了中国人民银行,并发行人民币,成为中华人民共和国成立后的中央银行和法定本位币。中国人民银行成立至今已六十几年,期间由于经济体制的改变,相较于成立初期,在体制、职能、地位、作用等方面,都已经发生了巨大而深刻的改变。

(三)中央银行的发展规律以及政治经济根源

分析中央银行制度形成与发展的历史,可以发现这样几个规律:①第一,早期的中央银行,是随着资本主义商品经济及货币信用的发展,在私人商业银行的基础上逐步演变而来的;而后期的中央银行,则多半是借鉴别国经验,立足本国实际,经国家立法人为创设而成。第二,中央银行制度的形成与发展,是中央银行的职能不断充实与完备的过程。中央银行的职能最初是垄断货币发行、服务政府财政,后来发展到主持全国清算系统、承担金融机构的最后贷款人责任,现今则代表国家调控货币供应、管理金融事业,成为政府干预经济的工具。第三,在中央银行制度形成与发展的过程中,存在所有权"私有为主"向"国家公有为主"转化的明显轨迹。早期的中央银行是在私人商业银行的基础上发展起来的,后来一些国家陆续对中央银行实行了国有化改造;新兴建立的中央银行,则多由政府直接投资。目前,绝大多数国家中央银行的资本全部或部分为国家所有。第四,中央银行制度的形成与发展过程,是中央银行不断舍弃自身营利目的、与国家政权逐步结合的过程。在这个过程中,中央银行的法律地位也发生了相应的变化,由最初的特权商业银行发展到准国家机关,最终成为国家机关。

同时,我们可以看到,大商业银行演变成中央银行具有深刻的经济和政治根源,它是商品经济条件下货币和信用发展的产物,是经济、金融领域矛盾运动的必然结果。具体分析,主要包括以下四点原因:②

其一,货币发行之需要。在资本主义银行业发展的初期,许多商业银行在办理存款、贷款、汇兑等一般银行业务的同时,也从事利润丰厚的银行券的发行。但是,由于它们的信用和实力良莠不齐,有的经营地域狭小,使得货币币值难以稳定,货币流通缺乏统一性,阻碍了全国大市场的建立,不能适应商品

① 参见朱崇实主编:《金融法教程》,法律出版社 2011 年第 3 版,第 21 页。

② 参见朱崇实主编:《金融法教程》,法律出版社 2011 年第 3 版,第 19~20 页。

经济发展的内在要求。鉴于此，一些国家便通过颁布法令，逐步将货币垄断发行的特权赋予一家资金雄厚、信用卓著而且经营审慎的大商业银行，这便开启了大商业银行向中央银行演变的进程。

其二，政府融资之需要。国家机构的膨胀，自然灾害和内外战争的频繁发生，使政府财政时常陷入困境。为此，政府在授权大商业银行垄断货币发行的同时，作为交换条件，往往要求它们向政府融资或代为筹资，并提供经理国库等金融服务。这进一步促进了大商业银行与政府之间的联系。

其三，票据清算和最后贷款人之需要。随着商品经济的发展与银行业务的扩大，商业银行每日收受的票据数量不断增多，彼此之间的债权债务关系日趋复杂。同时，银行在经营过程中会不时出现资金头寸的临时性短缺，尤其是在金融危机发生时，更易因存款人挤兑而陷入严重的流动性困境。为了维护支付系统的正常运转，保障金融业的稳健发展，客观上需要一个机构，出面主持全国金融机构之间的清算事宜，并承担最后贷款人的责任。而此项使命，历史性地落在了中央银行身上。

其四，金融调控与金融监管之需要。当资本主义发展到一定阶段时，商品经济逐步繁荣，金融活动开始变得频繁，金融市场初步形成。这时，政府有了监管金融市场的需要，但对金融活动的监管是一项专业性极强的职能，需要专业背景雄厚的中央银行来承担。当资本主义发展到垄断阶段以后，市场的缺陷开始暴露，尤其是20世纪30年代资本主义大危机发生以后，政府开始认识到，其不能再仅仅扮演"守夜人"的角色，而应对国民经济积极施加干预，用"政府之手"弥补市场失灵的缺陷，这时中央银行开始承担金融调控的职能。由于金本位制瓦解并为纸币制度所取代，货币供应更为灵活、更富弹性，因此能更深刻地影响经济活动。由于金融事业迅速发展而金融危机更为频繁，金融调控和金融监管的重要性变得异常突出。要实现政府的经济目标，维护金融业的安全与稳健，必须强化中央银行在宏观调控和金融监管上的职能与作用。

二、中央银行的性质与法律地位

(一)中央银行的性质

中央银行的性质是指中央银行区别于其他机构的根本属性。综观各国中央银行立法，分析各国中央银行的实际运作，可以将中央银行的性质归纳为以下两点：第一，虽然有些国家在立法中对中央银行的法律性质未予明确或作其他定性，有的中央银行甚至采用股份有限公司的组织形式，但从根本上讲，在现代经济条件下，各国中央银行都具有国家机关的性质，这是中央银行法律地位的核心内容。第二，跟一般的国家机关相比，中央银行还是特殊的金融机构，其开展金融业务，参与金融活动，且与政府保持相对的独立性，这些构成它作为国家机关的特殊性。

1.中央银行具有国家机关的性质

自瑞典国家银行成立以来，中央银行的发展已走过了三百多年的历史。在漫长的发展过程中，伴随着政府在国家经济生活中地位与作用的逐渐变化，中央银行经历了一个与政权的结合日益加深，承担的具体职能不断扩大，并由国家利益的目标逐渐取代私人营利之目的的过程。在这一过程中，中央银行的性质也由最初的特权商业银行逐步演化为准国家机关。进入20世纪以后，则进一步向国家机关的性质彻底转变。

中央银行作为国家机关的性质主要体现在以下两个方面：一方面，作为国家金融调控与监管主要机构的中央银行行使的是国家公权力，依法享有相应的金融行政管理权，这是其作为国家机关的重要标志；另一方面，公开市场业务是各国中央银行执行货币政策的重要手段，这种手段在形式上跟商业银行经营的金融业务并无差别，但其目的却与商业银行完全不同，即不以营利为目的，而是基于履行职能的需要。因此，中央银行在进行公开市场业务时，与其国家机关的性质并不矛盾，而是完全融为一体，这构成了中央银行与其他国家机关不一样的特点。

中央银行性质的这种转变有着深刻的经济和政治根源。19世纪末20世纪初，西方资本主义发展到垄断时，政府动用公权力对经济进行干预已经势在必行，而20世纪30年代资本主义大危机以及金本位制的崩溃则成为中央银行性质转变的关键点。20世纪30年代，席卷整个资本主义世界的金融危机爆发，这一时期，凯恩斯主义的国家干预理论逐渐成为经济政策的主导理论，政府开始一反以前对经济发展放任态度，转而加强对社会经济的干预。在这种背景下，中央银行的货币政策有了长足发展的空间。在危机爆发以及治理过程中，原先资本主义国家的金本位制彻底瓦解，由信用货币即纸币制度取而代之，于是中央银行调节货币供应量的能量大大增加，这不仅提高了中央银行在国家经济中的地位，而且也加深了社会对中央银行的依赖。随着中央银行作用的增强，货币政策最终与财政政策一道成为政府干预经济的主要工具之一。

与此同时，随着货币政策的作用加大，各国政府也着力加强了对中央银行的控制和利用，对中央银行实施国有化政策也成为主流模式。反过来，信用货币制度建立与运作的基础是国家信用，而中央银行只有具备国家机关的性质之后才能代表“国家信用”，其所发行的纸币才能够获得社会的充分信任。

2. 中央银行是特殊的金融机构

与一般的政府管理机关不同，中央银行还是金融企业，而且是特殊的金融企业，它为政府与普通金融机构办理银行业务和提供服务，不是单凭政治权力行使职权，而是依据货币流通规律进行管理。它不仅可以运用行政手段，还可运用强有力的经济手段，如货币供应量、再贴现、再贷款等。但是，中央银行经营银行业务与普通金融机构有着本质的不同：一方面，在绝大多数国家采用的单一中央银行制下，中央银行的业务经营对象并不包括普通工商企业和个人，而仅限于政府和普通金融机构。因此，中央银行的业务经营并不与普通金融机构构成金融竞争。另一方面，中央银行的业务经营是以执行货币政策为重要目的，并不以营利为经营目标。

至此，我们可以看到，中央银行在作为国家机关的同时，又是特殊的金融机构，这使得它明显地区别于一般的国家机关。换句话说，中央银行是具有银行特征的国家机关。在这里必须强调的是，它的国家机关性质不是它本身所固有的，而是与国家政权相结合后的附加内容。这些内容随着国家干预经济功能的强化而不断增加，而办理货币信用业务的银行特征则逐渐减弱。

（二）中央银行的法律地位

1. 中央银行的法律地位概述

中央银行的法律地位，是指通过法律形式规定中央银行在国家机构体系中的地位，主要解决中央银行与国会、政府和财政的关系问题，特别是中央银行在制定和执行货币政策、开展业务过程中的独立性和权限大小的问题。

各国立法对中央银行地位的规定不尽相同，概括起来主要有三种类型：①

第一，直接对议会或者国会负责，独立性较大。这一类中央银行直接对议会或者国会负责，可以独立地制定和执行货币政策，政府不得对中央银行发布命令和指示。当二者出现冲突时，通过协商来解决。这一类型的国家主要有德国、美国、瑞典、瑞士等。

第二，名义上属于政府，独立性居中。这种类型的中央银行的法律地位较前者低，名义上属于政府，但由于政府从未或极少使用这一权力，中央银行在实际操作过程中仍有较大的独立性。法律往往规定政府可以对中央银行发布指令，监督其业务活动，并有权任免其高层领导。英国、日本、加拿大等即属于

① 朱大旗著：《金融法》，中国人民大学出版社 2007 年第 2 版，第 84～86 页；唐波主编：《新编金融法学》，北京大学出版社 2005 年版，第 37～38 页。

这一类型。

第三，直接受控于政府，独立性较小。该类型的中央银行无论是在组织管理的隶属关系上，还是在货币政策的制定、执行上，都受到政府的严格控制。货币政策必须依据政府的指令，有的甚至无权制定货币政策，在采取重大金融措施时也必须经过政府的批准。属于这一类型的国家有意大利、澳大利亚、比利时等。

中央银行的独立性问题，历来是一个颇具争议的问题。过分地强调中央银行的独立性，容易与政府关系不协调。但如果中央银行丧失独立性，政府很可能会滥用货币政策，货币政策沦为财政政策的附庸，央行难以保持货币币值的稳定。因此，如何保持中央银行的相对独立性，是一个十分重要的问题。上述三种类型体现了各国对中央银行独立性理解的不同，以及各国经济、金融和政治体制的差异。然而，为了维护货币币值的稳定，赋予中央银行相对于政府的独立性，使之免受过多的行政干预，以及政府财政政策与短期经济发展目标的影响，是现代中央银行制度发展的基本趋势。主要依据在于以下两点：①一方面，国民经济的持续和健康发展，有赖于货币币值的稳定，因而这成为中央银行货币政策的根本目标。但在实践中，由于政府的经济发展政策与其在政治上能否获取普遍支持密切相关，政府官员很可能为了追求任期内的经济成就，而以牺牲货币的稳定和经济持续发展的长远利益为代价。由此，必须确保中央银行一定的独立地位，使之能够立足于国民经济持续发展的需要，相对自主地制定和执行货币政策，维护物价和币值的基本稳定。研究表明，一个国家或地区的通货膨胀率与该国家或地区的中央银行独立程度有着明显的对应关系。另一方面，中央银行的金融调控主要通过制定和执行货币政策，调节金融市场的货币供应量来实现。但货币有其自身特殊的运动规律，客观经济形势也处于不断变化之中。因此，从技术上讲，中央银行对货币供应量的调节，应做到准确、及时、细致并富有弹性。如果让中央银行制定和执行货币政策的职权严重受制于政府，囿于繁琐的行政程序，那么势必会削弱中央银行的金融调控功能，不利于其灵活、有效、及时地运用各种调节手段，从而影响货币政策目标的实现。

近年来，加强中央银行独立性已成为各国中央银行制度改革的重要方面。例如，在 1997 年以前，韩国银行实际上是在财经部的严格控制之下，缺乏应有的相对独立性。东南亚金融危机爆发以后，韩国政府意识到加强中央银行独

① 参见朱崇实主编：《金融法教程》，法律出版社 2011 年第 3 版，第 26～27 页。

立性的必要性和紧迫性，当年就修改了《韩国银行法》，强化了中央银行的独立性，切断了财经部对中央银行的实际控制。在加强中央银行独立性的同时，各国也更加注重对其独立性的制衡，强化对中央银行的问责制便是其中表现之一。所谓中央银行的问责制，即要求中央银行依法向社会公众和特定的公共机构陈述其政策与行为，并论证其合理性。近年来，对中央银行问责制的强化主要表现在对货币政策目标的量化、问责对象的多元化以及透明度的不断提高等方面。这种强化的目的和意义不仅在于促使中央银行审慎地履行其职责，还在于加强对其监督。因此，将问责制与独立性相结合，是中央银行制度走向更为成熟的重要标志。

（三）中国人民银行的性质与法律地位

中国人民银行是中华人民共和国的中央银行，其全部资本由国家出资，属国家所有。在性质上，中国人民银行是国务院组成部门，是特殊的国家机关，但同时接受国家权力机关的指导与监督。《中国人民银行法》规定：中国人民银行在国务院领导下，制定和执行货币政策，防范和化解金融风险，维护金融稳定；中国人民银行应当向全国人民代表大会常务委员会提出有关货币政策情况和金融业运行情况的工作报告。

作为我国的中央银行，中国人民银行在国务院领导下，制定和实施货币政策，承担金融宏观调控职能。同时，它还承担部分金融监管的职能，在国务院领导下防范和化解系统性、整体性金融风险，维护金融稳定，是保证国家金融稳定的重要力量。中国人民银行虽然隶属于国务院，但跟国务院的其他部门相比，具有相对的独立性，《中国人民银行法》也对此作出了详细的规定，主要包括以下方面：

第一，《中国人民银行法》第 3 条规定，中国人民银行的货币政策目标是保持货币币值的稳定，并以此促进经济增长。按照这种规定，中国人民银行的货币政策的首要目标是保持货币币值的稳定，这就很好地界定了货币币值稳定与经济增长的关系。

第二，《中国人民银行法》第 7 条规定，中国人民银行在国务院领导下依法独立执行货币政策，履行职责，开展业务，不受地方政府、各级政府部门、社会团体和个人的干涉。这一规定，确保了中国人民银行履行职能的相对独立性。

第三，《中国人民银行法》第 5 条规定，中国人民银行就年度货币供应量、利率、汇率和国务院规定的其他重要事项做出的决定，报国务院批准后执行；中国人民银行就其他有关货币政策事项做出决定后，即予执行，并报国务院备案。这条规定赋予了中国人民银行在制定货币政策方面一定的独立决策权。

第四，为了避免地方政府的行政干预，确保中央银行货币政策的统一实施，《中国人民银行法》第13条规定：中国人民银行根据履行职责的需要设立分支机构，作为中国人民银行的派出机构。中国人民银行对分支机构实行统一领导和管理。中国人民银行的分支机构根据中国人民银行的授权，维护本辖区的金融稳定，承办有关业务。

第五，为了确保货币发行的独立性，《中国人民银行法》规定中国人民银行不得对政府财政透支，不得直接认购、包销国债和其他政府债券。中国人民银行不得向地方政府、各级政府部门提供贷款，不得向非银行金融机构以及其他单位和个人提供贷款，但国务院决定中国人民银行可以向特定的非银行金融机构提供贷款的除外。中国人民银行不得向任何单位和个人提供担保。

第六，在财务预算上，《中国人民银行法》赋予了中国人民银行很大的财务预算自主权。该法规定，中国人民银行实行独立的财务预算管理制度。中国人民银行的预算经国务院财政部门审核后，纳入中央预算，接受国务院财政部门的预算执行监督。

三、中央银行的资本结构

（一）中央银行的资本结构

中央银行是政府的银行，但其资本却不一定为国家所有。由于历史的原因，中央银行的资本构成很复杂，大体有以下五种类型：

1. 纯国家资本。即中央银行的全部资本归国家所有。二战以后新建立的中央银行的资本大多数都为国家所有。而一些历史更为悠久的中央银行，最初为私人持有股份的银行，后由国家实行国有化改造，收买私人股份，最后也变为纯国家资本的中央银行，如英格兰银行、法兰西银行等。

2. 国家与私人资本合营。这种资本结构的中央银行是对私人持有的中央银行的股份国有化不彻底的结果，从而形成国家持有一部分股份，私人股东持有另一部分股份的结果。根据日本银行法的规定，日本银行属于法人，类似于股份公司，其资本金为1亿日元，其中5500万日元由日本政府出资，其他资本以股票方式上市流通。不过，与一般股票不同的是，私人股东没有决议权，分红也限制在5%以内。

3. 集体资本或私人资本。即中央银行的资本由金融机构集体提供，典型如美国联邦储备系统的资本。美国联邦储备系统由位于华盛顿特区的美国联邦储备委员会和12家分布在全国主要城市的地区性联邦储备银行组成，各联邦储备银行的股本全部由储备区的会员银行提供，故为储备区的会员银行集体所有。实际上,所谓的集体所有,就是私人所有,资本金由国家与私人共同持有或者纯粹由私人持有并不会影响到中央银行的性质,私人股东并不能直接参与中央银行的管理活动。

4.多国资本。区域性的国际中央银行的资本并非为一国所独有,而是由各成员国共同持有。例如,欧洲中央银行的资本是由各成员国中央银行认购和持有,认购的数量以各成员国的GDP和人口分别占欧盟的比例为基础来确定,各成员国缴纳资本的数量不得超过其份额。各成员国认购的份额5年调整一次,份额调整后的下一年生效。

5.无资本金。即中央银行在建立时根本就没有资本,或者是因为中央银行法没有关于资本金的规定,或者中央银行法直接规定所建立的中央银行无需固定资本金。目前,韩国银行属于此类。不过,无资本金并不会影响中央银行履行职责的能力,毕竟存款准备金制度的存在,使央行的资本金跟它所能控制的货币量相比微乎其微。

(二)中国人民银行的资本结构与财务会计制度

《中国人民银行法》第8条规定:"中国人民银行的全部资本由国家出资,属于国家所有。"因此,我国中央银行的资本结构是属于纯国家资本类型。同时,《中国人民银行法》第6章详细规定了中国人民银行的"财务会计"制度。根据该章规定,中国人民银行实行独立的财务预算管理制度;其预算经国务院财政部门审核后,纳入中央预算,接受国务院财政部门的预算执行监督。中国人民银行每一会计年度的收入减除该年度支出,并按照国务院财政部门核定的比例提取总准备金后的净利润,全部上缴中央财政;其亏损由中央财政拨款弥补。中国人民银行的财务收支和会计事务,应当执行法律、行政法规和国家统一的财务、会计制度,接受国务院审计机关和财政部门依法分别进行的审计和监督;应当于每一会计年度结束后的三个月内,编制资产负债表、损益表和相关的财务会计报表,并编制年度报告,按照国家有关规定予以公布。中国人民银行的会计年度自公历1月1日起至12月31日止。

第二节　中央银行的体制类型与具体职能

一、中央银行的体制类型

(一)中央银行的体制类型

目前世界各国的中央银行体制,大致可分为四种类型:

1.单一中央银行制,即指国家单独设立中央银行,专司中央银行职能,并能领导全国的金融事业的制度。单一中央银行制又可分为一元中央银行制和二元中央银行制。一元中央银行制只设立独家中央银行和众多的分支机构执行其职能,大多数国家属于此类。二元中央银行制则是在中央和地方设立两级中央银行机构,中央和地方两级分别行使权力,两级中央银行具有相对的独立性。这种体制为部分联邦制国家所采用,美国是采用二元中央银行制的典型代表。同时,欧洲中央银行在组织结构上也类似美国联邦储备体系,欧盟成员国的中央银行类似于美联储中的 12 家联邦储备银行。

2.复合中央银行制,即指一个国家没有设专司中央银行职能的银行,而是由一家大银行集中央银行职能和一般存款货币银行的经营职能于一身的银行体制。根据在该银行之外是否设立其他专业银行或商业性金融机构为标准,又可细分为混合式中央银行制和一体式中央银行制。前者分设中央银行与专业银行,中央银行业务与专业银行业务互相交叉办理。后者是集中央银行与商业银行的全部业务、职能于一身的中央银行。复合中央银行制是集中计划经济的产物,表现出国家对信用的高度垄断。现在采用复合中央银行制的国家日益减少,前苏联以及东欧前社会主义国家都曾属于这种体制。在 1983 年以前,中国也实行这种中央银行制度。

3.跨国型中央银行制,即指中央银行是由某一货币联盟的所有成员国联合组成的中央银行制度。这种跨国的中央银行可以发行共同的货币和为成员国制定金融政策,宗旨在于推进联盟各国经济的发展及避免通货膨胀。跨国型中央银行的主要职能是发行统一货币,制定和执行统一的货币政策与外汇政策,监管各加盟国的金融机构和金融市场,为加盟国提供金融服务。例如,1962 年,西非货币联盟成立西非八国共同的中央银行即西非中央银行,成员包括贝宁、布基纳法索、科特迪瓦、马里、尼日尔、塞内加尔、多哥和几内亚比绍;1973 年,中非货币联盟成立了六国共同的中央银行即中非国家银行,成员包括喀麦隆、乍得、刚果、赤道几内亚、加蓬和中非共和国。西非中央银行、中非中央银行都为跨国型中央银行。欧洲中央银行也属于跨国性中央银行,其是根据 1992 年《马斯特里赫特条约》的规定于 1998 年 7 月 1 日正式成立的。欧洲中央银行是为了适应欧元发行流通而设立的金融机构,同时也是欧洲经济一体化的产物。欧洲央行的职能是“维护货币的稳定”,管理主导利率、货币的储备和发行以及制定欧洲货币政策。其职责和结构以德国联邦银行为模式,独立于欧盟机构和各国政府之外,总部位于德国金融中心法兰克福。欧洲中央银行与欧盟各成员国中央银行一起,共同构成了欧洲中央银行体系。

4.准中央银行制,即指有些国家或地区只设置类似中央银行的机构,或由政府授权某个或某几个商业银行行使部分中央银行职能的体制。例如,成立于1971年的新加坡金融管理局,其职能包括了财政金融等诸多金融机能,也掌握货币发行权。香港金融管理局与澳门金融管理局也只行使中央银行的部分职能,货币发行委托相关商业银行进行。

(二)中国人民银行的体制变迁与组织机构

1.中国人民银行的体制变迁

中国人民银行是中华人民共和国的中央银行,总行设在北京。中国人民银行于1948年12月1日在石家庄合并当时的华北银行、北海银行和西北农民银行而成。在1953年至1979年间的大部分年份中,中国人民银行是全国唯一的国家银行,并承担中央银行和商业银行的双重职能。这一时期为中国的一体式中央银行制度时期。1979年到1983年,随着金融体制改革的逐步展开和深化,中国人民银行的部分金融业务被陆续恢复,此后建立的中国农业银行、中国银行、中国人民建设银行(后改称中国建设银行)、中国人民保险公司等专业银行或非银行金融机构也分担了中央银行部分职能,但其本身仍兼办工商信贷和城镇储蓄。因此,这个时期为中国的混合式中央银行制度时期。

无疑,无论是一体式还是混合式中央银行制度,都是高度集中的计划经济体制的产物。在这种中央银行体制下,由于宏观调控目标与微观经营目标之间的冲突,中国人民银行实际上无法同时扮演好金融调控与金融监管的角色。随着改革开放的进行,我国客观上需要一个名副其实的中央银行,履行金融调控与监管的职责,从而适应经济和金融体制改革的需要。鉴于此,国务院于1983年9月发布了《关于中国人民银行专门行使中央银行职能的决定》,决定中国人民银行自1984年1月起专门履行中央银行的职能,集中力量研究和做好全国金融宏观决策工作,其原先承担的商业银行业务由新成立的中国工商银行承接。从此,国内的中央银行制度进入单一中央银行制度时期。1986年1月,国务院颁布《中华人民共和国银行管理暂行条例》,明确了中国人民银行的性质与法律地位,即其是国务院领导和管理全国金融事业的国家机关,是我国的中央银行,由此正式确立了我国真正意义上的中央银行制度。

2.中国人民银行的组织机构

《中国人民银行法》就中国人民银行的领导机构、咨询机构、分支机构等作了原则性规定。

《中国人民银行法》规定,中国人民银行实行行长负责制。行长领导中国人民银行的工作,副行长协助行长工作。中国人民银行设行长一人,副行长若干人。中国人民银行行长的人选，根据国务院总理的提名，由全国人民代表大会决定；全国人民代表大会闭会期间，由全国人民代表大会常务委员会决定，中华人民共和国主席任免。中国人民银行副行长由国务院总理任免。

中国人民银行设立货币政策委员会，其职责、组成和工作程序，由国务院规定，报全国人民代表大会常务委员会备案。中国人民银行货币政策委员会应当在国家宏观调控、货币政策制定和调整中，发挥重要作用。根据 1997 年 4 月 5 日国务院发布的《中国人民银行货币政策委员会条例》，货币政策委员会是中国人民银行制定货币政策的咨询议事机构，其职责是，在综合分析宏观经济形势的基础上，依据国家宏观调控目标，讨论货币政策的制定和调整、一定时期内的货币政策控制目标、货币政策工具的运用、有关货币政策的重要措施、货币政策与其他宏观经济政策的协调等涉及货币政策的重大事项，并提出建议。

货币政策委员会设主席一人，副主席一人。主席由中国人民银行行长担任，副主席由主席指定。货币政策委员会实行例会制度，在每季度的第一个月份中旬召开例会。货币政策委员会主席或者 1/3 以上委员联名，可以提议召开临时会议。货币政策委员会秘书处应当在货币政策委员会例会召开的 10 日前，将会议议题及有关资料送达全部委员；在会议召开时，向全部委员提供最新统计数据及有关技术分析资料。货币政策委员会会议有 2/3 以上委员出席，方可举行。货币政策委员会会议由主席主持，主席因故不能履行职务时，由副主席代为主持。货币政策委员会会议应当以会议纪要的形式记录各种意见。货币政策委员会委员提出的货币政策议案，经出席会议的 2/3 以上委员表决通过，形成货币政策委员会建议书。中国人民银行报请国务院批准有关年度货币供应量、利率、汇率或者其他货币政策重要事项的决定方案时，应当将货币政策委员会建议书或者会议纪要作为附件，一并报送。中国人民银行报送国务院备案的有关货币政策其他事项的决定，应当将货币政策委员会建议书或者会议纪要，一并备案。货币政策委员会的内部工作制度，由货币政策委员会制定。

在 1995 年《中国人民银行法》草案的讨论中，货币政策委员会的设置有三种方案，其一为全国人民代表大会下设机构，直接对人大负责；其二为国务院下设机构，直接对国务院负责；其三为中国人民银行下设机构，作为人行的咨询议事机构。由于中国人民银行实行的是行长负责制度，前面两种方案都可能与此产生冲突，最后立法选择了第三种方案。选择第三种方案的结果是，货币政策委员会的实际作用大打折扣。虽然 2003 年修改后的《中国人民银行法》第12条增加了第2款内容“中国人民银行货币政策委员会应当在国家宏观调控、货币政策制定和调整中,发挥重要作用”,从立法上将行政法规(即《中国人民银行货币政策委员会条例》)对货币政策委员会职能的规定上升到法律层次,并将其作用范围延伸至国家经济宏观调控领域,但由于货币政策委员会没有足够的独立性,其功效无法理想发挥。

《中国人民银行法》对中国人民银行的内设机构未予规定。根据国务院办公厅于2008年8月发出通知,印发经国务院批准的《中国人民银行主要职责内设机构和人员编制规定》,中国人民银行的内设机构有:(1)办公厅(党委办公室);(2)条法司;(3)货币政策司;(4)汇率司;(5)金融市场司;(6)金融稳定局;(7)调查统计司;(8)会计财务司;(9)支付结算司;(10)科技司;(11)货币金银局;(12)国库局;(13)国际司(港澳台办公室);(14)内审司;(15)人事司(党委组织部);(16)研究局;(17)征信管理局;(18)反洗钱局(保卫局);(19)党委宣传部(党委群工部)。按照这次调整方案,中国人民银行新设立了汇率司,负责拟订人民币汇率政策并组织实施;研究、制订并实施外汇市场调控方案,调控境内外汇市场供求;根据人民币国际化的进程发展人民币离岸市场;协助有关方面提出资本项目兑换政策建议;跟踪监测全球金融市场汇率变化;研究、监测国际资本流动,并提出政策建议。

同时,《中国人民银行法》规定,中国人民银行根据履行职责的需要设立分支机构,作为中国人民银行的派出机构。中国人民银行对分支机构实行统一领导和管理。中国人民银行的分支机构根据中国人民银行的授权,维护本辖区内的金融稳定,承办有关业务。1998年底,中国人民银行为了增强其独立性,减少地方政府对央行各分支机构执行货币政策及银行监管方面的干预,经国务院同意,对管理体制进行了重大改革。根据地域关联性、经济金融总量和金融监管的需要,参照美联储大区行的模式,撤销了31个中国人民银行省级分行,成立9大区行,作为中国人民银行的派出机构。在北京、重庆设立中国人民银行营业管理部,承担原北京分行、重庆分行的管理职能;对其下级分支机构作相应调整。至此,中国人民银行分支机构的设置,实现了由按行政区域划分到按经济区域分布的转变。① 实行“大区行体制”是中国人民银行由行政区划设置分行转向经济区划设置分行的一次尝试，当时对减少地方政府干预起到一定作用，但同时也带来一些问题。一方面，中国当前经济发展仍然是政府主导型的发展模式，地方政府的经济决策对于本地经济发展的作用非常明显。虽然中国人民银行成立大区行起到了减少地方政府对央行货币政策干预的作用，但是中国人民银行在制定和执行与各地的经济发展水平和模式相适应的区域性货币政策时，没有地方政府的参与，是无法实现货币政策和地方经济发展政策有效配合的。另一方面，在金融监管权限的划分问题上，在分行、金融监管办事处，以及省会城市中心支行的关系衔接和职责划分方面，衍生出一些矛盾和问题。无疑，人权与事权、财权相统一是现代管理的一项基本原则，但改革中这三权却被割裂开来。九大区分行对各中心支行、监管办事处拥有人权，但没有多少事权，更没有财权；而省会城市中心支行对其他中心支行有部分事权，有全部财权，却没有人权；监管办对中心支行有一定的事权，却既无人权，也无财权。2003 年 4 月中国银监会成立后，中国人民银行分支机构的主要监管职能又分离到地方银监局。大区行的职责则主要是辖区内的货币政策执行，而货币政策是由中国人民银行总行制定的，中国的各区域经济中心并不存在差异性货币政策。实际上，大区行除具有人事权外，与省会中心支行相比并无更多的职能。2004 年 5 月，中国人民银行明确规定，货币信贷职能也由大区管理改为由省会中心城市支行负责，并直接向总行负责。其间，中国人民银行完成了一次分支机构的“升格”。当时，中国人民银行将四个省会城市中心支行——郑州中心支行、石家庄中心支行、杭州中心支行、福州中心支行和一个计划单列市中心支行——深圳中心支行的行政级别由副局级升格为正局级，与中国人民银行九大区行的级别相同。虽然名称并无变化，但却由总行而非大区行直接管辖；并且中心支行的管辖区域，除深圳中心支行（仍为深圳市）不变外，郑州、石家庄、杭州和福州等则由原来的一个城市分别扩大到所在省，具有与大区行相同的职责。2004 年 9 月中国人民银行又一次升格的对象是五个偏远地区的省会（首府）中心支行——海口、西宁、呼和浩特、银川和

① 当时成立的九大区行为：天津分行（管辖天津、河北、山西、内蒙古）、沈阳分行（管辖辽宁、吉林、黑龙江）、上海分行（管辖上海、浙江、福建）、南京分行（管辖江苏、安徽）、济南分行（管辖山东、河南）、武汉分行（管辖湖北、湖南、江西）、广州分行（管辖广东、广西、海南）、成都分行（管辖四川、贵州、云南、西藏）、西安分行（管辖陕西、甘肃、青海、宁夏、新疆）以及北京、重庆两家营业管理部，分行行长的行政级别是正局级。

乌鲁木齐中心支行。相应地,它们所管辖的业务区域将由五个中心城市扩大到海南、青海、内蒙古、宁夏和新疆五个省区。上次调整,上海分行、济南分行管辖区域分别只剩下上海和山东两地,这两大区行实质上已不存在。而这次调整,又使三家大区行的管辖范围大大缩减:广州分行管辖广东(深圳除外)和广西;西安分行下辖陕西和甘肃;天津分行只剩下天津和山西。经过这两次中心支行的升格,中国人民银行的分支机构包括2家营业管理部、9家分行和10家中心支行共21家,其行政级别均为正局级。这样的格局,使实施不到6年的大区行制度距正式解体仅一步之遥。因此,中国人民银行9大区行的重新定位和去留问题不得不令人关注。

此外,2005年8月,根据中央机构编制委员会办公室《关于设立中国人民银行上海总部的批复》精神,中国人民银行上海总部正式挂牌成立。中国人民银行上海总部主要承担中央银行公开市场业务、金融市场监测、金融信息分析研究、金融产品研发和交易、区域金融合作等职责。

二、中央银行的具体职能

(一)中央银行的具体职能概述

对于中央银行的具体职能,目前主要有两种归纳方法:其一是按照中央银行的性质,将其具体职能归纳为调控、管理、服务三大类;其二是按照中央银行在国民经济中的地位,将其具体职能归纳为发行的银行、政府(或国家)的银行、银行的银行三大类。以下按照第二种归纳法进行简单介绍。

1. 发行的银行

从中央银行的发展史来看,取得货币发行垄断权是中央银行较早获得的职能之一。中央银行垄断货币发行权,对于调节货币供应量、稳定币值具有重要作用。目前,世界各国几乎都以立法明确授予中央银行发行货币的垄断权,当然也有少数国家或地区例外。例如,香港、澳门的货币发行委托相关商业银行办理。

2. 政府(或国家)的银行

之所以被称为政府的银行,并非指中央银行是由政府投资设立,而是指其与本国政府有密切关系,为政府服务,并代表政府管理金融事务。具体体现在中央银行的如下职能:是货币政策的制定者和执行者,是国家干预经济的主要工具之一;履行金融监管的职能,维系金融系统的稳定;为国家提供金融服务,代理国库,代理发行政府债券,为政府筹集资金;代理政府买卖黄金、外汇,管理国家的黄金、外汇储备;代表政府参加国际金融组织和各种国际金融活动。

3、银行的银行

中央银行作为银行的银行，集中保管银行的准备金，并对它们发放贷款，充当“最后贷款者”，并主持全国金融机构之间的票据清算。

（二）中国人民银行的具体职能

《中国人民银行法》第4条规定：“中国人民银行履行下列职责：（一）发布与履行其职责有关的命令和规章；（二）依法制定和执行货币政策；（三）发行人民币，管理人民币流通；（四）监督管理银行间同业拆借市场和银行间债券市场；（五）实施外汇管理，监督管理银行间外汇市场；（六）监督管理黄金市场；（七）持有、管理、经营国家外汇储备、黄金储备；（八）经理国库；（九）维护支付、清算系统的正常运行；（十）指导、部署金融业反洗钱工作，负责反洗钱的资金监测；（十一）负责金融业的统计、调查、分析和预测；（十二）作为国家的中央银行，从事有关的国际金融活动；（十三）国务院规定的其他职责。”具体来讲，中国人民银行的职能包括如下方面：

1. 发行的银行

《中国人民银行法》第三章专门对人民币的单位、法律地位、发行与流通作出了详细规定。具体包括：

中华人民共和国的法定货币是人民币。以人民币支付中华人民共和国境内的一切公共的和私人的债务，任何单位和个人不得拒收。人民币的单位为元，人民币辅币单位为角、分。人民币由中国人民银行统一印制、发行。中国人民银行发行新版人民币，应当将发行时间、面额、图案、式样、规格予以公告。

禁止伪造、变造人民币。禁止出售、购买伪造、变造的人民币。禁止运输、持有、使用伪造、变造的人民币。禁止故意毁损人民币。禁止在宣传品、出版物或者其他商品上非法使用人民币图样。

任何单位和个人不得印制、发售代币票券，以代替人民币在市场上流通。

残缺、污损的人民币，按照中国人民银行的规定兑换，并由中国人民银行负责收回、销毁。

中国人民银行设立人民币发行库，在其分支机构设立分支库。分支库调拨人民币发行基金，应当按照上级库的调拨命令办理。任何单位和个人不得违反规定，动用发行基金。

另外，中国人民银行内部设立“货币金银局”，其职责为拟订有关货币发行和黄金管理办法并组织实施；承担人民币管理和反假货币工作；制定现钞、辅币和贵金属纪念币的生产计划，负责对人民币现钞、贵金属纪念币的调拨、发行库管理及流通中现金的更新和销毁；管理现金投放、回笼和库款安全；管理国家黄金储备;承办国务院反假货币联席工作会议的具体工作等。

2.政府(或国家)的银行

中国人民银行作为政府(或国家)的银行,与政府有着密切的联系,将政府作为其直接客户,服务于政府,代表政府处理有关金融事务。

具体表现在:发布与履行其职责有关的命令和规章;依法制定和执行货币政策;监督管理银行间同业拆借市场和银行间债券市场;实施外汇管理,监督管理银行间外汇市场;监督管理黄金市场;持有、管理、经营国家外汇储备、黄金储备;经理国库;指导、部署金融业反洗钱工作,负责反洗钱的资金监测;负责金融业的统计、调查、分析和预测;作为国家的中央银行,从事有关的国际金融活动等。

3.银行的银行

中国人民银行作为“银行的银行”,其职能可以概括为以下几个方面:要求银行业金融机构按照规定的比例交存存款准备金;为在中国人民银行开立账户的银行业金融机构办理再贴现;向商业银行提供贷款维护支付、清算系统的正常运行,会同国务院银行业监督管理机构制定支付结算规则,组织或者协助组织银行业金融机构相互之间的清算系统,协调银行业金融机构相互之间的清算事项,提供清算服务。

(三)机构分立之后中国人民银行继续承担的金融监管职能

改革开放以后,我国曾实行完全混业监管体制,即由中国人民银行统一监管银行业、证券业和保险业。其后,中国人民银行的证券监管和保险监管的职责被先后剥离,分别划归中国证券监督管理委员会和中国保险业监督管理委员会行使。2003年4月,中国银行业监督管理委员会成立,履行原由中国人民银行履行的对银行、金融资产管理公司、信托投资公司及其他存款类金融机构的监管职责。机构分设下,中国人民银行作为国家宏观调控部门,依法履行中央银行职责。中国人民银行在国务院领导下,制定和执行货币政策,防范和化解金融风险,维护金融稳定。其货币政策目标是保持货币币值的稳定,并以此促进经济增长。但这并不意味着中国人民银行就完全将金融监管的职能分离出去,实际上它仍然保留对货币市场及银行等金融机构部分业务的监督管理权。根据《中国人民银行法》第4条规定,中国人民银行还保留反洗钱,监督管理全国银行间债券市场、同业拆借市场、银行间外汇市场和黄金市场,审批商业银行结售汇业务等金融监管职责。同时,中国人民银行也担负着保持金融稳定的责任。《中国人民银行法》第33条规定:“中国人民银行根据执行货币政策和维护金融稳定的需要,可以建议国务院银行业监督管理机构对银行业金融机构进行检查监督。国务院银行业监督管理机构应当自收到建议之日起三十日内予以回复。”该法第34条规定：“当银行业金融机构出现支付困难，可能引发金融风险时，为了维护金融稳定，中国人民银行经国务院批准，有权对银行业金融机构进行检查监督。”至此，我们可以看到，对金融业的监管，尤其是对银行业的监管，仍然是中国人民银行关注的重要对象，是履行维护金融稳定职能的关键部分。因此，中国人民银行与银监会的职能在很多方面，不可避免地交叉在一起。根据《中国人民银行法》、《银行业监督管理法》，以及2008年7月国务院批准的《中国人民银行主要职责内设机构和人员编制规定》等相关法律法规，我们可以在大体上对中国人民银行和银监会的监管职能做如下划分（参见表2-1）。

目前，中国人民银行承担的主要金融监管职责有：

1. 监督管理银行间同业拆借市场和银行间债券市场。银行间同业拆借市场是银行业同业之间短期资金的拆借市场，是银行、非银行金融机构之间相互融通短期资金的场所，它是以1年以下短期资金为主的批发市场。同业拆借的资金主要用于弥补银行短期资金的不足，票据清算的差额以及解决临时性资金短缺需要，具有低风险性和高流动性的特点。其亦称“同业拆放市场”，是金融机构之间进行短期、临时性头寸调剂的市场。在操作上，银行间同业拆借主要通过电讯手段成交，每笔拆借交易的数额较大。日拆一般无抵押品，单凭银行的信誉，期限较长的拆借常以信用度较高的金融工具为抵押品。中国人民银行于1996年建立了全国银行间同业拆借市场，将同业拆借交易纳入全国统一的同业拆借网络进行监督管理。全国银行间同业拆借市场建立以后，中国的同业拆借市场步入了规范发展的轨道。2011年全年银行间同业拆借市场人民币交易累计成交196.54万亿元，日均成交7861亿元，日均成交同比增长9.5%。①

① 参见中国人民银行：《2011年金融统计数据报告》，http://www.pbc.gov.cn/publish/diaochatongjisi/3172/2012/20120108170351045302718/20120108170351045302718_.html，下载日期：2012年7月26日。

表 2-1　中国人民银行和银监会的金融监管职能划分一览表

	中国人民银行	银监会
	监管银行间同业拆借市场、银行间债券市场、银行间票据市场及上述市场的有关衍生产品交易	制定监管规则
	监管银行间外汇市场和黄金市场及上述市场的有关衍生产品交易；管理国库	市场准入管理
	反洗钱	现场和非现场监督
	管理信贷征信业	信息披露、违规处置、并表监管
	最后贷款人	查处、防范风险和危机处置
	拟订金融业改革和发展战略规划，承担综合研究并协调解决金融运行中的重大问题、促进金融业协调健康发展的责任，参与评估重大金融并购活动对国家金融安全的影响并提出政策建议，促进金融业有序开放	建立银行业金融机构监督管理评级体系和风险预警机制
	持有、管理、经营国家外汇储备、黄金储备	对银行业自律组织的活动进行指导和监督
	负责对金融业数据的统计、编制、分析和预测	负责银行业的数据统计与编制
交叉或分工不明的职能	信贷政策	
	金融控股公司和交叉性金融业务	
	金融业信息化、标准化	
	支付清算监管	
	外汇管理	
	对金融控股公司的监管	

资料来源：根据《中国人民银行法》、《银行业监督管理法》、《中国人民银行主要职责内设机构和人员编制规定》的相关规定整理而成

银行间债券市场是银行、非银行金融机构作为机构投资者进行债券交易的场所，也主要用于解决市场参与者的短期资金流动性需要。该市场的交易

工具包括政府债券、金融债券和其他债券，交易方式有现券买卖、债券回购和远期合约。在国内，银行间债券市场是指依托于中国外汇交易中心暨全国银行间同业拆借中心和中央国债登记结算公司，包括商业银行、农村信用联社、保险公司、证券公司等在内的金融机构进行债券买卖和回购的市场。经过近几年的迅速发展，银行间债券市场目前已成为我国债券市场的主体部分。记账式国债的大部分、政策性金融债券都在该市场发行并上市交易。截至 2011 年末，银行间市场债券托管额为 21.4 万亿元，银行间市场累计成交 196.5 万亿元，同比增长 9.5%。银行间债券市场参与机构共有 11162 个，比 2010 年增加 927 个，包括各类金融机构和非金融机构投资者，形成了以做市商为核心、以金融机构为主体、其他机构投资者共同参与的多层投资者结构，银行间市场已成为各类市场主体进行投融资活动的重要平台。①

中国人民银行在对同业拆借市场与银行间债券市场管理的实践中，逐步探索出一系列行之有效的市场管理措施。期限管理、限额管理、准入管理、备案管理、透明度管理等市场管理手段，既能防范系统风险，又能灵活适应不同类型市场参与者的多样化需求。中国人民银行监督管理银行间同业拆借市场和银行间债券市场的方式主要包括：制定与两个市场管理有关的规章制度；确定可以交易的市场工具；审核交易主体资格；确定市场的交易方式；审查交易工具的发行方式和利率水平；监测市场的日常变化，负责市场信息的统计和公布；检查监督市场参与者的行为并对违反规定者给予行政处罚。

2005 年，为规范银行业金融机构进入全国银行间同业拆借市场的审批程序，中国人民银行发布了《银行业金融机构进入全国银行间同业拆借市场审核规则》。2007 年，为进一步发展货币市场、规范同业拆借交易、防范同业拆借风险、维护同业拆借各方当事人的合法权益，中国人民银行发布了《同业拆借管理办法》(本节以下简称《管理办法》)。按照《管理办法》的规定，16 类符合条件的金融机构可以申请进入同业拆借市场，这个范围涵盖了所有银行类金融机构和绝大部分非银行金融机构。其中，信托公司、金融资产管理公司、金融租赁公司、汽车金融公司、保险公司、保险资产管理公司六类非银行金融机构被首次纳入了同业拆借市场申请人范围。同时，《管理办法》放大了机构自主权，适当延长了部分金融机构的最长拆借期限，简化了期限管理档次。根据

① 参见中国人民银行：《2011 年金融市场运行情况》，http://www.pbc.gov.cn/publish/jinrongshichangsi/3203/2012/20120131181157796602353/20120131181157796602353html，下载日期：2012 年 7 月 26 日。

《管理办法》,在限额管理上,调整放宽了绝大多数金融机构的限额核定标准,总共分为5个档次;而拆借期限针对不同金融机构分为3档,从7天到1年不等。此外,《管理办法》还规定了同业拆借市场参与者的信息披露义务、信息披露基本原则、信息披露平台、信息披露责任等,并明确了同业拆借中心在公布市场信息和统计数据方面的义务,为加强市场运行的透明度提供了制度保障。今后,中国人民银行还将进一步加强对同业拆借资金的监管,尤其是防范以"同业拆借"之名行"同业存款"之实的行为。

在银行间债券市场管理方面,中国人民银行先后发布了《银行间债券市场债券发行现场管理规则》(2002年)、《全国银行间债券市场金融债券发行管理办法》(2007年)、《全国银行间债券市场做市商管理规定》(2007年)、《银行间债券市场债券招标发行管理细则》(2011年)等。为规范银行间债券市场信用评级机构的评级作业行为,加强对信用评级机构评级作业的管理,中国人民银行发布了《信贷市场和银行间债券市场信用评级规范》(2007年)、《关于加强银行间债券市场信用评级作业管理的通知》(2008年)等。今后,中国人民银行在对银行间债券市场管理方面还必须打通银行间债券市场与交易所债券市场的互联,推动交易商间市场以及交易商和客户间市场之间的分层,丰富交易产品类型以及进一步完善做市商制度等。

2.实施外汇管理,监督管理银行间外汇市场。国家外汇管理局是中国人民银行领导的具有相对独立地位的机构,中国人民银行通过国家外汇管理局及其分支机构具体实施外汇管理。外汇管理的主要内容包括:经常项目外汇管理、资本项目外汇管理、国际收支申报与统计、人民币汇率管理等。银行间外汇市场是获准经营外汇业务的境内金融机构在人民币与外汇之间进行买卖交易的市场，即中国外汇交易中心[1]。目前，国家外汇管理局主要通过中国外汇交易中心对银行间外汇市场实施管理。银行间外汇市场管理的主要内容为：制定交易规则；审批外汇市场的准入；监管外汇市场的交易价格；监管交易工具。

在设立银监会后，两者在外汇管理上的职责如何分工问题凸显。外汇存储、外汇的汇入汇出、购入外汇、人民币与外汇的兑换等活动，以及银行间的外汇买卖等，均由中国人民银行的外汇管理局负责。而外汇之间的买卖、兑换等由银监会监督管理。前者表面是监管问题，但实质与货币政策密切相关，影响到金融市场货币总量的控制。相比之下，后者主要是监管问题，与货币政策关系不大。目前，在中国人民银行的外汇管理方面，现行的外汇管理体制沿袭的是改革开放初期外汇相对短缺、经济发展又需要大量外汇资金的背景下，所需要的"宽进严出"的指导思想，导致很多管制措施已经不符合当前经济发展水平以及建立国际金融大国的战略需要。具体包括：对经常性项目外汇流出的真实性审核要求严格和具体，而收、结汇政策就比较宽松，对结汇资金来源和性质基本上不作真实性审核的要求；对资本项目下的外汇管理仍分外严格，不利于国际资本的自由流动；对汇率管制的自由度不够，名为实行"有管理的浮动汇率制"，实际上仍为变相的"固定汇率制"，等等。无疑，以上方面都是中国人民银行在外汇管理方面需要进一步完善之处。

3. 监督管理黄金市场。黄金市场是指黄金买卖与兑换的交易市场。根据《金银管理条例》有关规定，国家对金银实行统一管理，统购统配的政策，国家管理金银的主管机关是中国人民银行。显然，国务院于1983年颁布与实施的《金银管理条例》是计划经济时代的产物，严重不符合经济发展的要求。2001

---

① 中国外汇交易中心暨全国银行间同业拆借中心（以下简称"交易中心"）于1994年4月18日成立，是中国人民银行总行直属事业单位。作为中国银行间外汇市场、货币市场、债券市场以及汇率和利率衍生品市场的具体组织者和运行者，近年来，交易中心在人民银行、外汇局的直接领导下，紧紧围绕人民币汇率、利率改革和金融市场发展，致力于银行间本外币市场基础设施建设、产品和机制创新。银行间本外币市场交易量屡创新高，交易机制不断创新，原生、衍生产品序列逐渐丰富，具有国际先进水平的交易平台成功上线，人民币基准汇率和利率引人瞩目，市场主体数量和类型不断增加，清算、信息、监管服务功能日益完善。银行间市场已经成为我国金融市场中交易量最大的一个市场，涵盖外汇市场、货币、债券、衍生品市场。2008年本币市场交易总量超过110万亿人民币，2009年交易总量达138万亿人民币。参见中国外汇交易中心官方网站对交易中心的介绍，网址：http://www.chinamoney.com.cn/fe/Channel/2360。

年 4 月，中国人民银行宣布取消黄金“统购统配”的计划管理体制，在上海组建黄金交易所。2002 年 10 月，上海黄金交易所开业，中国黄金市场走向全面开放。2003 年 4 月，中国人民银行取消了有关黄金行业的 26 项行政审批项目，其中包括取消黄金收购许可，黄金制品生产、加工、批发业务审批，黄金供应，黄金制品零售业务核准等 4 个项目。与过去相比，黄金市场的管理已经变化很大。不过，《金银管理条例》的有效状态将金银管理的行政执法与司法置于尴尬的境地，也使得黄金至今没有成为国内居民资产与外汇储备的主要对象。因此，该条例的修改迫在眉睫，立法修改应在两个方面规定中国人民银行管理黄金的职责，具体包括：其一，监督管理黄金市场交易；其二，监督管理黄金进出口业务。

自 2001 年黄金流通管理体制改革以来，我国黄金市场发展十分迅速，初步形成了现货与衍生品相结合、面向机构和个人的多层次黄金市场格局，对促进黄金产业结构调整升级，推动金融市场体系完善发挥了重要作用。但同时，受黄金交易价格上涨较快、投资者投资热情高涨的影响，近年来也出现了部分地方、机构自设交易所（黄金交易平台）的现象。这些交易所（黄金交易平台）管理不规范，违法违规问题突出，风险逐步暴露。2011 年 12 月，中国人民银行、公安部、工商总局、银监会和证监会等五部委联合发布了《关于加强黄金交易所或从事黄金交易平台管理的通知》（以下简称《通知》），对设立黄金交易所或在其他交易场所内设立黄金交易平台等相关活动进行规范。为维护黄金市场秩序，《通知》明确，除上海黄金交易所和上海期货交易所外，任何地方、机构或个人均不得设立黄金交易所（交易中心），也不得在其他交易场所（交易中心）内设立黄金交易平台。正在筹建的，应一律终止相关设立活动；已经开业的，要立即停止开办新的业务。《通知》提出，要在当地人民政府的统一领导下，由人民银行牵头妥善做好相关黄金业务善后清理工作；对被责令关闭或撤销的黄金交易所（交易中心），相关部门将责令其限期办理变更、注销登记，或者依法吊销营业执照；银行业金融机构应停止为其提供开户、托管、资金划汇、代理买卖、投资咨询等中介服务；对于涉嫌犯罪的，应当移送当地公安机关依法查处。无疑，《通知》的出台，有利于将投资者引导到合法黄金交易场所进行投资，是保护投资者利益、防范金融风险的内在要求。中国人民银行必须会同相关部门进一步指导上海黄金交易所和上海期货交易所做好产品创新和交易系统建设各项工作，引导金融机构规范开展黄金业务，建立健全黄金市场法律法规，加强黄金市场服务体系建设，推动黄金市场对外开放，稳步推进黄金市场健康发展。

4. 负责反洗钱工作。洗钱是指将毒品犯罪、黑社会性质的组织犯罪、恐怖活动犯罪、走私犯罪或者其他犯罪的违法所得及其产生的收益，通过金融机构以各种手段掩饰、隐瞒其来源和性质，使其在形式上合法化的行为。洗钱是严重的经济犯罪行为，不仅破坏经济活动的公平公正原则，破坏市场经济有序竞争，损害金融机构的声誉和正常运行，威胁金融体系的安全稳定，而且洗钱活动与贩毒、走私、恐怖活动、贪污腐败和偷税漏税等严重刑事犯罪相联系，对一个国家的政治稳定、社会安定、经济安全以及国际政治经济体系的安全都构成严重威胁。"911 事件"之后，国际社会加深了对洗钱犯罪危害的认识，把打击资助恐怖活动也纳入到打击洗钱犯罪的总体框架之中，并加强了世界范围内的反洗钱合作。金融行动特别工作组(FATF)是当今世界最具权威性和影响力的反洗钱与反恐融资领域的政府间组织，是全球反洗钱与反恐怖融资标准的制定者。FATF 肇始于 1989 年 7 月西方七国集团为专门研究洗钱危害及其预防洗钱并协调反洗钱国际行动而成立的政府间机构。目前，该组织已拥有 36 个正式成员(34 个国家和地区及 2 个区域性组织)以及 33 个联系成员和观察员。①

由于洗钱犯罪活动主要通过金融机构完成，②2003 年修改后的《中国人民银行法》规定：中国人民银行指导、部署金融业反洗钱工作、负责反洗钱的资金监测。自 2007 年 1 月 1 日起施行的《反洗钱法》，也进一步强调了中国人民银行在反洗钱工作中的作用与职能。2003 年 10 月，中国人民银行组建反洗钱局，全面履行反洗钱职责，具体职责包括：承办组织协调国家反洗钱工作；研究和拟订金融机构反洗钱规则和政策；承办反洗钱的国际合作与交流工作；汇总和跟踪分析各部门提供的人民币、外币等可疑支付交易信息，涉嫌犯罪的，移交司法部门处理，并协助司法部门调查涉嫌洗钱犯罪案件；承办中国人民银行系统的安全保卫工作，制定防范措施；组织中国人民银行系统的金银、现钞、有价证券的保卫和武装押运工作。在 2010 年，中国人民银行及其分支机构在反

---

① FATE，FATF Members and Observers，http://www.fatf－gafi.org/pages/aboutus/membersandobservers/，下载日期：2012 年 8 月 8 日。

② 常见的洗钱途径或方式有：通过境内外银行账户过渡，使非法资金进入金融体系；通过地下钱庄，实现犯罪所得的跨境转移；利用现金交易和发达的经济环境，掩盖洗钱行为；利用别人的账户提现，切断洗钱线索；利用网上银行等各种金融服务，避免引起银行关注；设立空壳公司，作为非法资金的"中转站"；通过买卖股票、基金、保险或设立企业等各种投资活动，将非法资金合法化；通过购买彩票进行洗钱；通过购买房产进行洗钱；通过珠宝古董交易和虚假拍卖进行洗钱。

洗钱非现场监管评估基础上,共对2426家金融机构及其分支机构进行了反洗钱现场检查,依法对其中的260家机构(银行业机构168家,证券期货业机构18家,保险业机构74家)及163名金融从业人员进行了行政处罚,各项罚款共计2198.95万元。[①]

2004年我国建立和完善了由中国人民银行牵头,23个部委[②]参加的国务院反洗钱工作部际联席会议制度;建立了由中国人民银行、银监会、证监会、保监会和外汇局参加的金融监管部门反洗钱协调制度。反洗钱工作部际联席会议各成员单位在国务院确定的反洗钱工作机制框架内开展工作。其中,在联席会议制度中,中国人民银行的具体职责是:承办组织协调国家反洗钱的具体工作;承办反洗钱的国际合作与交流工作;指导、部署金融业反洗钱工作,会同有关部门研究制定金融业反洗钱政策措施和可疑资金交易监测报告制度,负责反洗钱的资金监测;汇总和跟踪分析各部门提供的人民币、外币等可疑资金交易信息,涉嫌犯罪的,移交司法部门处理;协助司法部门调查处理有关涉嫌洗钱犯罪案件;研究金融业反洗钱工作的重大和疑难问题,提出解决方案;协调和管理金融业反洗钱工作的对外合作与交流项目;会同有关部门指导、部署非金融高风险行业的反洗钱工作。

此外,根据《中国人民银行法》,尤其是《反洗钱法》的具体规定,中国人民银行先后制定了《金融机构反洗钱规定》、《金融机构大额交易和可疑交易报告管理办法》、《中国人民银行反洗钱调查实施细则(试行)》、《金融机构报告涉嫌恐怖融资的可疑交易管理办法》、《反洗钱现场检查管理办法(试行)》等文件,

① 参见中国人民银行反洗钱局:《2010年反洗钱监督管理总体情况》,http://www.pbc.gov.cn/publish/fanxiqianju/3293/2011/20110705155100990830248/20110705155100990830248_.html,下载日期:2012年8年8日。

② 这23个部委是:中国人民银行、最高人民法院、最高人民检察院、国务院办公厅、外交部、公安部、安全部、监察部、司法部、财政部、建设部、商务部、海关总署、税务总局、工商总局、广电总局、法制办、银监会、证监会、保监会、国家邮政局、国家外汇管理局、解放军总参谋部。

进一步落实中国人民银行在反洗钱工作中的职能。[①]

5. 持有、管理和经营外汇储备与黄金储备。国际储备是一国政府拥有的可以直接用于对外支付的储备资产，主要包括黄金储备、外汇储备、在国际货币基金组织的储备头寸、特别提款权和使用基金信贷等。其中，外汇储备是我国主要的储备资产。外汇储备是指一国政府所持有的国际储备资产中的外汇部分，即指一个国家货币当局持有并可以随时兑换外国货币的资产，包括现钞、政府在国外的短期存款或其他可以在国外兑现的支付手段，如外国有价证券，外国银行的支票、期票、外币汇票等。外汇储备是一个国家经济实力的重要组成部分，其对于平衡国际收支，稳定汇率，偿还对外债务等具有重要作用。《中国人民银行法》赋予中国人民银行持有、管理和经营国家外汇储备与黄金储备的职权，中国人民银行授权国家外汇管理局代为经营管理国家外汇储备。

我国外汇储备的主要来源是巨额的国际贸易顺差以及国外直接投资，由于实行外汇管理制度，我国的国家外汇储备数额节节攀升。截至 2011 年 12 月底，我国外汇储备达到 31811.48 亿美元，[②]这个数字已经远远超过了世界七大工业国(G7)的总和。外汇储备的增加对于增强我国对外支付能力、促进改革开放、提升我国国际地位具有积极意义，但外汇储备增长过快和规模过大，也给外汇储备经营管理带来了一定的挑战。在经济处于发展阶段的中国，实行严格的外汇管理制度是必要的。但这种制度助长了中国居高不下的外汇储备，这不仅带来外汇储备本身的效益问题，即每年必须承受巨大的利差损失，还造成有形的资源损失，给货币政策独立性、本国货币的购买力、国际收支平衡、本国生产者与消费者的福利乃至整个国家的经济结构转型等都带来了

---

① 当前，我国立法已经初步建立一个反洗钱的制度体系，但仍然有很多地方亟须完善。例如，《反洗钱法》确立了金融机构反洗钱义务的三项基本制度，包括：建立健全客户身份识别制度、客户身份资料和交易记录保存制度、大额交易和可疑交易报告制度等。为了使各项反洗钱制度成为金融机构日常运营机制的一部分，并使各项职责落实到具体的机构和个人，《反洗钱法》第 15 条规定，金融机构应当建立反洗钱内部控制制度，金融机构的负责人应对反洗钱内部控制制度的有效实施负责。并要求金融机构设立反洗钱专门机构或指定内设机构负责反洗钱工作。无疑，这些制度的设置对于金融机构履行反洗钱义务是必要的，但极大地增加了它们的运营成本。因此，这给反洗钱制度构建与实践操作留下的最大问题是，一个恰当的金融机构反洗钱的激励机制需要得以合理构建。只有在该激励机制有效运转的情势下，金融机构在履行反洗钱义务中的消极性问题才能克服。

② 参见中国人民银行：《黄金和外汇储备》，http://www.pbc.gov.cn/publish/html/2011s09.htm，下载日期：2012 年 7 月 26 日。

很大的挑战,甚至产生了很大的消极影响。为此,应加快转变经济发展方式,按照"扩内需、调结构、减顺差、促平衡"的思路,加快人民币汇率形成机制改革,在更大程度上发挥市场在资源配置中的基础性作用,促进国际收支趋向基本平衡。

黄金具有货币属性,是一国国际储备的重要组成部分,不同于一般的贵金属。黄金储备对于平衡国际收支,维持或影响汇率水平,抑制通货膨胀,提高国际资信等有着特殊作用。正因为黄金储备在维护经济金融安全和社会稳定方面具有的巨大意义,《中国人民银行法》赋予中国人民银行持有、管理以及经营黄金储备的职权。从储备资产来看,中国外汇储备结构较为单一,即使在目前美元贬值的情况下,仍以美元资产为主,黄金储备所占份额太小。截至2012年6月,我国黄金储备为1054.1吨,仅占我国外汇储备总额的1.7%,远远低于国际上发达国家的水平。同期,美国的这一比例为75.3%;德国的这一比例为72.3%;意大利的这一比例为71.9%;法国的这一比例为72%;荷兰的这一比例为60.2%。[①] 因此,从保值、增值的角度来看,应促进中国外汇储备结构多元化,尤其是提高黄金的储备比例。

此外,目前国内外汇储备在经营上存在严重问题,效益低下,损失严重,需要中国人民银行以及相关部门进一步完善,切实解决外汇储备资产的保值与增值等问题。

6.经理国库。国库即国家金库的简称。经理国库的职责主要包括:预算收入的收纳,预算收入的划分以及预算收入的退付。中央银行作为政府的银行,一般都被授权经理国库,即财政的收支由中央银行代理完成,那些依靠国家财政拨款的行政、事业单位,必须将有关款项交由中央银行保存,中央银行对此一般不支付利息。金库存款、行政事业单位存款构成了央行资金的主要来源。作为我国的央行,中国人民银行经理国库是法律赋予的神圣职责,《中国人民银行法》、《预算法》、《国家金库条例》都明确了中国人民银行的这一职责。长期以来,中国人民银行根据国库事业发展的需要先后制定了《国库会计核算管理与操作的规定》、《关于加强国库监管工作的通知》、《商业银行、信用社代理国库业务管理办法》等规章制度,建立了一个较为完善的国库制度体系,为更好地履行经理国库职能提供了制度保障。中国人民银行内设"国库

---

① World Gold Council, World Official Holdings_as_of_June2012, http://www.gold.org…/World_Official_Gold_Holdings_as_of_June2012_IFS.pdf,下载日期:2012年7月26日。

局”负责国库的经理，其具体职责包括：经理国家金库业务，组织拟订国库资金银行支付清算制度并组织实施，参与拟订国库管理制度、国库集中收付制度；为财政部门开设国库单一账户，办理预算资金的收纳、划分、留解和支拨业务；对国库资金收支进行统计分析；定期向同级财政部门提供国库单一账户的收支和现金情况，核对库存余额；按规定承担国库现金管理有关工作；按规定履行监督管理职责，维护国库资金的安全与完整；代理国务院财政部门向金融机构发行、兑付国债和其他政府债券。

7. 维护支付清算体系。根据《中国人民银行法》第 4 条第 9 项规定，中国人民银行负责维护支付、清算系统的正常运行。国务院办公厅于 2008 年 7 月颁发的《中国人民银行主要职责内设机构和人员编制规定》仍然强调了中国人民银行维护清算体系的职责，即：制定全国支付体系发展规划，统筹协调全国支付体系建设，会同有关部门制定支付结算规则，负责全国支付、清算系统的正常运行。从实践来看，中国人民银行作为中央银行，一直肩负着支付清算的管理和服务这项重要职责。在实践中，中国人民银行负责支付清算体系的统一规划和发展方向，不断改进支付清算系统，组织规范了各地同城票据交换系统、各商业银行的行内资金汇划系统，建立了全国电子联行系统，并且正在抓紧建设、推广现代化支付系统，推进社会资金快速流动的渠道建设。2003 年中国银监会成立后，这个管理体制有了细微变动：2003 年修正的《中国人民银行法》第 27 条第 2 款规定，中国人民银行会同国务院银行业监督管理机构制定支付清算规则。同时，中国人民银行与银监会于 2004 年 12 月 17 日联合发布的《中国人民银行、中国银行业监督管理委员会公告》规定，《支付清算办法》、《银行卡业务管理办法》等转为由中国人民银行和银监会共同监督实施的规章制度。这样，银监会也成为支付管理体制中的一个监管主体。中国人民银行内设“支付结算司”，其职责包括：拟订全国支付体系发展规划；会同有关方面研究拟订支付结算政策和规则，制定支付清算、票据交换和银行账户管理的规章制度并组织实施；维护支付清算系统的正常运行；组织建设和管理中国现代化支付系统；拟订银行卡结算业务及其他电子支付业务管理制度；推进支付工具的创新；组织中国人民银行会计核算。

8. 最后贷款人。即规定专门的机构，负责在金融机构出现危机或者流动资金短缺的情况时扮演最后的资金提供者的角色。在实践中，中央银行并不是唯一的最后贷款人，其他机构也可以成为最后贷款人，如美国的财政部、清算中心和加拿大的财政部和外汇管理局等，都曾对出现危机的银行进行援助，成功承担最后贷款人职能。1907 年美国的摩根集团也扮演过最后贷款人的角色。事实上,虽然《美国联邦储备法》授权联邦储备银行可以向非银行金融机构直接贷款,但自20世纪30年代以来,这种直接贷款从没有发生过。在欧洲国家,最后贷款人一般是财政部而不是中央银行。当中央银行扮演最后贷款人的角色时,可以通过公开市场业务或再贴现等方式给暂时周转不灵的银行提供贷款。《中国人民银行主要职责内设机构和人员编制规定》规定中国人民银行必须扮演最后贷款人的角色,即"承担最后贷款人的责任,负责对因化解金融风险而使用中央银行资金机构的行为进行检查监督"。

9.管理信贷征信业。《中国人民银行法》赋予了中国人民银行管理信贷征信业的职责。为了更好地管理信贷征信业,推动社会信用体系的建立与完善,中国人民银行先后制定了一系列征信管理的规章制度,包括:《银行信贷登记咨询管理办法(试行)》(1999年),《个人信用信息基础数据库管理暂行办法》(2005年),《中国人民银行信用评级管理指导意见》(2006年),《应收账款质押登记办法》(2007年),《征信数据元注册与管理办法》(2007年),《信贷市场和银行间债券市场信用评级规范》(2007年),与质检总局共同制定了《关于将企业质检信息纳入企业和个人信用信息基础数据库方案》(2007年),《关于加强银行间债券市场信用评级作业管理的通知》(2008年)等。此外,中国人民银行于2003年成立了征信管理局,具体承办信贷征信管理工作,其职责包括:承办征信业管理工作;组织推动社会信用体系建设;组织拟定征信业发展规划、规章制度及行业标准;拟定征信机构、征信业务管理办法及有关信用风险评价准则;承办征信及有关金融知识的宣传教育培训工作;受理征信业务投诉;承办社会信用体系部际联席会议办公室的日常工作。

10.对金融控股公司的监管。金融控股公司是金融混业经营的产物。根据1999年2月巴塞尔银行监管委员会、国际证监会组织、国际保险监管协会联合发布的《对金融控股公司的监管原则》,金融控股公司是指"在同一控制权下,所属的受监管实体至少明显地在从事两种以上的银行、证券和保险业务,同时每类业务的资本要求不同"。在金融全球化的大趋势下,金融自由化进程不断加快,金融创新层出不穷。受国际上金融综合经营体制改革和发展潮流的影响,国内建立混业经营体制的呼声越来越高,我国金融机构分业经营的格局正在被逐步打破。目前,我国已经出现的金融控股公司可分为三类,即传统银行系金融集团与非银行系金融集团,以及饱受争议的实业系金融集团。银行系金融集团的典型代表有中国银行(中银国际)、建设银行(中金公司)、工商银行(工商东亚);非银行系金融集团的典型则有中信、光大、平安集团等;实业系金融集团因在法律制度上没有设置审慎措施而在近年来饱受争议,"德隆神话”的破灭，使得实业资本向金融业渗透过程中产生的风险备受关注。近几年，随着中国平安保险（集团）股份公司在银行与证券等行业的大肆扩张，至今已发展成为融保险、银行、投资等金融业务为一体的整合、紧密、多元的综合金融服务集团，标志着国内保险系金融集团的迅速崛起。此外，我国还有一类特殊的金融控股公司，即国有独资金融控股公司，如中央汇金公司。除汇金公司以外，中国建银投资有限责任公司和中国银河金融控股有限公司都是由国务院批准设立的国有独资投资性公司。由于金融控股公司经营涉及多个行业，因而对其监管需要各个专业监管机构合作。《中国人民银行主要职责内设机构和人员编制规定》规定，中国人民银行负责会同金融监管部门制定金融控股公司的监管规则和交叉性金融业务的标准、规范，负责金融控股公司和交叉性金融工具的监测。中国人民银行内设的“金融稳定局”承担“会同有关方面研究拟订金融控股公司的监管规则和交叉性金融业务的标准、规范的工作”，以及“负责金融控股公司和交叉性金融工具的监测”。

11. 拟订金融市场改革与发展战略，协调金融监管事宜，对银行业的危机进行检查监督，防范与化解系统性金融风险。《中国人民银行法》第 34 条规定：“当银行业金融机构出现支付困难，可能引发金融风险时，为了维护金融稳定，中国人民银行经国务院批准，有权对银行业金融机构进行检查监督。”《中国人民银行主要职责内设机构和人员编制规定》对中国人民银行的职责规定包括：拟订金融业改革和发展战略规划，承担综合研究并协调解决金融运行中的重大问题、促进金融业协调健康发展的责任，参与评估重大金融并购活动对国家金融安全的影响并提出政策建议，促进金融业有序开放。完善金融宏观调控体系，负责防范、化解系统性金融风险，维护国家金融稳定与安全。作为中央银行，中国人民银行的监管对于金融稳定有着异常突出的意义。在目前严格分业监管的体制下，中国人民银行将比任何一家专业金融监管机构，更能有效防范和化解席卷整个金融业的系统性金融风险。中国人民银行内设“研究局”与“金融稳定局”分别承担以上职责。前者的职责为综合研究金融业改革、发展及跨行业的重大问题，协调拟订金融业改革发展战略规划，研究促进金融业对外开放的政策措施；围绕中央银行职责，研究分析宏观经济、金融运行状况，以及货币信贷、金融市场、金融法律法规等重大政策或制度的执行情况，并提出政策建议。后者的职责是：综合分析和评估系统性金融风险，提出防范和化解系统性金融风险的政策建议；评估重大金融并购活动对国家金融安全的影响并提出政策建议；承担会同有关方面研究拟订金融控股公司的监管规则和交叉性金融业务的标准、规范的工作；负责金融控股公司和交叉性金融工具的监测;承办涉及运用中央银行最终支付手段的金融企业重组方案的论证和审查工作;管理中国人民银行与金融风险处置或金融重组有关的资产;承担对因化解金融风险而使用中央银行资金机构的行为的检查监督工作,参与有关机构市场退出的清算或机构重组等工作。

12.负责金融业数据统计、分析以及预测。无论是货币政策的制定与执行,还是金融业的监督管理,乃至金融机构的业务经营,都必须建立在对金融行业的数据统计、分析与预测的基础之上。《中国人民银行法》第4条第11款规定,中国人民银行负责金融业的统计、调查、分析和预测。此外,《中国人民银行主要职责内设机构和人员编制规定》也规定,中国人民银行负责制定和组织实施金融业综合统计制度,负责数据汇总和宏观经济分析与预测,统一编制全国金融统计数据、报表,并按国家有关规定予以公布。中国人民银行内设"调查统计司",负责金融业的统计、调查、分析和预测;拟订金融业综合统计制度,编制金融业统计报表;负责有关货币政策和金融稳定的数据采集并按规定对外公布统计结果;按照规定提供金融信息咨询。

13.负责金融业信息化与标准化的组织管理协调。金融业是现代经济的核心,沟通着整个社会的经济活动,其经营活动日益体现出以知识和信息为基础的特征。这种行业属性决定了现代金融业必须以飞速发展的信息技术为支撑,金融信息化顺势而生。同时,金融标准化的发展是为金融行业打造共同遵守的统一规范和通用语言,它不仅有利于确保消费者在任何地方都能享受到同等的服务,还有助于金融机构顺利打开国际市场。近年来,为顺应标准金融业发展的大趋势,我国金融业加快了金融信息化与标准化的战略步伐。《中国人民银行主要职责内设机构和人员编制规定》规定中国人民银行承担金融业信息化与标准化的组织管理协调职能,即"组织制定金融业信息化发展规划,负责金融标准化的组织管理协调工作,指导金融业信息安全工作"。中国人民银行内设"科技司",负责拟订金融业信息化发展规划,承担金融标准化的组织管理协调工作;指导、协调金融业信息安全和信息化工作;承担中国人民银行信息化及应用系统的规划、建设、安全、标准化及运行维护等工作;承办中国人民银行系统的科技管理工作;拟订银行卡业务技术标准,协调银行卡联网通用工作。

(四)机构分设后中国人民银行与银监会的协调问题

无疑,中国人民银行所保留的以上金融监管职责,不再是对银行业金融机构的日常性监管,而是以强化宏观调控、防范和化解金融风险、维护宏观金融稳定为目的、以市场为主要对象的功能性监管。简言之,中国人民银行当前所承担的金融监管职能与其所要制定与执行的货币政策，以及试图实现的货币政策目标紧密相关。但我们也要看到，目前中国人民银行与银监会的职权划分也不是全然清晰的，在实际操作上更是存在模糊或交叉的情况。无疑，中国人民银行现在肩负的部分金融监管职能，无论是反洗钱，还是外汇管理，乃至其他，都与货币政策的运作紧密相关。也正是为了更好地保障货币政策的执行，因而央行还有肩负这些监管职能的必要性。但问题随之出现，央行肩负的部分金融监管职能与银监会的职能有大量的交叉或分工上的不明确，如果不加以协调，无论是货币政策还是金融监管，都会陷入很大的困境。拿支付清算的监管来说，巴塞尔银行监管委员会在2006年颁布的《有效银行监管的核心原则》指出“安全、有效的支付和清算系统，确保金融交易的清算，并且控制交易对手风险”是有效地进行金融监管的前提之一，支付清算的管理关系着银行监管的成效，而对支付清算进行管理又是中央银行货币流通管理的一个重要方面。从实践来看，中国人民银行作为中央银行，一直肩负着支付清算的管理和服务这项重要职责。在2003年银监会成立以后，根据法律授权其也成为支付管理体制中的一个监管主体。不过，中国人民银行与银监会在支付清算系统中的权责分工却一直没有规范性文件加以明确，在现实中两者之间的冲突不可避免。无疑，中国人民银行与中国银监会在支付清算业务管理上必须分清各自的监管权责，建立协调合作机制并以规范性文件的方式明确下来，避免监管对象无所适从，否则此类监管权责的不确定必将影响货币政策与金融监管的有效性。

当然，支付清算管理的分工含糊只是一个方面，考察目前中国人民银行在分离后所保留的部分金融监管职责，以及一些职能上的分工不清，我们会发现中国银监会的监管容易呈现一种“真空”状态，在监管实践上摆脱不了中国人民银行的制约，由此银行监管的独立性与有效性受到严重影响。具体来讲，影响中国银监会有效监管职能的事由主要来自中国人民银行的信贷政策、反洗钱的职能以及最后贷款人的角色定位等相关因素：[①]第一，信贷政策是规范商业银行经营管理的重要内容，然而《银行业监督管理法》第3章“监督管理职责”中并没有明确规定银监会享有对信贷管理的职能，但是该章却明确地提出了“审慎监管”的理念，这事实上表明信贷管理应属于银监会的职能。但是，中

① 黎四奇著：《金融监管法律问题研究——以银行法为中心的分析》，法律出版社2007年版，第107～111页；一丁：《银监会与央行：分家不分手》，载《21世纪经济报道》2003年7月25日。

国人民银行目前对信贷政策的把持所造成的一种“事实状态”，已在一定程度上抽空了银监会有效监管的基础。① 第二，从国外反洗钱机制来看，当金融监管职能与央行分立后，反洗钱的职能一般都集中于分立后的金融监管机构，而非央行。其根本原因在于反洗钱是与银行机构的日常监管紧密相连的。洗钱几乎会渗透于银行业务的各个环节，国内反洗钱职能是否需要伴随机构的分立而发生移转显然是一个值得探讨的问题。第三，最后贷款人制度所衍生的挑战。在对待中国人民银行最后贷款人的角色与真正需要救助的程度评估这二者关系上，如何确保它们的一致性成为一个严肃的问题。在银监会设立后，中国人民银行在决定是否援用最后贷款人制度时已不是基于应有的“建设性模棱两可”原则，其更多的是基于银监会对待救助银行机构状况的说明及银监会自身的请求。同时，由于银监会的存在，中国人民银行在该项职能的决策上也易滋生责任转嫁的心理，由此导致其决策时的审慎性被削弱，改变了其原有的市场中立姿态，这也是金融监管权剥离后所衍生的新问题。第四，银监会也面临着“独立信息获取”的难题。银监会成立之后，中国人民银行的信息统计部被一分为二，然而作为银行监管的信息平台设施——商业银行统计系统，仍然保留于中国人民银行，这无疑在一定程度上削弱了银监会的独立性以及监

---

① 中国人民银行目前还保留着制定与执行信贷政策的职能，支持中国人民银行保留信贷政策的观点认为：在中国经济体制向市场经济体制转轨的过程中，央行的信贷政策一直是货币政策的一个重要组成部分。由于转轨时期，商业银行自我约束和激励机制不健全，货币政策的传导还不能完全依赖市场机制，央行对商业银行的行为还要进行一些必要的窗口指导和监督检查，信贷政策是央行进行窗口指导和监督检查的有力手段。再者，央行目前的主要目标是维护币值的稳定，而实现这一目标的重要工作就是要防止泡沫经济的产生。货币政策不能离开信贷政策、币值稳定目标也不能离开信贷政策。而主张划归银监会的观点认为，信贷政策既是银行监管的一种手段又依托于银行监管。信贷政策是规范商业银行经营管理的重要方面，银监会要依法履行监管职责，除了依据现行的法律法规进行现场检查和非现场监管外，一项重要的工作就是要制定和完善包括信贷政策在内的银行业的监管制度和法规。另外，信贷政策的制定要依据银行监管过程中发现的问题及商业银行在业务创新中对监管提出的新要求，而不能脱离银行监管的实践。由于央行今后将主要运用利率、再贷款、再贴现、存款准备金及公开市场业务等宏观经济杠杆对金融市场进行宏观调控，而不直接接触商业银行的经营管理，信贷政策的制定就失去了依托（参见一丁：《银监会与央行：分家不分手》，载《21世纪经济报道》2003年7月25日）。事实上，以上争论不仅说明了信贷政策和货币政策、银行监管息息相关，也从另一方面表明，如果信贷政策完全被央行把持，对银监会的监管职能的行使会产生很大的制约作用。最近几年在房地产的信贷调控与监管中，两者之间甚至屡屡发生冲突，便是显证。

管的有效性。

如前所述,中国人民银行之所以还维持或履行这方面的监管职责根本原因在于这些方面与其制定与执行货币政策的职能紧密相关,这些监管职能关系到对金融市场货币流通量的控制。实际上,这个问题又回到了金融调控与金融监管的职能是否应分离的争论上来。这从另一个侧面证明了中国人民银行与银监会保持流畅的信息沟通、协调以及合作机制是非常必要的。否则,无论是对货币政策的制定和实施,还是对银行业的监督和管理,都将产生很大的负面影响,制约其实际效果。从实践来看,银监会成立不久,由于双方协调不畅,已经出现了不少令双方都难以适从的情况,差别存款准备金率制度的实施就是一个很好的例子。在 2004 年 4 月,中国人民银行开始实行差别存款准备金率制度,即央行将金融机构适用的存款准备金与其资本充足率、资产质量状况等指标挂钩。金融机构资本充足率越低、不良贷款比率越高,适用的存款准备金率就越高;反之,适用的存款准备金率就越低。这种制度的实施,实质上让中国人民银行插手到了商业银行的风险监管领域,对银监会监管权力的完整性造成一定干扰。

由于机构分设带来的中国人民银行与专业金融监管机构,尤其是与银监会之间的协调问题,早在银监会正式成立之前就已经引起了理论界以及决策层的高度重视,而且在银监会成立后不久便已经提到了法律的高度。新颁布的《银行业监督管理法》和修改后的《中国人民银行法》均将银监会和中国人民银行之间的协调问题作为重要条款加以列出。《中国人民银行法》第 9 条规定:“国务院建立金融监督管理协调机制,具体办法由国务院规定。”《银行业监督管理法》第 6 条规定:“国务院银行业监督管理机构应当和中国人民银行、国务院其他金融监督管理机构建立监督管理信息共享机制。”当然,中国人民银行与银监会的协调问题牵涉方方面面,是一个艰巨而且复杂的问题,尤其是在实践领域,《银行业监督管理法》和《中国人民银行法》等简单的规定无法在短时间内彻底解决问题,但其对于国务院、中国人民银行以及专业的金融监管机构而言,却又是不能回避的现实。

当前中国人民银行与专业金融监管机构的协调机制存在的缺陷,严重地影响了货币政策与金融监管措施的有效性,不利于金融市场的稳定与风险化解。2008 年国际金融危机的爆发,也让我们意识到了央行与金融监管机构之间缺乏良好协调机制的严重后果。事实上,在后危机时代,世界各国纷纷认识到宏观审慎管理与微观监管结合与协调的重要性,从而在世界范围内掀起了开展包括央行与监管机构之间的协调机制在内的金融体制改革的浪潮。对于我国来说，重构包括央行与专业金融监管机构在内的国内金融体制以顺应新形势的需要，也成了必然的选择。2008年8月国务院印发的旨在强化央行宏观管理职能的新“三定方案”正是对这种改革需求的反映之一。这个方案从防范和化解金融风险，维护国家金融安全的战略高度赋予了中国人民银行“拟订金融业改革和发展战略规划，参与评估重大金融并购活动对国家金融安全的影响并提出政策建议，促进金融业有序开放”等主要职责，并从两个层面要求建立“协调机制”：一是发改委、财政部、央行等部门建立健全协调机制，综合运用财税、货币政策，形成更加完善的宏观调控体系，提高宏观调控水平；二是在国务院领导下，作为“牵头人”的央行“会同”银监会、证监会、保监会建立金融监管协调机制，以部际联席会议制度的形式，加强货币政策与监管政策之间以及监管政策、法规之间的协调。同时，2010年10月18日通过的《中共中央关于制定国民经济和社会发展第十二个五年规划的建议》也明确提出，未来五年必须深化金融体制改革，构建逆周期的金融宏观审慎管理制度框架，加强金融监管协调，建立存款保险制度。

无疑，在我国国民经济和社会发展第十二个五年规划中，构建逆周期宏观审慎管理制度框架、加强央行与金融监管部门的协调，是对我国金融业改革发展做出的重要部署，也是完善市场经济体制的必然要求。基于此，中国人民银行与银监会等专业金融监管机构之间的协调机制的完善，将作为我国金融改革发展的重头戏与宏观审慎管理框架的重要一环，要求我们给予更多的关注。而如果要进一步完善中国人民银行与专业金融监管机构的协调机制，就有必要在宏观审慎管理框架之下，赋予中国人民银行“协调主导者”的新角色，从制度上进一步明确中国人民银行在实施宏观审慎管理、统筹金融监管协调上的核心地位。同时可以考虑制定《中国金融业监管协调法》，增加制度性条款，确立磋商机制、信息共享机制，界定协调责任，构建危机救助制度并适时推出存款保险制度等。

当然，我们也要看到，要使中国人民银行与专业金融监管机构的协调机制在现实的土壤中高效运作，绝非易事。需要我们在构建制度的过程中考察和借鉴域外的有益经验，持续跟踪国内外金融实践与理论的发展动态，立足国情和具体金融实践，充分论证，精心设计。随着我国金融体制改革的不断推进，金融法律制度的日臻健全，我们有理由相信建立完善的央行与专业金融监管机构的协调机制的构想并不遥远。

第三节 中央银行的货币政策

在宏观经济学中，货币并不是只包括现钞与铸币，还包括银行存款等。我国现行的货币供应量统计有三个层次：第一层次为流通中的现金(M0)；第二层次为狭义货币(M1)，即为流通中的现金加商业银行活期存款；第三层次为广义货币(M2)，即狭义货币(M1)加商业银行定期存款的总和。因此，中央银行与商业银行都扮演着货币供应者的角色。为了实现中央银行对货币供应量的调控，就需要运用货币政策工具，引导商业银行信贷资金流向，维持货币币值稳定，促进经济发展。

一、货币政策目标

货币政策目标是指中央银行制定和执行货币政策所要达到的经济目标，是货币政策所要达到的最终目标。在中央银行发展史的不同阶段，各国中央银行法对货币政策目标的规定不尽一致，理论界也存在着诸多观点。归纳起来，主要有：(1)单一目标论，即认为稳定货币币值是货币政策的唯一目标；(2)双重目标论，即认为货币政策目标除应维持币值稳定外，还必须兼顾经济发展；(3)多重目标论，即认为货币政策目标应是由多重目标有机结合，不仅应包括维护货币币值稳定、促进经济增长，还应该促进充分就业，维持国际收支平衡等。

中央银行的货币政策目标从单一目标发展到双重目标继而多重目标，主要是凯恩斯主义的国家干预思想在 20 世纪 30 年代以后逐渐占据欧美国家经济发展主导地位的产物。不过，中央银行在履行货币职能维持货币币值稳定时兼顾综合考虑国民经济的诸多方面，包括经济增长、充分就业、国际收支平衡等是一厢情愿的想法。因为这些目标之间本身就可能互相排斥，尤其是维持货币币值稳定跟其他三个目标之间存在固有的冲突。例如，失业率较高的时候往往物价稳定，而通货膨胀率较高时就业却能充分；经济增长缓慢时物价一般较为稳定，但通货膨胀率较高时却能刺激经济繁荣；本国通货膨胀较严重时可能会出现国际收支逆差，而本国物价稳定时可能会出现国际收支顺差。因此，如果中央银行的货币政策顾及太多，反而可能冲击货币政策制定和实施的稳定性，连最根本的目标即维持货币币值稳定都无法实现。随着 20 世纪 70 年代西方主要资本主义国家陷入“滞涨”状态，凯恩斯主义逐渐丧失了在国家经济政策中的主导地位，新自由主义经济理论登上舞台。越来越多的国家或地区的中央银行立法已将中央银行的货币政策目标缩小，甚至转移到维持货币币值稳定的单一目标。

国务院在1986年颁布的《中华人民共和国银行管理暂行条例》并没有对中国人民银行的货币政策目标作出明确的规定，但该条例第3条提到，“中央银行、专业银行和其他金融机构，都应当认真贯彻执行国家的金融方针政策；其金融业务活动，都应当以发展经济、稳定货币、提高社会经济效益为目标”。因此，可以理解为这个时候的立法要求中国人民银行的货币政策目标是“发展经济、稳定货币、提高社会经济效益”，属于多重目标的界定。不过，在1995年颁布的《中国人民银行法》第3条则已明确规定：“中国人民银行的货币政策目标是保持货币币值稳定，并以此促进经济增长。”显然，这种表述并没有将“保持货币币值稳定”与“促进经济增长”并列，而是将“保持货币币值稳定”作为“促进经济增长”的前提，因此其对中国人民银行的货币政策目标的界定属于单一目标类型。①

二、货币政策工具

所谓货币政策工具，是指中央银行为达到预定的货币政策目标而采取的措施或手段。一般来说，货币政策工具可以分为一般性货币政策工具、选择性货币政策工具以及补充性货币政策工具。一般性货币政策工具多属于间接调控工具，主要包括：存款准备金制度、再贴现政策以及公开市场业务；选择性货

① 然而，如果从宏观的角度观察最近十年的货币政策，我们会发现，中国人民银行实际上在追求一个不合法律规定的货币政策目标。《中国人民银行法》第3条规定：“货币政策目标是保持货币币值的稳定，并以此促进经济增长。”但在现实中货币政策却为了屈从政府促进经济增长的需要，常常以牺牲货币值稳定为代价。在2000年底，我国的广义货币供应量M2和狭义货币供应量M1分别为13.46万亿元和5.31万亿元，到2010年10月底，已分别达到69.98万亿元和25.33万亿元，不到十年分别增加了4.2倍和3.8倍，年平均复合增长率分别为18%和17%。1990年，中国M2余额为1.53万亿元，2010年底达到72.58万亿元。相比之下，美国在1990年，M2为3.28万亿美元，2010年为8.848万亿美元。比较之下，我国货币扩张的速度之快，世界罕见。（参见吴君亮：《我们究竟多“有钱”》，载《南方周末》2010年11月18日）。巨量的货币供应量虽然可以为目前宽松的货币政策提供环境和条件，刺激经济超常规发展，进而缓解国际金融危机、就业以及其他社会问题所带来的压力，但是其将造成重创币值的稳定，带来严重通货膨胀，降低人们的实际收入等严重问题。

币政策工具多属于直接调控工具，主要包括证券信用控制、消费信用控制、不动产信用控制、特种存款、优惠利率等。此外，中央银行有时还运用一些补充性货币政策工具，对信用进行直接控制和间接控制。直接控制的补充性货币政策工具主要有信用分配、直接干预、流动性比率、利率限制、特种贷款，间接控制的补充性货币政策工具主要有窗口指导、道义劝告等。在过去较长时期内，中国货币政策以直接调控为主，即采取信贷规模、现金计划等工具。1998年以后，主要采取间接货币政策工具调控货币供应总量。按照《中国人民银行法》的规定，现阶段中国人民银行的货币政策工具主要有存款准备金制度、利率政策、再贷款与再贴现、公开市场业务等。

（一）一般性货币政策工具

中央银行的一般性货币政策工具包括“存款准备金制度”、“再贴现政策”以及“公开市场业务”等，俗称央行货币政策工具的“三大法宝”，主要用于全社会货币供应量和信贷规模的调节和控制。

1. 存款准备金制度。所谓存款准备金，是指按照法律规定，特定的金融机构有义务从自己吸收的存款中，按照中央银行根据法律所确定的比例存入中央银行的这部分资金。中央银行依法确定的提取存款准备金的比例就是“存款准备金率”。从历史上讲，将存款准备金集中于中央银行的做法始于18世纪的英国。英国1928年通过的《通货与银行券法》、美国1913年的《联邦储备法》和1935年的《银行法》，将存款准备金制度以立法形式确立下来。在经历了1929—1933年世界经济危机后，各国普遍认识到调节商业银行信用规模的重要性，纷纷仿效英美等国的做法，以法律形式确立了存款准备金制度，授权中央银行按照货币政策的需要加以运用。我国的存款准备金制度建立于1984年，不过一直到20世纪90年代末其主要功能都不是调控货币总量，而是集中资金用于央行再贷款。本世纪以来，这种状况得以改变，升降存款准备金率成为中国人民银行最常用的货币政策工具之一。

存款准备金制度的初始意义在于保证商业银行的支付和清算能力，在性质上属于金融监管的范畴，之后逐渐演变成中央银行调控货币供应量的政策工具，其功能演变成调节和控制货币供应量。存款准备金制度之所以能够调节货币供应量，依赖的是存款准备金率的升降。在现代经济社会，商业银行吸收的存款货币不仅在货币供应量中占有很大比重，而且依赖商业银行的特殊的经营方式，其还具有“乘数效应”的作用，即具备创造出一定倍数的派生存款的能力。[①] 存款准备金制度的实质在于通过存款准备金率的调整，控制商业银行创造货币的基础（超额准备金头寸）和能力（货币创造乘数），实现对货币供应量的调节和控制。从理论上讲，有了存款准备金，商业银行创造存款的能力就会受到限制，存款准备金率越高，商业银行创造存款的能力就越弱；反之，商业银行进行存款创造的能力就越强。因为提高法定存款准备金率，商业银行就必须多向中央银行缴纳存款准备金，能够用来发放贷款的资金就少了，创造派生存款的能力便会减弱，货币供应量就会成倍减少。反过来，降低法定存款准备金率，货币供应量会成倍增加。由于"乘数效应"的存在，存款准备金率的微量变动，亦足以使货币供应量发生巨额变化。因此，为了确保金融市场的稳定，在金融调控中，存款准备金制度是一种威力巨大而必须慎用的武器。[②]

凡采用存款准备金制度的国家，都授权中央银行根据抽紧或松动银根的需要，决定变更或终止存款准备金率。因为，唯有存款准备金率能够根据货币政策的需要适时调整，存款准备金制度才能成为有效的货币政策工具。但许多国家的中央银行只能在法定幅度内调整存款准备金率，有的国家还要求中央银行调整存款准备金率必须渐进并事先通知。存款准备金制度适用的范围，一般限于金融机构吸收的存款，但有的国家要求金融机构以存款以外的其他形式取得的资金，亦须提存存款准备金。

在许多国家，中央银行要求金融机构按照特定比例缴存的"存款准备金"是由法律强制规定的，因此也称"法定存款准备金"。法定存款准备金率的高低，往往因金融机构的性质和规模以及存款的种类、币别、期限和数量的差别而有所不同。一般来说，流动性高的存款率也高，反之便低。中央银行可以根据货币政策的需要，随时调整存款准备金率。提高意味着货币量减小，扩张投

---

① 乘数效应（Multiplier Effect）是一种宏观上发生的经济效应，是指经济活动中某一变量的增减所引起的经济总量变化的连锁反应程度，属于宏观经济控制手段之一，具有正反两个作用方向。

② 不过，在各方面原因的作用下，近年来中国人民银行货币政策中存款准备金的使用相当频繁。据统计，从 1984 年到 2005 年底，中国人民银行一共调整过 8 次存款准备金率。但从 2006 年至 2012 年 5 月 18 日短短 5 年半时间，中国人民银行一共调整了 38 次存款准备金率。调整之频繁，实为世界罕见。不过，这种滥用的不良效果之一是货币政策手段严重依赖存款准备金这种杀伤性极大的政策工具，公开市场业务等柔性政策运用不够，最后使得金融机构、企业以及公众等对货币政策的"免疫性"大大增强，货币政策的"合法工具"的效果趋减。当货币政策效果不彰之时，中国人民银行的货币政策又更加依赖于这种货币政策工具，从而形成一种恶性循环。

资;经济衰退期间,降低则刺激投资扩大。与"法定存款准备金"相对的是"超额存款准备金"。所谓超额存款准备金,指金融机构的准备金存款中超过中央银行要求缴纳的部分。产生超额存款准备金的原因多是金融机构吸收的存款超过借贷业务的要求,暂时放到中央银行赚取利息,其也是金融市场化程度不高的体现。大部分国家的中央银行不对存款准备金支付利息,但中国人民银行例外。基于长期以来我国对吸纳储蓄的鼓励政策,中国人民银行对法定存款准备金与超额存款准备金都支付利息。2010年末人民币法定存款准备金利率为1.62%,超额存款准备金利率为0.72%,对外汇存款准备金不计付利息。过高的超额存款准备金利率,一方面抬高了我国利率水平的底线,缩小了中国人民银行利率政策操作的空间;另一方面也扭曲了商业银行的行为,对中国人民银行法定存款准备金政策的实施效果造成负面影响。近年来,中国人民银行曾数次调高法定存款准备金率,但调控效果却不明显,很大程度上是因为受到过高的超额存款准备金的影响。与发达国家超额准备金的情况相比,我国关于超额存款准备金以及超额存款准备金利率的问题亟须调整,只有这样才能提高货币政策的实施效果。此外,一些国家的中央银行法还有"紧急存款准备金"的规定,即在经济形势发生变化或紧急情况下,授予中央银行征收紧急存款准备金的权力。如依据美国法律,美国联邦储备委员会有权对各种存款征收任何比例的紧急存款准备金。当然,作为一种应急措施,必须在特殊情况下实施,而且时限一般很短,程序也很严格。

2.再贷款与再贴现政策。贴现是银行承兑汇票的持票人将未到期的票据向银行兑取现款,而再贴现就是指商业银行或者其他金融机构以贴现所获取的未到期的票据所做的票据转让。商业银行或者其他金融机构以贴现得来的票据,背书让与中央银行兑取现款,中央银行于票面金额中扣除自兑取日至到期日之间的利息及贴现费用后,将其余额支付给商业银行或者其他金融机构。再贷款是中央银行为实现货币政策目标而对普通金融机构提供的短期信贷,通常以借款人提供合格的抵押为条件,并且适用惩罚性利率。再贷款和再贴现虽然法律性质不同,一为借贷,一为票据买卖,但实质上都是中央银行对普通金融机构的放款。因此,广义再贷款的概念包括了票据再贴现,后者在性质上属于质押贷款。在我国目前,再贷款主要是指中国人民银行给予金融机构的信用贷款。[①] 中央银行对普通金融机构经办再贷款和再贴现业务，其一是基于最后贷款人的责任，其二是为了调节货币供应量。在现代经济中，后者成为主要目的。因此，再贴现与再贷款政策实际上是中央银行以再贷款和再贴现业务为基础，以调节货币供应量为目的而进行的一系列政策性操作。

中央银行运用再贷款与再贴现政策来调控信用的主要机制是：通过调整再贷款利率和再贴现率，[②]提高或降低商业银行自中央银行借款或贴现票据的成本，并间接带动金融市场利率的升降，进而达到对货币供应量调控之目的。如果中央银行认为货币供应量过多，即可采取提高再贷款利率或者再贴现率的方法，增加商业银行向中央银行借款或贴现的成本。在央行的这种信用收缩政策下，面对借款或贴现成本的上升，商业银行会减少借款或贴现数量，并提高对客户的贷款利率和贴现率，增加客户的借款成本，抑制客户对信贷资金的需求。反过来，如果中央银行认为必须实施信用扩张政策，就可以采取降低再贷款利率或再贴现率的方法，刺激商业银行增加借款量或进行更多的再贴现，从而达到信用扩张、增加金融市场上的货币供应量的效果。

再贴现作为西方中央银行传统的三大货币政策工具之一，被不少国家广泛运用。再贴现率的变动，在一定程度上反映了中央银行的政策意向，因而具有一定的告示作用：提高再贴现率表明紧缩意向，反之，则为扩张意向，这对短期市场利率具有较强的导向作用。当然，再贴现能够得到世界各国的如此重视和运用，不只是因为其具有影响商业银行信用扩张与调控货币供应总量的作用，还因为其可以按照国家产业政策的要求，有选择地对不同种类的票据进

---

① 再贷款是指中央银行向商业银行的贷款。根据中国人民银行于 1993 年 3 月 3 日颁布的《中国人民银行对金融机构贷款管理暂行办法》(自 1993 年 4 月 1 日起实施)第 8 条的规定，中国人民银行对金融机构贷款根据贷款方式的不同，可以划分为信用贷款和再贴现两种。信用贷款是指中国人民银行根据金融机构资金头寸情况，以其信用为保证发放的贷款。此外，《中国人民银行法》第 23 条将中国人民银行给予商业银行再贷款与再贴现并列为两种货币政策工具。因此，《中国人民银行法》所指的再贷款，实际上是指中央银行向商业银行提供的信用贷款。

② 再贴现率是商业银行将其贴现的未到期票据向中央银行申请再贴现时的预扣利率。商业银行将已贴现未到期票据作抵押，向中央银行借款时预扣的利率。如商业银行用客户贴现过的面值 100 万元的票据，向中央银行再贴现，中央银行接受这笔再贴现的票据时，假定商业银行实际取得贴现额 88 万元(贷款额)，票据到期日为 180 天，则按月利率计算，再贴现率＝(100－88)/100 * 1/6 * 100％＝2％，即中央银行对商业银行的再贴现回扣了 2％。

行融资,促进经济结构的调整。不过,再贴现率虽然具有调节灵活的优点,但也不宜频繁变动,否则难以形成稳定预期,使商业银行无所适从。而且,再贴现率的调节空间有限,贴现行为的主动权又掌握在商业银行手中,如果商业银行出于其他原因对再贴现率缺乏敏感性,则会使再贴现率的调节作用大打折扣,甚至失效。因此,随着时间的推移,中央银行愈来愈倾向于以参与者的身份进入市场,而不是作为一个指导者来调节和引导市场,因而再贴现率逐渐让位于公开市场业务这一政策手段而退居其次,但其仍不失为一种重要的而且可行的宏观调节手段。中国人民银行 1988 年 9 月 1 日首次公布再贴现率,比对金融机构贷款利率低 5%~10%。由于发展的历史不长,商业票据也不发达,再贴现率政策的效果还不明显。至 2009 年底,中国人民银行累计办理商业汇票再贴现 248.8 亿元,再贴现余额为 181.2 亿元。[①]

与再贴现相比,再贷款是一种带有较强计划性的数量型货币政策工具,具有行政性和被动性的特点。1993 年至 1997 年间,再贷款是中国调控货币量最灵活的手段,但 1997 年后,作为基础货币主要支持对象的商业银行对资金需求不大,再贷款作为基础货币发行的主渠道的作用已经退居次位,调整货币信贷结构和履行中央银行最后贷款人职责则上升为再贷款的主要职能。在这种职能转变的背景下,2003 年中国人民银行又与银监会正式分立,再贷款政

① 中国人民银行上海总部《中国金融市场发展报告》编写组:《2009 年中国金融市场发展报告》,中国金融出版社 2010 年版,第 22 页。

策面临着诸多挑战,①致使其运用以及效果必须重新评估。不过,借鉴发达国家的金融发展经验,任何一种单一的、独立的货币政策工具都不可能完成全部的宏观调控,而必须根据不同时期的货币政策目标,选择合适的工具进行配合和协调。结合中国人民银行运用再贷款进行宏观调控的实践进行分析,再综合考虑中国货币政策工具的适用环境,再贷款仍然会是我国体制转型过程中一种有效的间接调控手段,在调节基础货币总量与优化信贷结构,支持金融体制改革和维护国家信誉等方面,其还将继续发挥其他货币政策工具所不可替代的作用。

3.公开市场业务。公开市场业务是指中央银行通过买进或卖出有价证券,吞吐基础货币,调节货币供应量的活动,以此影响货币供应量和市场利率的行为。与存款准备金等影响力极强的货币政策工具相比,公开市场业务具

① 目前,中国人民银行的再贷款政策面临着诸多挑战:第一,银行监管职能与货币政策相分离后对再贷款管理的挑战。2003 年成立的中国银监会接管中国人民银行的银行监管职能,本意是为了央行货币政策的独立性,使之不会为了履行银行监管职能而拖累货币政策的独立实施。但在两项职能相分离的西方发达国家,大多都建立了存款保险体系,而且具备运用国家财力、政府资金、商业银行援助等综合化险的能力,而我国目前尚未进入建立存款保险制度的实质性阶段,中国人民银行仍然责无旁贷地扮演了风险最终承担者——最后贷款人的角色。当中国人民银行未能从商业银行的"保姆"角色中解套出来时,一旦发生金融风险,中国人民银行作为贷款人需要对借款机构的整体状况进行谨慎的评估与判断,这与化解危机的时间性要求恰好是相矛盾的,如果缺乏充分和准确的信息,再贷款的发放将无法执行科学、合理的操作程序。同时,再贷款被动性的发放还将强行破坏货币政策的传导,严重干扰货币政策的实施。而一旦再贷款没办法按期收回,必将影响到中国人民银行当年货币总量控制,从而影响到货币政策的效果。第二,再贷款带着计划体制阶段下强烈的行政色彩的调控手段之痕迹,而在市场经济环境下,中国人民银行的货币政策的特点由直接性向间接性转变,这种转变对再贷款的管理和使用提出了不同于以往的更高要求,如何主动、灵活使用再贷款以有效支持经济的快速健康增长、如何处理维护金融体系稳定和确保中国人民银行资产安全的关系,这些都成为再贷款管理中的新课题。第三,货币政策工具之间是会互相影响的,有时甚至会互相冲突,这将直接影响到货币政策的实施效果。因此,必须建立货币政策工具的内部协调和工具之间的相互制约机制。如果一种工具在实行货币扩张的同时,另一种工具却在收缩货币,无疑将造成货币政策的无效。随着国内经济的发展,央行需要且能够使用的货币政策工具越来越多元化,这时,如何建立再贷款与其他货币政策工具之间协调机制的问题便凸显出来。在未来一段时期内,实行以数量型为主的间接调控仍将是中国人民银行货币政策的主要方式,作为数量型间接调控主要手段的再贷款,做好与公开市场操作、再贴现、利率、存款准备金等工具之间的协调配合,显然具有重大意义。

有主动性、灵活性和时效性等特点，而且属于一种比较温和的调节方式，充分体现出经济性、间接性的特征。由此，公开市场业务成为西方发达国家中央银行用来吞吐基础货币，调节市场流动性的主要货币政策工具，通过中央银行与指定交易商进行有价证券和外汇的交易，实现货币政策调控目标。自20世纪50年代以来，美国联邦储备委员会货币吞吐量的90%都是通过公开市场业务进行。从20世纪80年代开始，许多发展中国家也逐渐将公开市场业务视为货币政策的主要工具之一。

与普通的金融机构为了盈利而从事证券买卖所不同，中央银行公开市场业务的目的不是为了盈利，而是为了调节货币供应量。中央银行通过在金融市场买进或卖出有价证券来影响商业银行控制资金的数量，继而影响它们的货币创造能力。当中央银行认为金融市场上的货币供应量不足而必须进行信用扩张的时候，其可以从商业银行购进证券从而扩大基础货币供应，商业银行在证券减少的同时在中央银行账户上的资金增加，商业银行可以扩大金融市场的信贷业务。反过来，如果中央银行认为必须进行信用收缩，那么其可以向商业银行抛售有价证券，商业银行购进证券的同时资金量减少从而收缩金融市场的信用规模。在影响信贷规模的同时，中央银行的公开市场业务也影响着市场利率。此外，公开市场业务也为政府债券买卖提供了一个有组织的方便场所，并通过影响利率来影响汇率和黄金的流动。

《中国人民银行法》第23条第5款规定，中国人民银行为执行货币政策，可在公开市场上买卖国债、其他政府债券、金融债券及外汇。具体而言，我国公开市场业务包括人民币操作和外汇操作两部分。人民币公开市场业务于1998年5月恢复交易，规模逐步扩大，外汇公开市场业务于1994年3月启动。之所以将外汇列为中国人民银行公开市场业务买卖的对象，一是因为外汇的吞吐可以起到调节本币供应量的作用，二是因为中央银行可以借此干预外汇市场上本币和外币之间的供求关系，达到稳定人民币汇率的目的。从1998年起，中国人民银行开始建立公开市场业务一级交易商制度，选择了一批能够承担大额债券交易的金融机构作为公开市场业务的交易对象，包括商业银行、证券公司、保险公司、农村信用联社等。目前公开市场业务一级交易商共50家，这些交易商可以把国债、政策性金融债券等作为交易工具与中国人民银行开展公开市场业务。

从交易品种上看，中国人民银行公开市场业务债券交易主要包括回购交易、现券交易和发行中央银行票据等。其中回购交易分为正回购和逆回购两种，正回购为中国人民银行向一级交易商卖出有价证券，并约定在未来特定日期买回有价证券的交易行为，正回购为央行从市场收回流动性的操作，正回购到期则为央行向市场投放流动性的操作；逆回购为中国人民银行向一级交易商购买有价证券，并约定在未来特定日期将有价证券卖给一级交易商的交易行为，逆回购为央行向市场投放流动性的操作，逆回购到期则为央行从市场收回流动性的操作。现券交易分为现券买断和现券卖断两种，前者为央行直接从二级市场买入债券，一次性地投放基础货币；后者为央行直接卖出持有债券，一次性地回笼基础货币。中央银行票据即中国人民银行发行的短期债券，央行通过发行央行票据可以回笼基础货币，央行票据到期则体现为投放基础货币。中国人民银行根据公开市场业务不同的操作品种，选择不同机构类型的公开市场业务一级交易商进行交易。[①] 中国人民银行发行中央银行票据操作，所有的公开市场业务一级交易商均可参加；开展回购操作，公开市场业务一级交易商中的存款类金融机构，即商业银行和农村信用合作联社可以参加；开展现券操作，优先考虑与中国人民银行批准的公开市场业务一级交易商中的债券做市商进行，也可根据市场情况和操作需要决定与所有公开市场业务一级交易商进行。[②] 自 1999 年以来，公开市场业务已成为中国人民银行货币政策日常操作的重要工具，其对于调控货币供应量、调节商业银行流动性水平、引导货币市场利率走向等发挥了积极的作用。

（二）选择性货币政策工具

所谓选择性货币政策工具，是指中央银行为实现对某些特殊的信贷或某些特殊的经济领域的信用控制，而采用的货币政策工具。常见的选择性货币政策工具有：

1. 证券市场信用控制工具。其是指为了稳定证券市场有价证券的实际交易价格，控制和调节流向证券市场的资金，防止证券市场上的投机行为，中央银行可以通过规定和调节信用交易、期货交易和期权交易中必须支付现款的比例，即法定保证金比例，以刺激或抑制证券交易活动的货币政策手段。例如，中央银行规定保证金比例为 20%，则买方要缴纳购进证券价格 20% 的现款，只能向银行贷款 80%。中央银行根据经济形势和金融市场的变化，随时

① 参见中国人民银行官方网站对“公开市场业务”的解释，网页地址：http://nanjing.pbc.gov.cn/publish/nanjing/2889/2011/20110422101904379758682/20110422101904379758682_.html。

② 参见中国人民银行官方网站：《公开市场业务公告［2004］第 2 号》，http://www.pbc.gov.cn/publish/zhengcehuobisi/618/1260/12600/12600_.html，下载日期：2012 年 7 月 24 日。

调整保证金比例，最高可达100%。这样，中央银行间接地控制了流入证券市场的资金数量。作为对证券市场的贷款量实施控制的一项特殊措施，证券市场信用控制工具最早出现在美国的货币政策之中，此后也有一些国家仿效此法，目前美国仍继续使用。在我国，无论是股票的现货交易，还是融资融券，其保证金比例都由证监会规定，因此，目前证券市场信用控制并不是中国人民银行的货币政策之一。当然，中国人民银行在实践中也会运用一些类似于证券市场信用控制工具的货币政策工具，如通过规定债券远期交易保证金的存款利率来调节银行债券市场等。

2. 消费信用控制工具。所谓消费者信用控制，是指中央银行对不动产以外的各种耐用消费品的销售融资予以控制，从而影响消费者对耐用消费品的支付能力要求。中央银行进行消费者信用控制是经济运行的客观需求，适时适当地运用它可以抑制消费者信用的过度使用和通货膨胀，对维持经济的稳定发展、减轻经济周期的震动有重要作用。主要控制手段为：规定以分期付款方式购买耐用消费品时第一次付款的最低金额；规定用分期付款等消费信贷购买各种耐用消费品借款的最长期限；规定用分期付款等消费信贷方式购买耐用消费品的种类；以分期付款等消费信用方式购买耐用消费品时，对不同的耐用消费品规定不同的放款期限。调整方法为：当经济处于需求过旺或通货膨胀时期，中央银行可以通过提高首次付款的比例、缩短分期付款期限等措施加强对消费信用的控制；当需求不足或经济衰退时，可以放松管制以刺激消费量的增加。目前，随着消费信贷的发展，这种选择性货币工具通过广泛的消费信贷参与者，改善传导效果，扩大了中央银行货币政策作用的基础面，最终实现央行通过选择性的货币政策工具的运用影响特定市场的目的。消费信用控制工具也为中国人民银行货币政策所采用，如为规范汽车贷款业务管理，防范汽车贷款风险，促进汽车贷款业务健康发展，中国人民银行与银监会在2004年8月发布了《汽车贷款管理办法》，对汽车贷款的具体操作作出了详细规定。

3. 不动产信用控制工具。不动产信用控制是指中央银行对金融机构办理不动产抵押贷款的限制措施。为了抑制房地产投机，降低金融机构的资产风险，中央银行可以对金融机构的房地产融资予以限制。不动产信用控制的常见方法包括：规定金融机构房地产贷款的最高限额、最长期限、首期付款、分期还款的最低金额等。不动产信用控制的机理为：当经济过热，不动产信用膨胀时，中央银行可通过规定和加强各种限制措施，减少不动产信贷，进而抑制不动产的盲目生产或投机，减轻通货膨胀压力，防止经济泡沫的形成；当经济衰退时，中央银行也可通过放松管制，扩大不动产信贷，刺激社会对不动产的需求,进而以不动产的扩大生产和活跃交易带动其他经济部门的生产发展,从而促使经济复苏。近年来在对房地产的市场调控中,规定商业银行房地产贷款的首付比例、优惠利率或惩罚性利率等,已成为中国人民银行惯常实施的手段。

4. 优惠利率。优惠利率是一国利率体系的重要组成部分,指中央银行为配合国家产业政策的需要,对国家拟重点发展的某些经济部门、行业或产品制定较低的利率,以此来刺激这些部门的生产,调动其积极性,实现产业结构和产品结构的调整。优惠利率的形式主要有以下两种:一是中央银行对需要重点发展的部门、行业和产品制定较低的贷款利率,由商业银行执行;二是中央银行对需重点发展的部门、行业和产品的票据制定较低的再贴现率,通过再贴现政策来实现对相关产业或产品的扶持。优惠利率常为发展中国家所青睐,也为中国人民银行货币政策广泛采用。

5. 特种存款。特种存款是在特定的经济形势下,中央银行为调整信用规模和结构,为支持国家重点建设或其他特殊资金需要,从金融机构的存款中集中的一部分资金。特种存款是中央银行选择性货币政策工具之一,具有直接控制方式之性质。特种存款属于选择性信用控制工具,不是一项普遍性措施,也不是一项长期的、连续的措施。对于中央银行来说,特种存款的运用实际上等于多了一种回笼流动性的货币政策工具,这样可以更灵活地开展公开市场业务。特种存款的期限较短,一般为一年,其利率完全由中央银行确定,具有特殊的规定性,金融机构只能按规定利率及时足额地完成存款任务。①

(三)补充性货币政策工具

补充性货币政策工具既包括信用直接控制工具,也包括信用间接控制工具。前者是指中央银行依法对商业银行创造信用的业务进行直接干预而采取的各种措施,主要有信用分配、直接干预、流动性比率、利率限制、特种贷款;后者是指中央银行凭借其在金融体制中的特殊地位,通过与金融机构之间的磋商、宣传等,指导其信用活动,以控制信用,其方式主要有窗口指导、道义劝告。

---

① 在我国历史上,中国人民银行曾于 1987 年和 1988 年,两次开办各 50 亿元特种存款,以达到调整信贷结构的目的。2007 年 10 月 23 日,由中国人民银行向各地城市商业银行及农村信用社发出通知,重启已 20 年未用过的特种存款来吸收银行体系的流动性。2007 年 12 月 27 日,中国人民银行开办特种存款,期限为 3 个月期和 1 年期,年利率分别为 3.37%和 3.99%,开办对象主要是公开市场一级交易商以外的部分城市商业银行及农村信用社等金融机构。

1. 利率上下限。为防止银行为吸收存款过分提高利率和为谋取高利润而进行风险投资和放款，从而控制银行的贷款能力和限制货币供应量，中央银行可根据法律的授权，规定金融机构存款利率的上限和贷款利率的下限。规定利率的上下限，也为商业银行的市场竞争提供了一定的灵活空间。

2. 信用分配。根据金融市场状况和执行货币政策的需要，中央银行对金融机构的信用规模加以分配，要求其在信用规模范围内开展经营活动。目前发展中国家的中央银行，鉴于本国亟待投资的项目很多、对资金需求非常迫切但资金不充裕的现状，根据经济建设的轻重缓急程度，以资金限制的方式，分配更大资金额度给亟须发展的项目。中国人民银行的信用分配，并不是对各商业银行的信贷规模的简单分配，而是根据国家的国民经济和社会发展计划、货币政策的决策和金融宏观控制的客观要求，并立足于商业银行的业务能力，在对总量、部门、地区和项目等方面进行综合平衡之后所进行的一种信贷规模的分配。

3. 流动性比率。为了促使金融机构调整资产结构，压缩长期信贷规模，增加易变现资产之目的，中央银行可规定金融机构流动性资产应占其流动性负债的最低比例。流动性比率是用来测量企业偿还短期债务能力的最常用的财务指标，其计算公式为:流动性比率=流动资产/流动负债，其计算数据来自于资产负债表。一般说来，流动性比率越高，企业偿还短期债务的能力越强。为了保持中央银行规定的流动性比率，商业银行要缩减长期放款，扩大短期放款，同时，还必须保持部分应付提现的资产。

4. 窗口指导或道义劝告

中央银行可以凭借其在金融体系中的特殊地位和威信，通过与金融机构之间的磋商指导其信用活动，这就是补充性货币政策工具中的“窗口指导”或“道义劝告”。中央银行的窗口指导或道义劝告不具有强制性，而是将货币政策的意向与金融状况向商业银行和其他金融机构提出，使其能自动地根据中央银行的政策意向采取相应措施。“窗口指导”产生于 20 世纪 50 年代的日本，其直接目的是通过贷款额度的控制，影响银行同业拆借市场利率，保持信贷总量的适度增长，维护经济的稳定，有时也具有指示贷款的使用方向的作用。它虽然只是一种“指导”，而非法律规定也不具备强制性，但是实际上具有很强的约束性。中国人民银行与国有商业银行行长联席会议制度，是中国人民银行进行“窗口指导”的特殊形式。自 1987 年起，中国人民银行与国有商业银行建立了比较稳定的行长联席会议制度。在联席会议上，中国人民银行向商业银行说明对经济、金融形势的看法，通报货币政策意向，提出改进专业银行信贷业务管理的建议。

第四节 中央银行的外汇管理

外汇管理制度是关于外汇的流通、收支、兑换、转移管理的规则总称。它的主要内容包括：确定外汇管理的范围和外汇管理的机关；规定对外汇的买卖、收支、汇率、进出国境的管理等。

一、外汇、汇率及外汇管理制度

(一)外汇的概念及其分类

外汇是指以外币表示的用于国际结算的支付凭证，包括：外国货币、外币存款、外币有价证券(政府公债、国库券、公司债券、股票等)、外币支付凭证(票据、银行存款凭证、邮政储蓄凭证等)。包括中国在内的大多数国家或地区在其有关法律规定中，并未对外汇赋予一个明确的定义，而只是根据本国或本地区外汇管理的实际需要，采取列举的方式具体界定外汇的范围。例如，《中华人民共和国外汇管理条例》第 3 条规定："本条例所称外汇，是指下列以外币表示的可以用作国际清偿的支付手段和资产：(一)外币现钞，包括纸币、铸币；(二)外币支付凭证或者支付工具，包括票据、银行存款凭证、银行卡等；(三)外币有价证券，包括债券、股票等；(四)特别提款权；(五)其他外汇资产。"

外汇可以根据不同的标准进行分类。与外汇管理有关的，主要有以下几种：

1. 根据是否能自由兑换，可以分为自由兑换外汇、有限自由兑换外汇和记账外汇。自由兑换外汇是指不需经货币发行国或地区的有关机关批准，就可以自由兑换成其他国家或地区的货币，或者可以向第三国或地区办理支付的外汇。自由兑换外汇在国际结算中可以自由使用，美元、欧元、加拿大元、英镑、澳大利亚元、新西兰元、日元、新加坡元、港元等属于此种外汇。与自由兑换外汇相对，必须经货币发行国批准，才能自由兑换成其他货币或对第三国进行支付的外汇即为有限自由兑换外汇。世界上有一大半的国家货币属于有限自由兑换货币，包括人民币。记账外汇，也称"协定外汇"，又称清算外汇或双边外汇，是指记账在双方指定银行账户上的外汇，不能兑换成其他货币，也不能对第三国进行支付。因此，从严格意义上讲，记账外汇不是外汇。

2. 根据来源和运用的不同，可以分为贸易外汇、非贸易外汇和金融外汇。

贸易外汇是指属于进出口商品贸易收支结算范围内的外汇，即由于国际间的商品流通所形成的一种国际支付手段，主要包括商品进出口贸易中在收付货款以及相关的佣金、运费、保险费、宣传费、推销费等方面收入和支出的外汇。非贸易外汇是指非来源于或用于进出口贸易的外汇，主要包括侨汇、劳务外汇、捐赠外汇等。金融外汇是指以某种金融资产形态表现的外汇，既非来源于有形贸易或无形贸易，也非用于有形贸易，而是为了各种货币头寸的管理。银行同业间买卖的外汇、资本项目下资金流动等，都形成在国家之间流动的金融资产外汇。我国将非贸易外汇与金融外汇都统称为非贸易外汇，包括侨汇、旅游、港口、民航、保险、银行、对外承包工程等外汇收入和支出。

3.根据持有人的不同，可以将外汇划分为居民外汇和非居民外汇。居民外汇是指一个国家或地区境内的居民，以各种形式持有的外汇。由于居民的外汇收支直接影响到居住国家或地区的国际收支，因此，在实行外汇管理的国家或地区，对居民外汇一般会实行比较严格的管理。在我国，境内的机关、部队、团体、企事业单位以及住在境内的中国人、外国侨民和无国籍人所收入的外汇属于居民外汇。非居民外汇是指在一个国家或地区临时居留的境外旅游者、留学生、短期回国的侨民、外国驻本国外交机构及外交人员、驻本国的国际机构和组织及其工作人员等非居民，以各种形式所持有的外汇。一般情况下，各国或地区对于非居民外汇的管理相对比较宽松。在我国，驻华外交代表机构、领事机构、商务机构、驻华的国际组织机构和民间机构以及这些机构常驻人员从境外携入或汇入的外汇都属非居民外汇。

4.根据国际收支发生项目的不同，可以划分为经常项目外汇和资本项目外汇。经常项目指本国与外国进行经济交易而经常发生的项目，是国际收支平衡表中最主要的项目，包括对外贸易收支、非贸易往来和无偿转让三个项目。经常项目的外汇是指国际收支中经常发生的交易项目所产生的外汇。资本项目是指国际收支中因资本输出和输入而产生的资本与负债的增减项目，包括直接投资、各类贷款、证券投资等。资本项目的外汇是指国际收支中因资本的输出和输入而产生的外汇。对经常项目与资本项目外汇的限制，多数国家持有宽严不一的标准。目前，我国对经常项目的外汇交易基本不实行外汇管制，但对资本项目的外汇交易进行一定的限制。

5.根据外汇汇率的市场走势不同，可区分为硬通货和软通货。由于多方面的原因，在国际市场上的货币币值总是经常变化，由此导致汇率的变动。根据币值和汇率走势，外汇可以分为“硬通货”（即“硬外汇”，或称“强势货币”）和“软通货”（即“软外汇”，或称“弱势货币”）。前者是指国际信用较好、币值稳定、汇价呈坚挺状态的自由兑换货币;后者是指币值不够稳定、汇价呈走低趋势的自由兑换货币。硬通货通常是由经济高度发达的国家发行的,汇价非常稳定,因而在外汇市场具有极高的流动性,在国际贸易支付中被全球广泛接受。当然,由于国内外政治、经济千变万化,各种货币币值的稳定也会受到影响,因而"硬通货"、"软通货"的状态也不是一成不变的。例如,在上世纪50年代美元一直是硬通货,但到60年代后期和70年代,由于美国国内的高通货膨胀以及巨额的国际收支逆差,使得美元汇价呈下降趋势,美元由硬通货变为软通货。上世纪80年代初,伴随着美国实施的高利率政策和紧缩银根政策,美国经济逐渐走出"滞涨"状态,美元汇率又不断上浮,再度成为国际金融市场上的硬通货。

(二)汇率的概念及其分类

汇率又称"汇价"或"外汇行市",是一国或地区的货币兑换另一国或地区的货币的比率,是以一种货币表示另一种货币的价格。各国或不同地区的经济发展状况及经济实力不同,导致不同国家或地区所发行货币的购买力也不相同。因此,首先要根据不同货币所代表的价值规定一个兑换率,即汇率,各国或地区的货币才能进行兑换。在实行市场汇率的国家或地区,该国或地区的汇率由对该国或地区的货币兑换外币的需求和供给所决定。不同的货币在进行兑换前,先要确定用哪个国家的货币作为标准,这就形成了汇率的两种标价方法,即直接标价法和间接标价法。

直接标价法又称"应付标价法",它是以一定单位的外国货币(1、100、1000、10000)为标准,将外国货币折算成一定金额本国货币的标价方法。采用直接标价法公布汇率时,外国货币的单位固定不变,本国货币的金额随该单位的外国货币或本国货币币值的变化而变化。如果一定单位的外国货币所折算成本国货币的金额增加,说明外币币值上升或本币币值下跌,这就叫外汇汇价上涨;相反,如果一定单位的外国货币所折算成本国货币的金额减少,则说明外币的币值在下降或本币币值在上升,这叫外汇汇价下跌。目前,包括中国在内的绝大多数国家或地区在公布汇率时,采用的是直接标价法。2005年7月21日,中国人民银行宣布废除原先盯住单一美元的货币政策,开始实行以市场供求为基础、参考一揽子货币进行调节、有管理的浮动汇率制度。自此,中国人民银行于每个工作日闭市后公布当日银行间外汇市场美元等交易货币对人民币汇率的收盘价，作为下一个工作日该货币对人民币交易的中间价格。[①]例如，中国人民银行授权中国外汇交易中心公布，2012 年 7 月 23 日银行间外汇市场人民币汇率中间价为：1 美元对人民币 6.3270 元，1 欧元对人民币 7.6762元，100 日元对人民币 8.0547 元，1 港元对人民币 0.81569 元 ，1 英镑对人民币 9.8657 元，1 澳大利亚元对人民币 6.5393 元，1 加拿大元对人民币 6.2360元。[②]

间接标价法又称“应收标价法”，它是以一定单位的本国货币（如 1 单位）为标准，将本国货币折算成一定金额外币的标价方法。采用间接标价法公布汇率时，本国货币的单位金额固定不变，外币的金额随本国货币或外币币值的变化而变化。如果一定数额的本币能兑换的外币数额比前期少，说明外币币值上升，本币币值下降，即外汇汇价下跌；如果一定数额的本币能兑换的外币数额比前期多，则说明外币币值下降，本币币值上升。即外汇汇价上升，即外汇的价值和汇率的升跌成反比。因此，间接标价法与直接标价法相反。在国际外汇市场上，采用间接标价法的较少，目前有美元、欧元、英镑、澳元等。例如，2012 年 7 月 23 日纽约外汇市场 1 美元兑换 78.40 日元，低于前一个交易日的 78.46 日元；1 美元兑换 0.9906 瑞士法郎，高于前一个交易日的0.9877 瑞士法郎；1 美元兑换 1.0176 加元，高于前一交易日的 1.0123 加元。[③]

---

① 人民币汇率中间价是即期银行间外汇交易市场和银行挂牌汇价的最重要参考指标。自 2006 年 1 月 4 日起，中国人民银行授权中国外汇交易中心于每个工作日上午 9 时 15 分对外公布当日人民币对美元、欧元、日元和港币汇率中间价，作为当日银行间即期外汇市场（含 OTC 方式和撮合方式）以及银行柜台交易汇率的中间价。人民币对美元汇率中间价的形成方式是：中国外汇交易中心于每日银行间外汇市场开盘前向所有银行间外汇市场做市商询价，并将全部做市商报价作为人民币对美元汇率中间价的计算样本，去掉最高和最低报价后，将剩余做市商报价加权平均，得到当日人民币对美元汇率中间价，权重由中国外汇交易中心根据报价方在银行间外汇市场的交易量及报价情况等指标综合确定。人民币对欧元、日元和港币汇率中间价由中国外汇交易中心分别根据当日人民币对美元汇率中间价于上午 9 时国际外汇市场欧元、日元和港币对美元汇率套算确定。人民币汇率中间价计算：最高时价位＋最低时价位/2。

② 参见《2012 年 7 月 23 日中国外汇交易中心受权公布人民币汇率中间价公告》，http://www.fert.cn/news/2012/7/23/20127239342894941.shtml，下载日期：2012 年 7 月 23 日。

③ 参见证券时报网快讯中心：《23 日纽约汇市欧元兑美元上涨，报 1.2125 美元》，http://kuaixun.stcn.com/content/2012－07/24/content_6356471.htm，下载日期：2012 年 7 月 24 日。

汇率也可以根据不同的标准进行分类。与外汇管理有关的主要有以下几种：

1.根据能否浮动，可以将汇率划分为固定汇率和浮动汇率。固定汇率是指由政府制定和公布，只能在一定幅度内波动的汇率。浮动汇率是指政府不规定汇率上下波动的幅度，由市场供求关系决定的汇率，又分为自由浮动和管理浮动两种形式。前者是指政府不采取任何干预措施，完全按供求关系自由浮动的浮动汇率；后者是指政府要采取一定的措施进行干预，以保证其相对平稳的浮动汇率。目前，绝大多数国家都实行有管理的浮动汇率制，我国在名义上实行的也是“有管理的浮动汇率制度”，但其实质上还不属于浮动汇率制度，而是变相的“固定汇率制度”。

2.根据是否由政府有关机关制定，可以将汇率划分为法定汇率和市场汇率。法定汇率又称“官方汇率”，它是由一国或地区的中央银行或专门的外汇管理机关依法制定并公布的汇率。在外汇管理较为严格的国家或地区，一切外汇交易都必须按照法定汇率进行。官方汇率又可分为单一汇率和多重汇率，前者是指中央银行或相关机构只制定并公布一种汇率，后者是指中央银行或相关机构制定并公布一种以上的对外汇率。在外汇管理比较宽松的国家或地区，一般是实行单一汇率制。多重汇率是外汇管制的一种特殊形式，其目的在于限制资本的流入或流出，奖励出口或限制进口等。市场汇率又称“自由汇率”，它是指在自由外汇市场上进行外汇买卖的实际汇率，它随市场供求关系的变化而自由波动。在外汇管理较松的国家，官方宣布的汇率往往只起中心汇率作用，实际外汇交易则按市场汇率进行。

3. 从银行买卖外汇的角度出发，可以将汇率划分为买入汇率、卖出汇率、中间汇率和现钞汇率。买入汇率，也称买入价，即银行向同业或客户买入外汇时所使用的汇率。卖出汇率，也称卖出价，即银行向同业或客户卖出外汇时所使用的汇率。买入、卖出之间有个差价，这个差价是银行买卖外汇的收益。中间汇率是买入价与卖出价的平均数，是不含银行买卖外汇收益的汇率，常用来衡量和预测某种货币汇率变动的幅度和趋势。外汇银行在对外挂牌公布汇价时既有买入价、卖出价，还有一个现钞价，即买卖外汇现钞的兑换率。很多国家或地区不允许外汇在本地直接使用，外汇兑换后需运送回发行地或可自由流动的地域。这样，运送外币现钞将会花费一定的运费和保险费，这种成本必须摊到客户身上。因此，银行在收兑外币现钞时的汇率通常要低于外汇买入汇率，而银行卖出外币现钞时使用的汇率则高于其他外汇卖出汇率。

（三）外汇管理制度

外汇管理也称“外汇管制”，在广义上是指一个国家或地区的政府授权中央银行或其他机构依法对该国境内或管辖区域内的外汇收支、买卖、借贷、转移、汇率和外汇市场等方面实行的管理。在狭义上外汇管理是指对本国货币与外国货币之间的兑换进行一定的限制。本章所称的外汇管理指的是广义上的外汇管理。由于不同的国家和地区经济发展状况与对外开放度不同，外汇管制的宽严度也不一样，一般来说，发达国家的外汇管制一般都比较宽松，而大部分发展中国家则实行从紧的外汇管制。

根据各国或各地区外汇管制的不同项目以及同一项目的宽严度的差别，可以将外汇管制划分为三种不同的类型：(1)严格的外汇管制，即经常项目和资本项目等国际收支所有项目下的外汇收支都要受到严格的管理，禁止一切外汇的自由买卖。实行这种外汇管制的国家通常经济比较落后，外汇资金短缺，市场机制不发达，本国产品的国际竞争能力较差，因而试图通过集中分配和使用外汇来达到促进经济发展的目的。(2)部分型外汇管制，即对经常项目的外汇交易原则上不实行或基本不实行限制，但对资本项目的外汇交易则仍然加以管理。一些经济发展比较快的新兴市场国家多采取这种外汇管理制度，这些国家经济发展快速，国内市场对外逐渐开放，产品的竞争力较大，外汇储备雄厚，实行外汇管理的主要目的是为了防止不利于本国经济发展的资本流动，维持本国的汇价。(3)完全自由型外汇管制，即在形式上取消外汇管制，对经常项目与资本项目的外汇收支均不进行限制，外汇可自由兑换、自由流通。发达国家以及一些国际收支顺差较大的石油输出国，往往采用这种类型的外汇管制。

二、我国的外汇管理制度

（一）我国外汇管理制度的立法现状

1996年1月29日国务院颁布了《外汇管理条例》，1996年底实现人民币经常项目下可兑换后，国务院于1997年1月14日对该《条例》进行了修订。2008年8月1日国务院对《外汇管理条例》进行了再修订。《外汇管理条例》确立了我国外汇管理的原则，具体包括：(1)国家对经常性国际支付和转移不予限制；(2)国家实行国际收支统计申报制度，国务院外汇管理部门应当对国际收支进行统计、监测，定期公布国际收支状况；(3)经营外汇业务的金融机构应当依法向外汇管理机关报送客户的外汇收支及账户变动情况；(4)中华人民共和国境内禁止外币流通，并不得以外币计价结算，但国家另有规定的除外；

境内机构、境内个人的外汇收入可以调回境内或者存放境外;(5)调回境内或者存放境外的条件、期限等,由国务院外汇管理部门根据国际收支状况和外汇管理的需要作出规定;(6)国务院外汇管理部门依法持有、管理、经营国家外汇储备,遵循安全、流动、增值的原则;(7)国际收支出现或者可能出现严重失衡,以及国民经济出现或者可能出现严重危机时,国家可以对国际收支采取必要的保障、控制等措施等。此外,围绕着国务院颁布的《外汇管理条例》,中国人民银行、国家外汇管理局等相关单位发布了一系列的有关外汇管理的规章及规范性文件,建构起我国现行的外汇管理制度。

(二)我国外汇管理的主管机关及其职责

根据国务院《外汇管理条例》第2条的规定,我国外汇管理的职能机构是国家外汇管理局及其分支机构。国家外汇管理局为副部级国家局,内设综合司(政策法规司)、国际收支司、经常项目管理司、资本项目管理司、管理检查司、储备管理司、人事司(内审司)、科技司等八个职能司和机关党委,设置中央外汇业务中心、信息中心、机关服务中心、《中国外汇管理》杂志社等四个事业单位。国家外汇管理局在各省、自治区、直辖市、副省级城市设有34个分局、2个外汇管理部;在省、自治区、直辖市设立分局;在北京、重庆设立外汇管理部;在深圳市、大连市、青岛市、厦门市、宁波市设立分局。国家外汇管理局还在有一定外汇业务量、符合条件的部分地区(市)、县(市)分别设立了国家外汇管理局中心分局、支局,国家外汇管理局的分支机构与当地的中国人民银行分支机构合署办公。

国家外汇管理局的基本职责是:(1)研究提出外汇管理体制改革和防范国际收支风险、促进国际收支平衡的政策建议;研究落实逐步推进人民币资本项目可兑换、培育和发展外汇市场的政策措施,向中国人民银行提供制定人民币汇率政策的建议和依据。(2)参与起草外汇管理有关法律法规和部门规章草案,发布与履行职责有关的规范性文件。(3)负责国际收支、对外债权债务的统计和监测,按规定发布相关信息,承担跨境资金流动监测的有关工作。(4)负责全国外汇市场的监督管理工作;承担结售汇业务监督管理的责任;培育和发展外汇市场。(5)负责依法监督检查经常项目外汇收支的真实性、合法性;负责依法实施资本项目外汇管理,并根据人民币资本项目可兑换进程不断完善管理工作;规范境内外外汇账户管理。(6)负责依法实施外汇监督检查,对违反外汇管理的行为进行处罚。(7)承担国家外汇储备、黄金储备和其他外汇资产经营管理的责任。(8)拟订外汇管理信息化发展规划和标准、规范并组织实施,依法与相关管理部门实施监管信息共享。(9)参与有关国际金融活动。(10)承办国务院及中国人民银行交办的其他事宜。国家外汇管理局的各分、支局,依照其职责权限,在各自的辖区范围内,履行外汇管理的职责。

(三)我国外汇管理的对象

与世界上许多国家和地区相同,我国外汇管理的对象也分为物、人和区域三大类。

1.对物的外汇管理。根据《外汇管理条例》第3条的规定,我国外汇管理中的物是指以外币表示的,可以用作国际清偿的支付手段和资产。具体包括:外币现钞,包括纸币、铸币;外币支付凭证或者支付工具,包括票据、银行存款凭证、银行卡等;外币有价证券,包括债券、股票等;特别提款权;其他外汇资产。

2.对人的外汇管理。对人的外汇管理分为居民的外汇管理和非居民的外汇管理。根据《外汇管理条例》第4条的规定,境内机构、境内个人的外汇收支或者外汇经营活动,以及境外机构、境外个人在境内的外汇收支或者外汇经营活动,适用本条例。本条所指的"境内机构",是指中华人民共和国境内的国家机关、企业、事业单位、社会团体、部队等,外国驻华外交领事机构和国际组织驻华代表机构除外。本条所指的"境内个人",是指中国公民和在中华人民共和国境内连续居住满1年的外国人,外国驻华外交人员和国际组织驻华代表除外。

3.外汇管理区域。根据《外汇管理条例》第8条的规定,我国的外汇管理区域为中华人民共和国境内的所有区域。但是,保税区、边境贸易和边民互市地区的外汇管理,则由国家外汇管理局根据《外汇管理条例》的原则另行制定管理规则。

(四)我国外汇管理制度的基本内容

根据现行外汇管理立法,我国外汇管理制度的基本内容包括:经常项目的外汇管理;资本项目的外汇管理;金融机构的外汇业务管理;个人的外汇管理;人民币汇率及外汇市场管理;国际收支统计与监测体系等。

1.经常项目的外汇管理

依照我国《外汇管理条例》第52条第3款的规定,经常项目是指国际收支中涉及货物、服务、收益及经常转移的交易项目等。1996年,我国正式接受国际货币基金组织协定第8条款,实现了人民币经常项目可兑换。《外汇管理条例》第5条规定:"国家对经常性国际支付和转移不予限制。"当然,不予限制不等于不管理。为了区分经常项目和资本项目交易,防止无交易基础的逃骗汇、洗钱等违法犯罪行为,我国经常项目外汇管理仍然实行真实性审核(包括指导性限额管理)。对此,《外汇管理条例》第12条规定:“经常项目外汇收支应当具有真实、合法的交易基础。经营结汇、售汇业务的金融机构应当按照国务院外汇管理部门的规定,对交易单证的真实性及其与外汇收支的一致性进行合理审查。外汇管理机关有权对前款规定事项进行监督检查。”根据国际惯例,这并不构成对经常项目可兑换的限制。

(1)经常项目外汇收入实行结售汇或按规定自行保留。以前,境内机构经常项目的外汇收入必须调回境内,按市场汇率卖给外汇指定银行。而到今天,凡经有权管理部门核准或备案具有涉外经营权或有经常项目外汇收入的境内机构(含外商投资企业),经注册所在地国家外汇管理局及其分支局批准均可开立经常项目外汇账户,在核定的最高金额内保留经常项目外汇收入。国家外汇管理局于2007年8月12日发布的《关于境内机构自行保留经常项目外汇收入的通知》规定:境内机构可根据经营需要自行保留其经常项目外汇收入,取消限额管理,银行在为境内机构开立外汇账户和办理外汇收支业务时,停止使用外汇账户管理信息系统的“限额管理”功能。但外汇管理局对外汇账户收支情况进行检测、分析,保证其真实性。2008年修改的《外汇管理条例》第9条规定:“境内机构、境内个人的外汇收入可以调回境内或者存放境外;调回境内或者存放境外的条件、期限等,由国务院外汇管理部门根据国际收支状况和外汇管理的需要做出规定。”第13条规定:“经常项目外汇收入,可以按照国家有关规定保留或者卖给经营结汇、售汇业务的金融机构。”

(2)取消经常项目外汇支付限制。《外汇管理条例》第14条规定:“经常项目外汇支出,应当按照国务院外汇管理部门关于付汇与购汇的管理规定,凭有效单证以自有外汇支付或者向经营结汇、售汇业务的金融机构购汇支付。”第15条规定:“携带、申报外币现钞出入境的限额,由国务院外汇管理部门规定。”根据国家外汇管理局和海关总署联合制定并于2003年9月1日开始施行的《携带外币现钞出入境管理暂行办法》,出境人员(包括居民个人和非居民个人)可以携带外币现钞出境,也可以按国家金融管理规定通过从银行汇出或携带汇票、旅行支票、国际信用卡等方式将外币携出境外。携出金额在等值5000美元以内(含5000美元)的,不需申领《携带证》,海关予以放行。当天多次往返及短期内多次往返者除外。出境人员携出金额在等值5000美元以上至10000美元(含10000美元)的,应当向银行申领《携带证》。出境时,海关凭加盖银行印章的《携带证》验放。对使用多张《携带证》的,若加盖银行印章的《携带证》累计总额超过等值10000美元,海关不予放行。出境人员携出金额在等值10000美元以上的,应当向存款或购汇银行所在地国家外汇管理局各分支局申领《携带证》，海关凭加盖外汇局印章的《携带证》验放。另外，旅客携带人民币现钞进出境限额为2万元，超出限额的禁止进出境。

(3)改革货物贸易外汇管理制度。1991年1月1日，中国开始实行出口收汇核销制度；1994年8月1日始，又实行了进口付汇核销制度。即由外汇管理局对相应的出口收汇或进口付汇进行核销。为大力推进贸易便利化，进一步改进货物贸易外汇服务和管理，国家外汇管理局、海关总署、国家税务总局于2012年6月联合发布《关于货物贸易外汇管理制度改革的公告》，决定自2012年8月1日起在全国实施货物贸易外汇管理制度改革，取消出口收汇核销单，企业不再办理出口收汇核销手续。国家外汇管理局分支局对企业的贸易外汇管理方式由现场逐笔核销改变为非现场总量核查。国家外汇管理局分支局通过货物贸易外汇监测系统，全面采集企业货物进出口和贸易外汇收支逐笔数据，定期比对、评估企业货物流与资金流总体匹配情况，便利合规企业贸易外汇收支，对存在异常的企业进行重点监测，必要时实施现场核查。

国家外汇管理局分支局根据企业贸易外汇收支的合规性及其与货物进出口的一致性，将企业分为A、B、C三类。A类企业进口付汇单证简化，可凭进口报关单、合同或发票等任何一种能够证明交易真实性的单证在银行直接办理付汇，出口收汇无须联网核查，银行办理收付汇审核手续相应简化。对B、C类企业在贸易外汇收支单证审核、业务类型、结算方式等方面实施严格监管，B类企业贸易外汇收支由银行实施电子数据核查，C类企业贸易外汇收支须经外汇局逐笔登记后办理。国家外汇管理局分支局根据企业在分类监管期内遵守外汇管理规定情况，进行动态调整。A类企业违反外汇管理规定将被降级为B类或C类；B类企业在分类监管期内合规性状况未见好转的，将延长分类监管期或被降级为C类；B、C类企业在分类监管期内守法合规经营的，分类监管期满后可升级为A类。同时，国家外汇管理局分支局相应调整出口报关流程，优化升级出口收汇与出口退税信息共享机制。

2. 资本项目外汇管制

根据外汇体制改革的总体部署和长远目标，中国资本项目外汇收支管理的基本原则，是在取消经常项目汇兑限制的同时，完善资本项目外汇管理，逐步创造条件，有序地推进人民币在资本项目下可兑换。2004年底，按照国际货币基金组织划分的7大类43项资本项目交易中，我国有11项实现可兑换，11项较少限制，15项较多限制，严格管制的仅有6项。但2008年新修订的《外汇管理条例》对以上原来实施较多限制或严格管制的资本项目，进一步放松或取消了限制，尤其是表现在境内机构对外直接投资与放贷、境内机构与个人对外证券投资等方面。修订后的《外汇管理条例》对资本项目下的外汇管理也作出了如下原则性规定:(1)资本项目外汇收入保留或者卖给经营结汇、售汇业务的金融机构,应当经外汇管理机关批准,但国家规定无须批准的除外;(2)资本项目外汇支出,应当按照国务院外汇管理部门关于付汇与购汇的管理规定,凭有效单证以自有外汇支付或者向经营结汇、售汇业务的金融机构购汇支付,国家规定应当经外汇管理机关批准的,应当在外汇支付前办理批准手续;(3)资本项目外汇及结汇资金,应当按照有关主管部门及外汇管理机关批准的用途使用。外汇管理机关有权对资本项目外汇及结汇资金使用和账户变动的情况进行监督检查。以下结合《外汇管理条例》等相关规定,按照资本项目类别展开介绍:

(1)外商直接投资。《外汇管理条例》第16条规定:"境外机构、境外个人在境内直接投资,经有关主管部门批准后,应当到外汇管理机关办理登记。"具体包括:①外商投资企业的资本金、投资资金等需开立专项账户保留。②外商投资项下外汇资本金结汇可持相应材料直接到外汇管理局授权的外汇指定银行办理,其他资本项下外汇收入经外汇管理局批准后可以结汇。③外商投资企业资本项下支出经批准后可以从其外汇账户中汇出或者购汇汇出。④外商投资企业可以直接向境内外银行借款,自借自还,事先不需报批,事后须向外汇管理局登记,但外商投资企业举借的中长期外债累计发生额和短期外债余额之和应当控制在审批部门批准的项目总投资和注册资本之间的差额以内。在差额范围内,外商投资企业可自行举借外债。超出差额的,须经原审批部门重新核定项目总投资。⑤中外合作经营企业外方先行收回投资,外商投资企业依法停业清算、减资、股权转让等所得资金,经批准后可以从其外汇账户中汇出或者购汇汇出。⑥允许外商投资企业用人民币利润、企业清算、股权转让、先行回收投资、减资等所得货币资金进行再投资,享受外汇出资待遇。⑦依法终止的外商投资企业,按照国家有关规定进行清算、纳税后,属于外方投资者所有的人民币,可以向经营结汇、售汇业务的金融机构购汇汇出。⑧为进行监督和管理,对外商投资企业实行外汇登记和年检制度。

为了优化投资环境、提高管理效率,2003年3月3日,国家外汇管理局发布的《关于完善外商直接投资外汇管理工作有关问题的通知》将部分原有的外商直接投资外汇管理业务也根据需要进行简化或调整。总的来讲,该《通知》对外汇管理思路和方法作了以下调整:第一,确立了对外国投资者未在境内设立外商投资企业而在境内从事直接投资或与直接投资相关活动,通过外国投资者专用外汇账户进行管理的制度和原则;第二,允许外国投资者以其境内非居民个人现汇账户，以及其开立于经中国人民银行批准经营离岸业务的外汇指定银行的离岸账户中的资金向外商投资企业出资；第三，将外商投资企业外方出资的许可范围，从原有的外汇、实物、无形资产、人民币利润等形式扩大到清算、转股、减资等财产境内再投资、未分配利润、应付利润、三项基金、债转股等形式；第四，明确了对外商收购境内企业股权的登记管理原则和具体操作方案，以确保并购领域外资流入的真实性与合规性；第五，明确了非投资性外商投资企业境内投资、外资比例低于25%的外商投资企业的外汇管理原则，配合外经贸部等部门有关政策的调整，填补了目前外汇管理工作的空白。

此外，为改进外商投资企业外汇管理，便利外商投资企业办理外汇资本金验资和支付结汇等业务、规范外汇指定银行和会计师事务所的相关业务操作，国家外汇管理局建立并运行了直接投资外汇业务信息系统，国家外汇管理局综合司于2008年8月29日发布了《关于完善外商投资企业外汇资本金支付结汇管理有关业务操作问题的通知》，对外商投资企业资本金支付结汇管理的有关业务操作事项进行了详细规定。

(2)境外直接投资。境外直接投资是指境内机构经境外直接投资主管部门核准，通过设立(独资、合资、合作)、并购、参股等方式在境外设立或取得既有企业或项目所有权、控制权或经营管理权等权益的行为。为贯彻落实"走出去"发展战略，促进境内机构境外直接投资的健康发展，对跨境资本流动实行均衡管理，维护我国国际收支基本平衡，根据《外汇管理条例》等相关法规，国家外汇管理局于2009年7月13日制定了《境内机构境外直接投资外汇管理规定》，自2009年8月1日起施行。该文件规定：

第一，国家外汇管理局及其分支机构对境内机构境外直接投资的外汇收支、外汇登记实施监督管理。国家外汇管理局可以根据我国国际收支形势和境外直接投资情况，对境内机构境外直接投资外汇资金的来源范围、管理方式及其境外直接投资所得利润留存境外的相关政策进行调整。境内机构可以使用自有外汇资金、符合规定的国内外汇贷款、人民币购汇或实物、无形资产及经外汇管理局核准的其他外汇资产来源等进行境外直接投资。境内机构境外直接投资所得利润也可留存境外用于其境外直接投资。自有外汇资金包括：经常项目外汇账户、外商投资企业资本金账户等账户内的外汇资金。

第二，境外直接投资外汇登记和资金汇出。具体包括：①外汇管理局对境内机构境外直接投资及其形成的资产、相关权益实行外汇登记及备案制度。境内机构在向所在地外汇管理局办理境外直接投资外汇登记时，应说明其境外投资外汇资金的来源情况。②境内机构境外直接投资获得境外直接投资主管部门核准后，持相关材料到所在地外汇管理局办理境外直接投资外汇登记。外汇管理局审核材料无误后，于相关业务系统中登记有关情况，并向境内机构颁发境外直接投资外汇登记证。境内机构应凭其办理境外直接投资项下的外汇收支业务。多个境内机构共同实施一项境外直接投资的，由境内机构所在地外汇管理局分别向相关境内机构颁发境外直接投资外汇登记证，并在相关业务系统中登记有关情况。③境内机构应凭境外直接投资主管部门的核准文件和境外直接投资外汇登记证，到外汇指定银行办理境外直接投资资金汇出手续，外汇指定银行进行真实性审核后为其办理。外汇指定银行为境内机构办理境外直接投资资金汇出的累计金额，不得超过该境内机构事先已经外汇管理局在相关业务系统中登记的境外直接投资外汇资金总额。④境内机构有重大情况变更的，应在发生之日起 60 天内，持境外直接投资外汇登记证、境外直接投资主管部门的核准或者备案文件及相关真实性证明材料到所在地外汇管理局办理境外直接投资外汇登记、变更或备案手续。⑤境内机构持有的境外企业股权因转股、破产、解散、清算、经营期满等原因注销的，境内机构应在取得境外直接投资主管部门相关证明材料之日起 60 天内，凭相关材料到所在地外汇管理局办理注销境外直接投资外汇登记手续。⑥境内机构可以按照《外汇管理条例》和其他相关规定，向境外直接投资企业提供商业贷款或融资性对外担保。⑦境内机构在外汇管制国家或地区投资的，可按规定在其他非外汇管制国家或地区开立专用外汇账户，用于与该项投资相关外汇资金的收付。

第三，境外直接投资前期费用汇出。具体包括：①境外直接投资前期费用是指境内机构在境外投资设立项目或企业前，需要向境外支付的与境外直接投资有关的费用，包括但不限于收购境外企业股权或境外资产权益，按项目所在地法律规定或出让方要求需缴纳的保证金；在境外项目招投标过程中，需支付的投标保证金；进行境外直接投资前，进行市场调查、租用办公场地和设备、聘用人员，以及聘请境外中介机构提供服务所需的费用。②境内机构向境外汇出的前期费用，一般不得超过境内机构已向境外直接投资主管部门申请的境外直接投资总额的 15%（含），并持相关材料向所在地外汇管理局申请；对于汇出的境外直接投资前期费用确需超过境外直接投资总额 15%的，境内机构应当持相关材料向所在地国家外汇管理局分局（含外汇管理部）提出申请。外汇指定银行凭外汇管理局出具的核准文件为境内机构办理购付汇手续，并及时向外汇管理局反馈有关信息。③境内机构已汇出境外的前期费用，应列入境内机构境外直接投资总额。外汇指定银行在办理境内机构境外直接投资资金汇出时，应扣除已汇出的前期费用金额。④境内机构自汇出前期费用之日起 6 个月内仍未完成境外直接投资项目核准程序的，应将境外账户剩余资金调回原汇出资金的境内外汇账户。所汇回的外汇资金如属人民币购汇的，可持原购汇凭证，到外汇指定银行办理结汇。所在地外汇管理局负责监督境内机构调回剩余的前期费用。如确因前期工作需要，经原作出核准的外汇管理局核准，上述 6 个月的期限可适当延长，但最长不得超过 12 个月。

第四，境外直接投资项下资金汇入及结汇。具体包括：①境内机构将其所得的境外直接投资利润汇回境内的，可以保存在其经常项目外汇账户或办理结汇。外汇指定银行在审核境内机构的境外直接投资外汇登记证、境外企业的相关财务报表及其利润处置决定、上年度年检报告书等相关材料无误后，为境内机构办理境外直接投资利润入账或结汇手续。②境内机构因所设境外企业减资、转股、清算等所得资本项下外汇收入，通过资产变现专用外汇账户办理入账，或经外汇管理局批准留存境外。资产变现专用外汇账户的开立及入账经所在地外汇管理局按照相关规定核准，账户内资金的结汇，按照有关规定直接向外汇指定银行申请办理。③境内机构将其境外直接投资的企业股权全部或者部分转让给其他境内机构的，相关资金应在境内以人民币支付。股权出让方应到所在地外汇管理局办理境外直接投资外汇登记的变更或注销手续，股权受让方应到所在地外汇管理局办理受让股权的境外直接投资外汇登记手续。

此外，为规范境内银行境外直接投资的外汇管理，进一步完善我国对外直接投资统计制度，加强跨境资金流动监测和分析工作，国家外汇管理局发布了《关于境内银行境外直接投资外汇管理有关问题的通知》，自 2010 年 9 月 1 日起实施。《通知》的主要内容如下：一是明确将具有法人资格的境内政策性银行、国有商业银行、股份制商业银行、中国邮政储蓄银行、外资法人银行、城市商业银行、农村商业银行、农村合作银行等境内银行纳入管理范畴；二是取消境内银行境外直接投资项下购汇核准手续；三是明确境内银行境外直接投资外汇登记、变更、注销及结汇核准等业务的办理程序；四是规范境内银行境外直接投资前期费用汇出、利润汇回、减资、清算及转股等事项；五是明确境内银行在《通知》发布前已从事的境外直接投资活动应履行的登记备案手续。

(3)对外商业贷款。跟以前相比，2008 年修订的《外汇管理条例》也放宽了境内机构向境外提供商业贷款的限制，该条例第 20 条规定，银行业金融机构在经批准的经营范围内可以直接向境外提供商业贷款。其他境内机构向境外提供商业贷款，应当向外汇管理机关提出申请，外汇管理机关根据申请人的资产负债等情况作出批准或者不批准的决定;国家规定其经营范围需经有关主管部门批准的,应当在向外汇管理机关提出申请前办理批准手续。向境外提供商业贷款,应当按照国务院外汇管理部门的规定办理登记。

(4)境外机构与个人投资境内证券的外汇管理。在证券资金流入环节,《外汇管理条例》第16条第2款规定:"境外机构、境外个人在境内从事有价证券或者衍生产品发行、交易,应当遵守国家关于市场准入的规定,并按照国务院外汇管理部门的规定办理登记。"为规范合格境外机构投资者在中国境内证券市场的外汇管理,根据《外汇管理条例》以及《合格境外机构投资者境内证券投资管理办法》(中国证监会、中国人民银行、国家外汇管理局2006年第36号令),国家外汇管理局于2009年9月29日公布并实施了《合格境外机构投资者境内证券投资外汇管理规定》,规定合格投资者应当委托其境内托管人代为办理本规定所要求的相关手续;合格投资者和托管人应当遵守中国外汇管理有关规定;国家外汇管理局及其分局、外汇管理部依法对合格投资者境内证券投资的投资额度、资金账户、资金收付及汇兑等实施监督、管理和检查。

此外,为规范基金管理公司、证券公司人民币合格境外机构投资者境内证券投资试点相关业务,国家外汇管理局于2011年12月发布了《关于基金管理公司、证券公司人民币合格境外机构投资者境内证券投资试点有关问题的通知》,规定国家外汇管理局及其分局、外汇管理部(以下简称外汇局)依法对人民币合格境外机构投资者境内证券投资相关的投资额度、资金汇出入等实施监测和管理。经中国证监会批准取得境内证券投资业务许可证的人民币合格境外机构投资者应当委托其境内托管人代为办理本通知所要求的相关手续。国家外汇管理局对人民币合格境外机构投资者境内证券投资的额度实行余额管理,人民币合格境外机构投资者累计净汇入的人民币资金不得超过经批准的投资额度。人民币合格境外机构投资者不得转让、转卖投资额度给其他机构或个人使用。已取得投资额度的人民币合格境外机构投资者如自获批额度之日起1年内未能有效使用投资额度,外汇局依据相关情况调减其投资额度直至取消。人民币合格境外机构投资者应当持规定的文件和材料,向国家外汇管理局申请投资额度。已取得投资额度的人民币合格境外机构投资者,可凭国家外汇管理局额度批复文件,由托管人为其办理相关的资金汇入、汇出及购汇手续。

(5)境内机构与个人投资境外证券的外汇管理。我国在证券资金流出环节管理较为严格,渠道有限,但近年呈放宽之势。《外汇管理条例》第17条规定:"境内机构、境内个人向境外直接投资或者从事境外有价证券、衍生产品发行、交易，应当按照国务院外汇管理部门的规定办理登记。国家规定需要事先经有关主管部门批准或者备案的，应当在外汇登记前办理批准或者备案手续。”2007 年 6 月 20 日，中国证监会颁布了《合格境内机构投资者境外证券投资管理试行办法》，规定符合规定条件的基金管理公司和证券公司，可在境内募集资金进行境外证券投资管理。这标志着以国内投资机构为主体参与海外投资的开始，使得具有专业投资管理经验和投资管理能力的基金公司得以参与全球市场投资，同时也为投资者通过合格境内机构投资者(QDII)参与海外投资提供了更多选择。我国国家外汇管理局于 2007 年 8 月 20 日宣布，在天津滨海新区进行试点，允许境内居民以自有外汇或人民币购汇直接投资海外证券市场，初期首选香港。这是继放开银行系、证券类、保险系合格境内机构投资者投资境外股市之后，中国拓宽外汇资金流出渠道的又一重要举措。①

为规范境内基金管理公司和证券公司(以下简称“证券经营机构”)境外证券投资外汇管理，根据《外汇管理条例》及相关规定，国家外汇管理局于 2009 年 9 月 29 日发布并实施了《关于基金管理公司和证券公司境外证券投资外汇管理有关问题的通知》，2006 年发布的《国家外汇管理局关于基金管理公司境外证券投资外汇管理有关问题的通知》同时废止。该通知规定：①国家外汇管理局及其分支局负责对证券经营机构境外证券投资额度、外汇账户及汇兑实施监督、管理和检查。②具备经营外汇业务资格的证券经营机构开展境外证券投资业务，应向国家外汇管理局申请投资额度。国家外汇管理局对投资额度实行余额管理，证券经营机构境外证券投资净汇出额不得超过已批准的投资额度。③证券经营机构可募集境内投资者的外汇资金，也可募集境内投资者的人民币资金购汇进行境外证券投资。境内投资者不得以外币现钞形式投资证券经营机构发行的相关产品。④境内托管人应凭国家外汇管理局投资额度批准文件为证券经营机构的相关产品开立境内托管账户。⑤境内投资者以自有外汇进行投资的，本金和收益汇回后，不得直接提取现钞或结汇，应由境内外汇托管账户经外汇清算账户、直销或代销外汇账户划至境内个人投资者本人外汇账户或境内机构投资者的原外汇账户。境内投资者以人民币资金进行投资的，本金和收益汇回后，应由证券经营机构持国家外汇管理局投资额度批准文件经境内外汇托管账户代为结汇后予以支付。⑥证券经营机构应于每只产品成立后七个工作日内，向国家外汇管理局报送产品的实际募集规模和

① 国家外汇管理局于 2010 年 1 月 12 日宣布，境内个人直接投资香港和其他境外证券市场试点的批复文件已失效，这项有争议性的项目就此终止。

资金来源情况。证券经营机构应于每月结束后七个工作日内,向国家外汇管理局报送本机构境外证券投资的相关汇总数据。境内托管人应在每月结束后七个工作日内向国家外汇管理局报送所托管证券经营机构的境外证券投资相关数据。⑦证券经营机构和境内托管人应按国际收支统计申报相关规定履行国际收支申报义务。⑧证券经营机构和境内托管人违反本通知规定的,外汇管理局将按照《外汇管理条例》和有关外汇管理规定予以处罚。

(6)外债与对外担保的外汇管理。目前规范外债与对外担保外汇管理的立法除《外汇管理条例》外,还包括1997年9月8日经中国人民银行批准,1997年9月24日由国家外汇管理局发布的《境内机构借用国际商业贷款管理办法》;2000年3月10日国务院办公厅转发《国家计委、中国人民银行关于进一步加强对外发债管理的意见》;原国家计委、财政部、国家外汇管理局于2003年1月18日联合发布,并于2003年3月1日开始实施的《外债管理暂行条例》以及国家外汇管理局于2005年12月1日开始实施的《关于完善外债管理有关问题的通知》等。

第一,外债的外汇管理。《外汇管理条例》第18条规定:"国家对外债实行规模管理。借用外债应当按照国家有关规定办理,并到外汇管理机关办理外债登记。国务院外汇管理部门负责全国的外债统计与监测,并定期公布外债情况。"目前,国家对外债实行登记制度与规模管理,国家发展计划委员会、财政部和国家外汇管理局是外债管理部门。

外债分为外国政府贷款、国际金融组织贷款和国际商业贷款。国家发展计划委员会会同有关部门根据国民经济和社会发展需要,以及国际收支状况和外债承受能力,制定国家借用外债计划,合理确定全口径外债的总量和结构调控目标。国家根据外债类型、偿还责任和债务人性质的不同,对举借外债实行分类管理。金融机构和中资企业借用1年期以上的中长期外债需纳入国家利用外资计划,1年期以内(含1年)的短期外债由国家外汇管理局管理。外商投资企业借用国际商业贷款不需要事先批准,但其短期外债余额和中长期外债累计发生额之和要严格控制在其投资总额与注册资本额的差额幅度内。境内机构对外签订借款合同或担保合同后,应当依据有关规定到外汇管理部门办理登记手续。国际商业贷款借款合同或担保合同须经登记方能生效。实行逐笔登记的外债,其还本付息都需经外汇管理局核准(银行除外)。未经国务院批准,任何政府机关、社会团体、事业单位不得举借外债或对外担保。境内机构发行商业票据由国家外汇管理局审批,并占用其短贷指标。已上市的外资股公司对外发行可转换债券,不实行资格审核批准制,按境内机构对外发债的审批程序办理。2007 至 2008 年间，国家外汇管理局曾多次大幅度调减银行短期外债额度，其背景是人民币升值和国际热钱持续流入中国。

此外，境内机构 180 天以上、等值 20 万美元(含)以上延期付款纳入外债登记管理；境内注册的跨国公司进行资金集中运营的，其吸收的境外关联公司资金如在岸使用，纳入外债管理；境内贷款项下境外担保按履约额纳入外债管理，并且企业中长期外债累计发生额、短期外债余额以及境外机构和个人担保履约额之和，不得超过其投资总额与注册资本的差额。

第二，对外担保的外汇管理。《外汇管理条例》第 19 条规定："提供对外担保，应当向外汇管理机关提出申请，由外汇管理机关根据申请人的资产负债等情况做出批准或者不批准的决定；国家规定其经营范围需经有关主管部门批准的，应当在向外汇管理机关提出申请前办理批准手续。申请人签订对外担保合同后，应当到外汇管理机关办理对外担保登记。经国务院批准为使用外国政府或者国际金融组织贷款进行转贷提供对外担保的，不适用前款规定。"对外担保属于或有债务，其管理参照外债管理，仅限于经批准有权经营对外担保业务的金融机构和具有代位清偿债务能力的非金融企业法人可以提供。除经国务院批准为使用外国政府贷款或者国际金融组织贷款进行转贷外，国家机关和事业单位不得对外出具担保。

为了深化境内机构提供对外担保管理改革，支持境内机构参与国际经济金融合作，根据中国人民银行 1999 年发布的《境内机构对外担保管理办法》，国家外汇管理局于 2010 年 7 月发布了《关于境内机构对外担保管理问题的通知》，对境内机构提供对外担保实行余额管理或者逐笔核准的管理方式。国家外汇管理局对境内银行提供融资性对外担保实行余额管理，对非银行金融机构和企业提供对外担保以逐笔核准为主，具备一定条件的可以实行余额管理。具有担保业务经营资格的境内银行提供融资性对外担保，可向所在地国家外汇管理局分支局、外汇管理部申请对外担保余额指标。在经核定的指标内，银行可自行提供融资性对外担保，无须逐笔向外汇局申请核准。具有担保业务经营资格的境内银行提供非融资性对外担保，不受指标控制，无须逐笔向外汇局申请核准，但应符合行业监管部门的相关风险管理规定。

3. 个人外汇管理

近年来随着经济发展，个人外汇收支情况越来越频繁，为便利个人外汇收支，简化业务手续，规范外汇管理，根据《外汇管理条例》和《结汇、售汇及付汇管理规定》等相关法规，中国人民银行于 2006 年 12 月 29 日对外发布了《个人外汇管理办法》，并于 2007 年 2 月 1 日开始施行。2007 年 1 月，国家外汇管理局印发《个人外汇管理办法实施细则》,并于2007年2月1日开始施行。

《个人外汇管理办法》将个人外汇业务按照交易主体区分为境内与境外个人外汇业务,按照交易性质划分为经常项目和资本项目个人外汇业务。[①] 个人跨境收支,应当按照国际收支统计申报的有关规定办理国际收支统计申报手续。对个人结汇和境内个人购汇实行年度总额管理,年度总额分别为每人每年等值5万美元。国家外汇管理局可根据国际收支状况,对年度总额进行调整。年度总额内的,凭本人有效身份证件到银行办理;超过年度总额的,经常项目项下凭本人有效身份证件和有交易额的相关证明等材料到银行办理,资本项目项下按照有关规定办理。个人所购外汇,可以汇出境外、存入本人外汇储蓄账户,或按照有关规定携带出境。个人年度总额内购汇、结汇,可以委托其直系亲属代为办理;超过年度总额的购汇、结汇以及境外个人购汇,可以按《个人外汇管理办法实施细则》的规定,凭相关证明材料委托他人办理。个人携带外币现钞出入境,应当遵守国家有关规定。同时,银行应当按照《个人外汇管理办法》的规定,为个人办理外汇收付、结售汇及开立外汇账户等业务,并对个人提交的有效身份证件及相关证明材料的真实性进行审核。汇款机构及外币兑换机构(含代兑点)按照本办法的规定为个人办理个人外汇业务。银行应通过外汇管理局指定的管理信息系统办理个人购汇和结汇业务,真实、准确录入相关信息,并将办理个人业务的相关材料至少保存5年备查。银行和个人在办理个人外汇业务时,也应当遵守本办法的相关规定,不得以分拆等方式逃避限额监管,也不得使用虚假商业单据或者凭证逃避真实性管理。

(1)经常项目个人外汇管理。个人经常项目项下外汇收支分为经营性外汇收支和非经营性外汇收支,按照可兑换原则管理。个人经常项目项下经营性外汇收支按以下规定办理:①个人对外贸易经营者办理对外贸易购付汇、收结汇应通过本人的外汇结算账户进行,其外汇收支、进出口核销、国际收支申报按机构管理。个人对外贸易经营者指依法办理工商登记或者其他执业手续,取得个人工商营业执照或者其他执业证明,并按照国务院商务主管部门的规定,办理备案登记,取得对外贸易经营权,从事对外贸易经营活动的个人。②个体工商户委托有对外贸易经营权的企业办理进口的,本人凭其与代理企业签订的进口代理合同或协议购汇,所购外汇通过本人的外汇结算账户直接

---

① 境内个人是指持有中华人民共和国居民身份证、军人身份证件、武装警察身份证件的中国公民。境外个人是指持护照、港澳居民来往内地通行证、台湾居民来往大陆通行证的外国公民(包括无国籍人)以及港澳台同胞。

划转至代理企业经常项目外汇账户。个体工商户委托有对外贸易经营权的企业办理出口的，可通过本人的外汇结算账户收汇、结汇，结汇凭与代理企业签订的出口代理合同或协议、代理企业的出口货物报关单办理。代理企业将个体工商户名称、账号以及核销规定的其他材料向所在地外汇管理局报备后，可以将个体工商户的收账通知作为核销凭证。③境外个人旅游购物贸易方式项下的结汇，凭本人有效身份证件及个人旅游购物报关单办理。

境内个人经常项目项下非经营性结汇超过年度总额的，凭本人有效身份证件及以下证明材料到银行办理：①捐赠：经公证的捐赠协议或合同，捐赠须符合国家规定；②赡家款：直系亲属关系证明或经公证的赡养关系证明、境外给付人相关收入证明，如银行存款证明、个人收入纳税凭证等；③遗产继承收入：遗产继承法律文书或公证书；④保险外汇收入：保险合同及保险经营机构的付款证明，投保外汇保险须符合国家规定；⑤专有权利使用和特许收入：付款证明、协议或合同；⑥法律、会计、咨询和公共关系服务收入：付款证明、协议或合同；⑦职工报酬：雇佣合同及收入证明；⑧境外投资收益：境外投资外汇登记证明文件、利润分配决议或红利支付书或其他收益证明；⑨其他相关证明及支付凭证。

境外个人经常项目项下非经营性结汇超过年度总额的，凭本人有效身份证件及以下证明材料到银行办理：①房租类支出：房屋管理部门登记的房屋租赁合同、发票或支付通知；②生活消费类支出：合同或发票；③就医、学习等支出：境内医院(学校)收费证明；④其他相关证明及支付凭证。上述结汇单笔等值5万美元以上的，应将结汇所得人民币资金直接划转至交易对方的境内人民币账户。境内个人经常项目项下非经营性购汇超过年度总额的，凭本人有效身份证件和有交易额的相关证明材料到银行办理。

境外个人经常项目合法人民币收入购汇及未用完的人民币兑回，按以下规定办理：①在境内取得的经常项目合法人民币收入，凭本人有效身份证件和有交易额的相关证明材料(含税务凭证)办理购汇。②原兑换未用完的人民币兑回外汇，凭本人有效身份证件和原兑换水单办理，原兑换水单的兑回有效期为自兑换日起24个月；对于当日累计兑换不超过等值500美元(含)以及离境前在境内关外场所当日累计不超过等值1000美元(含)的兑换，可凭本人有效身份证件办理。

境内个人外汇汇出境外用于经常项目支出，按以下规定办理：外汇储蓄账户内外汇汇出境外当日累计等值5万美元以下(含)的，凭本人有效身份证件到银行办理；超过上述金额的，凭经常项目项下有交易额的真实性凭证办理。

手持外币现钞汇出当日累计等值1万美元以下(含)的,凭本人有效身份证件到银行办理;超过上述金额的,凭经常项目项下有交易额的真实性凭证、经海关签章的《中华人民共和国海关进境旅客行李物品申报单》或本人原存款银行外币现钞提取单据办理。

境外个人经常项目外汇汇出境外,按以下规定在银行办理:①外汇储蓄账户内外汇汇出,凭本人有效身份证件办理;②手持外币现钞汇出,当日累计等值1万美元以下(含)的,凭本人有效身份证件办理;超过上述金额的,还应提供经海关签章的《中华人民共和国海关进境旅客行李物品申报单》或本人原存款银行外币现钞提取单据办理。

(2)资本项目个人外汇管理。境内个人对外直接投资应按国家有关规定办理。所需外汇经所在地外汇管理局核准后可以购汇或以自有外汇汇出,并办理相应的境外投资外汇登记手续。境内个人及因经济利益关系在中国境内习惯性居住的境外个人,在境外设立或控制特殊目的公司并返程投资的,所涉外汇收支按《国家外汇管理局关于境内居民通过境外特殊目的公司融资及返程投资外汇管理有关问题的通知》等有关规定办理。

境内个人可以使用外汇或人民币,并通过银行、基金管理公司等合格境内机构投资者进行境外固定收益类、权益类等金融投资。境内个人参与境外上市公司员工持股计划、认股期权计划等涉外业务,应通过所属公司或境内代理机构统一向外汇管理局申请获准后办理。境内个人出售员工持股计划、认股期权计划等项下股票以及分红所得外汇收入,汇回所属公司或境内代理机构开立的境内专用外汇账户后,可以结汇,也可以划入员工个人的外汇储蓄账户。

境内个人向境内经批准经营外汇保险业务的保险经营机构支付外汇保费,应持保险合同、保险经营机构付款通知书办理购付汇手续。境内个人作为保险受益人所获外汇保险项下赔偿或给付的保险金,可以存入本人外汇储蓄账户,也可以结汇。

移居境外的境内个人将其取得合法移民身份前境内财产对外转移以及外国公民依法继承境内遗产的对外转移,按《个人财产对外转移售付汇管理暂行办法》等有关规定办理。境外个人在境内买卖商品房及通过股权转让等方式并购境内房地产企业所涉外汇管理,按《国家外汇管理局建设部关于规范房地产市场外汇管理有关问题的通知》等有关规定办理。境外个人可按相关规定投资境内B股,投资其他境内发行和流通的各类金融产品,应通过合格境外机构投资者办理。

根据人民币资本项目可兑换的进程，逐步放开对境内个人向境外提供贷款、借用外债、提供对外担保以及直接参与境外商品期货和金融衍生产品交易的管理，具体办法另行制定。

(3)个人外汇账户及外币现钞管理。外汇管理局按账户主体类别和交易性质对个人外汇账户进行管理。银行为个人开立外汇账户，应区分境内个人和境外个人。而账户按交易性质则应分为外汇结算账户、外汇储蓄账户、资本项目账户。外汇结算账户是指个人对外贸易经营者、个体工商户按照规定开立的，用以办理经常项目项下经营性外汇收支的账户，其开立、使用和关闭按机构账户进行管理。个人在银行开立外汇储蓄账户应当出具本人有效身份证件，所开立账户户名应与本人有效身份证件记载的姓名一致。个人开立外国投资者投资专用账户、特殊目的公司专用账户及投资并购专用账户等资本项目外汇账户及账户内资金的境内划转、汇出境外应经外汇管理局核准。

个人外汇储蓄账户资金境内划转，按以下规定办理：①本人账户间的资金划转，凭有效身份证件办理；②个人与其直系亲属账户间的资金划转，凭双方有效身份证件、直系亲属关系证明办理；③境内个人和境外个人账户间的资金划转按跨境交易进行管理。本人外汇结算账户与外汇储蓄账户间资金可以划转，但外汇储蓄账户向外汇结算账户的划款限于划款当日的对外支付，不得在划转后结汇。个人提取外币现钞当日累计等值 1 万美元以下(含)的，可以在银行直接办理；超过上述金额的，凭本人有效身份证件、提钞用途证明等材料向银行所在地外汇管理局事前报备。银行凭本人有效身份证件和经外汇管理局签章的《提取外币现钞备案表》为个人办理提取外币现钞手续。

个人向外汇储蓄账户存入外币现钞，当日累计等值 5000 美元以下(含)的，可以在银行直接办理；超过上述金额的，凭本人有效身份证件、经海关签章的《中华人民共和国海关进境旅客行李物品申报单》或本人原存款银行外币现钞提取单据到银行办理。银行应在相关单据上标注存款银行名称、存款金额及存款日期。

(4)个人结售汇管理信息系统。具有结售汇业务经营资格并已接入和使用个人结售汇系统的银行，直接通过个人结售汇系统办理个人结售汇业务。各银行总行及分支机构申请接入个人结售汇系统，应满足个人结售汇管理信息系统技术接入条件，具备经培训的技术人员和业务操作人员，并能维护系统的正常运行。银行应按规定填写个人结售汇系统银行网点信息登记表，向外汇管理局提出系统接入申请。外汇管理局在对银行申请验收合格后，予以准入。除以下情况外，银行办理个人结售汇业务都应纳入个人结售汇系统：①通过外币代兑点发生的结售汇；②通过银行柜台尾零结汇、转利息结汇等小于等值100美元(含100美元)的结汇；③外币卡境内消费结汇；④境外卡通过自助银行设备提取人民币现钞；⑤境内卡境外使用购汇还款。

4.金融机构的外汇业务管理

金融机构经营或者终止经营结汇、售汇业务，应当经外汇管理机关批准；经营或者终止经营其他外汇业务，应当按照职责分工经外汇管理机关或者金融业监督管理机构批准。

目前，经常项目的外汇收支基本上直接到外汇指定银行办理，资本项目的外汇收支经外汇管理部门批准或核准后，也在外汇指定银行办理。《外汇管理条例》第7条规定："经营外汇业务的金融机构应当按照国务院外汇管理部门的规定为客户开立外汇账户，并通过外汇账户办理外汇业务。经营外汇业务的金融机构应当依法向外汇管理机关报送客户的外汇收支及账户变动情况。"经常项目外汇收支应当有真实、合法的交易基础。经营结汇、售汇业务的金融机构应当按照国务院外汇管理部门的规定，对交易单证的真实性及其与外汇收支的一致性进行合理审查。外汇管理机关有权对金融机构的执行情况进行监督检查。

近年来，外汇管理机关通过加大外汇查处力度，整顿外汇市场秩序，积极推进外汇市场信用体系建设，初步建立起了以事后监管和间接管理为主的信用管理模式。外汇管理机关对金融机构外汇业务实行综合头寸管理，金融机构的资本金、利润以及因本外币资产不匹配需要进行人民币与外币转换的，应当经外汇管理机关批准。

5.人民币汇率形成机制

《外汇管理条例》第27条规定："人民币汇率实行以市场供求为基础的、有管理的浮动汇率制度。"自2005年7月21日起，我国开始实行以市场供求为基础、参考一篮子货币进行调节、有管理的浮动汇率制度。人民币汇率不再盯住单一美元，而是按照我国对外经济发展的实际情况，选择若干种主要货币，赋予相应的权重，组成一个货币篮子。同时，根据国内外经济金融形势，以市场供求为基础，参考一篮子货币计算人民币多边汇率指数的变化，对人民币汇率进行管理和调节，维护人民币汇率在合理均衡水平上的基本稳定。参考一篮子货币表明外币之间的汇率变化会影响人民币汇率，但参考一篮子不等于盯住一篮子货币，它还需要将市场供求关系作为另一重要依据，以此形成有管理的浮动汇率。

中国人民银行于每个工作日闭市后公布当日银行间外汇市场美元等交易

货币对人民币汇率的收盘价，作为下一个工作日该货币对人民币交易的中间价格。中国人民银行于2005年9月23日发布的《关于进一步改善银行间外汇市场交易汇价和外汇指定银行挂牌汇价管理的通知》规定，银行间外汇市场人民币对美元买卖价在中国人民银行公布的市场交易中间价上下0.3%的幅度内浮动，欧元、日元、港币等非美元货币对人民币交易价浮动幅度为上下3%。外汇指定银行在规定的浮动范围内确定挂牌汇率，对客户买卖外汇。银行对客户美元挂牌汇价实行价差幅度管理，美元现汇卖出价与买入价之差不得超过交易中间价的1%，现钞卖出价与买入价之差不得超过交易中间价的4%，银行可在规定价差幅度内自行调整当日美元挂牌价格，银行可自行制定非美元对人民币价格。银行可与客户议定所有挂牌货币的现汇和现钞买卖价格。为进一步完善以市场供求为基础、参考一篮子货币进行调节、有管理的浮动汇率制度，促进外汇市场的发展，提高金融机构自主定价和风险管理能力，中国人民银行决定扩大银行间即期外汇市场人民币兑美元交易价浮动幅度，于2007年5月18日发布了《关于扩大银行间即期外汇市场人民币兑美元交易价浮动幅度的公告》，该公告规定，自2007年5月21日起，银行间即期外汇市场人民币兑美元交易价浮动幅度由0.3%扩大至0.5%。2012年4月14日，中国人民银行宣布从2012年4月16日起，银行间即期外汇市场人民币兑美元交易价浮动幅度由0.5%扩大至1%。同时，外汇指定银行为客户提供当日美元最高现汇卖出价与最低现汇买入价之差不得超过当日汇率中间价的幅度由1%扩大至2%。

6.外汇市场的管理

在计划经济时期，外汇高度集中管理，没有外汇市场。改革开放之初，实行外汇留成制度，建立了和发展外汇调剂市场。1994年，实行银行结售汇，建立了全国统一的银行间外汇市场和银行对客户的结售汇市场。2005年7月汇率形成机制改革以后，继续改进银行间外汇市场交易机制，扩大市场主体，增加市场交易工具，进一步理顺供求关系。《外汇管理条例》规定，经营结汇、售汇业务的金融机构和符合国务院外汇管理部门规定条件的其他机构，可以按照国务院外汇管理部门的规定在银行间外汇市场进行外汇交易。外汇市场交易应当遵循公开、公平、公正和诚实信用的原则，外汇市场交易的币种和形式由国务院外汇管理部门规定。国务院外汇管理部门依法监督管理全国的外汇市场，并根据外汇市场的变化和货币政策的要求，依法对外汇市场进行调节。

目前，我国初步形成了外汇零售和银行间批发市场相结合，竞价和询价交易方式相补充，覆盖即期、远期和掉期等类型外汇交易工具的市场体系。2007年8月，中国人民银行宣布，具备银行间远期外汇市场会员资格的境内机构可以在银行间外汇市场开展人民币外汇货币掉期业务，包括开办人民币兑美元、欧元、日元、港币、英镑五种货币的货币掉期交易。从交易主体看，除银行金融机构之外，符合条件的非金融企业和非银行金融机构都可以进入即期银行间外汇市场，并扩大了远期结售汇业务的试点银行范围；从交易机制看，改外汇单向交易为双向交易，引进美元"做市商"制度，并在银行间市场引进询价交易机制；从业务品种和范围看，批准中国外汇交易中心开办外币对外币的买卖，引进人民币对外币掉期业务，增加银行间市场交易品种，开办远期和掉期外汇交易业务；从汇价管理看，扩大银行间市场非美元货币波幅，取消银行对客户非美元货币挂牌汇率浮动区间限制，扩大美元现汇与现钞买卖差价，允许一日多价等；从结售汇头寸管理看，实行银行结售汇综合头寸管理，可以大幅增加银行体系的总限额，统一中外资银行管理政策和限额核定标准。

7. 国际收支统计与监测体系

国家外汇管理部门的职责之一是，负责国际收支、对外债权债务的统计和监测，按规定发布相关信息，承担跨境资金流动监测的有关工作。对此，《外汇管理条例》第6条规定："国家实行国际收支统计申报制度。国务院外汇管理部门应当对国际收支进行统计、监测，定期公布国际收支状况。"第11条规定："国际收支出现或者可能出现严重失衡，以及国民经济出现或者可能出现严重危机时，国家可以对国际收支采取必要的保障、控制等措施。"

近年来，国家外汇管理局不断完善国际收支统计与监测体系，具体工作包括：完善银行结售汇统计，启动银行结售汇统计报表改造工作，重新设计和开发了新版银行结售汇统计系统；升级国际收支统计监测系统，加强对跨境资金流动的监测；加快建设国际收支统计监测预警体系，初步建立高频债务监测系统和市场预期调查系统，不断提高预警分析水平。自2005年起，外汇管理局每半年发布一次《中国国际收支报告》。我国自此开始编制并对外公布国际收支平衡表，通过金融机构进行国际收支间接申报，以此提高国际收支统计数据透明度。

复习思考题

1. 简述中央银行的概念和职能。
2. 简述中央银行制度的演进规律以及政治经济根源。
3. 简述中央银行的性质与法律地位。

4. 简述中央银行的货币政策工具及其调控原理。
5. 从法律的视角看中国人民银行货币政策在实践中可能碰到的问题。
6. 简述再贷款政策当前面临的挑战以及未来展望。
7. 简述中国人民银行的金融监管职能以及与银行业监管机构的协调问题。
8. 简述中国人民银行的外汇管理制度以及存在的问题。
9. 简述中国人民银行的黄金管理制度以及存在的问题。
10. 简述中国人民银行的外汇储备与黄金储备在经营中所面临的问题。
11. 简述中国人民银行的反洗钱职责及在实践中遭遇的问题。
12. 简述中国人民银行大区制改革的原因并对其实施效果进行分析。
13. 简述央行的公开市场业务以及操作原理。
14. 从近几年国内货币政策的实施状况看央行的金融调控的地位。
15. 从近几年国内货币政策的实施状况看央行的金融调控的功能。
16. 从近几年国内货币政策的实施状况看央行的金融调控的效果。

第3章

银行监督管理法

银行业作为从事资金融通的特殊行业，资产和负债错配的特点明显，加上银行自有资本低，承受的风险高，银行业体系整体比较脆弱。随着银行在经济社会发展中的作用日益突显，银行体系是否稳健，将直接影响到整个国家金融体系的安全，并对一国经济社会发展和政治稳定带来深刻的影响。因此，各国普遍将银行业视为需要严格管制的特殊行业，通过设计一定的监管框架，对银行业进行监督管理。本章将介绍银行监管的历史和发展，论述银行监管的理论基础、监管目标以及监管原则，并对银行监管的模式、内容和方法及银行监管的协调机制进行阐释。

第一节 银行监管的历史和发展

银行监管是政府对银行机构实施的各种监督和管制，包括对银行机构在市场准入、经营活动、市场退出等方面的限制性规定，对银行机构风险管理和控制等方面的合规性要求，以及一系列立法和执法体系与过程，以维护正常的金融秩序，保障银行体系安全、健康、高效运行。① 银行监管具有悠久的历史，并随着政府对市场干预的发展而不断演变。1720 年，英国国会通过《反泡沫法》(*English Bubble Act*)，标志着政府对金融业实行监管的开端。1864 年，美国联邦政府制定《国民银行法》，从立法上确立了政府对银行监管和干预的合法性，标志着现代银行监管制度的正式确立。回顾西方银行监管的历史，大致可以将其分为以下几个阶段：

1. 自由银行时期(20 世纪以前)。17 世纪到 20 世纪初期，古典和新古典经济自由主义成为西方经济学界的主要思想，并深刻影响政府对经济干预的态度。在这一时期，古典经济学将“看不见的手”视为市场经济运行的基本准

① 刘晓勇著：《银行监管有效性研究》，社会科学文献出版社 2007 年版，第 66 页。

则，十分推崇市场自发机制的作用，认为市场在价格机制的引导下将会自动维护经济秩序，政府不应当对市场经济进行干预，而应仅仅充当市场经济的“守夜人”。新古典经济学延续传统古典经济学的基本思路，认为市场的自发机制将会实现资源配置的“帕累托最优”，反对政府对经济采取干预措施。在这一阶段，西方各国社会经济较为波动，许多金融机构的非审慎信贷扩张导致银行大量倒闭，迫使各国逐步将中央银行作为银行监管的主体。在当时银行业务范围较窄，风险主要集中于信贷业务的背景下，中央银行代表国家对银行进行管理，主要承担信用“保险”的重任，履行的主要是较为单一的货币监管职能。

2. 从自由走向全面管制时期(20 世纪初期至 20 世纪 70 年代)。进入 20 世纪，西方国家经济社会发生深刻的变革，1907 年发生了世界经济危机，银行被挤兑，货币市场混乱，金融机构纷纷倒闭，引发了持续的经济衰退。尤其是 1929 年至 1933 年的经济危机，对西方经济和社会发展造成深远的影响，推动了西方国家干预经济理论的发展，银行监管走向全面管制的时代。在这一时期，凯恩斯主义成为西方经济学界的主流，该理论强调政府在经济发展中的重要作用，认为政府必须对经济进行干预，以克服市场自发运行机制存在的不足。凯恩斯主义在经济危机的背景下被广泛接受，并在随后的 30 年左右的时间里占据了优势地位。在这一时期，银行监管顺应了凯恩斯主义对“看得见的手”的逻辑，放弃自由银行制度，国家开始对银行进行全面的管制。此外，经济学对市场的不完全性认识也逐步深化，银行监管理论还从市场的外部性、垄断、信息不完全性和信息不对称等方面展开，为政府加强银行监管提供了有力的理论支撑。为了适应经济和金融形势的变化，各国普遍扩大银行监管的范围，制定了一系列法律法规，对利率管制、市场准入、资本充足率、风险管理等提出明确要求。以美国为例，受经济危机的影响，从 1929 年至 1933 年，在经济呈现下跌趋势的同时，其银行的数量也从 2.5 万家降至 1.4 万家(下降了 40%)，银行系统的货币和存款也减少了 1/3。这场惨重的金融危机，促使美国加强对银行业的监管，并侧重于安全而不是鼓励竞争。[①] 美国不仅在 1933 年通过了《银行法》(即《格拉斯—斯蒂格尔法》)，建立起存款保险制度和银证分离制度，将投资业务从商业银行中分离，而且成立了联邦存款保险公司(FDIC)，对商业银行进行监管。同时，将联邦储备委员会改组为联邦储备理事会(FRB)，成为事实上的中央银行，大大加强了其作为银行监管机构的权

① [美]艾伦·加特著:《管制、放松与重新管制》，陈雨露、王智洁、蔡玲译，经济科学出版社 1999 年版，第 19 页。

力。此后,1934 年的《证券交易法》、1956 年的《银行持股公司法》、1970 年的《证券投资者保护法》等法律的陆续颁布,使得美国对金融业的监管一直朝着全面管制的方向发展。在这一时期,美国作为世界经济强国,其对银行的监管政策深刻地影响了其他国家金融业和监管模式的发展。英国在 1946 年颁布了《英格兰银行法》将英格兰银行收归国有,使其成为一级政府机构,赋予英格兰银行对其他银行控制的权力。1979 年的英国《银行法》建立了存款保险基金,规定只有符合英格兰银行严格要求的机构才被认可为银行,还赋予英格兰银行对其他银行和持牌机构广泛的监督权。此外,日本、加拿大、澳大利亚、韩国和拉美等国家也纷纷效仿美国对银行业实行严格的监管。这一阶段的银行监管,总体上处于合规为本监管的阶段,主要通过行政手段,对银行执行有关法律法规、规章和制度等进行监督和管理,从而达到规范银行经营行为,维护银行业总体秩序的目的。

3. 放松管制和金融自由化时期(20 世纪 70 年代到 20 世纪 90 年代初)。20 世纪 60 至 70 年代,西方主要国家的经济发生了严重的“滞胀”危机,新经济自由主义通过对新古典经济学的重新阐释和理论补充,强调了市场机制“自然秩序”存在的有效性,主张减少国家对市场经济的干预,实行自由主义的经济政策。随着自由主义的复兴,在这一时期金融界出现了“法律限制”理论,认为政府对银行和货币体系的不恰当干预是引发银行危机的重要原因,政府法律限制的危害主要表现为监管的负面效应巨大、官方的金融安全网的法规存在滋生道德风险的趋势等。在银行监管理论方面,金融自由化理论逐步兴起并迅速发展。该理论认为政府实施的严格且广泛的金融监管,使得金融机构和金融体系的效率下降,抑制了金融业的发展,从而最终导致金融监管效果与促进经济发展的目标不相符合。同时,金融自由化理论对政府解决金融领域中市场不完全问题的能力提出质疑,主张放松对金融机构过度严格的管制。金融自由化的思潮,促使各国放松金融管制,减少对金融业不必要的约束。美国国会于 1980 年通过的《对存款机构放宽管制与货币控制法》,修改或取消利率限制,减少了对银行业务品种的限制。为了促进储贷业发展,1982 年通过的《加恩一圣杰曼吸收存款机构法》给予了他们基本等同于当时银行的业务范围。1989 年的《金融机构改革、复兴与促进法》调整了对储贷业的监管结构,并进一步放宽了对存款机构的限制。美国的自由化运动也推动着西方其他国家纷纷效仿放松管制,以鼓励竞争。如 1971 年英国出台《竞争与信用控制法》,允许利率放开、金融机构业务交叉。1986 年英国通过《金融服务法》,允许外国银行、保险公司以及证券公司申请成为伦敦股票交易所会员,允许交易所以外的银行或保险公司甚至外国公司100%地购买交易所会员的股票，这就是有名的金融“大爆炸”，其核心就是利率和金融业务的自由化。1983年日本对《普通银行法》进行修改，扩大了银行业务范围，明确银行可以经营证券业务。与此同时，亚洲、南美洲、非洲的发展中国家和欧洲的部分国家也加快了金融自由化步伐，采取了废除外汇管制、取消利率控制、废除信贷限额、放宽对外资银行进入的限制等措施，减少对银行业发展设置的条件和限制。这一阶段的银行监管，不同于20世纪30年代到70年代以安全性为目标的银行监管，此时的银行监管已经转向确保银行安全稳定和提高金融服务效率并重。银行监管的典型特征，已从合规为本的监管逐步过渡到资本为本的监管，并最终演变为风险为本的监管。

4. 全面加强监管时期(20世纪90年代至今)。20世纪90年代以来的金融发展实践表明，金融自由化在促使金融提升对经济资源的配置能力与效率的同时，也将不可避免地不断累积金融业自身风险。频繁爆发的金融危机使得各国政府又重新开始关注金融体系的安全性及监管的有效性。20世纪90年代中后期发生的亚洲金融危机，使得对银行业进行“再监管”重新成为主流思想，2007年以来发生的全球性金融危机，更是促使各国充分认识到金融全球化背景下加强金融监管的重要性，并陆续开始对本国和全球金融监管进行大刀阔斧的改革。需要注意的是，这一时期的加强金融监管和上世纪30年代的全面管制有明显的不同，此时不是对金融自由化的简单否定，而是在目前经济和金融发展的情况下，对加强全面审慎监管理念的认识和深化。在这一时期，全面的风险为本的监管理念被各国普遍接受并不断得到深化和发展，银行监管已经转向追求对被监管机构实施全方位的持续监管，力求通过避免或减少单体机构的金融风险，保证整个银行业的稳健运行。此外，在这一时期，银行监管的协调和合作不断加强，银行监管的标准逐步统一。尤其是巴塞尔银行监管委员会制定和颁布的协议和建议文件，从统一国际银行资本衡量和资本标准，到风险管理原则，再到银行业有效监管核心原则，逐步被全球大多数国家接受，并转换为本国的监管标准和指导原则，促使各国基本监管原则和标准趋向统一，为国际间银行监管的交流和合作提供了重要的基础。

从我国的银行监管史来看，中国的银行监管发端于清末。早期的中国旧式银行机构的设立基本不受政府严格限制，只要有一定的资本就可以开设钱庄、票号等，政府并不对其进行登记注册和其他管理。随着民族金融资本的逐步发展壮大，在借鉴西方国家经验的基础上，1908年，清政府度支部奏准颁布了《银行通行则例》，这是中国第一部由国家颁布的专门管理金融机构的法令，界定了银行的定义，并对市场准入和监督检查做出规定。它的颁布标志着中国政府对银行业实行监管的开始。民国初年，北洋政府基本上沿用清末的《银行通行则例》。1924年，北洋政府财政部颁布了《银行通行法》，规定了银行的最低资本限额，进一步明确了银行的业务范围，规定财政部有权"令银行暂停营业"，外国银行在华设立分支机构也必须遵守中国法律。同时，北洋政府还加强银行业自律监管，组织银行同业公会对银行业进行自我管理。南京国民政府于1927年设立了金融监理局，直接隶属于财政部，是南京国民政府的专门性金融监管机构，负责监理全国金融行政和金融业务。1929年至1935年，南京国民政府颁布了一系列金融法规对银行业进行监管，其中包括《中央银行法》、《银行法》、《储蓄银行法》、《银行注册章程》、《银行注册章程实行细则》等。1933年，国民政府实行废"两"改"元"，彻底废止存在数千年的银两制度，确立银本位制度。1935年，国民政府实行法币改革，取消商业银行的发行权，将纸币发行权集中于国家银行。抗日战争爆发以后，金融市场出现动荡，为适应战时经济的需要，1939年9月，南京国民政府颁布《战时健全中央金融机构办法纲要》，要求中央银行、中国银行、交通银行、中国农民银行四家银行联合组成办事总处，负责办理政府战时与经济、金融政策有关的各项特种业务。10月1日，四联总处正式成立。四联总处作为中央政府设置的战时最高财政金融决策机构，在抗日战争爆发后以及战后一段时间，与财政部共同承担监管金融的职能。① 1948年，四联总处被撤销，其监管金融的权力划归财政部。1947年颁布的国民政府《银行法》，重新定义银行并规定银行的最低资本额，详细规定了银行的业务范围并明确加强对银行经营活动的监管。

新中国成立后的很长一段时间里，由于受计划经济固化思维的影响，国家对银行业的地位和作用认识不到位，将银行当作政府的一个部门进行管理，实行高度集中的金融管理体制。1978年之前，中国的银行体系是与计划经济相适应的"大一统"体系，实际上全国只有中国人民银行一家金融机构，各级金融机构之间是行政隶属关系，银行监管事实上没有存在的必要。1978年12月，党的十一届三中全会通过的《中共中央关于加快农业发展若干问题的决定(草案)》提出，恢复中国农业银行、大力发展农村信贷事业，标志着我国长期以来存在的僵化的金融体系开始破冰。为了适应金融体制改革的需要，加强对银行的监管，1983年国务院决定中国人民银行不再经营商业银行业务，专门履

① 刘平著:《中国近代银行监管制度研究(1897－1949)》，复旦大学出版社2008年版，第62～67页。

行中央银行职能，正式成为中国的货币金融管理当局。1984 年，中国工商银行成立，中国人民银行真正脱离具体信贷和储蓄业务，成为现代意义上的中央银行，专门负责制定货币政策和实施金融监管，并逐步在我国形成了金融集中监管的体制。为了适应我国金融业发展的需要，1993 年 12 月 25 日，国务院发布了《关于金融体制改革的决定》，开始建立适应社会主义经济体制的金融组织体系、金融市场体系和金融宏观调控监管体系。1995 年，我国颁布了《中国人民银行法》，在我国第一次从立法角度明确了中国人民银行的银行业监管主体地位。2003 年，为了加强对银行业的监管，国务院决定成立中国银行业监督管理委员会，专司对银行业的监管工作，中国人民银行不再承担银行业监管职能，主要承担制定货币政策与维护金融稳定的职能。2003 年 4 月 28 日，银监会正式挂牌运作，并在年内完成全国各省市派出机构的筹建工作。2003 年 12 月 27 日，第十届全国人民代表大会常务委员会第六次会议通过了《银行业监督管理法》，从立法上明确了银监会的法律地位、监管目标和原则以及银行监管的职责、措施等，标志着我国银行业专门化、专业化监管的开始。

第二节 银行监管的理论基础、监管目标以及监管原则

一、银行监管的理论基础

银行监管作为政府对市场经济运行进行干预的重要手段，其存在的必要性和有效性，一直以来是经济学、法学等理论界关注和探讨的焦点。加强对银行监管的必要性和有效性等基本理论问题的了解和认识，有助于我们更好地理解和认识银行监管。

(一)银行监管的必要性

银行监管的必要性解决的是政府有没有必要对银行实施监管的问题。在银行监管史上，伴随着经济学上自由主义和干预主义两大阵营的交锋，关于银行监管必要性的争论一直持续不断。从目前学术界观点看，银行监管的必要性理论较为典型的有：

1. 公共性质理论。对于整个经济而言，银行及其提供的金融服务和产品具有很强的公共性质，这是因为：首先，各个部门和行业都离不开银行，都需要它提供金融服务和产品，尤其是在支付和结算体系中银行发挥了巨大的作用，它还是许多借款人唯一的资金来源。其次，银行对整个经济具有广泛而深刻

的影响，银行体系的稳定与否和效率如何，相当程度上决定了经济的稳定和效率。当银行体系运行状况良好时，经济就会受益；而当银行体系运行状况恶化时，正常的金融交易和服务不能延续，资产价格发生扭曲，市场出现恐慌和混乱，整个信用、支付和交易体系陷于瘫痪，国民经济就会受到损害。最后，银行体系在通过经营获取自身发展的同时，有助于交易成本的下降和促进社会信用的发展，从而有助于整个社会福利的增加，因此，具有很强的正外部性（positive externality），这也说明了银行体系具有很强的公共性质。在这种情况下，具有公共性质的银行及整个银行体系就需要由作为公共权力机构的政府或其授权机构来进行监管。

2. 利益保护理论。经济学的一般原理认为，当某一经济主体的经济活动存在着外部效应时，其自我运行追求的利益目标就有可能与社会利益目标发生冲突，就需要代表社会利益的国家来对其活动进行必要的干预，以引导或强制其行为尽量与社会利益保持一致。银行就是这样的经济主体，其行为往往具有一定的负外部性（negative externality）。例如，在其他条件不变的情况下，一家银行可以通过其资产的扩大来增加盈利，使得风险增大。但由此所带来的全部风险成本并不由该银行一家承担，最后还要由整个银行体系乃至整个社会体系来承担。因此，必须对银行的这种行为进行必要的干预和监管，以保护社会公众利益不受损害。而社会公众利益的高度分散性，决定了必须由一个国家授权的专业机构来履行这一职责。此外，消费者在金融消费过程中，出于对自身利益的保护需要，希望银行合规、合法经营，对银行监管有着强烈的自然需求。而作为银行本身，出于对既得市场地位的保护，也希望通过监管限制潜在的竞争者进入。因此，从保护各方利益，尤其是保护社会公众利益的角度出发，监管是十分必要的。

3. 消费者信心理论。消费者的信心对于金融市场的发展或者崩溃起着至关重要的作用。银行尤其是零售银行中，存在着许多影响消费者信心的因素：一是市场的不完善或者市场失效。如委托一代理问题、消费者没有能力对银行产品的复杂性进行评估、无法以较低的成本衡量银行的好坏等。市场的不完善或者失效会使消费者因害怕买到不好的产品和服务，连能够买好产品的机会也放弃了，从而使得消费者因对产品丧失信心而对银行丧失信心。二是信息不对称。消费者在与银行的交易过程中，由于无法获得足够的信息，始终处于信息上的弱势地位。这种信息的不对称使得银行存在通过这一优势将风险转嫁给消费者的利益驱动，一旦这种行为被消费者发现，就会成为消费者所能掌握的少数信息中的最主要信息，为其作出“该银行不可信赖”的判断提供依据，消费者的从众心理又将在很大程度上加剧这一问题的严重性。三是道德风险和逆向选择。当一个银行看到其他银行的恶意行为在短期内并不会被消费者发现或者对其他银行是否能坚持有利于消费者的原则失去信心时，它就会也采取这一恶意行为，而银行的从众效应会使得更多的银行加入。逆向选择的存在会使好的银行被驱逐，而坏的银行保留下来，当消费者因为种种原因只能依靠价格作出判断时，好银行提供的价格贵的较好的产品无法与坏银行提供的便宜的较差的金融产品竞争，最后市场充满的是不好的银行和不好的产品。道德风险和逆向选择最终将损害消费者对整个银行体系的信心。这使得必须通过监管来消除市场的不完善或者失效，减少信息的不对称以及遏制道德风险和逆向选择，增加消费者对银行体系的信心。

4.银行风险理论。与一般的行业不同，银行业高负债的特点，决定了它的风险主要来源于外部。银行自身的资本很少，大量的资金来源于吸收的存款，为保证付息和获取支撑银行生存和发展的盈利，银行将大量资金运用到经济中的各个行业和部门，银行不仅受到各个行业和部门风险的影响，还面临着利率风险、汇率风险、流动性风险等，成为风险积聚的中心。同时，银行业危机具有极强的传染性，一家银行的破产可能引起社会公众对这家银行信心的丧失并迅速传染到其他银行，失去对所有银行的信任，从而引发整个银行体系的危机，威胁到整个银行体系的生存。银行业风险的内生性和极强的传染性使得银行体系先天具有脆弱性，必须借助于政府或政府授权机构的权威来防范和化解金融风险。

5.适度竞争理论。银行业先天存在垄断与竞争的悖论，一方面，由于银行具有规模经济的特点，如果放任其自由发展将导致高度的集中垄断，从而降低资金的配置效率，导致服务质量低下，对社会经济产生负面影响。另一方面，由于银行业对经济、社会具有广泛影响，过度竞争将导致资源的浪费和市场秩序的混乱，同样会造成社会福利的损失。高度的集中垄断和过度竞争都不利于银行业的稳健高效运行，但由于存在着高负债、规模经济等特点，银行具有内在的垄断和过度竞争的利益驱动，难以依靠市场调节自动达到适度竞争的均衡状态，因此，需要国家出面进行适当的干预，对银行业进行适当的监管。

（二）银行监管的有效性

自银行监管产生以来，就有不少学者从多角度对银行监管的有效性进行论述，认为银行监管能够帮助银行机构克服市场失灵，优化资源配置，增进社会福利，因此，银行监管必要且有效。与此同时，也有不少学者对银行监管的有效性持怀疑的观点，认为政府对市场的干预有天生的缺陷，其产生的结果是低效甚至是无效的。两方的观点，主要体现在以下代表理论：

1. 监管成本理论。该理论认为银行监管是有成本的，主要包括费用类成本和损失类成本，前者是指监管当局对金融机构和市场进行监管过程中所发生的直接费用，后者是指当银行监管行为干扰了市场机制对资源的自动配置功能，限制了竞争并抑制金融创新，影响市场自发的激励机制时，可能会带来整个行业效率的下降。银行监管的效率损失包括引发道德风险、削弱市场竞争、妨碍金融创新和导致金融业务流失。而银行监管的收益主要包括效率型收益和安全型收益。前者是指银行监管作为纠正金融市场失灵的手段，通过监管当局制定一系列规则弥补市场机制缺陷，可以避免金融市场无序发展带来的损失。后者是指通过实施严格的金融监管，可以确保银行体系更为稳健，消除引发金融动荡的因素。银行监管成本理论认为，银行监管必须考虑监管成本约束，不计成本的监管将是低效的监管。一国在设计银行监管体系和制定银行监管措施时，应当综合考虑银行监管的社会成本和社会收益，追求成本最小化和收益最大化。

2. 监管供求理论。该理论认为，市场主体或产业对监管需求的产生，主要是监管可以为其提供多种收益，包括直接的货币补贴、限制新的市场竞争主体进入、实行价格限制等。对于银行业而言，监管可以在市场准入方面设置一定的限制，对业务活动进行管理，以及提供有利于银行业的利率水平管制，同时，消费者也需要监管来保护其存款和其他金融利益不受侵害，而政府提供监管可以树立良好的政府形象，维护金融和社会的稳定，因此，监管是不同社会阶层集体公共选择的结果，市场主体期望能从监管中获益，这将为监管提供积极的支持，因此从这个角度而言，监管可能有利于被监管行业发展。

3. 监管俘虏理论。该理论认为，虽然银行监管是政府对公众要求纠正某些社会团体和个人不公正、不公平和无效率做法的回应，但银行监管机构并非总能代表公共利益，其性质可能发生变化而成为保护部分群体利益的特殊利益集团。监管俘虏理论认为，随着时间的推移，被监管对象会以各种手段和方式对新成立的监管机构施加影响，逐步影响其独立性，从而使得监管机构逐步成为被监管对象的代言人。从这一角度理解，监管在限制垄断权力方面已经变得越来越没有效率，监管机构将不可避免成为某些特殊利益集团(如行业寡头等)的“俘虏”。在这种情况下，监管不仅是无效的，而且将对金融市场起到破坏的作用。

4. 监管失灵理论。该理论认为虽然市场有固有的缺陷，但政府对市场的管制同样也存在失灵的问题，主要表现在以下方面：第一，作为监管者的监管人员本身是经济人，作为独立的利益主体，有实现自身利益最大化的要求。监管者可能为少数利益集团所利诱，利用其掌握的监管权力为其服务。第二，监管者在具体监管过程中存在与监管理想背离的现象，也就是监管行为存在非理想化的问题。即使监管者的主观意愿是好的，但是由于监管者对客观规律的认识程度和把握能力的差异以及信息不完全、不对称等主客观因素的限制，其监管行为也常常不能达到预期的效果。同时，监管部门为了实现自身的组织目标，避免过于激进的监管举措所应承担的责任，在权衡利弊后也可能倾向采取更为保守的政策。第三，监管机构作为管制制度的供给者，缺乏竞争和约束，容易出现官僚主义并导致监管出现低效率。政府官员的名誉、社会地位、权力和薪金与其所在政府机构的规模大小成正比，政府官僚为了自身利益，将努力扩大政府机构以争取更多的职能和政府预算，而政府机构的膨胀必然导致官僚主义的滋生和工作效率的下降。按照监管失灵理论的解释，监管并不是万能的，对金融市场的监管并不是医治市场失灵的灵丹妙药。

5.监管寻租理论。寻租活动是指人类社会中非生产性的追求经济利益的活动，寻租活动的表现形式多样，如寻求政府在市场准入上作一定的限制从而阻止潜在的竞争者进入金融市场，以维护其市场垄断地位，又如寻求政府对市场主体给予一定的特殊关照，使社会的经济资源在企业之间进行重新分配。寻租活动造成了经济资源的扭曲，耗费了大量宝贵的社会资源，并且可能诱发其他层面上的寻租活动。因此，监管寻租理论认为，金融监管的存在，将为市场主体的寻租提供空间，导致市场公平性被破坏，市场机制的合理性和自身的效率也将得不到保障。

二、银行监管的目标

（一）银行监管目标概述

银行监管的目标，是指一国对银行业监管所预期达到的效果。银行监管目标的确立，主要取决于一国政治、经济和文化结构以及立法传统，从这种意义上说，一国的银行监管目标也不是一成不变的，而是处于不断演变和调整变化之中的。

比较各国银行监管的目标可以发现，稳定、效率和公平已经成为各国银行监管的基本目标。但由于各国经济文化背景和金融发展水平不同，具体的银行监管目标也存在一定的差异。按照目标追求的侧重点不同，主要可以分为三类：

第一类，监管目标强调银行体系充分的自由竞争。这类国家以美国为典型代表。美国《联邦储备法》中确立的四个具体目标是:维持公众对安全、完善和稳定的金融系统的信心;建立有效的和有竞争的金融系统服务;保护存款人和投资者;允许银行体系适应经济的变化而变化。从美国的银行监管实践来看,美国一直以来推崇自由竞争的传统,也充分反映在对银行业的监管目标上。不管是在常规金融监管中,还是在银行危机的救助和处理上,美国都始终相信让银行体系保持充分和自由的竞争不仅是十分必要的,而且是实现其他监管目标的基础。

第二类,监管目标侧重维护金融体系稳健运行。这类国家以日本、韩国、德国为典型代表。如日本的《普通银行法》规定:对银行业的监管要以银行业务的公正性为前提,维护信用以确保存款人的权益;银行监管应当谋求金融活动顺利进行以及银行业务的健全和妥善营运。韩国的《银行法》规定:金融监管是为了增进全国银行体系的健全运作,并发挥其应有的功能,以促进经济发展,并对全国资源最有效利用。德国《银行法》规定,银行监管的目标是保证银行资产安全和业务运营正常。

第三类,监管目标侧重于对存款人的保护和确保银行的有效经营。如英国的《金融服务与市场法》明确了金融服务局的四大监管目标:维护社会公众对金融体系的信心;促进公众对金融体系的了解;确保对投资者提供恰当的保护;减少金融犯罪。同时,维持和促进英国银行体系的稳定、健全、效率及富有竞争性。匈牙利《国家金融机构监管法》规定了金融监管目标:一是促进金融市场的稳定运行,保护金融机构的客户和消费者及投资者的权益;二是保持和加强金融市场信心;三是提高金融市场透明度,提高消费者的素质和意识,引导市场公平竞争。此外,中国香港和台湾地区的相关银行监管法规也有类似的规定。

需要明确的是,银行监管目标并不是单一的,一国银行监管目标常常具有多元性。正如有的学者所认为,银行监管目标本质上应当是一个目标体系,可以包括终极目标、中间目标和具体目标。银行监管的终极目标是推动银行体系更好、更充分地发挥作用,通过促进资本形成和技术进步,提高资金配置和资源转移的效率,促进经济的长期发展。监管的中间目标是维持一个健全有效的银行体系,这是实现终极目标的必然要求。银行监管的具体目标是一般目标的展开和具体化,体现了稳定、效率和公平目标在不同条件下的侧重和实现路径,具体可以包括:维护公众对银行系统的信心;保护金融消费者利益;促进银行服务系统的效率提高和公平竞争;维护社会信用秩序;打击金融犯罪;

维护公平的竞争环境等内容。[①]

（二）中国的银行监管目标

回顾改革开放以来我国的银行业监管，银行监管目标随着银行体制改革的深入以及对银行监管理论研究的深化，经历了一个不断调整完善的过程。1986年1月颁布的《银行管理暂行条例》（已于2001年失效）规定：中央银行、专业银行和其他金融机构，都应当认真贯彻执行国家的金融方针政策；其金融业务活动，都应当以发展经济、稳定货币、提高经济效益为目标。1995年3月颁布的《中国人民银行法》规定：中国人民银行依法对金融机构及其业务实施监督管理，维护金融业的合法、稳健运行。2003年12月颁布的《银行业监督管理法》规定：银行业监督管理的目标是促进银行业的合法、稳健运行，维护公众对银行业的信心。银行业监督管理应当保护银行业公平竞争，提高银行业竞争能力。可以看出，我国银行业监管目标，从促进银行合规经营、发展经济、稳定货币等目标，逐步调整为合法、稳健和公平竞争目标并重，体现了我国对银行监管从行政管制到审慎监管的变化过程。

按照我国现有《银行业监督管理法》的规定，具体来说，我国银行业监管的目标主要包括两个方面的内容：

1. 促进银行业合法和稳健运行。银行业的震荡对于一国经济的影响是十分巨大的，对于银行业而言，稳健目标是其他目标的前提和基础。正因为如此，保证银行业的合法和稳健运行理所当然成为现阶段我国银行业监管的核心目标。这里所指的稳健，是指银行业的所有经营活动应当符合审慎经营的原则，必须按照审慎监管和审慎经营的要求进行。稳健的主体，是指整个银行业而不是指某一家具体的银行业机构。我国银行业监管的目标，是要促进整个银行业实现合法和稳健运行，在问题金融机构的市场退出上，当某一家具体的银行机构严重违法或经营不善时，为了保证整个银行业体系的稳健，监管当局可以撤销该银行机构，或者通过破产等市场化措施帮助其退出金融市场。同时，也要认识到，促进银行业合法和稳健运行也是维护公众对银行业信心的基本前提，银行业监管要维护社会公众对银行业的信心，就是要通过实施严格的审慎监管，促进银行业实现稳健运行。

2. 促进银行业实现公平竞争。随着我国金融体制改革的不断深入，不仅中资银行机构逐步增多，已经完全摆脱过去“大一统”时期银行主体单一、缺乏竞争的局面，而且大量的外资银行纷纷进入中国，银行市场的竞争已经逐步呈

① 宓丹：《银行监管的目标体系分析》，载《财经科学》2005年第5期。

白热化的状态。在这样的背景下，通过实施有效的监管，促进银行业实现公平、有序的竞争，也就成为我国银行监管的重要目标之一。应当注意的是，这一目标同前一目标是有机联系的整体，促进银行业合法和稳健经营是银行业机构开展公平和有序竞争的前提，而银行业实现公平和有序竞争，也是合法和稳健经营监管目标的必然要求。

此外，随着近年来金融消费者权益保护意识的觉醒，加强对银行业金融机构的经营行为监管，促使银行业金融机构切实加强对金融消费者权益的保护，推动银行业金融机构公平、公正对待每一位金融消费者，维护金融消费者的合法权益，也成为监管部门追求的重要目标之一。①

三、银行监管的原则

为了实现银行监管的目标，银行监管必须严格遵循一定的原则。从各国的立法来看，依法、公开、公正和效率已经成为银行监管的一般原则。我国《银行业监督管理法》第 4 条规定：银行业监督管理机构对银行业实施监督管理，应当遵循依法、公开、公正和效率的原则。这些银行监管的原则，具体包括以下内容：

1. 依法监管原则。依法监管原则是监管活动必须遵守的基本原则之一，也是现代法治国家倡导的依法行政原则在银行监管上的具体体现。依法监管的原则，主要包括三个方面的内容：一是监管的适用范围应该合法。即监管的对象是经批准成立的银行业机构及其业务活动，对银行业的监管不能超越这个界限。二是监管的方式要合法。银行监管部门对监管权限内的对象进行监管，必须严格按照《银行业监督管理法》规定的方式进行，如果方式不正确，银

① 为加强对银行业金融消费者权益的保护，银监会于 2012 年 7 月在内部设立了银行业消费者权益保护局，负责银行业金融消费者权益保护工作。此前，中国保监会已经设立保险消费者权益保护局，中国证监会也已经设立投资者保护局，至此我国三大专业监管机构都已经设立了专门的金融消费者保护部门。但有学者认为，监管机构关注的是微观审慎监管，即被监管机构的安全和稳健，而不是消费者的权益。虽然对消费者权益的保护符合金融机构长期稳健发展的根本利益，但在日常监管中，当两个目标发生冲突时，监管者更多考虑的是金融机构的系统性风险和短期利润。此外，专业技能背景和监管文化的不同也可能导致审慎监管和消费者保护这两个监管职能存在冲突。因此，金融消费者保护部门设立于监管部门内部将导致其缺乏独立性，具体的工作效果受到制约。参见何鹏宇：《金融消费者保护局应独立》，http://finance.sina.com.cn/money/bank/guangjiao/20111205/174110937075.shtml，下载日期：2012 年 10 月 29 日。

行业机构可以拒绝其监管。如按照《银行业监督管理法》的规定，国务院银行业监督管理机构进行现场检查，应当经国务院银行业监督管理机构或者其派出机构负责人批准。现场检查时，检查人员不得少于两人，并应当出示合法证件和检查通知书；检查人员少于两人或者未出示合法证件和检查通知书的，银行业机构有权拒绝检查。三是监管部门对银行业机构作出的处罚应当合法。首先是处罚的决定应当是合法的，不能该处罚的不处罚，或者不该处罚的却给予处罚。其次是处罚的尺度应当合法，处罚的具体措施、幅度应当符合法律规定，应当与被处罚银行业机构的违法事实和情节相符合。

2. 公开监管原则。公开监管的原则要求银行业监管的过程、程序和要求应当是透明的，主要包括两个方面的内容。一是信息的公开。银行监管部门在监管过程中，应当依法向社会公开有关信息，包括银行监管的办法和有关标准、行政许可事项的具体申请规定、银行业机构的经营运行情况以及风险状况、银行监管机构对银行业的监管结果等。对于这些信息，银监会不仅自身必须主动公开，也必须督促银行业机构将有关情况向社会公开。近年来，银监会每年编写监管年报，向社会公开年度监管情况，成为监管信息公开的有益尝试。二是行为的公开。监管部门对银行业机构的监管必须依法、公开进行，必须严格按照法定的监管程序进行监管。同时，监管部门的监管活动要接受有关部门的监督。我国《银行业监督管理法》规定：国务院审计、监察等机关，应当依照法律规定对国务院银行业监督管理机构的活动进行监督。

3. 公正监管原则。公正监管的原则，是指监管部门在监管过程中，对依法成立的监管范围内的全部银行业机构应当一视同仁，不能因为机构性质、经营规模、地域、股东构成等其他因素，对不同机构采取歧视性的监管标准。必须强调的是，公正监管原则并不要求金融机构的相同经营行为，都必须得到完全一致和无差别的对待。事实上，在具体的监管过程中，监管部门可以按照银行业机构的具体风险状况，对银行业机构进行分类监管，对不同的银行业机构采取针对性的监管措施，这是合理配置监管资源和提高监管工作效率的需要，并不违反公正监管的原则。

4. 效率监管原则。效率监管的原则首先要求银行业监管活动应当在规定期限内完成。例如，我国《银行业监督管理法》第 22 条规定，国务院银行业监督管理机构应当在规定的期限，对下列申请事项作出批准或者不批准的书面决定；决定不批准的，应当说明理由：银行业机构的设立，自收到申请文件之日起六个月内；银行业机构的变更、终止，以及业务范围和增加业务范围内的业务品种，自收到申请文件之日起三个月内；审查董事和高级管理人员的任职资格，自收到申请文件之日起三十日内。法律对监管部门的监管时限作出规定，体现了效率监管原则的要求。同时，效率监管的原则，还要求监管部门在履行监管职能时，应当充分考虑措施的可行性和采取相应措施的成本，尽可能采取成本更低的监管措施。

第三节　银行监管的模式、内容和方法

一、银行监管的模式

银行监管模式指的是一国在银行监管体制机制上的安排，受各国经济金融发展状况和本国政治传统的影响，不同国家的银行监管模式呈现一定的差异。从国际上看，银行监管主要有以下三种模式：

1. 一元多头的银行监管模式。在一元多头的银行监管模式中，一国的银行监管权力集中于中央一级，地方并没有独立的监管权限。在这种模式中，中央层面拥有和行使银行监管权力的并不是单一机构，而是由两个或两个以上的监管部门对商业银行进行监管。这种监管模式可以提高监管的效率，但运行效率的高低关键在于各监管机构间协调和合作的水平。德国的银行监管模式是典型的一元多头式，2002 年 5 月，为适应德国金融业综合经营的需要，德国成立了统一的监管组织即德国联邦金融监管局，承担对银行、证券和保险机构的监管。在银行业的监管上，德国联邦金融监管局与作为央行的德意志联邦银行共同负责。德国联邦金融监管局不在各州设立下属机构，对各州银行日常经营的监管由德意志联邦银行在全国 9 个地区设立的办事机构和这些办事机构下属的 118 家分行承担。这些分支机构代为承担银行监管的日常事务，并负责将监管的情况向金融监管局报告，由其作出最终决定。德意志联邦银行是德国唯一有权对金融机构行使统计权力的机构，联邦金融监管局无权单独向金融机构征集任何形式的统计信息，金融监管局行使监管权力所需的必要信息，需要向德意志联邦银行获取，而德意志联邦银行对涉及金融机构资本金与流动性方面的信息所作的报告，也会向金融监管局提供。德意志联邦银行作为银行监管部门，主要通过对银行开展审计、参与监管当局的董事会和管理委员会活动以及通过与监管当局分享监管信息、工作人员及行政管理等资源，积极参与银行监管。此外，澳大利亚实行的是双峰监管模式，属于一元多头监管模式的类型之一。澳大利亚有两个监管主体，分别为澳大利亚证券

与投资委员会以及澳大利亚审慎监管局。前者负责监管证券市场与金融服务机构的商业道德与诚信、证券市场中的所有企业行为以及对金融相关产品的消费者提供保护；后者负责监管存款机构、保险机构与退休基金。审慎监管局通过行使颁发执照、监督与监控、危机管理三方面的权力来确保监管目标的达成。二者之间建立了一个联合工作小组来共享信息，致力于识别与解决监管中遇到的冲突。

2. 二元多头的银行监管模式。这种监管模式的特点是中央和地方两级都有监管商业银行的权力，并且在权力上有明确的划分。同时，在中央和地方层面又各自有若干监管机构共同对商业银行实施监管。二元多头监管模式的优点是能确保分工明确，各负其责，在各监管机构间形成互相监督、互相制约的机制，缺点是监管机构过于庞杂，容易产生监管职责重叠，浪费监管资源的情况。美国是典型的实行二元多头监管的国家，在中央层面上，美国有美联储、货币监理署和联邦存款保险公司等监管机构，各自按照法律授权承担一定监管权限，其中，美联储是根据美国 1913 年《联邦储备条例》设立的，美联储的金融监管职能通过联邦储备银行对会员银行的监督管理来履行，1999 年美国《金融现代化法案》还赋予美联储对金融控股公司的监管权力。货币监理署于 1863 年依据《国民银行法》设立，隶属于财政部，但与财政部保持相当的独立性，直接对国会负责，货币监理署是美国国民银行的主要管理机构。联邦存款保险公司根据 1933 年美国《银行法》设立，主要责任是为商业银行的存款提供保险。此外，美国各州还设有各自的金融管理机构，通常被称为州银行委员会或银行局，负责监督管理州立银行和其他类型的金融机构。

3. 单一全能的银行监管模式。单一全能监管模式的特点是全国银行业的监管都由某一监管机构，包括央行或其他专门监管部门，集中掌握和实施。这种模式下的监管权力高度集中，在统一监管资源和提高监管效率方面有积极的作用，但是其权力过于集中，存在着监管部门官僚化的倾向。英国是实行单一全能的银行监管模式的典型国家，为了适应金融混业发展的需要，1998 年英国通过《英格兰银行法》赋予英格兰银行独立制定货币政策的权力，同年，英国政府将英格兰银行、证券投资委员会和其他金融自律组织合并，成立了独立于英格兰银行之外的金融监管机构，即金融服务局。同年 6 月，由英格兰银行履行的银行业监管职能正式转至金融服务局。英国建立的以金融服务局为主体的单一全能型银行监管模式，其创建与发展恰巧与伦敦超越纽约成长为全球最大金融中心的过程相吻合，这使得很多人认为英国的统一监管模式优于其他监管模式，并受到不少国家特别是发展中和转型中国家的推崇和效仿。

在1997年之后席卷全球的金融监管改革浪潮中，发展中国家、新兴市场国家或转型国家成为实行统一监管模式改革的主体。

二、银行监管的主要内容

一般认为，银行监管的主要内容应当包括市场准入监管、市场运营监管和市场退出监管三个方面的内容。

（一）市场准入监管

市场准入监管是指银行监管当局按照法律法规的规定，对银行机构、高管人员及银行业务进入金融市场进行监督和管理的过程。银行市场准入监管是银行监管的第一步，各国普遍对银行市场准入设置严格的条件。我国的银行监管也将市场准入作为监管的重点，对银行机构、高管人员和金融业务准入设定严格的条件，严格规范准入监管的程序，确保市场准入监管公开、公正和透明。

1. 银行机构市场准入监管

（1）市场准入条件

我国对商业银行市场准入实行严格的审批制度，《商业银行法》第11条规定：设立商业银行，应当经国务院银行业监督管理机构审查批准。未经国务院银行业监督管理机构批准，任何单位和个人不得从事吸收公众存款等商业银行业务，任何单位不得在名称中使用“银行”字样。按照我国法律法规的规定，银行业市场准入应当包括以下条件：

一是具有符合法律规定的章程。章程作为现代公司企业的“宪法”，是公司在设立、运营过程中处理内外关系的重要文件依据。银行作为特殊的公司，同样必须具有符合《商业银行法》和《公司法》规定的章程。在我国目前情况下，除了国家开发银行、进出口银行等少数政策性银行为国有独资银行外，我国的银行主体是股份制银行。对于这两类银行，我国《公司法》对其章程有不同的规定。按照《公司法》第66条的规定，国有独资公司章程由国有资产监督管理机构制定，或者由董事会制定报国有资产监督管理机构批准。一般地，国有独资银行章程包括下列几项内容：银行的名称和住所；银行的注册资本；银行的经营范围；股东的姓名或者名称；股东的权利和义务；股东的出资方式和出资额；股东转让出资的条件；银行的机构及其产生办法、职权、议事规则；银行的法定代表人；银行的解散事由与清算办法；股东认为需要规定的其他事项等。对于股份制银行，我国《公司法》第82条对股份有限公司章程应当载明的事项作出规定，按照规定，股份制银行章程应当包括下列内容：银行的名称和住所;银行的经营范围;银行的设立方式;银行的股份总数、每股金额和注册资本;发起人的姓名或者名称、认购的股份数、股东的权利和义务;董事会的组成、职权、任期和议事规则;银行法定代表人;监事会的组成、职权、任期和议事规则;银行利润分配办法;银行的解散事由与清算办法;银行的通知和公告办法;股东大会认为需要规定的其他事项等。

二是有符合法律规定的注册资本最低限额。注册资本是指银行在相关部门登记的资本总额,既是银行经营所需要的资本,也是银行对外承担民事责任的保障。作为经营货币的特殊单位,银行的大部分资金来自企业和个人的存款,为了增强银行的风险抵御能力,各国对商业银行的注册资本金都有明确的要求。美国国民银行的起始资本在扣除筹建开支后须达到 100 万美元,英国银行的最低资本为 500 万英镑,德国办理存款业务的各类银行的最低资本为 600 万德国马克,日本商业银行的最低开业资本为 10 亿日元,新加坡设立银行的最低实缴资本为 300 万新加坡元。[①]《香港银行业条例》则规定:公司如谋求在香港经营持牌银行、有限持牌银行或接受存款公司业务,其实收资本分别不少于 3 亿港元、1 亿港元、2500 万港元。[②] 此外,监管当局根据审慎监管要求,可以调整商业银行准入的注册资本要求。按照我国《商业银行法》的规定,设立全国性商业银行的注册资本最低限额为十亿元人民币,设立城市商业银行的注册资本最低限额为一亿元人民币,设立农村商业银行的注册资本最低限额为五千万元人民币。注册资本应当是实缴资本。国务院银行业监督管理机构根据审慎监管的要求可以调整注册资本最低限额,但不得少于上述规定的限额。[③]

三是有具备任职专业知识和业务工作经验的适格董事、高级管理人员。商业银行是专业性很强的金融部门,其经营和管理需要有完善专业知识结构

① 王广谦主编:《中央银行学》,高等教育出版社 2006 年版,第 294 页。

② 参见中国人民银行网站:《香港外资银行准入制度》,http://www.pbc.gov.cn/publish/goujisi/754/1123/11233/11233_.html,下载日期:2012 年 7 月 26 日。

③ 此外,监管部门还可以按照审慎监管的要求,对资本在银行持股占比进行必要调整。例如,为了引导民间资本规范发展,鼓励民间资本有序进入银行业,银监会于 2012 年 5 月下发了《中国银监会关于鼓励和引导民间资本进入银行业的实施意见》,允许民营企业参与城市商业银行风险处置的,持股比例可以适当放宽至 20%以上;同时支持民营企业参与村镇银行发起设立或增资扩股,允许村镇银行主发起行的最低持股比例由 20%降低为 15%。这些规定就是银监会按照审慎监管的要求,对市场准入条件进行灵活调整,发挥市场准入监管的导向功能,引导民间资本有序支持银行业发展。

和丰富从业经验的董事和高级管理人员，因此，在市场准入监管中，商业银行是否具有适格和足够的董事和高级管理人员，也应当是监管部门在市场准入监管中关注的重点。我国《金融机构高级管理人员任职资格管理办法》第7条和第13条分别作出如下规定，金融机构高级管理人员应满足以下条件：能正确贯彻执行国家的经济、金融方针政策；熟悉并遵守有关经济、金融法律法规；具有与担任职务相适应的专业知识和工作经验；具备与担任职务相称的组织管理能力和业务能力；具有公正、诚实、廉洁的品质，工作作风正派。同时，有以下情形之一的，不得担任金融机构高管人员：因犯有贪污、贿赂、侵占财产、挪用财产罪或者破坏社会经济秩序罪，被判处刑罚，或者因犯罪被剥夺政治权利的；曾经担任因违法经营被吊销营业执照或因经营不善破产清算的企业法定代表人，并对此负有个人责任或直接领导责任的；对因工作失误或经济案件给所任职金融机构或其他企业造成重大损失负有个人责任或直接领导责任的；个人负有数额较大的债务且到期未清偿的；有提供虚假材料等弄虚作假行为的；有赌博、吸毒、嫖娼等违反社会公德不良行为，造成不良影响的；已累计两次被中国人民银行或其他监管当局取消金融机构高级管理人员任职资格的；其他法律、法规规定不能担任金融机构高级管理人员的。银监会成立以后，为加强对银行业高管人员的任职资格管理，陆续发布了一系列行政许可办法，如《中资商业银行行政许可事项实施办法》、《外资金融机构行政许可事项实施办法》、《农村中小金融机构行政许可事项实施办法》等，这些《办法》针对不同类别银行机构的特点，对银行机构高管人员任职资格作出具体规定。

四是有健全的组织机构和管理制度。商业银行负债经营的特点，决定了商业银行必须具有很强的防范和管理风险的能力，这要求银行内部应当有健全的组织机构和管理制度。一方面，商业银行应当要有完善的法人公司治理机制，应当按照我国《公司法》的规定，建立"三会一层"(股东大会、董事会、监事会、高级管理层)为主体的组织架构，明确"三会一层"的职责边界，建立起互相监督、互相制约的公司治理机制。另一方面，应当针对商业银行的业务经营特点，建立起各项内控管理制度，确保商业银行各项业务经营有序开展。银监会颁布的《国有商业银行公司治理及相关监管指引》规定，国有商业银行应根据现代金融企业制度的要求，建立规范的股东大会、董事会、监事会和高级管理层制度，建立科学的权力制衡、责任约束和利益激励机制。《股份制商业银行公司治理指引》规定，商业银行公司治理应当遵循以下基本准则：完善股东大会、董事会、监事会、高级管理层的议事制度和决策程序；明确股东、董事、监事和高级管理人员的权利、义务；建立、健全以监事会为核心的监督机制；建立完善的信息报告和信息披露制度;建立合理的薪酬制度,强化激励约束机制。针对商业银行管理制度,监管部门发布了一系列文件和规定,如《商业银行内部控制指引》、《商业银行合规指引》、《商业银行内部审计指引》、《商业银行金融创新指引》等,这些规定分别对商业银行经营和业务管理作出具体的要求。

五是有符合要求的营业场所、安全防范措施和与业务有关的其他设施。商业银行作为经营资金的特殊企业,安全性是商业银行业务开展应当首先遵守的基本原则之一。商业银行业务一般在一定的经营场所中进行,因此,要求其应当有符合特定要求的营业场所,同时应当具备必要的安全防范措施和业务开展的设施,包括安保人员、消防、报警装备、计算机安全网络以及营业所需的其他必要硬件设施等。监管部门在进行准入核准时,将采取实地查看等方式,对商业银行的营业场所条件进行验收。

六是符合其他审慎性条件。银行业机构的市场准入,除了满足上述基本条件之外,银行监管当局可以根据审慎监管的需要,设置其他审慎条件。如银监会《中资商业银行行政许可事项实施办法》规定,设立股份制商业银行除了应当有符合规定的章程和实缴资本,符合条件的董事和高管人员,有健全的组织机构和管理制度,有与业务经营相适应的营业场所、安全防范措施和其他设施等基本条件之外,还应当符合其他审慎性条件,至少包括:具有良好的公司治理结构;具有健全的风险管理体系,能有效控制关联交易风险;地方政府不向银行投资入股,不干预银行的日常经营;发起人股东中应当包括合格的战略投资者;具有科学有效的人力资源管理制度,拥有高素质的专业人才;具备有效的资本约束与资本补充机制等。设置审慎监管的条件,能够让监管当局根据金融市场发展状况、银行业机构市场竞争充分性以及经济发展需求度状况,科学合理开展市场准入监管。

(2)市场准入监管程序

银行业市场准入作为典型的行政许可行为,依法、公开、公正和透明是市场准入监管程序的基本要求。《中国银行业监督管理委员会行政许可实施程序规定》对市场准入行政许可的基本程序作出了明确规定,此外,《中国银行业监督管理委员会中资商业银行行政许可事项实施办法》、《中国银行业监督管理委员会农村中小金融机构行政许可事项实施办法》、《中国银行业监督管理委员会关于印发中资商业银行合作金融机构行政许可事项申请材料目录及格式要求的通知》等文件,对市场准入行政许可事项的具体条件、申请文件及格式也有具体规定。一般来说,银行业机构市场准入的监管程序,主要包括以下环节:

一是提出设立申请。新设机构发起人按照法定要求,向银行监管当局提出设立申请,是银行业机构市场准入的第一步。在我国,银监会对不同类型机构设立申请的材料目录和格式有明确的要求,如股份制商业银行法人机构筹建审批,应当包括申请书、可行性研究、发起人基本情况、发起人及所在集团的组织结构图、发起人主要股东名册、发起人分支机构与控股、入股、控股子公司名册以及上述机构从事的主要业务及盈利主要来源等情况;发起人为外国金融机构的,应当同时提供其注册地(所属地)金融监管当局出具的风险评级结论或审慎监管意见、发起人最近3年经审计的资产负债表、利润表和现金流量表;筹建方案、律师事务所出具的法律意见书、银监会按照审慎监管原则规定的其他文件等等。这些文件和材料应当真实、完整提交给监管部门,对于不完整、不齐备的,监管部门可以要求发起人在规定时限内补齐。

二是依法进行审核。对于发起人的设立申请,监管当局应当根据权限分工,在规定的时限内完成审核,作出准予设立或不同意设立的决定。按照我国监管法规的规定,发起人向受理机关提交申请材料的方式为邮寄或当面递交至银监会办公厅、银监局办公室或银监分局办公室,由监管部门在法定期限内进行审查并作出行政许可决定。政策性银行、股份制商业银行法人机构的筹建申请,由银监会受理、审查并决定。外资独资银行、合资银行设立的申请,由拟设机构所在地银监会派出机构受理和初审验收、银监会审查和决定。城市商业银行法人机构的筹建申请,由银监局受理并初步审查,银监会审查并决定。农村商业银行的筹建申请,由银监局受理并初步审查,银监会审查并决定。

三是作出行政许可。行政许可决定是监管部门对申请人的申请依法进行审核后,对市场准入同意与否作出的最终决定,具有法律效力。取得了监管部门同意的行政许可,意味着银行业机构获得进入金融市场的主体资格。监管当局的行政许可决定必须在法定的时限内作出,如银监会应自受理之日起在4个月内对股份制银行法人机构筹建申请作出批准或不批准的书面决定;对农村商业银行的筹建申请,银监会自收到完整申请材料之日起在4个月内作出批准或者不批准的书面决定。

四是新设机构筹建。经监管当局同意筹建后,申请人应当在法定期限内开展新设机构的筹建工作。筹建有明确的时间规定,新设机构筹建应当在规定的期限内完成,筹建期间,不得开办具体的金融业务。在我国,股份制商业银行法人机构的筹建期为自批准决定之日起6个月。未能按期筹建的,该机构筹建组应在筹建期限届满前1个月向银监会提交筹建延期申请。银监会自接到书面申请之日起20日内作出是否批准延期的决定。筹建延期的最长期限为3个月。

五是新设机构开业。开业是新设机构正式成为金融市场主体、提供金融服务并参与市场竞争的主要标志。新设机构应当在筹建期间内,在完成各项筹建工作的基础上,向监管当局提出开业申请,经审核验收并获许可后,正式对外营业。按照我国监管规定,股份制银行法人机构筹建组应在规定的期限届满前提交开业申请,逾期未提交的,筹建批准文件失效,由决定机关办理筹建许可注销手续。股份制商业银行法人机构的开业申请,应向银监会提交,由银监会在2个月内受理、审查并决定。股份制商业银行法人机构应在收到开业核准文件并领取金融许可证后,到工商行政管理部门办理登记和领取营业执照,并自领取营业执照之日起6个月内开业。未能在规定期限内开业的,开业核准文件失效,由决定机关办理开业许可注销手续,收回其金融许可证,并予以公告。

2.银行业高管人员市场准入监管

银行业高管人员作为银行业机构的日常经营活动和风险管理的主要责任承担者,各国普遍对其市场准入设置一定的条件。虽然各国对银行业高管人员的认定范围不一,但对他们任职资格的核准和管理,是各国对银行业高管人员进行准入监管的普遍做法。

(1)市场准入条件

不同类型的银行业机构,其经营业务复杂性的差异,决定了对其高管人员任职资格有不同的要求。按照我国监管法规的规定,一般而言,拟任高管人员应当符合一定的基本条件,包括:为具有完全民事行为能力的自然人;遵纪守法,诚实守信,勤勉尽职,具有良好的个人品行;具有与拟任职务相适应的知识、经验及能力;具有良好的经济、金融从业记录;熟悉经济、金融的法律法规,有良好的合规经营意识;能与金融监管机构进行充分的信息沟通,并积极配合金融监管机构的工作;符合银监会规定的其他条件。同时,拟任高管人员不得有准入禁止的情形,如担任中资商业银行董事和高级管理人员,不得有以下情形,包括:有故意犯罪记录的;对曾任职机构违法违规经营活动或重大损失负有个人责任或直接领导责任,情节严重,被有关行政机关依法处罚的;在履行工作职责时有提供虚假材料等违反诚信原则行为的;被金融监管机构取消终身的董事和高级管理人员任职资格,或累计2次被取消董事和高级管理人员任职资格的;累计3次被金融监管机构行政处罚的;与拟担任的董事或高级管理人员职责存在明显利益冲突的;有违反社会公德的不良行为,造成恶劣影响的；个人或其配偶有数额较大的到期未偿还的负债，或正在从事的高风险投资明显超过其家庭财产的承受能力的；法律、行政法规及银监会规定的其他情形。

此外，对于不同类型的银行机构高管人员，现行监管法规还对其任职资格作出具体规定。

(2)市场准入监管程序

高管人员任职资格准入监管，一般由拟任银行业机构向监管部门提出，并由监管部门在法定期限内依法审核，对审核通过的，作出准予任职资格的决定。对于不同的高管人员，银行监管部门对其任职申请提出、审核时限等有不同要求。国有商业银行法人机构、总行营业部、股份制商业银行法人机构董事和高级管理人员任职资格申请，由法人机构向银监会提交，由银监会受理、审查并决定。银监会自受理之日起30日内作出核准或不予核准的书面决定。国有商业银行一级分行(直属分行)、股份制商业银行分行(异地直属支行)、分行级专营机构高级管理人员任职资格申请，由法人机构向拟任职机构所在地银监局提交，由银监局受理、审查并决定。银监局自受理之日起30日内作出核准或不予核准的书面决定。城市商业银行法人机构、城市信用社股份有限公司法人机构董事和高级管理人员任职资格申请，由法人机构向拟任职机构所在地银监分局或所在城市银监局提交，由其受理并初审，银监局审查并决定。银监局自收到完整申请材料或直接受理之日起30日内作出核准或不予核准的书面决定。其中，对于董事长、行长(总经理)的任职资格申请，银监局在作出决定前，应报银监会备案。国有商业银行二级分行(一级分行直属支行)及以下机构、股份制商业银行支行、城市商业银行支行、城市信用社股份有限公司分社高级管理人员任职资格申请，由拟任人的上级任免机构向拟任职机构所在地银监分局提交，由银监分局受理、审查并决定。银监分局自受理之日起30日内作出核准或不予核准的书面决定。国有商业银行、股份制商业银行境外机构董事和高级管理人员任职资格申请，由法人机构向银监会提交，银监会受理、审查并决定。银监会自受理之日起30日内作出核准或不予核准的书面决定。城市商业银行境外机构高级管理人员任职资格申请，由法人机构向其所在地银监局提交，银监局受理并初步审查，银监会审查并决定。银监会自收到完整申请材料之日起30日内作出核准或不予核准的书面决定。

3.银行业务市场准入监管

(1)市场准入条件

商业银行应当在法定的业务范围内开展经营活动，不得违反章程和监管规定开展业务活动。目前,按照业务范围分类,各国银行主要分为全能型银行和分离型银行两种类型,前者以德国为代表,全能型银行可以经营几乎全部金融业务,监管部门对其业务范围限制较少;后者以日本、英国等国家为代表,监管部门对银行的业务范围设置较多限制,银行的业务活动必须在规定的范围内进行。我国《商业银行法》规定,商业银行可以经营下列部分或者全部业务:吸收公众存款;发放短期、中期和长期贷款;办理国内外结算;办理票据承兑与贴现;发行金融债券;代理发行、代理兑付、承销政府债券;买卖政府债券、金融债券;从事同业拆借;买卖、代理买卖外汇;从事银行卡业务;提供信用证服务及担保;代理收付款项及代理保险业务;提供保管箱服务;经国务院银行业监督管理机构批准的其他业务。商业银行经营范围由商业银行章程规定,报国务院银行业监督管理机构批准。随着金融创新步伐的加快,银行业经营的业务品种不断增多,监管部门在审核银行业机构业务市场准入时,主要考虑银行业务成熟度、市场需求度以及业务管理制度和风险控制机制完整性等方面的因素,并在此基础上作出市场准入的决定。

(2)市场准入监管程序

银行业务市场准入监管程序,主要包括申请、受理和审批三个主要环节。在申请环节,由银行业机构按照规定条件,准备相应的文件、资料并向监管部门提出申请要求。如国有商业银行和股份制商业银行申请开办、增加或变更需要审批的电子银行业务,应当向银监会提出申请并提交申请资料。外资金融机构申请开办衍生产品交易业务,应向所在地银监会派出机构提交申请资料。在受理环节,受理申请的监管部门对银行业机构提交的申请材料进行程序审查,其提交的文件和材料不符合规定的,应当要求银行业机构在规定的时间内补齐。在审批环节,有权的监管部门应当依法在规定期限内,对银行业务申请进行实质审查,并依法作出准予或不准予开办的决定。如国有商业银行和股份制商业银行申请开办、增加或变更需要审批的电子银行业务,银监会应自受理之日起 3 个月内作出批准或不批准的书面决定。外资金融机构申请开办衍生产品交易业务,所在地银监会派出机构应自受理之日起 20 日内将初审意见及申请资料报银监会,银监会应自收到完整申请资料之日起 3 个月内,作出批准或不批准的决定。

(二)市场运营监管

对银行市场运行的监管,是银行监管的主体内容。虽然在金融机构的市场准入上,监管当局设定了严格的条件,但是并不能确保进入金融市场以后,银行业机构能始终保持稳健运行。金融市场的复杂性,也使得银行在运行中将面临多样化的风险,需要监管部门依法对银行市场运营进行审慎监管。银行市场运营的监管,是一个持续、全面和动态的过程,涵盖银行业务开展、内部管理、风险管控建设等方方面面的内容,为了确保银行合规稳健运行,各国都对银行市场运营进行严格的监管,虽然各自的侧重点不同,但主要内容包括以下方面:

1.内控有效性。安全性、流动性和盈利性是商业银行的经营原则,安全性是商业银行第一经营原则。商业银行作为经营风险的企业,要确保安全性,首先要求内控管理应当具有有效性,这也是监管部门对商业银行市场运行监管关注的重点。随着商业银行业务的日益多样化,对商业银行内控有效性的监管,除了应当针对不同业务采取具体的监管措施之外,主要关注重点包括:一是内控的科学性,主要关注商业银行内部控制机制是否符合现代银行风险管理的基本要求,能否在风险管控方面发挥积极作用。二是内控的充分性,主要关注商业银行的内部控制机制是否与商业银行的业务发展规模、速度和面临的风险状况相适应。三是内控的适宜性,主要关注商业银行的各项内控措施是否符合本行发展的阶段性特点和需求,是否与本行风险管理偏好相适应。

2007年7月,银监会颁布了《商业银行内部控制指引》,明确内部控制是商业银行为实现经营目标,通过制定和实施一系列制度、程序和方法,对风险进行事前防范、事中控制、事后监督和纠正的动态过程和机制。同时,要求商业银行内部控制应当贯彻全面、审慎、有效、独立的原则。该《指引》还对授信业务、资金业务、存款和柜台业务、中间业务等商业银行主要业务的内部控制,提出原则性的要求。对内控有效性的监管,始终是监管当局监管的重点,银行监管当局的各类监督检查,都是围绕促进商业银行提高内控有效性这一根本原则进行的。在实践中,监管部门将通过非现场监管和现场检查等方式,不断对商业银行内控有效性情况进行监督和检查,并将其作为进行市场准入管理的重要依据。对发现的问题,监管部门将持续推动商业银行进行督促整改,对严重违反审慎经营要求的,依法采取行政处罚、停止开办相应业务等处罚措施,促使商业银行不断提高内控管理有效性。

2.经营合规性。商业银行的日常经营,必须按照法律法规和监管规定的要求进行,防止因违规经营而引发法律、声誉风险和其他风险。合规管理是商业银行一项核心的风险管理活动,商业银行应综合考虑合规风险与信用风险、市场风险、操作风险和其他风险的关联性,确保各项风险管理政策和程序的一致性。2005年4月,巴塞尔银行监管委员会发布《合规与银行内部合规部门》专门文件,敦促并指导国际银行业建立起有效的合规政策和程序,在发现违规情况时银行管理层能够采取适当措施予以纠正。这一文件在推动国际银行业加强合规管理建设上发挥了积极的作用,成为国际银行业合规管理建设的指引性文件。

在借鉴国际经验的基础上,银监会在 2006 年颁布了《商业银行合规风险管理指引》,按照规定,银监会依法对商业银行合规风险管理实施监管,检查和评价商业银行合规风险管理的有效性。商业银行应及时将合规政策、合规管理程序和合规指南等内部制度向银监会备案。商业银行应及时向银监会报送合规风险管理计划和合规风险评估报告,在发现重大违规事件时,应严格按照重大事项报告制度的规定向银监会报告。商业银行任命合规负责人,应按有关规定报告银监会。商业银行应在合规负责人离任后的十个工作日内,向银监会报告离任原因等有关情况。银监会应定期对商业银行合规风险管理的有效性进行评价,评价报告作为分类监管的重要依据。在此基础上,银监会应根据商业银行的合规记录及合规风险管理评价报告,确定合规风险现场检查的频率、范围和深度,检查的主要内容包括:商业银行合规风险管理体系的适当性和有效性;商业银行董事会和高级管理层在合规风险管理中的作用;商业银行绩效考核制度、问责制度和诚信举报制度的适当性和有效性;商业银行合规管理职能的适当性和有效性。

3.资本充足性。银行的资本是指银行可以自主取得,并可用于抵补任何未来可能损失的资本部分,银行的资本充足率则是指银行的资本对风险加权资产的比例,是衡量银行资本安全度的重要尺度。上世纪 70 年代以来,在巴塞尔银行监管委员会的积极推动下,银行资本监管的国际标准已经逐步成熟和完善,我国自上世纪 90 年代以后,积极尝试借鉴国际先进的监管标准,在银行业监管上逐步推行资本监管。2004 年 3 月,银监会颁布基于 1988 年《巴塞尔协议 I》内容的《商业银行资本充足率管理办法》,规定商业银行资本充足率不得低于 8%,核心资本充足率不得低于 4%。2007 年金融危机爆发以后,面对国际上全面加强银行监管的呼声,巴塞尔银行监管委员会对资本监管协议进行升级,2010 年,巴塞尔银行监管委员会颁布了最新的《巴塞尔协议 III》。面对国际银行资本监管标准的不断演变,为了加强对我国商业银行的资本监管,提高银行业抵御风险的能力,2012 年 6 月,银监会颁布了《商业银行资本管理办法(试行)》,并将于 2013 年 1 月 1 日起正式实施,这个《管理办法》被称为“中国版巴塞尔 III”,其是在充分借鉴国际银行资本监管经验的基础上制定的,确立了我国银行业监管的新标杆,将对我国银行体系改革发展产生深远的影响。

按照《商业银行资本管理办法(试行)》的规定,我国商业银行总资本将包括核心一级资本、其他一级资本和二级资本。商业银行风险加权资产将包括信用风险加权资产、市场风险加权资产和操作风险加权资产。商业银行的核心一级资本充足率不得低于5%,一级资本充足率不得低于6%,资本充足率不得低于8%。各级资本充足率的计算公式如下:

$$资本充足率=\frac{总资本-对应资本扣减额}{风险加权资产}\times 100\%$$

$$一级资本充足率=\frac{一级资本-对应资本扣减额}{风险加权资产}\times 100\%$$

$$核心一级资本充足率=\frac{核心一级资本-对应资本扣减额}{风险加权资产}\times 100\%$$

除了上述基本的资本监管要求之外,商业银行应当在最低资本要求的基础上计提储备资本,储备资本要求为风险加权资产的2.5%,由核心一级资本来满足。特定情况下,商业银行应当在最低资本要求和储备资本要求之上计提逆周期资本。逆周期资本要求为风险加权资产的0~2.5%,由核心一级资本来满足。同时,系统重要性银行还应当计提附加资本,国内系统重要性银行附加资本要求为风险加权资产的1%,由核心一级资本满足,若国内银行被认定为全球系统重要性银行,则其所适用的附加资本要求不得低于巴塞尔银行监管委员会的统一规定。考虑到我国商业银行资本充足率水平,同时为了缓解商业银行补充资本的压力,银监会对商业银行资本达标给予一定的过渡期,要求商业银行最迟应在2018年底前达到规定的资本充足率监管要求。

在商业银行资本充足性的监管上,按照《商业银行资本管理办法(试行)》的要求,银监会将通过非现场监管和现场检查的方式对商业银行资本充足率进行监督检查,资本充足率监督检查包括但不限于以下内容:评估商业银行全面风险管理框架;审查商业银行对合格资本工具的认定以及各类风险加权资产的计量方法和结果,评估资本充足率计量结果的合理性和准确性;检查商业银行内部资本充足评估程序,评估公司治理、资本规划、内部控制和审计等;对商业银行的信用风险、市场风险、操作风险、银行账户利率风险、流动性风险、声誉风险以及战略风险等各类风险进行评估,并对压力测试工作开展情况进行检查。银监会在对商业银行资本充足率进行检查后,将把评价结果以书面形式发送给商业银行董事会。商业银行可以在接到资本充足率监督检查评价结果后60日内,以书面形式向银监会提出申辩。银监会在受理书面申辩后的60日内作出是否同意商业银行申辩的书面答复,并说明理由。银监会审查商业银行的书面申辩期间，商业银行应当执行资本充足率监督检查所确定的监管资本要求，并落实银监会采取的相关监管措施。同时，《商业银行资本管理办法(试行)》规定，银监会将根据不同商业银行的资本充足情况，将商业银行分为四类进行差异化监管，对不同商业银行采取不同的监管措施，督促和指导商业银行维持充足的资本水平。

4.资产安全性。银行资产的安全性，主要通过银行资产质量和资产管理水平体现出来。评价银行资产质量的办法很多，对于银行传统的贷款业务，现在主要采用贷款五级分类的做法衡量贷款质量，即将贷款按照一定标准，分为正常类贷款、关注类贷款、次级类贷款、可疑类贷款、损失类贷款等五类，通常将后三类统称为不良贷款。中国人民银行于 2001 年颁布的《贷款风险分类指导原则》以及银监会于 2007 年颁布的《贷款风险分类指引》，也将银行贷款质量分为这五大类。银监会于 2005 年颁布的《商业银行风险监管核心指标》规定，商业银行的不良资产率不得高于 4%，不良贷款率不得高于 5%，这是监管当局对银行资产质量的基本要求。

资产安全性是监管部门对银行日常运行监管的重要内容。资产安全性监管主要从以下方面进行：一是监测分析五级分类中各类资产占全部资产的比例，重点是关注不良资产占全部资产比例的情况。通过这种监测分析，可以持续、动态跟踪银行资产质量的变动情况，科学评价银行的风险管理水平，并采取有针对性的监管措施。按照我国《贷款风险分类指导原则》的要求，对贷款质量出现重大问题的商业银行，监管部门应予以更加严格的监管。二是贷款集中度监管。主要是监测单个借款人或单个相关借款人集团在银行贷款集中程度。如果银行机构对单一借款人的贷款比重过高，将使得风险过度集中，可能诱发严重的信用风险，因此，监管部门必须高度关注贷款集中度问题。我国《商业银行法》规定，一家商业银行对同一借款人的贷款余额与商业银行资本余额的比例不得超过 10%，银监会于 2003 年颁布的《商业银行集团客户授信业务风险管理指引》规定，一家商业银行对单一集团客户授信余额不得超过该商业银行资本净额的 15%。监管部门必须按照这些规定，严格规范商业银行的贷款集中度问题。三是关系人贷款监管。按照法律规定，商业银行的关系人是指商业银行的董事、监事、管理人员、信贷业务人员及其近亲属，上述所列人员投资或者担任高级管理职务的公司、企业和其他经济组织也属于关系人的范围。商业银行不得向关系人发放信用贷款，同时，向关系人发放担保贷款的条件不得优于其他借款人同类贷款的条件。按照银监会于 2005 年颁布的《商业银行风险监管核心指标》要求，商业银行全部关联授信与资本净额之比不得高于 50%，监管部门应当密切关注关系人贷款情况，防止贷款发放和管理受到各种关系人的影响，从而干扰风险防控措施的落实，影响银行资产安全。四是贷款损失准备金充足性监管。当银行的贷款不能按期收回的时候，按照审慎经营原则要求，银行必须以准备金的形式进行预防和弥补，这要求银行机构必须在日常经营中按照一定的监管规定，提取必要的准备金。监管部门应当按照规定，及时对商业银行准备金充足性进行监督和检查，确保银行准备金足以抵御资产管理中存在的风险。

5.资产流动性。商业银行特殊的负债结构，决定了其必须保持适度的流动性，防止因流动性不足引发支付危机。银行监管当局应当通过监督检查，确保银行机构的流动性保持在合理和适度的水平，密切监测银行机构资产变化情况，防止流动性指标恶化引发的银行危机。根据银监会颁布的《商业银行风险监管核心指标》的要求，银行机构的流动性比例不应低于 25%，流动负债依存度不应低于 60%，流动性缺口率不应低于－10%。银监会于 2009 年颁布的《商业银行流动性风险管理指引》规定，对银行流动性监管主要包括以下内容：一是银监会通过非现场监管系统定期采集有关数据，及时分析评价商业银行的流动性风险状况。银监会依法对商业银行遵守法律法规和行政规章中各项流动性风险监管指标的情况进行监管，并在必要时要求商业银行管理层采取有效措施以保证各项指标高于最低监管要求。商业银行应按规定及时向银监会及相关部门报送流动性风险管理的监测报表、策略、政策和流程等相关信息资料。二是银监会根据对商业银行流动性风险的评价结果决定对商业银行进行流动性管理现场检查的频率。现场检查的主要内容包括：董事会和高级管理层在流动性风险管理中的履职情况，流动性风险管理政策和程序的完善性及其实施情况，流动性风险识别、计量、监测和控制的有效性，现金流量分析所用假设前提和参数的合理性、稳定性等。三是对于流动性风险管理体系存在严重缺陷，流动性管理政策、制度执行不力，流动性报告或报表存在严重问题，且在规定时限内未能实施有效整改措施的商业银行，银监会有权采取下列监管措施：与商业银行高级管理层、董事会进行审慎性会谈，提高对商业银行流动性风险的现场检查频率，要求商业银行提高提交流动性风险报表、报告的频率等。此外，银监会还应与境内相关职能部门及商业银行的母国或东道国监管当局建立紧密协调和信息共享的监管合作关系，提高流动性风险管理的有效性。

6.收益合理性。银行作为市场主体，从事各项活动的最终目的在于获取利润。商业银行只有通过不断的盈利，才能为抵御风险和加快发展积累必要的财务基础。银行监管部门对商业银行财务收益方面的监管，主要关注以下方面的内容：一是收入来源、支出以及相应财务结构的合理性。通过对收入来源及其结构的分析，可以了解银行的生息资产和非生息资产的规模、结构，掌握银行业务资源分配的合理性，从而对银行资产负债结构有较为全面的认识。商业银行的支出主要包括利息、经营费用等各类成本，通过对支出去向及其结构的分析，可以了解银行利息支出结构并判断经营成本的高低，判断银行经营的稳健性以及负债结构的合理性。按照银监会《商业银行风险监管核心指标》的规定，商业银行成本收入比不应高于 35%，资产利润率不应低于 0.6%，资本利润率不应低于 11%。二是收益状况的真实性。商业银行作为特殊的金融企业，监管部门应当密切关注其收益的真实状况，督促商业银行按照实质重于形式的原则，准确核算收益，对存在的风险及时提取各类风险准备金。要引导银行按照权责发生制的原则，将一定期限内的应收利息计入当期损益，同时根据本行呆账、坏账情况提取相应准备金，确保风险防范的财务措施充分，防止银行虚增利润。三是收益水平的合理性。银行业金融机构作为承担资金融通职能的中介机构，生存和发展的根源在于实体经济的健康发展，其收益水平应当与实体经济发展相匹配。近年来，一些银行业金融机构不规范经营行为时有发生，部分银行机构通过不规范经营行为谋取利益，引起社会公众的普遍关注，促使监管部门将银行服务收费问题作为监管的重点之一。① 对银行收费行为的监管，一方面要督促商业银行法人机构健全和完善激励约束机制，防止不合理的考核机制对分支机构形成过大的业务压力，从而引发不规范经营行为；另一方面，也要加强对分支机构经营行为的合规监管，通过现场检查等手段，严肃查处分支机构的不规范经营行为。

（三）市场退出监管

银行是经营风险的特殊行业，当银行无法应对风险并可能对金融市场稳定造成影响时，监管当局必须及时介入并引导其稳妥退出市场。正如有学者

---

① 为了加强对银行业机构服务收费的监管，2011 年 3 月，银监会、中国人民银行、国家发改委等三部门下发了《关于银行业金融机构免除部分服务收费的通知》，要求银行业机构履行社会责任，免除个人储蓄账户开销户等部分服务的收费。2012 年 1 月，针对部分银行业机构愈演愈烈的不规范经营和不规范收费行为，银监会下发了《关于整治银行业金融机构不规范经营的通知》，在全国银行业系统开展不规范经营专项治理行动，提出银行业在贷款定价方面必须严格遵守“七不准”的要求（包括不得以贷转存、不得存贷挂钩、不得以贷收费、不得浮利分费、不得借贷搭售、不得一浮到顶、不得转嫁成本），推进银行业系统清理整顿服务收费问题。

指出的那样，无论银行运转得多么好，无论管理当局多么警惕，问题仍会出现。即使一家银行拥有良好的风险管理手段和全面的借款人信息，它仍有可能遭受厄运。① 不同国家的金融市场成熟度不同，金融监管法规的完善程度也存在差异，因此，银行业机构市场退出监管有不同的方式。按照我国银行业监管有关法律法规的规定，对银行业机构市场退出监管，主要有以下方法：

1. 接管。接管是指当商业银行已经或者可能发生信用危机，严重影响存款人的利益时，银行业监管机构依法成立接管组织，暂时对该商业银行行使经营管理的权力，确保风险得到有效化解，维护存款人合法权益和正常金融秩序。接管作为对商业银行市场退出监管的一种手段，不少国家和地区的银行法都对其作了规定。如我国台湾地区规定，银行因业务或者财务状况明确恶化，不能支付其债务或者有损存款人利益时，主管机构得勒令停业并限期清理、停止其部分业务，派有关人员接管。新加坡规定，有以下情况之一的，银行主管机构可以接办该银行的管理和业务，或者命令他人管理及经营该银行业务：银行无法偿还债务，已经或者将面临破产、停止支付时；以可能损害存款人或者债权人权益的方法经营其业务的；曾违反或者未能遵守法律或者执照的规定和条件的。在西方国家，银行危机发生以后，为维护公众利益，接管成为政府干预危机的早期手段之一。2007 年 4 月，美国次贷危机爆发以来，国际上出现了一股银行接管浪潮：2008 年 9 月，美国政府宣布接管房利美和房地美；2008 年 9 月，全美最大的储蓄及贷款银行华盛顿互助银行被联邦存款保险公司(FDIC)查封并接管；2008 年 10 月，冰岛政府金融监管委员会宣布接管该国最大的商业银行 Kaupthing 银行。这些银行接管措施，在危机爆发初期，在有效遏制单体机构风险蔓延为系统性危机，以及维护社会公众对银行体系的信心方面，起到了积极的作用。

随着银行审慎监管框架在我国的建立，我国《商业银行法》和《银行业监督管理法》都对接管作出规定，将其视为监管当局进行银行机构市场退出监管的重要手段之一。按照法律规定，接管的目的是对被接管的商业银行采取必要措施，以保护存款人的利益，恢复商业银行的正常经营能力。被接管的商业银行的债权债务关系不因接管而变化。接管的决定由国务院银行业监督管理机构作出并负责组织实施，接管决定应当载明被接管的商业银行名称、接管理由、接管组织、接管期限，国务院银行业监督管理机构应当对接管决定予以公

---

① [美]大卫·G. 梅斯等著:《改进银行监管》，方文等译，中国人民大学出版社 2006 年版，第 235 页。

告。接管自接管决定实施之日起开始，在接管期限届满时，国务院银行业监督管理机构可以决定延期，但接管期限最长不得超过二年。出现下列情形之一的，接管应当终止：接管决定规定的期限届满或者国务院银行业监督管理机构决定的接管延期届满；接管期限届满前，该商业银行已恢复正常经营能力；接管期限届满前，该商业银行被合并或者被依法宣告破产。

2. 重组。重组是指企业依照市场规律，对被改组企业原有既存的各类资源要素，运用经济、行政、法律手段进行分拆、整合及内部优化组合的过程。广义的重组包括业务重组、资产重组、股权重组、债务重组等，而狭义的重组指资产重组，这是企业重组的核心。[①] 当银行机构出现或可能出现信用危机时，在单独依靠银行业自身无法抵御和度过危机的情况下，监管部门可以积极促成银行进行重组，推动银行利用市场化的手段分散风险和度过危机。我国《银行业监督管理法》规定，银行业机构已经或者可能发生信用危机，严重影响存款人和其他客户合法权益的，国务院银行业监督管理机构可以依法对该银行业机构实行接管或者促成机构重组，接管和机构重组依照有关法律和国务院的规定执行。

在国际上，重组是银行机构面对危机自我调整的主要方式。例如，在 2009 年 1 月，在金融危机中损失惨重的美国花旗集团宣布重大重组计划，将旗下的业务拆分给花旗公司和花旗控股两家公司，花旗公司将专注于传统银行业务，花旗控股则持有约 8500 亿美元的风险资产管理和消费信贷等拟摆脱或缩减的非核心业务，这些重组举措标志着花旗银行在过去十多年创立的金融超市模式宣告终结。我国的银行业发展中，也经历了部分银行机构集体重组的历史时期。例如，自 2004 年以来，我国开始启动的国有商业银行改造，实际上就是国家投入巨额资金，通过财务重组、引进战略投资者的方式，对当时的四大国有商业银行进行重组，成功将四大国有商业银行改造成为现代化的金融企业。此外，我国在城市信用社的整顿和改革中，也广泛运用重组的手段完成对一批风险极高的城市信用社的整顿，促使其成为合格的金融市场主体。据统计，自银监会成立到 2007 年，监管部门共完成 702 家城市信用社的整顿和改革工作，其中，通过更名改制、合作重组、商业银行收购（收回）等方式

① 上海市国有资产监督管理委员会编：《并购与重组》，上海财经大学出版社 2006 年版，第 14～15 页。

分类处置了413家城市信用社。[①]

3. 撤销。撤销是指监管部门对经其批准设立的具有法人资格的金融机构依法采取行政强制措施，终止其经营活动，并予以解散。我国《银行业监督管理法》规定，银行业机构有违法经营、经营管理不善等情形，不予撤销将严重危害金融秩序、损害公众利益的，国务院银行业监督管理机构有权予以撤销。在撤销的监管安排上，我国《商业银行法》规定，商业银行因吊销经营许可证被撤销的，国务院银行业监督管理机构应当依法及时组织成立清算组，进行清算，按照清偿计划及时偿还存款本金和利息等债务。

2001年，国务院颁布了《金融机构撤销条例》，对金融机构撤销程序和要求进行规范。按照规定，在撤销程序上，首先是作出撤销决定。监管部门决定撤销金融机构，应当制作撤销决定书，撤销决定自宣布之日起生效。自撤销决定生效之日起，被撤销的金融机构必须立即停止经营活动，交回金融机构法人许可证及其分支机构营业许可证，其高级管理人员、董事会和股东大会必须立即停止行使职权。其次是成立清算组对被撤销机构资产进行清算。商业银行依法被撤销的，由监管部门组织成立清算组，清算组向监管部门负责并报告工作。清算组行使被撤销的金融机构的管理职权，清算组组长行使被撤销的金融机构的法定代表人职权。清算期间，清算组履行下列职责：保管、清理被撤销的金融机构财产，编制资产负债表和财产清单；通知、公告存款人及其他债权人，确认债权；处理与清算被撤销的金融机构有关的未了结业务；清理债权、债务，催收债权，处置资产；制作清算方案，按照经批准的清算方案清偿债务；清缴所欠税款；处理被撤销的金融机构清偿债务后的剩余财产；代表被撤销的金融机构参加诉讼、仲裁活动；提请有关部门追究对金融机构被撤销负有直接责任的高级管理人员和其他有关人员的法律责任；办理其他清算事务。清算组应当自成立之日起10日内，书面通知债权人申报债权，并于60日内在报纸上至少公告3次。债权人应当自接到通知书之日起30日内，未接到通知书的债权人应当自第一次公告之日起90日内，向清算组申报债权。再次是依法清偿债务。被撤销的金融机构清算财产，应当先支付个人储蓄存款的本金和合法利息，然后应当清偿法人和其他组织的债务，剩余的财产应当按照股东的出资比例或者持有的股份比例分配。最后是注销登记。在清算结束后，清算组应当向工商行政管理机关办理注销登记手续，被撤销的金融机构股东的资格

---

① 刘明康主编：《中国银行业改革开放30年》，中国金融出版社2009年版，第225页。

终止，被撤销的金融机构即行解散。

4.解散。解散是指商业银行出现法定或公司章程约定的事宜，而结束法人资格不再从事经营活动的过程。《商业银行法》规定，商业银行因分立、合并或者出现公司章程规定的解散事由需要解散的，应当向国务院银行业监督管理机构提出申请，并附解散的理由和支付存款的本金和利息等债务清偿计划。经国务院银行业监督管理机构批准后解散。商业银行解散的，应当依法成立清算组，进行清算，按照清偿计划及时偿还存款本金和利息等债务。国务院银行业监督管理机构监督清算过程。按照这一规定，解散主要基于两种事由：一种是出现法定的情形，如分立和合并，在这种情况下，按照《公司法》的规定，法人资格消失，银行必须依法解散。另外一种是出现章程约定的情况，章程作为银行的“基本法”，可以对银行的存续期作出规定，一旦期限届满，银行依法解散。在解散的程序上，从银行作为特殊法人的角度出发，银行解散必须向监管部门提出申请，同时，应当就解散理由、债务清偿的善后工作作出具体的安排。解散必须经监管部门批准后进行，不得自行解散，并且应当成立清算机构进行清算，监管部门将对解散过程进行监督，确保银行机构平稳有序退出市场。

5.破产。在国际上，破产是经营管理不善的银行机构市场退出的主要途径，尤其是在数次金融危机中，大批经营不善的银行机构，得益于较为完善的存款保险制度和破产法律制度，稳妥退出市场，既保护了存款人和股东等利益相关者的利益，也避免了无序退出对金融市场造成冲击。受本轮金融危机的影响，近年来美国不少中小银行机构经营困难，通过破产方式退出市场的银行机构数量剧增。据统计，在2008年，美国有25家银行倒闭，2009年破产倒闭的银行数量跳增至140家，2010年有157家银行破产倒闭，2011年有92家银行倒闭，而2012年前8个月，美国已经有40家银行倒闭。[①] 目前，我国银行破产的法律法规还较为薄弱，没有专门规范银行机构破产的法律法规，《商业银行法》对银行破产作出了原则规定。该法规定，在商业银行不能支付到期债务，经国务院银行业监督管理机构同意，由人民法院依法宣告其破产。商业银行被宣告破产的，由人民法院组织国务院银行业监督管理机构等有关部门和有关人员成立清算组，进行清算。商业银行破产清算时，在债务清偿顺序上，应当在支付清算费用、所欠职工工资和劳动保险费用后，优先支付个人储蓄存款的本金和利息。

---

① FDIC，Failed Bank List，http://fdic.gov/bank/individual/failed/banklist.html，下载日期：2012年8月19日。

三、银行监管的方法

银行监管的方法，随着银行业发展和监管实践的深入而逐渐成熟和完善。上世纪60至70年代以来，在巴塞尔银行监管委员会等国际组织的积极推动下，银行业监管的国际标准逐步形成，各国银行监管的主要方法日趋统一和规范。一般而言，常见的银行监管方法有以下几种：

（一）非现场监管

非现场监管（Off-Site Regulation）是指银行业监管当局对银行业机构报送的各种经营管理和财务数据、报表和报告，运用一定的技术方法对银行的经营状况、风险管理状况和合规情况进行分析，以发现银行风险管理中存在的问题，评价银行业金融机构的风险状况并采取相应监管措施的过程。非现场监管作为银行监管的重要方式，主要有三个目的：一是评估银行业机构的总体风险状况，即通过一系列指标和情况的分析，综合判断银行经营状况的好坏，对银行风险进行预警，以及时采取有效的风险化解措施。二是对有问题的银行机构进行密切跟踪，防止出现系统性和区域性的金融风险。三是通过对不同银行机构的监管，综合判断整个银行业的经营状况，确保银行业整体安全稳健运行。

按照我国《银行业监督管理法》的规定，银行业监督管理机构应当对银行业金融机构的业务活动及其风险状况进行非现场监管，建立银行业金融机构监督管理信息系统，分析、评价银行业金融机构的风险状况。2006年6月，银监会制定了《非现场监管指引（试行）》，规范非现场监管的程序、内容和方法，明确非现场监管人员的职责和报告路径。按照该指引的规定，非现场监管是非现场监管人员按照风险为本的监管理念，全面、持续地收集、监测和分析被监管机构的风险信息，针对被监管机构的主要风险隐患制定监管计划，并结合被监管机构风险水平的高低和对金融体系稳定的影响程度，合理配置监管资源，实施一系列分类监管措施的周而复始的过程。一套完整的非现场监管程序包括制定监管计划、监管信息收集、日常监管分析、风险评估、现场检查立项、监管评级和后续监管七个阶段。

1.制定监管计划。在这一阶段，主监管员应当在充分了解被监管机构的基础上，在每一个监管周期之初，征求其他非现场监管人员的意见，制定行之有效的监管计划，以提高非现场监管的计划性和针对性，提前合理配置监管资源，实施分类监管。监管计划的内容至少包括：被监管机构的本监管周期的时间长度、重点关注风险领域、本监管周期内风险评估、现场检查、监管评级等各项主要监管任务计划实施的时间等。

2.监管信息收集。监管信息收集是非现场监管人员收集被监管机构经营状况和风险信息的持续过程，是进行日常监管风险分析、风险评估、监管评级和后续监管的基础。非现场监管人员收集的信息主要包括三个方面的内容：一是向被监管机构收集的非现场监管报表和其他信息资料；二是与监管机构内部有关部门共享得到的业务准入、现场检查等信息；三是社会公众媒体以及第三方机构信息。信息收集流程应当包括信息采集、质量审核、情况记录和信息变更四个主要环节。非现场监管人员应当将收集到的银行业机构信息编写整理为《机构概览》，概要、动态地掌握被监管机构的有效信息，并结合风险分析、评估和监管评级，形成对被监管机构的基本判断。

3.日常监管分析。非现场监管人员通过定期或不定期收集非现场监管信息，运用多种分析方法进行日常监管分析，可以识别、度量、分析、判断被监管机构经营情况和风险状况，及时进行风险提示，提出防范、化解风险的措施与建议，为风险评估和监管评级奠定基础。非现场监管人员根据定期收集的非现场监管报表，并结合其他相关信息，可以运用异常变动分析、合规分析、比例分析、结构分析、趋势分析、同质同类分析和压力测试分析等多种方法对银行业机构的财务状况、风险情况和风险抵御能力等进行分析。日常监管分析的主要内容包括基本财务状况分析、信用风险分析、流动性风险分析、市场风险分析、资本充足率分析和合规性分析等方面。

4.风险评估。风险评估是通过对风险种类、风险程度和风险发展趋势进行分析识别，对主要业务的风险状况、风险管理的充分性以及外部风险因素的影响作出判断，并在此基础上对机构的整体风险水平作出评估。风险评估是一个动态过程，每个监管周期至少要对被监管机构进行一次正式的风险评估。监管周期内一旦发生影响被监管机构风险状况的重大事件，非现场监管人员应当及时更新风险评估结果。

5.现场检查立项。主监管员在完成非现场综合分析评价后，可对被监管机构进行现场检查立项。现场检查立项是实现非现场监管与现场检查有机结合的重要保证，其目的主要是以非现场综合分析评价结果为基础，制定现场检查方案，根据风险高低合理配置现场检查资源，提高现场检查的针对性和有效性。现场检查立项的主要依据是监管流程各阶段形成的监管成果，包括《机构概览》、日常监测分析结果、《风险评估报告》、上一次现场检查报告及内外部审计报告等，重点检查其中不确定的问题、疑点和风险薄弱点。主监管员进行现场检查立项时，应当形成书面的《现场检查立项建议书》交现场检查部门，供其据以制定《现场检查方案》并实施现场检查。

6. 监管评级。为实现对银行业机构的持续监管、分类监管和风险预警，逐步统一同质同类银行业机构的监管标准，银监会及其派出机构应在一定时期内对银行业机构风险状况进行科学审慎的评价，并最终确定其风险级别。监管评级应当按照审慎性、系统性和及时性的原则进行，目前我国主要的监管评级方法是"CAMELS＋"体系，包括资本充足状况(Capital Adequacy)、资产质量状况(Asset Quality)、管理状况(Management)、盈利状况(Earnings)、流动性状况(Liquidity)和市场风险状况(Sensitivity to Market Risk)等六个单项要素以及其他因素(Others)。按照银监会《非现场监管指引(试行)》的规定，主监管员应在规定时间内对银行业机构进行评级，或者对上一次评级结果进行修订和更新。对法人机构的年度评级工作应于该年度结束4个月内完成，有效评级时间不得少于10个工作日。

7. 后续监管。后续监管是主监管员依据《风险评估报告》、《现场检查报告》和《监管评级报告》等监管成果，撰写监管报告，并通过《监管意见书》、三方会谈、与董事会或高管层审慎会谈等方式，提示被监管机构关注重点风险、落实整改，以及着手制定下一个监管周期工作计划的阶段。

(二)现场检查

现场检查(On-Site Inspection)是银行业监督管理机构对银行业机构实施监督管理的重要方式，是掌握银行业机构风险状况和合规状况的基本手段。通过开展现场检查，可以直接、全面、深入了解和掌握银行业机构在风险管理和业务发展上存在的问题，推动银行业机构不断健全完善内控管理机制，实现持续稳健经营。

现场检查也是银行监管部门的法定职责，我国《银行业监督管理法》第24条规定，银行业监督管理机构应当对银行业机构的业务活动及其风险状况进行现场检查。国务院银行业监督管理机构应当制定现场检查程序，规范现场检查行为。2007年7月，银监会颁布了《现场检查规程》，将现场检查分为检查准备、检查实施、检查报告、检查处理和检查档案整理等五个阶段。

1. 检查准备阶段。检查准备阶段包括以下主要环节：一是立项。检查项目的立项由非现场监管人员和现场检查人员共同确定和完成。非现场监管的主监管员承担日常持续性监管的主要责任，根据被监管机构风险监测情况、风险评级结果，及以往现场检查报告，在与现场检查人员充分商讨的基础上，制定年度或监管周期现场检查计划，进行现场检查的立项，并与现场检查人员一起进行立项的审议，确定现场检查的时间和检查重点项目。二是成立检查组。

检查项目一经确定，则由实施现场检查的银行业监管机构根据检查任务配备检查人员，成立检查组，并确定检查组组长和主查人，组长和主查人可以兼任。检查组可根据工作需要分为若干检查小组。每个小组至少应由两位检查人员组成，保证各项检查内容均有适当形式的复核和监督。三是发出《现场检查通知书》。检查组应当提前或者在进点时间向被查单位递交《现场检查通知书》，《现场检查通知书》由银监会统一格式，应当加盖银监会或者其派出机构印章。四是发出《检查前问卷》及收集检查有关资料。检查组应当根据工作实际需要确定是否向被查单位发出《检查前问卷》。如确定发出，则应明确回收《检查前问卷》的时间和报送要求。进点前应收集的主要材料包括：有关金融法律法规和政策、有关部门掌握的被查单位的情况、被查单位以往报送的有关材料、监督检查部门历次的现场检查报告及处理情况、监督检查部门掌握的非现场监管资料、其他监督检查部门的检查及处理情况、被查单位的内外部审计报告、被查单位对内外部检查和审计的整改情况、群众举报材料、媒体及互联网的有关报道以及其他资料。五是审核和分析所收集的材料。检查组应当对上述所收集的材料，从完整性和真实性的角度进行审核，对问卷材料和其他材料进行综合分析，分析结果应当作为制定检查方案的依据。六是形成《现场检查方案》。现场检查人员根据现场检查的立项，在全面深入分析被查单位的相关资料，与主监管员充分商讨的基础上订立清晰明确的检查方案，包括具体的检查目标、检查任务、检查重点等。

2. 检查实施阶段。现场检查的实施主要包括以下步骤：一是进点会谈。参加进点会谈的人员为检查组成员和被查单位的主要负责人及其相关部门负责人。进点会谈的主要内容包括：向被查单位宣读《现场检查通知书》，告知检查的目的、范围、内容、方式、时间以及被查单位的权利和义务等，介绍检查组成员；听取被查单位相关汇报；就检查准备阶段掌握的重要情况或疑问向被查单位进行了解和质询；向被查单位提出配合检查工作的要求事项，并确定具体的联络人员。进点会谈应当明确专人记录，形成《现场检查会谈记录》，并作为检查资料保存。二是检查实施。检查组应当按照制定的《现场检查方案》，灵活运用总体查阅、现场审查、调查取证等方法进行现场检查，对检查中认定的事实和有关资料进行整理核对，比较分析，相互印证，确定查证的问题，并编制《现场检查工作底稿》。三是评价定性。现场检查应当遵循实事求是、客观公正的原则，对查出的问题或事实进行综合判断和定性，作出检查结论。凡是检查中证据不足、评价依据或标准不明的问题，不作结论性评价。四是结束现场作业。检查组在检查方案规定的时间退出被查单位。检查组组长确认可以退出被查单位现场后，将退出现场作业的时间告知被查单位，进行现场作业清理，向被查单位办理调阅资料、借用物品等的归还手续，退出检查现场。如有必要再次进场，需提前通知被查单位。

3. 检查报告阶段。检查报告阶段，检查组要针对检查发现的问题，及时形成各类检查文书，并将有关问题反馈给被查机构。首先，要形成《检查事实与评价》。各检查小组依据《现场检查工作底稿》等检查资料，将检查中发现和掌握的问题和事实进行分类整理和综合分析，初步认定问题和事实的性质，形成检查小组的检查事实与评价，提交主查人。检查组对初步形成的检查事实与评价进行讨论分析和综合判断，由主查人组织撰写对被查单位总体的《检查事实与评价》。其次，要与被查单位交换检查意见。《检查事实与评价》形成之后，检查组组长要组织与被查单位的检查总结会谈，由主查人向被查单位宣读《检查事实与评价》，请被查单位就有关问题和事实的真实性、准确性及评价结论提出意见，必要时就有关问题交换意见。被查单位对《检查事实与评价》材料无异议时，由被查单位负责人在《检查事实与评价》上签具无异议意见，签字或加盖公章；被查单位有异议时，应在检查组规定的时间内向检查组反馈书面意见。检查组应当对被查单位提出的意见进行研究，充分吸纳被查单位的合理意见。最后，要形成《现场检查报告》。总结会谈结束或收到被查单位对《检查事实与评价》反馈书面意见后，检查组应充分吸纳被查单位的合理意见，形成《现场检查报告》。《现场检查报告》应当以《检查事实与评价》为基础，主要应包括实施检查的基本情况；被查单位的基本情况；检查出的问题与事实及检查组作出的评价；根据法律法规和有关规章的规定，提出拟作出的行政处罚的建议，以及拟提出的整改意见和监管要求等。检查组组长对《现场检查报告》进行审核后，呈报其所属机构审定，并移交给主监管员。

4. 检查处理阶段。在现场检查作业完成后，对于不涉及实施行政处罚及其他监管措施的，检查组所属机构应当及时出具《现场检查意见书》；对于涉及实施行政处罚及其他监管措施的，检查组所属机构在出具《现场检查意见书》的同时，还应依照有关规定处理。《现场检查意见书》的内容主要包括：检查发现的问题及其评价和判断；提出整改意见及整改的时间要求；要求被查单位在收到《现场检查意见书》的一定期限内将整改方案书面报告银监会或其派出机构，并视执行整改方案的进度情况分阶段或一次性将整改书面报告报送银监会或其派出机构。现场检查要加强与非现场监管的协调和配合，非现场监管的主监管员应当依据《现场检查意见书》提出的整改意见和整改时间要求，以及被查单位报送的整改方案，及时跟进被查单位的具体整改情况，包括整改措施、整改进度和整改效果等。同时,要将整改情况反映到风险评级、评价和年度监管报告内容中去,研究确定下一步的监管方案,必要时提出采取进一步监管措施的建议。

5. 检查档案整理阶段。检查档案包括:现场检查通知书;现场检查方案;检查前问卷、内控问卷及反馈材料;现场检查会谈记录;现场检查资料调阅清单及所调阅的资料;现场检查工作底稿及取证材料等附件;检查事实确认书;分项目检查报告;检查事实与评价及其反馈意见;现场检查报告;现场检查意见书;行政处罚决定书及其他材料。检查档案应当按照检查项目建立专卷,并按立卷顺序进行装订。档案内容要按照检查准备、检查实施、检查报告、检查处理四个阶段进行分类整理。为方便查阅,提高检查信息的实用性和连续性,检查组应建立电子版现场检查档案,并实现在一定范围内的信息共享。

(三)并表监管

并表监管(Consolidated Supervision)是指对银行集团在并表基础上进行的审慎监管,即在单一法人监管的基础上,对银行集团的资本、财务以及风险进行全面和持续的监管,识别、计量、监控和评估银行集团的总体风险状况。随着银行业经营的综合化和国际化,不少银行机构已经拥有众多附属机构,成为对金融市场有重大影响的银行集团。对这些银行集团的有效监管,不能局限于对银行机构自身的监管,而是应当将银行与其附属机构进行合并监管,通盘审视和判断银行机构存在的风险问题。巴塞尔银行监管委员会以及各国监管当局都非常关注并表监管,美国、英国、加拿大、香港等发达国家和地区的监管当局均已实施了较为成熟的并表监管,印度、泰国等发展中国家也于近年出台了并表监管的相关法律法规,并表监管已经成为重要的银行监管方法之一。银监会成立以后,高度重视并表监管能力建设,2008 年 2 月,银监会颁布《银行并表监管指引(试行)》,充分借鉴国际监管实践,进一步规范了我国并表监管框架和监管要求。针对资产管理公司在并表监管上的特殊性,2011 年 3 月,银监会还制定了《金融资产管理公司并表监管指引(试行)》,对资产管理公司的并表监管进行规范。

1. 并表监管的范围。按照《银行并表监管指引(试行)》的规定,银行业监督管理机构应当遵循"实质重于形式"的原则,区分两种具体情况,确定并表监管范围。

一方面,根据母银行是否控制被投资机构,下列被投资机构应当纳入并表监管的范围:一是商业银行直接拥有或子公司拥有或与其子公司共同拥有被投资机构 50% 以上表决权的被投资机构。二是商业银行拥有被投资机构

50%以下的表决权,但与被投资机构之间通过与其他投资者之间的协议,持有该机构50%以上的表决权,或根据章程或协议,有权决定该机构的财务和经营政策,或有权任免该机构董事会或类似权力机构的多数成员,或在被投资机构董事会或类似权力机构占多数表决权的,应当将其纳入并表范围。三是在确定能否控制被投资机构时,应当考虑母银行和子公司持有的被投资机构的当期可转换公司债券、当期可执行的认股权证等潜在表决权因素,确定是否符合上述并表标准。对于当期可以实现的潜在表决权,应当计入母银行对被投资机构的表决权。四是其他有证据表明母银行实际控制被投资机构的情况。

另一方面,当被投资机构不为母银行所控制,但根据风险相关性,被投资机构对银行集团整体风险的影响程度,符合下列情况的被投资机构仍应当纳入并表监管的范围:一是具有业务同质性的被投资机构,其资产规模占银行集团整体资产规模的比例较小,但该类被投资机构的总体风险足以对银行集团的财务状况及风险水平造成重大影响。二是被投资机构所产生的合规风险、声誉风险造成的危害和损失足以对银行集团的声誉造成重大影响。

此外,按照规定,对被投资机构属母银行短期持有且对银行集团没有重大风险影响的,包括准备在一个会计年度之内出售的、权益性资本在50%以上的被投资机构可以不列入并表监管的范围。同时,按照审慎监管的要求,银行业监督管理机构有权根据母银行股权结构变动、风险类别及风险状况确定和调整并表监管范围并提出监管要求。

2.并表监管的要素。并表监管主要包括以下要素:一是资本充足率监管。加强对银行集团的资本监管,防止银行集团重复计算资本,从而提高银行集团资本抵御风险能力,是并表监管的重要内容之一。银行业监督管理机构应当要求银行集团在并表基础上符合监管部门关于资本充足率管理的一系列监管规定及其他相关要求,这些要求包括并表范围、资本充足率计算、监督检查要求和信息披露规定等内容。二是大额风险暴露并表监管。银行业监督管理机构应当要求银行集团在并表基础上管理风险集中与大额风险暴露。这些要求包括建立大额风险暴露的管理政策和内控制度,实时监控大额风险暴露,建立大额风险暴露的预警报告制度,以及与风险限额相匹配的风险分散措施等。三是内部交易并表监管。银行业监督管理机构应当对母银行与附属机构以及附属机构之间交叉持股、授信和担保、资产转让、应收应付、服务收费以及代理交易等形式的内部交易进行监管,关注由内部交易产生的监管套利以及对银行集团稳健经营带来的负面影响。四是其他风险的并表监管。银行业监督管理机构应当要求银行集团采用适当的方法,对境内外各类附属机构的流动性风险、市场风险、操作风险、法律风险和声誉风险等进行评估，综合分析其对银行集团可能产生的影响，并采取相应措施，避免局部的、单一的风险蔓延扩大，对整个银行集团的安全构成威胁。

3.并表监管的方式。并表监管主要通过以下方式进行：一是严格准入申请审核。银行业监督管理机构对银行集团设立附属机构的准入申请，应当充分考虑银行集团的公司治理结构和并表管理能力。对于公司治理结构不利于内部信息传递和实施并表监管措施的银行集团，银行业监督管理机构有权不批准其设立附属机构。二是加强非现场监测分析。监管机构应当通过非现场监测与分析，全面掌握银行集团总体架构和股权结构，充分了解其全球的业务活动，通过建立完善的风险评估框架，对其从事的银行业务和非银行业务可能带来的风险进行全面评估。同时，应当特别关注单一法人数据与银行集团并表数据的差异，识别内部交易的来源、规模及风险程度。三是深入开展现场检查。监管机构应当依法对银行集团实施现场检查，或根据监管协调机制、双边监管备忘录以委托其他监管机构等方式对境内外非银行金融机构进行现场检查。四是开展风险评级，加强风险预警。银行业监督管理机构应当建立和完善银行集团的风险评级体系，综合考虑银行和附属机构的评级结果，以及并表的盈利状况、资本充足状况、综合财务状况和管理能力，定期对银行集团实施风险评价和预警。五是采取必要监管措施。对于违反资本充足率、大额风险暴露等并表审慎监管标准的银行集团，银行业监督管理机构应当要求银行集团立即采取补救措施并按照规定采取相应的监管措施。

（四）分级监管

分级监管是指监管部门按照一定风险分类标准，将商业银行分为不同类别并实行差异化的监管。风险评级(Risk Rating)是分级监管的基础和工具，对实现有效的监管具有重要的意义，监管当局依据风险评级的结果，加大对高风险机构的监督管理措施的强度，对持续稳健经营的机构则采取常规的监管措施，对问题严重的机构采取特殊的监管措施，合理分配监管资源，提高监管资源的使用效率和监管的有效性。我国《银行业监督管理法》规定，国务院银行业监督管理机构应当建立银行业金融机构监督管理评级体系和风险预警机制，根据银行业金融机构的评级情况和风险状况，确定对其现场检查的频率、范围和需要采取的其他措施。

1.风险评级的主要方法

国际上，银行业风险评级的方法和体系较多，为各国普遍采用的主要有CAMELS评级、ROCA评级、SOSA评级等，其中，CAMELS评级适用于母国对本国银行的评级，ROCA 评级和 SOSA 评级适用于一国对外资银行进行的评级。

(1)CAMELS 评级体系

CAMELS 代表五个评级因素，包括资本充足（Capital Adequacy）、资产质量（Asset Quality）、管理质量（Management Quality）、盈利（Earnings）、流动资金（Liquidity）等，体系评分由 1（最好）到 5（最差）共五个档次组成，各个指标考察的主要内容包括：一是资本充足率。对资本充足性进行评级时，主要考察现有资本的水平、资本的构成和质量、银行财务状况对资本的影响、资产质量及其对资本的影响、资产负债表的构成和表外项目的构成、银行进入资本市场或通过其他渠道增加资本的能力以及银行对资本的管理政策和情况等因素。二是资产质量。主要考察风险资产数额、预期贷款数额、呆账准备金充足状况、贷款的集中度以及贷款质量出现劣变的可能性。三是管理水平。主要考察银行业务政策、业务计划、管理者经历与经验及水平、员工培训情况等一些非定量因素。对管理水平的评级，主要以定性评价为主，建立在监管人员日常监管中对银行的了解和认识程度的基础上。四是盈利状况。主要考察银行在过去一段时间内的净收益情况，盈利状况评级标准以资产收益率 1% 为评价标准，净收益与盈利资产之比在 1% 以上的为第一级或第二级，该比率在 0～1% 之间的为第三级或第四级，该比率为负数则评为第五级。五是流动性。主要考察银行存款的变动情况；银行对借入资金的依赖程度；可随时变现的流动资产数量；资产负债的管理、控制能力；借入资金的频率以及迅速筹措资金的能力。流动性的评级标准：没有确定的标准，只有与同类、同规模的银行进行横向比较，才能确定优劣与强弱。

(2)ROCA 评级体系

ROCA 评级体系包括对外资银行的风险管理（Risk Management）、作业调控（Operational Controls）、合规状况（Compliance）、资产质量（Asset Quality）四个方面的内容进行评估。该评级体系最早为美国监管当局所采用，并逐步为各国所效仿。1995 年，日本 Daiwa 银行纽约分行由于违规操作造成巨额损失，引起美国监管当局的强烈反应。为了加强对境内外国银行分行的监管，美国监管当局推出了 ROCA 评价体系，形成对外国银行分行进行有效监管的独特做法。ROCA 评价体系被采用后，美国监管当局对境内外国银行分行的控制力明显加强。随后，国际上众多国家纷纷采用 ROCA 评价体系对银行分支机构进行监管,并取得良好的效果。[1]

同 CAMELS 评级一样,ROCA 评级体系也是对单个考察项进行评级,然后再进行综合评级,级别从 1(最好)到 5(最差)共五个档次。ROCA 评级体系各个部分考察重点为:一是风险管理。主要考察银行管理其贷款、交易及其他业务风险的能力,风险管理系统设定的定性和定量假设的合理性,银行风险管理的政策、指引是否与母行整体财务状况相一致等。二是营运管理。主要考察分行内部控制体系,包括控制环境、控制程序、会计制度以及是否拥有完善的营运控制体系,是否拥有与规模和风险状况相适应的明确、独立的审计职能等。三是合规性。主要考察分行是否有充分的政策以保障法律、法规和特定的监管要求得到遵守,是否有适当、持续的培训计划使得员工对主动合规的要求有充分的认识并自觉遵守。四是资产质量。主要考察分行不良资产的规模、构成、迁徙以及准备金提取情况。

(3)SOSA 评级体系

SOSA 评级体系即母国支持度(Strength of Support Assessment)评级,评价的是外资银行母行对分支机构的支持能力和支持意愿。1995 年 5 月,美国银行监管当局发布的《外国银行机构在美国运作监管的改进框架》,首次提出了 SOSA 评级方法。2000 年 10 月,美国对该体系进行了修改,将评级由 5 级调整为 3 级。[2] SOSA 评级主要评估母行经营环境和经营状况,其中,评估经营环境主要是评估母国的政治经济形势、金融体系、银行监管制度等,评估母行的经营管理状况主要是评估其发展战略、业务策略、市场地位、管理架构、风险控制机制以及公司治理完善程度等方面的内容。另外,该评级体系还对母国总行对分支机构的支持能力和意愿进行评估,主要考察母行的财务实力、母行对分支机构的支持程度、母国监管当局的监管能力等。

2. 风险评级的主要流程

风险评级是风险为本的持续监管方法的重要基础,风险评级的主要流程,应当贯穿持续监管理念的要求。一般地,风险评级主要包括以下步骤:一是收集信息。在对商业银行进行风险评级之前,应当充分收集非现场监管信息,现场检查报告,银行的内外部审计报告,银行向公众披露的信息,银行提交的年度经营计划、经营状况报告和市场准入申请以及其他监管机构的各类监管信

① 王飞:《ROCA 评价体系及其在银行监管中的应用》,载《新金融》2006 年第 6 期。

② 李怀珍主编:《有效银行监管方式研究与实践》,中国金融出版社 2007 年版,第 151 页。

息。同时,对这些信息进行整理、筛选和初步分析,确定商业银行存在的主要问题,在必要的情况下,非现场主监管员还应当与现场检查人员、银行高级管理层以及银行外部审计人员进行监管会谈,获取必要的评级信息。二是初评。主监管员对收集到的评级信息进行综合整理分析,依据规定的评级标准和方法,确定评级体系内各项要素和综合评级的初步结果。三是复评。在形成初评结果的基础上,复评人员对银行风险和经营状况进行再评价,复评人员不同意初评意见的,应当阐明理由并提出修改意见。四是审核。经初评和复评后形成的评级结果,由监管部门的负责人最后审定。五是评级结果反馈。评级结果应当通过下发监管意见书、监管会谈和召开审慎监管会议的方式通报给商业银行的董事会,并提出解决存在问题的监管意见。六是评级工作档案整理。评级工作结束后,监管部门应当做好评级工作底稿、评级结果、会议纪要、评级结果通报以及商业银行反馈等文书的整理和存档工作。七是监管措施、效果评价和持续的非现场检查。按照评级的结果,监管部门应当对商业银行采取针对性的措施,定期对商业银行落实监管要求的效果进行评价,同时,要按照持续监管的理念,在非现场监管中持续跟踪整改落实情况,及时调整监管措施,通过周而复始的非现场监管,推动商业银行不断提高风险管控水平。

3. 我国银行监管风险评级的发展

上世纪 90 年代初,在世界银行等国际金融组织的帮助下,我国监管部门开始探索运用审慎性监管方法,逐步使用以 CAMELS 评级为基础的风险评级工具。1997 年,中国人民银行颁布的《商业银行资产负债比例管理办法》,体现了 CAMELS 评级的基本内容。2000 年,中国人民银行颁布《商业银行考核评价办法》,从资产质量、盈利能力、流动性以及发展能力等方面对四家国有银行进行考核。这些都是我国银行监管专业化起始阶段,在银行风险评级方面开展的有益探索。2003 年银监会成立以后,积极借鉴国际先进监管经验提升我国银行监管水平,相继在监管工作中引进了一系列国际先进监管工具。2004 年,银监会相继出台了《股份制商业银行风险评级体系(暂行)》、《外资银行风险评价手册》和《农村合作金融机构风险评级和预警体系指标(试行)》等若干个风险评价体系,逐步建立起风险评级的定量和定性有机结合的模式,开始对银行机构进行全面、动态和持续的考核评价。2006 年,银监会将中外资商业银行的 CAMELS 评级统一起来,制定了《商业银行监管评级内部指引(试行)》以取代上述监管规定,对商业银行的资本充足率、资产质量、管理、盈利、流动性和市场风险状况等六个要素进行评级,并加权计算综合评级结果。我国银行监管风险评级虽然发展时间不长,但是在借鉴国际先进经验的基础上起步，发展迅速并已成为实现分级监管、差别监管的重要工具，在银行监管中发挥了重要的作用。

第四节　银行监管的协调机制

一、银行监管协调的必要性、内容和意义

（一）银行监管协调的必要性

银行监管协调是指不同的监管主体为了实现银行业合法、稳健经营的目标，而进行的互相沟通、协商和合作的过程。从根本上说，银行监管协调的存在与金融监管主体多元化、金融监管目标多样化以及金融监管有效性的提高等因素有密切的关系。

1.金融监管主体多元化。不同国家的银行监管体制具有明显的差异，在监管主体的安排上，也有明显的不同。在实行混业经营和统一监管的国家中，虽然银行、证券、保险、信托等行业的界限逐渐模糊，不再逐一对应地设立金融监管机构，而是通过成立相对统一的监管部门或设置相对统一的监管体系框架对金融市场进行监管，但基于金融市场的多样性和复杂性，需要对不同金融市场的监管作出分工，在统一框架下设置不同监管主体。而不同的监管机构，在法律授权和职责定位上存在差异，因此，加强各监管机构间的监管协调成为监管有效开展的必然要求。在传统的分业监管体制下，不同的金融市场由不同的监管机构实行监管，监管机构之间的交流和合作缺乏迫切性，监管协调只能停留在表面。但随着混业经营的不断深化，金融市场之间的界限已经日益模糊，银行、证券和保险业务在不同机构间互相交叉，更深层次的股权合作和机构整合也在悄然进行，建立横跨监管主体间的协调机制也就显得尤为重要。

2.金融监管目标多样化。金融监管主体的多元化，决定了监管目标的多样化。一方面，作为传统金融市场监管主体的中央银行，扮演着“银行的银行”的角色，承担最后贷款人（The Lender of Last Resort）的职责，当金融机构因流动性不足而陷入危机时，需要由其提供贷款进行流动性支持。最后贷款人制度作为金融安全网的重要组成部分，发端于英格兰银行，并经证明在维护银行系统稳定方面发挥了有效作用，为各国普遍推崇和效仿，成为各国央行的基

本职能之一。[①] 最后贷款人角色的扮演，使央行在投入流动性支持时必须考虑到流动性退出的可行性，在一定程度上决定了央行在承担金融监管职责的时候，必然自觉或不自觉地以追求金融体系的稳定性为目标。另一方面，央行之外的专业金融监管机构，一般有两个基本目标，即确保金融体系的安全和稳定（包括金融消费者保护）以及推进金融市场的增长和发展。[②] 不同于央行着眼的宏观性，专业金融监管机构更多是从提高金融市场效率以及维护市场公平竞争的角度出发，对市场实施审慎监管。央行和专业监管部门之间目标追求的差异性，最终不可避免地体现为货币政策目标和审慎监管目标的不一致，只有通过有效的协调，才能促使二者的监管目标在一定程度上实现契合，避免不必要的冲突。此外，在主体多元化的监管格局下，不同监管主体在一定程度上代表了不同市场的利益，同样为监管协调机制的存在提供了制度空间。

3.提高金融监管有效性。良好的金融监管体系应当具备四个基本特征：效率、责任、能力、合法，这四个基本特征共同保障监管体系有效实现其目标。[③] 而银行监管协调机制的建立和完善，对提高银行业监管效率、构建完备的金融监管体系、提升金融监管有效性具有直接的推动作用。在混业经营趋势下，金融创新愈发错综复杂，银行监管所面临的挑战也愈加艰巨。其中的一个典型表现是，混业经营趋势下，银行内部组织结构、产品设计以及风险管理等方面的信息更加复杂多样，监管者作为外部约束力量，越来越难以全面和有效地获取金融机构的相关信息，而这些信息将构成有效监管的必要基础。从某种意义上说，建立监管协调机制事实上是分业监管格局下监管体系的自我校正和完善，通过加强监管信息的交换，采取联合协同的监管举措，实现对金融市场的有效监管，避免产生监管真空和重复监管，尽量减少监管套利，维护金融市场稳定。

（二）银行监管协调的内容

银行监管协调的内容，由各国金融市场发展状况、监管体系成熟程度、监管权力分布格局等因素决定，并且在不同时期，金融监管协调的内容和重点也

---

① Geoffrey E. Wood, The Lender of Last Resort Reconsidered, *Journal of Financial Services Research*, Vol. 18, No. 2/3, 2000, p. 203.

② Eric J. Pan, Structural Reform of Financial Regulation, *Transnational Law & Contemporary Problems*, Vol. 19, Winter 2011, p. 799.

③ Eric J. Pan, Structural Reform of Financial Regulation, *Transnational Law & Contemporary Problems*, Vol. 19, Winter 2011, p. 808.

有所不同。一般而言,银行监管协调包括监管政策协商、信息共享、监管行动协调等内容。

1. 监管政策协商。不同的监管机构基于自身职责的考虑,在银行监管中所追求的监管目标存在明显差异,决定了它们在监管政策的制定和实施上难以达成一致,监管政策协商理所当然地成为银行监管协调的主要内容,包括以下方面:一是监管政策制定会商。针对一些跨市场的金融监管政策,监管部门应当在制定前及时知会其他相关监管部门,充分听取对方意见,全面考虑监管政策对整体金融市场的影响。二是监管政策实施标准的统一和规范。金融市场的发展变化,必然导致监管政策会在实施中面临许多制定时未曾预料的新情况和新问题,不同监管部门从各自角度出发对政策进行解读,将使得政策执行标准不一。因此,统一和规范政策实施标准成为监管政策协调的重要内容。

2. 信息交换和共享。全面及时的信息交流,是银行监管有效发挥作用的基本前提。在很大程度上,监管协调机制就是为解决多元监管主体之间信息分割而导致的监管信息不全面的问题而存在。金融监管协调的信息交换和共享包括以下内容:一是信息交换制度。信息交换的制度安排,主要用于解决监管信息交换的内容、频率、方式以及途径等问题。二是信息合理使用制度。金融监管信息大量涉及金融机构的内部运作情况,如果使用不当,可能影响金融机构的正常运作,甚至造成整个经济金融秩序的异常波动。不同监管部门在提供和接收其他部门的监管信息时,必须作出合理使用监管信息的承诺,明确监管信息只能用于特定的监管目的,并在信息的使用方式、信息可获得的范围等方面作出规定。三是信息保密和信息安全制度。在不断注重金融消费者权益保护的背景下,对监管信息中涉及银行客户和消费者个人信息的部分,也需要通过设置一定的制度来加强保护。

3. 监管行动协调。监管行动协调应包括以下内容:一是银行机构市场准入协同审核制度。市场准入审核是有效监管的前置程序,对于横跨多个市场的金融主体,通过实施多部门间的准入协同审核机制,可以综合评价该主体是否具备进入金融市场的资质。二是跨市场创新业务协同审核制度。对一些跨市场的金融业务,如资产证券化产品、金融衍生产品业务等,通过建立协同审核制度,各部门可以从各自监管重点进行市场准入审核。同时,这种协同机制也有助于提高监管透明度和监管效率。三是联合现场检查制度。根据法律法规的授权,单一监管部门往往只能对自身监管对象进行现场检查。在混业经营下,一些银行机构发展迅速,形成横跨银行、证券、信托、保险的金融集团,对这些金融集团的检查,依靠单一的、各自为政式的检查具有明显的局限性,难以全面获取金融机构信息。在监管协调机制下，不同的监管部门可以通过联合开展现场检查，全面分析和判断金融机构整体风险情况，避免监管重复和监管资源浪费，防止监管套利。四是危机银行联合处置制度。危机银行是指出现金融风险、需要外部监管力量及时介入进行处置的金融机构。金融混业经营和金融全球化的深化，使得金融风险的演变和扩散速度呈现前所未有的态势，需要不同监管部门间加强监管协调、共同采取有效措施处置金融风险。

4.监管争议处理。有效的监管争议处理机制包括争议的提出和争议的裁决两部分内容。争议提出的主体应当是各金融监管机构，其可以就监管中与其他监管部门之间在政策制定、监管行动等市场干预过程中产生的各类争议，各自提交监管协调机构进行研究解决。争议的裁决应当坚持公开、公平、公正、高效的原则，通过设置程序化的裁决流程，提高裁决的透明度。同时，争议裁决还应当具有权威性，裁决的结果能被监管机构广泛接受并自觉遵守。

（三）银行监管协调的意义

加强和完善银行监管协调机制建设，在弥补监管真空、减少监管摩擦、防范系统风险以及提高监管有效性等方面都具有重要的意义。

1.完善银行监管协调机制，有利于减少监管空白和避免重复监管。不管是在分业监管还是在统一监管格局下，监管空白和重复监管均在一定程度上客观存在。在分业监管格局中，不同的监管部门将监管精力集中在所对应的金融机构上，会出现“铁路警察各管一段”的现象。建立和完善监管协调机制，可以加强监管部门之间的沟通和联系，避免出现监管真空。在统一监管格局下，虽然不同的监管主体各司其职，但金融市场和金融业务的交叉，使得监管部门在许多情况下很难清晰界定彼此间的监管职责，容易出现监管“惯性”，从而产生监管重复，因此同样存在监管协调的必要。

2.完善银行监管协调机制，有利于提高整体监管效率。金融监管作为需要大量人力、物力和财力投入的政府干预市场的行为，在制度设计时必须要考虑制度运行的效率。从经济学的角度来看，公共利益说认为信息的不完全和不对称可能是导致市场失灵的重要原因，而有效的监管有助于克服这一弊端。按照这一理论，建立监管协调机制，可以实现监管主体各方的有序互动，从而优化监管资源配置，提高监管效率，实现更加有效的监管。

3.完善银行监管协调机制，有利于防范和化解系统性金融风险。系统性风险是指单一金融主体引发的导致整个金融系统发生危机的风险，相比于单一金融机构出现的风险，系统性风险对整体金融体系有更为广泛和深远的冲击力和破坏力。2007 年来，美国次贷危机引发全球性金融危机，系统性金融风险的防范成为危机后监管改革的重点之一，宏观审慎监管的监管理念逐步得到各国监管当局的重视，而要健全和完善宏观审慎监管框架，必须克服不同监管部门之间的信息交流和监管协作障碍，构建包括央行、专业监管部门、财政部门在内的金融监管协调机制。[①]

二、银行监管机构与其他金融监管机构的协调机制

(一)银行监管机构与中央银行之间的协调

中央银行承担最后贷款人的职能，其能在较短时间内向金融市场提供流动性支持，因此，虽然在相当部分国家里，中央银行已经不再承担银行监管的职能，但其在维护金融体系稳定方面依然发挥着至关重要的作用。加强银行监管机构与中央银行之间的协调，是金融监管协调机制建设最为重要的内容之一。

中国人民银行作为我国的中央银行，在银行、证券和保险业实现专业监管之后，已不再履行对金融业的直接监管职责，但是按照《中国人民银行法》等法律法规的规定，其仍承担着制定货币政策和稳定金融体系的重要职责，因此，银监会发挥专业监管的作用，加强与中国人民银行之间的协调是十分必要的。目前，银监会和中国人民银行建立的制度化的监管协调机制主要是金融监管部际联席会议制度。按照2008年《国务院办公厅关于印发中国人民银行主要职责内设机构和人员编制规定的通知》的(简称"'三定'方案")要求，中国人民银行应当在国务院领导下，以部际联席会议制度的形式，会同银监会及证监会、保监会建立金融监管协调机制。按照"三定"方案的要求，在国务院的授权下，中国人民银行会同三会建立金融监管部际联席会议机制，用于金融监管协调。联席会议主要承担以下职责：一是加强货币政策与监管政策之间以及监管政策与法规之间的协调；二是建立金融信息共享制度；三是防范和化解金融风险，维护国家金融安定；四是就重大金融监管和协调问题进行研究，并及时将有关情况提交国务院决定。

(二)银行监管机构与其他监管机构之间的协调

在实行分业监管的国家，按照银行、证券、保险、信托等不同金融市场的分类，存在不同的金融监管机构，这些机构各自负责对部分金融市场的监管。为了提高监管有效性，银行监管机构必须通过建立有效机制，加强与其他监管机构之间的协调。

① 李研：《宏观审慎监管与金融稳定》，载《金融研究》2009年第8期。

在我国,银监会、证监会和保监会按照国家法律规定和国务院授权,分别负责监管银行业、证券业和保险业。三大监管部门在金融行业市场准入、业务运行、风险管理等方面承担具体监管职能,在金融综合经营日益深化的背景下,加强三大监管部门之间的协调,对促进金融市场健康、可持续发展和维护金融体系稳定等,都具有积极的意义。近年来,银监会、证监会和保监会之间开始建立并逐步完善监管协调机制。其中,三会于 2004 年共同签订的《中国银行业监督管理委员会、中国证券监督管理委员会、中国保险监督管理委员会在金融监管方面分工合作的备忘录》,确立了我国三大专业监管部门监管协调机制的基本框架。《备忘录》根据"分业监管、职责明确、合作有序、规则透明"的指导原则,对三会各自的监管职责进行清晰界定,并且在监管协调机制、信息交流以及金融集团公司监管等方面的职责分工作出明确约定。

1. 建立监管协调机制。《备忘录》主要通过建立三个机制来达到加强三会彼此协调的目的。具体包括:一是监管联席会议机制。监管联席会议成员由三方机构的主席组成,每季度召开一次例会,由主席或其授权的副主席参加,主要讨论和协调有关金融监管的重要事项、已出台政策的市场反映和效果评估以及其他需要协商、通报和交流的事项。联席会议成员每半年轮流担任会议召集人,任何一方认为有必要就应对紧急情况进行讨论时,均可随时提出召开会议,由召集人负责召集。为加强联席会议日常运作管理,监管联席会议三方分别设立"联席会议秘书处"作为日常联络机构,并指定专门联系人。每次会议结束后,召集方负责拟定会议纪要,在征求参会方意见后发送各方。监管联席会议纪要报国务院领导审批后执行。二是重大监管政策实施会商机制。《备忘录》要求,银监会、证监会、保监会任何一方在与金融监管相关的重要政策、事项发生变化,或监管行为出现重大变动将对他方监管机构的业务活动产生重大影响时,应及时通告他方。若政策变化涉及他方的监管职责,监管机构应在政策调整前通过文件"会签"方式征询他方意见。对于监管活动中出现的不同意见,三方应及时协调解决。三是经常联系机制。《备忘录》要求建立起"经常性"三方联系机制,由三方监管部门各指定一个综合部门负责人参加。经常联系机制主要是为了应对日常监管业务中涉及跨部门协调的具体操作问题,在无法和没有必要召开联席会议的情况下,通过这种机制来综合相关职能部门的意见,为讨论协商具体的专业监管问题和采取统一监管行动提供联系和沟通的渠道。此外,《备忘录》还规定,为增强监管协调的效果,在召开联席会议和经常联席会议时,可邀请中国人民银行、财政部或其他部委参加。

2. 信息收集和交流。《备忘录》规定,银监会、证监会、保监会应按照国家法律法规授权，分别向其监管对象收集信息和数据，在统一汇总后编制各类金融机构的报表，并根据国家有关规定予以公布。同时，《备忘录》要求银监会、证监会、保监会应密切合作，就重大监管事项和跨行业、跨境监管中的复杂问题进行磋商，并建立定期信息交流制度。接受信息的一方应严格遵循客户保密原则，保证该信息使用仅限于其履行职责，除非法律规定，不得将信息提供给第三方。银监会、证监会、保监会还应互相通报有关监管对象的高级管理人员和金融机构的处罚信息，防止金融机构高管人员"带病流动"。此外，《备忘录》要求联席会议设立专门的网站作为信息交流和共享的平台，并互相通报在有关银行、证券、保险国际组织和国际会议中的活动信息和观点。

3.金融控股公司监管协调。随着我国金融业的发展，金融控股公司在我国逐步出现并发展壮大。目前，我国的金融控股公司主要分为两类，一类是由金融资本发起设立的金融控股公司，如中信集团、光大集团等；另外一类是由产业资本发起设立的金融控股公司，如招商局集团等。《备忘录》对金融控股公司的监管协调作出原则性安排。对金融控股公司的监管，坚持分业经营、分业监管的原则；对金融控股公司的集团公司，依据其主要业务性质归属相应的监管机构；对金融控股公司内相关机构和业务，按照业务性质实施分业监管。被监管对象在境外的，由其监管机构负责对外联系，并与当地监管机构建立工作关系。对产业资本投资形成的金融控股集团，三会应在监管政策、标准和方式等方面认真研究、协调配合、加强管理。

由于缺乏法律法规等制度上的强制约束力，《备忘录》框架下的监管联席会议和经常联系机制并没有真正发挥作用，甚至流于形式，[①]在应对混业经营的挑战方面，我国金融监管协调机制还很脆弱。基于这种现状，三个专业监管部门还就监管协调进行一定的双边协商并达成协议。在2008年，经国务院同意，银监会和保监会签署了《中国银监会与中国保监会关于加强银保深层次合作和跨业监管合作谅解备忘录》。在这份备忘录中，银监会和保监会在商业银行和保险公司相互投资所涉及的准入条件、审批程序、机构数量、监管主体、风险处置与市场退出程序及信息交换等六方面达成一致意见，明确了两家监管机构的责任，对加强现场检查和非现场监管配合，确定风险处置与市场退出的程序，明确信息交换的内容、方式和渠道等进行了监管约定。

① 事实上，在2003年6月签订备忘录后，当年9月召开了第一次联席会议，并明确例会每季度召开一次。但第二次例会召开已是2004年3月。此后，监管联席会议未再召开过。

三、银行监管机构的国际协调机制

二战以后特别是上世纪60至70年代，金融全球化有了快速的发展，金融风险更为复杂和多样化，并开始在全球范围内快速蔓延和传递，对银行监管带来新的挑战。同时，上世纪80年代以来，部分发展中国家为了吸引更多的资本流入，竞相对本国银行业实行自由化，减少金融管制，降低监管标准，导致90年代以后，这些国家大部分发生了金融危机，影响了全球金融业的持续健康发展。因此，切实加强金融监管国际协调，统一各国的监管标准，防止发生监管竞争和监管套利，有效防范全球性金融风险，逐步成为金融全球化背景下各国银行监管当局必须面对的重要问题。作为当前最为重要的国际银行业监管组织，巴塞尔银行监管委员会自成立以来，在加强国际银行监管协调方面作出了不懈的努力。1997年9月，巴塞尔银行监管委员会发布的《有效银行监管核心原则》，将加强银行监管协调和合作作为实现有效银行监管的基本要求。2001年5月，巴塞尔银行监管委员会发布的《加强银行监管者之间合作声明书的基本要素》，提出了有效的监管协作必须具备四大基本要素，即信息分享(Sharing of Information)、现场检查(On－site Inspections)、信息保护(Protection of Information)和持续协调(Ongoing Coordination)，在全球银行监管机构中倡导监管协调与合作的方式和做法。巴塞尔银行监管委员会凭借其在国际银行业监管中的良好声誉，在推动银行业监管国际协调上发挥了积极的作用。

在我国，银行专业化监管的起步较晚，在银行监管的国际协调机制建设方面较为薄弱。在2006年颁布《外资银行管理条例》和《外资银行管理条例实施细则》后，外资银行进入我国金融市场并参与竞争的法律障碍基本消除，从而在更深和更广的层面上参与我国金融市场竞争。在这样的背景下，银监会积极加强与国外监管当局的监管协调，构建跨境金融监管协调机制。

1.双边金融监管备忘录。相比于正式签订的双边条约，备忘录只是双方就说明某一问题事实经过而签署的外交文件，并没有强制约束力。但是在全球金融监管协调和合作的潮流下，不同国家的金融监管当局就监管协调事项签署备忘录，充分显示出监管当局间强化跨境风险监管合作的愿望，在监管制度安排上也为两国金融业深化合作和交流提供了可靠的预期。银监会作为我国银行业审慎监管部门，自成立以来就积极加强与国外金融监管部门的沟通协调，签订了一系列金融监管备忘录。按照公开披露的信息，在银行业监管国际协调方面，截至2011年12月，银监会已经同美联储、英国金融服务局、加拿大金融机构监管署、韩国金融监督委员会、新加坡金融管理局、法兰西共和国银行委员会、俄罗斯联邦中央银行等48个国家和地区的监管当局签订了双边监管合作谅解备忘录。针对具体的监管协调事项，银监会还采用签订协议、签署文件等方式与国外金融监管当局进行议定。例如，2007年10月，银监会与英国金融服务局以换文形式签订了商业银行代客境外理财业务监管合作协议。2008年4月，银监会与美国证监会达成商业银行代客境外理财业务监管合作协议。2010年5月，银监会与美国联邦存款保险公司签署文件，加强跨境问题机构处置合作。① 相比监管备忘录，这类合作协议和双边文件对相关协作事宜的安排更为具体，具有更强的针对性和可操作性。

2.金融监管磋商会议。近年来，银监会通过召开双边或多边监管磋商会议等方式，积极加强同其他国家和地区金融监管部门间的对话和协商。目前，银监会已经建立同美国、日本、中国香港银行监管当局的金融监管磋商会议制度，这些磋商会议有的是定期召开，如银监会与美国、香港金融监管当局的双边磋商会议，采取年度制，每年召开一次。而有的是采取不定期召开的方式，在双方认为有必要时，即可召开监管磋商会议。金融监管磋商会议的参会人员规格高，对话和交流更为直接，会议寻求解决的问题也更为明确，是银行监管机构国际协调的重要方式。

3.非现场监管的国际协调。在金融全球化的推动下，金融资本在各国加速流动，银行业机构在别国设立分支机构的情况越来越多，母国监管当局对这些跨境分支机构的非现场监管，离不开东道国监管当局的有效配合。在我国，与他国监管当局间的非现场监管协调还比较初级。银监会与境外金融监管当局进行非现场监管协调，主要通过跨境监管联席会议方式进行。2009年11月，银监会主持召开中国工商银行监管（国际）联席会议，来自10个国家和地区的11个监管机构的19名代表参加，这是我国首次举行跨境监管联席会议。2010年3月，银监会与美联储代表团在北京举行综合并表监管会谈。2010年9月，银监会主持召开中国银行监管（国际）联席会议，来自22个国家和地区的34名代表以及财政部、中国人民银行、证监会、保监会、外汇管理局的代表出席了会议。② 2011年11月，银监会举办中国建设银行监管（国际）联席会议，与有关国家和地区的金融监管当局就中国建设银行集团及境外分支机构

① 参见《中国银行业监督管理委员会2011年报》，第87～90页。

② 参见《中国银行业监督管理委员会2010年报》，第74页。

的经营情况进行信息交换，并就相应监管手段和监管方法进行沟通协调。①

4. 现场检查的国际协调。跨境现场检查与非现场监管相辅相成，是风险监管的重要手段，同样需要东道国监管当局的积极配合。近年来，我国银行业逐步实施“走出去”战略，在国外设立的分支机构日益增多。为加强对境外分支机构的监管，银监会在同东道国监管当局签署的双边监管合作谅解备忘录的框架下，与境外监管当局联合实施了多次跨境现场检查。截至 2006 年年底，银监会先后向英国、澳大利亚、德国、新加坡、中国香港等国家和地区派出了 9 个现场检查组，对工商银行、农业银行、建设银行、交通银行等当地分支机构进行现场检查。② 2011 年，银监会协助日本、韩国、菲律宾、泰国、中国香港等国家和地区监管当局对境内外资银行实施跨境检查 14 项。③ 同时，我国银行监管部门也积极协助境外监管当局对其在华的银行分支机构开展检查，并应境外监管当局邀请，派出监管人员参与其对当地中资金融机构的现场检查。

复习思考题

1. 简述对银行业监管的必要性和有效性的认识。
2. 监管部门在银行业机构市场准入监管中主要考虑哪些因素？
3. 国际上银行监管有哪些主要模式，各个模式有哪些优劣？
4. 我国银行业机构非现场监管和现场检查主要包括哪些环节和内容？
5. 简述加强银行监管协调的意义。

---

① 参见《中国银行业监督管理委员会 2011 年报》，第 55 页。
② 参见《中国银行业监督管理委员会 2006 年报》，第 73 页。
③ 参见《中国银行业监督管理委员会 2011 年报》，第 55 页。

第4章 商业银行法律制度

商业银行在整个金融体系中的重要地位,决定了商业银行法是金融法的重要组成部分。通过规范商业银行的行为,维护客户的合法权益,提高信贷资产质量,商业银行法在保障商业银行稳健运行的同时,力求维护金融秩序的稳定、促进市场经济的发展。本章涉及商业银行法律制度的相关内容,具体包括:商业银行和商业银行法概述;商业银行的组织结构与分支机构;商业银行的设立、变更与终止;商业银行的经营业务和管理等。

第一节 商业银行和商业银行法概述

一、商业银行的概念、性质与职能

(一)商业银行的概念

"商业银行"源于英文 Commercial bank 的意译,是历史遗留下来的习惯称谓。由于这类银行最初开展的业务主要是利用吸收的活期存款资金发放具有"商业"性质的短期自偿性贷款,故被称为"商业银行"。

《商业银行法》第 2 条规定,商业银行是指依照《商业银行法》和《公司法》设立的、吸收公众存款、发放贷款、办理结算等业务的企业法人。在我国,商业银行包括大型国有商业银行、股份制商业银行、城市商业银行、农村商业银行、外商独资银行、中外合资银行以及外国银行分行等具体类型。

城市商业银行和农村商业银行是我国商业银行的特殊组成部分。城市商业银行由城市信用合作社改制而来,是由城市企业、居民、个体户和地方财政投资入股的股份制商业银行,其业务定位主要是为中小企业提供金融支持,为地方经济搭桥铺路。农村商业银行由农村信用合作社改制而来,是由辖内农民、农村工商户、企业法人和其他经济组织共同发起成立的股份制地方性金融机构,主要任务是为当地农民、农业和农村经济发展提供金融服务,促进城乡经济协调发展。

此外,我国还有两类特殊的商业银行:一类是农村合作银行,它是由辖内农民、农村工商户、企业法人和其他经济组织入股组成的股份合作制[①]社区性地方金融机构,主要任务是为农民、农业和农村经济发展提供金融服务;[②]另一类是村镇银行,它是经银监会批准,由境内外金融机构、境内非金融机构企业法人、境内自然人出资,在农村地区设立的,主要为当地农民、农业和农村经济发展提供金融服务的银行业金融机构。[③]

(二)商业银行的性质

与一般企业相比,商业银行具有以下性质:

1. 商业银行是企业

与一般工商企业一样,商业银行是以营利为目的,具有民事权利能力和民事行为能力,依法设立、依法经营、照章纳税、自担风险、自负盈亏的企业。我国《商业银行法》明确规定商业银行是企业法人。

2. 商业银行是金融企业

商业银行是经营货币这类特殊商品,并以各种金融资产和金融负债为经营对象的金融企业。与一般工商企业相比,商业银行的特殊性在于:(1)其经营业务的利润主要来自存款和贷款之间的利息差额和中间业务收入,再减去商业银行的经营管理支出;(2)其增加利润的方式主要是通过拓展和扩大存贷款及中间业务规模,而不像一般工商企业主要以提高劳动生产率、降低成本和扩大销售的方式来实现;(3)其所贷出的货币资本,并未像销售普通商品那样改变所有权,而只是使用权的暂时让渡。所以,商业银行的成立既要符合《公司法》对一般企业行为规范的规定,也要符合《商业银行法》对金融企业更为严格的特殊行为规范的要求。

3. 商业银行是一种特殊的金融企业

与其他金融中介相比,商业银行有着自身的特点:与中央银行不同,商业银行不是制定和实施货币政策的国家机关,没有进行金融行政管理的职权;与政策性银行不同,商业银行不承担国家政策性金融业务,也不具有与政策性业务相对应的准金融行政管理职权;与其他非银行金融中介相比,商业银行的经

① 所谓股份合作制,是在合作制的基础上,吸收股份制运作机制的一种企业组织形式。

② 参见《农村合作银行管理暂行规定》第2条。

③ 参见《中国银监会关于印发〈村镇银行管理暂行规定〉的通知》第2条。

营范围更广泛，业务更综合，功能更齐全，除主营的存、贷款业务之外，还不断推出“新产品”，以批发和零售等方式为客户提供中间业务和服务项目。随着近年来各国金融管制的日渐放松，金融竞争的日趋激烈，各种金融中介机构之间的业务日益交叉，相互间的差别日益缩小，商业银行甚至可以为客户提供几乎所有的金融业务，成为“金融百货公司”，从而继续保持在各国金融体系中的特殊重要地位。

（三）商业银行的职能

商业银行是维系现代市场经济运转的关键，其对市场活动和国民经济的发展发挥着重要作用，这集中反映在商业银行的如下职能上：

1. 信用中介职能

信用中介职能是商业银行最基本的职能，其实质是通过商业银行的负债业务（主要是吸收公众存款），把社会上的闲散资金集中起来，再通过发放贷款将这些资金投向有生产和生活资金需求的企业或个人，以实现社会资金的融通。作为货币资金的贷出者与借入者之间的中介人，商业银行从吸收资金的成本支出与发放贷款利息的收入或投资收益的差额中，获取经营收益，形成自身利润。通过信用中介功能，商业银行将分散的、限制期限不等的小额货币，汇集成巨额的、可以进行中长期运用的资金，实现从资金到资本的转化，引导资金从效益低的部门流向效益高的部门，从而极大地提升了资金使用的效率。

2. 支付中介职能

通过客户在银行开立的存款账户，商业银行代理客户办理货币兑换、货币结算、货币收付等金融业务，成为工商企业、团体和个人的货币保管者、出纳者和收付代理人，这便是商业银行的支付中介职能。该职能的履行，加速了资金结算和货币资本的流转，节约了社会流通的费用，使商业银行成为整个社会经济的清算中心。

3. 信用创造职能

作为商业银行独有的职能，信用创造职能是在信用中介职能和支付中介职能的基础上产生的。商业银行利用其吸收的各类存款发放贷款，在票据流通和转账结算的过程中，贷款便会转化为存款，倘若这种存款不提现或者不完全提现，就会增加商业银行的资金来源，长此以往，整个金融体系便会形成数倍于原始存款的派生存款。这就是通常所说的“创造存款货币”的作用。从整个社会再生产来看，商业银行创造信用的实质，是在流通工具的创造中加速资本流转，节约流通费用，满足经济过程对流通和支付手段的需要。[①] 但是，商业银行的信用创造不是无限制的，它受到存款规模、中央银行的存款准备金率、自身的现金准备率和贷款付现率、市场对贷款的需求等因素的制约。

4. 金融服务职能

在现代经济和金融生活中，金融服务已成为商业银行的重要职能。现代商业银行利用先进的电子网络技术和联系面广、信息灵通等优势，不断开拓金融服务领域，实现了资产负债业务和金融服务的有机结合，如为客户提供信息咨询服务、代交公共费用、代发工资、代理融通和保管物品等各项服务。金融服务职能一方面拓展了商业银行自身的业务与盈利空间，另一方面满足了现代经济活动和社会大众对金融服务日益多样化的要求。

二、商业银行的国内外发展史

银行业最早发源于意大利。早在1272年，意大利佛罗伦萨就出现了巴尔迪银行，1297年，设立了麦迪西银行，10年后又出现了热那亚乔治银行，这些银行都是为方便经商而设立的私人银行。14至15世纪的欧洲，商品经济的迅速发展，使货币兑换和收付的规模不断扩大，长途携带大量金属货币必然带来不便和风险。为避免这些风险，货币兑换商在经营兑换业务的同时开始兼营货币保管业务，后来又发展到办理支付和汇兑业务。于是，货币兑换商集中了大量货币资金，当这些长期大量积存的货币余额相当稳定，可以用来发放贷款及获取高额利息收入时，货币兑换商便开始从事授信业务。当保管货币业务从降低或不收保管费发展到给予委托保管货币的用户一定利益时，保管业务便演化为存款业务。货币兑换商逐渐开始从事信用活动，商业银行的萌芽由此开始出现。17世纪以后，随着资本主义经济的发展和国际贸易规模的进一步扩大，近代商业银行的雏形开始形成。此后，工业革命的兴起产生了巨大的资金需求，客观上要求商业银行发挥中介作用。1694年，为了同高利贷作斗争，满足新生的资产阶级发展工商业的需要，英国政府决定成立英格兰银行，并规定由这家股份制银行向工商企业发放低利贷款，这标志着现代银行的诞生。总体而言，西方国家商业银行产生的社会条件和发展环境可归纳为以下两种途径：一是从旧的高利贷银行转变而来，这是早期商业银行形成的主要途径；二是按照资本主义组织原则，以股份公司形式组建现代商业银行。目前国外大多数商业银行是按第二种方式建立的，英格兰银行就是这类现代商业

① 倪振峰等：《银行法学》，复旦大学出版社2010年版，第78页。

银行的典范，其组建模式被推广到欧洲其他国家，商业银行从此在世界范围内得到普及。20 世纪 90 年代以来，经济全球化的浪潮风起云涌，以信息技术为核心的现代高科技迅猛发展，现代商业银行的业务经营和管理也正发生着根本性的变革，具体体现在以下几个方面：(1)银行业务的全能化；(2)银行资本的集中化；(3)银行服务流程的电子化；(4)网络银行的发展；(5)商业银行的全球化趋势。[①]

1897 年，我国第一家华资银行——通商银行在上海成立。此时距我国境内第一家外商银行——英国丽如银行的设立已经过去了 52 年。由此，我国近代银行业改变了原有的金融结构，形成了外商银行、本国银行、钱庄并立的新型金融格局。[②] 自 1897 年至 1949 年的五十多年间，我国银行业从无到有，经历了兴起、蓬勃、式微的演进，基本实现了我国金融业的现代化。[③]

新中国成立后到 1978 年改革开放前，我国的银行体系高度集中，基本上只有中国人民银行一家。1978 年至 1983 年，随着经济体制改革和金融体制改革的推进，我国开始打破“大一统”的银行体系，于 1979 年 1 月恢复了中国农业银行。同年 3 月，中国银行成为国家指定的外汇专业银行。国务院也于 1983 年 9 月 17 日发布《关于中国人民银行专门行使中央银行职能的决定》。1984 年 1 月，中国工商银行正式成立，承担原中国人民银行的工商信贷和储蓄业务。至此，中国人民银行的商业性业务基本剥离，正式成为我国的中央银行；中国工商银行则成为规模最大的专业银行，负责工商企业贷款；作为配套措施，中国建设银行从财政部分离，负责基本建设贷款；中国农业银行则负责农村服务贷款。1995 年，《商业银行法》和《中国人民银行法》正式实施，开创了商业银行的新时代。1997 年 11 月，我国召开第一次全国金融工作会议，明确指出国有商业银行改革的重要性，提出必须加强信贷管理，降低不良贷款比例，将四大专业银行改造为四大商业银行。1998 年 8 月 20 日，财政部宣布用 30 年长期特别国债向工行、农行、中行、建行四家国有独资商业银行注资 2700 亿元以补充资本金。1999 年，华融、东方、信达、长城四家金融资产管理公司以财政部全额拨款的形式成立，收购四家国有商业银行剥离的 1.4 万亿元不

① 曹龙骐主编：《金融学》，高等教育出版社 2006 年第 2 版，第 187～190 页。

② 李婧著：《中国近代银行法研究(1897—1949)——以组织法律制度为视角》，北京大学出版社 2010 年版，第 38 页。

③ 中国近代经济史丛书编委会编：《中国近代经济史研究资料》(第四辑)，上海社会科学出版社 1985 年版，第 63 页。

良资产。2003年,我国四大国有银行开始启动股份制改革,改变了国有独资性质,实现了体制上的根本性突破。[①]“十一五”期间,工、中、建、交4家大型商业银行先后完成财务重组和股份制改革工作,并在香港联交所和上海证券交易所成功上市。农业银行也于2010年7月成功实现A+H股的公开发行上市。至此,我国大型商业银行的股份制改革基本完成。

改革开放三十多年来,我国商业银行的数量和规模发展迅速。截至2011年底,已有5家大型商业银行、12家股份制商业银行、144家城市商业银行、212家农村商业银行、190家农村合作银行和1家邮政储蓄银行。[②]

三、商业银行法的概念、性质与法律渊源

(一)商业银行法的概念

商业银行法是调整商业银行组织机构与业务经营活动中所发生的金融关系的法律规范的总称,有狭义和广义之分。狭义的商业银行法仅指专门规范商业银行业务经营活动的《商业银行法》。广义的商业银行法除狭义的《商业银行法》之外,还包括其他法律、法规、规章中涉及商业银行的规定。本章采广义的概念。

(二)商业银行法的性质

商业银行法在性质上属于企业法,其业务范围涉及社会经济生活的各个层面,对一国的社会安定和发展影响极大。因此,各国立法对商业银行的设立和经营活动的开展,规定了许多不同于一般工商企业的特殊监管措施,从而使其具备了许多企业法之外的特质:[③]

1.商业银行法为商事公法

商事公法指的是公法上有关商事的规定。例如,商业银行法中有关银行的设立、变更、终止及各项罚则均已公法化,有极强的国家权力的渗入。

2.商业银行法为特别法

民法是规定一般私法行为的法律,属于普通法;公司法亦属于广义民法——民商法的范畴;而商业银行法规范的是商业银行这种特殊企业的特殊商事行为,应属特别法而优于公司法和民法适用。因此,只有当商业银行法未作规定时,才可适用公司法和民法的有关规定。

---

① 刘明康:《中国银行业发展历史回顾与未来展望》,载《中国金融》2009年第19期。

② 参见《中国银行业监督管理委员会2011年报》,第21页。

③ 倪振峰等著:《银行法学》,复旦大学出版社2010年版,第78~79页。

3. 商业银行法为国内法

商业银行法由国内立法机关制定，其适用范围以本国领土为限。故外资商业银行、外国商业银行分行都要受东道国相关法律的约束，而本国驻外银行机构不受本国商业银行法的制约。

4. 商业银行法为强行法

与一般工商企业的经营不同，商业银行依赖负债经营，自有资本比重很小。由于商业银行的基本财产状况及其组织、运转，与整个社会的一般交易安全有关，对社会大众的利益影响极大，各国立法中对上述内容多以法律作出强行规定，并以义务性规范和禁止性规范为主。

（三）商业银行法的法律渊源

商业银行法的法律渊源，指商业银行法律规范的外在表现形式，大致可分为以下几类：

1. 宪法。宪法作为国家的根本大法，是商业银行相关立法的基础，对我国商业银行的立法和适用具有指导意义。

2. 法律。全国人民代表大会及其常务委员会制定的涉及商业银行的金融立法，是我国商业银行法的重要法律渊源。其中，1995 年 5 月 10 日第八届全国人民代表大会常务委员会第十三次会议通过，并于 2003 年 12 月 27 日修正的《商业银行法》是规范商业银行的专门立法，而《中国人民银行法》、《银行业监督管理法》等金融立法中也有涉及商业银行的规定。

3. 行政法规、部门规章和地方法规。由国务院、国务院各职能部门（主要是银监会）、中国人民银行，以及具有地方立法权的地方权力机关制定的具有不同效力的规范商业银行各种金融活动的法律规范，也是商业银行法的重要法律渊源，通常表现为“条例”、“规定”、“决定”、“通知”、“办法”等形式。上述规范性文件的大量存在，是我国商业银行法的一个主要特征。

4. 国际条约。我国参加或缔结的国际公约、多边条约、双边条约和协定，凡涉及有关商业银行金融活动的条约和协定，除我国作出保留的条款外，都是我国商业银行法的法律渊源。如巴塞尔银行监理委员会的《巴塞尔协议》和《有效银行监管核心原则》等国际银行业监管文件。此外，国际货币基金组织与世界银行的相关协定、国际双边支付协定和贸易支付协定、国际双边投资保护协定与国际双边税收协定、世界贸易组织的有关协定等等也是商业银行法的法律渊源。

5. 国际惯例。一些在国际经济交往中形成的、为国际社会广泛接受并认可的习惯性规范，也是商业银行法的法律渊源，如世界银行的《贷款协定和担保协定通则》、辛迪加贷款协定格式等等。

四、商业银行法的调整对象

商业银行法是调整商业银行的组织机构与业务经营活动中所发生的金融关系的法律规范的总称，其调整对象是商业银行的组织机构以及在其业务经营活动中发生的各种金融法律关系。这里的金融法律关系是指由商业银行法律规范调整的、在组织机构以及业务经营活动过程中形成的、具有权利义务内容的社会关系，包括与商业银行有关的金融交易法律关系和金融监管法律关系。二者存在诸多差异，主要表现在：(1)主体方面，与商业银行有关的金融交易法律关系的主体是平等的交易双方，即商业银行及其金融客户；而与商业银行有关的金融监管法律关系的主体双方是不平等的，其中权力主体是以银监会为代表的监管机构，商业银行处于被监管的地位。(2)客体方面，与商业银行有关的金融交易法律关系的客体是商业银行与客户之间的金融交易行为；与商业银行有关的金融监管法律关系的客体是银监会等监管机构的监管行为，以及商业银行接受监管的行为。(3)内容方面，与商业银行有关的金融交易法律关系的内容是商业银行和客户在金融交易中双方的权利和义务，如在存款业务中，商业银行负有保障存款人的合法权益不受侵犯的义务，客户享有存款自愿、取款自由、存款有息等权利；在与商业银行有关的金融监管法律关系中，银监会的权力和义务是对商业银行的市场准入与退出、业务的安全和运营进行监督、管理与控制，商业银行作为受监管方，其权利是在法律框架下实现自己利益的意志力量，包括经营自主权，经营管理权，保障、申诉、控告权等，其义务是必须接受和协助银监会等监管机构的监管行为。

第二节　商业银行的组织结构与分支机构

一、商业银行的组织结构

商业银行的组织结构有广义和狭义之分。广义上，它分为产权形式和狭义的组织机构，而狭义的组织机构又可进一步分为外部组织形式和内部组织结构。

(一)商业银行的产权形式

按产权形式的不同，商业银行可分为以下三种类型：(1)独资银行，它由单一投资者出资，自行经营或委托经营。(2)合伙银行，它由两人或两人以上的合伙人签订合伙协定，共同出资、合伙经营。(3)股份制银行，分为有限责任公司和股份有限公司两种形式。前者是指商业银行由两个以上的股东共同出资，以营利为目的共同经营银行业务，银行以其全部资产对外承担责任，股东仅以其出资额为限对公司承担有限责任；后者是指全部资产分成等额股份，采取发起设立或公开发行股票而设立的商业银行，股东以其投资入股的财产为限承担有限责任，商业银行以其全部资产对外承担责任。

前两种产权形式的商业银行在历史上曾发挥过重要作用，出资人均对银行债务承担无限清偿责任。随着社会化大生产的发展和商品经济的日益活跃，公司制这一现代企业制度逐步被商业银行所采用，股份制银行也渐渐取代独资银行和合伙银行成为现代商业银行的主要形式。

2004 年股份制改革以前，我国大型国有商业银行的产权形式主要是有限责任公司中的"国有独资公司"，在人事制度、社会保障以及内部激励机制上，都存在明显的行政级别制度和严重的"官本位"制。相比之下，国外采用有限责任公司形式的多是一些中小商业银行。

自 1986 年第一家公有股份制银行——交通银行重新组建以后，我国又相继成立了中信实业银行(后改称中信银行)、广东发展银行、深圳发展银行、招商银行、兴业银行、光大银行、华夏银行和浦东发展银行等一批商业银行。它们除了保持一定数量的国家股和企业股外，还保持一定比例的地方股和个人股。中国建设银行、中国银行、中国工商银行、中国农业银行等国有商业银行也相继完成股份制改革，并纷纷在国内外成功上市。

(二)商业银行的外部组织形式

商业银行的外部组织形式主要有以下几种：(1)单一银行制，又称"独家银行制"，指法律规定银行业务由各自独立的商业银行经营，不设立或不允许设立分支机构，其指导思想是限制垄断，鼓励竞争。美国是实行单一制的典型国家，其商业银行的数目众多。(2)总分行制，又称"分支行制"，即法律允许商业银行总行设立分支机构，所有的分支机构由总行领导和管理。英国、加拿大和我国等实行此种组织形式。(3)集团银行制，又称"持股公司制"，是由一个集团成立股权公司，该公司控制或收购两家以上银行，持股公司下属的每一家银行都有自己的董事会，而这些银行可能是单一银行制的，也可能是总分行制的。在法律上，这些银行仍然保持各自独立的法人地位，但其业务经营由一个股权公司控制。根据持股公司是否为大银行，集团银行还可进一步细分为银行性持股公司和非银行性持股公司。前者的持股公司是大银行，其他银行从属于它;后者的持股公司是主要业务为非银行方面的大企业,它通过再控制或收购两家以上的银行而成立。(4)连锁银行制,又称"联合制",指由某一个人或某一个集团所控制的两家以上的银行。如某一个人或某一个集团购买若干个银行的多数股票,但并不成立股权公司。这些银行的法律地位虽是独立的,但实际上其业务和经营政策因控股而被某一个人或某一个集团控制。

(三)商业银行的内部组织结构

作为经营金融业务的特殊企业,商业银行的内部组织结构与现代公司制度相似,在我国主要适用《公司法》等法律法规。采用有限责任公司形式的商业银行,其内部组织结构包括权力机构——股东会,执行机构——包括董事会、行长等高级管理层和其领导下的各职能部门,以及监督机构——监事会。采用股份有限公司形式的商业银行,其内部组织结构由决策机构——股东大会,执行机构——董事会、行长等高级管理层及其职能部门,监督机构——监事会组成。

二、商业银行的分支机构

商业银行的分支机构不具有法人资格,不完全具有商业银行的权利能力和行为能力,只能在总行授权的范围内依法开展业务,实施相应的民事行为,且民事责任由总行承担。这样规定的依据有三:(1)实行总分行制的商业银行可以依法向银行业监督管理机构申请在本市及国内外各地普遍设立分支机构,所有分支机构统一由总行进行领导管理;(2)依据《民法通则》和有关法规,只有商业银行总行才完全符合法人条件,其分支机构不具备全部法人条件,它没有符合法定要求的注册资本金,也没有自己独立的名称和章程,因而不能独立承担民事责任;(3)按照《公司法》的规定,公司的分支机构称分公司,不具有法人资格。

在行使总行授予的经营权所形成的法律关系中,分支机构依法享有权利、承担义务。分行的经营管理责任有两种:一是民事责任,主要指债务纠纷引起的财产责任;二是工作责任,其后果是行政或经济处罚。承担民事责任的主体是分支机构,承担工作责任的主体是分支行长。分支机构是相对独立的经济实体,虽大多是基本会计核算单位,但其资金是与总行联系在一起的,因而其进行的不是真正意义上的独立核算。根据民事诉讼法的规定,分支机构虽不是法人,但具有诉讼主体的资格,能够单独地进行诉讼活动。从法理上讲,银行分支机构的民事权利能力应当与其诉讼能力相一致。

第三节　商业银行的设立、变更与终止

一、商业银行的设立

(一)我国商业银行市场准入制度存在的问题

目前,我国是以《商业银行法》为核心,对银行市场准入设定了总的标准和条件,同时辅之以各种层次的市场准入规定。银行业的特殊性决定了银行市场准入制度的重要性和必要性。总体而言,我国商业银行的市场准入制度存在以下问题:(1)商业银行的设立实行行政审批制度,但行政审批的内容和程序透明度不足,甚至有些审批的条件要求与商业银行法的立法规定相左,对于不予批准筹建申请和开业申请的情况,银监会也没有明确地以书面形式说明理由。(2)缺乏统一的银行市场准入制度,一是中资银行与外资银行在市场准入规定上的不统一,尤其是注册资本金最低限额方面的差别待遇;二是对中资银行的准入规定也不统一,民间资本进入银行业的门槛过高,准入条件过于苛刻,不利于民族金融业,特别是非国有控股商业银行和农村金融的发展。(3)缺乏科学的银行牌照设计和健全的许可费制度,目前我国银行市场准入采取的是单一牌照制,这一做法未能从监管层面对银行的等级和种类加以划分,从而无法促进银行的理性定位,也就不能有效满足不同经济特别是中小企业的融资需求。(4)监管部门的独立性和权威性不够,银监会(或银监局)在批设银行(法人机构或分支机构)市场准入时,容易受到各级政府的干预。这些问题的完善和解决刻不容缓,必须引起立法者和监管者足够的重视。

(二)商业银行的设立条件

1. 商业银行设立的一般条件

《商业银行法》第12条规定,设立商业银行,必须具备下列条件:

(1)有符合《商业银行法》和《公司法》规定的章程

商业银行的章程是商业银行必备的、规定商业银行组织及其活动开展的基本规则的书面性文件,是以书面形式固定下来的银行股东共同一致的意思表示,是商业银行进行活动的基本行为准则。它必须就商业银行的名称、组织机构、资本状况、业务范围、财务分配、设立、变更及终止等事项作出规定,一经主管审批机关核准,即具有法定效力。

(2)有符合《商业银行法》规定的注册资本最低限额

商业银行的注册资本是商业银行的全体股东实际缴纳的出资额，即投资总额。我国《商业银行法》第13条进一步规定了设立不同类型商业银行所应达到的注册资本的最低限额：全国性商业银行为10亿元人民币；城市商业银行为1亿元人民币；农村商业银行为5000万元人民币。银行业监督管理机构根据审慎监管的要求可以调整注册资本最低限额，但不得少于前款规定的限额。从上述资本金的要求来看，我国商业银行的市场准入壁垒相当高，银行具有较高的特许权价值。

(3)有具备任职专业知识和业务工作经验的董事、高级管理人员

《商业银行法》对何谓"专业知识和业务工作经验"并未作出具体明确的规定，但在第27条列举了不得担任商业银行董事、高级管理人员的以下情形：①因犯有贪污、贿赂、侵占财产、挪用财产罪或者破坏社会经济秩序罪，被判处刑罚，或者因犯罪被剥夺政治权利的；②担任过因经营不善破产清算的公司、企业的董事或者厂长、经理，并对该公司、企业的破产负有个人责任的；③担任因违法被吊销营业执照的公司、企业的法定代表人，并负有个人责任的；④个人所负数额较大的债务到期未清偿的。

根据银监会于2005年9月发布的《股份制商业银行董事会尽职指引(试行)》的规定，股份制商业银行的董事应当具备履行职责所必需的知识、经验和素质，具有良好的职业道德，并通过银行业监督管理机构的任职资格审查。除《商业银行法》及《公司法》规定的不得担任董事的人员外，下列人员也不得担任董事：①因未履行诚信义务被其他商业银行或组织罢免职务的人员；②在本商业银行的借款(不含以银行存单或国债质押担保的借款)超过其持有的经审计的上一年度股权净值的股东或股东单位任职的人员；③在商业银行借款逾期未还的个人或企业任职的人员。

除了上述限制性条件外，银监会于2006年1月发布的《中资商业银行行政许可事项实施办法》(自2006年2月1日起实施，2006年12月28日修正，本节以下简称"《实施办法》")中，就中资银行实施任职资格管理的董事、高级管理人员的范围、积极条件、禁止条件、许可程序等内容作了非常详细的规定。

在任职资格条件方面，《实施办法》第122条规定，申请中资商业银行董事和高级管理人员任职资格的拟任人，应当符合以下基本条件：①具有完全民事行为能力的自然人；②遵纪守法，诚实守信，勤勉尽职，具有良好的个人品行；③具有与拟任职务相适应的知识、经验及能力；④具有良好的经济、金融从业记录；⑤熟悉经济金融的法律法规，有良好的合规经营意识；⑥能与金融监管机构进行充分的信息沟通，并积极配合金融监管机构的工作；⑦银监会规定的

其他条件。《实施办法》第 123 条规定了拟任人不得担任中资商业银行董事和高级管理人员的法定情形：①有故意犯罪记录的；②对曾任职机构违法违规经营活动或重大损失负有个人责任或直接领导责任，情节严重，被有关行政机关依法处罚的；③在履行工作职责时有提供虚假材料等违反诚信原则行为的；④被金融监管机构取消终身的董事和高级管理人员任职资格，或累计 2 次被取消董事和高级管理人员任职资格的；⑤累计 3 次被金融监管机构行政处罚的；⑥与拟担任的董事或高级管理人员职责存在明显利益冲突的；⑦有违反社会公德的不良行为，造成恶劣影响的；⑧个人或其配偶有数额较大的到期未偿还的负债，或正在从事的高风险投资明显超过其家庭财产的承受能力的；⑨法律、行政法规及银监会规定的其他情形。

《实施办法》第 124 条还规定，申请中资商业银行董事任职资格的拟任人，除应当符合第 122 条和第 123 条规定的条件外，还应当符合以下条件：①具有 5 年以上的法律、经济、金融、财务或其他有利于履行董事职责的工作经历；②能够运用金融机构的财务报表和统计报表判断金融机构的经营管理和风险状况；③了解拟任职机构的公司治理结构、公司章程以及董事会职责。申请独立董事任职资格的拟任人除满足上述条件外，还应是法律、经济、金融、财会方面的专家。

拟任人申请中资商业银行董事长、副董事长的任职资格，除应当符合第 122 条至第 124 条规定的上述条件外，还应分别符合《实施办法》第 125 条规定的以下条件：①拟任国有商业银行、股份制商业银行董事长、副董事长，应具有本科以上学历，从事金融工作 8 年以上，或从事相关经济工作 12 年以上（其中从事金融工作 5 年以上）。②拟任城市商业银行、城市信用社股份有限公司董事长、副董事长，应具有本科以上学历，从事金融工作 6 年以上，或从事相关经济工作 10 年以上（其中从事金融工作 3 年以上）。③拟任城市信用合作社理事长、副理事长，应具备中专以上学历，从事金融工作 5 年以上，或从事相关经济工作 9 年以上（其中从事金融工作 2 年以上）。④拟任国有商业银行、股份制商业银行董事会秘书的，应具备本科以上学历，从事金融工作 6 年以上，或从事相关经济工作 10 年以上（其中从事金融工作 3 年以上）；拟任城市商业银行、城市信用社股份有限公司董事会秘书的，应具备本科以上学历，从事金融工作 4 年以上，或从事相关经济工作 8 年以上（其中从事金融工作 2 年以上）。⑤拟任中资商业银行境外机构董事长、副董事长，应具备本科以上学历，从事金融工作 6 年以上，或从事相关经济工作 10 年以上，能较熟练地运用 1 门与所任职务相适应的外语。

《实施办法》第126条、第127条规定，拟任人申请中资商业银行各类高级管理人员任职资格，应当了解拟任职务的职责，熟悉拟任职机构的管理框架、盈利模式，熟知拟任职机构的内控制度，具备与拟任职务相适应的风险管理能力。除应当符合第122条、第123条、第126条规定的条件外，拟任人还应分别符合以下条件：①拟任国有商业银行、股份制商业银行行长、副行长的，应具备本科以上学历，从事金融工作8年以上，或从事相关经济工作12年以上(其中从事金融工作4年以上)。②拟任城市商业银行行长、副行长，城市信用社股份有限公司总经理、副总经理的，应具备本科以上学历，从事金融工作6年以上，或从事相关经济工作10年以上(其中从事金融工作3年以上)。③拟任城市信用合作社主任、副主任的，应具备中专以上学历，从事金融工作4年以上，或从事相关经济工作9年以上(其中从事金融工作2年以上)。④拟任中资商业银行境外机构行长(总经理)、副行长(副总经理)的，应具备本科以上学历，从事金融工作6年以上，或从事相关经济工作10年以上(其中从事金融工作3年以上)，且能较熟练地运用1门与所任职务相适应的外语。⑤拟任国有商业银行、股份制商业银行行长助理的，应具备本科以上学历，从事金融工作6年以上，或从事相关经济工作10年以上(其中从事金融工作3年以上)；拟任城市商业银行、城市信用社股份有限公司行长(总经理、主任)助理的，应具备本科以上学历，从事金融工作4年以上，或从事相关经济工作8年以上(其中从事金融工作2年以上)。⑥拟任总审计师或内审部门负责人的，应具备本科以上学历，取得国家或国际认可的审计专业技术高级职称(或通过国家或国际认可的会计、审计专业技术资格考试)，并从事财务、会计或审计工作6年以上。⑦拟任总会计师或财务部门负责人的，应具备本科以上学历，取得国家或国际认可的会计专业技术高级职称(或通过国家或国际认可的会计专业技术资格考试)，并从事财务、会计或审计工作6年以上。

《实施办法》第129条、第130条规定，拟任人未达到上述学历要求时：①若取得国家教育行政主管部门认可院校授予的学士以上学位的，视同达到相应学历要求；②若取得注册会计师、注册审计师或与拟任职务相关的高级专业技术职务资格的，视同达到相应学历要求，其任职条件中金融工作年限要求应增加4年。

(4)有健全的组织机构和管理制度

此处的商业银行组织机构，是指实施银行决策、经营管理和监督稽核的银行内部组织系统，一般由权力机构、执行机构和监督机构三部分组成。商业银行的管理制度是指保证商业银行正常开展经营业务活动的制度，包括经营和管理两个方面，具体涉及人力资源管理、内部控制、风险管理、各项业务活动、岗位责任、财务管理等内容。

(5)有符合要求的营业场所、安全防范措施和与业务有关的其他设施

商业银行的营业场所，指商业银行从事业务活动的固定地点。商业银行可根据业务需要和其他情况设置若干个营业场所，但应当在工商行政管理部门登记。住所是商业银行确定登记机关、诉讼管辖、开展业务、缴纳税收等活动的依据，在商业银行的营业场所中具有重要的法律意义。除传统物理意义的场所之外，商业银行的营业场所还包括非物理意义上的数字化无形空间，如电子数据库和电子银行服务。

安全防范措施和与业务有关的其他设施是指符合公安、监管、消防机构规定的完备的防盗、报警、通讯、消防和电子计算机等设施。与业务有关的其他设施一般应包括运钞车、点钞机、验钞机、保险箱等。

根据《实施办法》的相关规定，设立股份制商业银行，还须符合其他审慎性条件，至少包括：具有良好的公司治理结构；具有健全的风险管理体系；地方政府不向银行投资入股，不干预银行的日常经营；发起人股东中应当包括合格的战略投资者；具有科学有效的人力资源管理制度，拥有高素质的专业人才；具备有效的资本约束与资本补充机制；有助于化解现有金融机构风险，促进金融稳定。该实施办法还对股份制商业银行的发起人，即境内金融机构、境外金融机构、境内非金融机构和银监会认可的其他发起人，分别规定了相应的资格条件。

2. 城市商业银行的设立条件

(1)城市商业银行的设立条件

《实施办法》第19条规定，城市商业银行应设立在地级以上城市，并符合以下条件：①有符合《公司法》和《商业银行法》规定的章程；②注册资本不低于1亿元人民币，且为实缴资本，资本充足率不低于8%，核心资本充足率不低于4%；③不良贷款比例不高于10%；④有符合任职资格条件的高级管理人员和熟悉银行业务的从业人员；⑤公司治理与内部控制健全有效；⑥有与业务经营相适应的营业场所、安全防范措施和其他设施。

《实施办法》第20条强调，设立城市商业银行法人机构的申请人应当是合并重组后的城市信用社股份有限公司，并符合以下条件：①资本充足率不低于6%，核心资本充足率不低于3%；②不良贷款比例不高于15%，资产总额不低于15亿元人民币；③具有良好的公司治理结构；④风险管理和内部控制健全有效，最近2年未发生大案要案；⑤具有良好的财务状况和较强的盈利能力，

对于历史累积的经营亏损，应首先冲销原城市信用合作社股东权益，不足部分由原股东或地方政府以现金方式补足，人均资产至少应达到600万元人民币（经济欠发达地区至少应达到500万元人民币），提出申请前一年末的资产费用率一般应不高于1.35%，资产利润率一般应不低于0.2%，资本利润率一般应不低于8%（利润的计算以足额提取当年各类贷款的损失准备为前提），利息回收率至少应达到80%；⑥流动性比例、存贷款比例以及备付金比例等各项指标均满足有关监管要求；⑦按规定提足损失准备金。

3.农村商业银行和农村合作银行的设立条件

农村商业银行和农村合作银行主要以农村信用社和农村信用社县(市)联社为基础组建。2003年9月，银监会发布了《关于印发〈农村商业银行管理暂行规定〉和〈农村合作银行管理暂行规定〉的通知》，对农村商业银行和农村合作银行的设立条件作了规定。

(1)农村商业银行的设立条件

根据《农村商业银行管理暂行规定》第8条的规定，农村商业银行的设立应符合下列条件：①有符合规定的章程；②发起人不少于500人；③注册资本金不低于5000万元人民币，资本充足率达到8%；④设立前辖内农村信用社总资产为10亿元以上，不良贷款比例为15%以下；⑤有具备任职所需的专业知识和业务工作经验的高级管理人员；⑥有健全的组织机构和管理制度；⑦有符合要求的营业场所、安全防范措施和与业务有关的其他设施；⑧银监会规定的其他条件。

(2)农村合作银行的设立条件

《农村合作银行管理暂行规定》第9条规定，设立农村合作银行应当具备下列条件：①有符合本规定的章程；②发起人不少于1000人；③注册资本金不低于2000万元人民币，核心资本充足率达到4%；④不良贷款比率低于15%；⑤有具备任职专业知识和业务工作经验的高级管理人员；⑥有健全的组织机构和管理制度；⑦有符合要求的营业场所、安全防范措施和与业务有关的其他设施；⑧银监会规定的其他条件。

4.村镇银行的设立条件

2006年12月，银监会颁布了《关于调整放宽农村地区银行业金融机构准入政策，更好支持社会主义新农村建设的若干意见》，允许在农村地区设立村镇银行、贷款公司和农村资金互助社等新型金融机构，由此拉开了农村金融新政的序幕。

根据银监会于2007年1月发布的《关于印发〈村镇银行管理暂行规定〉的

通知》的相关规定，设立村镇银行应当具备下列条件：(1)有符合规定的章程；(2)发起人或出资人应符合规定的条件，且至少有1家银行业金融机构；(3)在县(市)设立的村镇银行，其注册资本不得低于300万元人民币，在乡(镇)设立的村镇银行，其注册资本不得低于100万元人民币；(4)注册资本为实收货币资本，且由发起人或出资人一次性缴足；(5)有符合任职资格条件的董事和高级管理人员；(6)有具备相应专业知识和从业经验的工作人员；(7)有必需的组织机构和管理制度；(8)有符合要求的营业场所、安全防范措施和与业务有关的其他设施；(9)银监会规定的其他审慎性条件。

申请村镇银行董事和高级管理人员的任职资格，拟任人除应符合银监会规定的基本条件外，还应符合下列条件：(1)村镇银行董事应具备与其履行职责相适应的知识、经验及能力；(2)村镇银行董事长和高级管理人员应具备从事银行业工作5年以上，或者从事相关经济工作8年以上(其中从事银行业工作2年以上)的工作经验，具备大专以上(含大专)学历。村镇银行董事和高级管理人员的任职资格需经银监分局或所在城市银监局核准。银监分局或所在城市银监局自受理之日起30日内作出核准或不予核准的书面决定。

银监会发布的《关于印发〈村镇银行管理暂行规定〉的通知》还分别规定了境内金融机构、境内非金融机构、境内自然人投资入股村镇银行应当符合的条件。其中，村镇银行的最大股东或唯一股东必须是银行业金融机构。最大股东持股比例不得低于村镇银行股本总额的20%，单个自然人股东及关联方持股比例不得超过村镇银行股本总额的10%，单一非银行金融机构或单一非金融机构企业法人及其关联方持股比例不得超过村镇银行股本总额的10%。任何单位或个人持有村镇银行股本总额5%以上的，应当事前报经银监分局或所在城市银监局审批。

为了做好小额贷款公司改制设立村镇银行的工作，银监会于2009年6月发布了《关于印发〈小额贷款公司改制设立村镇银行暂行规定〉的通知》，要求小额贷款公司改制设立村镇银行，除满足《村镇银行管理暂行规定》的上述要求外，还须满足下列条件：(1)召开股东(大)会，代表三分之二以上表决权的股东同意小额贷款公司改制设立村镇银行，并对小额贷款公司的债权债务处置、改制工作作出决议；(2)公司治理机制完善、内部控制健全、经营状况良好、信誉较高，且坚持支农服务方向；(3)已确定符合条件的银行业金融机构拟作为主发起人；(4)省级政府主管部门推荐其改制设立村镇银行，同时对其公司治理、内部控制、经营情况等方面进行评价；(5)未设村镇银行的县(市)及县(市)以下地区的小额贷款公司原则上优先改制；(6)银监会规定的其他审慎性条件。

从上述规定可知，在吸取以往农村金融机构运行失败或低效的教训之上，银监会对村镇银行的定位如下：首先，村镇银行是采用股份制的商业银行，具有独立的法人资格；其次，村镇银行是"微型"金融机构，设立门槛低、规模甚小；再次，对村镇银行采取宽泛的投资主体与严格的投资比例限制，实行"主发起银行制度"，即村镇银行最大股东或唯一股东必须是银行业金融机构，且最大股东持股比例不得低于村镇银行股本总额的20%；①最后，村镇银行的设立区域及经营范围受到严格限制，最初只能在县、镇设立，后允许升级到市，不能跨区域吸收存款发放贷款，业务也应主要是为当地农民、农业和农村经济发展提供金融服务。②

（三）商业银行的设立程序

我国银行业采取特许经营制，商业银行的设立，应经银监会审查批准。任何单位和个人未经批准，不得从事吸收公众存款等商业银行业务，不得在其名称中使用"银行"字样。根据《商业银行法》和其他相关规定，商业银行的设立程序可分为以下三个阶段：

1. 筹设申请

设立商业银行，申请人应当向银行业监督管理机构提出申请，并提交下列文件、材料一式三份：(1)设立商业银行的申请书，应载明拟设立的商业银行的名称、所在地、注册资本、业务范围等内容；(2)可行性研究报告；(3)银行业监督管理机构规定应提交的其他文件、资料，一般包括筹建方案、筹建人员名单及其简历等。

根据银监会《中资商业银行行政许可事项实施办法》的相关规定，股份制

---

① 参见《村镇银行管理暂行规定》第25条。

② 柴瑞娟：《村镇银行发展研究》，载《理论探索》2012年第4期。自放宽农村银行业金融机构准入政策以来，村镇银行犹如雨后春笋般迅速地在全国各地成长起来，然而上述准入制度仍然暴露出一些矛盾与问题。例如，投资方式、设立方式及投资比例限制等准入要求使村镇银行资金短缺问题突出，这依然是一场"戴着镣铐的舞蹈"。对村镇银行投资主体投资比例的限制规定，折射出了立法层在民间资本进入银行业问题上的犹豫之态。尽管民间资本进入农村金融市场的门槛越来越低，但要获得与国家资本同等的地位仍是遥不可及的梦想，即使有民间资本参与，参与方式和比例也有多重限制，仍不能脱离现有银行金融机构而独立存在。村镇银行主发起银行制度及其衍生的股权结构失衡，也不利于进一步促进村镇银行的良性、稳健发展。这些问题如不解决，必将影响村镇银行的前景和发展空间，从而与通过村镇银行求解农村金融难题的立法初衷背道而驰。

商业银行法人、城市商业银行法人机构的筹建,应当由发起人各方共同向银监会(或拟设城市商业银行所在地银监局)提交筹建申请,银监会应自受理之日起 4 个月内作出批准或不批准的书面决定。自批准决定之日起的 6 个月,为筹建期。未能按期筹建的,该机构筹建组应在筹建期限届满前 1 个月向银监会提交筹建延期申请。银监会自接到书面申请之日起 20 日内作出是否批准延期的决定。筹建延期的最长期限为 3 个月。

《关于印发〈农村商业银行管理暂行规定〉和〈农村合作银行管理暂行规定〉的通知》指出,筹建农村商业银行和农村合作银行应向所在地银监会地区(市、州)分局提出申请,由地区(市、州)分局及省、自治区、直辖市、计划单列市局逐级审核后,报银监会审批。银监会省、自治区、直辖市和计划单列市局受理并审核辖区内以省、地级城市为单位设立农村商业银行或农村合作银行的筹建申请,报银监会审批。银监会应在接到筹建申请书之日起 3 个月内作出是否批准筹建的决定。申请筹建农村商业银行应提交以下文件资料:筹建申请书、筹建可行性研究报告、筹建方案、筹建人员名单及简历、最近三年资产负债表和损益表、银监会要求提交的其他资料。

《关于印发〈村镇银行管理暂行规定〉的通知》规定,筹建村镇银行,申请人应提交下列文件、材料:筹建申请书、可行性研究报告、筹建工作方案、筹建人员名单及简历、发起人或出资人基本情况及除自然人以外的其他发起人或出资人最近 2 年经审计的会计报告、发起人或出资人为境内外金融机构的应提交其注册地监管机构出具的书面意见、银监会规定的其他材料。村镇银行的筹建期最长为自批准之日起 6 个月。村镇银行的筹建申请由银监分局或所在城市银监局受理,银监局审查并决定是否批准。银监局自收到完整申请材料或自受理之日起 4 个月内作出批准或不批准的书面决定。2007 年 1 月,银监会发布了《关于印发〈村镇银行组建审批工作指引〉的通知》,对申请筹建的主要工作、筹建开业的主要工作、申请材料报送程序及格式要求等事项提出了进一步具体的要求。2011 年 7 月,银监会发布《关于调整村镇银行组建核准有关事项的通知》,就调整组建村镇银行的核准方式、完善村镇银行挂钩政策、发起设立村镇银行的原则、申请核准程序等事项作了相应的规定。

2009 年 6 月,银监会发布《关于印发〈小额贷款公司改制设立村镇银行暂行规定〉的通知》,就小额贷款公司改制设立村镇银行的程序和要求作了具体的规定,包括:(1)成立筹建工作小组,由主发起人、小额贷款公司等有关单位组成,发起人应当委托筹建工作小组为申请人。(2)筹建工作小组须聘请具备资质的中介机构对拟改制小额贷款公司进行清产核资,同时对其管理状况进行专项审计。(3)清产核资工作结束后,筹建工作小组、小额贷款公司和中介机构应对净资产结果进行确认,签订净资产确认书,并根据小额贷款公司股东(大)会通过的净资产处置方案对净资产进行处置。(4)拟改制设立村镇银行的发起人,其资质、持股比例等必须符合《村镇银行管理暂行规定》,对不愿意作为发起人、不符合村镇银行发起人资格或持股要求的,申请人应在申报开业前完成相关股权转让或清退等工作。(5)有关工作完成后,筹建工作小组应按照《农村中小金融机构行政许可事项实施办法》、《村镇银行管理暂行规定》、《村镇银行组建审批工作指引》等要求,向银行业监督管理机构提交改制设立村镇银行的筹建和开业等行政许可申请材料。清产核资基准日与申请筹建日期不得超过3个月。申请人申请筹建,除提交《村镇银行组建审批工作指引》规定的材料外,还应提交以下材料:(1)股东(大)会同意改制的决议书及中介机构出具的法律意见书;(2)清产核资报告、管理状况专项审计报告;(3)上一经营年度审计报告;(4)净资产确认书及分配报告;(5)银行业金融机构拟作为主发起人的书面声明;(6)省级政府主管部门出具的有关意见;(7)小额贷款公司设立批复文件及营业执照;(8)银行业监督管理机构规定的其他材料。

2.开业申请

符合法定设立条件的,申请人应当向银行业监督管理机构提出开业申请,填写正式的申请表,并提交如下文件和资料:(1)依照《公司法》的规定拟订的商业银行章程草案;(2)拟任职的董事、高级管理人员的资格证明;(3)法定验资机构出具的验资证明;(4)股东名册及其出资额、股份;(5)持有注册资本5%以上股东的资信证明和有关资料;(6)经营方针和计划;(7)营业场所、安全防范设备和其他设施的有关资料;(8)银行业监督管理机构规定的其他文件、资料。银行业监督管理机构在收到申请开业的上述文件、资料之日起30日内(股份制商业银行法人和城市商业银行法人机构为自受理之日起2个月内),书面通知申请人是否批准其申请,未予批准的,应在书面通知中注明理由。

《关于印发〈农村商业银行管理暂行规定〉和〈农村合作银行管理暂行规定〉的通知》规定,农村商业银行和农村合作银行筹建结束,应向银监会提出开业申请,并提交开业申请书、筹建工作报告、章程草案、验资报告、拟任高级管理人员任职资格审查材料等银监会规定的资料。开业申请的审批程序与该文件规定的筹建申请相同。

《关于印发〈村镇银行管理暂行规定〉的通知》则规定,村镇银行申请开业,申请人应提交以下文件和材料:开业申请书;筹建工作报告;章程草案;拟任职董事、高级管理人员的任职资格申请书;法定验资机构出具的验资证明;营业场所所有权或使用权的证明材料；公安、消防部门对营业场所出具的安全、消防设施合格证明；银监会规定的其他材料。村镇银行达到开业条件的，其开业申请由银监分局或所在城市银监局受理、审查并决定。银监分局或所在城市银监局自受理之日起 2 个月内作出核准或不予核准的决定。

3. 申领证照

开业申请获得核准的商业银行，应向银行业监督管理机构申领金融许可证。金融许可证是由银行业监督管理机构依法颁发的、特许金融机构经营金融业务的法律文件。商业银行应将金融许可证摆放在机构营业场所的显著位置公示，禁止伪造、变造、转让、出租、出借经营许可证。银监会于 2003 年 7 月开始实施并于 2007 年 7 月修正的《金融许可证管理办法》对金融许可证作了专门性的规定，要求商业银行在收到银监会或其派出机构核准文件 60 日内，持下列文件领取金融许可证：(1)银监会或其派出机构的批准文件；(2)金融机构介绍信；(3)领取许可证人员的合法有效身份证明；(4)银监会或其派出机构要求的其他资料。

商业银行应在收到开业核准文件并领取金融许可证后，到工商行政管理部门办理登记注册，领取营业执照。营业执照的签发日期为商业银行的成立日期。商业银行应当自领取营业执照之日起 6 个月内开业。未能按期开业的，股份制商业银行由该机构在开业期限届满前 1 个月向银监会提出开业延期申请，城市商业银行由申请人在开业期限届满前 1 个月向银监局提出开业延期申请。国务院银监会或者地方银监局自接到书面申请之日起 20 日内作出是否批准延期的决定。开业延期的最长期限为 3 个月。

(四)商业银行分支机构的设立

《商业银行法》第 20 条规定，商业银行分支机构的设立，必须经过银行业监督管理机构的审批。申请人应当向银行业监督管理机构提交下列文件和资料：(1)申请书，载明拟设立的分支机构的名称、营运资金额、业务范围、总行及分支机构所在地等事项；(2)申请人最近两年的财务会计报告；(3)拟任职的高级管理人员的资格证明；(4)经营方针和计划；(5)营业场所、安全防范措施和与业务有关的其他设施的资料；(6)国务院银行业监督管理机构规定的其他文件、资料。第 21 条指出，经批准设立的商业银行分支机构，由银行业监督管理机构颁发经营许可证，并凭该许可证向工商行政管理部门办理登记，领取营业执照。

银监会于 2003 年 5 月 29 日发布的《关于调整银行市场准入管理方式和程序的决定》，对新设的银行分支机构审批权限进行了调整：(1)由各银监局或直属分局受理并审核辖区内政策性银行、国有独资商业银行和股份制商业银行分行的筹建申请，报银监会审批。已经银监会批准筹建的机构的开业申请，由银监局或直属分局予以核准并颁发营业许可证，抄报银监会。(2)由各银监局或直属分局受理并审批所在城市各银行支行的筹建和开业申请，并颁发营业许可证。(3)由各银监分局受理并审核辖区内各银行支行的筹建申请，报银监局审批；已经银监局批准筹建的机构的开业申请，由银监分局核准，并颁发营业许可证，抄报银监局。此外，银监会发布的《中资商业银行行政许可事项实施办法》对商业银行设立分行、分行级专营机构、支行、自助银行设施、境外分支机构的具体条件、设立程序及审批权限等事项作了具体规定。

《关于印发〈农村商业银行管理暂行规定〉和〈农村合作银行管理暂行规定〉的通知》也规定，农村商业银行和农村合作银行可根据业务发展需要，在辖内设立支行、分理处、储蓄所等分支机构。设立分支机构应当按照规定拨付与其经营规模相适应的营运资金，拨付各分支机构营运资金额的总和不得超过农村商业银行资本总额的60%。农村商业银行和农村合作银行设立分支机构由所在地银监会地(市、州)分局受理并审核，报省、自治区、直辖市和计划单列市局审批。

《关于印发〈村镇银行管理暂行规定〉的通知》规定，村镇银行可根据农村金融服务和业务发展需要，在县域范围内设立分支机构。设立分支机构不受拨付营运资金额度及比例的限制。村镇银行设立分支机构需经过筹建和开业两个阶段，筹建方案应事前报监管办事处备案。未设监管办事处的，向银监分局或所在城市银监局备案。村镇银行在分支机构筹建方案备案后即可开展筹建工作。村镇银行分支机构开业申请，由银监分局或所在城市银监局受理、审查并决定，银监分局或所在城市银监局自受理之日起2个月内作出核准或不予核准的决定。村镇银行分支机构的负责人应通过所在地银监局组织的从业资格考试，并在任职前报银监分局或所在城市银监局备案。

二、商业银行的变更

所谓商业银行的变更，指的是商业银行组织的变更和重大事项的改变，包括商业银行的分立、合并和重大事项的改变。商业银行的分立、合并，适用《公司法》的规定，并应当经银行业监督管理机构审查批准。商业银行变更有关经营管理事项，如变更名称、注册资本、营业场所、业务范围，变更持有商业银行资本总额或者股份总额5%以上的股东，修改章程等，也应当经银行业监督管理机构批准。商业银行更换董事、高级管理人员，应当报银行业监督管理机构审查其任职资格。

《中资商业银行行政许可事项实施办法》也对商业银行法人机构变更、境内分支机构变更、境外机构变更等条件、程序作了详细的规定。已设立但未开办外汇业务的城市商业银行申请开办除结汇、售汇以外的外汇业务,或者城市商业银行申请增加外汇业务品种,应当符合以下条件:(1)依法合规经营,内控制度健全有效,经营状况良好;(2)资本充足率不低于8%,其中核心资本充足率不低于4%;(3)有与申报外汇业务相应的外汇营运资金和合格的外汇业务从业人员;(4)有符合开展外汇业务要求的营业场所和相关设施;(5)银监会规定的其他审慎性条件。

银监会于2003年5月发布的《关于调整银行市场准入管理方式和程序的决定》对银行新业务的审批方式进行了调整:(1)取消对中资商业银行下列业务的审批:国内保理、代理证券资金清算(银证转账)、代理保险、证券公司受托投资托管、信托资产托管、企业年金托管。取消对中资商业银行下列业务的备案:买方或协议付息票据贴现、法人账户透支、代理信托产品资金收付。(2)各国有独资商业银行、股份制商业银行仅须在开办上述业务后的10个工作日内由其总行向银监会书面报告;各城市商业银行、农村商业银行和外资银行仅须在开办上述业务后的10个工作日内向所在地银监局、直属分局或银监分局书面报告。(3)各银行对于已获准开办的新业务,可授权符合条件的下辖分支机构开办。各银行的分支机构经上级行授权即可开办新业务,仅须在开办后的10个工作日内向当地银监局、直属分局或银监分局书面报告。

《关于调整银行市场准入管理方式和程序的决定》还对商业银行高级管理人员任职资格的核准方式进行了调整:各中资银行、外国独资银行和中外合资银行在本机构内作同级职责平行调动的高级管理人员,若已经经过任职资格审核,原有任职资格仍然有效,无须重新进行核准。

三、商业银行的接管与终止

(一)商业银行的接管

商业银行的接管是指按照法定条件和程序,金融管理机关通过一定的接管组织全面控制和管理商业银行业务活动的行政管理行为。《商业银行法》第64条至第68条就商业银行的接管作了相应的规定。

1. 商业银行接管的条件和目的

根据《商业银行法》的规定,银行业监督管理机构可以决定对商业银行进行接管的法定情形有两种:一是商业银行经营存在问题,已经发生信用危机,即商业银行不能清偿所欠的债务,没有现金支付存款人的债权,肯定影响存款人的利益;二是商业银行在其经营活动中已经暴露出问题,这些问题可能导致信用危机的发生,存在严重危及银行存款人利益的可能性。为保护存款人的利益,恢复银行正常的经营能力,银行业监督管理机构可以在出现上述任何一种法定情形时对商业银行进行接管。

2. 商业银行接管的法律后果

作为一种行政措施,银行业监督管理机构对商业银行接管的法律后果,并非转移商业银行对外债权债务关系,而是终止被接管者(商业银行)的所有者和经营者对银行行使的经营管理权力,对其内部经营管理工作进行改组和再造。该商业银行(即被接管人)的法律主体资格并不因接管而丧失,其债权债务关系也不因接管而发生变化。

3. 商业银行接管的程序

当商业银行已经或可能发生信用危机,严重影响存款人的利益时,银监会可以作出接管决定,载明被接管人、接管的理由、接管组织及接管期限等事项,书面通知被接管人并予以公告。接管期限并非从接管决定作出之日开始,而是自接管决定实施之日起开始计算,即从该日起被接管的商业银行不能再行使其经营管理权。根据《商业银行法》第 67 条的规定,接管期限届满,银行业监督管理机构可以决定延期,但接管期限最长不得超过二年。

4. 商业银行接管的终止

根据《商业银行法》第 68 条的规定,接管因以下三种情形而终止:一是接管决定规定的期限届满或者银行业监督管理机构决定的接管延期届满;二是接管期限届满前,该商业银行已恢复正常经营能力;三是接管期限届满前,该商业银行被合并或者被依法宣告破产。①

(二)商业银行的终止

商业银行的终止,指商业银行丧失法人资格,停止经营活动并且退出市场。商业银行的终止事由有解散、撤销和破产三种。

---

① 需要注意的是,《商业银行法》对商业银行的接管只作了原则性的规定,相关条款有待进一步具体化。从制度结构来看,我国商业银行接管法律制度主要存在以下缺陷:第一,接管标准的界定模糊,极有可能影响监管机构危机处理的及时和有效性;第二,重整措施是挽救银行危机的关键,然而我国相关立法对此并未予以明确;第三,对接管组织的行为没有作出必要的限制,难以防范接管组织权力的滥用;第四,银行接管的信息披露还存在数据失真、风险披露不足、规范性不强等问题。这些缺陷都有待未来相关立法的进一步完善。参见何畅、李倩:《银行接管法律问题研究》,载《国际金融研究》2005 年第 6 期。

1. 商业银行的解散

《商业银行法》第 69 条规定，商业银行因分立、合并或者出现公司章程规定的解散事由需要解散的，应当向银行业监督管理机构提出申请，并附解散的理由和支付存款的本金和利息等债务清偿计划，经批准后方可解散。商业银行解散应在银行业监督管理机构监督下，依法成立清算组织进行清算，按照清偿计划及时偿还存款本金和利息等债务。

2. 商业银行的撤销

根据国务院于 2001 年 11 月 23 日发布的《金融机构撤销条例》第 5 条的规定，金融机构有违法违规经营、经营管理不善等情形时，不予撤销将严重危害金融秩序、危害社会公众利益的，应当依法撤销。该条例第 2 条第 2 款将“撤销”界定为银监会对其批准设立的具有法人资格的金融机构依法采取行政强制措施，终止其经营活动，并予以解散。该条例对撤销决定、撤销清算、债务清偿、注销登记、法律责任等内容均作出了明确规定。商业银行因吊销经营许可证被撤销的，银监会应当依法及时组织成立清算组，进行清算，按照清偿计划及时偿还存款本金和利息等债务。

3. 商业银行的破产

商业银行破产机制是市场经济体制中经营不善的商业银行从市场退出的必要途径。目前，我国的商业银行破产的法律规定散见于《企业破产法》、《商业银行法》、《银行业监督管理法》等。全国人民代表大会常务委员会于 2006 年 8 月通过的《中华人民共和国企业破产法》第 2 条规定：“企业法人不能清偿到期债务，并且资产不足以清偿全部债务或者明显缺乏清偿能力的，依照本法规定清理债务。企业法人有前款规定情形，或者有明显丧失清偿能力可能的，可以依照本法规定进行重整。”该法第 134 条规定：“商业银行、证券公司、保险公司等金融机构有本法第二条规定情形的，国务院金融监督管理机构可以向人民法院提出对该金融机构进行重整或者破产清算的申请。国务院金融监督管理机构依法对出现重大经营风险的金融机构采取接管、托管等措施的，可以向人民法院申请中止以该金融机构为被告或者被执行人的民事诉讼程序或者执行程序。金融机构实施破产的，国务院可以依据本法和其他有关法律的规定制定实施办法。”同时，《商业银行法》第 71 条规定，商业银行破产清算时，在支付清算费用、所欠职工工资和劳动保险费用后，应当优先支付个人储蓄存款的本金和利息。此外，《银行业监督管理法》第 37 条至第 38 条也对商业银行破产预防措施作了一定的规定。

然而，以上规定只是在立法层面初步构建了商业银行破产制度的基本框架,由于国务院至今仍然没有依据《企业破产法》和其他有关法律的规定制定具体的实施办法,从而导致商业银行破产问题仍然是一个悬而未决的问题,更不用说具体的实践操作。无疑,商业银行破产机制的建立以及运作,不仅仅是作为企业的商业银行在经营不善时能否顺利地从市场退出的关键环节,也是中国金融市场能否提高竞争力与实现市场化的重要步骤。长久以来,在“国家信用”的隐形担保以及垄断性金融体制的双重保护下,国内商业银行迟迟不能实现完全的市场化经营以及展开真正的市场竞争,市场机制的“优胜劣汰”规则不能发挥出其本身应有的效应,导致我国商业银行的业务创新能力和国际竞争力不断下滑。因此,我国商业银行破产法律机制的建立与运行是一件刻不容缓的事,关系着商业银行乃至整个金融市场的稳定、健康以及有序的发展。

总之,随着金融体制改革的日渐深入,金融机构之间的市场竞争将日趋激烈,部分经营管理不善,经多种措施救助无效的商业银行退出市场将不可避免,构建基于市场原则之上的商业银行市场退出机制显得尤为迫切和重要。

第四节　商业银行的经营业务

一、商业银行的经营原则

商业银行的经营原则,是商业银行开展业务活动必须遵循的基本行为准则。我国《商业银行法》从法律的角度对商业银行的经营原则作了明确规定。

(一)安全性、流动性和效益性原则

安全性、流动性和效益性原则,简称商业银行的“三性”原则,是我国《商业银行法》规定的商业银行应遵循的最主要的经营原则。

安全性原则,指商业银行在业务经营中应尽可能地保持其资产免受风险损失。商业银行主要依赖负债经营,自有资本所占比重很小,其经营活动往往存在着很大的风险。安全性问题关系到银行自身和客户的利益。商业银行主要通过对风险的防范和控制来实现资产的安全性。风险是指影响资产安全的不利因素,主要包括借款者的信用状况、资产负债的规模和结构、利率汇率变动、政治和经济形势的影响等经营风险。为保证经营资金的安全,商业银行须采取相应的风险管理方法,来防范、分散、转移和消除上述各种风险。

流动性原则,指商业银行能够随时满足客户提取存款和正常贷款的需要。

商业银行作为存款人的债务人,要以现金形态的资产来保证定期和活期存款的支付。因此,流动性问题主要涉及商业银行债权债务的合理安排和留有足够的现金准备,或者能将其他形态的资产迅速转变为现金资产。该原则包括以下两个方面:(1)资产的流动性,指商业银行的资产在无损状态下迅速变现的能力,通常的做法是把资金来源集中起来,按轻重缓急的先后顺序在各种资产之间进行分配,建立多层次的准备金;合理安排资产结构,根据不同资金来源的流动性、不同的法定准备金要求和资金的不同周转速度,合理地安排资产期限结构,与不同资金来源的流动性相适应。(2)负债的流动性,指商业银行能以较低的成本随时获得所需的资金,要求商业银行发展主动型负债,如通过向中央银行、同业或者国际金融市场借款,发行可转让大额定期存单、金融债券等来保持负债的流动性。

效益性原则,指商业银行开展资产负债经营活动时,在保持适当安全性和流动性的前提下,要获得一定的盈利。商业银行的主要收入来自贷款利息,主要支出是存款的利息支出,存、贷款利息的差额为利差,作出必要的扣除和纳税后的余额为利润。提高盈利水平主要取决于存贷规模的大小和存贷利率的差额,但在实际经营中,二者并不是可以随意调整的,它们受到金融市场和监管规则的限制。此外,盈利也会受资产收益、其他收入和经营成本等诸多内外因素的影响。因此,商业银行要提高盈利性,还必须通过降低成本来实现。

安全性、流动性和效益性之间存在着矛盾,商业银行若过分追求其中某一项指标,则会损害其他两项指标。一般认为,资产的流动性和安全性成正比,即流动性高的资产往往安全性有保障。但流动性与效益性之间成反比,即流动性越强,盈利水平就越低。安全性与效益性也成反比,资产期限越长,盈利就越多,但风险增大又不符合安全性的要求。因此,商业银行在业务经营管理中往往要寻求这三者的协调均衡。

(二)自主经营、自担风险、自负盈亏和自我约束原则

作为独立的金融企业,商业银行实行自主经营、自担风险、自负盈亏和自我约束的经营原则。自主经营,指商业银行在符合国家产业政策和发展政策要求的前提下,能够根据市场的需要,自主地对经营计划、投资安排、公积金公益金的支配、金融产品开拓、利率和劳务定价以及银行内部的劳动、人事、工资奖金分配等事项作出决策并组织实施的权利。自担风险,指商业银行能够正确识别和认定资产的经营风险,建立并强化风险的防范、控制和清收、补偿机制,降低资产风险,减少资产损失,提高资产质量。自负盈亏,指商业银行能够对其经营后果独立享有相应权利和承担相应责任。自我约束,指商业银行能

够遵守国家的法律法规和监管机关的有关规定，正确处理银行与国家、银行与员工之间的关系，兼顾全局利益和局部利益、当前利益和长远利益，自觉规范商业银行经营管理行为的内在机制。

（三）依法独立经营，维护国家利益、社会公益的原则

商业银行依法开展业务，不受任何单位和个人的干涉。例如，任何单位或者个人不得强令银行提供贷款或者担保；任何单位和个人不得阻挠银行依法向借款人收回其到期的本金和利息；任何单位和个人不得豁免银行贷款的本金和利息等。商业银行既是国民经济运行体系的核心参与者，也是社会组织体系的重要组成部分，其在经营过程中不得损害国家和社会的利益。所以，商业银行除了应对股东、员工、金融服务消费者、社区承担社会责任之外，还必须对环境、社会和国家负责。

（四）业务往来遵循平等、自愿、公平和诚实信用的原则

商业银行与客户是平等的民事主体，彼此之间不存在从属依附关系，它们从事的金融活动也属于民事法律行为。因此，商业银行与客户的业务往来应当遵循平等、自愿、公平、诚实信用等民事法律行为的基本准则。

（五）保障存款人的合法权益不受侵犯的原则

商业银行应该保障存款人的合法权益不受侵犯。这主要体现在：商业银行办理储蓄存款业务，应当遵循存款自愿、取款自由、存款有息、为储户保密的原则；按照中国人民银行规定的利率浮动范围，确定存款利率，并予公告；保证存款本金和利息的支付，不得拖延或拒付；按规定向中国人民银行交存存款准备金；有权拒绝任何单位或者个人查询、冻结或扣划存款人的存款（但法律、行政法规另有规定的除外）；商业银行破产清算时，在支付清算费用后，应当优先支付储蓄存款的本金和利息。

（六）公平竞争原则

公平竞争原则要求商业银行遵守有关法律法规，在不损害其他银行合法权益的前提下开展竞争，禁止扰乱社会经济秩序的不正当竞争行为。

（七）依法接受监管原则

依据《银行业监督管理法》的规定，银行业监督管理机构是国家金融行政主管机关，对全国银行业进行统一管理。商业银行应当依法接受银行业监督管理机构的监督管理。

二、商业银行的业务范围及种类

鉴于当前金融监管水平不高、市场体系不完善等现实情况，分业经营、分

业监管仍是我国现行的金融体制。《商业银行法》第 3 条规定,经银行业监督管理机构批准,商业银行可以经营以下业务种类,包括:(1)吸收公众存款;(2)发放短期、中期、长期贷款;(3)办理国内外结算;(4)办理票据承兑与贴现;(5)发行金融债券;(6)代理发行、代理兑付、承销政府债券;(7)买卖政府债券、金融债券;(8)从事同业拆借;(9)买卖、代理买卖外汇;(10)从事银行卡业务;(11)提供信用证服务及担保;(12)代理收付款项及代理保险业务;(13)提供保管箱服务;(14)经国务院银监会批准的其他业务。具体到某家特定商业银行的经营范围,由其章程规定,并报国务院银监会批准。此外,经中国人民银行批准,商业银行还可以经营结汇、售汇业务。所谓结汇,就是通过银行将外汇兑换成人民币,售汇就是通过银行购买外汇。

为顺应全球混业经营的发展趋势,我国分业经营的金融体制已经作出了一定的调整,既要严格限制商业银行的经营范围,又不能完全禁止混业经营的有益尝试。我国《商业银行法》第 43 条列举了商业银行在境内不得经营的业务,具体包括:(1)信托投资业务,即商业银行不得作为信托人,从事信托投资;(2)证券经营业务,包括证券承销、证券经纪、证券自营、证券资产管理等业务,即商业银行不得进入证券发行和交易市场充当证券承销商、经纪商和自营商;(3)向非自用不动产投资,即我国为确保银行资金进入工商领域,保障银行资产的流动性,不允许银行投资非自用不动产;(4)向非银行金融机构投资,这是为了防止风险在不同类别的金融机构之间传递,尤其是防范其他领域的风险传播到银行系统;(5)向企业投资,包括出资创办企业或持有企业的股份,这是为了防止实体经济领域的问题传播到银行系统,影响金融稳定。值得一提的是,该条禁止性规定有一个"但书"条款:"但国家另有规定的除外"。这一突破性的规定,为我国商业银行开展混业经营预留了一定的法律空间。事实上,商业银行虽不得在境内从事信托投资和证券经营业务,却仍然可以通过"境外曲线"的方式间接实现这些业务。例如,国有大型商业银行通过在境外设立独资或合资公司,可以回到境内从事证券、信托、保险等非银行业务,从而绕开了《商业银行法》禁止银行投资于资本市场的强制性规定。

按资金的来源和用途,可将我国商业银行的经营业务划分为以下几大类:

(一)商业银行的负债业务

商业银行的负债,指商业银行承担的能以货币计量、需在未来一定时间内通过自产或劳务等方式予以偿付的债务,包括各种存款、借入资金和占用的其他资金与项目。作为商业银行资金来源的重要渠道之一,负债业务的主要方式是吸收存款、同业借款、应付款、发行金融(或资本)债券等等。此时,商业银行是债务人,业务相对人是债权人。

1.存款业务。存款是商业银行最主要的负债业务,主要包括活期存款、定期存款和储蓄存款。活期存款指不规定存款期限、可以随时存取的存款。在我国,它通常指企、事业单位在银行开设结算账户中的款项,客户须使用银行规定的票据支取。定期存款是约定存款期限和金额并对存款余额支付利息的存款。这类存款在我国通常是指企、事业单位向银行划转资金或者实缴现金,银行按规定的期限和利率开出定期存单的存款。储蓄存款是指个人将自有的人民币或者外币存入储蓄机构,储蓄机构开具存折或者存单作为凭证,个人凭存折或者存单可以支取存款本金和利息,储蓄机构依照规定支付存款本金和利息的活动。储蓄存款分为活期储蓄存款和定期储蓄存款,并由此衍生出了许多储蓄品种。截至2011年底,我国银行业金融机构本外币各项存款余额82.7万亿元,其中居民储蓄存款余额34.7万亿元,单位存款余额42.3万亿元。①

2.发行金融债券。金融债券是商业银行向公众发行的用于筹集中长期信贷资金的一种有价证券。经批准,商业银行可以发行金融债券。为促进债券市场发展,规范金融债券发行行为,维护投资者合法权益,中国人民银行分别于2005年4月和2009年3月制定了《全国银行间债券市场金融债券发行管理办法》和《全国银行间债券市场金融债券发行管理操作规程》,详细规定了商业银行发行金融债券应具备的条件及申请核准程序。截至2011年底,全国银行间市场债券质押式回购成交金额合计966649.67亿元。②

3.借款业务。商业银行的借款业务包括同业拆借、向中央银行借款、从国际金融市场借款。其中,同业拆借是商业银行之间为调剂资金余缺而发生的短期借贷,即商业银行经中国人民银行批准进入全国银行间同业拆借市场,通过全国统一的同业拆借网络进行无担保的资金融通行为。常见的形式有头寸拆借、短期拆借、同业贴现与抵押借贷等等。为规范金融机构的同业拆借行为,中国人民银行先后于1993年2月和2005年1月发布了《关于进一步加强对同业拆借管理的通知》和《银行业金融机构进入全国银行间同业拆借市场审核规则》。2007年7月,中国人民银行又发布了《同业拆借管理办法》,以进一步规范同业拆借行为,防范同业拆借风险。2011年,全国银行间同业拆借市

① 参见《中国银行业监督管理委员会2011年报》第22页。

② 参见中国人民银行:《全国银行间市场债券质押式回购交易期限分类统计表》,http://www.pbc.gov.cn/publish/html/2011s13.htm,下载日期:2012年8月16日。

场的交易量累计如下：拆借期限为 1 天的交易量累计达 273200.38 亿元，30 天的达 2705.04 亿元，6 个月的达 600.52 亿元，9 个月的达 38.74 亿元，1 年的达 53.61 亿元。[①]

（二）商业银行的资产业务

资产业务是商业银行运用资金的业务，主要方式有银行贷款、证券投资、票据贴现、现金资产、买卖外汇和固定资产等等。此时，商业银行是债权人，借款人是债务人。

1. 发放贷款。贷款是银行将货币资金贷给借款人，在约定的时间、地点用于约定的用途，借款人应当按期归还本金并支付利息的一种业务。按期限的长短，可分为短期贷款（1 年以内）、中期贷款（2 至 5 年）以及长期贷款（5 年以上）；按有无担保，可分为信用贷款和担保贷款；按贷款用途，可分为固定资产项目贷款、流动资金贷款、债务或资本重组并购贷款、消费贷款、房地产贷款和证券业贷款；按贷款对象，可分为批发贷款和零售贷款；按偿还方式，可分为一次性偿还贷款和分期偿还贷款。我国《商业银行法》规定，银行办理贷款业务，应当与借款人订立合同。银行应当按照合同约定如期提供贷款，借款人应当按照合同约定如期归还贷款。银行、借款人不履行合同义务或者履行合同义务不符合约定条件的，应当承担相应的违约责任。截至 2011 年底，我国银行业金融机构本外币各项贷款余额 58.2 万亿元，其中，短期贷款余额 21.7 万亿元，中长期贷款余额 33.4 万亿元，个人消费贷款余额 8.9 万亿元。[②]

2. 证券投资。证券投资是商业银行通过公开市场，购买政府债券、金融债券，另外也少量购入其他证券，如银行承兑汇票、商业汇票。银行和证券发行人并不一定建立直接的联系，银行只是众多债权人中的一个。

3. 办理票据贴现。贴现是一种票据转让行为，它是收款人（即持票人）在收取的承兑汇票到期前，因需要资金，将承兑汇票背书转让给银行，银行将票面金额扣除贴现利息后的余额支付给收款人使用的一种业务。票据贴现是一种纯粹的买卖。汇票通过背书转为银行所有，货币则转归顾客所有，顾客方面已没有偿还问题。银行购进票据以后，在未承兑前，表现为资产总量的增加。

（三）商业银行的中间业务

中间业务是商业银行代理客户承办支付和其他委托事项，并从中收取手

---

① 参见中国人民银行：《同业拆借市场交易期限分类统计表》，http://www.pbc.gov.cn/publish/html/2011s12.htm，下载日期：2012 年 8 月 16 日。

② 参见《中国银行业监督管理委员会 2011 年报》第 22 页。

续费等非利息收入的业务。商业银行经营此类业务时,一般不运用或较少运用自有资金或借入资金,主要是运用自己的人力资源、市场信息和现代电信技术与设备,为客户办理收付、进行担保和其他委托事项,提供各项收取手续费的中介服务。所以,中间业务并不引起商业银行资产与负债比例的变化,不构成商业银行资产负债表的表内资产、表内负债,因此又被称为表外业务。此时,商业银行只是代理人或中介人,而非债权人和债务人。在我国,商业银行的中间业务可分为以下九大类:

1.支付结算类业务。结算是对因各种民事行为引起的货币债权、债务进行清算的法律行为,分为现金结算和非现金结算。支付结算类业务,指由商业银行为客户办理因债权债务关系引起的与货币支付、资金划拨等有关的收费业务。国内结算方式主要有同城结算方式和异地结算方式,借助的主要结算工具包括银行汇票、商业汇票、银行本票和支票、汇兑、委托收款、电子汇划和信用证等。国际结算是指不同国家的当事人,因经贸活动或者民事行为的需要,委托银行办理两国以上的货币支付的一种业务活动,基本方式有汇兑、托收和信用证三大类别。

2.银行卡业务。银行卡是由经授权的金融机构向社会发行的,具有消费信用、转账结算、存取现金等全部或部分功能的信用支付工具。银行卡业务是指由经授权的商业银行向社会发行银行卡的业务,可依据清偿方式,分为贷记卡业务、准贷记卡业务和借记卡业务。其中,借记卡业务还可进一步分为转账卡、专用卡和储值卡业务。

3.代理类业务。代理类业务指商业银行接受客户委托、代为办理客户指定的经济事务、提供金融服务并收取一定费用的业务,包括以下种类:(1)代理代收付款项业务,指接受客户的委托,办理代交公共费用、代发工资、汇兑、信用证、代理收款等业务;(2)代理保险业务,指接受保险公司的委托,在授权规定的承保范围内有权接受投保人的投保,发给投保单和签发保险单证,并在限定的数额内理赔或者给付保险金,保险公司按照约定付给银行手续费的代理业务;(3)代理证券业务,包括代理发行、兑付、买卖各类有价证券,代办债券还本付息、代发股票红利、代理证券资金清算等等;(4)代理外汇买卖,指受客户委托,在指定汇价上或在汇价波动的某一个区域内,以某种货币买入或者卖出一定金额的另一种货币的业务,可细分为即期外汇买卖、远期外汇买卖、掉期外汇买卖、期权外汇买卖等等;(5)代理政策性银行业务,如代理贷款项目管理业务等等;(6)代理中国人民银行业务,如财政性存款代理业务、国库代理业务、发行库代理业务、金银代理业务等等;(7)代理商业银行业务,例如办理支票托收业务等等。

4.担保类业务。担保类业务指商业银行为客户债务清偿能力提供担保，承担客户违约风险的业务，包括银行承兑汇票、备用信用证、各类保函等等。银行承兑汇票，是由收款人或付款人(或承兑申请人)签发，并由承兑申请人向开户银行申请，经银行审查同意承兑的商业汇票。备用信用证，是开证行应借款人要求，把放款人作为信用证的受益人而开具的一种特殊信用证，保证在借款人破产或不能及时履行义务的情况下，由开证行向收益人及时支付本利的业务。各类保函业务，是商业银行与委托人约定，当委托人到期不能偿还债务，或者因违约等原因不能支付款项时，由银行代其向债权人偿还债务或者代为付款的业务，包括投标保函、承包保函、借款保函等。银行提供担保，都要收取一定的担保费用。

5.承诺类业务。所谓承诺类业务，指商业银行按照事前约定的条件，在未来某一日期向客户提供约定信用的业务。承诺类业务主要指贷款承诺，分为可撤销承诺和不可撤销承诺，前者是附有客户在取得贷款前必须履行的特定条款，若客户在商业银行承诺期内没有履行条款，则银行可撤销该项承诺；后者是商业银行不经客户允许不得随意取消的贷款承诺，具有法律约束力，包括备用信用额度、回购协议、票据发行便利等。

6.交易类业务。交易类业务指商业银行为满足客户保值或自身风险管理等方面的需要，利用各种金融工具进行的资金交易活动。常见的交易类业务是金融衍生业务，如远期合约、金融期货、互换、期权等等。远期合约，指交易双方约定在未来某个特定时间以约定价格买卖约定数量的资产，包括利率远期合约和远期外汇合约。金融期货，指以金融工具或金融指标为标的的期货合约。互换，分为利率互换和货币互换，指交易双方基于自己的比较利益，对各自的现金流量进行交换。期权，指期权的买方支付给卖方一笔权利金，获得一种权利，可于期权的存续期内或到期日当天，以执行价格与期权卖方进行约定数量的特定标的的交易。

7.基金托管业务。基金托管业务指有托管资格的商业银行接受基金管理公司委托，保管所托管基金的全部资产，为所托管的基金办理基金资金清算款项划拨、会计核算、基金估值、监督管理人投资运作等事项。基金托管业务可进一步分为封闭式证券投资基金托管业务、开放式证券投资基金托管业务和其他基金的托管业务等类别。

8.咨询顾问类业务。咨询顾问类业务指商业银行凭借自身的信息、人才、信誉等方面的优势，收集和整理有关信息，在对这些信息以及银行和客户资金运动进行记录和分析之后，形成系统的资料和方案，提供给客户。咨询顾问类业务包括企业信息咨询业务、资产管理顾问业务、财务顾问业务、现金管理业务等等。个人理财业务也属于该类业务，它是商业银行为个人客户提供的财务分析、财务规划、投资顾问、资产管理等专业化服务活动。按照管理运作方式的不同，商业银行个人业务可以分为理财顾问服务和综合理财服务。[①]

9.保管箱业务。保管箱业务，也称代理资产保管业务，指商业银行因代客户保管各种贵重物品、有价证券而出租保管箱的业务。由于长期从事信用业务，商业银行机构设施完备，可以保证安全。银行开办此项业务既可以扩大收益，又能解决客户资产保管上的困难。

从全球范围来看，各国商业银行的业务范围正在不断扩展，从原始意义上的短期商业贷款业务，逐步转变为综合性商业银行业务，不仅提供短期商业贷款，还融通长期性固定资金运作，包销企业证券、参与企业决策和提供咨询服务，甚至直接投资于新兴企业、直接入股工商企业等等。相较而言，我国商业银行的法定业务范围较为狭窄，仍坚持分业经营原则，与当前全球金融混业经营的大趋势不相适应。随着金融改革的不断深入，我国也应顺应金融自由化和全球化的趋势，逐步放松金融管制，适当拓宽商业银行的业务范围。

第五节 商业银行的管理

商业银行的管理有狭义和广义之分。狭义的商业银行管理专指商业银行的自身管理。广义的商业银行管理则在狭义的基础上还包括银行业监督管理机构对商业银行的管理。本章采广义的概念。商业银行的管理，包括资本金管理、公司治理、内部控制、风险管理、财务会计管理、信息披露管理等方面。

一、商业银行的资本金管理

商业银行的资本，又称注册资本或者自有资金，是商业银行最原始的资金来源，也是商业银行成立和存在的前提以及经营管理、自负盈亏的本钱。商业银行总资本包括核心一级资本、其他一级资本和二级资本。其中，核心一级资本包括：实收资本或普通股、资本公积、盈余公积、一般风险准备、未分配利润、

① 参见中国银监会于2005年9月颁布的《商业银行个人理财业务管理暂行办法》第2条、第7条。

少数股东资本可计入部分。其他一级资本包括:其他一级资本工具及其溢价、少数股东资本可计入部分。二级资本包括:二级资本工具及其溢价、超额贷款损失准备、少数股东资本可计入部分。①

2004年6月,巴塞尔银行监管委员会发布了《统一资本计量和资本标准的国际协议:修订框架》(以下简称"Basel II"),建立了有效资本监管的三大支柱,即"最低资本要求、监管当局的监督检查、信息披露"。为稳步推动中国银行业实施Basel II,提升资本监管的有效性,增强银行体系的稳定性,银监会于2007年2月制定了《关于印发〈中国银行业实施新资本协议指导意见〉的通知》,涉及实施Basel II的目标和原则、范围、方法、时间表及推进实施的主要措施。2008年9月,银监会发布《关于印发第一批新资本协议实施监管指引的通知》,包括《商业银行银行账户信用风险暴露分类指引》、《商业银行信用风险内部评级体系监管指引》、《商业银行专业贷款监管资本计量指引》、《商业银行信用风险缓释监管资本计量指引》和《商业银行操作风险监管资本计量指引》五个指引。2009年6月,银监会发布了《关于进一步做好新资本协议实施准备工作的通知》。

巴塞尔委员会于2010年12月16日又发布了《第三版巴塞尔协议》(以下简称"Basel Ⅲ"),要求各成员经济体在两年内完成相应监管法规的制定和修订工作,2013年1月1日开始实施新监管标准,2019年1月1日前全面达标。Basel Ⅲ确立了微观审慎和宏观审慎相结合的金融监管新模式,大幅度提高了商业银行资本监管要求,建立全球一致的流动性监管量化标准,对商业银行经营模式、银行体系稳健性乃至宏观经济运行都产生了深远影响。为推动中国银行业实施国际新监管标准,增强银行体系稳健性和国内银行的国际竞争力,银监会于2011年4月制定了《关于中国银行业实施新监管标准的指导意见》。该指导意见根据Basel Ⅲ确定的银行资本和流动性监管新标准,在全面评估现行审慎监管制度有效性的基础上,提高资本充足率、杠杆率、流动性、贷款损失准备等监管标准,建立更具前瞻性的、有机统一的审慎监管制度,以增强银行业金融机构抵御风险的能力。

为加强对商业银行资本的监管,维护银行体系稳健运行,保护存款人的利益,2012年6月7日,银监会又发布了《商业银行资本管理办法(试行)》,该办

① 参见中国银监会于2012年6月颁布的《商业银行资本管理办法(试行)》第29~31条。

法于2013年1月1日正式生效。[①] 办法要求商业银行应在2018年底前达到该办法规定的资本充足率监管要求，鼓励有条件的商业银行提前达标。达标过渡期内，商业银行应当制定并实施切实可行的资本充足率分步达标规划，并报银监会批准。银监会根据商业银行资本充足率达标规划实施情况，采取相应的监管措施，商业银行还应当同时按照《商业银行资本充足率管理办法》(银监会于2007年7月发布)和《商业银行资本管理办法(试行)》计量并披露并表和非并表资本充足率。以下将结合《关于中国银行业实施新监管标准的指导意见》(以下简称"《新监管标准》")和《商业银行资本管理办法(试行)》(以下简称"《资本管理办法》")的相关规定，对商业银行资本金的管理作进一步的介绍。

(一)资本充足率管理

资本充足率，指商业银行持有的符合该办法规定的资本与商业银行风险加权资产之间的比率；一级资本充足率，指商业银行持有的符合《资本管理办法》规定的一级资本与风险加权资产之间的比率；核心一级资本充足率，指商业银行持有的符合《资本管理办法》规定的核心一级资本与风险加权资产之间的比率。

1.资本充足率的计算

根据《资本管理办法》的规定，商业银行应当按照以下公式计算资本充足率：

$$\text{资本充足率}=\frac{\text{总资本}-\text{对应资本扣减额}}{\text{风险加权资产}}\times 100\%$$

$$\text{一级资本充足率}=\frac{\text{一级资本}-\text{对应资本扣减额}}{\text{风险加权资产}}\times 100\%$$

$$\text{核心一级资本充足率}=\frac{\text{核心一级资本}-\text{对应资本扣减额}}{\text{风险加权资产}}\times 100\%$$

计算资本充足率时，商业银行应当从核心一级资本中全额扣除以下项目：

---

① 自2013年1月1日起，《商业银行资本充足率管理办法》、《商业银行银行账户信用风险暴露分类指引》、《商业银行信用风险内部评级体系监管指引》、《商业银行专业贷款监管资本计量指引》、《商业银行信用风险缓释监管资本计量指引》、《商业银行操作风险监管资本计量指引》、《商业银行资本充足率信息披露指引》、《商业银行资本计量高级方法验证指引》、《商业银行资本充足率监督检查指引》、《商业银行资产证券化风险暴露监管资本计量指引》、《商业银行市场风险资本计量内部模型法监管指引》、《商业银行资本计量高级方法实施申请和审批指引》废止。

(1)商誉;(2)其他无形资产(土地使用权除外);(3)由经营亏损引起的净递延税资产;(4)贷款损失准备缺口;[①](5)资产证券化销售利得;(6)确定受益类的养老金资产净额;(7)直接或间接持有本银行的股票;(8)对资产负债表中未按公允价值计量的项目进行套期形成的现金流储备,若为正值,应予以扣除,若为负值,应予以加回;(9)商业银行自身信用风险变化导致其负债公允价值变化带来的未实现损益。该办法第三章还规定计算其他各级资本时的扣除项。

商业银行风险加权资产包括信用风险加权资产、市场风险加权资产和操作风险加权资产。《资本管理办法》第四章、第五章和第六章分别就信用风险加权资产、市场风险加权资产和操作风险加权资产的计量作了具体明确的规定。

2.资本充足率的监管要求

《资本管理办法》第22条规定,商业银行资本充足率监管要求包括最低资本要求、储备资本和逆周期资本要求、系统重要性银行附加资本要求以及第二支柱资本要求。该办法第23条要求商业银行核心一级资本充足率、一级资本充足率、资本充足率分别不得低于5%、6%和8%。

该办法第24条至第26条还规定,商业银行应当在最低资本要求的基础上计提储备资本。储备资本要求为风险加权资产的2.5%,由核心一级资本来满足。特定情况下,商业银行应当在最低资本要求和储备资本要求之上计提逆周期资本。逆周期资本要求为风险加权资产的0%~2.5%,由核心一级资本来满足。逆周期资本的计提与运用规则另行规定。此外,系统重要性银行还应当计提附加资本。除上述要求外,银监会有权在第二支柱框架下提出更审慎的资本要求,确保资本充分覆盖风险,包括:根据风险判断,针对部分资产组合提出的特定资本要求;根据监督检查结果,针对单家银行提出的特定资本要求。

《新监管标准》根据Basel III的要求,强化了对商业银行资本充足率的监管,具体包括:(1)改进资本充足率计算方法,一是严格资本定义,提高监管资本的损失吸收能力;二是优化风险加权资产计算方法,扩大资本覆盖的风险范围。(2)提高资本充足率监管要求,一是将现行的两个最低资本充足率要求调

---

① 商业银行采用权重法计量信用风险加权资产的,贷款损失准备缺口是指商业银行实际计提的贷款损失准备低于贷款损失准备最低要求的部分。商业银行采用内部评级法计量信用风险加权资产的,贷款损失准备缺口是指商业银行实际计提的贷款损失准备低于预期损失的部分。参见《商业银行资本管理办法(试行)》第32条。

整为三个层次，调整结果与《资本管理办法》的规定相同；二是引入逆周期资本监管框架，包括 2.5%的留存超额资本和 0～2.5%的逆周期超额资本；三是增加系统重要性银行的附加资本要求，暂定为 1%。新标准实施后，正常条件下系统重要性银行和非系统重要性银行的资本充足率分别不低于 11.5%和 10.5%；若出现系统性的信贷过快增长，商业银行需计提逆周期超额资本。(3)引入杠杆率监管标准，即一级资本占调整后表内外资产余额的比例不低于 4%，弥补资本充足率的不足，控制银行业金融机构以及银行体系的杠杆率积累。(4)合理安排过渡期。新资本监管标准从 2012 年 1 月 1 日开始执行，系统重要性银行和非系统重要性银行应分别于 2013 年底和 2016 年底前达标。过渡期结束后，各类银行应按照新监管标准披露资本充足率和杠杆率。

3. 资本充足率的监督检查

《资本管理办法》第八章详细规定了资本充足率监督检查的相关内容，包括监督检查内容、监督检查程序、第二支柱资本要求、监管措施等事项。

(1)监督检查内容

资本充足率监督检查包括但不限于以下内容：①评估商业银行全面风险管理框架；②审查商业银行对合格资本工具的认定，以及各类风险加权资产的计量方法和结果，评估资本充足率计量结果的合理性和准确性；③检查商业银行内部资本充足评估程序，评估公司治理、资本规划、内部控制和审计等；④对商业银行的信用风险、市场风险、操作风险、银行账户利率风险、流动性风险、声誉风险以及战略风险等各类风险进行评估，并对压力测试工作开展情况进行检查。

(2)监督检查程序

银监会通过非现场监管和现场检查的方式对商业银行资本充足率进行监督检查。除常规监督检查外，银监会可根据商业银行内部情况或外部市场环境的变化实施资本充足率的临时监督检查。商业银行则应当在年度结束后的四个月内向银监会提交内部资本充足评估报告。

银监会实施资本充足率监督检查应遵循以下程序：①审查商业银行内部资本充足评估报告，制定资本充足率检查计划；②依据《资本管理办法》附件 13 规定的风险评估标准，实施资本充足率现场检查；③根据检查结果初步确定商业银行的监管资本要求；④与商业银行高级管理层就资本充足率检查情况进行沟通，并将评价结果书面发送至商业银行董事会；⑤监督商业银行持续满足监管资本要求的情况。

(3)第二支柱资本要求

商业银行已建立内部资本充足评估程序且评估程序达到《资本管理办法》要求的，银监会根据其内部资本评估结果确定监管资本要求；商业银行未建立内部资本充足评估程序，或评估程序未达到《资本管理办法》要求的，银监会根据对商业银行风险状况的评估结果，确定商业银行的监管资本要求。银监会有权根据单家商业银行操作风险管理水平及操作风险事件发生情况，提高操作风险的监管资本要求。银监会有权通过调整风险权重、相关性系数、有效期限等方法，提高特定资产组合的资本要求，包括但不限于以下内容：①根据现金流覆盖比例、区域风险差异，确定地方政府融资平台贷款的集中度风险资本要求；②通过期限调整因子，确定中长期贷款的资本要求；③针对贷款行业集中度风险状况，确定部分行业的贷款集中度风险资本要求；④根据个人住房抵押贷款用于购买非自住用房的风险状况，提高个人住房抵押贷款资本要求。

（4）监管措施

银监会有权对资本充足率未达到监管要求的商业银行采取监管措施，督促其提高资本充足水平。根据资本充足状况，银监会将商业银行分为四类：①第一类商业银行：资本充足率、一级资本充足率和核心一级资本充足率均达到该办法规定的各级资本要求；②第二类商业银行：资本充足率、一级资本充足率和核心一级资本充足率未达到第二支柱资本要求，但均不低于其他各级资本要求；③第三类商业银行：资本充足率、一级资本充足率和核心一级资本充足率均不低于最低资本要求，但未达到其他各级资本要求；④第四类商业银行：资本充足率、一级资本充足率和核心一级资本充足率任意一项未达到最低资本要求。

对第一类商业银行，银监会支持其稳健发展业务。为防止其资本充足率水平快速下降，银监会可采取下列预警监管措施来加强管理：①要求商业银行加强对资本充足率水平下降原因的分析及预测；②要求商业银行制定切实可行的资本充足率管理计划；③要求商业银行提高风险控制能力。

对第二类商业银行，除上述对第一类商业银行的监管措施外，银监会还可采取下列监管措施：①与商业银行董事会、高级管理层进行审慎性会谈；②下发监管意见书，其应包括商业银行资本管理存在的问题、拟采取的纠正措施和限期达标意见等内容；③要求商业银行制定切实可行的资本补充计划和限期达标计划；④提高对商业银行资本充足的监督检查频率；⑤要求商业银行对特定风险领域采取风险缓释措施。

对第三类商业银行，除上述对第一类、第二类商业银行的监管措施外，银监会还可采取下列监管措施：①限制商业银行分配红利和其他收入；②限制商业银行向董事、高级管理人员实施任何形式的激励；③限制商业银行进行股权投资或回购资本工具；④限制商业银行重要资本性支出；⑤要求商业银行控制风险资产增长。

对第四类商业银行，除上述监管措施外，银监会还可采取以下监管措施：①要求商业银行大幅降低风险资产的规模；②责令商业银行停办一切高风险资产业务；③限制或禁止商业银行增设新机构、开办新业务；④强制要求商业银行对二级资本工具进行核销或转为普通股；⑤责令商业银行调整董事、高级管理人员或限制其权利；⑥依法对商业银行实行接管或者促成机构重组，直至予以撤销。在处置此类商业银行时，银监会还将综合考虑外部因素，采取其他必要措施。

4.资本充足率的信息披露

银监会于2007年7月发布的《商业银行资本充足率管理办法》和2009年11月发布的《关于印发〈商业银行资本充足率信息披露指引〉的通知》，对商业银行资本充足率信息披露作了相关规定。此处的信息披露是指商业银行遵照银监会新资本协议的各项指引，将银行的资本计量、风险管理等相关信息，通过公开载体，向投资者和社会公众予以披露的行为。

《资本管理办法》第160条至第168条对此作出规定，要求商业银行通过公开渠道，向投资者和社会公众披露相关信息，确保信息披露的集中性、可访问性和公开性，保证披露信息的真实性、准确性和完整性。资本充足率的信息披露应至少包括以下内容：(1)风险管理体系：信用风险、市场风险、操作风险、流动性风险及其他重要风险的管理目标、政策、流程以及组织架构和相关部门的职能；(2)资本充足率计算范围；(3)资本数量、构成及各级资本充足率；(4)信用风险、市场风险、操作风险的计量方法，风险计量体系的重大变更，以及相应的资本要求变化；(5)信用风险、市场风险、操作风险及其他重要风险暴露和评估的定性信息和定量信息；(6)内部资本充足评估方法以及影响资本充足率的其他相关因素；(7)薪酬的定性信息和相关定量信息。上述内容是资本充足率信息披露的最低要求，商业银行应当遵循充分披露的原则，并根据监管政策变化及时调整披露事项。商业银行采用资本计量高级方法的，并行期内应至少披露本办法规定的定性信息和资本底线的定量信息。商业银行可以不披露专有信息或保密信息的具体内容，但应进行一般性披露，并解释原因。

商业银行信息披露频率分为临时、季度、半年及年度，其中，临时信息应及时披露，季度、半年度信息披露时间为期末后30个工作日内，年度信息披露时间为会计年度终了后4个月内。因特殊原因不能按时披露的，商业银行应至少提前15个工作日向银监会申请延迟披露。

商业银行应当分别按照以下频率披露相关信息：(1)实收资本或普通股及其他资本工具的变化情况应及时披露；(2)核心一级资本净额、一级资本净额、资本净额、最低资本要求、储备资本和逆周期资本要求、附加资本要求、核心一级资本充足率、一级资本充足率以及资本充足率等重要信息应按季度披露；(3)资本充足率计算范围、信用风险暴露总额、逾期及不良贷款总额、贷款损失准备、信用风险资产组合缓释后风险暴露余额、资产证券化风险暴露余额、市场风险资本要求、市场风险期末风险价值及平均风险价值、操作风险情况、股权投资及其损益、银行账户利率风险情况等相关重要信息应每半年披露一次。

(二)内部资本充足评估程序

《资本管理办法》第七章规定，商业银行应当建立完善的风险管理框架和稳健的内部资本充足评估程序，明确风险治理结构，审慎评估各类风险、资本充足水平和资本质量，制定资本规划和资本充足率管理计划，确保银行资本能够充分抵御其所面临的风险，满足业务发展的需要。具体要求商业银行：(1)将压力测试作为内部资本充足评估程序的重要组成部分，结合压力测试结果确定内部资本充足率目标；(2)将内部资本充足评估程序作为内部管理和决策的组成部分，并将内部资本充足评估结果运用于资本预算与分配、授信决策和战略规划；(3)制定合理的薪酬政策，确保薪酬水平、结构和发放时间安排与风险大小和风险存续期限一致，反映风险调整后的长期收益水平，防止过度承担风险，维护财务稳健性；(4)应至少每年一次实施内部资本充足评估程序，在银行经营情况、风险状况和外部环境发生重大变化时，应及时进行调整和更新。

《资本管理办法》规定商业银行董事会承担本行资本管理的首要责任，履行以下职责：(1)设定与银行发展战略和外部环境相适应的风险偏好和资本充足目标，审批银行内部资本充足评估程序，确保资本充分覆盖主要风险；(2)审批资本管理制度，确保资本管理政策和控制措施有效；(3)监督内部资本充足评估程序的全面性、前瞻性和有效性；(4)审批并监督资本规划的实施，确保满足银行持续经营和应急性资本补充需要；(5)至少每年一次审批资本充足率管理计划，审议资本充足率管理报告及内部资本充足评估报告，听取有关资本充足率管理和内部资本充足评估程序执行情况的审计报告；(6)审批资本充足率信息披露政策、程序和内容，并保证披露信息的真实、准确和完整；(7)确保商业银行有足够的资源，能够独立、有效地开展资本管理工作。

商业银行采用资本计量高级方法的，董事会还应负责审批资本计量高级方法的管理体系实施规划和重大管理政策，监督高级管理层制定并实施资本计量高级方法的管理政策和流程，确保商业银行有足够资源支持资本计量高级方法管理体系的运行。此外，商业银行高级管理层负责根据业务战略和风险偏好来组织实施资本管理工作，确保资本与业务发展、风险水平相适应，落实各项监控措施。监事会应当对董事会及高级管理层在资本管理和资本计量高级方法管理中的履职情况进行监督评价，并至少每年一次向股东大会报告董事会及高级管理层的履职情况。

商业银行还应当指定相关部门履行以下资本管理职责：(1)制定资本总量、结构和质量管理计划，编制并实施资本规划和资本充足率管理计划，向高级管理层报告资本规划和资本充足率管理计划执行情况；(2)持续监控并定期测算资本充足率水平，开展资本充足率压力测试；(3)组织建立内部资本计量、配置和风险调整资本收益的评价管理体系；(4)组织实施内部资本充足评估程序；(5)建立资本应急补充机制，参与或组织筹集资本；(6)编制或参与编制资本充足率信息披露文件。

此外，商业银行还应明确内部审计部门在资本管理中的职责；建立内部资本充足评估程序的报告体系，定期监测和报告银行资本水平和主要影响因素的变化趋势；建立用于风险和资本的计量、管理的信息管理系统，系统性地收集、整理、跟踪并分析各类风险相关数据，建立数据库、风险数据集市和数据管理系统，以满足资本计量和内部资本充足评估等工作的需要；建立完整的文档管理平台，为内部审计部门及银监会对资本管理的评估提供支持。

总体而言，我国商业银行目前基本能满足 Basel Ⅲ对资本充足率水平的要求。然而，当下较高水平的资本充足率主要得益于前几年的资产剥离以及现行的高利差环境。因此，从长期来看，我国商业银行的资本补充不具有可持续性。同时，Basel Ⅲ对银行资本作了重新定义和分类，而我国商业银行一级资本几乎都是普通股权益，与核心一级资本趋同，这便使得我国商业银行在与统一监管标准下的世界其他银行相竞争时处于不利地位。[①] 这些问题的解决亟待我国银行业监管机构出台相应的监管措施，以帮助商业银行转变经营方式，加强资本充足率管理。

二、商业银行的公司治理

商业银行公司治理是指建立以股东大会、董事会、监事会、高级管理层等

① 陈刚：《新形势下我国商业银行资本充足率管理研究》，载《理论导刊》2012 年第 7 期。

机构为主体的组织架构和保证各机构独立运作、有效制衡的制度安排，以及建立科学、高效的决策、激励和约束机制。2002 年 5 月，中国人民银行发布了《股份制商业银行公司治理指引》与《股份制商业银行独立董事和外部监事制度指引》。银监会成立后，发布了一系列促进商业银行建立健全公司治理、完善和优化经营组织架构的规范性文件，如银监会于 2005 年 9 月发布的《关于印发〈股份制商业银行董事会尽职指引（试行）〉的通知》、于 2006 年 4 月发布的《关于印发〈国有商业银行公司治理及相关监管指引〉的通知》。这些规范性文件对指导商业银行加强公司治理建设，不断完善内部管理和经营组织架构发挥了积极作用。①

（一）公司治理的基本准则

《股份制商业银行公司治理指引》第 3 条规定，商业银行公司治理应当遵循以下基本准则：(1)完善股东大会、董事会、监事会、高级管理层的议事制度和决策程序；(2)明确股东、董事、监事和高级管理人员的权利和义务；(3)建立、健全以监事会为核心的监督机制；(4)建立完善的信息报告和信息披露制度；(5)建立合理的薪酬制度，强化激励约束机制。

按照《国有商业银行公司治理及相关监管指引》的要求，国有商业银行应根据《公司法》等法律法规的规定，按照现代金融企业制度的要求，设立股东大会、董事会、监事会和高级管理层，制定体现现代金融企业制度要求的银行章程，明确股东大会、董事会、监事会与高级管理层，以及董事、监事、高级管理人员的职责权限，实现权、责、利的有机结合，建立科学高效的决策、执行和监督机制，确保各方独立运作、有效制衡。

（二）股东和股东大会

1. 商业银行的股东

根据《股份制商业银行公司治理指引》的要求，商业银行应在章程中对有关股东的事项作出如下规定：(1)当商业银行资本充足率低于法定标准时，股东应支持董事会提出的有关提高资本充足率的措施；(2)当商业银行可能出现流动性困难时，在商业银行有借款的股东要立即归还到期借款，未到期的借款

① 面对金融危机的影响，加强国内商业银行公司治理势在必行。由此，中国银监会于 2011 年 7 月发布了《商业银行公司治理指引》征求意见稿，一旦获得通过，原先的《股份制商业银行公司治理指引》、《股份制商业银行独立董事和外部监事制度指引》、《股份制商业银行董事会尽职指引（试行）》、《国有商业银行公司治理及相关监管指引》、《外资银行法人机构公司治理指引》等相关文件法规将废止。

应提前偿还;(3)股东在商业银行的借款逾期未还期间内,其表决权应当受到限制。

《股份制商业银行公司治理指引》还对与股东有关的贷款和担保行为作了如下限制:(1)商业银行对股东贷款的条件不得优于其他借款人同类贷款的条件,同一股东在商业银行的借款余额不得超过商业银行资本净额的10%;(2)商业银行不得接受本行股票为质押权标的,股东需以本行股票为自己或他人担保的,应当事前告知董事会,股东在本商业银行的借款余额超过其持有的经审计的上一年度的股权净值,且未提供银行存单或国债质押担保的,不得将本行股票再行质押;(3)商业银行不得为股东及其关联单位的债务提供融资性担保,但股东以银行存单或国债提供反担保的除外。

人事任命限制方面,《股份制商业银行公司治理指引》规定,同一股东不得向股东大会同时提名董事和监事的人选;同一股东提名的董事(监事)人选已担任董事(监事)职务的,在其任职期届满前,该股东不得再提名监事(董事)候选人。

控股股东方面,《股份制商业银行公司治理指引》要求控股股东对商业银行和其他股东负有诚信义务,应严格按照法律、法规、规章及商业银行章程行使出资人的权利,不得利用其控股地位谋取不当利益,或损害商业银行和其他股东的利益。

2.商业银行的股东大会

股东大会是商业银行的权力机关,会议包括年会和临时会议。董事会应当在每一会计年度结束后6个月内召开股东大会年会。因特殊情况需延期召开的,应当及时向中国人民银行报告,并说明延期召开的事由。董事会应当依照法律、法规和商业银行章程的规定召开股东大会临时会议。董事会不履行职责,导致商业银行重大决策无法作出或者股东大会无法召集等情形时,单独或者合并持有商业银行有表决权股份总数10%以上的股东或商业银行监事会,可以决定自行组织召开临时股东大会,但应将召开会议的决定书面通知董事会并报相关监管机构①备案。

商业银行的股东大会会议应当实行律师见证制度,并由律师出具法律意见书。法律意见书应当对股东大会召开程序、出席股东大会的股东资格、股东大会的决议内容等事项的合法性发表意见。商业银行也可以自行确定召开股东大会的方式,但应确保股东有效行使其合法权利。商业银行的董事会应当

---

① 原为中国人民银行,2003年银监会成立以后,改为报送银监会备案。

将股东大会会议记录、股东大会决议等文件报送相关监管机构[①]备案。

商业银行章程应规定，单独或者合并持有商业银行有表决权股份总数5%以上的股东享有下列权利：(1)向股东大会提出审议事项，董事会应当将股东提出的审议事项提交股东大会审议；(2)向股东大会提出质询案，董事会、监事会应当按照股东的要求，指派董事会、监事会或者高级管理层相关成员出席股东大会接受质询。

商业银行董事会应当制定内容完备的股东大会议事规则，包括通知、文件准备、召开方式、表决形式、会议记录及其签署、关联股东的回避制度等内容，该议事规则后由股东大会审议通过执行。

除审议相关法律规定的事项外，股东大会年会还应将下列事项列入股东大会的审议范围：(1)通报监管机构对商业银行的监管意见及商业银行执行整改情况；(2)报告董事会对董事的评价及独立董事的相互评价结果；(3)报告监事会对监事的评价及外部监事的相互评价结果。董事会应当公正、合理地安排会议议程和议题，确保股东大会能够对每个议题进行充分的讨论。

(三)董事和董事会

1. 商业银行的董事

《股份制商业银行公司治理指引》和《股份制商业银行董事会尽职指引(试行)》对商业银行董事的权利与义务作了如下规定：(1)应当接受监管机构的任职资格培训；(2)有权了解商业银行的各项业务经营情况和财务状况，有权对其他董事和高级管理层成员履行职责情况实施监督；(3)对商业银行及全体股东负有诚信与勤勉义务；(4)董事个人直接或者间接与商业银行已有的或者计划中的合同、交易、安排有关联关系时，不论有关事项在一般情况下是否需要董事会批准同意，董事均应当及时告知董事会、监事会其关联关系的性质和程度；(5)董事长由董事会以全体董事的过半数选举产生，董事长和行长应当分设，董事长不得由控股股东的法定代表人或主要负责人兼任，董事、董事长应当在法律、法规、规章及商业银行章程规定的范围内行使职权，不得违反商业银行的议事制度和决策程序越权干预高级管理层的经营管理活动；(6)董事不可以在可能发生利益冲突的金融机构兼任董事；(7)董事应当投入足够的时间履行职责，应每年亲自出席至少三分之二以上的董事会会议，未能亲自出席董事会会议又未委托其他董事代为出席的董事，应对董事会决议承担相应的法律责任；(8)董事在董事会会议上应当独立、专业、客观地提出提案或发表意

① 原为中国人民银行，2003年银监会成立以后，改为报送银监会备案。

见;(9)董事个人直接或者间接与商业银行已有的或者计划中的合同、交易、安排有关联关系时,不论有关事项在一般情况下是否需要董事会批准同意,董事均应及时告知关联关系的性质和程度,董事会办公室负责将有关关联交易情况通知董事会其他成员;(10)董事应当持续地了解和关注商业银行的情况,并通过董事会及其专职委员会对商业银行事务提出意见和建议。

2010年12月,银监会发布《商业银行董事履职评价办法(试行)》,要求商业银行建立健全董事履职评价制度,按照规定开展评价工作。商业银行监事会对董事履职评价工作负最终责任,银行业监督管理机构对商业银行董事履职评价工作进行监督。该办法具体规定了商业银行董事履职评价的评价内容、评价方法、评价应用等重要内容。

2.商业银行的董事会

《股份制商业银行公司治理指引》、《国有商业银行公司治理及相关监管指引》和《股份制商业银行董事会尽职指引(试行)》对董事会提出了如下具体要求:

(1)董事会的组成

董事会中由高级管理层成员担任董事的人数应不少于董事会成员总数的四分之一,但不应超过董事会成员总数的三分之一。

(2)董事会的职责

根据《关于印发〈股份制商业银行董事会尽职指引(试行)〉的通知》的规定,董事会应承担商业银行经营和管理的最终责任,依法履行以下职责:①确定商业银行的经营发展战略;②聘任和解聘商业银行的高级管理层成员;③制订商业银行的年度财务预算方案、决算方案、风险资本分配方案、利润分配方案和弥补亏损方案;④决定商业银行的风险管理和内部控制政策;⑤监督高级管理层的履职情况,确保高级管理层有效履行管理职责;⑥负责商业银行的信息披露,并对商业银行的会计和财务报告体系的完整性、准确性承担最终责任;⑦定期评估并完善商业银行的公司治理状况;⑧法律、法规规定的其他职责。董事会和高级管理层的权力和责任应当以书面形式清晰界定,以此作为他们有效履行职责的依据。

《关于印发〈股份制商业银行董事会尽职指引(试行)〉的通知》还对董事会的职责作出了如下规定,要求董事会:①应当确保商业银行制定发展战略,并据此指导商业银行的长期经营活动,监督商业银行发展战略的贯彻实施;②负责审议商业银行的年度经营计划和投资方案;③承担商业银行资本充足率管理的最终责任;④应保证商业银行建立适当的风险管理与内部控制框架;⑤应定期听取高级管理层关于商业银行风险状况的专题评价报告；⑥应定期对商业银行风险状况进行评估；⑦应对商业银行发生的重大案件、受到行政处罚或面临重大诉讼的情况给予特别关注；⑧应当持续关注商业银行的内部控制状况及存在问题；⑨应当持续关注商业银行内部人和关联股东的交易状况；⑩应通过下设的关联交易控制委员会对关联交易进行管理；⑪应确保商业银行制定书面的行为规范准则，对各层级的管理人员和业务人员的行为规范作出规定；⑫负责商业银行的信息披露工作；⑬应定期开展对商业银行财务状况的审计；⑭应定期评估商业银行的经营状况；⑮应建立信息报告制度，要求高级管理层定期向董事会、董事报告商业银行经营事项；⑯应定期听取商业银行审计部门和合规部门关于内部审计和检查结果的报告；⑰在履行职责时，应充分考虑外部审计机构的意见，并可以聘请专业机构或专业人员提出意见。

(3)董事会的会议规则与程序

根据《关于印发〈股份制商业银行董事会尽职指引(试行)〉的通知》和《股份制商业银行公司治理指引》的相关规定，董事会会议包括董事会例会和董事会临时会议，其会议规则与程序如下：①董事会例会每年至少应召开四次，临时会议的召开程序则由商业银行章程规定，董事会应当通知监事列席董事会会议。董事会应当制定内容完备的董事会议事规则，包括通知、文件准备、召开方式、表决方式、会议记录及其签署、董事会的授权规则等。②董事会会议应在会议召开前通知全体董事，并及时在会前提供足够的和准确的资料，包括会议议题的相关背景资料和有助于董事作出决策的相关信息和数据。董事会例会至少应当在会议召开十日前通知所有董事。③董事会会议应当由二分之一以上董事出席方可举行。董事应当亲自出席董事会会议，因故不能出席的，应当委托其他董事代为出席，委托书中应当载明授权范围。董事会应当以会议形式对拟决议事项进行决议，表决实行一人一票制，作出决议应当经全体董事过半数通过。商业银行章程或董事会议事规则可以规定，利润分配方案、重大投资、重大资产处置方案、聘任或解聘高级管理层成员等特别重大事项不应采取通讯表决方式，而应当由董事会三分之二以上董事通过。④董事与董事会拟决议事项有重大利害关系的，应有明确的回避制度规定，规定其不得对该项决议行使表决权。该董事会会议应当由二分之一以上无重大利害关系的董事出席方可举行。董事会会议作出的批准关联交易的决议应当由无重大利害关系的董事半数以上通过。

(4)董事会专门委员会和专门办公室

董事会可以根据需要，设立专门委员会。各专门委员会经董事会明确授权,向董事会提供专业意见或根据董事会授权就专业事项进行决策。各专门委员会成员应当是具有与专门委员会职责相适应的专业知识和经验的董事,在必要时可以聘请专业人士就有关事项提出意见,但应当确保不泄露商业银行的商业秘密。专门委员会的负责人应当由董事担任,且委员会成员不得少于3人。各委员会的议事规则和工作职责应当由董事会制定。各委员会应当制定年度工作计划,并定期召开会议。

商业银行董事会应当建立审计委员会、风险管理委员会和关联交易控制委员会。注册资本在10亿元人民币以上的商业银行,应当建立战略委员会、提名委员会和薪酬委员会。注册资本在10亿元人民币以下的商业银行亦应有类似功能的小组或专岗,利用本行或市场咨询中介资源做好相应工作。法律、法规、规章规定应当建立其他专门委员会的,商业银行董事会应当建立相应的专门委员会。商业银行董事会可以根据银行自身的情况确定下设专门委员会的数量和名称,但不应妨碍董事会履行《股份制商业银行董事会尽职指引(试行)》规定的董事会和各下设专门委员会的各项职能。

审计委员会负责检查商业银行的会计政策、财务状况和财务报告程序,检查商业银行风险及合规状况。审计委员会负责商业银行年度审计工作,并就审计后的财务报告信息的真实性、完整性和准确性作出判断性报告,提交董事会审议。审计委员会的负责人应当是独立董事。风险管理委员会负责监督高级管理层对信用风险、市场风险、操作风险等风险的控制情况,对商业银行风险及管理状况及风险承受能力及水平进行定期评估,提出完善银行风险管理和内部控制的意见。关联交易委员会根据《商业银行与内部人和股东关联交易管理办法》负责关联交易的管理,及时审查和批准关联交易,控制关联交易风险。战略委员会负责制定商业银行的经营目标和长期发展战略,监督、检查年度经营计划、投资方案的执行情况。提名委员会负责拟定董事和高级管理层成员的选任程序和标准,对董事和高级管理层成员的任职资格和条件进行初步审核,并向董事会提出建议。薪酬委员会负责拟定董事和高级管理层的薪酬方案,向董事会提出薪酬方案的建议,并监督方案的实施。各专门委员会应当定期与高级管理层及部门负责人交流商业银行的经营和风险状况,并提出意见和建议。专门委员会成员应当持续跟踪专门委员会职责范围内商业银行相关事项的变化及其影响,并及时提请专门委员会予以关注。董事会还应当设立专门办公室,负责处理董事会的日常事务。

《国有商业银行公司治理及相关监管指引》则规定,国有商业银行董事会原则上应设立战略规划委员会、薪酬与提名委员会、审计(稽核)委员会、风险管理委员会和关联交易控制委员会等专门委员会。各专门委员会成员不得少于3人。其中,薪酬与提名委员会、审计(稽核)委员会、关联交易控制委员会的主席原则上由独立董事担任;薪酬与提名委员会、审计(稽核)委员会、关联交易控制委员会成员中的独立董事人数应占其所在委员会成员总数的半数以上。

(5)董事会尽职工作的监督

商业银行股东大会和监事会依法对董事会的履职情况进行监督。银行业监督管理机构对商业银行董事会的尽职情况进行监督,定期约见商业银行董事会成员,根据需要列席商业银行董事会相关议题的讨论与表决,就商业银行的经营业绩、风险管理及内部控制等情况进行评价,交流监管关注事项。银行业监督管理机构还可以组织开展专项现场检查,对董事会尽职情况进行监督。

商业银行应当在每一会计年度结束四个月内向银行业监督管理机构提交董事会尽职情况报告。银行业监督管理机构认为商业银行董事、董事会存在不尽职行为的,可视情况采取以下措施:①责令董事、董事会对不尽职情况作出说明;②约见该董事或董事会全体成员谈话;③以监管意见书的形式责令改正。商业银行董事会未能尽职工作,逾期未改正的,或其行为严重危及商业银行的稳健运行、损害存款人和其他客户合法权益的,银行业监督管理机构将视情形,采取下列措施:①责令控股股东转让股权或者限制有关股东的权利;②责令调整董事、高级管理人员或者限制其权利;③限制分配红利和其他收入;④法律规定的其他纠正措施。

3.非执行董事和独立董事

非执行董事是指在商业银行不担任经营管理职务的董事。独立董事则是指在银行仅担任董事职务,并与所受聘银行及其主要股东不存在任何可能妨碍其进行独立、客观判断的关系的董事。

《股份制商业银行董事会尽职指引(试行)》第54条规定,为保证董事会的独立性,董事会中应当有一定数目的非执行董事。注册资本在10亿元人民币以上的商业银行,独立董事的人数不得少于3人。

《股份制商业银行公司治理指引》规定,商业银行应当建立独立董事制度。独立董事与商业银行及其主要股东之间不应存在可能影响其独立判断的关系。独立董事应当获得适当报酬。独立董事履行职责时尤其要关注存款人和中小股东的利益。独立董事在履行职责过程中,发现董事会、董事、高级管理层成员及商业银行机构和人员有违反法律、法规、规章及商业银行章程规定情形的,应及时要求予以纠正并向相关监管机构报告。

《股份制商业银行独立董事和外部监事制度指引》就独立董事、外部监事的任职资格作了相关规定：商业银行的独立董事、外部监事应当具备较高的专业素质和良好信誉，且同时应当满足以下条件：(1)具有本科(含本科)以上学历或相关专业中级以上职称；(2)具有5年以上的法律、经济、金融、财务或其他有利于履行独立董事、外部监事职责的工作经历；(3)熟悉商业银行经营管理相关的法律法规；(4)能够阅读、理解和分析商业银行的信贷统计报表和财务报表。下列人员不得担任商业银行的独立董事、外部监事：(1)持有该商业银行1%以上股份的股东或在股东单位任职的人员；(2)在该商业银行或其控股或者实际控制的企业任职的人员；(3)就任前3年内曾经在该商业银行或其控股或者实际控制的企业任职的人员；(4)在该商业银行借款逾期未归还的企业的任职人员；(5)与该商业银行存在法律、会计、审计、管理咨询等业务联系或利益关系的机构任职的人员；(6)该商业银行可控制或通过各种方式可施加重大影响的其他任何人员；(7)上述人员的近亲属，即夫妻、父母、子女、祖父母、外祖父母、兄弟姐妹。有下列情形之一的，也不得担任商业银行的独立董事、外部监事：(1)因犯有贪污、贿赂、侵占财产、挪用财产罪或者破坏市场经济秩序罪，被判处刑罚，或者因犯罪被剥夺政治权利的；(2)担任因经营不善破产清算的公司、企业的董事或者厂长、经理，并对该公司、企业的破产负有个人责任的；(3)担任因违法被吊销营业执照的公司、企业的法定代表人，并负有个人责任的；(4)个人所负数额较大的债务到期未清偿的；(5)因未能勤勉尽职被原任职单位罢免职务的；(6)曾经担任高风险金融机构主要负责人且不能证明其对金融机构撤销或资产损失不负有责任的。此外，国家机关工作人员不得兼任商业银行独立董事、外部监事。独立董事、外部监事也不得在其他商业银行兼职。该指引还就商业银行独立董事、外部监事的“产生、任职和免职”、“权利、义务和责任”、“报酬和费用”等方面作了进一步的具体规定。

(四)高级管理层

根据《股份制商业银行公司治理指引》的相关规定，商业银行的高级管理层由行长、副行长、财务负责人等组成。其中，行长有权依照法律、法规、规章、商业银行章程及董事会授权，组织开展银行的经营管理活动。具体而言，行长应当行使下列职权：(1)提请董事会聘任或者解聘副行长、财务负责人等高级管理层成员；(2)聘任或者解聘除应由董事会聘任或者解聘以外的商业银行内部各职能部门及分支机构负责人；(3)代表高级管理层向董事会提交经营计划和投资方案，经董事会批准后组织实施；(4)授权高级管理层成员、内部各职能部门及分支机构负责人从事经营活动；(5)在商业银行发生挤兑等重大突发事件时，采取紧急措施，并立即向有关监管部门[①]和董事会、监事会报告；(6)其他依据法律、法规、规章及商业银行章程规定应由行长行使的职权。

商业银行的高级管理层成员应当遵守如下要求：(1)遵循诚信原则，谨慎、勤勉地在其职权范围内行使职权，不得为自己或他人谋取属于本商业银行的商业机会，不得接受与本商业银行交易有关的利益，不得在其他经济组织兼职；(2)应根据商业银行经营活动需要，建立健全以内部规章制度、经营风险控制系统、信贷审批系统等为主要内容的内部控制机制；(3)应当建立向董事会定期报告的制度；(4)应当接受监事会的监督，定期向监事会提供信息；(5)应当建立和完善各项会议制度，并制订相应议事规则，召开会议应当制作会议记录并报送监事会；(6)成员应保持相对稳定，在任期内不应随意调整，确需调整的，商业银行应报有关监管部门[②]备案及审查。

(五)监事和监事会

1. 监事会的职权

根据《股份制商业银行公司治理指引》第 58 条的规定，监事会是商业银行的监督机构，对股东大会负责，并行使下列职权：(1)监督董事会、高级管理层履行职责的情况；(2)监督董事、董事长及高级管理层成员的尽职情况；(3)要求董事、董事长及高级管理层成员纠正其损害银行利益的行为；(4)对董事和高级管理层成员进行离任审计；(5)检查、监督商业银行的财务活动；(6)对商业银行的经营决策、风险管理和内部控制等进行审计并指导商业银行内部稽核部门的工作；(7)对董事、董事长及高级管理层成员进行质询；(8)其他法律、法规、规章及商业银行章程规定应当由监事会行使的职权。

《股份制商业银行公司治理指引》还对商业银行监事和监事会的职权作出了如下规定：(1)监事应当依照法律、法规、规章及商业银行章程的规定，忠实履行监督职责；(2)监事应当委托经监管机构认可的会计师事务所对商业银行上一年度的经营结果进行审计；(3)监事会发现董事会和高级管理层未执行审慎会计原则，存在未严格核算应收利息、未提足呆账准备金等情形的，应当责令予以纠正，发现商业银行业务出现异常波动的，应当向董事会或高级管理层提出质疑；(4)监事会对银行稽核部门报送的稽核结果有疑问时，有权要求行长或稽核部门作出解释；(5)监事会在履行职责时，有权向商业银行相关人员和机构了解情况，相关人员和机构应给予配合；(6)商业银行按规定定期向监

① 先前是向中国人民银行备案，2003 年银监会成立以后，改为报送银监会备案。

② 先前是向中国人民银行备案，2003 年银监会成立以后，改为报送银监会备案。

管机构报送的报告应当附有监事会的意见;(7)董事会拟订的分红方案应当事先报送监事会,监事会应当在5个工作日内对该分红方案发表意见,逾期未发表意见的,视为同意;(8)监事应当列席董事会会议,列席会议的监事有权发表意见,但不享有表决权,且应当将会议情况报告监事会,监事会认为必要时,可以指派监事列席高级管理层会议;(9)监事会发现董事会、高级管理层及其成员有违反法律、法规、规章及商业银行章程规定等情形时,应当建议对有关责任人员进行处分,并及时发出限期整改通知,董事会或者高级管理层应当及时进行处分或整改,并将结果书面报告监事会,若上述二者拒绝或者拖延采取处分、整改措施的,监事会应当向监管机构报告,并报告股东大会。

2.监事会的组成

《股份制商业银行公司治理指引》第59条规定,监事会应当由职工代表出任的监事、股东大会选举的外部监事和其他监事组成,其中外部监事的人数不得少于两名。该指引第60条规定,商业银行应当建立外部监事制度。外部监事与商业银行及其主要股东之间不应存在影响其独立判断的关系。外部监事在履行职责时尤其要关注存款人和商业银行整体利益,其报酬应当比照独立董事执行。监事的任职资格、产生程序、权利义务适用《股份制商业银行公司治理指引》第22条至第28条有关董事的规定。《股份制商业银行独立董事和外部监事制度指引》也有一些关于外部监事制度的规定。

《股份制商业银行公司治理指引》第62条至第64条还规定,监事长应当由专职人员担任,至少应当具有财务、审计、金融、法律等某一方面的专业知识和工作经验。监事会还应当设立提名委员会和审计委员会,由外部监事担任负责人。

3.监事会会议规则与程序

《股份制商业银行公司治理指引》第68条和第69条规定,监事会例会应当每年至少召开四次,监事会临时会议的召开程序由商业银行章程规定。监事会应当制定内容完备的议事规则,包括通知、文件准备、召开方式、表决形式、会议记录及其签署等内容。

此外,国务院于2000年3月发布了《国有重点金融机构监事会暂行条例》,规定国有金融机构的监事会由国务院派出,对国务院负责,代表国家对国有金融机构的资产质量及国有资产保值增值状况实施监督。

值得一提的是,根据上述相关规定,我国的商业银行在形式上建立了相对完善的监事会制度体系,但我国商业银行的监事会在履职过程中仍然存在以下不足:(1)相当大比例的监事长由退居二线的官员担任,其往往能与银行董事会和管理层和谐相处，往往难以做到严格、充分的监督；(2)身为基层员工的职工监事难以履职，其对董事会和高管层的监督只能是“蜻蜓点水”，多数职工监事囿于内部行政级别，不敢指出领导在工作中所存在的问题；(3)外部监事在工作中也面临着与独立董事类似的困境。这些不足亟待通过监管层的相关立法而进一步完善。

(六)激励约束机制

根据《股份制商业银行公司治理指引》的相关规定，商业银行应建立激励约束机制，具体包括以下内容：(1)应建立薪酬与商业银行效益和个人业绩相联系的激励机制。(2)应建立公正、公开的董事、监事、高级管理层成员绩效评价的标准和程序。(3)独立董事的评价应当采取相互评价的方式进行，其他董事的评价由董事会作出，并向股东大会报告。外部监事和其他监事的评价比照独立董事和其他董事执行。高级管理层成员的评价、薪酬与激励方式由董事会下设的薪酬委员会确定，董事会应当将对高级管理层成员的绩效评价作为对高级管理层成员的薪酬和其他激励安排的依据。绩效评价的标准和结果应当向股东大会说明。任何董事、监事和高级管理层成员都不应参与本人薪酬及绩效评价的决定过程。(4)董事、监事及高级管理层成员违反法律、法规、规章及商业银行章程，给商业银行和股东造成损失的，应当承担赔偿责任。(5)商业银行在条件具备时，经股东大会批准，可以建立董事、监事和高级管理层成员的职业责任保险制度。

三、商业银行的内部控制

商业银行的内部控制机制是指商业银行为实现经营目标，通过制定和实施一系列制度、程序和方法，对风险进行事前防范、事中控制、事后监督和纠正的动态过程和机制。

(一)内部控制的目标

商业银行内部控制的目标有以下四个：一是确保国家法律规定和商业银行内部规章制度的贯彻执行；二是确保商业银行发展战略和经营目标的全面实施和充分实现；三是确保风险管理体系的有效性；四是确保业务记录、财务信息和其他管理信息的及时、真实和完整。

(二)内部控制的原则

商业银行内部控制应当贯彻全面、审慎、有效、独立的原则，包括：(1)内部控制应当渗透商业银行的各项业务过程和各个操作环节，覆盖所有的部门和岗位，并由全体人员参与，任何决策或操作均应有案可查；(2)内部控制应以防范风险、审慎经营为出发点，商业银行的经营管理，尤其是设立新的机构或开办新的业务，均应体现“内控优先”的要求；(3)内部控制应当具有高度的权威性，任何人不得拥有不受内部控制约束的权力，内部控制存在的问题应当能够得到及时反馈和纠正；(4)内部控制的监督、评价部门应当独立于内部控制的建设、执行部门，并有直接向董事会、监事会和高级管理层报告的渠道。

(三)内部控制的基本要求

《商业银行内部控制指引》还规定了商业银行内部控制的基本要求，包括：(1)内部控制应包括“内部控制环境”、“风险识别与评估”、“内部控制措施”、“信息交流与反馈”、“监督评价与纠正”这五大要素；(2)商业银行应当建立良好的公司治理及分工合理、职责明确、报告关系清晰的组织结构；(3)董事会、监事会和高级管理层应当充分认识自身对内部控制所承担的责任；(4)应当建立科学、有效的激励约束机制，培育良好的企业精神和内部控制文化；(5)应当设立履行风险管理职能的专门部门；(6)应当建立涵盖各项业务、全行范围的风险管理系统，开发和运用风险量化评估的方法和模型，对信用风险、市场风险、流动性风险、操作风险等各类风险进行持续的监控；(7)应当对各项业务制定全面、系统、成文的政策、制度和程序；(8)设立新的机构或开办新的业务，应当事先制定有关的政策、制度和程序，对潜在的风险进行计量和评估，并提出风险防范措施；(9)应当建立内部控制的评价制度；(10)应当明确划分相关部门之间、岗位之间、上下级机构之间的职责，建立职责分离、横向与纵向相互监督制约的机制；(11)实行统一法人管理和法人授权；(12)应当对分支机构实施有效的管理和监控；(13)应当建立有效的核对、监控制度；(14)应当按照规定进行会计核算和业务记录，建立完整的会计、统计和业务档案；(15)应当建立有效的应急预案，并定期进行测试；(16)应当设立独立的法律事务部门或岗位；(17)应当实现业务操作和管理的电子化；(18)应当实现经营管理的信息化；(19)应当建立有效的信息交流和反馈机制；(20)应当对各项业务经营状况和例外情况进行经常性检查；(21)应当有权获得商业银行的所有经营信息和管理信息，并对各个部门、岗位和各项业务实施全面的监控和评价；(22)内部审计应当具有充分的独立性，实行全行系统垂直管理，并配备充足的、具备相应的专业从业资格的内部审计人员；(23)应当建立有效的内部控制报告和纠正机制。

除上述要求外，《商业银行内部控制指引》还从授信、资金业务、存款和柜台业务、中间业务、会计、计算机信息系统六个方面，对商业银行的内部控制提出以下具体的要求：(1)授信内部控制的重点包括实行统一授信管理，健全客户信用风险识别与监测体系，完善授信决策与审批机制，防止对单一客户、关联企业客户和集团客户风险的高度集中，防止违反信贷原则发放关系人贷款和人情贷款，防止信贷资金违规投向高风险领域或用于违法活动等方面；(2)资金业务内部控制的重点包括对资金业务对象和产品实行统一授信，实行严格的前后台职责分离，建立中台风险监控和管理制度，防止资金交易员从事越权交易，防止欺诈行为，防止因违规操作和风险识别不足导致的重大损失等方面；(3)存款及柜台业务内部控制的重点包括对基层营业网点、要害部位和重点岗位实施有效监控，严格执行账户管理、会计核算制度和各项操作规程，防止内部操作风险和违规经营行为，防止内部挪用、贪污以及洗钱、金融诈骗、逃汇、骗汇等非法活动，确保商业银行和客户资金的安全等方面；(4)中间业务内部控制的重点包括开展中间业务应当取得有关主管部门核准的机构资质、人员从业资格和内部的业务授权，建立并落实相关的规章制度和操作规程，按委托人指令办理业务，防范或有负债风险等方面；(5)会计内部控制的重点包括实行会计工作的统一管理，严格执行会计制度和会计操作规程，运用计算机技术实施会计内部控制，确保会计信息的真实、完整和合法，严禁设置账外账，严禁乱用会计科目，严禁编制和报送虚假会计信息等方面；(6)计算机信息系统内部控制的重点包括严格划分计算机信息系统开发部门、管理部门与应用部门的职责，建立和健全计算机信息系统风险防范的制度，确保计算机信息系统设备、数据、系统运行和系统环境的安全等方面。

商业银行还应建立内部控制的风险责任制，具体包括：(1)董事会、高级管理层应当对内部控制的有效性负责，并对内部控制失效造成的重大损失承担责任；(2)内部审计部门应当对因未执行审计方案、程序和方法而导致重大问题未能被发现，对审计发现隐瞒不报或者未如实反映，审计结论与事实严重不符，对审计发现问题查处整改工作跟踪不力等行为，承担相应的责任；(3)业务部门和分支机构应当及时纠正内部控制存在的问题，并对出现的风险和损失承担相应的责任；(4)高级管理层应当对违反内部控制的人员，依据法律规定、内部管理制度追究责任和予以处分，并承担处理不力的责任。

作为银行业金融机构内部控制的重要部分，内部审计通过系统化和规范化的方法，审查评价并改善银行业金融机构的经营活动、风险状况、内部控制和公司治理效果，促进银行业金融机构稳健发展，是一种独立、客观的监督、评价和咨询活动。为了促进银行业金融机构完善公司治理，加强内部控制，健全内部审计体系，银监会于 2006 年 6 月发布《关于印发〈银行业金融机构内部审计指引〉的通知》，就商业银行内部审计问题作了进一步具体的规定。

商业银行公司治理的不完善，被视为2008年国际金融危机爆发的一个重要因素。域外商业银行治理在此次危机中暴露的缺陷主要包括：一是薪酬激励过于注重短期效应而忽视了长期效应；二是股权结构过于分散，内部人控制严重；三是独立董事的监督作用没有发挥；四是高管股权激励过大；五是过于关注股东利益，忽视了客户和社会公众的利益。[①] 由此，在后金融危机时代，我国必须吸取域外商业银行在公司治理方面的上述教训，提高我国商业银行公司治理的规范性，这对于防范金融风险、稳健金融体系、促进经济增长均具有重要的意义。

四、商业银行的风险管理

风险管理是识别、评估、监测和控制商业银行业务活动所蕴含的所有风险的过程。根据风险种类的不同，商业银行的风险管理可以进一步细分为市场风险管理、信用风险管理、流动性风险管理、操作风险管理、信息科技风险管理等类别。

（一）市场风险管理

市场风险是指因市场价格（利率、汇率、股票价格和商品价格）的不利变动而使银行表内和表外业务发生损失的风险。市场风险存在于银行的交易和非交易业务中，可以分为利率风险、汇率风险（包括黄金）、股票价格风险和商品价格风险，分别对应于由于利率、汇率、股票价格和商品[②]价格的不利变动所带来的风险。利率风险按照来源的不同，可以再分为重新定价风险、收益率曲线风险、基准风险和期权性风险。市场风险管理是识别、计量、监测和控制市场风险的全过程。其目标是通过将市场风险控制在商业银行可以承受的合理范围内，实现经风险调整的收益率的最大化。商业银行应当充分识别、准确计量、持续监测和适当控制所有交易和非交易业务中的市场风险，确保在合理的市场风险水平之下安全、稳健经营。商业银行所承担的市场风险水平应当与其市场风险管理能力和资本实力相匹配。为了确保市场风险管理的有效实施，商业银行应当将市场风险的识别、计量、监测和控制与全行的战略规划、业务决策和财务预算等经营管理活动进行有机结合。[③]

---

① 雷曜、王亮亮：《全球金融危机与银行治理变革》，载《金融会计》2012年第4期。

② 此处的商品是指可以在二级市场上交易的某些实物产品，如农产品、矿产品（包括石油）和贵金属（不包括黄金）等。

③ 参见《商业银行市场风险管理指引》第3～4条。

2004 年 12 月，银监会发布了《商业银行市场风险管理指引》，2006 年 12 月又发布了《关于进一步加强商业银行市场风险管理工作的通知》，对商业银行的市场风险管理提出如下要求：

1. 建立市场风险管理体系。商业银行应当建立与本行的业务性质、规模和复杂程度相适应的、完善的、可靠的市场风险管理体系。市场风险管理体系应包括如下基本要素：(1)董事会和高级管理层的有效监控；(2)完善的市场风险管理政策和程序；(3)完善的市场风险识别、计量、监测和控制程序；(4)完善的内部控制和独立的外部审计；(5)适当的市场风险资本分配机制。

2. 加强市场风险监管。商业银行应当按照规定向银监会报送与市场风险有关的财务会计、统计报表和其他报告。委托社会中介机构对其市场风险的性质、水平及市场风险管理体系进行审计的，还应当提交外部审计报告。商业银行的市场风险管理政策和程序应当报银监会备案。商业银行应当及时向银监会报告下列事项：(1)出现超过本行内部设定的市场风险限额的严重亏损；(2)国内、国际金融市场发生的引起市场较大波动的重大事件将对本行市场风险水平及其管理状况产生的影响；(3)交易业务中的违法行为；(4)其他重大意外情况。

(二)信用风险管理

信用风险是指因交易对象未能如期偿还其债务造成违约而给经济主体经营带来的风险。现代意义上商业银行的信用风险包括违约风险和差额风险，前者是指银行客户由于经济原因不能履行合约或其他因素不愿履行合约，从而使银行遭受损失的风险，这是一种极端的现象；后者是指银行头寸的价值受其客户信用等级下降的影响而遭受损失的风险。违约风险多存在于银行账户中，而差额风险集中在交易账户中。[①]

为敦促世界范围内的银行监管者在信用风险管理方面实现发展，巴塞尔银行监管委员会于 2000 年 9 月发布了《信用风险管理原则》，其中所阐述的原则主要适用于借贷业务以及存在信用风险的所有银行业务。该文件所阐述的原则涉及如下领域：(1)建立适当的信用风险战略(3 个原则)；(2)在健全的授信程序下运营(4 个原则)；(3)保持适当的授信管理、衡量和监测规程(6 个原则)；(4)确保充分控制信用风险(3 个原则)；(5)监管者的作用(1 个原则)。该文件丰富了以资本充足性管理为核心的风险管理模式，尤其强调了健全银行自身的风险防范约束机制，对信用风险的管理、识别和控制具有很强的针

---

① 刘郁菲：《商业银行信用风险管理》，载《财会研究》2009 年第 18 期。

对性。

我国现行商业银行信用风险管理的规范性文件主要有中国人民银行《关于印发〈商业银行授权、授信管理暂行办法〉的通知》和银监会发布的四个指引。这四个指引分别是《商业银行授信工作尽职指引》、《商业银行信用风险内部评级体系监管指引》、《商业银行银行账户信用风险暴露分类指引》和《商业银行信用风险缓释监管资本计量指引》，相关内容介绍如下：

1. 授信风险管理

授信，指商业银行对其业务职能部门和分支机构所辖服务区及其客户所规定的内部控制信用高限额度。授信人为商业银行业务职能部门及分支机构，受信人为商业银行业务职能部门和分支机构所辖服务区及其客户。① 授信可分为表内授信和表外授信，前者包括贷款、项目融资、贸易融资、贴现、透支、保理、拆借和回购等；后者包括贷款承诺、保证、信用证、票据承兑等。授信按期限还可分为短期授信和中长期授信，前者指一年以内（含一年）的授信，后者指一年以上的授信。② 中国人民银行于 1996 年 11 月发布的《关于印发〈商业银行授权、授信管理暂行办法〉的通知》和银监会于 2004 年 7 月发布的《关于印发〈商业银行授信工作尽职指引〉的通知》，从授信原则、授信方式、授信范围、授信期限、授信的调整和终止、授信的监督管理、授信工作尽职调查等方面，要求商业银行加强授信风险管理。

2007 年 7 月，银监会发布《关于印发〈贷款风险分类指引〉的通知》，对贷款分类管理作了具体规定。所谓贷款分类，是指商业银行按照风险程度将贷款划分为不同档次的过程，其实质是判断债务人及时足额偿还贷款本息的可能性。《贷款风险分类指引》涉及商业银行贷款的分类目标、分类原则、分类要求等内容。其中，贷款分类应遵循以下原则：(1)真实性原则，即分类应真实客观地反映贷款的风险状况；(2)及时性原则，即应及时、动态地根据借款人经营管理等状况的变化调整分类结果；(3)重要性原则，即对影响贷款分类的诸多因素，要根据该指引第 5 条的核心定义确定关键因素进行评估和分类；(4)审慎性原则，即对难以准确判断借款人还款能力的贷款，应适度下调其分类等级。商业银行应按照《贷款风险分类指引》，至少将贷款划分为正常、关注、次级、可疑和损失五类，后三类合称为不良贷款。此外，商业银行对贷款进行分类应注意考虑以下因素：(1)借款人的还款能力；(2)借款人的还款记录；(3)借

① 参见《关于印发〈商业银行授权、授信管理暂行办法〉的通知》第 6～8 条。

② 参见《关于印发〈商业银行授信工作尽职指引〉的通知》第 2 条。

款人的还款意愿；(4)贷款项目的盈利能力；(5)贷款的担保；(6)贷款偿还的法律责任；(7)银行的信贷管理状况。

2. 信用风险内部评级

银监会于 2008 年 10 月 1 日发布了《商业银行信用风险内部评级体系监管指引》、《商业银行银行账户信用风险暴露分类指引》和《商业银行信用风险缓释监管资本计量指引》，就商业银行信用风险内部评级问题提出了具体要求。

《商业银行信用风险内部评级体系监管指引》明确商业银行应采用内部评级法计量信用风险资本要求，并应按照该指引要求建立内部评级体系。所谓内部评级体系包括对主权、金融机构和公司风险暴露的内部评级体系和零售风险暴露的风险分池体系。内部评级体系应能够有效识别信用风险，具备稳健的风险区分和排序能力，并准确量化风险。内部评级体系包括以下基本要素：(1)内部评级体系的治理结构，保证内部评级结果的客观性和可靠性；(2)非零售风险暴露内部评级和零售风险暴露风险分池的技术标准，确保非零售风险暴露每个债务人和债项划入相应的风险级别，保证每笔零售风险暴露划入相应的资产池；(3)内部评级的流程，保证内部评级的独立性和公正性；(4)风险参数的量化，将债务人和债项的风险特征转化为违约概率、违约损失率、违约风险暴露和期限等风险参数；(5)IT 和数据管理系统，收集和处理内部评级相关信息，为风险评估和风险参数量化提供支持。商业银行应建立独立的验证体系，确保内部评级及风险参数量化的准确性和稳健性。

银行账户信用风险暴露是指所有未划入交易账户的表内外金融工具承担信用风险的部分。根据《商业银行银行账户信用风险暴露分类指引》的规定，商业银行应采用内部评级法计量信用风险资本要求，按照该指引要求对商业银行银行账户信用风险暴露进行分类。根据信用风险特征，银行账户信用风险暴露分为主权风险暴露、金融机构风险暴露、零售风险暴露、公司风险暴露、股权风险暴露和其他风险暴露。

信用风险缓释指商业银行运用合格的抵质押品、净额结算、保证和信用衍生工具等方式转移或降低信用风险。商业银行采用内部评级法计量信用风险监管资本，信用风险缓释功能体现为违约概率、违约损失率或违约风险暴露的下降。《商业银行信用风险缓释监管资本计量指引》第 5 条规定了商业银行信用风险缓释管理的一般要求：(1)应进行有效的法律审查，确保认可和使用信用风险缓释工具依据明确可执行的法律文件，且相关法律文件对交易各方均有约束力；(2)应在相关协议中明确约定信用风险缓释覆盖的范围；(3)不能重复考虑信用风险缓释的作用,信用风险缓释作用只能在债务人评级、债项评级或违约风险暴露估计中反映一次;(4)应保守地估计信用风险缓释工具与债务人风险之间的相关性,并综合考虑币种错配、期限错配等风险因素;(5)采用信用风险缓释后的资本要求不应高于同一风险暴露未采用信用风险缓释的资本要求;(6)应制定明确的内部管理制度、审查和操作流程,并建立相应的信息系统,确保信用风险缓释工具的作用有效发挥;(7)应披露信用风险缓释的政策、程序和作用程度,抵质押品的主要类型、估值方法,保证人类型、信用衍生工具交易对手类型及其资信情况,信用风险缓释工具的风险集中度情况,信用风险缓释工具覆盖的风险暴露等重要信息。[①]

(三)流动性风险管理

所谓流动性风险,指商业银行虽有清偿能力,但无法及时获得充足资金或无法以合理成本及时获得充足资金以应对资产增长或支付到期债务的风险。流动性风险如不能有效控制,将有可能损害商业银行的清偿能力。流动性风险可以进一步分为融资流动性风险和市场流动性风险。前者指商业银行在不影响日常经营或财务状况的情况下,无法及时有效满足资金需求的风险;后者指由于市场深度不足或市场动荡,商业银行无法以合理的市场价格出售资产以获得资金的风险。识别、计量、监测和控制流动性风险的全过程即为流动性风险管理。[②] 2009 年 9 月,银监会发布《关于印发〈商业银行流动性风险管理指引〉的通知》,要求商业银行坚持审慎性原则,充分识别、有效计量、持续监测和适当控制银行整体及在各产品、各业务条线、各业务环节、各层机构中的流动性风险,确保商业银行无论在正常经营环境中还是在压力状态下,都有充足的资金应对资产的增长和到期债务的支付。该指引就流动性风险管理体系、方法和技术、监督管理作了相应的规定。

1. 流动性风险管理体系。商业银行的流动性风险管理体系应包括以下基本要素:(1)董事会及高级管理层的有效监控;(2)完善的流动性风险管理策

---

① 与国外先进银行相比,当前我国商业银行信用风险管理的现状不容乐观:首先,我国商业银行普遍尚未形成正确的信用风险管理理念,不能适应新时期业务高速发展及风险环境复杂的需要;其次,信用风险管理的组织机构不健全,仅仅依赖贷款部门的信贷员,远不能满足实际信用风险管理的需求;再次,不良贷款比例高,贷款资金趋向长期化、集中化,大多集中在房地产等领域,一旦累计的信用风险暴露出来,势必会造成严重的信贷损失;最后,内部评级制度不完善,风险揭示不够充分,极大地限制了内部评级和信息披露在风险防范和控制方面的作用。

② 参见《商业银行流动性风险管理指引》第 3～4 条。

略、政策和程序;(3)完善的流动性风险识别、计量、监测和控制程序;(4)完善的内部控制和有效的监督机制;(5)完善、有效的信息管理系统;(6)有效的危机处理机制。

2. 流动性管理方法和技术。商业银行的流动性管理方法和技术包括资产及负债的流动性风险管理、现金流量管理、压力测试、流动性应急计划等内容。

3. 流动性风险监督管理。商业银行流动性风险监督管理是一个完整体系,包括监管原则、监管程序、监管合作等方面。为推进 Basel III 的实施,《关于中国银行业实施新监管标准的指导意见》为改进对流动性风险的监管,提出下列具体措施:(1)建立多维度的流动性风险监管标准和监测指标体系;(2)引导银行业金融机构加强流动性风险管理;(3)合理安排过渡期。新的流动性风险监管标准和监测指标体系自 2012 年 1 月 1 日开始实施,对流动性覆盖率和净稳定融资比例分别给予 2 年和 5 年的观察期,银行业金融机构应于 2013 年底和 2016 年底前分别达到流动性覆盖率和净稳定融资比例的监管要求。①

(四)操作风险管理

操作风险是指因不适当或失败的内部程序、人员或系统,或外部事件而导致的损失。它与人为错误、系统失效、不充分的程序和控制紧密相连,同时会在无意中引发其他风险,是由各分行直接承担的商业银行主要风险之一。

2011 年 12 月 10 日,巴塞尔银行监管委员会发布《操作风险管理和监管的良好做法》,明确了监管机构对操作风险的监管职责,指出银行应对操作风险应建立"业务条线管理"、"独立的法人操作风险管理部门"、"独立的评估和

---

① 当前,我国商业银行流动性风险管理仍存在不少需要破解的难题,具体表现在:(1)流动性风险救助方式存在弊端。长期以来,我国弥补金融机构债务缺口的主要资金来源是中国人民银行的再贷款,这种成本分担机制可能诱发商业银行的道德风险,也可能损害纳税人的利益和国家公共资金的安全和效率。此外,过多使用再贷款容易导致通货膨胀逾期,不利于货币的长期稳定。(2)期限错配现象愈演愈烈。一方面,受我国金融市场快速发展,居民投资渠道增加等因素影响,居民储蓄活期化现象增多,另一方面,随着巴塞尔资本协议实施程度的加深,商业银行资产负债规模经营模式受到约束,银行为增加盈利不断提高中长期贷款所占比例。银行靠活期存款以及保证金存款等稳定性较差的负债来支持缺乏流动性的长期贷款,致使银行的信贷创造能力受到严重制约,也使其面临潜在的流动性风险。(3)风险管理体系尚不完善。我国商业银行过于注重流动性监管指标的良好表现,对流动性管理能力的提高不够重视,缺乏动态性的事前监控手段。此外,随着我国银行业务的不断拓展,不同市场间高度相关,流动性风险的蔓延速度加快,影响范围不断扩大,仅仅依赖单个银行流动性指标的良好表现,已不能完全反映其面临的流动性风险状况。

审查”三道防线,并提出了银行操作风险管理的11条原则。[①]

银监会2005年3月发布了《关于加大防范操作风险工作力度的通知》,2007年5月又发布了《关于印发〈商业银行操作风险管理指引〉的通知》,要求商业银行建立与本行的业务性质、规模和复杂程度相适应的操作风险管理体系,有效地识别、评估、监测和控制/缓释操作风险。操作风险管理体系的具体形式不要求统一,但至少应包括以下基本要素:(1)董事会的监督控制;(2)高级管理层的职责;(3)适当的组织架构;(4)操作风险管理政策、方法和程序;(5)计提操作风险所需资本的规定。

总体而言,我国商业银行与国际先进银行相比,在操作风险的度量和管理上,仍有较大的改进空间,主要存在以下问题:其一,对操作风险认识不清,缺乏操作风险度量和管理的意识;其二,对操作风险的管理仍处于识别、定性量化和追踪等初级阶段;其三,重事后清查,轻事前预防,相关内控工作不到位;其四,将操作风险的视角仅局限于传统业务的显性风险,忽略新兴业务特别是信息技术相关业务所带来的隐形风险;其五,管理手段落后,对操作风险的量化仅局限于应用基本指标法、标准法等简单的量化手段,定量分析方法欠缺;其六,信息披露不足使得银行在分析、度量操作风险的过程中,缺少足够的损失数据。[②] 这些问题应引起银监会和商业银行的重视,且亟待通过相关立法早日完善。

(五)声誉风险管理

所谓声誉风险,是指由商业银行经营、管理及其他行为或外部事件导致利

---

① 参见银监会:《巴塞尔委员会发布〈操作风险管理和监管的良好做法〉》,http://www.cbrc.gov.cn/chinese/home/docView/20110212AD748B7C5DB21251FFB2391A6B647D00.html,下载日期:2012年7月27日。

② 不容忽视的是,当前我国商业银行的声誉风险管理面临着以下严峻的挑战:(1)商业银行自身声誉危机意识不强,声誉管理理念滞后,难以有效识别和评估声誉风险,缺乏系统地管理声誉风险的合力,对声誉风险危机发生规律的认识不足,也没有防范危机的长远规划;(2)商业银行声誉风险管理意识淡薄,相关管理机制尚未规范,尚未建立完善的声誉风险监测和预警系统,声誉风险管理部门的职能也不完善,人才匮乏,声誉风险的管理培训及评估缺位;(3)“暴利”成为当今社会公众对国内商业银行的“共识”,商业银行得不到社会公众的认可,自身形象大打折扣,如果任由事态发展下去,可能会引发公众的信任危机,给我国商业银行的经营基础带来致命的打击。因此,银监会和商业银行应多管齐下,采取切实有效的措施,全方位防范各种声誉风险。参见陈倩:《我国商业银行操作风险管理的现状、问题及对策》,载《特区经济》2012年第9期。

益相关方对商业银行作出负面评价的风险。为引导商业银行有效管理声誉风险，银监会于 2009 年 8 月发布了《关于印发〈商业银行声誉风险管理指引〉的通知》，要求商业银行做到：(1)将声誉风险管理纳入公司治理及全面风险管理体系，建立和制定声誉风险管理机制、办法、相关制度和要求，主动、有效地防范声誉风险和应对声誉事件[①]，最大限度地减少对商业银行造成的损失和负面影响。(2)董事会应制定与本行战略目标一致且适用于全行的声誉风险管理政策，建立全行声誉风险管理体系，监控全行声誉风险管理的总体状况和有效性，承担声誉风险管理的最终责任。(3)商业银行应建立和制定适用于全行的声誉风险管理机制、办法、相关制度和要求，其内容至少包括：①声誉风险排查，定期分析声誉风险和声誉事件的发生因素和传导途径；②声誉事件分类分级管理，明确管理权限、职责和报告路径；③声誉事件应急处置，对可能发生的各类声誉事件进行情景分析，制定预案，开展演练；④投诉处理监督评估，从维护客户关系、履行告知义务、解决客户问题、确保客户合法权益、提升客户满意度等方面实施监督和评估；⑤信息发布和新闻工作归口管理，及时准确地向公众发布信息，主动接受舆论监督，为正常的新闻采访活动提供便利和必要保障；⑥舆情信息研判，实时关注舆情信息，及时澄清虚假信息或不完整信息；⑦声誉风险管理内部培训和奖惩；⑧声誉风险信息管理，记录、存储与声誉风险管理相关的数据和信息；⑨声誉风险管理后评价，对声誉事件应对措施的有效性及时进行评估。(4)商业银行应积极稳妥应对声誉事件，其中，对重大声誉事件，相关处置措施至少应包括：①在重大声誉事件或可能引发重大声誉事件的行为和事件发生后，及时启动应急预案，拟定应对措施；②指定高级管理人员，建立专门团队，明确处置权限和职责；③按照适时适度、公开透明、有序开放、有效管理的原则，对外发布相关信息；④实时关注分析舆情，动态调整应对方案；⑤重大声誉事件发生后 12 小时内，向银监会或其派出机构报告有关情况；⑥及时向其他相关部门报告；⑦及时向银监会或其派出机构递交处置及评估报告。

此外，银行业协会应通过行业自律、维权、协调及宣传等方式维护银行业的良好声誉，指导银行业开展声誉风险管理。银监会及其派出机构确定相应职能部门或岗位，负责对商业银行声誉风险管理进行监测和评估。

---

① 声誉事件是指引发商业银行声誉风险的相关行为或事件。重大声誉事件是指造成银行业重大损失、市场大幅波动、引发系统性风险或影响社会经济秩序稳定的声誉事件。

(六)信息科技风险管理

此处的信息科技，指计算机、通信、微电子和软件工程等现代信息技术，在商业银行业务交易处理、经营管理和内部控制等方面的应用，包括进行信息科技治理，建立完整的管理组织架构，制订完善的管理制度和流程。信息科技风险，指信息科技在商业银行运用过程中，由于自然因素、人为因素、技术漏洞和管理缺陷产生的操作、法律和声誉等风险。

2009 年 3 月，为加强商业银行信息科技风险的管理，银监会发布了《关于印发〈商业银行信息科技风险管理指引〉的通知》，就信息科技治理、信息科技风险管理、信息安全、信息系统开发测试和维护、信息科技运行、业务连续性管理、外包、内部审计、外部审计等事项作了具体的规定。该指引强调，信息科技风险管理的目标是通过建立有效的机制，实现对商业银行信息科技风险的识别、计量、监测和控制，促进商业银行安全、持续、稳健运行，推动业务创新，提高信息技术使用水平，增强核心竞争力和可持续发展能力。指引第三章专门规定了信息科技风险管理的相关事项，要求商业银行做到：(1)制定符合银行总体业务规划的信息科技战略、信息科技运行计划和信息科技风险评估计划，确保配置足够人力、财力资源，维持稳定、安全的信息科技环境；(2)制定全面的信息科技风险管理策略；(3)制定持续的风险识别和评估流程，确定信息科技中存在隐患的区域，评价风险对其业务的潜在影响，对风险进行排序，并确定风险防范措施及所需资源的优先级别(包括外包供应商、产品供应商和服务商)；(4)依据信息科技风险管理策略和风险评估结果，实施全面的风险防范措施；(5)建立持续的信息科技风险计量和监测机制。①

五、商业银行的财务会计管理

财务会计指通过对企业已经完成的资金运动全面系统的核算与监督，以为外部与企业有经济利害关系的投资人、债权人和政府有关部门提供企业的财务状况与盈利能力等经济信息为主要目标而进行的经济管理活动。商业银

---

① 与境外的监管情况相比，我国商业银行的信息科技风险管理仍存在以下问题：一是银行间信息科技水平差距较大，基层银行信息科技风险管理能力薄弱；二是董事会、管理层普遍对这一风险的重视力度不够，技术、业务、风险部门之间的沟通协调也十分欠缺；三是科技软硬件设施基础薄弱，灾备应急能力不足；四是信息科技风险专业人员缺乏，人员配置比例较低；五是商业银行信息科技项目开发水平有限，外包服务依赖性强。无疑，这些问题亟待监管机构和商业银行的进一步重视和解决。参见王飞、杨堃：《商业银行 IT 风险监管：国际经验和中国借鉴》，载《银行家》2012 年第 9 期。

行应加强企业的财务会计管理，依照法律和国家统一的会计制度以及银行业监督管理机构的有关规定，建立、健全本行的财务、会计制度。

(一)财务会计报告的管理

银行的财务报告主要是对业务经营过程中，银行的资产负债变化和经营情况、偿债能力、变现能力、业务的风险程度等方面的总括性反映，并据此对银行的财务状况进行正确的财务分析和财务评价。财务报表是财务报告的重要组成部分，主要包括资产负债表、利润表、财务状况变动表等三张主表。此外，还有利润分配明细表、固定资产明细表等一些重要的附表。

根据《商业银行法》第 51 条、第 55 条的规定，商业银行应当按照国家有关规定，真实记录并全面反映银行的业务活动和财务状况，编制年度财务会计报告，并及时向中国人民银行、国务院银行业监督管理机构和国务院财政部门报送。商业银行不得在法定的会计账册外另立会计账册，还应当按照国家有关规定保存财务会计报表、业务合同以及其他资料。此外，财政部于 2003 年 4 月发布的《关于印发〈国有商业银行年度财务会计报告披露办法(试行)〉的通知》，进一步规范了国有商业银行年度财务会计报告的编制和披露行为。

(二)会计档案管理

作为金融档案的重要组成部分，会计档案是商业银行各项业务活动的会计记录和重要史料，包括会计凭证、会计账簿、财务会计报告及其他会计资料。根据中国人民银行 2002 年 12 月发布的《关于印发〈银行会计档案管理办法〉的通知》的相关规定，银行应建立会计档案的归档、保管、查阅和销毁制度，做到会计档案的妥善保管、有序存放、方便查阅，防止会计档案毁损、散失、泄密。银行会计档案的保管期分为 3 年、5 年、15 年和永久保管，保管期限从会计档案形成的次年度算起，如有必要可以延长，但不能缩短。

六、商业银行的信息披露管理

为加强商业银行的市场约束，规范商业银行的信息披露行为，银监会于 2007 年 7 月发布了《商业银行信息披露办法》，就信息披露的内容、管理等方面的要求作了相关规定。

(一)信息披露的内容

商业银行应按照《商业银行信息披露办法》的规定，披露财务会计报告、各类风险管理状况、公司治理、年度重大事项等信息。其中，财务会计报告由会计报表、会计报表附注和财务情况说明书组成。

披露的会计报表应包括资产负债表、利润表(损益表)、现金流量表、所有者权益变动表及其他有关附表。商业银行应在会计报表附注中说明或披露如下事项:(1)会计报表编制基础不符合会计核算基本前提的情况;(2)本行的重要会计政策和会计估计;(3)重要会计政策和会计估计的变更、或有事项和资产负债表日后事项、重要资产转让及其出售;(4)关联方交易的总量及重大关联方交易的情况;(5)会计报表中重要项目的明细资料;(6)资本充足状况,包括风险资产总额、资本净额的数量和结构、核心资本充足率、资本充足率。

财务情况说明书应当对本行经营的基本情况、利润实现和分配情况以及对本行财务状况、经营成果有重大影响的其他事项进行说明。

商业银行应披露的各类风险和风险管理情况则包括:(1)信用风险状况;(2)流动性风险状况;(3)市场风险状况;(4)操作风险状况;(5)其他风险状况。商业银行应从下列四个方面对各类风险进行说明:(1)董事会、高级管理层对风险的监控能力;(2)风险管理的政策和程序;(3)风险计量、检测和管理信息系统;(4)内部控制和全面审计情况。

商业银行还应披露下列公司治理信息:(1)年度内召开股东大会情况;(2)董事会的构成及其工作情况;(3)监事会的构成及其工作情况;(4)高级管理层成员构成及其基本情况;(5)银行部门与分支机构设置情况。此外,商业银行应对独立董事的工作情况单独披露。

商业银行披露的本行年度重要事项,至少应包括下列内容:(1)最大10名股东名称及报告期内变动情况;(2)增加或减少注册资本、分立合并事项;(3)其他有必要让公众了解的重要信息。

商业银行应按《商业银行信息披露办法》规定的上述内容进行信息披露。该办法没有规定的,但若遗漏或误报某个项目或信息会改变或影响信息使用者的评估或判断时,商业银行应将该项目视为关键性项目予以披露。

(二)信息披露的管理

《商业银行信息披露办法》规定,商业银行信息披露的管理,应达到下列要求:(1)将信息披露的内容以中文编制成年度报告,于每个会计年度终了后的4个月内披露,因特殊原因不能按时披露的,应至少提前15日向银监会申请延迟;(2)将年度报告在公布之日5日以前报送银监会;(3)确保股东及相关利益人能及时获取年度报告,将年度报告置放在商业银行的主要营业场所,并按银监会相关规定及时登载于互联网网络,确保公众能方便地查阅。

商业银行董事会负责本行的信息披露。未设立董事会的,由行长(单位主要负责人)负责。董事会、行长(单位主要负责人)应当保证所披露的信息真实、准确、完整,并就其保证承担相应的法律责任。

资产总额低于10亿元人民币或存款余额低于5亿元人民币的商业银行，按照《商业银行信息披露办法》的规定进行信息披露确有困难的，经说明原因并制定未来信息披露计划，报银监会批准后，可免于信息披露。

（三）特别规定

银监会发布的《商业银行市场风险管理指引》第37条规定，商业银行披露其市场风险状况的定量和定性信息，披露的信息应当至少包括以下内容：(1)所承担市场风险的类别、总体市场风险水平及不同类别市场风险的风险头寸和风险水平；(2)有关市场价格的敏感性分析，如利率、汇率变动对银行的收益、经济价值或财务状况的影响；(3)市场风险管理的政策和程序，包括风险管理的总体理念、政策、程序和方法，风险管理的组织结构，市场风险计量方法及其所使用的参数和假设前提，事后检验和压力测试情况，市场风险的控制方法等；(4)市场风险资本状况；(5)采用内部模型的商业银行应当披露所计算的市场风险类别及其范围，计算的总体市场风险水平及不同类别的市场风险水平，报告期内最高、最低、平均和期末的风险价值，以及所使用的模型技术、所使用的参数和假设前提、事后检验和压力测试情况及检验模型准确性的内部程序等信息。此外，证监会于2008年7月发布的《公开发行证券的公司信息披露编报规则第26号——商业银行信息披露特别规定》，规范了公开发行证券并上市的商业银行的信息披露行为。

复习思考题

1. 简述商业银行的概念、性质与职能。
2. 简述商业银行法的概念、性质及调整对象。
3. 试论我国商业银行设立的条件及商业银行市场准入存在的问题。
4. 试论混业经营趋势下我国商业银行的法定业务范围及存在问题。
5. 简述我国商业银行资本金管理的主要内容。
6. 简述商业银行公司治理的主要内容。
7. 简述商业银行内部控制的目标、原则及基本要求。
8. 试论我国商业银行风险管理的发展现状、存在问题及法律对策。

第5章

政策性银行法

政策性银行，既不同于中央银行，也不同于商业银行，是专门承担政策性银行业务的银行。在市场经济的金融体制中，政策性银行的存在旨在弥补市场失灵，贯彻国家特定经济政策，完善一国的金融体系。政策性银行法是规定政策性银行组织和行为的法律规范的总称，主要内容包括政策性银行的设立宗旨、性质、地位、经营范围、资金来源与资金运作、组织机构等。我国于1994年相继成立了国家开发银行、中国农业发展银行、中国进出口银行三家政策性银行，并开展了相应的政策性银行业务。在国外，往往都是在成立政策性银行之前，先制定政策性银行法，以保障其规范运作。而目前，我国尚没有针对政策性银行的专门立法，各政策性银行的组织及其业务开展还主要是依据各自的银行章程和有关法律、法规、规章的相关规定，这对达到国家设立政策性银行的目的和实现政策性银行的规范运作和持续健康发展十分不利。因此，必须加快政策性银行的立法工作。本章就有关政策性银行、政策性银行法和我国政策性银行的一般原理作了较为详细的介绍。

第一节　政策性银行概述

一、政策性银行的产生与发展概况

（一）政策性银行的产生

政策性银行是在市场经济发展到一定阶段后，为满足不同的历史阶段下不同的经济需求而产生的。20世纪30年代以前，古典经济学理论认为市场机制是完美的、万能的，具有自我调节的功能，自由竞争会促进各种生产要素得到合理的配置，实现总供给和总需求的均衡。1929年至1933年的资本主义经济危机暴露了市场机制的内在缺陷，凯恩斯主义的兴起，也为政策性银行的建立奠定了理论和实践的基础。凯恩斯主义认为，只有国家对整个经济体系进行调节和控制，才能使全社会的经济活动正常运转，而国家实现经济均衡的手段主要是财政政策和金融政策。现代市场经济国家为了弥补市场缺陷，实现金融资源的合理配置，需要专门机构来实现国家干预经济的职能。在此背景下，政策性银行应运而生。

经济危机之后，政策性银行得以产生，并在长期投资、农业、进出口贸易和住房金融领域获取长足发展。这一阶段产生的政策性银行主要有：美国依据《1932 年住房贷款银行法》建立的美国联邦住房贷款银行和联邦住房抵押贷款管理局，依据《1933 年农业信贷法》建立的合作社银行体系，1934 年成立的华盛顿进出口银行(1968 年改名为美国进出口银行)；法国依据 1936 年 8 月 19 日法令建立起的法国国家市场金库等。[①]

政策性银行的产生，一方面可以弥补市场缺陷，补充商业银行的不足，填补信用缺口；另一方面，可以通过“溢出效应”引导资金流向，发挥政策性金融的首倡功能和牛铃效应。所以，政策性银行的存在具有内在的合理性。[②] 作为弥补市场缺陷，贯彻国家社会经济政策意图的专业化金融机构，政策性银行不论是在过去、现在抑或是将来，都有存在的必要和发展的空间；不论是市场经济不发达的国家，还是市场经济高度发达的国家，都需要政策性银行发挥其重要作用。[③]

(二)政策性银行的发展现状

二战结束后至 20 世纪 90 年代是政策性银行在世界范围内广泛普及与深入发展的时期。该时期还可进一步分为两个阶段，第一个阶段是从二战结束到 20 世纪 50 年代末，政策性银行在西方工业国家和部分发展中国家大量涌现。二战后，除美国以外的资本主义国家的经济都遭受了严重的破坏，为了恢复与重建经济，各国纷纷建立起政策性银行。典型的国家如日本，其政策性银行——“两行九库”中有 9 家是在这一时期建立的。这一时期，还出现了许多

---

① 朱崇实主编：《金融法教程》，法律出版社 2011 年第 3 版，第 193～194 页。

② 实践中，关于政策性银行重视市场操作，热衷追逐利润向商业银行“转型”的倾向，有人认为这实际上是一种不公平竞争，甚至由此主张取消政策性银行。但也有人认为，近年来某些国家出现的政策性银行机构的调整和业务总量的缩减，其实只是不同国家政策性银行体系应对本国经济金融现实的局部调整，并不是也不能成为未来取消政策性银行的证据和理由。参见张守增：《我国政策性银行法律归属辨明》，载《人民法院报》2003 年 12 月 5 日。

③ 杨松等著：《银行法律制度改革与完善研究》，北京大学出版社 2011 年版，第 263～264 页。

支持中小企业的政策性银行，专门解决中小企业的融资问题。第二个阶段是在20世纪60年代以后，随着帝国主义殖民体系的逐渐瓦解，发达国家的政策性银行逐渐停滞和蜕化，广大发展中国家却开始纷纷建立政策性银行。新兴独立国家为了缩小与发达国家的经济差距，迫切需要发展经济，然而不健全的金融体系难以满足各生产部门的资金需求。政策性银行的建立，弥补了新兴国家金融体系的不足，成为实现政府经济发展战略目标的一种工具，典型如印度成立的工业开发银行、进出口银行等。[①]

随着市场经济的逐渐成熟，国外的政策性银行业发生了许多的变化。到20世纪80年代，各国政策性银行纷纷转型，有的业务收缩，有的机构转型，或商业化或综合开发。相比之下，向综合性开发金融机构[②]转型似乎是政策性银行改革和发展的主流。但是，2008年席卷全球的金融危机给金融业带来了新的思考，也为政策性银行带来了新的挑战，一些主要国家政策性银行业出现了一些新的变化：一是政策性银行在维护国家经济和金融稳定方面的作用凸显。二是政策性银行并购和重组升温。三是金融服务日益专业化与多样化。随着政策性银行经营自主权的增强，其金融服务也突破了原来的中长期信贷领域，开始涉足投资银行业务和信托、证券业务，实现了经营服务多样化。同时，专注于某一领域的专业化金融服务，也在不断积累着其在特定领域的风险管理经验，并取得了积极的效果。四是政策性银行私有化或商业化转型进程推迟，政策性银行改革前景模糊。在金融危机爆发前，政策性银行商业化转型似乎是一种主流趋势和主导思想，但金融危机的爆发使一些尚未完成转型的国家，不得不重新审视改革方向，对商业化转型之路或观望、或质疑，一些国家放缓了原来的私有化或商业化的转型进程。比如，2009年6月26日《日本投资银行法》的最新修改就将政府出售股份的日程由原来的2013年到2015年延长至2017年到2019年。[③] 无疑，面对新的形势，我国政策性银行在转型过程中将如何审视和面对商业化转型问题，也是我们在后金融危机时代必须思考和研究的问题。

---

① 韩龙主编：《金融法》，清华大学出版社、北京交通大学出版社2008年版，第207页。

② 开发性金融机构一般为政府拥有、赋权经营，具有国家信用，体现政府意志，并把国家信用与市场原理有机结合起来。开发性金融一方面以市场化方式服务国家发展战略和目标，另一方面有助于增强金融机构的竞争力，实现持续发展。

③ 杨松等著：《银行法律制度改革与完善研究》，北京大学出版社2011年版，第267～268页。

二、政策性银行的概念与特征

政策性银行是指由政府创立、参股或保证的，不以营利为目的，专门用来贯彻国家特定经济政策，在特定领域开展政策性融资业务的专业金融机构。简而言之，政策性银行是专门承担政策性银行业务的银行。具体来讲，政策性银行负责专门贯彻、配合政府社会经济政策或意图，在特定业务领域内，直接或间接地从事政策性融资活动，充当政府发展经济、服务社会和进行宏观经济管理的工具。①

在市场经济国家中，政策性银行既不同于“政府的银行”——中央银行，也不同于一般的私人或民间所有的商业银行，其主要具有以下六个方面的特征：

第一，政策性银行以贯彻国家的经济政策为目标，不以营利为目的。政策性银行创立的宗旨和其业务本身的性质决定了政策性银行是以贯彻国家特定的产业政策、区域发展战略为目标，是以社会公益为依归，而不是以营利为目的。这是政策性银行与一般商业银行的本质区别，它是以社会整体利益和社会效益为追求的特殊的金融机构。

第二，政策性银行多由政府出资创立、参股或保证。政策性银行大多是由政府直接全资创立，如我国的三大政策性银行，日本的“二行九库”(即日本开发银行、日本输出入银行、国民金融公库、中小企业金融公库、中小企业信用保险公库、环境卫生金融公库、农林渔业金融公库、住宅金融公库、公营企业金融公库、北海道东北开发金融公库、冲绳振兴开发金融公库)，以及美国的进出口银行、韩国的开发银行等。也有一些国家的政策性银行是由政府参与部分股本，联合商业银行和其他金融机构共同设立。如法国的对外贸易银行，即由法国的中央银行——法兰西银行、信托储蓄银行以及几家大型商业银行和其他金融机构投资组成。② 但是，随着社会的发展和经济进步，一些国家的政策性银行逐渐弱化了自身政策性融资的地位，并逐渐私有化。例如，美国于1933年成立的农业合作银行，就是由联邦政府出资设立的政策性银行，但在1960年其全部股份实现了私有化。③

第三，政策性银行具有特定的业务领域和明确的服务对象。政策性银行一般都是专业性或开发性的金融机构，具有明确的业务领域和服务对象。例

① 王卫国主编：《银行法学》，法律出版社2011年版，第339页。

② 朱大旗主编：《金融法》，中国人民大学出版社2007年第2版，第240页。

③ 朱崇实主编：《金融法教程》，法律出版社2011年第3版，第192～193页。

如为农业服务的农业信贷银行、为进出口服务的进出口银行、为住宅服务的中小企业银行等等。我国的三家政策性银行分别都有自己专门的业务领域。国家开发银行服务于国家基础设施、基础产业、支柱产业和高新技术产业重点建设项目;农业发展银行服务于农业和农村;进出口银行服务于我国机电产品、高新技术产品进出口和对外承包工程及各类境外投资。政策性银行一般不吸收公众存款,业务往往涉及地区开发、农业、住房、进出口贸易、中小企业、经济技术开发等基础部门或领域。这些领域的共同特点是不易得到商业性金融机构的资金融通,因而需要由政府设置专门的金融机构予以特殊的资金支持。虽然随着国家经济和社会的发展变化,政策性银行的扶持重点会有所变化,但是银行本身所服务的领域并不会发生根本变化。

第四,政策性银行有自己独特的融资方式。一是资金的来源:财政拨款、发行政策性金融债券是其主要的资金来源,一般不向社会公众吸收存款,出现偿还困难时由国家财政补贴亏损。二是融资对象特定:融资对象必须是难以从其他商业性金融机构得到所需资金的部门或领域。三是融资条件优惠:政策性银行提供的中长期信贷资金的贷款利率明显低于商业银行的同类贷款利率,有的甚至免息。四是融资的引导性:政策性银行对其他金融机构自愿从事的符合国家政策意图的放款活动给予偿付保证、利息补贴或者再融资,引导、支持和鼓励更多其他金融机构按照国家政策意图开展政策性融资活动。

第五,政策性银行一般实行立法先行、一行一法的原则。立法先行是政策性银行的制度基石。通过立法,可以明确政策性银行的"独立法人"的地位,有助于防止政府随意和过多的干预。不同的政策性银行有各自的特殊业务和运作方式,不宜由一部政策性银行法对其进行调整,绝大多数国家以单独的法律、条例规定每一政策性银行的宗旨、经营目标、业务领域与方式、组织体制等,即"一行一法"。

第六,政策性银行的活动领域和运作模式往往根据社会经济环境的变化而适时调整。[①] 政策性银行的政策性特征决定了其要根据外部市场环境的变化调整业务重点。例如,日本政策投资银行在成立之初的融资重点是帮助提升电力、海运、煤炭和钢铁四大基础产业的生产力;20 世纪 60 年代,融资的重点是产业构造高度化的特定机械工业(包括电子工业)以及与此相关联的石油化学、合成纤维等新兴产业;20 世纪 70 年代,融资的重点转向城市开发、地区开发、公害对策、能源保障、高科技开发等领域;20 世纪 80 年代后,尤其是 90

① 王卫国主编:《银行法学》,法律出版社 2011 年版,第 341 页。

年代，融资重点则是生活、社会基础设施，环境、能源对策，经济结构改革和地域发展等。为适应经济环境的变化，政策性银行往往不断调整其运行模式。目前，国际上政策性银行的活动领域和运作模式的主要发展趋势是：完全商业化运行模式不断出现；政策性运行模式走向高度专业化，政策业务日益规范透明；综合型运行模式盛行，机构商业化趋向日趋明显。[①]

三、政策性银行的职能

政策性银行既具有商业银行和金融机构必须具备的职能和性质，又具有商业银行所不具备的特殊职能，这种结合使其具备了贯彻、配合政府政策或意图的融资性质。

（一）政策性银行的一般职能

政策性银行的一般职能与商业银行的基本职能相同，即金融中介职能。具体地讲，政策性银行通过负债业务吸收资金，再通过资产业务将资金投入到所需的单位和项目，从而担负起金融中介的职能，实现资金的融通。不过，其资金多来源于国家财政资金或金融市场上筹集的资金，而非吸收公众的存款；在资金运作方面，多为长期投资或者中长期贷款。

（二）政策性银行的特殊职能

1. 倡导职能

倡导职能，即指政策性银行以直接的资金投放或间接地吸引民间或私人金融机构从事符合政府意图的放款，发挥其引导资金流向的作用。由于政策性银行的投资、融资行为，往往都体现了政府的意愿并反映了经济发展的长远目标。因此，政策性银行一旦决定对某些领域提供贷款，或者减少甚至退出对另一些领域的投资，则表明政府对相关部门、行业、地域的扶持意愿，从而引导其他金融机构的放款和投资者的投资意向，促使政府经济目标的实现。

2. 弥补职能

弥补职能，即指政策性银行的金融活动客观上对商业银行按市场原则配置资金所形成的缺陷和不足予以弥补，使得以商业银行为主体的金融体系在运作上更为完善。例如，当商业银行不愿意对高风险、低收益、周期长的项目投资时，只要这些项目符合政策的需要，政策性银行就应进行融资补充。

3. 选择职能

---

① 面对这种趋势，我国政策性银行在经济社会发展中应如何适应环境的变化、界定其活动领域、调整其运作模式？这是我们无法回避的问题，需要我们去思考、研究和探索。

选择职能,即指政策性银行对融资领域的确定是有选择的,而非任意的。当市场机制对于某些重要基础产业不予选择的时候,这些领域(即商业银行不愿意融资的领域)就由政策性银行以政府的机制予以选择,从而体现政策性银行融资的特殊性。例如,政策性银行选择的农业、住房、中小企业、落后地区的开发等领域,都是商业银行不愿意涉足的领域。此外,随着金融市场选择的不断变化,政策性银行的投资、融资对象,都会及时进行调整。

4.调控职能

调控职能,即指政策性银行通过对特定行业或领域的扶持、对金融资金流向的引导,以实现政府的产业发展战略、地区发展战略,确保生产力布局均衡、产业结构合理并控制固定资产规模。政策性银行调控职能是倡导职能和弥补职能的必然结果。

5.服务职能

服务职能,即指政策性银行以其专业银行的特征和其在金融领域内所拥有的高级人才和丰富经验,能够为政府经济政策和产业政策提供参谋、指导,为企业提供各方面的金融或非金融服务。

四、政策性银行的法律地位

(一)政策性银行的法律地位

政策性银行一般都是立法先行,其法律地位大都在有关的单行法律或者行政法规中予以明确规定。各国对政策性银行法律地位的规定主要有以下方面:(1)政策性银行具有独立法人资格。例如,韩国、日本的政策性银行都在相应的法规中明确其法人地位。(2)政策性银行不以营利为目的,与商业银行不同,是服务于公共利益的。(3)政策性银行不是国家机关,不享有金融行政管理权。这与中央银行和金融监管机构不同。(4)政策性银行是依照特别银行法,而非普通银行法开展经营活动的。

总之,政策性银行的法律地位可以表述为:政策性银行是根据特别法规定,以公益为目的,实行企业化管理的特殊法人。在学理上,有人称之为公益法人。[1]

(二)政策性银行的外部关系

政策性银行的法律地位,可以从它在行使职能、办理业务的过程中与政府部门、中央银行、银行业监管机构、商业银行、客户之间发生的关系上进一步

① 汪鑫主编:《金融法学》,中国政法大学出版社2011年第4版,第115页。

分析。

1.政策性银行与政府的关系

政策性银行与政府之间存在着密切联系，具体体现在：在创立上，政策性银行由政府全部或部分出资设立，并由国家权力机关或政府颁布法律法规对其进行规范，政府是政策性银行的坚强后盾。在资金上，政策性银行以政府的财政为后盾。政策性银行一旦出现亏损，一般由财政弥补。政策性银行的业务活动实质上是一种财政投资融资活动。在人事上，政策性银行的高层管理人员和内部监督机构人员通常都由政府任免。在经营上，政策性银行以贯彻政府的经济政策、产业政策和区域发展战略为目标。在管理上，政策性银行通常由政府相应的部门归口管理，例如进出口银行由外贸部门管理，农业政策性银行由农业部门管理，开发银行由计划部门管理。而且，政策性银行普遍与政府的财政部门存在着密切的关系。

2.政策性银行与中央银行的关系

政策性银行与中央银行的关系松散，中央银行一般不直接管理政策性银行，因为政策性银行不以营利为目的，不具有信用创造的能力。但是，中央银行依旧会在经营方面给予其必要的资金支持与业务指导。政策性银行开展的金融业务也要尽可能与中央银行的政策目标保持一致。具体而言，政策性银行与中央银行的关系表现在：在资金来源上，中央银行向政策性银行提供的再贴现、再贷款或专项基金是政策性银行资金的来源之一；在存款准备金方面，一些国家的政策性银行仍需向中央银行缴纳存款准备金；在人事管理方面，中央银行和政策性银行实行人事结合。政策性银行的决策机构、监事机构中配有中央银行的代表，以利于协调与合作。

3.政策性银行与银行业监管机构的关系

在一些设有银行业监管机构的国家，政策性银行被纳入监管范围，但在具体的监管上有别于一般商业银行。例如，在我国，《中国人民银行法》和《银行业监督管理法》都将政策性银行明确界定在“银行业金融机构”的范畴，两部法律对政策性银行与其他类型银行业金融机构基本上是相同适用的。不同的是，《银行业监督管理法》第48条对政策性银行作出了例外规定，即“法律、行政法规对政策性银行的监督管理另有规定的，依照其规定”。由此可知，政策性银行也被正式纳入到银监会的监管范围中，只是其在具体的监管方式和标准上有别于一般的商业银行。

4.政策性银行与商业银行的关系

政策性银行与商业银行是一国金融体系中两个不可或缺的部分，二者之间是平等、并存、职能互补、业务协作的关系。政策性银行与商业性银行在法律地位上是平等的。前者往往体现一定的官方色彩，依法享有某些政策性优惠待遇，但在业务方面并无凌驾于后者之上的权利。商业银行以营利为目的，构成一国金融体系的主体，承办绝大部分的金融业务；政策性银行则不以营利为目的，一般承办商业银行不愿或不能办理的金融业务，在商业性金融业务活动薄弱或遗漏的领域开展活动，对商业银行起到补充、辅助和引导的作用，二者之间并非替代、竞争的关系。政策性银行受分支机构缺乏的限制，其政策性业务的开展往往通过商业银行再转贷给最后贷款人。另外，政策性银行对商业银行进行的符合政策性要求和需要的业务活动给予再贷款、利息补贴和偿还担保，以此来鼓励和支持商业银行开展这类业务活动，并在业务上进行一定的监督。因此，两者在业务上存在着一定程度的协调与配合关系。

5. 政策性银行与客户之间的关系

政策性银行虽有特定的经营范围和业务范围，但政策性银行与客户之间的关系是平等主体之间的业务往来关系，这种业务往来关系主要表现为存款关系、贷款关系和投资关系。

第二节 政策性银行法的概念、性质以及法律渊源

一、政策性银行法的概念

政策性银行法是规定政策性银行组织和行为的法律规范的总称，主要内容包括政策性银行的设立宗旨、性质、地位、经营范围、资金来源与资金运作、组织机构等。广义的政策性银行法包括所有有关政策性银行的法律规范；狭义的政策性银行法仅指立法机关制定的专门规范政策性银行的法律。[①] 政策性银行法调整的对象是政策性银行的业务关系和监督管理关系。

政策性银行一般实行单独立法，以确保政策性银行的规范运作。西方发达国家一般都制定单独的政策性银行法，如日本的《日本开发银行法》(1952年3月31日公布)、《输出入银行法》(1955年4月10日公布)、《国民金融公库法》(1950年5月2日公布)、《住宅金融公库法》(1951年5月6日公布)，德国的《复兴开发银行法》(1948年11月公布)，美国的《农业信贷法》(Farm

① 陶广峰主编：《金融法》，中国人民大学出版社2009年版，第80页。

Credit Act Of 1933)(1933年)、《联邦住房贷款银行法》(Federal Home Loan Bank Act)(1932年)、《全国住房建筑法》(National Housing Act)(1938年)等。[①]

从世界各国政策性银行法律制度看,政策性银行法大致体现出如下特征:第一,立法先行,机构在后。在成立政策性银行之前,先制定政策性银行法,对政策性银行设立的宗旨与目标、设立程序、业务范围、组织机构、业务规则等内容作出具体规定,再依照法律的规定,设立政策性银行并依法开展业务活动。第二,单独立法,一行一法。在各国的实践中,不同的政策性银行有各自不同的宗旨、目标、业务领域和范围等,不宜由一部政策性银行法对其调整,因此各国对不同政策性银行单独立法,一行一法,制定并使之适用不同的法律。第三,政策性银行法是实体和程序相结合的法。政策性银行法既对政策性银行的机构、组织内容作出规定,又对政策性银行的业务作出规定,具有综合性。第四,变化较快,具有易变性。由于政策性银行的政策属性以及经济、社会发展的动态性,政府若意欲通过政策性银行来干预并调控经济、社会的发展,就必须与时俱进,不断调整政策性银行法来及时反映国家政策的变化。

二、政策性银行法的性质

政策性银行法是专门调整政策性银行业务关系和监督管理关系的法律,体现在调整政策性银行法律关系时所形成的经济法律关系,属于经济法范畴。

由于政策性银行的业务开展是以服从政府发展经济、调整产业结构等需要为前提的,其与客户之间的业务关系并非简单的平等自愿、等价有偿的金融交易关系,也正因为此种关系,政策性银行法属于金融调控法的范畴,体现出平衡协调法的性质,这一性质表现在整个政策性银行法的体系之中。此外,政策性银行创立的宗旨和其业务本身的性质决定了政策性银行是以贯彻国家特定的产业政策、区域发展战略为目标的,其以社会公益为依归,而不是以营利为目的,这也体现出政策性银行法的社会本位法性质。

三、政策性银行法的法律渊源

一般讨论金融法的渊源,包括政策性银行法的渊源,主要指以下制定法的内容:金融法律、金融行政法规、金融行政规章、金融地方性法规、金融国际公约和国际惯例。政策性银行法的表现形式具有自己的特点,既涉及实体法的

① 强力、王志诚著:《中国金融法》,中国政法大学出版社2010年版,第42页。

内容,又与程序法相关。①

政策性银行立法在国外的实践历史悠久,伴随着政策性银行的发展而逐渐产生、完善。由此,制定法构成政策性银行法的主要渊源。在20世纪中期以前,美国就先后制定了《联邦农业信贷法》、《1932年住房贷款银行法》、《1933年农业信贷法》、《1945年进出口银行法》。第二次世界大战结束到20世纪50年代,各国政策性银行立法日益成熟,其中以日本最为典型,在这一时期,日本先后制定了《复兴金融公库法》、《开发银行法》、《输出入银行法》、《中小企业信用保险公库法》、《国民金融公库法》、《住宅金融公库法》、《公营企业金融公库法》、《农林渔业金融公库法》、《中小企业金融公库法》、《北海道开发公库法》、《环境卫生金融公库法》、《冲绳振兴开发金融公库法》等。20世纪60年代以后,一些发展中国家也逐步建立了自己的政策性银行法律体系。如印度制定了《农业中间信贷和开发公司法案》、《工业开发银行法》、《建立地区农村银行法令》等;韩国制定了《中小企业银行法》、《农业协同组织法》、《住房银行法》、《进出口银行法》等;泰国的政策性银行立法有《农业和农业合作社条例》、《政府住房银行条例》、《工业金融公司条例》等。② 在我国,法的渊源基本上都是制定法,政策性银行法也不例外,其表现形式主要有以下几个方面:

第一,法律层面:《中国人民银行法》、《中华人民共和国银行业监督管理法》、《中华人民共和国中小企业促进法》等法律中规定了有关政策性银行的若干条款。

第二,行政法规层面:我国的政策性银行是依据国务院的决定和行政命令设立并运作的,这主要包括国务院《关于金融体制改革的决定》(1993年12月25日)、《关于组建国家开发银行的通知》(1994年3月17日)、《关于组建中国进出口银行的通知》(1994年3月19日)、《关于组建中国农业发展银行的通知》(1994年4月19日),经国务院批准的《国家开发银行章程》、《国家开发银行组建和运行方案》、《中国进出口银行章程》、《中国进出口银行组建和运行方案》、《中国农业发展银行章程》、《中国农业发展银行组建和运行方案》等。

第三,部门规章层面:主要是中国人民银行、中国银行业监督管理委员会、财政部等有关部门制定的涉及政策性银行组织机构、业务运作、人事任职资格、财务制度、审计制度等方面的有关规定。例如财政部1997年10月23日

---

① 韩龙主编:《金融法》,清华大学出版社、北京交通大学出版社2008年版,第218页。

② 陶广峰主编:《金融法》,中国人民大学出版社2009年版,第81页。

发布的《国家政策性银行财务管理规定》。

第四，其他规范性文件：我国政府与外国政府、国际金融组织签订的一些有关国际金融的双边或多边协定，如2003年《中华人民共和国与国际复兴开发银行贷款协定(西部地区基础教育项目)》、1996年《中华人民共和国与亚洲开发银行开发信贷协定(山西扶贫项目)》等；我国地方政府发布的有关地方性法规，如《锦州市利用国家开发银行贷款资金管理办法》等。

第三节 我国政策性银行的立法现状以及存在的问题

一、我国政策性银行的立法现状

与国外先制定有关的政策性银行法，再依法建立和运作政策性银行的做法不同，我国是根据1993年11月《中共中央关于建立社会主义市场经济体制若干问题的决定》和1993年12月《国务院关于金融体制改革的决定》等文件，于1994年相继建立了国家开发银行、中国农业发展银行、中国进出口银行，实现了银行业金融机构政策性业务与商业性业务分离的目标。目前，我国涉及政策性银行的法律文件主要有：第一，在法律层面，《中国人民银行法》第35条的规定：中国人民银行对国家政策性银行的金融业务进行指导和监督；第二，在行政法规层面，主要包括国务院《关于金融体制改革的决定》、《关于组建国家开发银行的通知》、《关于组建中国进出口银行的通知》、《关于组建中国农业发展银行的通知》，经国务院批准的《国家开发银行章程》、《国家开发银行组建和运行方案》、《中国进出口银行章程》、《中国进出口银行组建和运行方案》、《中国农业发展银行章程》、《中国农业发展银行组建和运行方案》等；第三，在部门规章层面，主要有中国人民银行、中国银行业监督管理委员会、财政部等有关部门制定的涉及政策性银行组织机构、业务运作、人事任职资格、财务制度、审计制度等方面的有关规定。但是在我国政策性银行建立及以后的营运过程中，一直未能制定出相应的政策性银行法。

二、我国政策性银行立法存在的问题

国外一般是通过立法的形式对政策性银行的经营范围，资金来源，资金运用方式，及其与政府、中央银行、银行监管机构及商业银行的关系等作出明确的规定。而我国自1994年三家政策性银行成立及在此后的营运过程中，关于

政策性银行的立法却一直未能出台，我国政策性银行立法是滞后和欠缺的。也正是由于政策性银行法律制度的严重缺失，对政策性银行的经营范围、运行规则、违规处罚等都没有明确的规定，我国三家政策性银行均按照国务院的有关指示和基于自身利益要求制定的《章程》经营发展，这些通知或章程的权威性、稳定性和严肃性较差，且形式较为混乱，内容彼此冲突，缺乏规范性和系统性，有些内容甚至已经不能适应新形势发展的需要，反映出我国政策性银行立法的滞后和欠缺。

正是由于上述立法上存在的缺陷，我国政策性银行在经营和发展过程中，越位、缺位、错位等现象时有发生。有的政策性银行为了获取更大的生存发展空间，受利益驱使，出现盈利冲动和信用扩展的行为，衍生出许多商业行为，使政策性银行与商业银行在某些领域形成激烈的竞争局面。政策性银行在这种无法律制度约束的情况下运行，具有明显的缺陷：一是使得政策性银行在业务开展过程中存在“摸着石头过河”的问题，业务开展没有规范性；二是使得对政策性银行的监管无法可依，流于形式，金融风险隐患大；三是使得政策性银行与政府的行为边界模糊不清，行政力量干预并制约着政策性银行的职能发挥和金融创新。[①] 因此，我们必须尽快完成政策性银行立法。一方面，立法应给政策性银行提供确定的行为规范与指引；另一方面，立法必须明确政策性银行的地位，理顺其与政府、商业银行等相关机构的关系，为政策性银行的发展创造良好的外部法律环境。

第四节　我国政策性银行的发展概况与转型

为建立适应社会主义市场经济需要的金融体制，国务院于 1993 年 12 月 25 日发布了《关于金融体制改革的决定》的规定，提出深化金融改革的内容和目标。按照《关于金融体制改革的决定》的规定，我国于 1994 年正式将商业银行与政策性银行分离分立，建立了国家开发银行、中国进出口银行和中国农业发展银行三家政策性银行。政策性银行的组建，有利于国家对固定资产投资规模的控制和对国家产业结构的调整，有利于国有专业银行向现代商业银行的转变，也有利于中央银行对货币信用总量的调控。十几年来，我国政策性银

① 杨松等著：《银行法律制度改革与完善研究》，北京大学出版社 2011 年版，第 274～275 页。

行在政策性领域金融开发方面发挥了积极的作用，随着我国经济社会的发展对政策性金融提出的新要求，近年来，政策性银行也陆续迈开变革或转型的步伐。[①]

一、国家开发银行的发展概况与转型

（一）国家开发银行的发展概况

国家开发银行成立于 1994 年 3 月 17 日，是一家以国家的基础设施、基础产业和支柱产业为主要融资对象，办理政策性贷款及贴息业务的政策性银行。国家开发银行设立的宗旨是集中资金以支持国家重点项目建设，缓解经济发展的“瓶颈”制约，增强国家对固定资产投资的宏观调控能力。国家开发银行的主要任务是建立长期稳定的资金来源机制，筹集和引导社会资金用于重点建设，办理政策性重点建设贷款和贴息业务，从资金来源上对固定资产投资总量及结构进行控制和调节，按照社会主义市场经济的原则，逐步建立投资约束和风险责任机制，提高投资效益，促进国民经济的持续、快速、健康发展。国家开发银行成立时注册资本为 500 亿元人民币，全部由财政部负责拨付。其最主要的资金来源是向金融机构发行金融债券。

国家开发银行的主要业务是：管理和运用国家核拨的预算内经营性建设基金和贴息资金；向国内金融机构发行金融债券，向社会发行财政担保建设债券；办理有关的外国政府和国际金融组织贷款的转贷，经国家批准在国外发行债券，根据国家利用外资计划筹借国际商业贷款；向国家基础设施、基础产业和支柱产业中的大中型基本建设和技术改造等政策性项目及其配套工程发放政策性贷款；办理建设项目贷款条件评审、咨询和担保等业务；为重点建设项目物色国内外合资伙伴，提供投资机会和投资信息；经批准的其他业务。

（二）国家开发银行的转型

2008 年 12 月 16 日，国家开发银行股份有限公司在北京成立，注册资本为 3000 亿元人民币。财政部和中央汇金投资有限责任公司分别持有 51.3%

---

① 目前，国内关于政策性银行的改革有三种观点：第一种是坚持传统政策性银行的思路，加大政府投入，严禁与商业性金融交叉或竞争，专注于单一的政策性金融业务；第二种是政策性银行向商业化转型，改变其国有独资的性质，实现股权多元化，市场运作；第三种是政策性银行向综合性开发性金融机构转型即保留政策性银行国家信用的隐形支持，采用分账管理或者母子公司的形式分别经营政策性金融业务和商业性金融业务。参见张涛、卜永祥：《关于中国政策性银行改革的若干问题》，载《经济学动态》2006 年第 5 期。

和48.7%的股权,依法行使出资人权利和履行其义务。国家开发银行整体改制为国家开发银行股份有限公司,标志着我国政策性银行改革与转型取得了重大进展。2009年8月31日,国家开发银行全资持有的投资公司,即国家开发金融有限责任公司正式成立。2010年8月15日,国家开发银行全资拥有的国开证券有限责任公司正式成立。至此,国家开发银行已经初步搭建起其独具特色的综合化经营架构,逐步建立起"一拖二"(一个集团公司,两个子公司)的改革架构,向综合性开发银行转变。

经过十几年的努力,国家开发银行初步建立了符合国际惯例的管理体制和运行机制,正在完成转型。截至2011年末,国家开发银行资产总额突破6万亿元,不良贷款率为0.4%,连续27个季度低于1%。2011年全力支持铁路、电力、公路等重大基础设施建设,有效缓解了部分在建续建项目资金链断裂的风险。2010年积极推动区域协调发展,向中西部地区和东北老工业基地新增贷款4333亿元,其中新增西藏和四省藏区贷款228亿元,居金融机构首位;积极促进产业升级、战略性新兴产业发展及文化产业发展,文化产业贷款余额1204亿元,居同业第一;大力推进绿色信贷和低碳金融,节能减排和环保贷款余额6583亿元,同比增长33%。民生领域是国开行2011年支持的重点:新增保障性安居工程贷款1095亿元,同业占比60%以上;发放水利贷款307亿元;新农村建设贷款发放1432亿元,重点支持粮食作物和"菜篮子"基地建设;继续加大对中小企业的支持力度,贷款发放同比增长25%;扩大助学贷款受益面,发放贷款100亿元,累计支持学生560万人次。截至2011年末,国开行外汇贷款余额2100亿美元,资产质量继续保持优良。[1]

目前,国家开发银行的发展定位是:债券类、中长期、批发性银行。业务范围包括两基一支(国家的基础设施、基础产业和支柱产业)、基层金融和国际合作,涉及投资、贷款、债券、租赁等业务。但目前,国家开发银行面临着法律定位的困境,即国家开发银行本质上是政策性银行还是商业性银行。如果是政策性银行,那么应如何防止其利用国家主权级信用和财政信贷资金从事商业性金融业务,如何防范其所从事的商业性金融业务的风险,并避免将此类风险转嫁给政策性金融业务进而使国家利益受到损失;如果是商业银行,那么应如何确保其执行国家信贷政策与追求自身利润最大化的统一,等等。这些问题

① 参见国家开发银行网"业绩概况"介绍,http://www.cdb.com.cn/web/NewsInfo.asp? NewsId=78,下载日期:2012年8月16日。

的有效解决，需要国家通过立法进行明确。[①]

二、中国农业发展银行的发展概况与转型

（一）中国农业发展银行的发展概况

1994 年 11 月 18 日中国农业发展银行正式成立，作为我国唯一一家国有农业政策性银行，其成立的宗旨是完善农村金融服务体系，更好地贯彻落实国家的产业政策和区域发展政策，促进农业和农村经济的健康发展。目前，中国农业发展银行全系统共有 30 个省级分行、300 多个二级分行和 1800 多个营业机构，服务网络遍布除西藏自治区外的中国大陆地区。中国农业发展银行的主要职责是按照国家的法律、法规和方针、政策，以国家信用为基础，筹集资金，承担国家规定的农业政策性金融业务，代理财政支农资金的拨付，为农业和农村经济发展服务。中国农业发展银行的注册资本为 200 亿元人民币。除注册资本外，中国农业发展银行的运营资金来源有：业务范围内开户企事业单位的存款，发行金融债券，财政支农资金，向中国人民银行申请再贷款等。其中，中国人民银行的再贷款是其最主要的运营资金来源。

目前，中国农业发展银行的主要业务是：办理粮食、棉花、油料收购、储备、调销贷款。办理肉类、食糖、烟叶、羊毛、化肥等专项储备贷款。办理农、林、牧、副、渔业产业化龙头企业和粮棉油加工企业贷款。办理粮食、棉花、油料种子贷款。办理粮食仓储设施及棉花企业技术设备改造贷款。办理农业小企业贷款和农业科技贷款。办理农村基础设施建设贷款。支持范围包括农村路网、电网、水网（含饮水工程）、信息网（邮政、电信）建设，农村能源和环境设施建设。办理农业综合开发贷款。支持范围包括农田水利基本建设和改造、农业生产基地开发与建设、农业生态环境建设、农业技术服务体系和农村流通体系建设。办理县域城镇建设贷款，其贷款使用范围为县域（包括县级市、城市郊区郊县）内的城镇化建设，贷款用途为城镇基础设施、文化教育卫生和环境设施、便民商业设施和农民集中住房（包括农村集中居住区、棚户区、泥草房等）改造工程建设。办理农业生产资料贷款，其支持范围包括农业生产资料的流通和销售环节。在已批准业务范围内开展外汇贷款业务。为已批准业务范围内的客户办理资本、贸易和非贸易项下的国际结算业务，以及与国际结算业务相配套的外汇存款、外汇汇款、同业外汇拆借、代客外汇买卖等业务。在设

① 杨松等著：《银行法律制度改革与完善研究》，北京大学出版社 2011 年版，第 272 页。

有分支机构的县域（包括县级市、城市郊区郊县）地区办理除居民储蓄存款之外的公众存款业务。办理业务范围内企事业单位的存款及协议存款等业务。发行金融债券。代理财政支农资金的拨付。办理开户企事业单位结算。办理代理保险、代理资金结算、代收代付等中间业务。办理同业拆借、票据转贴现、债券回购和现券交易、同业存款存出等业务。办理经国务院或中国银行业监督管理委员会批准的其他业务。

（二）中国农业发展银行的转型

按照 2007 年 7 月 1 日召开的第三次全国金融工作会议"分类指导，一行一策"的改革精神，政策性银行的改革方向为：向商业化运作的"综合性开发金融机构"转型。据此，中国农业发展银行也迈开了转型的步伐。鉴于我国"三农"问题的重要性及解决"三农"问题的艰巨性，可以预计的是农业发展银行的改革将最后启动，并且其政策性银行的属性将不会发生变化。具体来说，改革要求农业发展银行以支持国家粮棉购销储业务为主体，以支持农业产业化经营、农业农村基础设施建设和生态农业建设为重点，在以贯彻执行国家政策、追求社会效益为首要目标的同时，还需要按照现代银行的管理要求，适当办理一些自担风险、市场化运作的准政策性及商业性金融活动。另外，在监督管理上，改革要求农业发展银行对其政策性、准政策性、商业性金融活动实行分类管理、分开核算、分别考核，国家财政只能对政策性亏损给予弥补。① 同时，还必须在立法上解决其中的准政策性贷款界定模糊和责任主体不明的问题。中国农业发展银行在转型过程中如何处理好涉及商业性金融活动和准政策性贷款问题，事关其转型成功与否。

三、中国进出口银行的发展概况与转型

（一）中国进出口银行的发展概况

1994 年 7 月 1 日，中国进出口银行经国务院批准正式成立，是直属于国务院领导的、由政府全资拥有的金融机构，具有独立法人资格，在业务上接受财政部、商务部、中国人民银行、银监会的指导和监督。其设立宗旨是为机电产品和成套设备等资本性货物的进出口提供政策性金融支持。中国进出口银行的主要职责为：为扩大我国机电产品、成套设备和高新技术产品进出口、推动有比较优势的企业开展对外承包工程和境外投资、促进对外关系发展和国际经贸合作提供金融服务。中国进出口银行的注册资本为 33.8 亿元人民币

① 王卫国主编：《银行法学》，法律出版社 2011 年版，第 352 页。

(后增至50亿元人民币),资本金全部由财政部拨付。中国进出口银行主要通过在境内发行金融债券和在境外发行有价证券(不含股票)筹集运营资金。在资金出现临时性不足时,通过银行间市场拆入资金和向中国人民银行申请短期再贷款加以解决。中国进出口银行的财务决算由财政部审批,经营中出现的政策性亏损,由财政部给予弥补。

中国进出口银行的主要业务范围包括:办理出口信贷和进口信贷;办理对外承包工程和境外投资贷款;办理中国政府对外优惠贷款;提供对外担保;转贷外国政府和金融机构提供的贷款;办理本行贷款项下的国际国内结算业务和企业存款业务;在境内外资本市场、货币市场筹集资金;办理国际银行间的贷款,组织或参加国际、国内银团贷款;从事人民币同业拆借和债券回购;从事自营外汇资金交易和经批准的代客外汇资金交易;办理与本行业务相关的资信调查、咨询、评估和见证业务;经批准或受委托的其他业务。

(二)中国进出口银行的转型

目前,中国进出口银行是我国机电产品、高新技术产品和对外承包工程及各类境外投资的政策性融资主渠道,是外国政府贷款的转贷行和中国政府对外优惠贷款的承兑行。中国进出口银行既支持进出口,又提供发展援助和对外投资。它作为一种新型的国际经济合作金融机构,对促进我国开放型经济的发展发挥着越来越重要的作用。按照"分类指导、一行一策"的国家政策性银行改革精神,继国家开发银行改革之后,中国进出口银行改革也开始启动,其改革方案于2009年11月9日获得国务院批准。中国进出口银行所走的开发性金融之路与国家开发银行不同,其发展趋势是成为一家以支持本土产品出口为主的,提供优惠金融服务的政策性银行;在业务上,中国进出口银行将由单纯经营政策性业务转变为兼营政策性业务和商业性业务。不过,今后在立法上必须明确中国进出口银行的商业性业务范围,避免今后运营中出现不规范的行为和与政府在此问题上的利益博弈。

总之,在市场经济建设初期,我国政策性银行在推动经济快速起步、突破发展瓶颈、延伸预算外财政职能、支持弱小产业和落后地区发展等方面,发挥了积极的作用。但随着时间的推移,我国政策性银行在发展中也逐渐暴露出一些问题。在立法层面,要尽快制定相应的政策性银行专门法律,由法律主导政策性银行的改革。此外,为促进中小企业发展、科技开发和缩小地区差距,应考虑设立中小企业银行、为科技服务的政策性银行和西部开发政策性银行。在对现有的政策性银行进行改革的同时,根据经济社会发展的客观需要重新考虑政策性银行的布局。

复习思考题

1. 试述政策性银行的概念、特征。
2. 简述政策性银行的存在价值。
3. 简述政策性银行的职能。
4. 简述政策性银行的法律地位。
5. 简述政策性银行与商业银行的关系。
6. 简述政策性银行法的概念、性质。
7. 试论我国政策性银行立法存在的问题及完善措施。
8. 试论我国政策性银行的转型。

第6章 信贷管理法

信贷有广义和狭义之分，广义的信贷是以银行为中介、以存贷双方为主体的信用活动的总称，包括存款业务和贷款业务。狭义的信贷通常仅指银行的贷款，也即以银行为主体的、有偿发放货币资金的行为。信贷活动能为经济活动筹集大量资金，并合理调节货币流通，是社会经济发展的重要手段和经济杠杆。建立健全信贷法律制度，对于保护相关当事人的合法权益、防范金融风险具有极为重要的意义。鉴于当下民间借贷活动的日渐活跃以及民间借贷合法化呼声的日趋高涨，故而本章内容在采用广义信贷概念的基础上，也将民间借贷的相关内容囊括其中。

第一节　存款法律制度

存款是商业银行营运资金的主要来源，为银行充当信用中介和支付中介提供了基础，存款管理是商业银行信贷管理的主要内容和前提条件。[①] 存款业务是商业银行赖以生存和发展的最主要业务之一。

一、存款

（一）存款的概念

从语义上分析，存款的概念具有两种不同的理解。如果从动态上进行理解，存款是指货币资金的所有者或者合法持有者（即存款人）将其所有或合法持有的资金存入有资格经营存款业务的金融机构，金融机构按照与存款人之间的约定以及国家法律的有关规定，向存款人偿付本金和利息的业务；如果作

① 银行要成为信用中介，必须先吸收公众的存款，才有可能发放贷款；作为支付中介，银行应在客户存款的基础上，为其办理托收、结算、汇兑等业务，实现货币资金的转移支付。

静态分析,存款是指存款人在金融机构账户上存入的货币资金。

存款是银行最基本的业务之一,是贷款的主要来源,也是银行赖以运作的物质基础。[①] 当存款人将货币资金存入银行后,货币资金的使用权就在约定期限内有条件地让渡给了银行,存款人由此成为银行的债权人,存款则是银行对存款人的负债。一般情况下,无论银行吸收存款的范围、种类和期限如何,存款都是银行信贷资金的重要来源,也是银行的一项主要负债业务。

由上述存款概念可以看出,能够吸收存款的主体只能是经国家金融管理当局批准经营存款业务的金融机构,非金融机构以及未经国家金融管理当局批准经营存款业务的金融机构不得吸收存款,否则可能构成违法甚至犯罪。存款人可以是货币资金的所有者,也可以是货币资金的合法持有者,这并不影响存款人基于存款关系而对吸收存款的金融机构所享有的权利。

(二)存款的性质

在银行的正常经营活动中,存款的法律性质并不会对存款人的行为产生任何影响。但是当银行进行破产清算时,对存款性质的不同认定将直接影响到存款人法律地位的确定,甚至关系到金融消费者权益保护等核心问题。[②] 正因如此,学界对存款的法律属性问题一直是众说纷纭、莫衷一是。总体而言,主要形成两种观点:其一是认为存款是所有权,其二则将存款归入债权的范畴。

英美法系通常认为,存款与贷款只是当事人双方的角色互换。当货币资金表现为存款时,出借人是存款人,借款人是金融机构;当货币资金表现为贷款时,出借人是金融机构,借款人是客户。1811 年,英国的 Willian Grant 爵士在所作的一份判词中指出:"存入银行的客户款项虽通常称为存款,但实际

---

① 存款出现的时间甚至早于银行。早在唐代,我国就出现了专门收受和保管钱财的柜坊,存户可以凭类似支票的"贴"或者其他约定的信物支取所存放的钱财。中世纪的欧洲产生了功能类似的钱币兑换商,他们也接受顾客存钱,但只负责保管,不支付利息,这是外国银行存款业务的萌芽。

② 根据破产法的基本原理,在破产程序中,有一些财产权利依法并不属于破产财产,其中就包括取回权,该规定的目的在于保护取回权人对特定财产的所有权。我国《破产法》第 38 条规定:"人民法院受理破产申请后,债务人占有的不属于债务人的财产,该财产的权利人可以通过管理人取回。但是,本法另有规定的除外。"因此,在银行破产案件中,如果认为存款是一种债权,转移的仅仅是使用权,那么存款人便无须参加破产程序清偿,只需行使取回权便可以取回存款;如果认为存款是一种所有权的转移,那么存款就会被列为破产债权,存款人必须参加破产清算程序才能取回存款。

上都是客户对银行的贷款。"[①]在《统一商法典》施行之前,美国的大量判例也倾向于将银行与存款人的关系确定为债权债务关系,其中,客户是债权人,银行是债务人,银行没有义务将不同存款人的金钱隔离保管。

大陆法系国家主要有三种做法:[②](1)将存款视为消费借贷。例如,《法国民法典》第 1892 条规定:"消费借贷是指一方当事人向另一方当事人提交一定数量的经使用而消费之物,借贷人负责向贷与人偿还相同种类、相同质量、相同数量之物的契约。"该法典第 1905 条及第 1907 条规定,允许借贷双方对涉及金钱、食物或其他动产物品的消费借贷或单纯借贷订定利息,利息可以为法定利息,也可以为约定利息。(2)将存款视作消费寄托(消费保管),适用有关贷款的规定。例如,《德国民法典》第 698 条规定:"保管人对存放保管的金钱,有义务自动用之日起计付利息。"第 700 条第 1 款规定:"如果可替代物是以下列方式存放,即其所有权移转于保管人,且保管人有义务将同种类、品质、数量的物返还的,适用关于贷款的规定。存放人允许保管人动用存放的可替代物的,保管人自占有该物时起,适用有关贷款的规定。"存款作为"不规范的保管合同",适用《德国民法典》第 2 编第 7 章第 5 节关于"贷款"的规定。(3)将存款视作消费寄托,适用有关消费借贷的规定。例如,《日本民法典》第 666 条规定:"保管人可以依契约消费寄托物时,准用有关消费借贷的规定。"总体而言,大陆法系国家适用的都是消费借贷或者贷款的相关规定,存款关系双方当事人的主要权利和义务基本对等,即存款人负有转移货币资金所有权的义务,金融机构则负有根据存款合同按期或者随时返还相同金额的本金,并按照法律规定或合同约定支付利息的义务。

迄今为止,我国并未明确存款行为的法律性质,学界也未就这一问题形成通说。根据我国现行的法律规定可以看出,目前有关存款法律性质的判断主要有以下两种情况:(1)将存款视为一种所有权。例如,1954 年《宪法》第 11 条关于公民私有财产的列举(1982 年《宪法》第 13 条沿用了这一规定,现行宪法则不再以列举的方式规定公民私有财产的种类)、现行《刑法》第 92 条关于公民所有的财产的列举、《民法通则》第 75 条关于公民财产的列举、《继承法》第 3 条关于公民个人合法财产的列举、国务院于 1992 年 12 月 11 日发布的《储蓄管理条例》(自 1993 年 3 月 1 日起实施)第 5 条以及中国人民银行于 1993 年 1 月 12 日发布实施的《关于执行〈储蓄管理条例〉的若干规定》第 3 条

---

① 刘少军:《银行存款纠纷案件的裁判标准》,载《法制日报》2006 年 3 月 16 日。

② 朱崇实主编:《金融法教程》,法律出版社 2011 年第 3 版,第 256 页。

关于国家保护个人合法储蓄存款所有权的重申等，都从不同角度和不同层面表明：存款所有权属于存款人，存款行为并不代表存款所有权的转移。(2)将存款视为一种债权。我国《商业银行法》第71条第2款规定："商业银行破产清算时，在支付清算费用、所欠职工工资和劳动保险费用后，应当优先支付个人储蓄存款的本金和利息。"很显然，这是将银行存款视为一种债权，只不过基于对存款人的特殊保护，才将个人储蓄存款作为债权予以优先支付。

如果将存款视为一种所有权，那么存款合同转移的就只是存款的使用权。在这一前提下，银行未经存款人授权，是不能将不属于自己的货币资金贷给借款人的；另外，根据一物一权原则，银行也无权将所集中的存款的所有权通过借款合同转移给借款人。因此，在存款期限届满时，银行应当向存款人归还原物，即原先存入的货币；但在实际操作中，银行只需偿还数量相等的本金和支付相应的利息即可，不需要归还原物货币。

如果将存款视为一种债权，那么存款合同转移的就是存款的所有权。作为对价，存款人享有请求银行支付本金及相应利息的权利。[①] 存款所有权的转移是银行发挥信用创造职能的前提和基础，只有存款人转移存款的所有权，银行才能够利用吸收的原始存款来派生存款，以满足社会对资金的需求。在银行吸纳存款时，存款人与银行之间构成债权债务关系，前者为债权人，后者为债务人。当存款行为完成后，在银行的资产负债表上，资产项目下将增加与存款数额相等的"资产"，而在负债项目下也会增加同样数额的"负债"。将吸纳的存款贷给借款人则成为银行最主要的资产业务，这时，银行与借款人之间形成债权债务关系，前者为债权人，后者为债务人。

归根究底，存款行为性质的特殊性源于存款合同标的物——货币资金的特殊性，以及由此决定的货币所有权的特殊性。作为一种特殊的动产，货币是具有高度可替代性的种类物，一旦丧失占有，原所有人就无法再行使用。因此，货币占有与货币所有是不可分的，占有者即为所有者。货币资金存入银行后，其所有权就不再属于存款人，而是归银行所有，银行可以任意处分该货币资金。存款人可以在到期前提取存款，也可以在期满后提取，银行并没有主动履行债务的义务；同时，银行并不负有归还原物货币的义务，只承诺在存款到期时或存款人支取存款时按规定偿还本息。[②]

---

① 曹新友：《论存款所有权的归属》，载《现代法学》2000年第2期。

② 王卫国主编：《银行法学》，法律出版社2011年版，第127页。

（三）存款的基本分类

存款可以根据不同的标准进行分类。在我国，比较常见的存款分类有以下几种：

1.根据存款人性质的不同，可以将存款划分为个人储蓄存款和单位存款。

个人储蓄存款又称储蓄，是指居民个人将自己所有或合法持有的货币资金存入储蓄机构而形成的存款。[①]

单位存款是指企业、事业、机关、部队和社会团体等单位在金融机构办理的人民币存款，包括定期存款、活期存款、通知存款、协定存款以及经中国人民银行批准的其他存款。[②]

2.根据存款期限、提取方式和提取条件的不同，可以将存款划分为活期存款、定期存款、定活两便和通知存款。

活期存款是指对存款期限不作限制性约定，存款人可以随时提取的存款，主要包括各类单位和个体经济户在银行或非银行金融机构结算账户上的存款，以及个人在储蓄机构的活期存款。这类存款通常占一国货币供应的最大部分，不仅属于银行的重要资金来源，而且还担负着支付职能和流通职能，具有很强的派生能力，是银行经营的重点。但在西方国家，活期存款因存取频繁、手续复杂而耗费银行许多成本，因此，通常情况下银行对活期存款并不支付利息，有时候甚至还要收取一定的手续费。

定期存款是指存款人与银行或非银行金融机构在存款时就约定存款期

---

① 在西方国家，储蓄存款与储蓄的含义并不一致，这一点与我国有所不同。西方国家所谓的储蓄是指宏观经济总量国民收入中未被消费的部分。

② 需要特别说明的是，我国城镇个体工商户和农村专业户、承包户等个体经济户，将生产经营性资金以个人名义存入银行或非银行金融机构所形成的存款，虽然与储蓄存款一样，都是由属于个人所有或合法持有的货币资金所形成的存款，但实际上，这类存款来源于个体经济户在生产经营中的待用资金，并用于个体经济户的生产经营。因此，我国对这一类存款的管理在某些方面也适用单位存款管理的有关法律规定。

限、利率、提前支取的方式和条件等事项的存款,是银行最重要的信贷资金来源。[①] 在通常情况下,定期存款人应当在存款到期时再提取或使用,但也可以依照法律规定或双方约定,在满足条件时提前支取或使用。

定活两便是指在存款开户时不必约定存期,银行按照有关规定,根据客户存款的实际存期计息,客户可随时支取的一种个人存款方式。该存款一般是50元起存,存单分为记名、不记名两种。其中,记名式存单可以挂失,不记名式存单不能挂失。在利息计付方面,存期不满3个月的,按天数计付活期利息;存期3个月以上(含3个月),不满半年的,整个存期按支取日的定期整存整取3个月存款利率打六折计息;存期半年以上(含半年),不满1年的,整个存期按支取日的定期整存整取半年期存款利率打六折计息;存期在1年以上(含1年),无论存期多长,整个存期一律按支取日的定期整存整取1年期存款利率打六折计息。

通知存款是指存款人在存入款项时不约定存期,支取存款时须事先通知银行并与其约定支取日期和支取金额,然后才能依照约定取款的一种存款类型。个人通知存款需一次性存入,可以一次或分次支取,但分次支取后的账户

① 定期储蓄存款的方式有:(1)整存整取。是指存款人在开户时同银行约定存款期限,整笔存入,到期一次整笔支取本息的一种个人存款。人民币50元起存,外汇整存整取存款的起存金额为等值人民币100元的外汇。整存整取只能进行一次部分提前支取,利息按存入时的约定利率计算,利随本清。整存整取存款可以在到期日自动转存,也可以根据客户的意愿,到期办理约定转存。人民币存款的存期分为3个月、6个月、1年、2年、3年、5年六个档次;外币存款的存期分为1个月、3个月、6个月、1年、2年五个档次。(2)零存整取。是指存款人在开户时约定存期、分次每月固定存款、到期一次支取本息的一种个人存款。一般5元起存,每月存入一次,中途如有漏存,应在次月补齐。计息按实存金额和实际存期计算。存期分为1年、3年、5年。利息按存款开户日挂牌零存整取利率计算,到期未支取部分或提前支取,按支取日挂牌的活期利率计算利息。(3)整存零取。是指在开户时约定存期,本金一次存入,固定期限分次支取本金的一种个人存款。起存金额为人民币1000元,支取期分为1个月、3个月及半年一次,具体由存款人与营业网点商定。利息按存款开户日挂牌整存零取利率计算,于期满结清时支取。到期未支取部分或提前支取按支取日挂牌的活期利率计算利息。存期分为1年、3年、5年。(4)存本取息。是指在存款开户时约定存期,整笔一次存入,按固定期限分次支取利息,到期一次支取本金的一种个人存款。一般是人民币5000元起存,可以一个月或几个月支取一次利息,可以在开户时约定的支取限额内多次支取任意金额。利息按存款开户日挂牌的存本取息利率计算,到期未支取部分或提前支取,按支取日挂牌的活期利率计算利息。存期分为1年、3年、5年。

余额不能低于最低起存金额，一旦低于最低起存金额，银行将进行清户，并把原账户剩余款项转存为活期存款。按存款人选择的提前通知期限的长短，通知存款可以分为 1 天通知存款和 7 天通知存款两种。1 天通知存款需要提前 1 天向银行发出支取通知，并且存期至少为 2 天；7 天通知存款需要提前 7 天向银行发出支取通知，并且存期至少为 7 天。

3.根据原物货币种类的不同，可以将存款划分为人民币存款和外币存款。

人民币存款是指存款人将人民币资金存入银行或非银行金融机构而形成的存款。

外币存款是指存款人将外币资金存入银行或非银行金融机构所形成的存款。外币存款除了要遵守国家对存款的一般法律规定外，还应遵守国家外汇管理的有关规定。

除上述几种基本的存款分类外，还可以根据其他标准对存款作出划分。例如，根据存款人提取或使用存款是否必须提前通知吸收存款的银行或非银行金融机构，可以将存款划分为通知存款和非通知存款；根据存款是否派生于银行或非银行金融机构实施的发放贷款等资产业务，可以将存款划分为原始存款和派生存款；根据存款人所属经济领域的不同，可以将存款划分为工商企业存款和农村存款等。

二、存款合同

存款合同是存款人将自己所有或合法持有的货币资金存入依法办理存款业务的金融机构，金融机构在存款人提取存款时按规定还本付息的协议。存款合同是确定存款人与办理存款业务的金融机构之间权利义务关系的依据，对存款合同的研究，有利于解决实践中发生的各种存款纠纷。我国现行的合同法并没有对存款合同作出专门规定，一般认为，存款合同包括单位存款合同与个人储蓄存款合同两种类型。

（一）存款合同的法律特征

1.存款合同的主体具有特定性

依据《商业银行法》和《储蓄管理条例》的有关规定，存款合同的一方当事人必须是经中国银行业监督管理部门批准，有权办理存款业务的金融机构。换言之，吸收存款的一方当事人只能是经中国银行业监督管理部门批准、依法办理存款业务的各商业银行、信用社、村镇银行等金融机构，除此之外，任何单位和个人均不得吸收公众存款。①

与此相反，存款合同的另一方主体是不特定的，任何自然人、法人、其他组织均可以成为存款人。

2.存款合同是实践合同

存款合同的成立，除了要求合同双方当事人就合同条款达成一致外，还必须满足另外一个条件，即存款人向银行交付货币资金。没有存款本金的交付，存款合同便不能成立。同时，存款人交付的货币资金必须是合法的，只有货币资金合法，存款关系才有可能获得法律认可，进而受到法律保护。合法的货币资金必须是真实的，其来源必须是拥有合法所有权或持有权的资金占有人。最高人民法院在《关于审理存单纠纷案件的若干规定》第 5 条第 2 款规定："人民法院在审理一般存单纠纷案件中，除应审查存单、进账单、对账单、存款合同等凭证的真实性外，还应审查持有人与金融机构间存款关系的真实性，并以存单、进账单、对账单、存款合同等凭证的真实性以及存款关系的真实性为依据，作出正确处理。"由此可见，存款合同关系的成立必须具备两个条件：一是存款凭证的真实性，二是存款关系的真实性。实践中，银行向存款人出具的存单、个人业务凭证(签单)、对账单以及在存折或电子账户上载明的存入记录，都可以作为存款人向银行交存存款本金的证明。

3.存款合同是要式合同

存款合同必须采用书面形式，如银行出具的存折、存单、银行卡等存款凭证。这些存款凭证应当载明存款人的姓名、账号、货币种类、存款余额、存款种类、存款期限、存款利率等事项，并由银行加盖公章，有加密业务的，存款凭证可以加密。

4.存款合同是格式合同

存款人在存款时，无法就存款合同的内容与金融机构协商，只有选择金融机构和存款类型的权利，这主要是因为作为缔约一方当事人的金融机构无论是在信息占有还是在市场地位上，都完全优于存款人，这种格式合同不利于合同双方当事人平等地位的实现。因此，如何防止占优势地位的金融机构侵犯存款人的合法权益，彰显合同正义，就成为各国金融法律制度的重要任务，我国现行法律对存款人利益保护的侧重就充分体现了这一点。

---

① 《商业银行法》第 11 条规定："设立商业银行，应当经国务院银行业监督管理机构审查批准。未经国务院银行业监督管理机构批准，任何单位和个人不得从事吸收公众存款等商业银行业务，任何单位不得在名称中使用'银行'字样。"

5.存款合同是有偿合同

存款人将货币资金交存于存款机构，存款机构可以利用该货币资金开展业务。通常情况下，存款人交付的货币资金在日后会发生增值，因此，存款机构应向存款人支付相应的对价，即存款的利息。存款利息是货币时间价值的表现形式，其高低取决于利率、存款期限和其他交易条件。

6.存款合同高度尊重存款人的意愿

存款合同虽然是一种格式合同，但也依法高度尊重存款人的意愿。根据《储蓄管理条例》第 5 条的规定，存款合同遵循“存款自愿，取款自由，存款有息，为储户保密”的原则，存款人可自行决定是否存款、存款金额、存款币种、存款期限以及存款机构的选择等，任何人不得强迫。存款人有权随时取款，存款机构应依照法律规定或双方约定，向存款人履行还本付息的义务。

（二）存款合同当事人的权利与义务

相比存款人而言，作为存款机构的银行在缔约中处于优势地位。为了实现合同的实质正义，各国在法律设计中都往往侧重于保护存款人一方的利益。因此，在存款合同关系中，存款人的权利多于义务，而银行的义务则多于权利，我国相关法律亦是如此。

1.银行的权利与义务

（1）银行的权利

银行在存款合同中的权利主要体现为收取和使用存款。存款合同成立后，银行有权按照合同约定收取存款人交存的货币资金。在货币资金完成交付后，其所有权就归银行所有，银行可以自行使用存款以获取利润。

（2）银行的义务

①向存款人支付存款本金和利息的义务

存款人享有取款自由，无论何时，即使存款尚未到期，只要存款人提出取款要求，银行就应当立即偿还本金，并按照有关规定计算、支付利息。《储蓄管理条例》第 14 条规定：“储蓄机构应当保证储蓄存款本金和利息的支付，不得违反规定拒绝支付储蓄存款的本金和利息。”

②审查存款人身份的义务

在存款合同关系中，银行的主要义务是应存款人的要求还本付息。在履行该义务时，银行应当确认权利主张人为存款人本人或其委托代理人。也就是说，银行应对存款人的身份进行核查。在实践中，银行鉴别存款人身份的手段主要有两种：一是存款人签名，二是存款人设置的密码。存款人签名是银行鉴别存款人身份的传统手段，为西方国家所普遍采用。存款人开户时要在银行预留签名,当存款人取款时,银行要对客户提供的签名与其预留的签名进行核对,确认一致后方可付款。此时,银行承担的是一种无限制的注意义务,需要对签名进行实质审查。随着电子商务的兴起,衍生出密码这一新型鉴别手段,密码具有私有性、唯一性、秘密性的特点。凭密码所为的行为视为存款人自己所为,理论上称为密码使用的"本人行为原则"。当使用密码作为身份鉴别的方式时,只要银行能确认临柜客户或者ATM客户提供的密码与存款人预设的密码相符,就视为已经尽到了注意义务。此时,如果银行遵从客户指示对外付款,就视为义务履行完毕。

③银行对存单、存折的审查义务

存单、存折等存款凭证是银行与存款人之间存款合同关系的证明,因此,在存款人提示付款时,银行有义务先行审查存单或存折的真实性,以此来确定存款关系的真实性。这种审查包括两个方面:一方面是审查物理意义上的存单或存折的真实性,即形式审查;另一方面是审查存单或存折所承载信息的真实性,即实质审查。至于银行对此应尽到何种程度的审查义务,我国现行的法律并无明确规定,实践中普遍认为银行只需对存单或存折尽到形式审查义务即可。但也有观点认为,存单或存折是由银行签发的,银行对其真实性进行鉴别以确定存款合同的有效性,应当成为履行付款义务的前提条件。因此,银行应对存单或存折的真实性负实质性审查义务,银行对假存单或假存折付款的事实,并不能抵消银行依据真实的存款合同关系而承担的还本付息义务。

④银行为储户保密的义务

为储户保密是各国银行共同遵循的重要原则。我国《商业银行法》第29条明确规定,商业银行办理个人储蓄存款业务,应遵循存款自愿、取款自由、存款有息、为存款人保密的原则。银行的这种保密义务主要体现为:除法定国家机关依照职权、遵照程序要求查询外,银行不得向任何单位或个人泄露储户的账号、金额、期限等存款信息,以及姓名、身份证号码等个人信息。但在现实生活中,银行往往没有很好地履行这一保密义务,导致大量客户信息被泄露甚至买卖,严重侵犯了金融消费者的隐私权,给金融市场平添了诸多潜在的不安定因素。因此,如何提高金融消费者隐私权的法律保护,是立法机构亟须考虑的问题。

⑤非依法律规定,银行不得冻结、划拨储户存款

《储蓄管理条例》第33条规定:"储蓄存款的所有权发生争议,涉及办理过户的,储蓄机构依据人民法院发生法律效力的判决书、裁定书或者调解书办理过户手续。"为了方便司法机关、行政机关办理案件,法律赋予一些机关可以冻

结、划拨储户存款的权力,银行负有协助义务。[①] 除此以外,银行不得冻结、划拨储户存款。《商业银行法》第 73 条规定,商业银行非法查询、冻结、扣划个人储蓄存款或者单位存款的,应当承担相应的民事责任,国务院银监会也可以对商业银行作出行政处罚。

⑥对存款凭证的保管义务

存款凭证(包括电子信息档案)是银行办理存款支付、银行卡发放及挂失等重大事项的依据,银行应妥善保管,从而保护储户的存款安全。

2.存款人的权利与义务

(1)存款人的权利

①存款人的自由取款权

存款人可以按照与银行约定的日期取款,也可以提前或推迟取款,只要手续齐全,银行就应当及时、足额支付本金和相应的利息。考虑到存款人可能随时需要使用资金,因此,法律赋予存款人以自由取款权,以鼓励人们到银行存款。从这一角度来看,赋予存款人自由取款权有助于银行在最大范围内吸收社会资金。

活期存款自不必说,存款人可随时取款。定期存款未到期而存款人提前支取时,视为存款人自愿放弃取款日至到期日之间的利息,银行将按照实际存期计付利息。整存整取和定活两便的存款在提前支取时,利息只能按照活期存款利率与实际存期进行计算。

②储蓄存款人的优先受偿权

这是一种只存在于银行清算程序中的权利。当银行进行破产清算时,储蓄存款可以得到优先清偿,它既优于普通债权,也优于其他类型的存款。这是法律基于实质正义的考虑,对身处弱势地位的储蓄存款人实施的一种倾斜性保护。

在实现优先受偿权时,必须先由银行对储蓄存款人的身份作出甄别。在实行存款实名制、个人财产申报制度比较健全的国家,银行凭借金融工具的记载,确认存款人的身份并不困难。我国目前虽然推行存款实名制,但个人财产申报制度并不完善,公款私存、借他人名义存款、小家族企业经营资金和个人

① 值得关注的是,在实践中,有权查询、冻结、划拨储户存款的机关在要求银行履行协助义务时,常常出现未严格履行相关程序或欠缺必要的证明文件的情形,使得银行在履行协助义务与为储户保密的义务之间处于两难境地。这就需要司法机关与执法机关以身作则,要做到严格依法办事,贯彻程序正义。

生活费用混合存放等现象普遍存在，在发生司法强制执行、破产清算等情形，以及追查贪污、洗钱等刑事犯罪案件时，对储蓄存款人的真实性进行认定就存在相当大的困难。

违反存款实名制的行为，本质上属于欺诈，依照我国《合同法》的有关规定，这类存款合同原则上不受法律保护。对于不同类型的假名存款案件，应在辨明存款真实归属人之后，依法作出相应处理。例如，以个人名义存储的公款，应当返还给作为真实权利人的单位；以洗钱为目的的假名存款，由司法机关依法收缴；为逃避债务追索而假他人之名办理的存款，可纳入债务人的财产予以强制执行。[①]

③存款人有申请挂失的权利

《储蓄管理条例》第 31 条规定："储户遗失存单、存折或者预留印鉴、印章的，必须立即持本人身份证明，并提供储户的姓名、开户时间、储蓄种类、金额、账号及住址等有关情况，向其开户的银行书面申请挂失。在特殊情况下，储户可以口头或者函电形式申请挂失，但必须在五天内补办书面申请挂失手续……"储蓄机构在确认该笔存款未被支取的前提下，方可受理挂失申请。挂失 7 天后，储户需与储蓄机构约定时间，办理补领新存单、存折或支取存款手续。存款人通过挂失，可以保全自己的存款。设立挂失程序，是为了保障存款能够被准确、安全地支付，维护存款合同双方当事人的共同利益，因此，它既是法律赋予存款人的特殊权利，也是存款人应当履行的法定义务。

依据《储蓄管理条例》的规定，挂失可以分为正式挂失与临时挂失。正式挂失需要存款人携带本人有效身份证或者户口簿等证件，到存款银行的办公地点或其指定地点办理。登记挂失时，存款人应提供原存款的户名、存款种类、金额、账号及住址等信息，并填写挂失申请书，向开户银行声明挂失止付。银行对相关信息进行核对，确认存款未被冒领的，应在规定期间届满后向存款人补发新存折或存单，并注销原存折或存单。如果储户本人不能前往办理挂失手续，也可以委托他人代为办理，但被委托人要出示自己的身份证明。存款人在特殊情况下不能立即办理正式挂失的，可以通过电话、信函、委托代理等形式申请临时挂失，但在临时挂失后 5 天内必须补办正式挂失手续。在临时挂失期间，该存款停止支取。存款人未按照要求办理正式挂失的，期间届满后临时挂失不再有效，此后若存款被冒领，银行在证明其办理取款手续符合规定程序并尽到谨慎义务的情况下，不承担责任。如果存款在挂失前已被冒领，银

① 王卫国主编：《银行法学》，法律出版社 2011 年版，第 131 页。

行有义务协助查找，但由存款人自行承担无法追回的风险。如果存款人在账户注销前找回已挂失的存单或存折，可及时到银行办理撤销挂失手续。

(2)存款人的义务

①对存款信息保密的义务

存款合同本身具有高度的机密性和隐私性，在银行为存款人履行保密义务的同时，存款人自己也应注意保护相关存款信息，不得向他人泄露。

②妥善保管存单、存折的义务

存单、存折是证明存款合同关系存在与否的有效凭证，是存款合同双方当事人主张权利、履行义务的主要依据。存单、存折作为权利的载体，不能与所记载的权利分离。存款人丢失存单、存折后，虽然可以进行挂失止付，但毕竟在客观上增加了存款损失的风险，因此，存款无法追回的风险由存款人自行承担。

(三)高息存款合同的效力

银行在业务操作中，为了抢占市场份额，提高经营业绩，往往会使用各种手段吸引储户，有时甚至违规操作，引发恶性竞争。其中，最常见的就是高息揽储行为，即以高于法定存款利率的利息来吸收存款。高息揽储行为不仅会扰乱金融市场的公平竞争秩序，也会给银行带来额外的经营风险。《储蓄管理条例》第 22 条规定："储蓄存款利率由中国人民银行拟订，经国务院批准后公布，或者由国务院授权中国人民银行制定、公布。"该条例第 23 条规定："储蓄机构必须挂牌公告储蓄存款利率，不得擅自变动。"由此，有一种观点认为，中国人民银行经国务院授权对金融行业和金融秩序进行宏观调控，其对存款的存期以及利率作出限制性规定，目的是保障社会主义市场经济的健康、有序发展，维护社会公共利益。法定的存贷款利率具有强制性，非依法定程序，任何单位或个人都无权变动。高息存款合同的双方当事人自行约定利率，违反了中国人民银行的限制性规定，属于损害社会公共利益的行为，因此，主张该存款合同无效。另一种观点则认为，《储蓄管理条例》第 22 条、第 23 条的规定，旨在对银行的储蓄业务活动进行约束，并不影响银行在从事民事活动中的行为的效力，所以不能以银行违反该项规定为由而认定合同无效。而且，高息存款合同除了涉及存款利率以外，还关系到存款种类的问题。银行在业务活动中确实开办过存期较长、利率较高的存款品种，但法律和行政法规并未对此作出禁止性规定。如果认定高息存款合同无效，可能会损害到善意相对人的利益，而银行却因自身违规行为而受益，明显违背了公平原则。因此应当认定合同有效，双方应当依照合同约定履行各自的义务。

对于高息存款合同纠纷案件,我国司法机关目前还没有形成统一的裁判标准。在认定这一类存款合同的效力时,要把握两个关键问题:一是合同是否违反法律法规的强制性、禁止性规定;二是合同是否损害社会公共利益。《储蓄管理条例》中规定"储蓄机构必须挂牌公告储蓄存款利率,不得擅自变动"。这一禁止性条款表明:一方面,银行不得低于规定利率吸收存款,从而损害储户的合法收益权;另一方面,银行不得高于规定利率吸收存款,加大银行经营风险,进而损害社会公共利益。总之,银行应当按照规定利率吸收存款。在实践中,高息揽储行为也一向被监管机构认定为违规行为而加以禁止。中国人民银行于2000年发布的《关于严格禁止高息揽存、利用不正当手段吸收存款的通知》中明确规定:"各金融机构(包括邮政储蓄机构)必须严格执行中国人民银行规定的存款利率,严禁擅自提高利率,或以手续费、协储代办费、吸储奖、介绍费、赠送实物等名目变相提高存款利率。"2010年9月,中国银监会查处了一批存在违规揽储问题的商业银行,首当其冲的违规揽储问题就是擅自提高利率。高息储蓄合同不仅违反《储蓄管理条例》中有关利率的禁止性规定,而且会损害到银行业的公平竞争,扰乱银行业的经营管理秩序,危害社会公共利益,应当认定为无效合同。

三、单位存款管理

(一)单位存款管理的基本制度

1.财政性存款由中国人民银行专营,并纳入其信贷资金来源。中国人民银行将财政性存款的有关业务委托给普通银行办理,各银行必须按规定将负责经办的财政性存款缴存给中国人民银行,不得擅自动用和转移,具体缴存的期限和方法,与存款准备金基本相同。中国人民银行各级分支行应督促受委托银行按规定全额划转财政性存款。

2.强制交存。各单位对于收入的现金应于当日送存开户银行,当日送存确有困难的,应按开户银行确定的其他时间送存,不得擅自保存。开户单位不得从本单位的现金收入中直接支付现金(即坐支),因特殊情况需要坐支现金的,应当事先报经开户银行审查批准,由开户银行核定坐支范围和限额,其后,开户单位应在现金账上如实反映坐支金额,并按月向开户银行报送坐支金额和使用情况。此外,任何单位不得将公款以个人名义转为储蓄存款。

3.限制支出。单位存款的支取和使用,应当接受开户银行的必要监督和控制。根据国务院于1988年9月8日发布的《现金管理暂行条例》(自1988年10月1日起实施)以及中国人民银行于1988年9月23日发布的《现金管理暂行条例实施细则》(自 1988 年 10 月 1 日起实施)、中国人民银行于 1997 年 9 月 19 日发布的《支付结算办法》(自 1997 年 12 月 1 日起实施)和中国人民银行于 1997 年 11 月 15 日发布实施的《人民币单位存款管理办法》的规定：各单位对其在银行或非银行金融机构的存款，可根据开户银行核定的库存限额提取现金并使用；各单位除在规定范围内、结算起点以下可以提取现金使用外，必须采取转账结算的方式使用其存款；对于到期的单位定期存款，只能以转账的方式转入单位基本账户，不得直接用于结算或支取现金。

4.监督使用。开户银行对各单位存款人的存款使用享有监督权，各单位在提取和使用存款时，应在有关结算凭证上注明款项用途，并接受其开户银行的监督。各类吸收存款的银行和非银行金融机构对于国家法律规定或国务院授权中国人民银行并由中国人民银行委托监督的事项，应认真履行监督义务，对于各类单位违反国家法律规定而进行的存款支取和使用行为，应予以坚决制止。

5.尊重和维护各单位存款人的合法权益。吸收存款的银行和非银行金融机构应当对单位存款人的合法权益予以充分尊重和维护，不得干预各单位存款的正常支取和使用行为；不得故意压票、无故退票；依法为存款人保密，不得违反国家法律、行政法规的规定为他人查询、冻结、扣划单位存款。

(二)单位存款的管理

为了更好地对单位存款进行管理，中国人民银行于 1997 年 11 月 15 日颁布实施了《人民币单位存款管理办法》，对单位存款的管理作了详细规定。2001 年 12 月 31 日，监察部、财政部、中国人民银行和审计署联合发布了《关于中央行政事业单位银行账户清理整顿工作有关问题的通知》，对单位存款管理作出了补充规定。

1.单位定期存款的管理。

单位定期存款的存款期限分为 3 个月、半年、1 年三个档次，起存金额为 10000 元，上不封顶。但是，财政拨款、预算内资金以及银行贷款不得作为单位定期存款存入金融机构。除大额可转让定期存款外，金融机构对其他的单位定期存款均实行账户管理，单位办理定期存款时，必须提交开户申请书、营业执照正本等申请材料，并预留印鉴(包括单位财务专用章、单位法定代表人或主要负责人印章和财会人员章)。接受存款的金融机构应向存款单位开出“单位定期存款开户证实书”，该证实书仅具有证实存款单位开户的作用，不得作为质押的权利凭证。存款单位支取定期存款必须遵循相关规定，只能以转账方式将存款转入其基本存款账户，不得直接将定期存款用于结算或从定期存款账户中提取现金。此外,存款单位还必须提供证实书及预留印鉴,经存款所在金融机构审核无误后方可办理支取手续。存款单位对于定期存款一般应在到期时支取,也可以全部或部分提前支取,但只能提前支取一次。全部提前支取的,按支取日挂牌公告的活期存款利率计息;部分提前支取的,提前支取的部分按支取日挂牌公告的活期存款利率计息,未支取的部分按原存款开户日挂牌公告的同档次定期存款利率计息。对于到期支取或全部提前支取的,金融机构应收回证实书。对于部分提前支取的,如果未支取的部分不低于起存金额,金融机构应按原存期开具新的证实书;如果未支取的部分不足起存金额,则予以清户。单位定期存款在存期内按存款存入日挂牌公告的定期存款利率计付利息,如遇利率调整,不分段计息;到期不取的,逾期部分按支取日挂牌公告的活期存款利率计息。

2.单位活期存款、通知存款和协定存款的管理。

金融机构对单位活期存款实行账户管理。金融机构和开立活期存款账户的单位必须遵守《人民币银行结算账户管理办法》的有关规定。单位活期存款按结息日挂牌公告的活期存款利率计息,遇利率调整,不分段计息。

金融机构开办通知存款业务必须经监管部门批准,并遵守经核准的通知存款章程。按照存款人提前通知的期限长短,通知存款可分为 1 天通知存款和 7 天通知存款两个品种:1 天通知存款必须提前 1 天发出通知,约定支取存款;7 天通知存款必须提前 7 天发出通知,约定支取存款。提前通知的方式由金融机构与存款人自行约定。通知存款已经办理通知手续而不支取或在通知期限内取消通知的,通知期限内不计息。单位通知存款的最低起存金额为 50 万元,最低支取金额为 10 万元,存款人需一次性存入,可以一次或分次支取。如部分支取,留存部分高于最低起存金额的,需重新填写通知存款单或凭证,从原开户日计算存期;留存部分低于起存金额的,则予以清户,按清户日挂牌公告的活期存款利率计息,或根据存款人意愿转为其他存款。通知存款的存单或存款凭证上不注明存期和利率,由金融机构按支取日挂牌公告的相应利率水平和实际存期计息,利随本清。

通知存款如遇以下情况,按活期存款利率计息:实际存期不足通知期限的,按活期存款利率计息;未提前通知而支取的,支取部分按活期存款利率计息;已办理通知手续而提前支取或逾期支取的,支取部分按活期存款利率计息;支取金额不足或超过约定金额的,不足或超过部分按活期存款利率计息;支取金额不足最低支取金额的,按活期存款利率计息。

金融机构开办协定存款业务必须经监管部门批准,并遵守经核准的协定存款章程,协定存款利率由中国人民银行确定并公布。

（三）单位存款的变更、挂失的管理规定

因存款单位人事变动,需要更换单位法定代表人章(或单位负责人章)或财会人员印章时,必须持单位公函及经办人身份证件,到存款所在金融机构办理更换印鉴手续,如为单位定期存款,还应同时出示金融机构为其开具的证实书。因存款单位机构合并或分立,其定期存款需要过户或分户的,必须持原单位公函、工商部门出具的变更、注销或设立登记证明及新印鉴(分户时还须提供经双方同意的存款分户协定)等有关证件,到存款所在金融机构办理过户或分户手续,由金融机构换发新证实书。存款单位迁移时,如果其定期存款尚未到期,应办理提前支取手续,按支取日挂牌公布的活期利率一次性结清。存款单位的密码失密或印鉴遗失、损毁时,必须持单位公函向存款所在金融机构申请挂失,挂失自该金融机构受理后即生效。如果存款在挂失生效前已被他人按规定手续支取,金融机构不负赔偿责任。

四、个人储蓄存款管理

（一）储蓄存款的原则

我国《商业银行法》第 29 条第 1 款规定:“商业银行办理个人储蓄存款业务,应当遵循存款自愿、取款自由、存款有息、为存款人保密的原则。”《储蓄管理条例》第 5 条第 2 款规定:“储蓄机构办理储蓄业务,必须遵循‘存款自愿,取款自由,存款有息,为储户保密’的原则。”由此可以看出,“存款自愿,取款自由,存款有息,为存款人保密”是储蓄机构在办理储蓄存款业务时应当遵循的基本原则。

1.存款自愿原则。存款自愿是指存款人可以自由决定是否将其所有或合法持有的货币资金存入储蓄机构,并自主选择存款金额、存款种类、存款期限以及存入的储蓄机构,储蓄机构和其他任何机构及个人不得以任何方式和理由进行干预。

我国宪法明确规定公民合法的私有财产不受侵犯,国家依法保护公民的私有财产权。公民个人储蓄存款的所有权是一项重要的财产权利,储蓄机构和其他机构以及个人应予以充分尊重。基于自身经济条件、生活习惯以及所选择的资产保值与增值方式的不同,每个公民对自己所持有的货币资金的支配方式也可能会存在差异。无论是自己保存、自由支配,还是投资于金融产品,或者存入储蓄机构,都应由持有者根据需要自主决定。

2.取款自由原则。取款自由是指在不违背法律规定和存款合同约定的情况下，何时支取存款、支取多少数额的存款，都由储户自己决定，储蓄机构不得干预和查问储户支取存款的目的和用途。即使是未到期的存款，储户也可以根据自己的需要，按规定手续提前办理支取，储蓄机构必须按照法律的规定和双方的约定付款，不得以法律规定和双方约定以外的任何理由拒绝支付或者拖延支付，也不得限制储户支取存款的金额。

取款自由原则和存款自愿原则是紧密联系、相辅相成的。储蓄机构只有坚持取款自由原则，保证储户能按法律规定和合同约定自由支配自己的储蓄存款，才能打消储户的顾虑，使其积极自愿地参与储蓄存款活动，从而形成良性循环，保证储蓄机构存款资金的来源稳定。

3.存款有息原则。存款有息是指存款人对于存入储蓄机构的货币资金，有按照国家规定的利率和计息方法获得利息的权利，储蓄机构应当根据储蓄存款的种类和期限计付利息。存款人与储蓄机构之间是一种平等互利的经济关系，货币资金一旦存入储蓄机构，就成为储蓄机构的经营资金，成为其盈利的资源；而对存款人来说，这却意味着资金使用权的放弃，存款人理应获得相应的补偿，即享有要求储蓄机构支付利息的权利。

4.为储户保密原则。为储户保密是指储蓄机构对存款人的姓名、住址、工作单位、存款金额、存款来源、提取情况、预留印鉴、密码等与储蓄存款相关的情况和资料，负有保密义务，不得泄露。除国家法律有明确规定的情形外，储蓄机构不得代任何单位或个人查询存款人的储蓄存款账户。

这一原则是保护存款人合法权益的最基本要求，也是储蓄机构在办理个人储蓄业务时必须遵循的原则。同时，坚持这项原则也是为了保障储户的资金安全，防止存款被冒领或储户支取存款后被抢、被盗等情况的发生，保证储户的财产权利不受侵犯。

（二）储蓄机构的管理

储蓄机构是指经国务院银行业监督管理机构批准的商业银行、城市信用合作社和农村信用合作社等吸收公众存款的金融机构。

1.储蓄机构的设置与撤并

根据《储蓄管理条例》和《中国人民银行关于执行〈储蓄管理条例〉的若干规定》的有关规定，储蓄机构的设置，应当遵循统一规划、合理布局、方便群众、注重实效、确保安全的原则，同时必须具备以下条件：有机构名称、组织机构和营业场所；熟悉储蓄业务的工作人员不少于 4 人，保证营业时间内双人临柜；有必要的安全防范设备。除国家法律、行政法规另有规定外，储蓄机构的各业务主管部门，须向当地银行业监督管理部门上报下一年度增设储蓄机构的计划，由当地银行业监督管理部门审核汇总，于年底前上报中国银行业监督管理委员会审批。各地银行业监督管理部门根据批准后的计划逐一办理储蓄网点审批手续，统一发放《经营金融业务许可证》。未经银行业监督管理委员会或其分支机构的批准，任何部门和单位以及居民个人都不得经办个人储蓄业务和类似储蓄的业务。储蓄机构的更名、迁址、撤并，应事先报当地银行业监督管理委员会分支机构，按规定程序批准后，方可正式对外公布。

2.储蓄机构业务的管理

经银行业监督管理委员会或其分支机构批准，储蓄机构可以经营以下业务：

(1)人民币储蓄存款的全部或部分业务；

(2)个人住房储蓄业务；

(3)发售和兑付以居民个人为发行对象的国库券、金融债券、企业债券等有价证券；

(4)以个人定期储蓄存款存单为对象的小额抵押贷款业务；

(5)代发工资和代收房租、水电费等服务性业务；

(6)经外汇管理部门批准，储蓄机构还可办理外币储蓄业务。

储蓄机构应当按照规定时间营业，不得擅自缩短营业时间或者停业。储蓄存款利率由中国人民银行统一拟订，报经国务院批准后公布或由国务院授权中国人民银行制定、公布，各储蓄机构必须挂牌公告，并严格执行国家规定的统一利率标准，不得以任何形式自行变动。储蓄机构不得使用不正当手段吸收存款，如：以散发有价馈赠品为条件吸收储蓄存款；发放各种名目的揽储费；利用不确切的广告宣传；利用汇款、贷款或其他业务手段强迫储户存款；利用各种名目多付利息、奖品或其他费用等。

(三)个人存款账户实名制

在发达国家，银行账户是除了身份证和护照以外最为重要的身份证明，是信用社会的最基本要素，而这种发达信用制度背后所体现出的基本规则，就是个人存款账户实名制。个人存款账户实名制是指存款人开立各类个人银行账户时，必须提供真实、合法和完整的有效证明文件，账户名称与提供的证明文件中的存款人名称一致；金融机构要按照规定进行核对，并登记身份证件上的姓名和号码，以确定储户对开立账户上的存款享有所有权的一项制度。

国务院于 2000 年 3 月 20 日发布《个人存款账户实名制规定》，规定从 2000 年 4 月 1 日起，我国银行实行存款实名制。中国人民银行于 2000 年 4 月 17 日发布实施《关于〈个人存款账户实名制规定〉施行后有关问题处置意见的通知》,同年5月16日发布实施《关于严格执行〈个人存款账户实名制规定〉有关问题的通知》[①],2001年4月18日发布实施《关于〈个人存款账户实名制规定〉施行中有关问题处理意见的补充通知》,2008年6月20日又发布《关于进一步落实个人人民币银行存款账户实名制的通知》,对个人存款账户实名制作了进一步的补充规定。

根据《个人存款账户实名制规定》,所谓实名,是指在符合法律、行政法规和国家有关规定的身份证件上使用的姓名。根据中国人民银行《关于进一步落实个人人民币银行存款账户实名制的通知》,存款人申请开立个人银行账户时,应向银行出具以下有效证件:(1)居住在中国境内16岁以上的中国公民,应出具居民身份证或临时身份证;军人、武装警察尚未申领居民身份证的,可出具军人、武装警察身份证件;居住在境内或境外的中国籍华侨,可出具中国护照。(2)居住在中国境内16岁以下的中国公民,应由监护人代理开立个人银行账户,出具监护人的有效身份证件以及账户使用人的居民身份证或户口簿。(3)香港、澳门特别行政区居民,应出具港澳居民往来内地通行证;台湾居民,应出具台湾居民来往大陆通行证或其他有效旅行证件。(4)外国公民,应出具护照或外国人永久居留证(外国边民,按照边贸结算的有关规定办理)。除上述法定有效证件外,银行还可根据需要,要求存款人出具户口簿、护照、工作证、机动车驾驶证、社会保障卡、公用事业账单、学生证、介绍信等其他能证明身份的有效证件或证明文件,以便进一步确认存款人身份。

在金融机构开立个人存款账户的,金融机构应当要求存款人出示本人身份证件,并在核对后登记身份证件上的姓名和号码。代理他人开立个人存款账户的,金融机构应当要求代理人出示被代理人和代理人的有效身份证件。单位代理个人开户的,应出示单位负责人、授权经办人及被代理人的有效身份证件。金融机构应严格按照相关法律制度要求,加强对个人存款账户开立的审查,具体体现为:识别客户真实身份,不得为存款人开立假名和匿名账户;建立个人存款账户的跟踪检查制度,及时掌握存款人账户信息资料变动情况;建立健全个人存款账户开立和管理的内控制度,建立客户身份识别制度及责任制,加强对临柜人员的培训和检查。

对违反个人存款账户实名制规定,不按程序办理个人存款的金融机构,由中国银行业监督管理委员会依法给予警告,可以处1000元以上5000以下的

① 中国银监会在2007年7月3日发布的《中国银行业监督管理委员会关于制定、修改、废止、不适用部分规章和规范性文件的公告》中宣布,不再适用此文件。

罚款;情节严重的,可以并处责令停业整顿,对直接负责的主管人员和其他直接责任人员依法给予纪律处分;构成犯罪的,依法追究刑事责任。

实行个人存款账户实名制的根本宗旨,是在保护个人利益和维护国家利益的前提下,推动金融交易的公平、公正、公开进行。推行个人存款账户实名制的意义在于:(1)有利于保证个人金融资产的真实性、合法性,避免存款人在办理挂失、提前支取时遇到阻碍,避免因存款人同名同姓而造成存单纠纷,从而维护存款人的合法权益;(2)为金融机构推广信用卡、个人支票等信用工具扫除障碍,推动社会信用制度的健全,促进个人信贷的发展;(3)有助于加强个人利息收入所得税的征管,为国家有效调节个人收入创造条件;(4)有利于防止公款私存、私款公存等违法行为,对遏制腐败和打击金融犯罪活动具有重要意义,是国家通过银行对公民,特别是国家公务员进行监督的有效途径。

(四)储蓄机构对存款人死亡后储蓄存款的过户或支付

依照《关于执行〈储蓄管理条例〉的若干规定》,储蓄机构对存款人死亡后储蓄存款的过户或支付,应区别情况、慎重处理:

1.存款人死亡后,合法继承人为证明自己的身份和提取该项存款的权利,应向储蓄机构所在地的公证处(未设公证处的地方向县、市人民法院——下同)申请办理继承权证明书,储蓄机构据以办理过户或支付手续。该项存款的继承权发生争议时,由人民法院判处。储蓄机构凭人民法院的判决书、裁定书或调解书办理过户或支付手续。

2.存款人死亡后,存单持有人到储蓄机构支取或转存存款人生前的存款的,即便存单持有人没有申明遗产继承过程,也没有提供存款所在地法院判决书,储蓄机构也可将其视为正常支取或转存;对于支取或转存后发生的存款继承争执,储蓄机构不负责任。

3.对于国外华侨和港澳台同胞在国内储蓄机构的存款或委托银行代为保管的存款,原存款人死亡,其国内的合法继承人可以凭原存款人的死亡证明,向储蓄机构所在地的公证处申请办理继承权证明书,储蓄机构凭以办理存款的过户或支付手续。

4.如果原存款人是定居于我国的外国公民(包括无国籍者),其存入我国储蓄机构的存款的过户或提取手续,与我国公民存款的处理手续相同,均适用上述规定。如果原存款人是与我国订有双边领事协定的外国侨民,其存款的过户或提取手续应按协定的具体规定办理。

5.继承人在国外者,可凭原存款人的死亡证明和经我国驻该国使、领馆认证的亲属证明,向我国公证机关申请办理继承权证明书,储蓄机构凭以办理存款的过户或支付手续。如继承人所在国系禁汇国家,按上述规定办理有困难时,可由当地侨团、友好社团和爱国侨领、友好人士提供证明,并由我国驻所在国使领馆认证后,向我国公证机关申请办理继承权证明书,储蓄机构再凭以办理过户或支付手续。如继承人所在国未与我国建交,应根据特殊情况,特殊处理。居住国外的继承人继承在我国国内储蓄机构的存款,能否汇出国外,按我国外汇管理条例的有关规定办理。

6.存款人死亡后,无法定继承人又无遗嘱的,经当地公证机关证明,按财政部门规定,全民所有制企事业单位、国家机关、群众团体的职工存款,上缴国库收归国有;集体所有制企事业单位的职工存款,可转归集体所有。储蓄机构对上缴国库或转归集体所有的存款,一律不计付利息。

五、存款的查询、冻结和扣划

为了维护存款人的合法权益,《商业银行法》第三章专门规定了对存款人的保护制度。但针对一些违法犯罪行为,法律又赋予相关的司法机关和行政机关查询、冻结和扣划单位或个人银行存款的权力,其目的是有效维护正常的社会和经济秩序,保障社会公共利益,此情形下,银行负有协助履行义务。《商业银行法》第 30 条规定:"对单位存款,商业银行有权拒绝任何单位或者个人查询,但法律、行政法规另有规定的除外;有权拒绝任何单位或者个人冻结、扣划,但法律另有规定的除外。"这条规定一方面体现了金融机构要依法维护存款人合法权益、为存款人保密的业务经营原则,另一方面也明确了金融机构负有依法协助有关司法机关和行政机关,对存款人的存款进行查询、冻结和扣划的义务。中国人民银行于 2002 年 1 月 15 日发布了《金融机构协助查询、冻结、扣划工作管理规定》(自 2002 年 2 月 1 日起施行)(以下简称《管理规定》),对金融机构协助有权机关查询、冻结和扣划存款的行为,作出了具体的管理规定,即在有权机关查询、冻结和扣划存款的过程中,金融机构负有协助查询①、协助冻结②和协助扣划③的义务。

---

① 协助查询是指金融机构依照有关法律或行政法规的规定以及有权机关的查询要求,将存款人存款的金额、币种以及其他存款信息告知有权机关的行为。

② 协助冻结是指金融机构依照有关法律的规定以及有权机关的冻结要求,在一定时期内禁止存款人提取其存款账户内的全部或部分存款的行为。

③ 协助扣划是指金融机构依照有关法律的规定以及有权机关的扣划要求,将存款人存款账户内的全部或部分存款资金划拨到指定账户上的行为。

（一）有权查询、冻结、扣划银行存款的机关

根据《商业银行法》第30条的规定，对单位存款的查询，要以法律、行政法规的明确规定为依据；而对单位存款的冻结和扣划，则必须以法律的明确规定为依据。同时，根据《商业银行法》第92条、第93条和《管理规定》的规定，办理单位存款业务的外商独资银行、中外合资银行、外国银行分行、政策性银行、城市信用合作社、农村信用合作社和财务公司，也应适用《商业银行法》的上述规定。《商业银行法》第29条第2款规定："对个人储蓄存款，商业银行有权拒绝任何单位或者个人查询、冻结、扣划，但法律另有规定的除外。"这条规定表明，相比单位存款，对个人储蓄存款的查询、冻结、扣划的规定要严格得多，即对个人储蓄存款的查询、冻结、扣划都必须以法律的明确规定为依据。

依照我国《民事诉讼法》、《刑事诉讼法》、《行政诉讼法》、《国家安全法》、《税收征收管理法》、《海关法》、《行政监察法》、《监狱法》、《证券法》、《会计法》、《审计法》、《价格法》，以及相关行政法规，有权对单位存款进行查询的主体主要包括人民法院、人民检察院、公安机关、国家安全机关、监狱、海关、监察机关、审计机关、税务机关、工商行政管理机关、物价管理机关、技术监督机关、证券监督管理部门、军队保卫部门等；有权冻结单位存款的主体主要包括人民法院、人民检察院、公安机关、国家安全机关、监狱、海关、税务机关、军队保卫部门等；有权扣划单位存款的主体则仅包括人民法院、海关和税务机关。有权对个人储蓄存款进行查询的主体主要包括人民法院、人民检察院、公安机关、国家安全机关、监狱、海关、税务机关、军队保卫部门等；有权冻结个人储蓄存款的主体主要包括人民法院、人民检察院、公安机关、国家安全机关、监狱、海关、税务机关、军队保卫部门等；有权扣划个人储蓄存款的主体仅包括人民法院、海关和税务机关。而依照《金融机构协助查询、冻结、扣划工作管理规定》，查询、冻结、扣划个人储蓄存款的管理与查询、冻结、扣划单位存款的管理基本相同。（见表6-1）

通过下表对比，我们便可以清晰地发现，有权扣划单位或个人银行存款的只有人民法院、税务机关和海关三部门。人民检察院、公安机关、国家安全机关、军队保卫部门、监狱、走私犯罪侦查机关有权查询和冻结单位或个人在银行的存款，但不得扣划。监察机关（包括军队监察机关）有权查询单位或个人在银行的存款，但不得冻结和扣划。审计机关、工商行政管理机关和证券监督管理机关只能查询单位在银行的存款，无权冻结和扣划；对个人存款则无权查询、冻结和扣划。

表 6-1　有权查询、冻结、扣划单位、个人存款的执法机关一览表

单位名称	查询		冻结		扣划	
	单位	个人	单位	个人	单位	个人
人民法院	有权	有权	有权	有权	有权	有权
人民检察院	有权	有权	有权	有权	无权	无权
公安机关	有权	有权	有权	有权	无权	无权
国家安全机关	有权	有权	有权	有权	无权	无权
税务机关	有权	有权	有权	有权	有权	有权
海关	有权	有权	有权	有权	有权	有权
军队保卫部门	有权	有权	有权	有权	无权	无权
监狱	有权	有权	有权	有权	无权	无权
走私犯罪侦查机关	有权	有权	有权	有权	无权	无权
监察机关（包括军队监察机关）	有权	有权	无权	无权	无权	无权
审计机关	有权	无权	无权	无权	无权	无权
工商行政管理机关	有权	无权	暂停结算	暂停结算	无权	无权
证券监督管理机关	有权	无权	无权	无权	无权	无权

（二）银行协助查询、冻结和扣划工作的管理

1.银行协助查询存款的管理

(1)银行办理协助查询业务时，经办人员应当核实执法人员的工作证件，以及有权机关县团级以上(含县团级)机构签发的协助查询存款通知书。

(2)银行协助有权机关查询的资料应限于存款资料，包括被查询单位的开户、存款情况以及与存款有关的会计凭证、账簿、对账单等。对上述资料，银行应当如实提供，有权机关根据需要可以抄录、复制、照相，但不得带走原件。银行因协助查询而为有权机关复制存款资料时，可以按相关规定收取工本费。

(3)有权机关在查询单位存款时，只提供被查询单位名称而未提供账号的，银行应当根据账户管理档案积极协助查询，没有所要查询账户的，应如实告知有权机关。在查询个人储蓄存款时，有权机关仅能提供存款人姓名，并坚决要求查询时，银行应根据本系统账户管理档案的实际情况予以查询。在此

过程中，若侵害到相关重名储户的存款秘密，有权机关应当承担相应后果。

(4)银行在协助有权机关办理完查询存款手续后，有权机关要求予以保密的，银行应当保守秘密。

2.银行协助冻结存款的管理

(1)银行进行协助冻结存款工作时，经办人员应当对有权机关执法人员的工作证件、有权机关县团级以上机构签发的协助冻结存款通知书、人民法院出具的冻结存款裁定书、其他有权机关出具的冻结存款决定书等证件和法律文书予以核实。

(2)银行在协助冻结存款时，应当审查以下内容：协助冻结存款通知书上填写的需被冻结存款的单位或个人开户银行名称、户名和账号、大小写金额，协助冻结存款通知书上的义务人应与所依据的法律文书上的义务人相同，协助冻结存款通知书上的冻结金额应当是确定的。银行如发现缺少应附的法律文书，或者法律文书的有关内容与协助冻结存款通知书的内容不符的，应说明原因，退回协助冻结存款通知书或所附的法律文书。

(3)有权机关冻结存款的期限最长为6个月，期满后可以续冻。有权机关应在冻结期满前办理续冻手续，逾期未办理的，视为自动解除冻结措施。有权机关要求对已被冻结的存款再行冻结的，银行不予办理并应当说明情况。在冻结期限内，只有当原作出冻结决定的有权机关作出解冻决定，并出具解除冻结存款通知书的时候，银行才能对已经冻结的存款予以解冻。被冻结存款的单位或个人对冻结提出异议的，银行应告知其与作出冻结决定的有权机关联系，在存款冻结期限内银行不得自行解冻。有权机关在冻结、解冻工作中发生错误，其上级机关直接作出变更决定或裁定的，银行在接到变更决定书或裁定书后，应予以办理。银行在协助有权机关办理完冻结存款手续后，根据业务需要可以通知存款单位或个人。

(4)有权机关要求超额冻结的，银行应在有权机关要求冻结的期间内，对被冻结单位或个人的银行账户持续进款进行冻结，直至达到有权机关要求冻结的数额为止。存款被有权机关冻结后，冻结款项仍然由银行支配，参与银行资金周转。因此，银行应当依照存款付息的规定，按期计付利息。

3.银行协助扣划存款的管理

(1)银行进行协助扣划存款工作时，经办人员应当对有权机关执法人员的工作证件、有权机关县团级以上机构签发的协助扣划存款通知书、有关生效法律文书或行政机关的有关决定书等证件和法律文书予以核实。

(2)银行在协助扣划存款时，应当审查以下内容：协助扣划存款通知书上填写的需被扣划存款的单位或个人开户银行名称、户名和账号、大小写金额，协助扣划存款通知书上的义务人应与所依据的法律文书上的义务人相同，协助扣划存款通知书上的金额应当是确定的。如发现缺少应附的法律文书，以及法律文书的有关内容与协助扣划存款通知书的内容不符的，应说明原因，并退回协助扣划存款通知书或所附的法律文书。

(3)银行协助扣划时，应当将扣划的存款直接划入有权机关指定的账户。有权机关要求提取现金的，银行不予协助。银行在协助有权机关办理完扣划存款手续后，根据业务需要可以通知存款单位或个人。

(四)银行在办理协助查询、冻结、扣划存款时应注意的问题

1.银行协助查询、冻结和扣划工作应当遵循依法合规、不损害客户合法权益的原则，建立健全有关规章制度，切实加强协助查询、冻结、扣划的管理工作，并应在其营业机构确定专职部门或专职人员，负责接待要求协助查询、冻结和扣划的有权机关，及时处理协助事宜，并注意保守国家秘密。

2.银行应当按照内控制度的规定，建立和完善协助查询、冻结和扣划工作的登记制度。银行在协助办理查询、冻结、扣划手续时，应当将有权机关名称，执法人员姓名和证件号码，银行经办人员姓名，被查询、冻结、扣划单位的名称，协助查询、冻结、扣划的时间和金额，相关法律文书名称及文号，协助结果等填写在登记表上，并由有权机关执法人员和银行经办人签字。银行应当妥善保存登记表，并严格保守有关国家秘密。

3.银行在协助查询、冻结、扣划存款的过程中，如果涉及内控制度中的核实、授权和审批工作，应当严格按内控制度及时办理相关手续，不得拖延推诿。对有权机关办理查询、冻结和扣划手续完备的，应当认真协助办理。在接到协助冻结、扣划存款通知书后，不得再扣划应当协助执行的款项用于收贷收息，不得向被查询、冻结、扣划单位通风报信，帮助其隐匿或转移存款。

4.有权机关下达的查询、冻结、扣划存款通知书与解除冻结、扣划存款通知书，均应由其执法人员依法送达，银行不接受有权机关执法人员以外的人员代为送达的通知书。当两个以上有权机关对同一单位或个人的同一笔存款采取冻结或扣划措施时，银行应当协助最先送达通知书的有权机关办理冻结、扣划手续。两个以上有权机关对银行协助冻结、扣划的具体措施有争议的，银行应当按照争议机关协商后的意见办理。

5.根据《金融违法行为处罚办法》第23条的规定，银行没有依法协助税务机关、海关办理对纳税人存款的冻结和扣划，造成税款流失的，给予警告，并处10万元以上50万元以下的罚款；对该银行直接负责的高级管理人员、其他直

接负责的主管人员和直接责任人员，给予撤职直至开除的纪律处分；构成违反治安管理行为的，依法给予治安管理处罚；构成妨害公务罪或者其他罪的，依法追究刑事责任。

根据我国《民事诉讼法》第 114 条、第 115 条、第 116 条的规定，银行接到人民法院的协助执行通知书后，拒不协助查询、冻结或者划拨存款的，人民法院除责令其履行协助义务外，可以根据情节轻重予以罚款、拘留；构成犯罪的，依法追究刑事责任。此外，人民法院还可以向监察机关或者有关机关提出给予纪律处分的司法建议。其中，对个人的罚款金额，为人民币 10 万元以下；对单位的罚款金额，为人民币 5 万元以上 100 万元以下；拘留的期限，为 15 日以下。银行对罚款、拘留决定不服的，可以向上一级人民法院申请复议一次，复议期间不停止执行。

根据《民事诉讼法》第 242 条第 2 款的规定，并比照《最高人民法院关于人民法院执行工作若干问题的规定（试行）》第 33 条的规定，银行向存款人通风报信致使执行款项被转移的，人民法院有权责令银行限期追回已转移的款项。在限期内未能追回的，应当裁定银行在被转移的款项额度内以自己的财产承担赔偿责任。

6.《最高人民法院关于人民法院民事执行中查封、扣押、冻结财产的规定》第 28 条规定："对已被人民法院查封、扣押、冻结的财产，其他人民法院可以进行轮候查封、扣押、冻结。查封、扣押、冻结解除的，登记在先的轮候查封、扣押、冻结即自动生效。其他人民法院对已登记的财产进行轮候查封、扣押、冻结的，应当通知有关登记机关协助进行轮候登记，实施查封、扣押、冻结的人民法院应当允许其他人民法院查阅有关文书和记录。其他人民法院对没有登记的财产进行轮候查封、扣押、冻结的，应当制作笔录，并经实施查封、扣押、冻结的人民法院执行人员及被执行人签字，或者书面通知实施查封、扣押、冻结的人民法院。"这一规定可以视作有关轮候冻结的法律依据。但在实践中，由于银行没有关于轮候冻结的程序性规定，微机系统也没有轮候冻结一项，对于法院的轮候冻结手续无法进行操作，使得这项法律规定成为休眠条款而很少被启用。因此，虽然法院有权对存款进行轮候冻结，以确保另案执行完毕后该案的申请执行人的权益能够早日得到实现，但是由于银行操作程序的不健全、规定的不完善，导致法院本来可采取的这一强制措施无法得到全面的落实。

六、存款保险制度

存款保险制度是指为了保护存款人的合法权益，一个国家或地区在金融体系内设立专门的保险机构，为吸收公众存款的银行、其他金融机构提供存款保险的一种制度安排。存款保险是一种特殊形式的保险，具体的操作方式是由吸收公众存款的金融机构按其所吸收的存款的一定比例，向存款保险机构交纳存款保险费，以建立存款保险准备金。一旦投保的金融机构遭受风险事故无法向存款人支付时，就由保险机构向投保的金融机构提供财务救援，或由保险机构直接向存款人支付部分或全部存款。这种制度安排的特点是，通过存款保险制度集中投保的金融机构的经济力量，以分担部分被保险的金融机构因遭受风险所产生的经济损失。

（一）存款保险制度的建立与发展

存款保险制度起源于美国。20 世纪 30 年代初，受经济危机影响，美国几乎每年都有两千家以上银行倒闭。为保护存款人的利益、维护金融稳定，美国国会于 1933 年通过《格拉斯一斯蒂格尔法》建立联邦存款保险局(FDIC)，率先确立强制存款保险制度。20 世纪 60 年代中期以来，随着金融业日益自由化、国际化，金融风险明显上升，绝大多数西方发达国家相继在本国金融体系中引入存款保险制度，印度、哥伦比亚等部分发展中国家和地区也进行了这方面的有益尝试。20 世纪 80 年代以来，系统性银行危机波及全球，发达国家和发展中国家都同样受到了严重威胁。为了降低金融危机发生的可能性、减少金融危机造成的社会成本，各国纷纷着手建立金融安全网。2009 年 6 月，巴塞尔银行监管委员会联合国际存款保险人协会发布《有效存款保险制度核心原则》，在全球应对金融危机经验的基础上，总结了世界各国存款保险制度的运行状况，进而提出了建立存款保险制度的准则，为各国加强存款保险制度提供了指导意见。从此，存款保险立法开始了国际统一化进程。根据世界存款保险协会(IADI)的统计，截至 2011 年 3 月 31 日，共有 111 个国家和地区建立了存款保险制度。目前各国所设立的存款保险机构可以分为三种形式：第一类是由政府出资，隶属于政府机构的存款保险机构，其董事会成员及管理人员来自于银行监督管理机构、中央银行和财政部；第二类是由被保险的金融机构组成的民间协会，实质上属于互助性的民间组织，其董事会成员和高级管理人员都由银行家出任；第三类是由政府和投保的金融机构合作，共同出资设立的存款保险机构，其董事会成员和高级管理人员由出资双方派出的人员担任，有时也会吸纳银行业以外的人员。

（二）存款保险制度的分类

1.根据表现形式的不同，存款保险制度可以分为隐性存款保险制度和显性存款保险制度。

这是目前国际上通行的划分方式。隐性存款保险制度指国家没有对存款保险作出具体的制度安排，但在银行发生危机或倒闭时，政府会采取某种形式保护存款人的利益。这种隐性的担保实际上是一种暗示的承诺，保证存款人的存款不会受到任何损失，因而形成了公众对存款保护的预期，多见于发展中国家或者国有银行占主导的银行体系中。显性存款保险制度是指国家以法律的形式明确规定设立存款保险机构，当银行发生危机或倒闭时，存款人会受到法律保护，得到存款保险机构的赔付。显性存款保险制度的优势在于：法律通常会对保险的最高限额、出资方式以及管理体制作出明确规定，给社会以稳定的预期，稳定存款人的信心；建立专业化机构和明确的操作规程，迅速、有效地处置有关问题；有专门的资金来源用于赔付存款人和处置问题银行；增强银行体系的市场约束，明确银行倒闭时各方的责任。

2.根据保险方式的不同，存款保险制度可以分为强制型存款保险制度和自愿型存款保险制度。

强制型存款保险制度是指国家通过立法的形式，要求所有经营存款业务的金融机构都必须参加保险。根据《有效存款保险制度核心原则》的规定，强制性是有效存款保险制度的一项核心原则，即所有的存款机构都必须投保，以避免风险承受程度不同的银行机构在自愿投保情况下作出迥异选择，使得部分银行机构极有可能脱离存款保险制度的保障范围，影响存款保险制度功效的最大限度发挥。自愿型存款保险制度是指国家并不强制金融机构参加存款保险，金融机构可以根据自身需要，自由选择是否参加存款保险。一般而言，市场机制越发达，金融机构之间的竞争就越激烈，为了提高自身的信誉度、增强竞争力，其参加存款保险的积极性也普遍较高；而在市场经济不健全的国家，尤其是国有商业银行占主导地位的国家，金融机构一般都欠缺参加存款保险的动力。从目前的国际实践来看，绝大部分国家都采取强制型存款保险制度，只有瑞士、马其顿、哈萨克斯坦等极少数国家和地区采取自愿型存款保险制度。

3.根据保险额度的不同，存款保险制度可以分为全额保险制度、按比例保险制度和最高限额保险制度。

全额保险制度是指对投保的所有存款都进行保险，银行破产时存款保险机构按存款人的实际存款额全部予以赔付的制度。全额保险制度实际上是使原先的隐性保险制度显性化，容易诱发道德风险，因此大多数国家都采用按比例保险制度或最高限额保险制度。按比例保险制度是按存款的一定比例进行赔付的制度，最高限额保险制度则是对存款保险设立一个最高限额，按照这一固定的限额进行赔付的制度。

（三）建立存款保险制度的意义

1.有利于分散银行风险。

银行特殊的资产结构，决定了银行所面临的最大风险就是挤兑风险，因此银行必须保持一定的流动性，留足必要的现金以备存款人随时提取，但是这也会导致银行的一大部分存款不能用于发放贷款，影响银行的经营利润。存款保险制度实际上是把银行的这种挤兑风险转移给了存款保险机构，从而使银行能够放心地将更多的存款用于发放贷款，增加社会的信贷资源。

2.有利于增强公众信心。

从国际金融发展的实践来看，审慎监管、最后贷款人制度和存款保险制度共同构成公共金融安全网。存款保险制度为存款人提供了直接的保护，在银行不能支付存款的情况下，有一个庞大的保险机构为存款人提供补偿，从而大大降低了挤兑风险发生的概率，使社会公众建立起对化解银行风险的积极预期。

3.促进银行公平竞争。

从我国金融体系现状来看，国有商业银行有国家的信誉作担保，存款人在对个别银行进行风险预期时，更偏好于选择大型国有商业银行。而中小银行受资产规模较小的限制，难以在市场上通过资产多样化来分散风险；为了确保流动性，又不得不持有比大银行更高比例的现金，从而降低了经营效益。存款保险制度的建立，消除了存款人的后顾之忧，使中小银行获得和大银行同等的市场竞争机会，并可以将更多的资本用于经营活动，有助于促进公平竞争，从而提高银行业市场的效率。

4.有利于改变存款人的弱势地位。

存款人与银行相比，在信息、知识、经验及风险判断上都处于弱势地位。而存款保险机构与银行相比则处于强势地位，存款保险机构通过与银行订立存款保险合同并指定存款人为受益人，来调整存款人与银行之间的不平等关系。当参加存款保险的银行出现资金周转困难或者破产倒闭时，存款保险机构可以通过兼并、接收问题银行，或者直接对存款人进行赔付，实现对存款人的倾斜保护。

（四）我国建立显性存款保险制度的必要性

1993 年 12 月，国务院在《关于金融体制改革的决定》中首次提出要建立存款保险基金。2005 年 4 月，中国人民银行对我国存款类金融机构的存款账户结构进行了详细的抽样调查，以期为我国存款保险制度的设计提供依据，同时还征求并吸纳了主要存款类金融机构对建立符合我国国情的存款保险制度的意见。虽然在2007年的全国金融工作会议上已经决定要推行存款保险制度,但全球金融危机的爆发却使这一制度的建设搁浅。截至目前,我国仍未建立起规范明确的存款保险制度,世界存款保险协会将我国归类为"有意向建立存款保险制度的国家",也就是说,在实际操作中,是由政策性补贴来执行"隐性存款保险"的功能,即在存款类金融机构发生危机时,由政府向该机构注资。中国人民银行在《2006中国金融稳定报告》中明确指出,"长期以来,我国实行隐性全额存款担保,国家事实上承担了存款保险责任"。这一状况的长期存在,隔断了各银行资金运用效益和资金筹集成本之间的制衡关系,削弱了市场对金融机构的约束作用,致使道德风险频发。随着我国银行业的全面开放,市场化的竞争日益激烈,如果我国银行业依然保持目前的资产状况,那么,政府实施救助的频率、范围和成本必然会大幅度提高。同时,通过财政拨款、人民银行再贷款和外汇储备注资的方式来弥补银行的损失,也会致使政府在进行宏观调控时丧失一定的主动权。如果不建立显性的存款保险制度,政府实施财政政策、货币政策的独立性将无法得到保证。

(五)建立我国存款保险制度的建议

1.制定、完善相关法律制度

鉴于我国金融业对外开放和近年来国内部分中小金融机构不断暴露的经营风险,2004年4月,中国人民银行金融稳定局存款保险处挂牌。同年8月,由国务院法制办牵头,央行、财政部、银监会、发改委联合制定的《存款保险条例》的起草工作提上日程,同年12月初,起草工作展开。一旦《存款保险条例》颁布实施,存款保险制度的法律框架就可望初步建立,存款保险制度的运行将有法可依。此外,还要建立健全银行业产权法、破产法、最后贷款人规则等必要的金融法规,从而完善存款保险制度的法律基础环境。

2.设立全国性的存款保险机构

基于金融业务的广泛性和渗透性,金融风险的发生和蔓延通常具有全国性。因此,已建立存款保险制度的国家基本上都是在中央或者联邦一级设立存款保险机构,在全国范围内开展存款保险业务,实行高度集中的统一管理。

长期以来,我国的银行一直是由国家信用在背后提供支持,即使破产也是由政府负责偿还存款,如果不是由政府出面设立存款保险机构,恐怕很难取得公众的信任。因此根据我国的实际情况,应该建立一个隶属于国务院、独立的政府机构作为存款保险机构,负责存款保险基金的收取、管理及运作,从保险人的角度对银行进行监管以及参与处置、清算问题银行,该机构既有别于银行业监督管理机构,又能够对监管机构的功能提供支持、配合和补充。

3.存款保险制度的运作方式

目前,强制性存款保险是国际上通行的做法。我国金融市场尚不发达,并且由国有商业银行占据主导地位,如果采用自愿投保的方式,那么财力雄厚且有国家信用提供保证的国有商业银行可能会欠缺投保的主动性,从而使得存款保险制度难以发挥应有的作用。因此,我国应当建立强制性存款保险制度,规定凡是在我国境内依法设立的经营存款业务的金融机构,都应当参加存款保险、缴纳存款保险费,否则不得申请颁发金融许可证和办理金融许可年检。①

4.确定合理的存款保护程度

存款保险的保护程度主要取决于赔付最高限额的设置,合理的存款保护程度,能够最大限度地减少存款保险制度的道德风险。纵观各国情况,由于实行完全保护所要求的基金规模和赔付金额巨大,迄今为止只有土耳其、日本、韩国、厄瓜多尔和墨西哥等为数不多的国家实行过完全保护的存款保险,而且,除土耳其外,其他国家都是将完全保护作为应对金融危机的一种过渡性安排,如韩国在2000年、厄瓜多尔和哥伦比亚在2001年取消了完全保护。除上述情况外,其余大多数国家均实行部分保护的存款保险,理赔方式分为四种:一是限额赔偿,如美国;二是简单比例赔偿,如德国;三是分段比例递减赔偿,如爱尔兰、意大利;四是比例与限额赔偿,如英国。以上都是非全额保险的存款保险制度,其目的在于通过让大额存款人承担部分损失来迫使其注意选择银行,加强市场纪律,促使投保银行安全经营,寻找有效保护小额存款者利益、防止系统性挤兑与减少道德风险之间的均衡点。因此,保险要尽可能涵盖较多的存款账户,但理赔的金额在整个存款数额中所占的比重要尽可能小。从国际经验看,存款保险的范围几乎涵盖90%的存款账户,但理赔金额只占总存款的40%左右。②

---

① 王卫国主编:《银行法学》,法律出版社2011年版,第333~335页。

② 罗滢:《量体裁衣选择存款保险制度发展模式》,载《中国证券报》2005年6月17日。

第二节 贷款法律制度

贷款是商业银行的传统核心业务，是商业银行最原始和最主要的经营手段。随着我国市场经济的发展，商业银行的贷款业务已经成为我国筹集和分配资金的主要渠道。贷款资金在流动过程中，能够起到调节货币流通，影响国民经济的发展规模与发展速度，改变区域结构与产业结构的作用。同时，贷款又受到国民经济运行情况的制约，有关机构可根据国民经济发展情况，依照国家经济、金融政策和法律规定，适当调整贷款的规模、投向、期限、利率等，从而保证资金的安全性、流动性和效益性。各国商业银行及监管机构普遍重视对贷款的管理，贷款法律制度是各国银行法的核心内容之一。[①]

一、贷款概述

（一）贷款的概念

贷款与存款相同，也包括两方面的含义：从静态上看，它是指经国务院银行业监督管理机构批准的金融机构，以还本付息为条件，按约定的利率和期限

---

① 我国关于规范贷款业务的法律法规主要有：《商业银行法》、《贷款通则》、《经济适用住房开发贷款管理办法》、《个人住房贷款管理办法》、《银团贷款暂行办法》、《封闭贷款管理暂行办法》、《专项贷款管理暂行办法》、《汽车贷款管理暂行办法》、《证券公司股票质押贷款管理办法》、《商业助学贷款管理办法》、《个人定期存单质押贷款办法》、《单位定期存单质押贷款管理规定》、《商业银行并购贷款管理指引》、《商业银行授信工作指引》、《商业银行房地产贷款风险管理指引》、《银团贷款业务指引》等。其中，《商业银行法》第四章内容是关于贷款管理的基本规则，商业银行开展贷款业务的主要依据则是中国人民银行于 1996 年发布实施的《贷款通则》。在过去的二十几年中，国内银行业的发展以及经营环境等已经发生了翻天覆地的变化，《贷款通则》的相关规定已经严重脱离实际，也不适应银行监管的需要。比如近年来，民间借贷和地方政府批准成立的小额贷款公司等"只贷不存"的非银行金融机构贷款人发展很快，《贷款通则》已经难以发挥原有的规制作用。鉴于此，中国人民银行与中国银行业监督管理委员会于 2004 年首度全国性公开征求修改意见，并于 2010 年 1 月再度征求意见。据报道，2010 年版的修订征求意见稿共 8 章 59 条，分别为总则、贷款准入和终止、贷款业务的基本规则、信贷市场消费者保护、贷款转让与重组、监督管理、法律责任和附则，并首次将非金融机构贷款人纳入进来，力图实现民间借贷阳光化。修订工作在激烈的讨论与争议中艰难前行，至今为止仍未完成，但可以肯定的是，这次修订对于整个信贷市场来说是非常重要的一次变化。

向社会公众吸纳的货币资金;从动态上看,则是指经国务院银行业监督管理机构批准的金融机构,依法将货币资金按约定的利率发放给客户,并约定期限由客户还本付息的一种信用活动。

贷款资金的来源与运用是一种相互依存、相互制约的关系:对借款人而言,贷款构成其对贷款人的负债;而对贷款人而言,它则构成了贷款人对借款人的债权。因此,贷款是银行和非银行金融机构的一项主要资产业务。资产负债表能够很清楚地反映出这种关系,银行和非银行金融机构可以据此分析各项资金的来源、运用方向、性质及其在资产总额中所占的比重,有针对性地采取管理措施,提高信贷资金的筹集效率和运用质量。

表 6-2　商业银行资产负债简表

资　　产	负　　债
1.各项贷款	1.各项存款
2.证券投资	2.发行债券
3.在中央银行账户存款	3.向中央银行借款
4.上缴存款准备金	4.银行自有资金
5.同业拆借	5.同业拆借
6.库存现金	6.联行汇差
7.联行汇差	7.信贷资金调拨
8.信贷资金调拨	8.其他
9.其他	
总计	总计

(二)贷款的种类

根据不同的分类标准,我们可以将贷款作如下区分:

1.依照贷款性质,可将贷款划分为商业性贷款和政策性贷款。

商业性贷款是指商业银行和非银行金融机构在经营商业性业务过程中,出于营利的目的向借款人发放贷款的行为。作为商业银行和非银行金融机构的主营业务,商业性贷款是其获取利润的主要途径。由于商业性贷款是以营利为主要目的,因此,商业银行和商业性非银行金融机构可以在不违反国家有关法律规定的前提下,根据自身的资金和资产状况,制定相应的经营策略,以实现利润的最大化。

政策性贷款是相对于商业性贷款而言的,它是指政策性银行和经营政策性业务的非银行金融机构,以及受政策性银行委托的商业银行,按照国家产业政策和经济发展战略的要求，对属于国家扶持或鼓励的特定对象和项目发放的、不以盈利为主要目的的贷款。政策性贷款以推行国家政策为主要目的，相较于商业性贷款而言，其贷款对象、金额、期限、利率等都必须按照国家在特定时期的政策目标来具体确定。

2.根据贷款发放方式的不同，可以将贷款划分为自营贷款和委托贷款。

自营贷款是指贷款人在通过合法方式筹集资金后，自主发放所筹集的资金，自己负责收回本金和利息，自行承担贷款风险的贷款。

委托贷款是指由政府部门、企事业单位以及个人等委托人提供资金，由贷款人(即受托人)根据委托人确定的贷款对象、用途、金额、期限、利率等，代为发放、监督使用并协助收回的贷款。对于委托贷款，贷款人(即受托人)只收取手续费，不承担贷款风险。

3.根据期限的长短，可以将贷款划分为短期贷款、中期贷款和长期贷款。

短期贷款是指贷款期限在1年以内(含1年)的贷款。中期贷款是指贷款期限在1年以上(不含1年)5年以下(含5年)的贷款。长期贷款是指贷款期限在5年(不含5年)以上的贷款。对贷款的期限作出划分，有利于商业银行进行流动性管理，确保其长短期贷款之间保持适当的比例，防范流动性风险，同时也有利于银行业监管者对商业银行的长短期贷款实施结构管理，保障贷款资金的安全。

4.根据有无担保，可以将贷款划分为信用贷款和担保贷款。

信用贷款是指在没有担保的情况下，仅依据借款人的信用状况发放的贷款。信用贷款的基本类型主要包括信用额度贷款、循环信用贷款、专门项目贷款和账户透支贷款。信用额度贷款是指金融机构为借款人核定在某一时期内借款的最高限额，根据这一限额，借款人可以在该期间内任意借入限额内的款项，只要不超限额，金融机构通常不会拒绝放款的贷款。信用额度是金融机构与借款人之间的一种非正式协议，没有法律约束力，故而金融机构没有向借款人提供贷款的强制性义务。此外，这种贷款通常采用浮动利率。循环信用贷款是指金融机构为借款人核定在某时期内借款的最高限额，根据这个限额，借款人可以在该期间内任意借入限额之内的款项，只要不超限额，借方可随时提取使用，也可以提前归还，借款金融机构不得拒绝放款的贷款。循环信用贷款的信用额度，是金融机构与借款人通过签订正式协议确定的，金融机构不得单方面变更或取消向借款人提供贷款的承诺，这也是循环信用贷款和信用额度贷款的最大区别。专门项目贷款是指金融机构向借款人发放的，约定用于指定项目的，在一定期限内按照一定的利率还本付息的一次性贷款。这种贷款通常是一次性放贷、一次性使用，并且必须用于贷款合同规定的用途，到期必须一次性全部偿还，不得循环使用。账户透支贷款是指金融机构允许客户以超过账户余额的数额支用款项的一种贷款。这种贷款通常以日计息，客户仅对其支用的超过账户余额的款项支付利息，但利息率通常比较高。

担保贷款[①]是指由借款人或第三方依法提供担保而发放的贷款。担保贷款主要包括保证贷款、抵押贷款、质押贷款三种类型。其中，保证贷款是指贷款人依照法律规定的保证方式，以第三人承诺在借款人不能偿还贷款时，按约定承担一般保证责任或者连带责任而发放的贷款；抵押贷款是指贷款人依照法律规定的抵押方式，以借款人或第三人的财产作为抵押物而发放的贷款；[②]质押贷款是指贷款人依照法律规定的质押方式，以借款人或第三人的动产或

---

① 需要注意的是，在大陆法系各国的现行制定法中，有一种非典型担保方式被称为让与担保。它是罗马法上的信托以及日耳曼法上的所有质、新质经过长期发展演变而来的，是大陆法系国家学说和判例中的一种债的担保方式。与此相对应，就产生了让与担保贷款，即金融机构为保障贷款本息的偿还，而要求借款人或第三人将担保物的财产权转移给金融机构，如果贷款本息得到清偿，则金融机构将担保物归还给借款人或第三人，如果贷款本息得不到清偿，则金融机构可以就担保物受偿的贷款。在金融机构就担保物受偿的情况下，既可以将担保物直接归属于金融机构，也可以用担保物估价或变卖款归还贷款，当担保物价款超过贷款本息时，银行应返还差额，当担保物价款不足以清偿贷款本息时，银行仍可以请求偿还。目前，世界上许多国家的法律都承认让与担保。但是，我国现行的法律却禁止采取此种担保方式。《物权法》第 186 条规定："抵押权人在债务履行期届满前，不得与抵押人约定债务人不履行到期债务时抵押财产归债权人所有。"《担保法》第 40 条规定："订立抵押合同时，抵押权人和抵押人在合同中不得约定在债务履行期届满抵押权人未受清偿时，抵押物的所有权转移为债权人所有。"然而在实践中，我国金融机构已经开展了类似的让与担保贷款业务。例如，以房地产为担保标的的养老贷款，通常约定担保物直接归属于金融机构。

② 抵押贷款可以分为以下三种类型：(1)固定抵押贷款，是金融机构要求借款人将其拥有或第三者拥有法定权利的、法律认可的特定财产作为债权担保，并不转移该财产占有的抵押贷款。(2)浮动抵押贷款，是金融机构要求借款人将其拥有或第三者拥有法定权利的、法律认可的现有或将来取得的全部财产作为债权担保，并不转移该财产占有的贷款。当借款人不能履行到期债务时，浮动抵押的财产就得以特定化。其与固定抵押贷款的最大区别是，在浮动抵押财产特定化前，借款人可以在其业务经营中正常地使用和处分该财产。(3)最高额抵押贷款，是金融机构为使一定期间内向借款人连续发放的贷款得到保障，而要求借款人提供其拥有或第三者拥有法定权利的、价值与贷款最高额相当的财产作为债权担保，并不转移该财产占有的贷款。借款人到期不归还贷款本息或发生约定的实现抵押权的情形，金融机构有权在最高贷款额限度内就该担保财产优先受偿。

权利作为质物而发放的贷款。[①]

5.根据贷款在再生产过程中的不同作用，可以将贷款划分为流动资金贷款和固定资金贷款。

流动资金贷款是指贷款人为满足借款人因生产经营而产生的合理的流动资金需要，而向借款人发放的贷款。

固定资金贷款是指贷款人为满足借款人因固定资产维修、更新改造、新建和扩建而产生的资金需求，而向借款人发放的贷款，它主要包括专用基金贷款、技术改造贷款和基本建设贷款三大类。

6.根据同一贷款协议下贷款人人数的不同，可以将贷款划分为单独贷款和银团贷款。

单独贷款是指在同一贷款协议下，由一家金融机构作为贷款人向借款人发放的贷款。通常所说的贷款为单独贷款。

银团贷款是指由两家或两家以上银行基于相同贷款条件，依据同一贷款协议，按约定时间和比例，通过代理行向借款人提供的本外币贷款或授信业务。采用银团贷款的形式，一方面是为了满足借款人对巨额资金的需要，另一方面是为了在贷款人之间分散贷款风险。

7.根据货币种类的不同，可以将贷款划分为人民币贷款和外汇贷款。

人民币贷款是指贷款人以人民币资金向借款人发放的贷款。外汇贷款是指贷款人以外汇资金向借款人发放的贷款。

8.根据贷款的用途，可以将贷款分为固定资产贷款、流动资金贷款、项目

---

① 最高额质押担保贷款是一种比较特殊的质押贷款，是指出质人与质权人协议，在最高额限度内，以质物对一定期间内连续发生的债权提供担保。《担保法》仅规定了最高额抵押，使得交易双方不必每次交易都设定抵押权，不但手续得以简化，而且提高了业务办理的快捷性和安全性。在实践当中，很多银行都希望能够采取最高额质押的方式办理质押贷款。作为对这一呼声的响应，《物权法》在第222条规定："出质人与质权人可以协议设立最高额质权。"这就赋予了最高额质押方式以合法地位，使一直困扰银行界的"最高额质押"无法可依的问题最终得以解决。最高额质押有利于简化质押担保手续，方便当事人，节约当事人成本，更好地发挥了质押担保的功能，进而促进金融市场交易的发展。

资金贷款、并购贷款等。[①]

固定资产贷款是指贷款人向企(事)业法人、国家规定可以作为借款人的其他组织发放的,用于借款人固定资产投资的本外币贷款。

流动资金贷款,是指贷款人向企(事)业法人、国家规定可以作为借款人的其他组织发放的,用于借款人日常生产经营的本外币贷款。与固定资金贷款用于扶持企业厂房建设及扩大生产不同,流动资金贷款主要用于缓解企业暂时性的资金周转压力,按贷款资金使用的周转性,分为循环和非循环两类。凡在一定期限、一定额度内多次滚动使用的流动资金贷款均被称为循环贷款,其他为非循环贷款。

项目资金贷款,是指符合以下特征的贷款:(1)贷款通常是用于建造一个或一组大型生产装置、基础设施、房地产项目或其他项目,包括对在建或已建项目的再融资;(2)借款人通常是为建设、经营该项目或为该项目融资而专门组建的企(事)业法人,还包括主要从事该项目建设、经营或融资的既有企(事)业法人;(3)还款资金来源主要依赖于该项目产生的销售收入、补贴收入或其他收入,一般不具备其他还款来源。

并购贷款是指商业银行向并购方或其子公司发放的,用于支付并购交易价款的贷款。

(三)贷款的法律性质

从本质上讲,贷款是一种债权,因此它具备了债所固有的一般特征。但在贷款关系中,基于债权人(贷款人)和债务人(借款人)的特殊性,贷款又具有一

① 最近十几年来,银行业发展迅速,金融创新层出不穷,1996 年中国人民银行颁布与实施的《贷款通则》等相关法律法规已严重脱离现实,制约了银行业的业务拓展以及国民经济发展的需求。为了改变这一现状,也为了顺应国际监管潮流,引入国际银行业贷款方面成熟的管理办法,中国银监会自 2008 年以来相继颁布了《商业银行并购贷款风险管理指引》、《固定资产贷款管理暂行办法》、《流动资金贷款管理暂行办法》、《项目融资业务指引》、《个人贷款管理暂行办法》等。这些规定或指引的出台对于引导国内银行业金融机构拓展业务、规范经营行为,加强贷款审慎经营管理,促进银行贷款业务的健康发展,具有重要的意义。不过,立法创新的同时也会留下让人忧虑的隐患,即在旧法尚未被废止或修改的时候,可能又会实施与其发生抵触的新法,这不仅破坏法制统一这一基本原则,而且给当事人以无所适从之感,从而降低了人们对法律的尊重感。例如,《商业银行并购贷款风险管理指引》允许商业银行在依法合规、审慎经营、风险可控、商业可持续的原则下,积极稳妥地开展并购贷款业务,但 1996 年中国人民银行颁布实施的《贷款通则》却规定,商业银行不许提供股权投资的并购贷款。显然,这种法律冲突是立法者必须深思的问题。

般债务所不具有的特点，这主要表现在以下几个方面：

首先，贷款主体具有特殊性。在只有自然人为主体的民间借贷关系中，借贷双方身份并不受法律的特殊规制。但是，在贷款关系中，出借资金者只能是获得特别许可、具有从事贷款业务资格的金融机构，即资金出借者必须是经过中国银行业监督管理委员会批准，持有其颁发的《金融许可证》，并经工商行政管理部门核准登记的金融机构。

其次，标的物是货币。作为一般等价物，货币具有高度的可替代性，贷款一经发放，货币资金的所有权就随之转移给借款人，而借款人只需届时归还相等数额的货币即可。但是在普通债权关系中，物的所有权并不会发生转移。

再次，贷款合同的要式性。《商业银行法》第 37 条规定，商业银行与借款人之间的贷款合同应当采用书面形式。没有采取书面形式的，如果当事人双方就该合同的存在与否产生争议，合同关系将被视为不存在；如果双方没有争议或者一方当事人已经履行主要义务，对方接受的，合同仍然成立。

最后，利率有严格的限制。贷款合同是有偿合同，其有偿性体现在利率上。但利率并不能由合同双方当事人通过协议约定，而是由金融机构根据中国人民银行规定的贷款利率的上下限，结合借款人的具体情况来确定。

此外，金融机构受中国人民银行与监管机关的管理、指导，并不具有完全自由放贷的权利。

（四）贷款的期限和利率

根据《贷款通则》的规定，贷款期限由借贷双方根据借款人的生产经营周期、还款能力和贷款人的资金供给能力，共同商议后确定，并在借款合同中载明。自营贷款的期限一般最长不得超过 10 年，超过 10 年的，应当报银行业监督管理委员会备案。借款人申请贷款展期，应当在贷款到期日前提出，经贷款人同意，可以展期。申请保证贷款、抵押贷款、质押贷款展期的，还应当由保证人、抵押人、出质人出具同意展期的书面证明，已有约定的，按照约定执行。除国家另有规定外，短期贷款的展期期限累计不得超过原贷款期限，中期贷款的展期期限累计不得超过原贷款期限的一半，长期贷款的展期期限累计不得超过 3 年。贷款人办理展期须审查贷款所需的资产转换周期的变化原因和实际需要，并坚持审慎管理原则，合理确定贷款展期期限。借款人未申请展期或者申请展期未得到批准的，其贷款从到期日次日起，转入逾期贷款账户。

贷款利率的确定应当依照中国人民银行有关贷款利率上下限的规定，确定每笔贷款的利率，并在借款合同中载明。贷款人和借款人应当按借款合同和中国人民银行的有关计息规定，按期计收和交付利息。如果贷款的展期期限加上原期限达到新的利率期限档次的,从展期之日起,贷款利息按新的期限档次利率计收。逾期贷款按规定计收罚息。对于自营贷款,贷款人除按中国人民银行的规定计收利息外,不得收取其他任何费用;对于委托贷款,贷款人除按中国人民银行的规定计收手续费外,不得收取其他任何费用。根据国家政策,出于促进部分产业和地区经济发展的需要,有关部门可以对贷款补贴利息。对有关部门贴息的贷款,承办银行应当自主审查发放,并根据有关规定予以严格管理。除国务院决定外,任何单位和个人无权停息、减息、缓息和免息。贷款人应当依据国务院决定,按照职责权限范围,具体办理停息、减息、缓息和免息等业务。

二、贷款的原则

贷款原则是指国家法律规定的、银行在开展贷款业务时所必须遵守的基本原则,是借款人与银行必须共同遵守的基本行为准则,也是约束银行贷款活动的行为规范和制定具体贷款业务规则的基础。

(一)我国政策性银行的贷款原则

为增强国家的宏观调控能力,确保国家产业政策目标的实现,1994 年,我国先后组建了国家开发银行、中国进出口银行、中国农业发展银行三家政策性金融机构,借以筹集和引导社会资金、承担政策性贷款业务,支持国家重点产业发展。

我国政策性银行的贷款原则主要包括:(1)定向性。政策性银行的公益属性决定了政策性贷款人必须将贷款的定向性作为首要践行准则。详言之,是指政策性银行贷款人应以一定时期国家的产业政策为依据,严格界定政策性贷款的范围,在国家批准的计划范围内,按政府规定的业务领域选择贷款投向、确定贷款重点,实行严格的计划管理,具有浓厚的政府干预色彩。亦即,政策性金融机构的贷款具有明显的专业性,有确定的业务领域和特定的对象。(2)保本性。也称保本经营原则,这是因为政策性银行必须服从并服务于国家宏观经济政策目标,贷款的投放主要是一些周期长、风险大、盈利低或非盈利甚至亏损性的行业及部门,因此,政策性银行的特殊职责使之不能完全以盈利为目的,而是应当在公益和盈利之间寻求均衡,以保本微利来保证其正常的经营。(3)偿还性。政策性银行具有政策性和金融性双重特征,其贷款业务除了应当执行国家的产业政策、贯彻政府的宏观调控意图外,还应当要求信贷资金的有偿归还。有借有还的贷款良性循环机制,是保证政策性信贷资金正常周转的基本前提,因此,偿还性也是政策性贷款的基本原则之一。

（二）我国商业银行的贷款原则

根据我国《商业银行法》的规定，商业银行在经营贷款业务时，必须遵循守法经营原则、自主经营原则、安全性原则、流动性原则、效益性原则、平等自愿原则、诚实信用原则、公平竞争原则等。[①] 其中，安全性原则、流动性原则和效益性原则是商业银行在贷款经营活动中所应遵守的特有原则。安全性是效益性的基础，流动性是效益性的前提，效益性是最终的目的。但纵观我国银行业三十多年来的发展，尤其是银行业“市场化改革”以来，以国有银行为主体的国内银行业，在业务开展过程中对效率追求有余而对安全运作理念多有忽视。究其原因，一方面是因为国内银行业市场化改革不够彻底，银行仍处于“国家信用”的隐形保护下，自然会毫无后顾之忧地追求效益最大化；另一方面是因为我国还没有建立起显性存款保险制度和银行业金融机构破产条例，缺乏合理的市场退出机制。只有让国内银行真正成为“自主经营，自担风险，自负盈亏，自我约束”的市场主体，才能使之真正有动力寻求“安全性原则、流动性原则和效益性原则”之间的最佳平衡。

1.依法贷款原则

依法贷款原则是指贷款的发放和使用应当符合国家的法律、行政法规和中国银行业监督管理委员会发布的行政规章。目前，我国的建设资金主要来源于贷款资金，企业负债的绝大部分是银行贷款，贷款在资源配置、稳定币值和促进国民经济发展中发挥着举足轻重的作用。因此，贷款的发放和使用应当遵循我国的宪法、法律、行政法规以及相关行政规章的规定。

2.安全性、流动性、效益性原则

贷款的安全性原则，是指商业银行在开展贷款业务时必须遵守资产负债比例管理和资产风险管理的规定，充分考虑社会政治、经济发展和变化的状况以及借款人的资信和经营情况等因素，建立健全风险管理和内控制度，确保审慎和稳健经营，保障贷款资金的安全。银行主要是依靠负债来经营贷款业务，其自有资本在全部经营资金中仅占很小的比例，贷款资金的绝大部分是来源于所吸收的存款或对外借款，因此，坚持贷款的安全性原则是实现存款人和其他债权人资金安全的重要保证。另外，坚持贷款的安全性原则也是社会经济

① 《商业银行法》第 4 条规定：“商业银行以安全性、流动性、效益性为经营原则，实行自主经营，自担风险，自负盈亏，自我约束。”第 5 条规定：“商业银行与客户的业务往来，应当遵循平等、自愿、公平和诚实信用的原则。”第 9 条规定：“商业银行开展业务，应当遵守公平竞争的原则，不得从事不正当竞争。”

安全运行的重要保证。鉴于金融业在国民经济中的特殊地位和重要作用，如果贷款的安全性得不到保证，不仅会影响贷款人的对外清偿能力，严重的还会影响贷款人的生存，甚至还可能引发金融危机，例如肇始于美国的次贷危机所引发的全球金融危机。金融危机一旦产生，就极易产生连锁反应，进而威胁到社会经济的安全运行。

贷款的流动性原则是指贷款人在经营贷款业务时必须遵守流动性比例要求，合理地安排贷款规模和种类、期限结构，有效控制流动性风险敞口，使贷款的发放、收回与贷款资金来源的流动性以及自身的资产状况基本相适应。由于时间和金额上的差别，银行在吸收存款与还本付息时会产生一定的余额，同时在对外借款和还款之间也会产生一定的余额，这两种余额共同构成贷款人发放贷款的基础。但是，这一基础会随着存款的支取和借款的清偿而发生变化。如果贷款人不能保持贷款的流动性，就会使贷款人的对外清偿能力降低，从而对贷款人的信誉和经营安全造成不利影响，也会影响贷款人对其他借款人的资金提供，以及贷款人其他资金需求的满足，给贷款人的经济效益和业务发展造成不良影响。

贷款的效益性原则是指贷款人在确定贷款对象、贷款投向、资金额度和贷款期限时，应以取得良好的经济效益为前提。只有坚持贷款的效益性原则，取得良好的经济效益，才能满足贷款人的盈利性需求，不断充实资本，以提升经营实力。因此，效益性是贷款经营活动最根本的目的，是衡量贷款人经营管理水平的重要标准，也是促使贷款人不断改善经营管理、提高服务质量的动力。

3.平等、自愿、公平和诚信原则

在借贷活动中，借款人和贷款人都平等地享有民事权利和承担民事义务，在法律地位上是平等的。因此，借贷双方当事人在借贷关系中应当是平等、自愿和公平的民事法律关系，彼此之间恪守诚实信用的原则，维护和尊重对方利益，不得损人利己，更不能通过自己的借贷活动损害第三人和社会的公共利益。我国《商业银行法》第 5 条规定，“商业银行与客户的往来，应当遵循平等、自愿、公平和诚实信用的原则”。这在我国《贷款通则》第 4 条中也有明确规定，即“借款人与贷款人的借贷活动应当遵循平等、自愿、公平和诚实信用的原则”。

4.公平竞争、密切协作原则

社会主义市场经济的健康运行和有序发展，要求经济主体在公平、平等的基础上开展正常竞争，反对因受自身利益驱动，而以非正常的活动谋取利益的不正当竞争。我国《商业银行法》第 9 条规定：“商业银行开展业务，应当遵守公平竞争的原则，不得从事不正当竞争。"《贷款通则》第 8 条也规定："贷款人开展贷款业务，应当遵循公平竞争、密切协作的原则，不得从事不正当竞争。"我国银行业的竞争主要表现在利率、存款、结算、信息等方面。强调公平竞争，就是要反对擅自提高或变相提高存贷款利率，提倡在公平、平等的条件下，开展优质、安全、高效、多品种的金融服务，既竞争又协作，在协作中竞争，在竞争中发展。

三、贷款的基本程序

《商业银行法》、《贷款通则》、《个人贷款管理暂行办法》等相关法律法规对贷款的基本程序作出了规定，其中以《贷款通则》的规定最为详细。2008 年下半年以来，银监会陆续发布并实施了《商业银行并购贷款风险管理指引》、《固定资产贷款管理暂行办法》、《项目融资业务指引》、《流动资金贷款管理暂行办法》、《个人贷款管理暂行办法》等，以贷款新规的方式改变原来《贷款通则》的许多做法。虽然《贷款通则》至今仍然有效，但鉴于其滞后性以及即将被新的《贷款通则》取代，以下将结合《贷款通则（征求意见稿）》等，对贷款的基本程序进行介绍：

（一）贷款申请

借款人需要贷款时，应当向主办银行或者其他银行的经办机构直接提出申请，填写以借款金额、借款用途、偿还能力以及还款方式等为主要内容的《借款申请书》。同时，借款人还应提供以下一项或多项资料：借款人（及担保人）的基本情况；自然人必须提供有效身份证明和有关资信状况证明；法人、其他组织必须提供有关财务报告，其中年度报告必须经具有法律效力的有关部门或会计（审计）事务所审计，企（事）业法人还应提供贷款卡（号）；抵押物（质物）清单、有处分权人的同意抵押（质押）的证明或保证人同意保证的有关证明文件；贷款人认为需要提供的其他有关资料。

（二）贷款调查和审批

接到贷款申请后，贷款人应根据借款人的人员素质、经济实力、资金情况、履约记录、经营效益和发展前景等因素，评定借款人的信用等级。评级可由贷款人独立进行、内部掌握，也可由有权部门批准的评估机构进行。评级后，贷款人应当对借款人的情况进行审核，具体包括：借款人提供的各类信息；借款人的财务状况、现金流量以及历史还款记录等其他非财务因素，以评估借款人的还款能力；担保的质量和法律效力。

发放公司贷款时，必须严格审查借款人的资产负债状况以及预测借款人的未来现金流量；发放项目贷款时，必须评估贷款项目的未来现金流量预测情况和质权、抵押权以及保证或保险等，并严格审查贷款项目的项目建议书和可行性研究报告；发放关联企业贷款时，应统一评估和审核所有关联企业的资产负债、财务状况、对外担保以及关联企业之间的互保等情况。

发放担保贷款时，应当对保证人的偿还能力，是否违反国家规定担当保证人，抵押物、质物的权属和价值以及实现抵押权、质权的可行性等情况，进行严格审查；发放信用贷款时，必须对借款人进行严格审查、评估，确认其资信具备还款能力。

贷款人调查完毕后，审查人员应当对调查人员提供的资料进行核实、评定，复测贷款风险度并提出意见，然后按规定权限报批。贷款人应当建立审贷分离、分级审批的贷款管理制度。

（三）签订借款合同

贷款经审查获批准的，贷款人应当与借款人签订书面借款合同，约定借款种类，借款用途、金额、利率，借款期限，还款方式，借、贷双方的权利、义务，违约责任和双方认为需要约定的其他事项。

保证贷款应当由保证人与贷款人签订保证合同，或保证人在借款合同上载明与贷款人协商一致的保证条款，加盖保证人的法人公章，并由保证人的法定代表人或其授权代理人签名。抵押贷款、质押贷款应当由抵押人、出质人与贷款人签订抵押合同、质押合同，办理担保手续；需要办理登记的，应依法办理登记；需要交付的，应依法交付。

（四）发放贷款

借款合同签订后，贷款人要按借款合同的约定按期发放贷款。贷款人不按合同约定按期发放贷款的，应当支付违约金。借款人不按合同约定用款的，也应支付违约金。

（五）贷后检查

贷款发放后，贷款人应当对借款人执行借款合同的情况及借款人的经营情况，进行追踪调查和检查。

（六）贷款归还

借款人应当按照借款合同规定按时足额归还贷款本息。贷款人应当根据贷款距离到期所剩余的期限和金额，按年对其进行统计，并对应负债期限对敞口和流动性进行管理。贷款人在短期贷款到期 1 个星期之前、中长期贷款到期 1 个月之前，应当向借款人发送还本付息通知单；借款人应当及时筹备资金，按时还本付息。贷款人对逾期贷款要及时发出催收通知单，做好逾期贷款本息的催收工作。贷款人对不能按借款合同约定期限归还的贷款，应当按规定加罚利息；对借款人不能依照合同约定归还贷款本息或不能落实还本付息事宜的，贷款人应当及时进行债权保全，必要时可以依法在新闻媒体披露或采取诉讼等法律措施。借款人提前归还贷款，应当与贷款人协商。

四、贷款管理的主要制度

为了规范金融机构的贷款业务，保障贷款安全，提高贷款的使用效率，我国逐步建立起了较为完善的贷款管理制度。

（一）借款人制度

1.借款人的资格

借款人是指从经营贷款业务的金融机构取得贷款的自然人、法人和其他组织。

借款人为自然人的，应具备以下基本条件：(1)具有合法身份证件或境内有效居住证明；(2)具有完全民事行为能力；(3)信用状况良好，无重大不良信用记录，具备还款意愿和还款能力；(4)贷款用途明确合法；(5)贷款申请数额、期限和币种合理；(6)贷款人要求的其他条件。

借款人为法人或其他组织的，应具备以下基本条件：(1)依法办理工商登记的法人已经向工商行政管理部门登记，并连续办理了年检手续；事业法人依照国务院于 2004 年 6 月 27 日修订的《事业单位登记管理暂行条例》的规定，已经向事业单位登记管理机关办理了登记或备案。(2)有合法稳定的收入或收入来源，具备按期还本付息的能力，原应付贷款利息和到期贷款已经清偿，没有清偿的，已经做了贷款人认可的偿还计划。(3)已开立基本账户、结算账户或一般存款账户。(4)按照中国人民银行的有关规定应持有贷款卡(号)的，必须持有中国人民银行核准的贷款卡(号)。(5)除国务院规定外，有限责任公司和股份有限公司对外股本权益性投资累计额未超过其净资产总额的 50%。(6)借款人的资产负债率符合贷款人的要求。(7)申请中期、长期贷款的，新建项目的企业法人所有者权益与项目所需总投资的比例，不低于国家规定的投资项目的资本金比例。

此外，机关法人及其分支机构不得申请贷款；境外法人、其他组织或自然人申请贷款，不得违反国家外汇管理规定。

2.借款人的权利义务

借款人的权利包括：(1)可以自主向主办银行或其他银行的经办机构申请贷款，并依条件取得贷款。(2)有权按合同约定的日期和数额提取和使用贷款。(3)有权拒绝借款合同以外的附加条件。(4)在征得贷款人同意后,有权向第三人转让债务。(5)有权向贷款人的上级行和中国人民银行、银监会反映、举报有关情况。

借款人的义务包括:(1)应及时依法向贷款人提供贷款人要求的有关资料,不得隐瞒,不得提供虚假资料。(2)应依法接受贷款人对其财务状况以及使用贷款情况的监督。(3)具有准备进行承包、租赁、联营、合并(兼并)、合作、分立、股权转让、股份制改造、对外投资等重大事项,有可能对贷款的正常偿还产生较大影响的,应提前书面通知贷款人,同时应按照贷款人的要求,配合贷款人采取贷款保全措施,清偿或落实原有贷款债务。(4)应当按照借款合同约定的用途使用贷款。(5)应当按照借款合同的约定按期足额还本付息,未按照约定的期限归还贷款的,应按照中国人民银行的有关规定支付逾期利息。

3.对借款人的限制

(1)不得在一个贷款人同一辖区内的两个或两个以上同级分支机构取得贷款。

(2)不得向贷款人提供虚假的或者隐瞒重要事实的资产负债表、损益表等。

(3)借款人使用贷款不得用于以下用途:①生产、经营或投资国家明令禁止的产品或项目;②违反国家有关规定从事股本权益性投资,违反国家规定以贷款作为注册资本金、注册验资或增资扩股;③违反国家有关规定从事股票、期货、金融衍生产品投资;④财政预算性收支;⑤国家明确规定的其他禁止用途。

(4)除依法取得经营房地产资格的借款人以外,其他借款人均不得用贷款经营房地产业务;依法取得经营房地产资格的借款人,不得用贷款从事房地产投机。

(5)不得违反国家外汇管理规定使用外币贷款。

(6)不得采用欺诈手段骗取贷款。

(二)贷款人制度

1.贷款人的资格

贷款人是指在中国境内依法设立的经营贷款业务的金融机构。在我国,贷款人必须经国务院银行业监督管理机构批准经营贷款业务,持有国务院银行业监督管理机构颁发的《金融许可证》,并经工商行政管理部门核准登记。

2.贷款人的权利义务

贷款人根据贷款条件和贷款程序自主审查和决定贷款,有权拒绝任何自然人、法人或其他组织强令其发放贷款。在贷款发放过程中,贷款人享有以下权利:(1)要求借款人提供与借款有关的资料,并采取合法措施对借款人提供的信息进行查询,有权将借款人的财务报表或抵押物、质物交贷款人认可的机构进行审计或评估。(2)根据借款人的条件,决定是否贷款以及贷款的金额、期限和利率等。(3)了解借款人的生产经营活动和财务活动。(4)依合同约定从借款人账户上划收贷款本金和利息。(5)检查、监督贷款的使用情况,在借款人未能履行借款合同规定的义务时,有权依合同约定停止发放贷款、提前收回部分直至全部贷款或解除借款合同。(6)在贷款将受或已受损失时,有权依据法律规定或合同约定,采取使贷款免受损失的措施。(7)有权拒绝借款合同约定以外的附加条件。

贷款人应承担的义务有:(1)公布所经营的贷款的种类、期限和利率,并向借款人提供咨询。(2)公开贷款审查的资信内容和发放贷款的条件。(3)审议借款人的借款申请,并及时答复贷与不贷。短期贷款的答复时间不得超过1个月,中期、长期贷款的答复时间不得超过六个月,国家另有规定者除外。(4)对借款人账户、资产、财务状况等商业秘密以及个人隐私等情况保密,但法律另有规定或当事人另有约定的除外。(5)在实现抵押权、质权时,须采取合法的方式和程序进行,不得损害抵押人、出质人的合法权益。

3.对贷款人的限制

贷款人发放贷款必须严格执行《商业银行法》关于资产负债比例管理的规定,即资本充足率不得低于8%;贷款余额与存款余额的比例不得超过75%;流动性资产余额与流动性负债余额的比例不得低于25%;对同一借款人的贷款余额与商业银行资本余额的比例不得超过10%。贷款人不得向关系人[①]发放信用贷款;向关系人发放担保贷款的条件不得优于其他借款人同类贷款的条件。

借款人有下列情形之一的,贷款人不得对其发放贷款:(1)不具备《贷款通则》所规定的资格和条件的。(2)生产、经营或投资国家明文禁止的产品、项目的。(3)违反国家外汇管理规定的。(4)建设项目贷款按国家规定应当报有关部门批准而未取得批准文件的;生产、经营或投资项目贷款按照国家规定应取得环境保护等部门许可而未取得许可的。(5)借款人实行承包、租赁、联营、合并(兼并)、合作、分立、股权转让、股份制改造等过程中,未清偿或落实贷款人

① 关系人是指金融机构的董事、监事、管理人员、信贷业务人员及其近亲属,以及上述人员投资或者担任高级管理人员职务的公司、企业和其他经济组织。

原有贷款债务的。(6)不具有法人资格的分支机构未经借款授权的。(7)国家明确规定不得贷款的。

自营贷款和特定贷款,除按中国人民银行规定计收利息之外,不得收取其他任何费用;委托贷款,除按中国人民银行规定计收手续费之外,不得收取其他任何费用。

不得给委托人垫付资金,国家另有规定的除外。

(三)贷款主办行制度

借款人应按规定与其开立基本账户的贷款人建立贷款主办行关系。一个借款人只能有一个贷款主办行,主办行应当随基本账户的变更而变更。主办行不包资金,但应当按规定有计划地对借款人提供贷款,为借款人提供必要的信息咨询、代理等金融服务。借款人发生企业分立、股份制改造、重大项目建设等涉及信贷资金使用和安全的重大经济活动,事先应当征求主办行的意见。中国人民银行于1996年6月29日颁布《主办银行管理暂行办法》(自1996年7月1日起试行),对主办行制度作出了具体规定。

(四)贷款管理责任制度

1.贷款管理实行行长负责制

贷款实行分级经营管理,各级行长应当在授权范围内对贷款的发放和回收负全部责任。行长可以授权副行长或贷款管理部门负责审批贷款,副行长或者贷款管理部门负责人应当对行长负责。贷款人各级机构应当建立由行长或副行长和有关部门负责人组成的贷款审查委员会(小组),负责贷款的审查。

2.贷款发放实行审贷分离制度

贷款调查评估人员负责贷款调查,承担调查失误和评估失准的责任;贷款审查人员负责贷款风险的审查,承担审查失误的责任;贷款发放人员负责贷款的检查和清收,承担检查失误、清收不力的责任。不同工作人员各司其职,各负其责。

3.贷款发放实行分级审批制度

贷款人应当根据业务量大小、管理水平和贷款风险程度确定各级分支机构的审批权限,超过审批权限的贷款,应当报上级审批。各级分支机构应当根据贷款种类、借款人的信用等级以及抵押物、质物、保证人等情况,确定每一笔贷款的风险度。

4.信贷工作岗位责任制度

各级贷款管理部门应当将贷款管理的每一个环节的管理责任落实到部门、岗位、个人,严格划分各级信贷工作人员的职责,当某一环节出现问题时,可以将责任落实到具体的部门、岗位甚至个人。

5.大额贷款专管制度

贷款人应当对大额贷款的借款人派遣驻厂信贷员(组),实行专人服务和管理,即驻厂信贷员制度。

6.离职审计制度

在贷款管理人员调离工作岗位时,应当对其在任职期间和权限内发放的贷款的风险情况进行审计,审计完成之前,不可离岗。

(五)贷款发放权限管理制度

根据中国人民银行于1996年颁布实施的《商业银行授权、授信管理暂行办法》的规定,商业银行应当在法定经营范围内对有关业务职能部门、分支机构及关键业务岗位进行授权,对受权人开展业务的权限作出具体规定。授权逐级进行,总行对其有关业务部门和管理分行进行直接授权,管理分行在总行授权权限内,对本行有关业务职能处室和所辖分行进行转授权,依此类推。总行授权不得超过核准的经营范围,转授权不得大于原授权。授权人应当根据受权人的经营管理水平、风险控制能力、主要负责人业绩等实行区别授权,并在必要时对授权进行及时调整。商业银行各级业务部门和分支机构以及关键业务岗位只能在授予的权限范围内开展业务活动,不得越权。授信是商业银行向客户直接提供资金支持,或者对客户在有关经济活动中可能产生的赔偿、支付责任作出保证,包括贷款、贷款承诺、承兑、贴现、证券回购、贸易融资、保理、信用证、保函、透支、拆借、担保等表内外业务。

商业银行应当根据国家货币信贷政策、各地区金融风险及客户信用状况,规定对各地区及客户的最高授信额度,包括贷款、贴现、承兑和担保。同时,应当根据不同地区、不同客户的情况予以区别对待,确定不同的授信额度,并在必要时及时进行调整。商业银行各级业务职能部门及分支机构只能在规定的授信额度内对各地区及客户进行授信。

(六)贷款债权保全和清偿管理制度

债权保全是民法中的一项重要制度,也是债法的重要内容,对于债权的保障具有重要作用,也称作债的对外效力。它是债权人依据一定的程序或方法,保全债务人的财产,防止其不当处分而损害债权,以增强债务人履行债务的财产保障。《贷款通则》当中的债权保全,主要是指贷款人在贷款发放后,当遇有情势变更时,为了保障贷款的足额回收而采取的各种措施。在实践当中,主要包括以下几种举措:

1.借款人不得违反法律规定,借兼并、破产或者股份制改造等之名,行逃避银行债务或侵吞信贷资金之实；不得借承包、租赁等途径，逃避贷款人的信贷监管和偿还贷款本息的责任。

2. 贷款人有权参与借款人在兼并、破产或股份制改造等过程中发生的债务重组，并应当要求借款人落实贷款还本付息事宜。

3.贷款人应当要求实行承包、租赁经营的借款人，在承包、租赁合同中明确落实原贷款债务的偿还责任。

4.贷款人对实行股份制改造的借款人，应当要求其重新签订借款合同，明确原贷款债务的清偿责任。对实行整体股份制改造的借款人，应当明确其所欠贷款债务由改造后的公司全部承担；对实行部分股份制改造的借款人，应当要求改造后的股份公司按占用原借款人的资本金或资产的比例，承担原借款人的贷款债务。

5.贷款人对联营后组成新的企业法人的借款人，应当要求其依据所占用的资本金或资产的比例，将贷款债务落实到新的企业法人。

6.贷款人对实行合并（兼并）的借款人，应当要求其在合并（兼并）前清偿贷款债务或提供相应的担保。借款人不清偿贷款债务或未提供相应担保的，贷款人应当要求合并（兼并）企业或合并后新成立的企业承担归还原借款人贷款的义务，并与之重新签订有关合同或协议。

7.对与外商合资（合作）的借款人，贷款人应当要求其继续承担合资（合作）前贷款的归还责任，并要求其将所得收益优先用于归还贷款。借款人利用已作为贷款抵押物或贷款质押物的财产与外商合资（合作）时，必须征得贷款人同意。

8.贷款人对分立的借款人，应当要求其在分立前清偿贷款债务或提供相应的担保。借款人不清偿贷款债务或未提供相应担保的，贷款人应当要求分立后的各企业按照分立时所占资本或资产比例或协议，对原借款人所欠贷款承担清偿责任。对设立子公司的借款人，应当要求其子公司按所得资本或资产的比例，承担和偿还母公司相应的贷款债务。

9.对产权有偿转让或申请解散的借款人，贷款人应当要求其在产权转让或解散前必须落实贷款债务的清偿。

10.贷款人应当按照有关法律参与借款人破产财产的认定与债权债务的处置，对于破产借款人已设定财产抵押、质押或其他担保的贷款债权，贷款人依法享有优先受偿权；无财产担保的贷款债权按法定程序和比例受偿。

（七）贷款风险分类管理制度

中国银监会于 2007 年 7 月发布实施了《贷款风险分类指引》，为各政策性银行、国有商业银行、股份制商业银行、邮政储蓄银行以及银监会直接监管的信托公司、财务公司、金融租赁公司，提供在经营贷款业务时用以判断债务人及时足额偿还贷款本息可能性的依据。通过贷款分类，揭示贷款的实际价值和风险程度，真实、全面、动态地反映贷款质量，并及时发现信贷管理过程中存在的问题，加强贷款管理，从而为判断贷款损失准备金的充足性提供依据。

《贷款风险分类指引》按照“真实性”、“及时性”、“重要性”、“审慎性”等原则，要求商业银行至少将贷款划分为正常、关注、次级、可疑和损失五类，后三类合称为不良贷款。具体而言，“正常”是指借款人能够履行合同，暂时不需怀疑贷款者按时足额偿付本息的能力的情形；“关注”是指尽管借款人目前有能力偿还贷款本息，但存在可能对其偿还能力造成不利影响的潜在因素的情形；“次级”是指借款人的还款能力出现明显问题，完全依靠自身正常营业收入已无法足额偿还贷款本息，即使执行担保，亦会造成一定损失的情形；“可疑”是指借款人无法足额偿还贷款本息，即使执行担保，也肯定会造成较大损失的情形；“损失”是指在采取所有可能的措施或一切必要的法律程序之后，本息仍然无法收回，或只能收回极少部分的情形。

《贷款风险分类指引》规定，下列贷款应至少归为关注类：(1)本金和利息虽尚未逾期，但借款人有利用兼并、重组、分立等形式恶意逃废银行债务的嫌疑；(2)借新还旧，或者需通过其他融资方式偿还；(3)改变贷款用途；(4)本金或者利息逾期；(5)同一借款人对本行或其他银行的部分债务已经不良；(6)违反国家有关法律和法规发放的贷款。同时，下列贷款应至少归为次级类：(1)逾期(含展期后)超过一定期限、其应收利息不再计入当期损益的贷款；(2)借款人利用合并、分立等形式恶意逃废银行债务，本金或者利息已经逾期的贷款。此外，需要重组的贷款应至少归为次级类。

《贷款风险分类指引》所规定的贷款分类方式是贷款风险分类的最低要求，各商业银行可根据自身实际情况来制定贷款分类制度，细化分类方法，但不得低于指引提出的标准，并应当与指引的贷款风险分类方法形成明确的对应和转换关系。同时，商业银行制定的贷款分类制度应向中国银行业监督管理委员会或其派出机构进行报备。

商业银行对贷款进行分类时，主要考虑以下因素：借款人的还款能力、借款人的还款记录、借款人的还款意愿、贷款项目的盈利能力、贷款的担保、贷款偿还的法律责任、银行的信贷管理状况。同一笔贷款不得进行拆分分类，且不能用客户的信用评级代替对贷款的分类，信用评级只能作为贷款分类的参考因素。商业银行在贷款分类中应当做到：(1)制定和修订信贷资产风险分类的管理政策、操作实施细则或业务操作流程;(2)开发和运用信贷资产风险分类的操作实施系统和信息管理系统;(3)保证信贷资产分类人员具备必要的分类知识和业务素质;(4)建立完整的信贷档案,保证分类资料信息准确、连续、完整;(5)建立有效的信贷组织管理体制,形成相互监督制约的内部控制机制,保证贷款分类的独立、连续、可靠。商业银行高级管理层要对贷款分类制度的执行、贷款分类的结果承担责任。

商业银行应至少每季度对全部贷款进行一次分类。如果影响借款人财务状况或贷款偿还的因素发生重大变化,应及时调整对贷款的分类。对不良贷款应实行严密监控,提高分析和分类的频率,根据贷款的具体风险状况采取相应的管理措施。商业银行内部审计部门应对信贷资产分类政策、程序和执行情况进行检查和评估,就检查和评估的结果向上级行或董事会作出书面汇报,并报送中国银行业监督管理委员会或其派出机构。

对贷款以外的各类资产,包括表外项目中的直接信用替代项目,也应根据资产的净值、债务人的偿还能力、债务人的信用评级情况和担保情况,划分为正常、关注、次级、可疑、损失五类,其中后三类合称为不良资产。分类时要以资产价值的安全程度为核心,具体可参照贷款风险分类的标准和要求。

(八)贷款的担保制度

贷款担保是指以借款人的特定财产或者第三人的特定财产或信用为基础,在借款人不能清偿债务时,保障贷款人贷款债权实现的法律制度。贷款担保具有两个功能:一是保障贷款人实现其债权,二是促使借款人履行其债务。我国国内贷款的担保方式主要有保证、抵押、质押和按揭担保四种。就按揭担保而言,虽然我国法律并没有对其作出明确规定,但自20世纪90年代开始就已经广泛运用于住房贷款中,发展至今已日趋成熟。留置担保在我国的贷款实践中没有被采用,但在某些国家中,留置也是一种重要的贷款担保方式,如英国。另外,由于货币的特殊性,贷款不适宜以货币本身作担保,因此不适宜采用定金作为担保方式。下面将简要介绍我国现有的四种贷款担保方式。

1.保证

根据《担保法》第6条的规定,"保证是指保证人和债权人约定,当债务人不履行债务时,保证人按照约定履行债务或者承担责任的行为"。保证属于人的担保,实质上是把履行债务的主体和财产范围,依照法律规定和合同约定,由债务人财产扩张到第三人财产,在债务人的全部财产之外再附加第三人的财产,增加债权人受偿的机会。

2.抵押

抵押是债务人或者第三人在不转移对特定财产占有的情况下，将该财产作为债权的担保，当债务人不履行或不能履行债务时，债权人有权依法以该财产折价，或者拍卖、变卖该财产，并从拍卖、变卖的价款中优先受偿。在贷款抵押担保中，贷款人是抵押权人，借款人或第三人是抵押人。抵押不转移对抵押物的占有，同时兼顾了双方当事人的利益，即抵押人可以占有、使用、收益抵押物，抵押权人能够从抵押物的交换价值中优先受偿，无须承担因抵押物保管而产生的费用。贷款抵押担保虽然和传统抵押担保相似，但是作用和功能却有所不同，作为贷款担保的抵押是一种融资型担保。

3.质押

质押是债务人或第三人将其动产或者权利凭证移交债权人占有，或者以登记方式设立权利质权，作为债权的担保。当债务人不履行债务时，债权人有权以质押财产变卖所得的价款优先受偿。在贷款的质押担保中，贷款人是质权人，借款人或者第三人是出质人。

在我国银行的贷款实践中，还存在着一种新的质押担保方式——账户质押，即当债务人向开户银行申请贷款时，以在该银行开立的账户及账户中的资金向开户银行质押，作为履行债务的保证。设定账户质押后，作为质权人的银行能够运用质权的排他效力，在抵销条件未成就时，排除第三人通过强制执行等程序扣划质押账户中的资金。

4.按揭

按揭是英美法系中的一项重要的不动产担保制度，因其较强的实用性，而逐渐被大陆法系国家所接受并采用。我国虽然在法律上并未对按揭担保作出明确规定，但是在实务中却多有涉及。目前，按揭在我国主要适用于房地产行业，按揭的一般程序为：先由房地产开发商选定一家银行并与之签订使用按揭方式售楼的协议，然后开发商与购房人签订以按揭为付款方式的商品房买卖合同，接下来购房人与银行签订按揭贷款合同。贷款人发放按揭贷款可以获得双重保障，亦即同时获得按揭标的物的担保和房地产商的连带责任保证。实现按揭权的方式也就相应分为两种：一种与抵押权的一般实现方式相同；一种是由房地产开发商按照约定回购，并承担连带保证责任。

第三节 民间借贷法律制度

一、民间借贷概述

(一)民间借贷的概念和特点

民间借贷作为官方正规金融的对应概念,多指自发形成的民间信用部门,在国外的理论研究中被称为非正规金融(informal finance),但国内的相关研究尚未对民间借贷的内涵与外延形成较为统一的认识和清晰的界定。

1986 年,全国民间借贷利率学术讨论会较早地对民间借贷进行了界定,参会者主要提出以下三种观点:①第一种认为,凡是非官方的借贷都属于民间借贷;第二种认为,民间借贷仅是民间信用的一个组成部分,民间信用除民间借贷外,还包括摇会、标会、抬会以及民间组织之间发行的股票、债券等;第三种认为,民间借贷有广义、狭义之分,广义的民间借贷是相对于国家和集体信贷而言,狭义的民间借贷,仅仅限于私人之间的借贷。至今我国立法并没有明确"民间借贷"这一概念,导致司法实践中难以对合法民间借贷与非法集资进行准确区分和认定,加大了民间融资的刑事法律风险,"孙大午案"与"吴英案"即为其典型代表。

目前我们所说的民间借贷,主要是广义上的民间借贷,泛指除国家依法批准设立的金融机构以外,自然人、法人及其他组织等经济主体之间的资金借贷活动。民间借贷是社会经济发展到一定阶段的产物,是企业和个人财富逐步积累、产业资本向金融资本转化等多种因素综合作用的结果,带有一定的必然性。在正规金融尚不能满足社会需求时,由民间金融提供相应的辅助,能够起到完善金融体系的作用。与正规金融机构融资相比,民间金融有其自身特点和优势,如信息搜集和加工成本低,手续便捷、方式灵活、交易成本低,灵活的贷款催收方式和特殊的风险控制机制等。可以说,民间金融在一定程度上满足了部分社会融资需求,特别是缓解了一些中小企业和"三农"的资金困难,增强了经济运行的自我调控和适应能力,有利于形成多层次信贷市场,满足各类

① 中国金融学会利率研究会:《全国民间借贷利率学术讨论会综述》,载《金融与经济》1986 年第 7 期。

市场主体的融资需求。

在很长一段时间里，我国一直是坚持一切信用集中于银行的原则，限制甚至取消了商业信用，民间借贷也是限制在互助、无偿的范围以内。这对于保证银行信贷资金的来源和国家对货币流通的有效调节，打击高利贷等活动都起到了十分重要的作用。但是，随着我国经济的发展和经济、金融体制改革的不断深入，多种资金融通渠道开始涌现。除银行信用外，国家信用、商业信用等信用形式得到广泛运用，民间借贷在社会经济活动中也大量出现，并对满足自然人、个体经济户和小型企业的临时性小额资金调剂需要，弥补银行信贷的不足发挥了非常积极的作用。我国《民法通则》第 90 条规定："合法的借贷关系受法律保护。"1991 年 8 月 13 日最高人民法院发布实施的《关于人民法院审理借贷案件的若干意见》中规定，"公民之间的借贷纠纷，公民与法人之间的借贷纠纷以及公民与其他组织之间的借贷纠纷，应作为借贷案件受理"。1999 年 1 月 26 日，最高人民法院又作出了《关于如何确认公民与企业之间借贷行为效力问题的批复》，其中规定："公民与非金融企业之间的借贷属于民间借贷，只要双方当事人意思表示真实即可认定有效。"这为民间借贷纠纷的解决提供了法律依据，合法的民间借贷开始受到国家的认可和法律的保护。

（二）民间借贷在我国的产生与发展

民间借贷在我国有悠久的历史，春秋时期就已经出现了放债取利的行为，并一直活跃在之后的历朝历代。明清时期，民间借贷获得极大的发展，以钱庄、票号、典当行等作为主要组织形式。即使在新中国成立后的计划经济时期，高度统一的国家银行信用已经建立，某些地区的民间借贷也仍然以各种隐蔽的形式继续存在，其中比较典型的是个人之间互助型临时小额资金借贷。① 民间借贷具有顽强的生命力，这与中国的人际网络型熟人社会、经济组织结构和文化传统密切相关。

改革开放以来，随着民营经济活动的增多，信贷需求不断高涨，在正式金融供给缺失的情况下，民间金融组织开始兴盛起来，并对中小企业的创办和发展起到了非常重要的作用。20 世纪 80 年代中期，在经济比较发达的东南沿海地区（如浙江温州），出现了大量的民间金融组织，合会、标会、摇会、当铺、私

---

①　席月民：《我国当前民间借贷的特点、问题及其法律对策》，载《政法论丛》2012 年第 3 期，第 61 页。

人钱庄、挂户企业(非金融机构借贷)的融资活动非常活跃。[①] 自 1988 年以后,由于正规金融的主体力量从县域经济中撤出,合作基金会、金融服务社、地下钱庄等民间金融中介机构也被清理整顿,导致农户和中小企业的信贷需求出现很大缺口,民间私人借贷得以借此机遇迅速崛起并发展膨胀。但是,民间借贷的风险也一直存在,特别是大规模集群性的投机性组织所带来的风险。一般来说,合会没有事先限定利息上限,容易引发金融风险,比较极端的情况是标会之间大规模的会套会、会抬会,一旦会首或者会员出现欺诈逃逸,就会导致支付链和信任链的断裂,从而发生大规模倒会风波,直至相互斗殴、寻仇,引发社会动荡。比如 20 世纪 80 年代中期发生的浙江乐清"抬会"事件和苍南、平阳"排会"事件。因此,我国对于民间的各种非正式金融组织,基本采取较为严厉的抑制政策。

1998 年,国务院发布《非法金融机构和非法金融业务活动取缔办法》,标志着我国严格治理民间金融的开始,尤其是在亚洲金融危机之后,建立起了有关民间借贷行政取缔与刑事惩罚相结合的双重管制模式。该办法明确规定,未经批准擅自设立从事或主要从事吸收存款、发放贷款、融资担保等金融业务活动的机构为非法金融机构,未经批准擅自非法发放贷款等活动为非法金融业务活动,非法金融机构和非法金融业务活动由中国人民银行予以取缔。1999 年,中国人民银行对该办法的实施作出了具体解释。2004 年之后,改由银监会负责取缔非法金融机构和非法金融业务活动。无疑,《非法金融机构和非法金融业务活动取缔办法》本身体现了国家对民间借贷的压制性政策,自此,民间借贷的法律地位陷入尴尬境地,即使侥幸存在也得不到政府的合理督

① 合会是一种民间自发的信用融资行为,一般由发起人邀请若干亲友参加,定期举办。参与者每期缴纳"会费",每期筹集的会款按约定的规则归某位会员所有,每人一次,一会一轮回。合会参与者可以通过合会筹措资金或赚取利息。早期合会的产生主要是源于其合作互助的性质,现在主要流行于福建、广东、浙江、台湾等地区。抬会(又称应会,排会,经济互助会等)主要流行于东南沿海一带,浙江、福建尤为典型。其模式主要是若干人组成一个会,其中一人为发起人,称会主,其他为会员,以经济上的往来为主要目的,把会员的钱聚拢起来后,交由会员们轮流使用,先用的人支付利息,后用的人吃进利息。抬会的类型,按金额分为 1 万会、3 万会、5 万会、10 万会等等,按时间分为月会、季会、半年会、年会等等。摇会、标会是由筹款人(即会首)发起,请亲朋好友帮忙筹集一定的款项。一般视集资的多少和可邀请的人数来确定实际邀请的人数,在具体操作时,将借款金额按会数进行分摊。如需借款 1000 元,每会定为 40 元,则邀请 25 人参加。一个人可以参加一个会,也可以参加数个会。

导。2003年引发社会广泛关注的"孙大午案"即集中反映了这一问题。对民间借贷采取的压制性政策，使得我国金融体制改革严重滞后于经济发展，降低了金融资源的配置效率，而且还进一步增加了我国金融体系运行的风险，使宏观调控的实际效果被抵消。①

2005年是民间信用发展过程中的重要一年。在这一过程中，中国人民银行一直发挥着积极的推动作用。2005年4月，时任中国人民银行副行长的吴晓灵在"微小企业融资国际研讨会"上总结发言，认为能为微小企业和小额贷款需求者提供最好服务的还是带有非正式金融性质的社区性的融资，政府不应该对民间合法的金融行为进行过度的干预。2005年5月25日，中国人民银行发布了《2004年中国区域金融运行报告》。该报告明确指出："要正确认识民间融资的补充作用。"这是国内官方首次对流行于中国农村的民间借贷作出的正面积极的评价。同年底，民间融资规范化和民间资本市场准入工作开始有所突破，中国人民银行选择山西平遥、贵州江口、四川广汉和陕西等地作为民间小额信贷的试点，试图通过政策的引导来推动民间金融的融资活动走向正轨，并将民间融资纳入金融监管机构的正式监管之下。中国人民银行对"只贷不存"小额贷款公司的试点，揭开了我国民间金融规范化的序幕，具有深远的意义。

2010年，国家明确鼓励和引导民间资本进入金融服务领域，民间借贷再次活跃，成为众多中小企业融资的主要渠道。但是，民间资本运作的高风险性也不容忽视。2011年8月，温州就因这一风险的集中爆发而陷入了民间借贷危机。之后，包括中国人民银行在内的相关机构加快了民间借贷规范化、阳光化的步伐。2012年3月28日，温家宝总理主持召开国务院常务会议，决定设立温州市金融综合改革试验区，批准实施《浙江省温州市金融综合改革试验区

① 张书清：《民间借贷的制度性压制及其解决途径》，载《法学》2008年第9期。

总体方案》,并明确了金融综合改革的十二项主要任务。① 2012年5月21日,温州市中级人民法院召开新闻发布会,公布《关于为温州市金融综合改革试验区建设提供司法保障的若干意见》,为民间金融秩序和实体经济发展保驾护航。无疑,温州市金融综合改革试验区建设为推进民营经济与民间资本有效对接,推动金融改革创新和经济转型升级带来了历史性机遇。

(三)民间借贷的主要组织形式

1.民间自由借贷(包括高利贷)

民间自由借贷是回应个体间资金周转需要而产生的,是由借贷双方直接进行的简单借贷活动,作为原始意义上的金融形式,它具有灵活、方便、金额小、范围广、总体规模大、利率水平差别较大等诸多特点。私人借贷一般可以

① 会议批准实施《浙江省温州市金融综合改革试验区总体方案》,要求通过体制机制创新,构建与经济社会发展相匹配的多元化金融体系,使金融服务明显改进,防范和化解金融风险能力明显增强,金融环境明显优化,为全国金融改革提供经验。会议确定了温州市金融综合改革的十二项主要任务,包括:(一)规范发展民间融资。制定规范民间融资的管理办法,建立民间融资备案管理制度,建立健全民间融资监测体系。(二)加快发展新型金融组织。鼓励和支持民间资金参与地方金融机构改革,依法发起设立或参股村镇银行、贷款公司、农村资金互助社等新型金融组织。符合条件的小额贷款公司可改制为村镇银行。(三)发展专业资产管理机构。引导民间资金依法设立创业投资企业、股权投资企业及相关投资管理机构。(四)研究开展个人境外直接投资试点,探索建立规范便捷的直接投资渠道。(五)深化地方金融机构改革。鼓励国有银行和股份制银行在符合条件的前提下设立小企业信贷专营机构。支持金融租赁公司等非银行金融机构开展业务,推进农村合作金融机构股份制改造。(六)创新发展面向小微企业和"三农"的金融产品与服务,探索建立多层次金融服务体系。鼓励温州辖区内各银行机构加大对小微企业的信贷支持,支持发展面向小微企业和"三农"的融资租赁企业,建立小微企业融资综合服务中心。(七)培育发展地方资本市场。依法合规开展非上市公司股份转让及技术、文化等产权交易。(八)积极发展各类债券产品。推动更多企业尤其是小微企业通过债券市场融资,建立健全小微企业再担保体系。(九)拓宽保险服务领域,创新发展服务于专业市场和产业集群的保险产品,鼓励和支持商业保险参与社会保障体系建设。(十)加强社会信用体系建设。推进政务诚信、商务诚信、社会诚信和司法公信建设,推动小微企业和农村信用体系建设,加强信用市场监管。(十一)完善地方金融管理体制,防止出现监管真空,防范系统性风险和区域性风险。建立金融业综合统计制度,加强监测预警。(十二)建立金融综合改革风险防范机制。清晰界定地方金融管理的职责边界,强化和落实地方政府处置金融风险和维护地方金融稳定的责任。参见国务院办公厅:《温家宝主持召开国务院常务会议,决定设立温州市金融综合改革试验区》,http://www.gov.cn/ldhd/2012-03/28/content_2102006.htm,下载日期:2012年11月1日。

分为互助性与营利性两种。互助性借贷以救急为目的,没有或只需要很少的利息,期限一般不定,多在亲友间进行。营利性借贷的来源主要是自有资金,借贷期限较短,金额也不大,利率通常高于银行同档次利率。

2.连接贷款(贸易信贷或商业信用)

连接贷款是把商业关系与信贷关系相结合,将贷款条件和资金供需双方所从事的商业活动联结起来,利用这两个层面上交易双方信息对称性较高的特点来降低风险,是一种非常有效的、重要的民间信用安排。近年来我国政府推行的"公司+农户"模式就是这种贷款模式,公司与农户签约,向农户提供贷款、担保支持、其他技术资金支持等,农户以农产品的形式还款。

企业连接贷款的时间段一般集中在对流动资金需求量较大的生产旺季或是收购旺季,借贷对象主要是业务往来密切、相互比较信任的客户。但这种贷款形式也有弊端,往往在时间拖延之后演变成相互拖欠货款,日积月累成为困扰企业和农户发展的普遍问题。

3.贷款中介人或经纪人

贷款中介人是民间金融中介的原始形态,又被称为"银中"、"银背",通过为借贷双方牵线搭桥来促成借贷交易,从中收取手续费、介绍费或者担保费。银背对周围的资金贷出户情况比较了解并且建立了信用,发挥着信息中介的作用。有些银背随着借贷金额的增多,逐步发展成为经营存贷业务、收取利差的"借贷专业户",还有些银背利用与银行较熟的关系,从银行获得贷款后转贷给私人,利用时间差、利率差来牟利。这种交易形式成功的关键在于中间人的信用。

4.典当

典当是指典当人将其拥有所有权的物品作为抵押品,从当铺获得一定当金,并约定在一定期限内连本带息赎回原物的一种融资行为。当铺,又称典当行,作为我国传统金融组织,是专门发放质押贷款的非正规边缘性金融机构,是以货币借贷为主和商品销售为辅的市场中介组织。类似当铺的机构还有寄卖行、寄卖店、商行等。典当对于农村企业和农户应付小额融资、周转资金可以发挥重要的作用。

5.企业集资

企业集资是指未经依法批准,企业以还本付息为条件向社会不特定对象进行的有偿集资活动。企业集资盛行于 20 世纪 80 年代,在相当程度上满足了当时非国有经济特别是民营经济在起步阶段对资金的需求,对于民营经济的崛起和快速发展发挥了重要作用。

6.信贷协会

信贷协会是一种基于血缘、地缘关系,不以营利为目的、带有互助与合作性质的自发群众性的融资组织,本质上是一群具有共同关系的人,组成集储蓄和信贷于一体的合作社。其基本运作模式为:每人每期拿出约定数额的会钱,每期有一个人能得到集中在一起的全部当期会钱(包括其他成员支付的利息),并分期支付相应的利息。其中,事先固定使用次序的称为“轮会”,按照抽签方式确定使用次序的称为“摇会”,以投标方式决定使用次序的称为“标会”。“会”在我国广泛存在,尤其盛行于经济较为发达的东南沿海地区,如福建、浙江等省。

7.私人钱庄

私人钱庄一般由大型银背发展而来,因为没有经过政府授权,所以一直游离于政府金融监管之外,但它却能像商业银行一样吸收存款并发放贷款,有些私人钱庄还从事结算、票据贴现和资金拆借等业务。

私人钱庄吸收存款与发放贷款的对象都是不特定的,从某种程度上来看,除了不受政府监管外,它与正规的银行没有什么差别,是一个纯粹的营利性机构,贷款的规模通常都较大,利率水平通常都很高。我国各地的许多当铺、寄卖店事实上都充当着私人钱庄的角色。[①]

8.农村合作基金会

我国于 1984 年开始试办农村合作基金会,为乡村企业提供资金保障,缓和银行和信用社资金供给不足、手续繁琐、时间过长的问题,及时解决内部成员小额短期的资金需求,其曾是民间金融中比较活跃且规模较大的一类,在农村集体经济发展中发挥了不可替代的作用。截至 1998 年底,全国共有农村合作基金会 29187 个,其中乡(镇)农村合作基金会 21840 个,占 74.8%。然而农村合作基金会在后期运作过程中出现了很多问题,如侵占储户的资金,以不正当的手段和违法违纪的方式,与国家正规金融机构抢夺资源等,极大地干扰了金融工作的正常秩序。1999 年 1 月,国务院办公厅转发了《整顿农村合作基金会工作小组清理整顿农村合作基金会工作方案的通知》,开始清理整顿农村合作基金会。到 2000 年底,农村合作基金会或者被并入当地农村信用社,或者由地方政府负责清盘关闭,不再单独设立。[②]

---

① 陈蓉著:《“三农”可持续发展的融资拓展:民间金融法制化与监管框架的构建》,法律出版社 2010 年版,第 59～65 页。

② 王曙光:《民间金融的演变和走势》,载《银行家》2009 年第 2 期。

二、民间借贷存在的原因

民间金融依托乡土社会的血缘、地缘、人缘、业缘等优势，长期存在于我国历史之中，并已经演变为与官方金融体系并行不悖的传统金融文化组成部分。民间借贷作为民间金融最为重要的组成部分，具有交易成本低、手续便捷、方式灵活、获取信息成本低、能够提供个性化的信贷服务等优点，在经济发展中一直发挥着积极作用。

（一）我国特殊的金融结构

目前我国存在着二元金融结构，即正规金融与非正规金融并存。作为正规金融的主体力量，大型金融机构出于效率、安全等方面的考虑，以及一定行政干涉因素的存在，将大部分的信贷资源提供给国有企业、大型企业或者有政府背景的公司或企业。相形之下，绝大部分中小企业却难以从正规的银行机构中获得信贷资源。而实际上，中小企业对信贷资源的需求总量并不逊于大型企业，当这种需求无法通过正规金融途径获得满足时，中小企业便只能将目光转向民间借贷，从而刺激了民间金融的蓬勃发展。

（二）存在市场需求

在现阶段的中国，一方面，整个融资体系不是很完善，民间金融因此成为民间资本释放的一个通道；另一方面，金融市场供需的严重失衡，成为催生民间金融的客观基础。尤其是当国家实行从紧的货币政策时，准备金率不断上调，商业银行信贷持续紧缩，给本来就面临融资瓶颈的小微企业进一步增加了融资成本。在正规金融体系信贷不断收缩的时候，民间借贷就会呈现上升趋势。2009 年及 2010 年上半年，国家采取了极度宽松的货币政策及财政政策，致使很多企业都加大负债投资。但随后货币紧缩，数次加息并调整存款准备金率，致使之前生产或业务扩张的中小企业资金供需出现严重失衡，面对资金紧缺，大家只能互相拆借或者高息借债，原本只起到补充作用的民间借贷几乎成为中小企业融资的唯一渠道。根据全国工商联最新发布的一份调查报告，90％以上接受调查的中小企业表示无法从银行获得贷款，62.3％的民营企业是不得已才从民间借贷渠道融资。2011 年以来，温州民间借贷异常活跃，市场规模空前。据中国人民银行温州市中心支行估算，全市民间借贷规模约 1100 亿元，约占全市民间资本总量的 1/6，相当于全市银行贷款余额的 1/5。

浙江省民间借贷规模为4000亿至4500亿元，其中大约有1/4集中在温州。[①]

（三）投资渠道匮乏为民间借贷提供了资金基础

我国目前可供居民选择的投资和理财方式十分有限，居民手中拥有的闲置资金虽然规模可观，却找不到合理、可靠的投资渠道，尤其是近年来中国人民银行一再降息，资金存入银行只能获取低利息收益，甚至因通货膨胀而贬值；股市、楼市的不完善和非理性则进一步加剧了信息偏在，强化了市场的波动性和内在风险性。在这种情况下，资金拥有方希望灵活处置闲置的大量资金，民间借贷就成为这部分资金的出口，进一步促进了民间借贷市场的活跃。

（四）民间借贷具有自身的优势与特点

相对于其他的融资渠道来说，民间借贷的交易信息偏在并不明显，贷者可以根据实际情况决定借贷期限和借贷利率，交易成本低，手续简便，方式灵活。[②] 规模小的商户所从事的行业往往有周期性或季节性资金需求，需要通过短期简便的方式进行融资，民间借贷恰恰满足了这种需求。此外，多数民间借贷交易还具有以人际关系（熟人居中担保）为依托的隐性担保机制，交易主体本身是亲友或者通过中间人介绍而达成借贷交易。考虑到个人的信用名誉和亲友的利益，债务人即使在经营失败时也不会废债逃匿，客观上降低了借贷资金难以收回的风险。

三、民间借贷的主要风险

（一）规模风险

20世纪80年代初，民营经济开始发展壮大，其旺盛的融资需求推动了民间借贷的复苏，民间金融在浙江、福建、广东、江苏等地相继兴起，并向全国范围扩张。2011年，我国民间借贷市场总规模超过4万亿元人民币，约为银行表内贷款规模的10%～20%。[③] 如此大规模的资金供应，虽然能够解决中小企业的燃眉之急，但也潜伏着巨大的风险，一旦某个环节出问题，可能会将风

---

① 岳德亮、杨金志、张遥、朱青：《银行与中小企业关系之辩》，http://news.xinhuanet.com/politics/2012lh/2012－03/13/c_111645009.htm，下载日期：2012年10月8日。

② 例如，银行和信用社普遍都不愿接受股票质押，但在民间借贷中，股票质押却能够作为担保方式。而且，只要借贷双方认可，厂房、设备、花果树苗、存货等都可以作为民间借贷的担保物。

③ 黄燕芬、辛洪波：《民间借贷风险：现状、成因及社会影响》，载汝信、陈学艺、李培林主编：《社会蓝皮书：2012年中国社会形势分析与预测》，社会科学文献出版社2011年版，第242页。

险传导至银行系统,甚至引发系统性金融危机,造成社会动荡。

(二)利率风险

鉴于金融资源的短缺与近年来的信贷紧缩政策,中小企业要从银行获得贷款难上加难,因而只能转向民间借贷以满足融资需求,这进一步推高了民间借贷利率,推动了民间借贷的规模扩张。据中国人民银行温州市中心支行统计,2011 年 7 月(统计时间为 6 月第 4 周至 7 月第 3 周)温州民间借贷综合年利率水平为 24.4%,而大部分中小企业的年毛利率都在 3%到 5%之间。[①] 这就诱使许多企业抽出生产资金投向民间借贷,造成实体经济空心化,也导致民间借贷的利率越发非理性化。

(三)结构风险

在传统的民间借贷活动中,资金来源主要是私营企业主和普通家庭的闲置资金等。而现在,自然人、企业法人、上市公司、商业银行、公益基金、风险投资基金等都参与其中。根据上市公司公布的半年报等材料,截至 2011 年 8 月 31 日,有 64 家上市公司涉及委托贷款业务,贷款总额高达 170 亿元。[②] 商业银行主要通过承接委托贷款、销售理财产品等方式,开展表外业务,部分资金直接或间接流向民间借贷市场。据中国人民银行温州市中心支行估计,在温州市 1100 亿元的民间借贷总额中,约有 10%来自银行信贷资金间接流入。[③]

(四)信用风险

由于民间借贷利率的畸高,企业在实体经济领域的营业利润不足以支付所需偿还的高额利息,因此,大多数企业会把拆借来的资金投向风险高、收益大的虚拟经济领域,或者房地产、煤炭等高利润行业,而不是流向制造业。以温州的 1100 亿元民间借贷资金为例,用于房地产项目投资或集资炒房的占 20%,停留在民间借贷市场上的占 40%,投机及不明用途的占 5%,进入实体经济尤其是一般生产经营的资金比例大大降低,其中用于一般生产经营的仅

① 李伊琳:《银行贷款“民间混沌化”,民间借贷规模、利率双增》,载《21 世纪经济报道》2011 年 8 月 16 日。

② 黄燕芬、辛洪波:《民间借贷风险:现状、成因及社会影响》,载汝信、陈学艺、李培林主编:《社会蓝皮书:2012 年中国社会形势分析与预测》,社会科学文献出版社 2011 年版,第 244 页。

③ 黄燕芬、辛洪波:《民间借贷风险:现状、成因及社会影响》,载汝信、陈学艺、李培林主编:《社会蓝皮书:2012 年中国社会形势分析与预测》,社会科学文献出版社 2011 年版,第 244 页。

占35%。[①] 在股市低迷、房地产调整政策继续执行的情况下,民间借贷的违约率将会进一步上升。

四、现行法律规范对民间借贷的规定

迄今为止,我国对民间借贷的肯定仅限于法律主体之间发生的相对简单、普通的民事借贷关系,而将相对复杂、特殊的商事借贷关系予以否决。因此,我国并没有针对民间借贷单独予以立法,有关规范性条款散见于民法、刑法、行政法规等法律法规之中。

在法律层面,《民法通则》第90条规定:“合法的借贷关系受法律保护。”作为规范民间借贷的总指导思想,这一条款确立了民间借贷的合法性,但未涉及主体问题。《合同法》第12章规定了借款合同的一般问题,第210条和第211条分别规定了自然人之间借款合同的生效时间及借款利率。[②]

在行政法规层面,《非法金融机构和非法金融业务活动取缔办法》第4条规定,非法金融业务活动,是指未经中国人民银行批准,擅自从事的下列活动:(1)非法吸收公众存款或者变相吸收公众存款;(2)非经依法批准,以任何名义向社会不特定对象进行的非法集资;(3)非法发放贷款、办理结算、票据贴现、资金拆借、信托投资、金融租赁、融资担保、外汇买卖;(4)中国人民银行认定的其他非法金融业务活动。

在部门规章层面,《贷款通则》第61条规定,企业之间不得违反国家规定办理借贷或者变相借贷融资业务。

在司法解释层面,1988年最高人民法院印发的《关于贯彻执行〈中华人民共和国民法通则〉若干问题的意见(试行)》第121条、第122条、第123条、第125条,分别涉及“公民之间的借贷”、“公民之间的生产经营性借贷的利率”、“公民之间的无息借款”。1991年最高人民法院印发的《关于人民法院审理借贷案件的若干意见》第6条规定:“民间借贷的利率可以适当高于银行的利率,各地人民法院可根据本地区的实际情况具体掌握,但最高不得超过银行同类

---

① 黄燕芬、辛洪波:《民间借贷风险:现状、成因及社会影响》,载汝信、陈学艺、李培林主编:《社会蓝皮书:2012年中国社会形势分析与预测》,社会科学文献出版社2011年版,第245页。

② 《合同法》第210条规定:“自然人之间的借款合同,自贷款人提供借款时生效。”第211条规定:“自然人之间的借款合同对支付利息没有约定或者约定不明确的,视为不支付利息。自然人之间的借款合同约定支付利息的,借款的利率不得违反国家有关限制借款利率的规定。”

贷款利率的四倍(包含利率本数)。超过此限度的,超出部分的利息不予保护。"1998 年最高人民法院《关于如何确认公民与企业之间借贷行为效力问题的批复》中明确指出,公民与非金融企业之间的借贷属于民间借贷。只要双方当事人意思表示真实即可认定有效。但具有下列情形之一的,应当认定无效:(1)企业以借贷名义向职工非法集资;(2)企业以借贷名义非法向社会集资;(3)企业以借贷名义向社会公众发放贷款;(4)其他违反法律、行政法规的行为。2008 年 4 月 1 日起施行的最高人民法院《民事案件案由规定》中,将借款合同纠纷按照借贷主体类型划分为四类:(1)金融借款合同纠纷;(2)同业拆借纠纷;(3)企业借贷纠纷;(4)民间借贷纠纷。

同时,出于保证金融市场健康发展、保护正常金融秩序的考虑,我国又对部分民间融资行为的合法性进行了否定,并予以相应的制裁。具体表现为:(1)认定借贷行为无效。最高人民法院在《关于对企业借贷合同借款方逾期不归还借款的应如何处理问题的批复》中提出:"企业借贷合同违反有关金融法规,属无效合同。"《关于审理联营合同纠纷案件若干问题的解答》对企业之间明为联营、实为借贷的行为作了无效确认。(2)行政取缔与刑事惩罚的双重规制。《商业银行法》第 79 条,《非法金融机构和非法金融业务活动取缔办法》第 4 条、第 22 条、第 29 条等,对非法吸收公众存款行为的概念、认定、处罚作了相应的规定。(3)刑事惩罚。1995 年的《全国人民代表大会常务委员会关于惩治破坏金融秩序犯罪的决定》第 7 条确立了非法吸收公众存款罪,并对量刑幅度予以明确。1997 年修订《刑法》时,在"破坏金融管理秩序罪"一节中,设定了非法吸收公众存款罪和集资诈骗罪。

综观以上相关法律法规后,不难发现,调整对象中包含民间借贷关系的法律主要为《民法通则》、《合同法》以及最高人民法院的相关司法解释,除此之外还有行政法规、规章以及最高院的相关批复。《民法通则》与《合同法》涉及的内容较多,而且大多是针对普通民事借贷,其余相关法律虽然对特殊的商事借贷有所涉及,但一般是规制性和禁止性的规定。①

五、民间借贷合法化

(一)民间借贷合法化的动因

民间融资隐藏巨大的金融风险,容易产生非法吸收公众存款、资金体外循

---

① 宋志文:《民间借贷现状及相关金融法律法规的完善》,载《产业与科技论坛》2012 年第 11 卷第 6 期。

环等严重扰乱金融秩序的现象。近年来，江浙一带发生多起因资金链断裂无力偿还高利贷，老板只得躲债、出走甚至自杀的事件。究其原因，多为无力偿还高利贷借款而遭遇资金链断裂，债台高筑而走向不归路。面对愈演愈烈的“跑路潮”，缠系在借贷链条上的民众开始陷入恐慌，纷纷到法院提起诉讼追讨借款或者向公安机关、检察机关报案，由此又引发了“诉讼潮”。

如果说“跑路潮”再一次让民间借贷成为社会关注的焦点，那么“吴英案”则正式开启了全社会范围内对于民间借贷合法化的讨论与反思。2009 年 12 月 18 日，浙江省金华市中级人民法院一审认定，吴英于 2005 年 5 月至 2007 年 2 月间，以非法占有为目的，采用虚构事实、隐瞒真相、以高额利息为诱饵等手段，向社会公众非法集资人民币 7.7 亿元，案发时尚有 3.8 亿元无法归还。经一审审理，法院以集资诈骗罪判处被告人吴英死刑，剥夺政治权利终身，并处没收个人全部财产。2012 年 1 月 18 日，浙江省高级人民法院对吴英集资诈骗案进行二审宣判，裁定维持对被告人吴英的死刑判决，依法报请最高人民法院复核。从案发直至二审结束后，吴英案一直备受关注，民间金融的法律地位与规范等问题引发了社会各界的广泛探讨，法学家、经济学家、刑辩律师、媒体评论人等除了从法律层面对吴英案进行剖析之外，也围绕“吴英案件折射出的民间融资问题”展开深入探讨，正视民间借贷合法化的现实性以及必要性已经成为共识。

（二）民间借贷合法化的必要性

当前，在官方金融所忽视的众多领域，如在满足中小企业的融资需求等方面，民间借贷相较于官方金融或正规金融具有更多的比较优势。尤其是地下钱庄、标会等各种形式的民间金融组织，其在东南沿海某些民营经济发达地区的业务量甚至超过了官方金融。作为金融体系的一个重要组成部分，民间金融与现代银行金融同样重要，都有正常发展的合理诉求。因此，合法化是民间借贷发展的必然趋势。

1.民间借贷合法化有利于解决当前中小企业面临的融资难题。

我国的金融体系在设计之初就没有考虑中小企业的需求，很少有针对中小企业特点而制定的融资政策和模式。“吴英案”之所以引发社会各界的广泛讨论，并在两会代表委员们的建议中得到反映，是因为中国的中小企业一直面临着难以从正规渠道获得融资的困境，在这样的背景下，民间借贷作为一种缓解供求矛盾的既成事实已为社会所认可。事实上，江浙很多民企在“草根”时期都曾受惠于民间金融。

2.民间借贷合法化有助于解决“三农”问题。

我国目前的制度安排导致农村金融出现供需失衡，多数商业银行在农村地区“只存不贷”形成虹吸效应，严重制约了农村经济的发展。民间借贷合法化能够使农村多余资金得以在农村范围内流动，从而促进农村经济发展，缩小城乡差距，从根本上解决“三农”问题。

3.民间借贷合法化有助于强化货币政策的效果。

民间借贷有其存在的合理性和必要性，一味进行打压非但不能遏制民间借贷的发展势头，反而将其逼向犯罪的边缘，扰乱我国正常的金融管理秩序。将民间借贷纳入国家金融监管体系，不仅能引导民间借贷健康发展，而且有利于国家集中精力打击非法集资、高利放贷、洗钱等各种金融犯罪，同时也有助于国家制定货币政策，增强宏观调控的有效性。

民间借贷是一把双刃剑，我们要采取谨慎态度对其开展的深度和广度进行合理的引导。化解民间借贷风险的关键在于遏制民间借贷的高利贷化倾向，消除市场投机风气，规范和引导民间借贷。只有放松金融管制，将民间借贷纳入合理合法的金融领域，并加强对其资金来源与资金流动的监管，才能保证民间借贷健康有序发展。

其实，我们在规范和引导民间借贷方面已经进行了积极的探索。2004 年以来，中共中央、国务院连续五年出台五个指导“三农”工作的中央 1 号文件，正视民间借贷在国民经济发展中，特别是在建设社会主义新农村中的积极作用，要求加快农村金融体制的改革和创新。银监会也于 2006 年 12 月 20 日发布《关于调整放宽农村地区银行业金融机构准入政策、更好支持社会主义新农村建设的若干意见》，提出了农村金融市场开放的试点方案，为民间借贷的规范发展作出了有益的探索。这些有关民间借贷的政策所出现的变化，在一定程度上回应了民间借贷主体有关按照市场机制配置金融资源、尊重公民财产自由处分权的呼声。① 最近几年，贷款公司、村镇银行等新的金融组织以及 P2P 网络借贷等新的借贷方式的出现，就是民间借贷合法化的实践探索。事实证明，得到正确引导和监管的民间金融更能健康地发展。2008 年 11 月，中国人民银行起草并向国务院法制办提交了《放贷人条例》，希望通过国家立法的形式规范民间借贷。但是，国家发改委于 2010 年 5 月 31 日发布《关于 2010 年深化经济体制改革重点工作的意见》，其中有关“深化金融体制改革”部分并没提到之前呼声颇高的《放贷人条例》，取而代之的是“修订出台《贷款

① 张书清：《民间借贷的制度性压制及其解决途径》，载《法学》2008 年第 9 期。

通则》,积极引导民间融资健康发展,加快发展多层次信贷市场”的提法。[1] 原本由《放贷人条例》规范的民间借贷,有可能会出现在修订后的《贷款通则》之中。2012 年 3 月 14 日,温家宝总理在谈及“吴英案”时表示,中国政府应允许并引导民间资本进入金融领域,使其规范化、公开化,既鼓励发展,又加强监督。

(三)民间借贷合法化的建议

2008 年 8 月 15 日,中国人民银行在发布当年二季度《中国货币政策执行报告》时指出,民间借贷作为正规金融有益和必要的补充,在一定程度上缓解了中小企业和“三农”的资金压力,增强了经济运行的自我调整和适应能力,并在一定程度上填补了正规金融不愿涉足或供给不足所形成的资金缺口,建议“应加快我国有关非吸收存款类放贷人的立法进程,适时推出《放贷人条例》,给民间借贷合法定位,引导其阳光化、规范化发展”。这一报告的出台使人们看到了民间借贷合法化的曙光。无论是从我国金融体系自身的发展规律看,还是从我国经济发展对金融体系的要求看,民间借贷走向阳光化、合法化是一个客观必然。

1.正确认识民间借贷的意义。

随着市场经济的进一步发展,我国长期以来秉承的金融垄断状态的弊端一一显现。一方面,中国人民银行存款准备金率的逐年提升使商业银行能够掌控的信贷资金变得越来越有限,在这一背景下,相比风险性更高的中小企业,银行更乐于把有限的资金贷给规模巨大的国有企业。实际上,大批的中小民营企业才是现阶段推动经济发展的主力军,它们对贷款有着更大的需求。长期缺少资金使中小企业举步维艰,给整个经济发展带来了不利影响。另一方面,较低的利率难以抵消较高的通货膨胀率带来的贬值损失,存款就意味着亏损,而投资渠道的匮乏让大批社会闲散资金所有者纷纷把目光转向民间借贷,通过“地下钱庄”以高于银行利率的收益率、简易的程序、短期化的模式,将资金贷给有需要的当地民营企业。既满足了企业的资金需求,也实现了资金所有者的投资需求。于是又有更多的闲散资金出现,以同样的方式流入社会、用于发展,使金融链条当中的每一环都各得其所,拉动社会总体经济的发展。正因如此,在民营经济越发达的地区,民间借贷的规模就越庞大。

长久以来,民间借贷之所以为人所诟病,最主要的原因有两点:一是高利

---

① 参见《国务院批转发展改革委关于 2010 年深化经济体制改革重点工作的意见》(国发〔2010〕15 号)。

率带来的高风险;二是认为它会排斥正规金融,扰乱国家的宏观调控。但在现实中,民间借贷的对象与正规金融的借贷对象是互补的,民间借贷的对象是广大中小企业,因为中小微企业具有更大的经营风险和违约风险,资金所有者通常要承担比正规金融更高的风险和运营成本,以较高的利率来对冲风险、弥补损失,所以,民间借贷高利率的存在具有其本身的合理性。至于高利率所带来的高风险,则完全可以通过制度规制来加以管控。至于认为民间借贷会排斥正规金融的观点,则更为荒谬,金融垄断早就应该随着市场经济的发展被打破,况且正规金融与民间借贷所服务的群体不同,民间借贷服务的是不为正规金融所重视的中小企业、微型企业,是正规金融的有益补充,而非竞争者。只有将民间借贷合法化,才能将其纳入监管范围,货币政策的制定依据才会更为准确,这也是近年来中国人民银行一直积极推动民间借贷合法化的根本原因。

2.正视民间借贷的正当性,使其规范发展。

民间借贷是私人之间按照约定的条件转让使用资金的权利,是一种产权。在经济发展运行中,政府的首要职责是保护公民合法的财产权利,而不是不合理地限制权利的行使,更不是通过与公民争夺利益来垄断金融市场、排斥民间借贷。从法律角度来讲,在当前国有资本、外国资本已被允许进入国内金融业的情况下,对民间资本进入金融业却严加限制,这种做法本身就违背公平正义这一基本法律价值诉求。因此,政府应当摒弃与市场经济发展不相适应的传统管制观念,通过建立、完善相关金融法律制度来保障公民合法财产权利的真正实现,促进民间借贷的规范化、制度化与法制化。

3.完善民间借贷的相关法律法规。

在承认民间借贷正当权利的基础上,我们还应该制定和修改相关法律法规,明确合法民间借贷与非法融资的界限,消除不合理的限制条款,保护借贷双方的正当权益,从而将这类非正规金融活动尽可能地纳入信用可控的范围,促使其逐步走向契约化和规范化的轨道。

(1)对相关刑事立法的修改。现行《刑法》中涉及民间借贷的内容,主要是第 176 条的非法吸收公众存款罪与第 179 条的擅自发行股票、公司债券罪。对于“非法吸收公众存款罪”,有关条款并未说明其具体构成要件,仅规定其客观表现形式为“非法吸收公众存款”和“变相吸收公众存款”。但是,立法解释与司法解释均未对这两种表现形式作出明确界定。在司法实践中,法院往往借鉴甚至引用 1998 年国务院发布的《非法金融机构和非法金融业务活动取缔办法》(以下简称《办法》)中的相关规定,以明确非法吸收公众存款罪的定罪量刑。这种以国务院的规定或办法作为定罪量刑依据的做法,严重违反了“法无明文规定不为罪”的刑法基本原则，导致司法实践中“滥刑”倾向的出现。所以，我们必须对《刑法》第176条进行补充完善，明确非法吸收公众存款罪的构成要件，对于公众存款的概念、非法吸收公众存款行为的具体要件、判断扰乱金融秩序的标准等，也要从立法上予以明确。此外，《刑法》第179条所规定的“擅自发行股票、公司、企业债券罪”，与修订后的《证券法》将证券发行区分为公开与非公开发行两种方式有冲突，也必须进行修改。对于擅自发行股票、债券的行为，要在明确发行公开与否的基础上，规定对于公开发行的行为，若非经国家有关主管部门核准，才有可能构成犯罪。这样才不会因法律规定的过于原则而造成刑罚适用范围的扩大，真正消除民间借贷市场进一步发展的后顾之忧。

(2)对有关金融“三乱”法规的修改。根据《办法》与《国务院办公厅转发中国人民银行〈整顿乱集资乱批设金融机构和乱办金融业务实施方案〉的通知》的规定，凡是未经批准的乱集资、乱批设金融机构和乱办金融业务，均属于金融“三乱”，对于违反规定的行为，依据不同情节，将受到相应的行政及刑事责任的惩处。依此规定，民间借贷中的绝大部分都要被认定为非法活动，具有极大的不合理性，不仅严重束缚了民间资本的合理流动，使广大中小企业的资金需求得不到满足，还使得地下融资行为连绵不绝，加大了民间借贷运行的风险。因此，应当修改或者废止不符合金融市场内在发展规律的规定，维护民间借贷主体的利益诉求，将正当的融资行为合法化。①

(3)尽快针对民间借贷进行专门立法。许多国家都有针对放贷人的专门立法，如美国纽约州的《放债人法》，日本的《赁金法》，我国香港地区的《放债人条例》等。但我国《放贷人条例》自2006年首次在《中国民营经济发展报告》蓝皮书中提出后，经过多次讨论及调研，已经有4个修改版本，2011年10月中国人民银行曾上报国务院法制办，要求再次进行修订，但最终还是因为“无法控制资金流向”而被否决，其中存在较大分歧的条款包括主管部门的确定、贷款利率的限制，以及对放贷人准入门槛的限制等。尽管立法遭挫，但是，如果要防范和降低民间借贷的潜在风险，避免恶性事件的发展，就必须对民间借贷专门立法，从法律层面赋予民间借贷合法地位，同时引导、规范民间借贷行为。随着温州金融改革实验区的方案确定，《民间借贷法》草案立法建议稿已经上报到有关部门。

当然，新法的制定是一个漫长的、多方博弈的过程，当前比较值得期待的

① 张书清：《民间借贷的制度性压制及其解决途径》，载《法学》2008年第9期。

是《贷款通则》的修订。随着中国金融市场体制和机制的巨大变化，《贷款通则》经历了从1995年试行、1996年正式颁布、2004年首度全国范围内公开征求修改意见、其后数年的搁置、一度传出要废除到2010年1月的再度征求意见，几乎推倒重来的过程。据相关报道，征求意见稿在一定前提下，将未经批准设立为贷款人的非金融企业和个人也纳入到了合法的贷款人范围内，即未经批准设立为贷款人的非金融企业和个人，在一定的条件下可依据《中华人民共和国民法通则》、《中华人民共和国合同法》等法律、法规从事放贷行为。虽然争议依旧存在，但可以肯定的是，《贷款通则》的修订对于民间借贷的合法化来说，具有非常积极的作用。

4.推进利率市场化改革。

利率市场化，便是对存款利率上限和贷款利率下限不再设置硬性规定，而是根据市场供需来决定。它最明显的特征就是央行确定基准利率，市场供求决定交易利率。我国长期实行利率管制，使得资金价格严重扭曲，进而造成了信贷资源的错配。国有企业占用了过多的信贷资源，而资金的使用效率却比较低下。中小企业融资受阻，被迫转向利率水平更高的民间借贷。同时，由于存款利率远低于通胀率，大量资金从银行撤出，投入到能提供更高收益的民间融资之中，这很容易滋生出高利贷。而随着利率市场化的推行，市场的利率水平将会逐渐公开化、透明化，借贷双方都能清楚了解市场利率水平，从中谋取暴利的空间就会被压缩。2012年2月10日，最高人民法院印发了《关于人民法院为防范化解金融风险和推进金融改革发展提供司法保障的指导意见》，要求善待民间借贷，依法保护合法的借贷利息，遏制民间融资中的高利贷化和投机化倾向，规范和引导民间融资健康发展。2012年6月8日和7月6日，我国金融机构人民币存贷款基准利率及其浮动区间经历两次调整，[①]迈出了利率市场化的重要步伐。

5.完善信用制度建设。

完善企业征信系统，加速企业信息透明化，有助于防范信息不对称带来的借贷风险。基于民间借贷特有的“土壤文化”，民间借贷的当事人在对彼此信息的掌握上，比官方金融更具有先天优势，可以此为基础对征信系统进行完善，使民间借贷当事人能够更加全面深入地了解对方的信用状况，为风险控制

① 调整内容包括：金融机构人民币1年期存款基准利率累计比调息前下降0.5个百分点，上浮区间扩大到基准利率的1.1倍；1年期贷款基准利率累计比调息前下降0.56个百分点，下浮区间扩大到基准利率的0.7倍。

上“双保险”。

6.规范担保公司的经营。

担保公司以担保模式运作，原本是基于解决中小企业融资难问题的考虑，作为第三方给中小企业融资提供信用担保。如今，它们却变成了高利贷融资链条运作最积极的推动者，低息吸入资金、高息发放贷款以获得“利差”，异化为“地下钱庄”。实际上，不只是融资性担保公司在进行放贷，非融资性担保公司也一样。非融资性担保机构的设立手续简单，只需要依据《公司法》和工商行政管理部门的行政审批条例的规定，直接进行工商注册登记或其他注册登记即可获得经营手续和资格。现行法律法规大都是对融资性担保公司进行规范，使得非融资性担保公司长期游离于监管之外，以担保的名目大肆从事高利放贷，甚至从事非法集资、非法吸收存款等严重违规违法活动。

非融资性担保机构与融资性担保机构同属担保行业，也是社会信用体系的组成部分，既具有社会信用放大功能和金融中介属性，又具有高信用风险、高杠杆率所带来的放大效应等风险特性。非融资性担保机构的无序发展和违法违规经营行为势必会误导社会公众，对融资性担保行业的形象和声誉造成严重冲击，同时也会给融资性担保机构带来一个非常负面的示范效应，导致“担保乱象”向融资性担保机构传导，干扰融资性担保机构的正常经营和健康发展。因此，对非融资性担保机构同样需要实施审慎监管，在发挥其积极行业作用的同时，最大限度地降低其可能产生的负外部性。

(四)民间借贷合法化的路径

目前国际上民间借贷合法化的模式主要有四种：第一，引导民间借贷健康发展，将其改造成为股份制的正规金融组织；第二，通过合作制的方式，将民间借贷发展成为合作金融，或将其纳入农村合作银行体系，或将其并入信用社组织；第三，正规金融机构通过委托贷款来实现与民间借贷的合作，这类合作的基础是信托制度，我国在20世纪末曾采用这种模式引导民间资金实现优化配置；第四，通过小额贷款的业务模式来控制民间借贷风险。我国二元性金融市场的存在以及民间借贷的独特发展路径，决定了我国民间借贷的合法化应通过以下方式来实现：

1.建立村镇银行(社区银行)体系。

从发达国家的成功经验来看，要实现金融资源的有效配置，必须建立多层次、多元化结构的金融市场。金融主体既包括全国性的正规金融机构，也包括地方性的社区金融机构。通过市场细分，为不同的市场主体提供不同层次和类型的金融服务。银监会在2006年12月20日发布的《关于调整放宽农村地区银行业金融机构准入政策，更好支持社会主义新农村建设的若干意见》中，提出要组建村镇银行，实际上就是对国外社区银行制度的一种模仿。村镇银行属于地区性金融机构，设立条件不高，各种民间信用组织和拥有一定规模资金的农村经济主体（包括农村中小企业和农村居民），只要符合银监会规定的注册资本金要求和其他监管要求，就可以设立村镇银行，并有可能发展成为社区性中小银行。但是，目前我国的村镇银行基本设在州市一级，县域以下很少，至于村镇更是鲜有涉及。而且，村镇银行缺乏良好的社会声誉与公信力，吸储难度大，业务开展难，再加上税收优惠不足、政策扶持不够、金融人才匮乏等原因，导致村镇银行在抵御风险方面的能力很弱，潜在风险较大。

2.建立小额贷款公司。

相较于正规商业金融而言，社会投资型的小额贷款组织能够提供差异化的服务，满足大部分贫困人群的资金需求，目前很多国家都有大量的、运行非常健康的社会投资型农村金融机构。改革开放以来，我国政府通过商业银行开展小额信贷，希望借此促进经济的均衡发展，但相比村镇银行和合作金融组织而言，商业银行小额信贷的运行效果并不理想。2005 年 5 月，山西平遥县和贵州江口县两地率先启动招标程序，宣布向国内外招标引进小额贷款公司出资人。2006 年 12 月 27 日，山西平遥县日升隆和晋源泰作为中国人民银行首批试点挂牌的小额贷款公司投入运营，并且取得了不错的成绩。目前，根据银监会和中国人民银行的规定，我国的小额贷款公司不能吸收存款，其主要的资金来源只有三种：股东缴纳的资本金、捐赠资金以及来自不超过两个银行等金融机构的融入资金。而且，从银行等金融机构获得的融入资金不得超过资本净额的 50%。以上种种限制使小额贷款公司屡屡陷入后续资金供给不足的困境。为改变这一现状，在时机成熟时，可以考虑允许小额贷款公司少量吸储，或是提供批发性的贷款资金，甚至将其转化成小额贷款银行，以便在更大范围内开展融资活动，吸引真正的投资者加入。

复习思考题

1.存款性质的辨析。

2.如何理解银行“为储户保密”原则与银行协助查询义务之间的关系？

3.简述实行个人储蓄存款账户实名制的原因。

4.论述贷款经营“安全性”、“效益性”和“流动性”三原则之间的关系。

5.简述抵押贷款的分类。

6.谈谈你对《贷款通则》的认识。

7.简述民间借贷合法化的现实性和必要性。

8.谈谈你对"吴英案"的看法。

9.简述民间借贷合法化的可行路径。

第7章 支付结算法

支付结算法是调整支付结算活动中结算双方与银行之间权利义务关系的法律规范的总称。一般而言，传统的支付结算是借助现金和各种非现金支付工具对债权债务进行了结和清算的行为，但随着金融业的发展和信息技术的进步，电子银行、第三方支付等电子支付工具开始兴起并将逐步取代现金、支票等传统结算工具的主导地位。因此，本章依据我国现行法律、行政法规和部门规章等相关规定，对传统支付结算工具和新兴的电子支付工具进行逐一介绍。

第一节　支付结算法概述

一、支付结算的概念

支付结算的概念源于“银行结算”一词。中国人民银行在 1988 年 12 月 19 日颁布的《银行结算办法》中，将票据以及票据之外的结算方式（如汇兑、委托收款等）统称为“银行结算”。其后，全国人大常委会于 1995 年 5 月 10 日审议通过《中华人民共和国票据法》（以下简称《票据法》），中国人民银行负责制定《票据法》的相关配套实施办法。在修订《银行结算办法》时，中国人民银行考虑到结算关系的实质性权利义务关系乃是当事人之间的权利义务关系，而银行往往只是结算活动和资金清算的中介机构，因此，不再使用“银行结算”一词，而采用“支付结算”的概念，以更好地体现结算制度的实质，并于 1997 年 9 月颁布《支付结算办法》（1997 年 12 月 1 日起施行）。

根据《支付结算办法》第 3 条的规定，支付结算是指单位、个人在社会经济活动中使用票据、银行卡、汇兑、托收承付、委托收款等结算方式进行货币给付及其资金清算的行为。[①] 商业银行(包括城乡信用合作社,下同)是支付结算和资金清算的中介机构,未经中国人民银行批准的非银行金融机构和其他单位均不得作为中介机构经营支付结算业务。具体而言,支付结算作为一种法律行为,具有以下法律特征:

(一)支付结算必须通过中国人民银行批准的金融机构或其他机构进行

支付结算的方式多种多样,包括票据、银行卡、汇兑、托收承付、委托收款、电子支付等,而这些结算行为必须通过中国人民银行批准的金融机构或其他机构进行。对此,《支付结算办法》第6条规定:"银行是支付结算和资金清算的中介机构。未经中国人民银行批准的非银行金融机构和其他单位不得作为中介机构经营支付结算业务。但法律、行政法规另有规定的除外。"上述规定表明,支付结算在支付中介方面,与一般的货币给付及资金清算行为有所不同。[②]

(二)支付结算是一种要式行为

所谓要式行为是指法律规定必须依照一定形式进行的行为。如果该行为不符合法定的形式要件,即为无效。为保证支付结算的准确、及时和安全,中国人民银行对票据和结算凭证的格式、填写规范等均作了详细规定。[③] 具体包括:(1)单位、个人和银行办理支付结算,必须使用中国人民银行统一规定的票据凭证和结算凭证,否则票据归于无效,结算凭证不予受理;(2)单位和银行的名称应当记载全称或者规范化的简称;(3)单位、银行在票据和结算凭证上的签章,应为该单位、银行的盖章加其法定代表人或其授权的代理人的签名或盖章;(4)个人在票据和结算凭证上的签章,应为该个人本名的签名或盖章;(5)票据和结算凭证的金额、出票或签发日期、收款人名称不得更改,更改的票据无效,更改的结算凭证,银行不予受理;(6)票据和结算凭证金额须以中文大写和阿拉伯数字同时记载,两者必须一致,两者不一致的票据无效,[④]两者不一致的结算凭证,银行不予受理;(7)少数民族地区和外国驻华使领馆根据实际需要,金额大写可以使用少数民族文字或外国文字记载。

---

① 随着电子商务的发展,支付监管的领域逐步扩展至电子货币、网络结算等新兴结算方式。

② 中国注册会计师协会编:《经济法》,中国财政经济出版社2008年版,第393页。

③ 参见《支付结算办法》第9～13条。

④ 依据国外惯例,若票据金额记载出现不一致的,可采取以数字大写为准或以金额最小为优先等两种处理方法。

（三）支付结算的发生取决于委托人的指令

银行在支付结算中只是充当中介机构的角色。因此，对于伪造、变造的票据和结算凭证上的签章以及需要交验的个人有效身份证件，如果银行以善意且符合规定的正常操作程序进行审查后，未发现异常而支付金额的，对出票人或付款人不再承担受委托付款的责任，对持票人或收款人也不再承担付款的责任。与此同时，当事人对自己在银行的存款拥有自主支配权；对单位、个人所开立存款账户的存款，除国家法律、行政法规另有规定外，银行不得为任何其他单位或者个人查询账户情况；除国家法律另有规定外，银行不得为任何单位或个人冻结、扣款，不得停止单位、个人存款的正常支付。

（四）支付结算实行统一管理和分级管理相结合的管理体制

支付结算是涉及金融秩序安全的活动，与当事人利益息息相关，因此，必须实行统一管理。根据《支付结算办法》第 20 条的规定，中国人民银行总行负责制定统一的支付结算制度，组织、协调、管理、监督全国的支付结算工作，调解、处理银行之间的支付结算纠纷；中国人民银行各分行根据统一的支付结算制度制定实施细则，报总行备案，根据需要可以制定单项支付结算办法，报中国人民银行总行批准后执行；中国人民银行分、支行负责组织、协调、管理、监督本辖区的支付结算工作，协调、处理本辖区银行之间的支付结算纠纷；政策性银行、商业银行总行可以根据统一的支付结算制度，结合本行情况，制定具体管理实施办法，报经中国人民银行总行批准后执行，并负责组织、协调、管理本行内的支付结算工作，调解、处理本行内分支机构之间的支付结算纠纷。

二、支付结算的原则

支付结算原则是单位、个人和银行在办理支付结算时必须遵循的行为准则，是进行支付结算法律行为的总体要求，亦是维护支付结算当事人利益、加速资金周转和商品流通的重要保证。

在计划经济体制下，我国银行即奉行三大结算原则：钱货两清；维护收、付双方的正当权益；银行不垫款。这三项结算原则早在 1959 年修订的《银行结算办法》中即有体现，在 1972 年、1978 年的《中国人民银行结算办法》中则有明文规定。中国人民银行于 1989 年 4 月 1 日实施的《银行结算办法》中，修改了前两项原则，保留了第三项原则，即恪守信用，履约付款；谁的钱进谁的账，由谁支配；银行不垫款。这三项原则亦得到现行《支付结算办法》第 16 条的肯定。

1. 恪守信用，履约付款原则

这是办理支付结算应遵守的基本原则，也是民法"诚实信用"原则在支付结算活动中的具体体现。该原则要求结算当事人在确定权利义务时，应根据事先的约定和承诺，严格守信，如期履行付款义务，不得无故拖延或者拒绝支付。这一原则有利于维护市场交易秩序，保障当事人的经济利益，降低交易成本。

2. 谁的钱进谁的账，由谁支配原则

该原则的主要目的在于维护存款人对存款资金的所有权或经营权，保证其对资金的自主支配权。银行作为资金支付清算的中介机构，在支付结算过程中处于受托人地位，其在办理结算时必须遵循委托人的意愿，按照委托人的委托，确保所收款项支付给委托人指定的收款人；对客户的资金，除国家法律另有规定(如依法查封、冻结)外，必须由客户自主支配。这一原则既保护了存款人的合法权益，又加强了银行办理结算的责任。

3. 银行不垫款原则①

银行不垫款原则旨在划清银行资金和存款人资金的界限，要求银行在办理支付结算时只是充当支付中介，负责客户之间的资金转移，而不能在结算中为客户垫付资金。

上述三项原则各有侧重，同时又有紧密的内在联系，形成统一的有机整体。只有坚持这三项原则，银行结算才能正常、有序、规范地进行。

三、支付结算的管理体制

长期以来，我国的支付结算实行集中统一管理和分级管理相结合的管理体制。从实践来看，中国人民银行作为中央银行，支付结算的管理和服务是其一项重要职责。根据支付结算体系的统一规划和发展方向，中国人民银行不断改进支付清算系统，组织、规范各地同城票据交换系统和各商业银行的行内资金汇划系统，建立了全国电子联行系统，并抓紧建设和推广现代化支付系统，为社会资金快速流动提供重要渠道。自 2003 年中国银监会成立后，原本的管理体制发生了细微变动。2003 年修正的《中国人民银行法》第 27 条第 2 款规定，中国人民银行会同国务院银行业监督管理机构制定支付结算规则。同时，中国人民银行与中国银行业监督管理委员会于 2004 年 12 月 17 日联合

① 设置此项原则本是出于传统结算方式可以做到银行不垫款的考虑，但随着新型结算工具的产生，该原则的合理性备受质疑，如银行承兑汇票的承兑人是银行，到期日承兑申请人无款支付，承兑银行就必须垫付款项。

发布的《中国人民银行、中国银行业监督管理委员会公告》规定，《支付结算办法》、《银行卡业务管理办法》等规章制度将由中国人民银行和中国银监会共同监督实施，中国银监会由此成为支付结算管理体制的监管主体之一。然而，现行支付结算的法律法规并未明确规定中国人民银行与中国银监会在支付结算监管中的职责划分。按照中国银监会主要负责金融业务的合规性监管和风险监管的职责定位，中国银监会主要从业务开展的角度进行合规性监管，如在实践中，银监会处罚了大量的金融机构违规为无真实贸易背景的银行承兑汇票和办理贴现的行为；而且，《商业银行法》第3条规定，商业银行要从事"办理国内外结算"、"办理票据承兑与贴现"、"从事银行卡业务"、"提供信用证服务及担保"等涉及支付结算的金融业务，必须先经过中国银监会的批准。此外，银行卡、信用证作为一种支付结算工具，不可避免地会涉及中国人民银行对支付结算的监管职能，因此，中国人民银行于2002年批准设立中国银联（由中国人民银行管理），负责收单行和发卡行之间的资金结算。

至此，我们可以看到，虽然《支付结算办法》、《银行卡业务管理办法》自2004年12月起由中国人民银行与中国银监会共同监督实施，但事实上两者的管理角度是不同的。具体言之，中国人民银行负责制定与执行"结算"的基本业务规则，以及搭建支付结算系统并管理系统运作，包括银行结算账户的开立、使用、变更、撤销等。中国银监会会同中国人民银行制定支付结算规则，并负责银行具体支付结算业务的合规性监管，以及商业银行申请办理各种支付结算业务的审批。作为商业银行的一项最基本职能，支付结算业务本身体现在各种金融业务活动中，而这些具体金融业务的审批和运作的合规性则属于中国银监会的监管职责范围。

四、支付结算的法律制度及其存在问题

支付结算法是调整支付结算活动中，结算双方与银行之间权利义务关系的法律规范的总称。目前，我国关于支付结算的立法主要有：(1)法律规范。包括：1996年1月1日起实施的《中华人民共和国票据法》(2004年8月28日修正)；2003年修订的《中华人民共和国中国人民银行法》；《中华人民共和国商业银行法》等。(2)具体操作规范。包括：中国人民银行于1997年5月22日发布实施的《商业汇票承兑、贴现与再贴现管理暂行办法》；中国人民银行于1997年8月21日发布、同年10月1日实施的《票据管理实施办法》；中国人民银行于1997年9月19日发布、同年12月1日起实施的《支付结算办法》；中国人民银行于1997年7月22日发布、1998年8月1日起施行的《国内信用

证结算办法》;中国人民银行于1999年1月5日发布、同年3月1日起施行的《银行卡业务管理办法》;中国人民银行于2001年4月15日起实施的《银行卡联网联合业务规范》;中国人民银行于2003年4月10日发布、同年9月1日起实施的《人民币银行结算账户管理办法》,以及2005年1月31日开始实施的《人民币银行结算账户管理办法实施细则》;2005年1月21日,中国人民银行颁发《人民币银行结算账户管理系统业务处理办法(试行)》,后修订为《人民币银行结算账户管理系统业务处理办法》,并于2007年4月6日发布实施;中国银监会于2006年1月26日公布、同年3月1日起施行的《电子银行业务管理办法》、《电子银行安全评估指引》,以及2010年6月14日公布、9月1日正式施行的《非金融机构支付服务管理办法》及其实施细则。此外,最高人民法院于2000年11月14日发布的《关于审理票据纠纷案件若干问题的规定》(自2000年11月21日起施行),就《票据法》的法律适用问题作出了司法解释。

完善的支付结算法律制度是支付结算规范化的根本保证,也是相关机构实施监管的出发点。目前,我国的支付结算立法尚有诸多亟待完善之处:[①]第一,各监管主体之间权责不清,在中国人民银行与银监会的权责分工上,始终未出台规范性文件加以明确。第二,相关立法之间的内容冲突严重,其中比较典型的是《支付结算办法》与《票据法》、《行政处罚法》的冲突。例如,《票据法》对挂失止付的票据种类并无实质性的限制,而《支付结算办法》却对挂失止付的票据种类作了较多的限制,缩小了可办理挂失止付的票据范围。再如,《支付结算办法》第239条规定,对单位和个人的行政处罚,由中国人民银行委托商业银行执行。而这一规定显然不符合《行政处罚法》的相关规定。第三,有的规定不合理,或可操作性差,形同虚设。例如,《银行卡业务管理办法》对银行卡业务中发卡银行与商家、持卡人之间的手续费用进行严格限定,使手续费用成为银行旱涝保收的既得利益,完全不符合市场竞争规则。再如,《票据管理实施办法》第33条规定,对见票即付或者到期的票据,如果票据付款人故意压票、拖延支付的,中国人民银行可给予罚款,对其直接责任人员给予警告、记过、撤职或者开除等处分,但这种规定在实践中缺乏可操作性。第四,有些规定滞后于经济发展,已经无法满足支付结算业务发展的需要却未能及时废止或修改,导致支付结算中的一些风险点及新兴业务缺少系统的法律约束,成为监管盲点。鉴于支付结算法律制度所存在的一系列问题,中国人民银行与中国银监会首先应在支付结算业务管理上分清各自的监管权责,并以规范性文

① 朱崇实主编:《金融法教程》,法律出版社2011年第3版,第287～288页。

件的方式加以明确，避免监管对象无所适从；同时，要会同立法部门对支付结算方面的法律、法规及业务规章、规范性文件及时进行清理，确保规范的合理、透明、统一与实用。对于部门规章中所存在的与法律相冲突的条款，中国人民银行、中国银监会等相关机构应及时予以废除或适时修改，并根据经济发展的需要及时颁布新规定，以进一步加强对支付结算的管理，堵塞监管方面的法律漏洞。

第二节　银行结算账户的管理

银行结算账户是社会资金运动的起点和终点，是非现金支付结算工作开展的基础。我国对银行结算账户的管理较为严格，曾经历以下三个阶段：(1)制度初创阶段。1977 年 10 月，中国人民银行发布《银行账户管理办法》，这是第一份以独立法规形式对银行账户的开立和使用进行规范的文件，其中确立了“三账”(基本账户、专用账户和辅助账户)制度，对账户的开立和使用作出严格限制。(2)逐步规范阶段。为了适应经济发展的需要，改善银行结算账户管理，中国人民银行于 1988 年发布的《现金管理暂行条例》及其《实施细则》、1994 年 10 月发布的新的《银行账户管理办法》，都对银行账户的开立、使用及管理作出了严格规定。(3)持续深化阶段。2003 年 4 月 10 日，中国人民银行发布《人民币银行结算账户管理办法》(以下简称《办法》)，以取代《银行账户管理办法》。《办法》就银行结算账户的定义及种类，管理原则，存款账户的开立、使用、变更、撤销，法律责任等作出了详细规定。中国人民银行于 2005 年 1 月 31 日实施的《人民币银行结算账户管理办法实施细则》(以下简称《实施细则》)对《办法》作了进一步的补充。此外，中国人民银行于 2007 年 4 月 6 日发布的《人民币银行结算账户管理系统业务处理办法》，也对银行结算账户管理系统的各项业务处理作了相应规定。至此，我国基本建立了比较完善的银行结算账户管理制度。

一、银行结算账户的概念、种类与管理原则

(一)银行结算账户的概念与特点

银行结算账户是指银行为存款人开立的、办理资金收付结算的人民币活期存款账户。其中，“银行”是指在中国境内经批准经营支付结算业务的金融机构，具体包括政策性银行、商业银行(含外资独资银行、中外合资银行、外国

银行分行)、城市信用合作社、农村信用合作社;“存款人”是指在中国境内开立银行结算账户的机关、团体、部队、企业、事业单位、其他组织(以下统称“单位”)、个体工商户和自然人等。从该定义可知,银行结算账户具有如下特征:(1)银行结算账户是办理人民币业务的账户;(2)银行结算账户是活期存款账户;(3)银行结算账户是办理资金收付结算业务的账户。

(二)银行结算账户的种类

根据不同的标准,银行结算账户可以作不同的分类,而且,不同的银行结算账户在开立、使用和管理方面也会存在较大的差异。

1.按存款人的不同,银行结算账户可以分为单位银行结算账户和个人银行结算账户

所谓单位银行结算账户,是指存款人以单位名义开立的银行结算账户。依用途的不同,单位银行结算账户又可划分为基本存款账户、一般存款账户、专用存款账户和临时存款账户。个体工商户凭营业执照以字号或经营者姓名开立的银行结算账户应纳入单位银行结算账户管理。个人银行结算账户是指存款人凭个人身份证件以自然人名称开立的银行结算账户。个人因投资、消费使用各种支付工具,包括借记卡、信用卡而在银行开立的银行结算账户,均纳入个人银行结算账户管理。一般而言,单位银行结算账户的管理比个人银行结算账户的管理更为严格。

2.根据开户地的不同,银行结算账户可以分为本地银行结算账户和异地银行结算账户

本地银行结算账户是指存款人在注册地或住所地开立的银行结算账户,存款人一般应开设本地银行结算账户;异地银行结算账户是指存款人在符合规定的条件下在异地(跨省、市、县)开立的银行结算账户。

(三)银行结算账户的管理原则

《办法》就银行结算账户的管理,确立了以下六项原则:(1)一个基本存款账户原则。单位银行结算账户的存款人只能在银行开立一个基本存款账户,以便于加强现金管理,防止多头开户。(2)自主选择开户银行开立结算账户的原则。存款人可以自主选择银行开立银行结算账户,除国家法律、行政法规和国务院规定外,任何单位和个人不得强令存款人到指定银行开立银行结算账户。(3)账户开立核准原则。中国人民银行负责基本存款账户、临时存款账户和预算单位专用存款账户开户许可证的管理。存款人开立基本存款账户、临时存款账户和预算单位开立专用存款账户实行核准制度,即经中国人民银行核准后由开户银行核发开户许可证。(4)守法原则。银行结算账户的开立和

使用应当遵守法律、行政法规，不得利用银行结算账户进行偷逃税款、逃废债务、套取现金及其他违法犯罪活动。(5)信息保密原则。银行应依法为存款人的银行结算账户信息保密。对单位银行结算账户的存款和有关资料，除国家法律、行政法规另有规定外，银行有权拒绝任何单位或个人查询。(6)中国人民银行依法监管原则。中国人民银行作为银行结算账户的监督管理部门，依法对银行结算账户的开立、使用等进行监管，并有权依法查处有关违规行为。

二、银行结算账户的开立、变更和撤销

(一)银行结算账户的开立

开户许可证是中国人民银行依法准予申请人在银行开立核准类银行结算账户的行政许可证件，是核准类银行结算账户合法性的有效证明。人民币银行结算账户开户许可证核发是中国人民银行根据国务院的相关法规而确定保留的行政许可事项之一。存款人申请开立银行结算账户一般要遵循以下流程：

1. 申请开立

存款人申请开立银行结算账户时，应填制开立银行结算账户申请书。申请开立单位银行结算账户时，存款人应填写“开立单位银行结算账户申请书”，并加盖单位公章。申请开立个人银行结算账户时，存款人应填写“开立个人银行结算账户申请书”，并加其个人签章。此外，开立银行结算账户时，银行应与存款人签订银行结算账户管理协议，明确双方的权利与义务；同时应建立存款人预留签章卡片，并将签章式样和有关证明文件的原件或复印件留存归档。存款人为单位的，其预留签章为该单位的公章或财务专用章加其法定代表人(单位负责人)或其授权的代理人的签名或者盖章；存款人为个人的，其预留签章为该个人的签名或者盖章。

存款人在申请开立单位银行结算账户时，其申请开立的银行结算账户的账户名称、出具的开户证明文件上记载的存款人名称以及预留银行签章中公章或财务专用章的名称应保持一致，但下列情况除外：(1)因注册验资开立的临时存款账户，其账户名称为工商行政管理部门核发的“企业名称预先核准通知书”或政府有关部门批文中注明的名称，其预留银行签章中公章或财务专用章的名称应是存款人与银行在银行结算账户管理协议中约定的出资人名称；(2)预留银行签章中公章或财务专用章的名称依法可使用简称的，账户名称应与其保持一致；(3)没有字号的个体工商户开立的银行结算账户，其预留签章中公章或财务专用章应是“个体户”字样加营业执照上载明的经营者的签名或

盖章。

2.银行审核批准

按银行账户的不同,银行的审核批准分为开户银行审查和中国人民银行审批两个环节。

(1)开户银行审查。银行应对存款人的开户申请书填写的事项和相关证明文件的真实性、完整性、合规性进行认真审查。开户申请书填写的事项齐全,符合开立核准类账户①条件的,银行应将存款人的开户申请书、相关的证明文件和银行审核意见书等开户资料报送中国人民银行当地分支行。符合开立一般存款账户、其他专用存款账户和个人银行结算账户条件的,银行应办理开户手续,并于开户之日起5个工作日内向中国人民银行当地分支行备案。

(2)中国人民银行审批。根据《办法》第29条的规定,中国人民银行应于2个工作日内,对银行报送的核准类账户的开户资料的合规性予以审核,符合开户条件的,予以核准,颁发基本(或临时或专用)存款账户开户许可证;不符合开户条件的,应在开户申请书上签署意见,连同有关证明文件一并退回报送银行,由报送银行转送开户申请人。

存款人开立单位银行结算账户,自正式开立之日起3个工作日后,方可使用该账户办理付款业务,但由注册验资的临时存款账户转变的基本存款账户和因借款转存开立的一般存款账户除外。对于核准类银行结算账户,"正式开立之日"为中国人民银行当地分支行的核准日期;对于非核准类银行结算账户,"正式开立之日"是银行为存款人办理开户手续的日期。

(二)银行结算账户的变更

银行结算账户的变更,是指存款人的账户信息资料发生变更,主要包括存款人变更账户名称、单位法定代表人或主要负责人、地址以及其他开户资料的情形。

1.根据账户管理的要求,存款人变更账户名称、单位的法定代表人或主要负责人、地址以及其他开户资料后,应及时到开户银行办理变更手续,填写变更银行结算账户申请书。属于申请变更单位银行结算账户的,应加盖单位公章;属于申请变更个人银行结算账户的,应加其个人签章。

① 依据《人民币银行结算账户管理办法实施细则》第5条的规定,核准类账户指需要中国人民银行核准后方可开立的银行结算账户,包括基本存款账户、临时存款账户(因注册验资和增资验资开立的除外)、预算单位专用存款账户和合格境外机构投资者在境内从事证券投资开立的人民币特殊账户和人民币结算资金账户。

2.存款人更改名称,但不改变开户银行及账号的,应于5个工作日内向开户银行提出银行结算账户的变更申请,并出具有关部门的证明文件;单位的法定代表人或主要负责人、住址以及其他开户资料发生变更时,应于5个工作日内书面通知开户银行并提供相关证明。银行接到存款人的变更通知后,应及时办理变更手续,并于2个工作日内向中国人民银行报告。

属于变更开户许可证记载事项的,存款人办理变更手续时,应交回原开户许可证,由中国人民银行当地分支行换发新的开户许可证。

(三)银行结算账户的撤销

根据《办法》第49条第3款的规定,撤销是指存款人因开户资格或其他原因终止使用银行结算账户的行为。存款人申请撤销银行结算账户时,应填写撤销银行结算账户申请书。属于申请撤销单位银行结算账户的,应加盖单位公章;属于申请撤销个人银行结算账户的,应加盖其个人签章。银行在收到存款人撤销银行结算账户的申请后,对于符合销户条件的,应在2个工作日内办理撤销手续。

1.撤销事由

根据《办法》第49条第2款的规定,存款人有下列情形之一的,应向开户银行提出撤销银行结算账户的申请:(1)被撤并、解散、宣告破产或关闭的;(2)注销、被吊销营业执照的;(3)因迁址需要变更开户银行的;(4)其他原因需要撤销银行结算账户的。

2.撤销程序

存款人出现需要申请撤销银行结算账户的情形时,应于5个工作日内向开户银行提出撤销申请,其中存款人有以上第(1)、(2)种情形的,存款人基本存款账户的开户银行应自撤销银行结算账户之日起2个工作日内,将撤销该基本存款账户的情况书面通知该存款人其他银行结算账户的开户银行;存款人其他银行结算账户的开户银行,应自收到通知之日起2个工作日内通知存款人撤销有关银行结算账户;存款人应自收到通知之日起3个工作日内办理其他银行结算账户的撤销。撤销银行结算账户时,应先撤销一般存款账户、专用存款账户、临时存款账户,将这些账户资金转入基本存款账户后,方可办理基本存款账户的撤销。银行得知存款人有以上第(1)、(2)种情形,存款人超过规定期限未主动办理撤销银行结算账户手续的,银行有权停止其银行结算账户的对外支付。存款人因以上第(3)、(4)种情形撤销基本存款账户后,需要重新开立基本存款账户的,应在撤销其原基本存款账户后10日内申请重新开立基本存款账户。

3.银行结算账户撤销应注意的事项

银行结算账户撤销应注意的事项主要包括:[①](1)未获得工商行政管理部门核准登记的单位,在验资期满后,应向银行申请撤销注册验资临时存款账户,其账户资金应退还给原汇款人账户。注册验资资金以现金方式存入,出资人需提取现金的,应出具缴存现金时的现金缴款单原件及其有效身份证件。(2)存款人尚未清偿其开户银行债务的,不得申请撤销该账户。(3)存款人撤销银行结算账户,必须与开户银行核对银行结算账户存款余额,交回各种重要空白票据及结算凭证和开户许可证,银行核对无误后方可办理销户手续。存款人未按规定交回各种重要空白票据及结算凭证的,应出具有关证明,并自行承担由此所造成的损失。(4)银行撤销单位银行结算账户时,应在其基本存款账户开户许可证上注明销户日期并签章,同时于撤销银行结算账户之日起2个工作日内,向中国人民银行报告。(5)存款人尚未清偿其开户银行债务的,不得申请撤销该账户。对于一年未发生收付活动且未欠开户银行债务的单位银行结算账户,银行应通知该单位自发出通知之日起30日内办理销户手续;逾期视同自愿销户,未划转款项列入久悬未取专户管理。(6)存款人撤销核准类银行结算账户时,应交回开户许可证。

三、各类具体银行结算账户的开立和使用

(一)基本存款账户

1.基本存款账户的概念

基本存款账户指存款人因办理日常转账结算和现金收付需要开立的银行结算账户,它是一个单位的主办账户,在单位银行账户中处于统驭地位。

2.适用范围

依照《办法》第11条的规定,可以申请开立基本存款账户的存款人有:(1)企业法人;(2)非法人企业;(3)机关、事业单位;(4)团级(含)以上军队、武警部队及分散执勤的支(分)队;(5)社会团体;(6)民办非企业组织;(7)异地常设机构;(8)外国驻华机构;(9)个体工商户;(10)居民委员会、村民委员会、社区委员会;(11)单位设立独立核算的附属机构;(12)其他组织。

3.开户证明文件

基本存款账户的开立有严格的程序要求,按照《办法》第17条的规定,存

① 参见《人民币银行结算账户管理办法》第52～56条的规定;《人民币银行结算账户管理办法实施细则》第37条、第39条作了补充规定。

款人申请开立基本存款账户,应向银行出具下列证明文件:(1)企业法人,应出具企业法人营业执照正本。(2)非法人企业,应出具企业营业执照正本。(3)机关和实行预算管理的事业单位,应出具政府人事部门或编制委员会的批文或登记证书和财政部门同意其开户的证明;非预算管理的事业单位,应出具政府人事部门或编制委员会的批文或登记证书。(4)军队、武警团级(含)以上单位以及分散执勤的支(分)队,应出具军队军级以上单位财务部门、武警总队财务部门的开户证明。(5)社会团体,应出具社会团体登记证书,宗教组织还应出具宗教事务管理部门的批文或证明。(6)民办非企业组织,应出具民办非企业登记证书。(7)外地常设机构,应出具其驻在地政府主管部门的批文。(8)外国驻华机构,应出具国家有关主管部门的批文或证明;外资企业驻华代表处、办事处应出具国家登记机关颁发的登记证。(9)个体工商户,应出具个体工商户营业执照正本。(10)居民委员会、村民委员会、社区委员会,应出具其主管部门的批文或证明。(11)独立核算的附属机构,应出具其主管部门的基本存款账户开户许可证和批文。(12)其他组织,应出具政府主管部门的批文或证明。

4.基本存款账户的使用

为了避免企业的多头开户,通常情况下,一个单位只能开立一个基本存款账户。存款人日常经营活动的资金收付及其工资、奖金和现金的支取,应通过基本存款账户办理,其中,现金支取应严格遵循《现金管理暂行条例》的规定。

(二)一般存款账户

1.一般存款账户的概念

一般存款账户,是指存款人因借款或其他结算需要,在基本存款账户开户银行以外[①]的银行营业机构开立的银行结算账户。凡开立基本存款账户的存款人均可以开立一般存款账户,且开立一般存款账户没有数量上的限制。

2.开户证明文件

存款人申请开立一般存款账户,应向银行出具下列证明文件:(1)开立基本存款账户规定的证明文件;(2)基本存款账户开户许可证;(3)存款人因向银行借款而开立一般存款账户的,应出具借款合同;(4)存款人因其他结算需要

---

① 根据中国银监会于2009年发布的《固定资产贷款管理暂行办法》中有关贷款发放与支付的规定,为加强对贷款资金支付的管理和控制,必要时可以与借款人在借款合同中约定专门的贷款发放账户,这就可能导致一般存款账户与基本存款账户在同一营业机构开立的情形。

而开立一般存款账户的，应出具有关证明材料。

3. 一般存款账户的使用

一般存款账户用于办理存款人借款转存、借款归还和其他结算的资金收付，属于辅助结算账户。该账户可以办理现金缴存，但不得办理现金支取。

（三）专用存款账户

1. 专用存款账户的概念

专用存款账户，是指存款人按照法律、行政法规和规章，对其特定用途资金进行专项管理和使用而开立的银行结算账户。

2. 专用存款账户的适用范围

对下列资金的管理与使用，存款人可以申请开立专用存款账户：(1)基本建设资金；(2)更新改造资金；(3)财政预算外资金；(4)粮、棉、油收购资金；(5)证券交易结算资金；(6)期货交易保证金；(7)信托基金；(8)金融机构存放同业资金；(9)政策性房地产开发资金；(10)单位银行卡备用金；(11)住房基金；(12)社会保障基金；(13)收入汇缴资金和业务支出资金；[①](14)党、团、工会设在单位的组织机构经费；(15)其他需要专项管理和使用的资金。

3. 专用存款账户的开户证明文件

依照《办法》第19条的规定，存款人申请开立专用存款账户，除了应向银行出具其开立基本存款账户规定的证明文件、基本存款账户开户许可证外，还需提供相关证明文件：(1)基本建设资金、更新改造资金、政策性房地产开发资金、住房基金、社会保障基金，应出具主管部门批文。(2)财政预算外资金，应出具财政部门的证明。(3)粮、棉、油收购资金，应出具主管部门批文。(4)单位银行卡备用金，应按照中国人民银行批准的银行卡章程的规定出具有关证明和资料。(5)证券交易结算资金，应出具证券公司或证券管理部门的证明。(6)期货交易保证金，应出具期货公司或期货管理部门的证明。(7)金融机构存放同业资金，应出具其证明。(8)收入汇缴资金和业务支出资金，应出具基本存款账户存款人有关的证明。(9)党、团、工会设在单位的组织机构经费，应出具该单位或有关部门的批文或证明。(10)其他按规定需要专项管理和使用的资金，应出具有关法规、规章或政府部门的有关文件。

4. 专用存款账户的使用

---

① 收入汇缴资金和业务支出资金，是指基本存款账户存款人附属的非独立核算单位或派出机构发生的收入和支出的资金。因收入汇缴资金和业务支出资金开立的专用存款账户，应使用隶属单位的名称。

专用存款账户用于办理各项专用资金的收付，通过此账户，银行可以加强对客户资金的性质及用途的监控和管理。具体如下：(1)单位银行卡账户的资金必须由其基本存款账户转账存入，该账户不得办理现金收付业务。(2)财政预算外资金、证券交易结算资金、期货交易保证金和信托基金专用存款账户不得支取现金。(3)基本建设资金、更新改造资金、政策性房地产开发资金、金融机构存放同业资金账户需要支取现金的，应在开户时报经中国人民银行当地分支行批准。(4)粮、棉、油收购资金，社会保障基金，住房基金和党、团、工会经费等专用存款账户支取现金，应按照国家现金管理的规定办理。(5)收入汇缴账户除向其基本存款账户或预算外资金财政专用存款户划缴款项外，只收不付，不得支取现金；业务支出账户除从其基本存款账户拨入款项外，只付不收，其现金支取必须按照国家现金管理的规定办理。

(四)临时存款账户

1.临时存款账户的概念

临时存款账户，是指临时机构或存款人因临时需要并在规定期限内使用而开立的银行结算账户。

2.适用范围

根据《办法》第14条的规定，开立临时存款账户主要适用以下三种情形：(1)设立临时机构，如工程指挥部、筹备领导小组、摄制组等；(2)异地临时经营活动，如异地建筑施工及安装活动等；(3)注册验资、增资验资。

3.开户证明文件

根据《办法》第21条的规定，存款人申请开立临时存款账户，应向银行出具下列证明文件：(1)临时机构，应出具其驻在地主管部门同意设立临时机构的批文。(2)异地建筑施工及安装单位，应出具其营业执照正本或其隶属单位的营业执照正本、基本存款账户开户许可证、施工及安装地建设主管部门核发的许可证或建筑施工及安装合同。(3)异地从事临时经营活动的单位，应出具其营业执照正本、基本存款账户开户许可证以及临时经营地工商行政管理部门的批文。(4)注册验资，应出具工商行政管理部门核发的企业名称预先核准通知书或有关部门的批文。

4.临时存款账户的使用

临时存款账户用于办理临时机构以及存款人临时经营活动发生的资金收付。临时存款账户可以支取现金，注册验资的临时存款账户在验资期间只收不付。存款人为临时机构的或是在异地从事临时活动的，只能开立一个临时存款账户。建筑施工及安装单位企业在异地同时承建多个项目的，可根据建筑施工及安装合同开立不超过项目合同数量的临时存款账户。临时存款账户应根据有关开户证明文件确定的期限或存款人的需要确定其有效期限，有效期最长不得超过2年。[①]

（五）预算单位零余额账户

1.预算单位零余额账户的概念

预算单位零余额账户属于专用存款账户的一种，是指财政部门为实行财政国库集中支付的预算单位在商业银行开设的账户，用于财政直接支付和财政授权支付及清算。预算单位使用财政性资金，应当按照规定的程序和要求，向财政部门提出设立预算单位零余额账户的申请，财政部门批准后再通知代理银行。

2.开户证明文件

代理银行根据相关法律规定，具体办理开设预算单位零余额账户业务，并将所开账户的开户银行名称、账号等详细情况书面报告财政部门和中国人民银行，由财政部门通知一级预算单位。预算单位根据财政部门的开户通知，具体办理预留印鉴手续。印鉴卡内容如有变动，预算单位应及时通过一级预算单位向财政部门提出变更申请，办理印鉴卡更换手续。

3.预算单位零余额账户的使用

一个基层预算单位开设一个零余额账户。预算单位零余额账户适用于：(1)财政授权支付；(2)办理转账、提取现金等结算业务；(3)向本单位按账户管理规定保留的相应账户划拨工会经费、住房公积金及提租补贴，以及财政部门批准的特殊款项，但不得违反规定向本单位其他账户和上级主管单位、所属下级单位账户划拨资金。

（六）个人银行结算账户

1.个人银行结算账户的概念

所谓个人银行结算账户，是指存款人因投资、消费、结算等需要而凭个人身份证件以自然人名称开立的存款账户。该账户除具有单位银行结算账户的结算功能外，还具有消费、理财等功能，同时衍生出信用透支消费、网上支付、手机移动支付、异地跨行存取等功能。

2.适用范围

根据《办法》第15条的规定，个人银行结算账户适用于：(1)使用支票、信

① 从目前的实践来看，两年有效期的限定在很多情况下并不能满足企业的实际需求。

用卡等信用支付工具的自然人;(2)办理汇兑、定期借记、定期贷记、借记卡等结算业务的自然人。自然人可根据需要申请开立个人银行结算账户,也可以在已开立的储蓄账户中选择并向开户银行申请确认为个人银行结算账户。但储蓄账户仅限于办理现金存取业务,不得办理转账结算业务。

3.开户证明文件

根据《办法》第22条及《实施细则》第15条规定,个人申请开立个人银行结算账户,应向银行出具相关证明文件:(1)中国居民,应出具居民身份证或临时身份证。[①] (2)中国人民解放军军人,应出具军人身份证件。(3)中国人民武装警察,应出具武警身份证件。(4)香港、澳门居民,应出具港澳居民往来内地通行证;台湾居民,应出具台湾居民来往大陆通行证或者其他有效旅行证件。(5)外国公民,应出具护照。(6)军队(武装警察)离退休干部以及在解放军军事院校学习的现役军人,可出具离休干部荣誉证、军官退休证、文职干部退休证或军事院校学员证。(7)居住在境内或境外的中国籍华侨,可出具中国护照。(8)外国边民在我国边境地区的银行开立个人银行账户,可出具所在国制发的《边民出入境通行证》。(9)获得在中国永久居留资格的外国人,可出具外国人永久居留证。

4.个人银行结算账户的使用

个人银行结算账户的使用较为自由,基本不受限制,可用于办理个人转账收付和现金存取,如用于下列款项的结转:工资、奖金,债券、期货、信托等投资的本金和收益,农、副、矿产品销售收入以及其他合法款项,还可用于各种理财产品的买卖。[②]

此外,《办法》第40条规定,单位通过其银行结算账户向个人银行结算账户支付的款项,如果单笔超过5万元时需提供付款依据。但中国人民银行于2007年发布的《关于改进个人支付结算服务的通知》,简化了单位账户向个人账户转账的付款手续,对于5万元以上的单笔大额转账不再要求付款单位提供相应付款依据,简化了从单位银行结算账户向个人银行结算账户支付款项的处理手续。

(七)异地存款账户

1.异地存款账户的概念

异地存款账户是指存款人在其注册地或住所地行政区域之外(跨省、市、

---

① 居住在中国境内的中国公民,也可出具户口簿或护照。

② 参见《人民币银行结算账户管理办法》第39条。

县)开立的银行结算账户。为了适应现代经济发展的需要,《办法》突破了原账户管理只能属地开立的原则,规定无论是单位还是个人,只要符合相关条件,均可以根据需要在异地开立相应的银行结算账户。

2. 适用范围

根据《办法》第16条的规定,存款人有下列情形之一的,可以在异地开立有关银行结算账户:(1)营业执照注册地与经营地不在同一行政区域(跨省、市、县),需要开立基本存款账户的;(2)办理异地借款和其他结算需要开立一般存款账户的;(3)存款人因附属的非独立核算单位或派出机构发生的收入汇缴或业务支出需要开立专用存款账户的;(4)异地临时经营活动需要开立临时存款账户的;(5)自然人根据需要在异地开立个人银行结算账户的。

3. 开户证明文件

存款人需要在异地开立个人银行结算账户的,应出具在住所地开立账户所需的证明文件。存款人需要在异地开立单位银行结算账户的,除出具开立基本存款账户、一般存款账户、专用存款账户和临时存款账户规定的有关证明文件和基本存款账户开户许可证外,还应出具相应的证明文件:(1)异地借款的存款人,在异地开立一般存款账户的,应出具在异地取得贷款的借款合同。(2)因经营需要在异地办理收入汇缴和业务支出的存款人,在异地开立专用存款账户的,应出具隶属单位的证明。

四、银行结算账户的管理及其存在问题

(一)银行结算账户的管理制度

1. 开户实行实名制管理

(1)存款人应以实名开立银行结算账户,并对其出具的开户(变更、撤销)申请资料的内容真实性负责,法律、行政法规另有规定的除外。(2)存款人应按照账户管理规定使用银行结算账户办理结算业务,不得出租、出借银行结算账户,不得利用银行结算账户套取银行信用或进行洗钱活动。

2. 变更事项的管理

存款人申请临时存款账户展期,变更、撤销单位银行结算账户以及补(换)发开户许可证的,可由其法定代表人或单位负责人直接办理,也可授权他人代为办理。由法定代表人或单位负责人直接办理的,除出具相应的证明文件外,还应出具法定代表人或单位负责人的身份证件;授权他人办理的,除出具前述证明文件外,还应出具法定代表人或单位负责人的身份证件及其出具的授权书,以及被授权人的身份证件。

3. 存款人预留银行签章的管理

(1)单位遗失预留公章或财务专用章的，应向开户银行出具书面申请、开户许可证、营业执照等相关证明文件；更换预留公章或财务专用章时，应向开户银行出具书面申请、原预留公章或财务专用章等相关证明文件。单位存款人申请更换预留公章或财务专用章但无法提供原预留公章或财务专用章的，应向开户银行出具原印鉴卡片、开户许可证、营业执照正本、司法部门的证明等相关证明文件。单位存款人申请更换单位预留公章可由法定代表人或单位负责人直接办理，也可授权他人办理。由法定代表人或单位负责人直接办理的，除出具上述证明文件外，还应出具法定代表人或单位负责人的身份证件；授权他人办理的，除出具上述证明文件外，还应出具法定代表人或单位负责人的身份证件及其出具的授权书，以及被授权人的身份证件。

(2)个人遗失或更换预留个人印章或更换签字人时，应向开户银行出具经本人签名确认的书面申请，以及原预留印章或签字人的个人身份证件。银行应留存相应的复印件，据以办理预留银行签章的变更。单位存款人申请更换预留个人签章，可由法定代表人或单位负责人直接办理，也可授权他人办理。由法定代表人或单位负责人直接办理的，应出具加盖该单位公章的书面申请以及法定代表人或单位负责人的身份证件。授权他人办理的，应出具加盖该单位公章的书面申请、法定代表人或单位负责人的身份证件及其出具的授权书、被授权人的身份证件。无法出具法定代表人或单位负责人的身份证件的，应出具加盖该单位公章的书面申请、该单位出具的授权书以及被授权人的身份证件。

4. 银行结算账户的对账管理

银行结算账户的存款人应与银行按规定核对账务。存款人收到对账单或对账信息后，应及时核对账务并在规定期限内向银行发出对账回单或确认信息。

(二)银行结算账户管理存在的问题

目前，在银行结算账户管理制度方面已形成了以《办法》及其《实施细则》为核心的一套较为完善的管理体系。随着账户管理制度的日益规范和经济的发展，我国银行结算账户数量保持平稳增长态势，环比增速小幅提高。2012年第一季度支付业务统计数据显示，截至第一季度末，全国共有银行结算账户42.93亿户，环比增长4.5%，增速较2011年第四季度提高1.0个百分点。其中，单位银行结算账户2917.31万户，占银行结算账户的0.7%，环比增长3.3%，增速较2011年第四季度提高0.4个百分点；个人银行结算账户42.64亿户，占银行结算账户的99.3%，环比增长4.5%，增速较2011年第四季度提高0.9个百分点。[①] 但随着电子商务、网上支付和信用卡等新兴业务的发展及个人经济活动的日趋活跃，现有的银行结算账户管理制度已在实践中逐步显现出一些问题。具体表现如下：

1.账户管理制度分散化。目前，账户管理相关法律规范主要包括《人民币银行结算账户管理办法》及其《实施细则》、《中国人民银行关于规范人民币银行结算账户管理有关问题的通知》、《中国人民银行关于改进个人支付结算服务的通知》、《金融机构客户身份识别和客户身份资料及交易记录保存管理办法》等。这种分散化的规定导致法律适用的不便，亟待整合和完善。

2.开立申请手续复杂，效率较低。从上述申请开立流程来看，申请人开立账户必须经过开户行到人民银行，再由人民银行到开户行，最后行政许可文书才能到达开户申请人，一旦开户申请人提供的资料不全，将由人民银行退回开户银行，再由开户银行通知开户单位，由开户单位补齐资料后再次重新报送，一个账户的开立几经周折，灵活性和效率性大打折扣。

3.久悬账户销户难。"逾期视同自愿销户"的规定缺乏具体操作规范，形同虚设，致使银行机构在受理无法提供相关资料（如开户许可证）的单位的主动销户申请，或无存款人销户申请时，无法将销户资料报送当地人民银行作销户处理，只能通过人民币银行结算账户管理系统设置"久悬"标志。这样操作不仅占用银行资源，也会虚增无效账户信息，增加账户管理风险。

4.银行结算账户开立行政许可的一些条款与《行政许可法》存在大量的冲突，出现下位法违背上位法的情形。此外，账户行政许可在一定程度上有违市场竞争原则，不利于公平竞争。

第三节 票据结算的法律规定

我国传统使用的人民币非现金支付工具主要有两类：一类是银行汇票、商业汇票、银行本票、支票等票据结算方式，另一类是银行卡、汇兑、托收承付、委托收款和国内信用证等非票据结算方式。随着近年来电子支付方式的迅速发

① 参见中国人民银行：《2012年第一季度支付体系运行总体情况》，http://www.pbc.gov.cn/publish/zhifujiesuansi/1070/2012/20120522154538015235876/20120522154538015235876_.html，下载日期：2012年8月3日。

展，传统的非现金支付方式尤其是票据支付的业务量开始有所下降。中国人民银行发布的资料显示，2012 年第一季度，全国共办理非现金支付业务 90.96 亿笔，金额 293.35 万亿元，同比分别增长 22.4%和 14.6%。非现金支付业务量总体呈现上升态势，但增速有所放缓，笔数和金额增速同比分别放缓 2.0 个百分点和 12.7 个百分点。[①] 但是，票据结算还是目前支付结算的主要方式。本节主要依据《票据法》、《票据管理实施办法》、《支付结算办法》等规定，专门阐述票据结算的有关问题。

一、票据与票据法概述

（一）票据的概念及其特征

1. 票据的概念

票据有广义与狭义之分，广义的票据是指各种商业活动中与权利结合在一起的有价证券和凭证，如股票、国库券、公司债券、发票、提单、仓单等；狭义的票据是指票据法上的票据，即由出票人依法签发的，约定由自己或委托付款人在见票时或指定的日期向收款人或持票人无条件支付一定金额并可转让的有价证券。我国《票据法》所规定的票据只包括汇票、本票和支票，本节所讲的票据也仅指狭义的票据。

2. 票据的特征

狭义上的票据属于有价证券的一种，与其他有价证券相比，它具有如下法律特征：

（1）票据是设权证券。所谓设权证券，是指证券上权利的发生必须作成证券，即无票据就无票据上的权利。[②] 票据上所表示的权利，是由票据行为——出票行为创设的，在票据没有作成之前，它只是基础关系上的债权，而非票据权利。只有在票据作成之后，票据债权才发生，而且当证券灭失或毁损而无法提示时，该票据权利也随之消失。因此，票据属于典型的设权证券，而非证权证券。至于提单、仓单、股票及公司债券等证权证券，则是权利的一种物化的外在形式，其作用仅限于证明权利的存在，而不是创设权利。

（2）票据是金钱债权证券。根据民商法理论，有价证券依其权利的法律属

① 参见中国人民银行：《2012 年第一季度支付体系运行总体情况》，http://www.pbc.gov.cn/publish/zhifujiesuansi/1070/2012/20120522154538015235876/20120522154538015235876_.html，下载日期：2012 年 8 月 3 日。

② 赵万一主编：《商法学》，法律出版社 2001 年版，第 351 页。

性可分为物权证券、社员权证券及债权证券，而债权证券又可分为金钱证券、服务证券等。[①] 票据作为货币证券所代表的权利，是票据权利人可以请求票据义务人给付一定金额的请求权，是债法上的请求权。此项权利是以给付一定数量的金钱为内容的，[②]而非给付其他物或为一定行为，因此，票据是一种金钱债权证券。

(3)票据是完全有价证券。票据权利和票据须臾不可分离，票据权利的发生、转移及行使，均必须以票据存在为前提，没有票据就没有票据权利。故票据是一种完全有价证券。

(4)票据是要式证券。票据必须严格按照票据法规定的形式制作才能有效。各种票据除须采用书面形式之外，还必须严格遵行票据法的规定在票据上记载相关事项，否则就会影响票据的效力，甚至导致票据无效。此外，一切票据行为，如背书、承兑、保证、付款、追索等，还必须严格按照票据法规定的程序和方式进行，否则无效。因此，票据是要式证券。

(5)票据是无因证券。[③] 所谓无因证券，是指票据权利仅依票据行为，依票据法的规定而发生，不受票据行为的基础关系或原因的影响。为了促进票据流通与保护交易安全，只要权利人持有票据，无须明示持有票据或取得票据的原因，就可以依票据行使其权利。换言之，这些原因是否存在以及是否存在瑕疵，原则上都不影响票据的效力。

(6)票据是文义证券。所谓文义证券，是指票据所创设的一切权利和义务，必须完全地、严格地依据票据上所记载的文字而定，[④]即使票据上记载的文义与实际情况不符，也应以票据所载文义为准，不得对其进行任意解释或者根据票据法以外的任何文件加以更改。

(7)票据是流通证券。票据具有流通性，票据权利依背书、交付等方式自由转让，无须遵循民法上有关债权让与的规定。这一制度设计保证票据流通

---

① 郑玉波著:《票据法》，台湾三民书局 1977 年版，第 20 页。

② 《票据法》第 4 条第 4 款规定:“票据权利，是指持票人向票据债务人请求支付票据金额的权利，包括付款请求权和追索权。”

③ 在学术界，票据无因性理论有两种不同的观点:一是票据无因性具有绝对性，二是票据无因性具有相对性。

④ 《票据法》第 8 条规定:“票据金额以中文大写和数码同时记载，二者必须一致，二者不一致的，票据无效。”该法第 9 条第 2 款规定:“票据金额、日期、收款人名称不得更改，更改的票据无效。”该法第 9 条第 3 款规定:“对票据上的其他记载事项，原记载人可以更改，更改时应当由原记载人签章证明。”

的迅捷和简便。

（二）票据的种类

各国票据法对票据种类的规定均采取法定主义，不允许当事人自由创设法定种类之外的票据。在票据种类的立法上，英美法系国家大多采取“合并主义”或“包括主义”，把汇票、本票、支票作为票据统一立法，如美国《统一商法典》除了规定汇票、本票、支票之外，还将存款单（Certificate of Deposit）作为票据，统称为“商业证券”（Commercial Paper）。而大陆法系国家的票据立法则大多采取“分立主义”，将汇票和本票作为票据统一立法，而把支票作为另外一种有价证券单独立法，如德国、瑞士、法国等。我国《票据法》对票据种类的立法是采取“包括主义”，将现行流通的票据分为汇票、本票和支票。

1. 汇票

汇票是出票人签发的，委托付款人在见票时或者在指定日期无条件支付确定的金额给收款人或者持票人的票据。汇票分为银行汇票和商业汇票两种。

2. 本票

本票是出票人签发的，承诺自己在见票时无条件支付确定的金额给收款人或者持票人的票据。《票据法》上所称的本票仅指银行本票。

3. 支票

支票是出票人签发的，委托办理支票存款业务的银行或者其他金融机构在见票时无条件支付确定的金额给收款人或者持票人的票据。

（三）票据法的概念与特征

票据法亦有广义与狭义之分，广义的票据法是一切有关票据的法律规范的总称，既包括以“票据法”名称颁布的法律，也包括其他法律中有关票据的规定。例如，《民法》中有关民事法律行为、代理、票据设置等规定；《刑法》中有关伪造有价证券罪的规定；《民事诉讼法》中有关票据诉讼、公示催告等规定。狭义的票据法仅指有关票据的专门立法，即被称为“票据法”的法律及其有关实施性规定。[①] 票据法和其他法律部门相比，具有以下三方面的显著特征：

1. 强行性

票据法属于强行法，主要体现为：一是各国票据的种类是法定的，当事人不得任意创设。二是票据是严格的要式证券，不得任意签发。三是票据行为是严格的要式行为，违反要式性的票据和票据行为可能导致票据和票据行为

① 中国注册会计师协会编：《经济法》，中国财政经济出版社 2012 年版，第 404 页。

无效。

2. 技术性

票据是为便利商品交易和商业信用而创设的，票据法作为规范票据关系和票据行为的法律规范，表现为一种纯技术性规范，考虑更多的是方便交易、繁荣市场的技术要点，本身不包含善恶价值理念。这也是票据法与具有明显道德伦理色彩的刑事、民事规范的不同之处。正是因为这一特点，才会有国际票据法的统一运动。

3. 国际统一性

票据法虽是国内法，但却有很强的国际统一性。随着现代经济的全球化和一体化发展，票据作为国际支付工具和信用工具，客观上要求各国票据立法应遵循统一的票据规范，国际间票据应广泛协调和趋同。目前，《关于统一汇票和本票的日内瓦公约》和《关于统一支票法的日内瓦公约》等国际票据规则已为绝大多数大陆法系国家所采纳。

（四）票据法的立法体系

由于各国票据法的立法技术和立法体例不同，日内瓦统一条约签订以前，欧美各国在票据立法上已逐渐形成三大体系，即法国法系、德国法系和英美法系。[①] 这种国家间票据立法的差异性，给票据的国际交流带来了极大不便。针对这一问题，从 19 世纪后半叶起，各国相继开展了票据法统一运动，其中比较重要的是 1930 年和 1931 年由国际联盟在日内瓦召集的票据法统一会议和支票法统一会议。这两次会议制定了《关于统一汇票和本票的日内瓦公约》、《关于解决汇票和本票的若干法律冲突的公约》、《关于统一支票法的日内瓦公约》和《关于解决支票的若干法律冲突的公约》等四个有关票据法的公约，在一定程度上解决了法、德两大法系的冲突。但英美法系国家认为，日内瓦公约的规定与英美法系国家的票据传统和实践相矛盾，因此并未参加上述公约。至此，国际票据法的立法体系演变成日内瓦统一法系和英美法系并存的状况。20 世纪 70 年代以后，联合国国际贸易法委员会为推进各国票据法的协调和统一，着手制定一部有关国际汇票与本票的统一法草案，1988 年 12 月，《国际汇票本票公约》经第 43 届联合国大会通过，并于 1990 年 6 月 30 日前开放给各国签字。根据《公约》的有关规定，该《公约》须经至少 10 个国家批准或加入后，方能生效。该公约至今尚未生效。

目前，我国的票据基本法是 1995 年颁布的《中华人民共和国票据法》

① 王志诚著：《票据法》，台湾元照出版公司 2010 年版，第 36～38 页。

(2004年修正)。此后,中国人民银行先后发布了《商业汇票承兑、贴现与再贴现管理暂行办法》(1997年)、《票据管理实施办法》(1997年)、《支付结算办法》(1997年)、《电子商业汇票业务管理办法》(2009年)等配套规章;2000年11月,为正确适用《票据法》,公正及时地审理票据纠纷,最高人民法院还发布了《关于审理票据纠纷案件若干问题的规定》。至此,我国的票据法体系得以基本完善。

二、票据关系与非票据关系

(一)票据关系的概念及构成要素

有关票据法律关系的概念界定,学术界主要有两种观点:一种观点认为,票据法律关系是指由票据法确认和规范的,基于当事人的票据行为发生的票据上的权利义务关系,如出票人签发票据与收款人之间形成的出票关系;背书人转让票据与被背书人之间形成的背书关系。① 另一种观点认为,票据法律关系包括票据关系与非票据关系,前者是指基于票据行为所产生的债权债务关系,或称权利义务关系;后者是指相对于票据关系而言的一种法律关系,这类关系虽不是基于票据本身而发生的,但却与票据有密切联系。根据产生的法律基础不同,非票据关系又分为"票据法上的非票据关系"与"民法上的非票据关系"。②

本节主要采纳后一种观点,将票据本身所固有的票据上的权利义务界定为"票据关系",将非票据所固有、但与票据有关的法律关系称为"非票据关系"。因此,票据关系是指当事人之间基于票据行为而发生的债权债务关系,如出票人与收款人之间的关系、收款人与付款人之间的关系、背书人与被背书人之间的关系等等。由此概念可知,票据关系和其他法律关系一样,也是由主体、客体和内容三个基本要素构成:

1. 票据关系的主体

票据关系的主体又称票据当事人,即在票据的签发和流通转让环节中,通过实施票据行为而享有票据权利、承担票据义务的当事人。票据关系是一种特殊的法律关系,每个当事人都有特定的名称,被冠以不同名称的当事人在票据法律关系中具有不同的地位和作用。因此,票据关系的当事人显得较为复杂,一般包括出票人、收款人、付款人、持票人、承兑人、背书人、保证人、参加人

① 黄名述、汪世虎著:《中国票据法论》,西南师范大学出版社1997年版,第23页。
② 谢怀栻著:《票据法》,法律出版社1990年版,第37页。

(包括参加承兑人和参加付款人)等。这些主体既可以是自然人、法人,也可以是非法人组织,还可能是国家。根据不同的标准,票据主体(当事人)可以有不同的分类:

(1)按照当事人是否随出票行为出现为标准,可分为基本当事人和非基本当事人。凡随出票行为直接出现的当事人,被称为基本当事人,这些当事人在票据作成和交付时就已经存在,主要包括出票人、付款人和收款人。汇票和支票的基本当事人有出票人、付款人与收款人;本票的基本当事人有出票人与收款人。非基本当事人是指在票据作成并交付后,通过一定的票据行为加入票据关系而享有一定权利、承担一定义务的当事人,包括承兑人、背书人、被背书人、保证人等。

(2)在票据连续转让所形成的序列当事人之间,根据其相互间的位置,可以分为前手和后手。先受让票据者是其后受让票据者的前手,位于其后的当事人则为后手。

(3)按照当事人是否持有票据,可分为持票人和非持票人。持票人或称执票人,是指实际控制和持有票据的当事人,他一般是票据关系中的债权人。非持票人是指没有实际占有和控制票据的人。

(4)按照当事人在票据关系中的地位不同,可分为债权人和债务人。债权人是指基于一定票据行为而有权请求支付票据金额的权利人,包括收款人和持票人。债务人则是指因为一定票据行为而有义务向持票人支付票据金额的人。按责任主次,债务人又可以分为第一债务人(或称主债务人)和第二债务人(即次债务人)。前者是指负有付款义务的债务人,如汇票承兑人、本票的出票人等;后者是指负有担保付款义务的人,如汇票出票人、背书人、保证人等。在票据关系中,持票人应先向第一债务人行使付款请求权,在遭到拒绝后方可向第二债务人行使追索权,请求支付票款、利息及有关合理费用。

2.票据关系的客体

票据关系的客体是指参加票据关系的当事人的权利义务所共同指向的对象。鉴于票据是一种金钱证券,票据关系的客体就表现为一定数额的货币,而不是物品或服务。尽管签发票据可能是由于买卖某种货物(即物品)而引起的,但因票据关系是一种独立的法律关系,与票据的基础关系不同,所以,基础关系中的客体(即物品)并不是票据关系中的客体,故物品也就不能成为票据法律关系的客体,由此也不允许用其他物品来代替金钱进行票据支付或清偿。

3.票据关系的内容

票据关系的内容是指票据当事人因票据行为而依法享有的票据权利和承

担的票据义务。票据权利是票据权利人所享有的、为实现票据债权而为一定行为或要求他人为一定行为,包括付款请求权和追索权。票据义务,又称票据责任,是指票据义务人为满足票据权利人的请求而依法为一定行为或不为一定行为的义务。

(二)非票据关系和票据基础关系

1.非票据关系

非票据关系有广义与狭义之分。广义的非票据关系是指与票据和票据行为有密切关系,但并非基于票据行为直接发生的法律关系,包括票据法上的非票据关系和票据基础关系。而狭义的非票据关系,仅指票据法上的非票据关系,亦即由票据法规定,不是基于票据行为直接发生的法律关系,如票据上的正当权利人对于因恶意而取得票据的人行使票据返还请求权而发生的关系、因手续欠缺而丧失票据上权利的持票人对于出票人或承兑人行使利益偿还请求权而发生的关系、票据付款人付款后请求持票人交还票据的关系等。票据法之所以要规定非票据关系,目的是为了保护票据债权人的利益,当其因某种原因而丧失票据上的权利时,基于这些法律规定可予以补救。

2.票据基础关系

票据基础关系是票据关系赖以存在的民事基础法律关系。因此,在法理上,票据的基础关系往往都是民法上的法律关系,即民法上与票据有关但并非基于票据行为而产生的法律关系。这类关系不属于票据关系,而是作为产生票据关系的事实和前提条件而存在的一种关系,实质上属于民法的调整范围。因此,票据基础关系又被称为民法上的非票据关系,主要有以下三种:

(1)票据原因关系,或称票据原因,是指当事人之间签发和转让票据的原因。出票人或背书人之所以签发或背书票据,将其交付给收款人,收款人之所以接受票据,都是基于经济上和法律上的原因,如买卖、借贷、赠与等,该原因即是票据的原因关系。这种原因关系有的有对价,有的无对价;但在现实的票据签发、转让中,其原因关系一般以有对价为主。

在学理上一般主张票据原因关系与票据关系的绝对分离,但根据我国现行票据法,票据原因具有双重效力:一方面,票据原因与票据行为是分离的,这体现为票据的无因性;另一方面,票据原因和票据行为又有一定的联系,如根据《票据法》第13条第2款的规定,当与自己有直接债权债务关系的持票人不履行义务时,票据债务人可以进行抗辩。

(2)票据资金关系,或称票据资金,是指存在于出票人与付款人之间的委托付款法律关系。本票是自付证券,不存在委托他人付款的问题,因而,票据的资金关系一般存在于汇票或支票之中。票据资金关系产生的原因各有不同,如存款、承诺、欠债等,因此,票据资金与票据关系本身是分离的。但依我国现行票据法,在特殊情况下二者具有一定的牵连关系。例如,《票据法》第44条规定,汇票付款人在承兑后应当承担到期付款的责任;但是,当持票人为出票人时,承兑人能够以资金关系不存在为由进行抗辩。

(3)票据预约关系,或称票据预约,指当事人之间就签发和转让票据所达成的约定。票据当事人之间发生原因关系后,在签发票据之前,一般还要就票据的种类、金额、到期日、付款地等事项进行约定。这种约定即为票据预约,它本身不是票据行为,而是介于票据原因和票据行为之间的中间行为。票据预约是票据行为的基础,是民法上的预约合同,受民法而非票据法调整,票据预约是否成立、票据行为是否按票据预约实施,对票据关系均无影响。

票据关系与其基础关系相分离,是现代各国票据立法、学说及实务界所公认的基本准则,然而,我国的票据法无视票据行为的无因性,在多处强调票据的原因关系和资金关系,[①]这也引发了理论界有关无因性到底是绝对还是相对的探讨。[②]

三、票据行为

(一)票据行为的概念和特征

票据行为是票据法的一个非常重要的范畴,有广义和狭义之说。广义的票据行为是指以产生、变更和消灭票据上的权利义务关系为目的的法律行为,包括出票、背书、改写、涂销、付款、保证、承兑、参加承兑、参加付款、保付等。狭义的票据行为仅指以设立票据债务为目的的法律行为,包括出票、背书、保证、承兑、参加承兑和保付等六种。我国《票据法》只规定了出票、背书、保证、承兑等四种。学界普遍认为,付款行为是引起票据的债权债务关系消灭的行为,不属于票据行为。此处所讲的票据行为仅指狭义的票据行为。

票据行为作为法律行为的一种,具有以下特征:

1.要式性

为了保证票据流通的安全性,票据法规定票据行为必须具有法定的形式,即它是一种要式行为,应依据票据法规定的形式在票据上记载法定的事项,否

---

① 参见《票据法》第10条、第13条、第21条。

② 孙应征主编:《票据法理论与实务解析》,人民法院出版社2004年版,第11～13页。

则，票据行为的效力将受到影响。《票据法》对此内容进行了详尽的规定：(1)行为人必须依法在票据上作书面记载；(2)行为人必须在票据上签章；(3)票据行为以交付票据为完成。

2. 无因性[①]

票据行为无因性也称票据行为的抽象性或无色性，[②]是指票据行为与作为其发生基础的实质性原因关系相分离，票据行为只要具备了法定的形式要件即可产生法律效力，其原因关系如何，在所不问。换言之，在票据行为成立后，其基础关系即便因存在缺陷而无效，票据行为的效力也不会受到影响；票据上权利的发生及转移，因票据行为而定，与其基础关系无关。

3. 文义性

与民法的意思主义不同，票据行为的解释更加侧重于外观主义。因此，票据行为的内容均依票据上所载的文义而定，即使该项记载与行为的真意或实际情形不符，也不允许当事人以票据之外的证明方法予以变更或补充。此种规定，旨在保护依赖外观的善意持票人，促进票据的流通。

4. 独立性

票据独立性实质上是无因性的延伸，是指在同一票据上所作的各种票据行为互不影响，各自独立发生法律效力，即便某一票据行为无效或有瑕疵，也不影响其他票据行为的效力。例如，无票据能力人在票据上签名的无效性，不影响其他有行为能力人已经在票据上签名的效力。再如，票据代理的无效、保证无效、伪造无效等行为均不影响其他真实签名而为的票据行为的效力。这一规定，旨在保证票据的流通和维护社会交易的安全。

5. 连带性

连带性是指同一票据上的各种票据行为人均对持票人承担连带责任。票据行为的独立性和无因性，会使持票人的权利受到一定程度的影响。为此，各国票据法一般都规定了票据债务人的连带责任，以确保持票人票据债权的实现。我国《票据法》第 68 条规定："汇票的出票人、背书人、承兑人和保证人对持票人承担连带责任。"

---

① 票据无因性理论在我国学术界一直以来是备受争议的话题，对此可参见杨继：《我国〈票据法〉对票据行为无因性规定之得失——兼与欧洲立法比较》，载《比较法研究》2005 年第 6 期。

② 王煜宇著：《金融法学》，武汉大学出版社 2010 年版，第 165 页。

(二)票据行为的构成要件

票据行为属于民事法律行为,必须具备法定的构成要件才能有效成立。这些法定要件包括实质要件和形式要件。

1.实质要件

票据行为的实质要件又称一般法律行为的构成要件,直接适用民法中关于民事行为成立要件的规定,具体包括行为人具备票据行为能力、票据意思表示真实、合法以及票据行为合法等。

(1)票据行为能力。票据行为能力因主体不同而有所不同。其一是自然人的票据行为能力。公民的权利能力与行为能力往往不尽一致,即公民可以享有票据上的权利和承担票据上的义务,却不一定能通过自己的行为来行使票据权利和履行票据义务。《票据法》第6条规定:"无行为能力人或者限制民事行为能力人在票据上签章的,其签章无效……"由此可知,在票据行为中,在票据上签章的自然人必须是具有完全民事行为能力的人,否则,该签章不具有任何效力,签章者并不因此而成为票据上的债务人,其他票据当事人也不得据此签章向该签章人主张任何票据债权。其二是法人的票据行为能力。根据一般民法理论,法人的权利能力与行为能力是一致的。从票据法及其他法律、法规的有关规定来看,法人的票据行为能力并无严格限制,其票据行为一般通过法人机关或法定代表人来进行。

(2)票据意思表示。意思表示是法律行为成立的必要条件之一。票据行为作为法律行为的一种,其有效成立也必须以意思表示为要件,且行为人的意思表示必须真实、合法,否则该票据行为不产生法律效力。因此,《票据法》第12条第1款规定:"以欺诈、偷盗或者胁迫等手段取得票据的,或者明知有前列情形,出于恶意取得票据的,不得享有票据权利。"这一规定表明,即使票据的形式符合法定条件,如果从事票据行为的意思表示是不真实或存在缺陷的,票据持有人也不得享有票据上的权利,该行为无效。

(3)票据行为合法。《票据法》第3条规定:"票据活动应当遵守法律、行政法规,不得损害社会公共利益。"凡违背法律的规定而进行的行为,不能取得票据行为的法律效力。这里所指的合法是指票据行为本身必须合法,即票据行为的进行程序、记载的内容等合法,至于票据的基础关系所涉及的行为是否合法,则与此无关。

2.形式要件

票据是要式证券,票据行为是一种要式行为,除应具备实质要件外,还必须依照票据法规定的方式为票据行为,才能产生票据法律效力。票据行为的形式要件，主要包括书面、记载事项、签章和交付。

(1)书面。出票、背书等各种票据行为均需以书面形式进行，即将行为人的意思表示记载于一定的票据用纸上，口头的票据行为无效。《票据法》第108 条规定："汇票、本票、支票的格式应当统一，票据凭证的格式和印制管理办法，由中国人民银行规定。"

(2)记载事项。票据为文义证券，其记载事项的不同，依据票据法将产生不同的效力。票据记载事项依其效力的不同，可分为必要记载事项、任意记载事项、不产生票据法效力的记载事项和不得记载事项等四类。

一是必要记载事项，或称应记载事项，是指依照票据法规定应该在票据上予以记载的事项。必要记载事项又可以分为绝对记载事项和相对记载事项：①绝对记载事项，是指依照票据法的规定绝对必要记载的事项，如票据上未予记载，票据即归于无效。这些事项一般包括：表明票据种类的字样、无条件支付的承诺或委托、确定的金额、收款人名称(本票当中还应记载付款人名称)、出票日期以及出票人签章。《票据法》第 22 条、第 76 条、第 85 条分别规定了汇票、本票和支票的绝对应记载事项。②相对记载事项，是指如果不记载，可以根据法律规定的方法予以确定，而不使票据失效的事项。例如，《票据法》第29 条规定："背书由背书人签章并记载背书日期；背书未记载日期的，视为在票据到期日前背书。"这里的"背书日期"就属于相对记载事项，未记载背书日期的，则依票据法规定视为"到期日前"背书。《票据法》第 23 条、第 77 条、第87 条分别规定了汇票、本票和支票的相对应记载事项。

二是任意记载事项，是指记载与否，由当事人自行决定，不记载不影响票据效力，但一经记载即发生票据法上效力的事项。如禁止转让事项，无论记载与否，均不影响票据的效力。不记载时，该票据可以背书转让；一旦记载，该票据就不得转让。因此，"不得转让"事项即为任意记载事项。

三是不产生票据法效力的记载事项，是指票据当事人可自由选择记载，但记载后不发生票据法上效力的事项(但可产生其他法律上的效力)。例如，《票据法》第 24 条有关"汇票上可以记载本法规定事项以外的其他出票事项，但是该记载事项不具有汇票上的效力"的规定，即属此类。

四是不得记载事项，或称禁止记载事项，指一经记载于票据上，就会使记载本身无效或票据归于无效的事项。

(3)签章。票据是一种要式证券，签章是票据行为生效的重要条件，票据行为人签章是票据的绝对必要记载事项之一。此处，"签章"与"签名"不是同一概念。国外票据法律普遍使用的是"签名"的概念，然而我国在传统和实践中习惯于使用盖章表现特定身份，尤其是企事业单位及组织。因此，《票据法》第7条第1款规定："票据上的签章，为签名、盖章或者签名加盖章。"这就是说，签章既包括签名，也包含盖章，这是我国票据法上的特有概念。具体而言，法人和其他使用票据的单位在票据上的签章为该法人或者该单位的盖章加其法定代表人或者其授权的代理人的签章。其中，单位盖章是指该单位的公章、财务专用章或票据专用章。法人和自然人在票据上的签名，应为该当事人的本名。

(4)交付。[①] 交付是指票据行为人将记载完毕的票据交给相对人持有的行为。票据是提示证券和占有证券，权利和证券不可分，故无论是出票，还是背书、承兑、保证等，均须以票据交付到相对人手中才算完成票据行为，相对人才能持票以行使票据权利。

(三)票据行为的种类

票据行为可分为主票据行为和从票据行为两大类：[②]

1. 主票据行为

又称基本票据行为，是指能够引起票据法律关系发生的行为。主票据行为仅指出票行为，据以创设票据权利，是从票据行为有效成立的前提。出票是汇票、本票、支票所共有的行为，具体包括两个环节：一是出票人依照《票据法》的规定作成票据，即在原始票据上记载法定事项并签章；二是交付票据，即将作成的票据交付给他人占有。以上两个环节相辅相成、缺一不可。

2. 从票据行为

又称附属票据行为，是指能够引起票据法律关系变更或消灭的行为，包括背书、承兑、参加承兑、保证和保付等。这些行为往往以出票为前提，附属于主票据行为(即出票)而存在。

(1)背书。它是指在票据背面或者粘单上记载有关事项并签章的票据行为。在票据背面签章转让票据权利的人为背书人，接受被背书票据的人为被背书人。依据《票据法》第27条的规定，汇票转让只能采用背书方式，即持票人通过背书可以将票据权利转让给他人或者将一定的票据权利授予他人行使。此外，通过背书行为，背书人将成为票据债务人之一，被背书人则取代持票人成为新的持票人，取得票据债权。

---

① 尽管理论界对于交付是否属于票据行为的成立要件这一问题仍存在争议，但大多数国家的立法都将交付规定为票据行为的成立要件。

② 朱崇实主编：《金融法教程》，法律出版社2011年第3版，第326页。

(2)承兑。它是指汇票的付款人承诺在汇票到期日支付汇票金额的票据行为。承兑是汇票特有的附属票据行为,本票、支票关系中不存在承兑行为。付款人一旦承兑就会成为票据主债务人,对票据的到期付款承担绝对责任。承兑必须采用书面形式,在汇票上记载“承兑”字样、承兑日期,并由付款人签章。因此,承兑的作用主要是确定付款人对票据的付款责任,增强票据的流通性,提高票据的信用。

(3)参加承兑。参加承兑是指参加承兑人承诺在汇票不获承兑时负担票据债务的行为。参加承兑是汇票独有的附属票据行为,我国票据法对此行为尚无明确规定。参加承兑的目的是在汇票不获承兑情况下阻止持票人于票据到期日前行使追索权。参加承兑人是票据的从债务人,由预备付款人或第三人担任。只有在付款人不能付款或者拒绝付款时,参加承兑人才承担支付义务。参加承兑须由参加承兑人在汇票上注明“参加承兑”、“加入承兑”字样,并签章。

(4)保证。保证是指票据债务人以外的他人作为保证人,担保票据债务履行的一种附属票据行为。设置保证既为追加票据的信用,又担保票据债务的履行,促进票据流通。保证适用于汇票、本票,它须由保证人[①]在票据上或其粘单上记载注明“保证”的字样、保证人名称和住所、被保证人的名称、保证日期并签章。依照《支付结算办法》第35条第2款的规定,保证人为出票人、承兑人保证的,应将保证事项记载在票据的正面;保证人为背书人保证的,应将保证事项记载在票据的背面或粘单上。保证不得附有条件,附有条件的,所附条件无效,保证本身仍然具有效力,保证人应向持票人承担保证责任。

在票据法理论上,保证具有从属性,这是指保证人的责任与被保证人的责任是同一的。《票据法》亦对此予以确认。具体而言,保证人应当与被保证人对持票人承担连带责任。汇票到期后得不到付款的,持票人有权向保证人请求付款,保证人应当足额付款;当保证人为二人以上的,保证人之间承担连带责任。

(5)保付。保付是支票特有的一种附属票据行为,指作为支票付款人的付款银行,在支票上进行保付文句和保付日期的记载,完成签章并将支票交付持

① 根据《票据管理实施办法》第12条和《高院审理票据纠纷案司法解释》第60条的规定,票据法所称的“保证人”,是指具有代为清偿票据债务能力的法人、其他组织或个人。国家机关、以公益为目的的事业单位、社会团体、企业法人的分支机构和职能部门不得为保证人,但是,法律另有规定的除外。

票人，从而保证支付票款的行为。保付须是书面行为，由保付人在支票正面注明“保付”、“保证付款”或“照付”字样，并签章。保付人是银行等金融机构，被保付人一般是出票人，有时也可以是持票人。保付人是支票的主债务人，负有绝对付款责任。鉴于我国银行信用风险较小的现状，我国票据法对此制度尚无规定。

四、票据权利

(一)票据权利的概念、特征及种类

1. 票据权利的概念与特征

票据权利，是指持票人向票据债务人请求支付票据金额的权利，包括付款请求权和追索权。票据权利是一种证券权利，该种权利在学理上又称“票据上的债权”或“票据上的权利”。票据权利具有以下特点：

(1)票据权利是证券性权利。票据权利一经产生，就同证券(票据)密不可分。因此要行使票据权利，必须以实际持有票据为要件。换言之，票据权利是将无形的债权转化为有形的票据所有权，进而通过票据的所有权来实现该债权，债权和票据的所有权在票据权利上得以统一。票据权利附属于票据，票据权利转移时，也必然要求交付票据。

(2)票据权利是双重请求权。票据权利虽属金钱债权，但又不同于普通的民事金钱债权。民法上的普通金钱债权通常是一次性权利，即债权人仅对一个债务人有请求权，当请求权未能得到满足时，权利人只能通过诉讼或者仲裁等途径寻求法律救济。而票据债权则有可能成为二次性权利，即权利人可以依次对两个以上的不同债务人行使请求权。具体而言，权利人可以先向主债务人行使付款请求权，这是第一次权利；当付款请求权不能实现时，可以向次债务人行使追索权，亦即偿还请求权，这是第二次权利。

(3)票据权利是短期性权利。票据作为一种信用支付工具，一旦票据债务人的履行能力发生变化，持票人的票据权利就可能会受到影响，甚至无法实现。同时，票据又是流通证券，在一张票据上往往有数个当事人，票据权利人如不及时行使权利，票据上的债权债务关系始终得不到清偿，就可能引起一连串的反应。为督促权利人尽快行使权利，提高票据债权债务的清偿速度，票据法所规定的票据权利消灭时效要短于一般的民事债权时效。

2. 票据权利的种类

票据权利，如前所述包括付款请求权和追索权两类。

(1)付款请求权。又称主票据权利、第一次请求权，是指持票人请求票据

主债务人或其他付款义务人按照票载金额支付金钱的权利。在票据权利的行使顺序上，它是必须首先行使的权利，而且不需要依赖其他条件即可行使。付款请求权的权利主体是持票人，主债务人是汇票的承兑人、本票的出票人及支票的付款人。

(2)追索权。追索权又称"偿还请求权"[①]、"第二次请求权"，是指持票人于不获付款或不获承兑等法定原因发生时，在保全票据权利的基础上，向除主债务人以外的前手(包括出票人、背书人或其他债务人)请求偿还票据金额及其损失的权利。它是次要的、附条件行使的票据权利。追索权的权利人可以是未获承兑或付款的持票人，也可以是履行了追索义务的背书人、出票人；追索权的义务人是所有票据义务人。

两次请求权虽然都是持票人请求支付一定金额的权利，但在权利主体、义务主体、行使程序、请求支付的金额数目及权利的消灭时效等方面都有一定的区别：①权利主体不同。付款请求权的权利主体只能是最终持票人；而追索权的权利主体不仅包括最终持票人，还包括因履行完追索义务而取得票据的人。②义务主体不同。付款请求权的义务主体是票据的主债务人，包括汇票的承兑人，本票的出票人及支票的付款人，未经承兑的汇票的付款人和支票的付款银行构成事实上的第一义务人，但无论如何，付款请求权的义务人始终只有一个；追索权的义务人却是所有的票据义务人，票据的出票人、背书人、承兑人、保证人都必须对持票人承担连带义务。③行使的次序不同。持票人必须首先行使付款请求权；只有当票据到期不获付款，在到期日前得不到承兑或者发生其他法定事由，如付款人或承兑人死亡、隐匿、被法院宣告破产、被行政部门责令终止业务活动，从而使付款请求权不能实现时，持票人方可行使追索权。④行使的次数不同。一般而言，付款请求权只能行使一次，无论是付款人履行了付款义务还是拒绝履行付款义务，付款请求权都不能再行使；而追索权则不同，只要没有得到主票据债务人的清偿，追索权就仍然存在，可以由履行完追索义务的持票人一直追偿下去，所以，追索权可以行使多次，直至票据权利义务消灭为止。⑤请求支付的金额数目不同。付款请求权请求支付的金额为票据所载金额；追索权请求支付的金额则包括票据金额、票据金额自到期日或者提示付款日期至清偿日止的法定利息、取得有关拒绝证明和发生通知的费用等；再追索的金额则又不同，包括已清偿的金额、自清偿日起至再追索清偿日

① 追索权的行使，不仅是为了追回票据金额，而且在支付内容上增加了有关费用，如票载金额利息、作成拒绝证书的费用等，因此，又被称为偿还请求权。

止的利息以及发出通知的费用等。⑥权利的消灭时效不同。根据我国票据法的规定,付款请求权的消灭时效一般为2年,而追索权的消灭时效为6个月,再追索权的消灭时效则一般为3个月。

(二)票据权利的取得

票据权利的取得,是指依合法方式或法定原因取得有效票据,从而享有票据权利。票据是一种完全有价证券,票据权利的享有和行使以占有票据为前提。根据票据实践的一般情形,依照取得原因的不同,当事人票据权利的取得可以分为原始取得和继受取得。

1.票据权利的原始取得

它是指持票人不经过其他任何前手权利人而最初取得票据权利,包括发行取得和善意取得。

(1)发行取得。也称出票取得,是指票据权利人依出票人的出票行为而原始取得票据权利,是票据权利原始取得的最主要方式,更是其他取得方式的基础,没有票据权利的发行取得,票据权利的其他取得方式也就无从谈起。

(2)善意取得。也称票据的即时取得,指票据受让人依票据法规定的票据转让方式,善意且无重大过失地从无处分权人处取得票据,从而取得票据权利。这种取得方式并不是从票据权利人手中取得票据权利,而是经无处分权人之手依票据法的规定而直接取得票据权利,所以是票据权利的原始取得。票据权利的善意取得制度有效保护了善意持票人的利益,但也削弱了对原票据权利人的保护。基于此,我国票据法规定善意取得必须具备以下构成要件:①受让人必须是依背书取得票据,并能以背书连续证明自己为合法持票人;②受让人必须是从无处分权人处取得票据,且该无处分权人必须是受让人的直接前手;③受让人必须为善意,[①]即其在受让票据时,不知道让与人无处分权,且不存在恶意或重大过失;④受让人支付了对价。[②]

2.票据权利的继受取得

票据权利的继受取得是指受让人从有票据处分权的前手权利人处取得票据权利,包括票据法上的继受取得和非票据法上的继受取得。

(1)票据法上的继受取得,是指依照票据法规定的转让方式,从有处分权的前手权利人处受让取得票据。票据通过背书或交付等方式可以转让给他

① 《票据法》第12条规定,以欺诈、偷盗、胁迫等手段取得票据的,或者明知有前列情形,出于恶意取得票据的,不得享有票据权利。这就是对受让人善意的明确要求。

② 参见《票据法》第10~11条。

人，只要背书连续、交付有效，受让人即可取得票据，从而取得票据权利。此外，票据保证人因履行保证义务、被追索人因偿还被追索金额而取得票据权利，也属于继受取得。

(2)非票据法上的继受取得，是指持票人非依票据法规定的转让方式，而是依民事权利的转让方式，如税收、继承、赠与、企业合并或分立等取得票据。按《票据法》的规定，行为人合法取得票据，依法获得票据权利，应注意以下问题：①通常情况下票据的取得，必须以给付对价为条件；②因税收、继承、赠与等依法无偿取得票据的，不受给付对价的限制，但是，该票据权利人所享有的票据权利不得优于其前手；③以欺诈、偷盗或者胁迫等手段取得票据的，或者明知有前列情形，出于恶意取得票据的，不得享有票据权利。

(三)票据权利的行使与保全

票据权利的行使是指票据权利人向票据债务人提示票据，请求其履行票据债务的行为，如请求承兑、提示票据请求付款、行使追索权等。票据权利的保全，是指票据权利人为防止其票据权利的丧失，依票据法规定所为的行为。例如，为防止付款请求权与追索权因时效而丧失，采取中断时效的行为；为防止追索权的丧失，采取作成拒绝证明的行为等。无论是票据权利的行使，还是票据权利的保全，都涉及在何地、何时进行的问题。票据是一种流通证券，转让较为频繁，因而票据债务人往往很难确定票据到期时的债权人，到债权人处履行债务亦不具备可操作性。为此，《票据法》第 16 条规定："持票人对票据债务人行使票据权利，或者保全票据权利，应当在票据当事人的营业场所和营业时间内进行，票据当事人无营业场所的，应当在其住所进行。"此处的票据当事人是指对票据债务承担义务的承兑人、付款人、保证人、出票人或前手背书人等。

(四)票据权利的消灭

票据权利的消灭，是指因发生一定的法律事实而使票据权利不复存在。在一般情况下，票据权利可因履行、免除、抵销等事由的发生而消灭。票据上债权不适用民法上关于消灭时效的规定，票据法上另有短期的消灭时效。其目的是促使票据上的权利关系早日确定，以利于票据的流通。我国《票据法》第 17 条着重规定了票据权利因时效届满而消灭的四种情形：(1)持票人对票据的出票人和承兑人的权利(付款请求权)，自票据到期日起 2 年；见票即付的汇票、本票，自出票日起 2 年。(2)持票人对支票出票人的权利，自出票日起 6 个月。(3)持票人对前手的追索权，自被拒绝承兑或者被拒绝付款之日起 6 个月。(4)持票人对前手的再追索权[1],自清偿日或者被提起诉讼之日起3个月。

上述时效的规定都适用民法上有关时效中断和中止的规定。但是,根据《票据法司法解释》第20条的规定,上述票据权利时效的中断,只对发生时效中断事由的当事人有效。

(五)票据权利的补救

票据丧失,是指由于票据灭失、遗失、被盗等非出于票据权利人本意的原因,而使票据权利人脱离其对票据的占有。票据权利与票据是紧密相关的,票据一旦丧失,票据的债权人如不采取措施补救就不能阻止债务人向拾获者履行义务。为此,各国票据法都规定了票据丧失后的补救措施。我国《票据法》第15条规定了挂失止付、公示催告和普通诉讼三种形式。

1.挂失止付

挂失止付是指失票人将丧失票据的情况通知付款人或者代理付款人,并由接受通知的付款人暂停支付的临时性救济措施。《票据法》第15条第1款规定:"票据丧失,失票人可以及时通知票据的付款人挂失止付,但是,未记载付款人或者无法确定付款人及其代理付款人的票据除外。"根据这一规定,只有当确定付款人或代理付款人的票据丧失时,才可以进行挂失止付,此处的票据具体包括已承兑的商业汇票、支票、填明"现金"字样的银行汇票和银行本票。挂失止付并不是票据丧失后采取的必经措施,而只是一种暂时的预防措施,最终还要通过申请公示催告或提起普通诉讼来进行补救。关于各类票据挂失止付的程序,中国人民银行于1995年12月17日发布的《关于施行中华人民共和国票据法有关问题的通知》的第6条作了具体规定。

2.公示催告

公示催告是指在票据丧失后,由失票人向人民法院提出申请,请求人民法院以公告方法通知不确定的利害关系人限期申报权利,逾期未申报者,则权利失效,继而由人民法院通过除权判决宣告所丧失的票据无效的一种制度或程序。《票据法》第15条第3款规定:"失票人应当在通知挂失止付后三日内,也可以在票据丧失后,依法向人民法院申请公示催告,或者向人民法院提起诉讼。"《民事诉讼法》第18章专门规定了票据丧失后的公示催告程序。具体如下:

(1)申请。申请公示催告的主体应当是票据的最后持票人,申请人可以向

[1] 再追索权,是指被追索人清偿票款后,对其前手所享有的再行追偿的权利。

票据支付地的基层法院提出申请，申请时应当向法院递交申请书，写明票面金额、发票人、持票人、背书人等票据主要内容以及申请的理由、事实。

(2)法院审查申请。经审查申请不符合公示催告要求的，法院裁定驳回申请；决定受理申请的，法院应当同时通知支付人停止支付，并在3日内发出公告，[①]催促利害关系人申报权利。

(3)公示催告。公示催告的期间，由人民法院视具体情况而定，但不得少于60日，涉外票据可根据情况适当延长，最长不得超过90日。如有利害关系人申报权利的，法院应在收到申报后裁定终结公示催告程序，并通知申请人和支付人。

(4)除权判决。公示催告期满，无人申报权利的，申请人可以请求法院作出除权判决，宣告票据无效。自判决公告之日起，申请人有权向支付人请求支付或向其他票据债务人行使追索权。至此，票据丧失后的权利补救措施完成。除权判决的法律后果在于使票据丧失后取得票据的人丧失票据权利，即使是善意取得票据的人也不例外。

3.普通诉讼

普通诉讼是指失票人向人民法院提起民事诉讼，要求法院判定付款人向其支付票据金额的措施。《票据法》第15条第3款规定，失票人应当在通知挂失止付后三日内，也可以在票据丧失后，依法向人民法院申请公示催告，或者向人民法院提起诉讼。失票人提起诉讼应注意以下几点：(1)票据丧失后的诉讼被告一般是付款人，但在找不到付款人或付款人不能付款时，也可将其他票据债务人如出票人、背书人、保证人等列为被告；(2)诉讼请求的内容是要求付款人或其他票据债务人在票据的到期日或判决生效后支付或清偿票据金额；(3)失票人提起诉讼时，应提供票据丧失的有关证明；(4)在判决前或付款前，付款人或人民法院可以要求失票人提供担保，以防止由于付款人支付已丧失的票据票款后可能出现的损失，担保的数额相当于票据载明的金额；(5)在判决前，如果丧失的票据出现，付款人应以该票据正处于诉讼阶段为由暂不付款，而迅速将情况通知失票人和人民法院。法院应终结诉讼程序。

上述补救措施，无论采取哪一种均必须符合以下三个条件：(1)必须有丧失票据的事实，亦即票据因灭失、遗失、被盗等原因而使票据权利人丧失对票据的占有；(2)失票人必须是真正的票据权利人；(3)丧失的票据必须是未获付

---

① 公告是人民法院在受理公示催告申请后，以公开文字形式向社会发出的旨在敦促利害关系人限期申报权利的一种告示。

款的有效票据。否则，不得行使以上票据权利的补救措施。

五、票据权利抗辩

（一）票据抗辩的概念及立法事由

票据抗辩是指票据债务人根据票据法规定的合法事由对票据债权人的权利主张予以对抗，并拒绝履行相应票据义务的行为。这里的合法事由被称为抗辩事由；提出抗辩，并依此拒绝履行票据义务的权利被称为抗辩权。

法律之所以赋予债务人可以在一定情况下拒绝履行义务的权利，主要是考虑到票据是一种可流通证券，让与极为频繁，每一个转让环节都有可能使票据出现缺陷，因此，赋予债务人以票据抗辩权则可依法保护其合法利益。票据抗辩权是和票据权利人的请示付款权相对立的一项权利，是票据法力求在票据权利人和票据义务人之间实现利益平衡而采取的措施。

（二）票据抗辩的种类

根据抗辩的事由及其效力的不同，票据抗辩可以分为物的抗辩和人的抗辩。

1.物的抗辩

亦称绝对抗辩或客观抗辩，是指基于票据本身所存在的事由而发生的抗辩。因抗辩事由是基于票据本身而发生的，故称物的抗辩；又因该抗辩事由可以对一切持票人提出，所以又称绝对抗辩。由于对物抗辩存在妨碍票据流通的可能性，所以各国票据法均对物的抗辩的种类及范围加以明确规定，以防止票据债务人滥用抗辩权，影响票据的流通安全性。

根据抗辩权人的不同，物的抗辩可以分为以下两类：

（1）一切票据债务人（被请求人）可以对一切票据债权人（持票人）行使的抗辩。这类抗辩包括：①票据因记载事项欠缺而无效的抗辩；②依票据记载不能提出请求而为的抗辩，如票据未到期、付款地不符等；③票据权利已经消灭的抗辩；④票据失效的抗辩等。

（2）特定债务人可以对抗一切债权人的抗辩。包括：①对无权代理所作的抗辩；②保全手续欠缺的抗辩；③否定票据行为有效成立的抗辩；④依票据记载而提出的抗辩，如提示的票据系伪造或变造；⑤票据权利对该债务人因时效已过而消灭的抗辩等。

2.人的抗辩

人的抗辩，又称相对抗辩或主观抗辩，是指票据债务人仅可以对特定的票据债权人提出的抗辩。这一抗辩大多与票据的基础关系有关，只能对特定的票据债权人行使。例如,《票据法》第 13 条第 2 款规定:“票据债务人可以对不履行约定义务的与自己有直接债权债务关系的持票人,进行抗辩。”但当债权人(持票人)发生变更,这种抗辩便被切断,[①]债务人不得再以原来的事由对新的债权人行使抗辩。按照抗辩人的不同,人的抗辩也可分为两类:

(1)一切票据债务人可以对特定的债权人行使的抗辩。包括:①票据行为有瑕疵的抗辩,如以欺诈、胁迫、偷盗等恶意方式取得票据的抗辩;②债权人欠缺实质上的受领资格的抗辩,如持票人被法院宣告破产;③票据债权人欠缺形式上的受领资格的抗辩,如持票人因背书不连续而欠缺受领票据的资格。

(2)特定债务人可以向特定债权人行使的抗辩。这里的特定债权人与特定债务人是指双方当事人之间具有直接的关系。这类抗辩包括:①基于原因关系而提起的抗辩,如直接当事人之间欠缺对价的抗辩;②基于票据关系原因而提起的抗辩,如直接当事人之间发生债权债务抵销或债务免除的情形,票据债务人可对持票人行使抗辩。

(三)票据抗辩的限制与例外

票据抗辩的提出,使票据权利陷入不稳定的状态,可能会破坏票据流通性。故各国立法普遍对票据抗辩作出限制,以保障票据的流通性和安全性。我国《票据法》第 13 条第 1 款规定:“票据债务人不得以自己与出票人或者与持票人的前手之间的抗辩事由,对抗持票人。但是,持票人明知存在抗辩事由而取得票据的除外。”

1.票据抗辩的限制

或称票据抗辩的切断制度,是指票据流转给直接当事人以外的其他人后,直接当事人之间的抗辩原则上被切断,亦即不得以直接当事人之间的抗辩事由对抗非直接当事人。由于物的抗辩是一种绝对抗辩,对一切票据债权人都可提起,故票据抗辩的切断不可能存在于对物的抗辩中。所谓的票据抗辩的限制主要针对人的抗辩而言,因为人的抗辩是相对抗辩,是对特定债权人提起的抗辩,债权人变更必然带来抗辩事由的切断。票据抗辩的限制分为积极的抗辩限制和消极的抗辩限制。

(1)积极的抗辩限制,是从权利人方面而言的,是指善意持票人(权利人)可以向票据上的一切债务人请求付款,而不受其前手权利瑕疵和前手相互间

---

① 此种情形往往被称为抗辩切断,是指在某一票据权利存在着对人抗辩事由的情况下,如果该票据权利依票据法规定的转让方式进行转让,该抗辩事由并不随之转移,票据义务人不得以此对抗后手票据权利人,也称抗辩排除。

对人的抗辩的约束。例如,持票人不知道其前手取得票据存在欺诈、偷盗、胁迫、重大过失等情形,并已为取得票据支付了相应的对价,那么,票据债务人就不能以持票人的前手存在权利瑕疵为由而对抗持票人。

(2)消极的抗辩限制,则从债务人的角度来规定,如《票据法》第 13 条就列举了对票据抗辩的限制情形,主要包括:①票据债务人不得以自己与出票人之间的抗辩事由对抗持票人。因为出票人与付款人(债务人)之间的关系是民事关系,应适用民法规范;而持票人与付款人之间是票据关系,应适用票据法规范。两者不能混同。②票据债务人不得以自己与持票人的前手之间的抗辩事由来对抗持票人。例如,如果票据债务人与持票人的前手(如背书人、保证人等)存在抵销关系,而持票人的前手依法将票据转让给持票人,那么票据债务人就不能以自身与持票人的前手之间存在抗辩事由而拒绝向持票人付款。票据抗辩的限制,实际是把票据债务人与出票人之间存在的抗辩以及票据债务人与其前债权人(持票人的前手)之间所存在的抗辩限制在上述当事人之间,而不允许将这些抗辩扩大到其他人。这一规定,主要是为了保证票据的正常使用和流通,避免票据权利人缺乏安全感或者无端造成善意持票人的经济损失。

2. 票据抗辩限制的例外

《票据法》第 13 条第 1 款规定:"持票人明知存在抗辩事由而取得票据的除外。"也就是说,对于恶意或有重大过失取得票据的持票人,债务人可以自己和出票人或持票人前手之间的抗辩事由,对抗该持票人。但债务人须证明持票人取得票据是基于恶意或重大过失。

六、票据的伪造和变造

票据的伪造、变造直接影响票据权利的实现。对此,《票据法》第 14 条第 1 款明确规定:"票据上的记载事项应当真实,不得伪造、变造。伪造、变造票据上的签章和其他事项的,应当承担法律责任。"

所谓票据伪造,是指无权限的当事人假冒他人或虚构人的名义进行签章的行为,包括票据本身的伪造和票据上签名的伪造。前者是指假冒他人或虚构人的名义进行出票行为,这种伪造的票据是无效的票据;后者是指假冒他人或虚构人的名义进行出票行为以外的其他票据行为(背书、保证、承兑等),是在真实票据上所为的票据伪造行为,又称"票据签名的伪造",这种票据并不因伪造行为无效而绝对无效,其他在票据上真实签章的行为人仍须承担票据文义载明的票据债务。

所谓票据变造，是指无权更改票据内容的人，对票据上签章以外的记载事项加以变更的行为。签章的变造属于伪造。票据变造的前提是该票据在变造前须为形式上有效的票据，而在变造后仍须为形式上有效的票据。应注意的是，票据权利人依法对票据进行的变更①及行为人经授权在空白票据上进行补记的行为，不属于票据的变造。

由于票据行为具有独立性的特点，一行为无效，不影响其他行为的效力，所以，《票据法》第 14 条第 2 款规定："票据上有伪造、变造的签章的，不影响票据上其他真实签章的效力。"该条第 3 款规定："票据上其他记载事项被变造的，在变造之前签章的人，对原记载事项负责；在变造之后签章的人，对变造之后的记载事项负责；不能辨别是在票据被变造之前或者之后签章的，视同在变造之前签章。"

七、汇票的法律制度

（一）汇票的概念、特征及分类

1. 概念和特征

汇票是出票人签发的，委托付款人在见票时或在指定日期无条件支付确定的金额给收款人或者持票人的票据。它是票据法中最重要的一种票据，最能反映票据的性质、特征和规律，最集中地体现票据所具有的信用、支付和融资等功能，是票据的典型代表。与本票、支票相比，汇票具有以下特点：

(1)从当事人方面来看，汇票有三方基本当事人，即出票人、付款人和收款人。本票的基本当事人只有出票人和收款人。支票的基本当事人虽然也有三个，但其付款人仅限于办理支票存款业务的银行，而汇票的付款人则没有这一限制。

(2)汇票是委付证券，而非自付证券。汇票的出票人和付款人之间必须存在真实的委托付款关系，并具有支付汇票金额的可靠资金来源。而本票是自付证券，是一种自我付款的承诺。

(3)汇票须经承兑。汇票的承兑是指汇票付款人承诺在汇票到期日支付汇票金额的票据行为。汇票一经承兑，付款人就取代出票人而成为票据的主债务人。承兑是汇票独有的法律行为，是汇票区别于本票和支票的重要特征。

(4)付款日的多元化。汇票除有见票即付的情况外，还有定日付款、出票

---

① 此种情形被称为票据更改，是票据记载的原记载人即有变更权限的人对原记载内容所作的更改，能够发生更改人所要实现的法律效果。

后定期付款和见票后定期付款等其他形式，体现出汇票的信用功能。而本票和支票在付款期限的规定上，一般只有见票即付的情况。

2. 汇票的分类

根据我国《票据法》和各国的立法惯例，汇票可以根据不同的标准作不同的分类：

(1)依出票人身份的不同，汇票可分为银行汇票和商业汇票。我国《票据法》采取此分类方法。银行汇票是指出票银行签发的，承诺在见票时按照实际结算金额无条件支付给收款人或者持票人的票据。银行汇票是一种变式汇票，即己付汇票。银行汇票的出票银行既是出票人，也是付款人，因此，银行汇票的可兑性非常强，风险低，实际运用比较广泛。商业汇票是指出票人签发的，委托付款人在指定日期无条件支付确定的金额给收款人或者持票人的票据。商业汇票按承兑人的不同，分为商业承兑汇票和银行承兑汇票，其中，由银行承兑的商业汇票被称为银行承兑汇票，由银行以外的付款人承兑的商业汇票则属于商业承兑汇票。

(2)依汇票付款期限的长短，汇票可分为即期汇票和远期汇票。此种分类，在于说明汇票的支付职能和信用功能。即期汇票，即见票即付的汇票，以持票人提示汇票之日作为汇票到期日。远期汇票是指必须到约定日期才能请求付款的汇票。远期汇票又可分为定期汇票、计期汇票、见票后定期汇票、分期付款汇票等。

(3)依记载权利人名称方式的不同，汇票可分为记名汇票、指示汇票和无记名汇票。记名汇票，是指出票人在票据上载明收款人姓名或名称的汇票；指示汇票，是指出票人除在汇票上载明收款人姓名或名称外，还记载“或其他指定人”的汇票；无记名汇票，是指在汇票上不记载收款人的姓名或名称，或者仅记载“付于来人”字样的汇票。

(4)依票据关系当事人资格是否重叠，汇票可分为一般汇票和变式汇票。前者是指出票人、付款人及收款人分别为三个独立的行为主体，三者的身份不发生任何重叠的汇票，这是汇票的典型形式；后者是指出票人、付款人及收款人中有一方兼任数个票据当事人身份的汇票。变式汇票又可分为己受汇票、己付汇票、付受汇票等三种。

此外，汇票还可分为光票和跟单汇票、国内汇票和国际汇票等。

(二)汇票的主票据行为

1. 汇票出票的概念及其记载事项

汇票的出票，又称“发票”、“开票”，是指出票人签发汇票并将其交付给收款人的票据行为。它是创设汇票的基本票据行为，或称主票据行为。

出票行为是一种要式行为，故汇票的作成必须符合法定的格式。汇票的格式就是作成汇票后表现于汇票之上的内容。该内容可分为绝对应记载事项、相对应记载事项和非法定记载事项。

(1)绝对记载事项。根据《票据法》第22条的规定，签发汇票的绝对记载事项为：①表明"汇票"的字样；②无条件支付的委托；③确定的金额；④付款人名称；⑤收款人名称；⑥出票日期；⑦出票人签章。其中，票据金额应以中文和阿拉伯数字同时记载，两者必须一致，不一致时票据无效。

(2)相对记载事项。汇票的相对记载事项包括付款日期、付款地、出票地等事项。相对应记载事项未在汇票上记载，并不影响汇票本身的效力，汇票仍然有效。相对未记载的事项可以通过法律的直接规定来补充确定。《票据法》第23条对此作了具体规定。例如，汇票上未记载付款日期的，为见票即付；未记载付款地的，以付款人的营业场所、住所或经常居住地为付款地；未记载出票地的，以出票人的营业场所、住所或经常居住地为出票地。

(3)非法定记载事项。汇票上可以记载票据法规定事项以外的其他出票事项，但是，该记载事项不具有汇票上的效力。法律规定以外的事项主要是指与汇票的基础关系有关的事项，如签发票据的原因或用途、该票据项下交易的合同号码等。这些事项虽然有利于当事人清算，但却与票据关系本身关系不大，所以不具有票据上的效力。

2.汇票出票的条件及其效力

汇票是出票人委托付款人向持票人支付票据金额的一种委付证券，因此，出票人与付款人之间必须存在真实的支付委托关系，即事实上的资金关系或者其他的债权债务关系。对此，《票据法》第21条规定，出票时"汇票的出票人必须与付款人具有真实的委托付款关系，并且具有支付汇票金额的可靠资金来源"，出票人"不得签发无对价的汇票用以骗取银行或其他票据当事人的资金"。与此同时，出票人在出票时，必须确保在汇票不获承兑或不获付款时，具有足够的清偿能力。

汇票出票后，票据进入流通领域，票据关系人依票据所载文义而享有票据权利、承担票据义务，此即出票的效力。对出票人而言，出票行为使其承担了保证该汇票承兑和付款的责任，在汇票得不到承兑或者付款时，出票人应当向持票人清偿法律规定的金额和费用；对票据收款人而言，出票行为使其享有票据上的权利，即付款请求权和追索权；对票据付款人而言，出票行为不会使其立即承担债务，只是获得付款的资格，只有当付款人承兑时，付款人才负有付款的义务，成为汇票的主债务人。

（三）汇票的从票据行为

汇票的从票据行为包括背书、承兑、保证、付款等。因保证在实践中很少，此处不展开介绍。

1. 背书

背书是指持票人在票据背面或者粘单上记载有关事项并签章的票据行为。持票人通过背书并交付汇票，可以将汇票权利转让给他人，也可以将一定的汇票权利授予他人行使。其中，作背书转让的持票人为背书人，接受票据受让背书的人为被背书人，被背书人接受票据后可以再次背书，被称为再背书。

(1)背书的分类

第一，依背书的目的不同，背书可分为转让背书和非转让背书。转让背书是指持票人以转让票据权利为目的的背书，但是，汇票上记载有"不得转让"字样的，汇票不得背书转让。转让背书会产生以下效力：一是权利转移的效力，即通过背书将票据权利由背书人转移给被背书人；二是责任担保的效力，即背书人承担保证被背书人及其后手所持汇票承兑和付款的责任；三是权利证明的效力，即持票人只需以背书的连续即可证明其取得票据权利。

非转让背书是指持票人以转让票据权利以外的其他目的而为的背书，又分为委任背书和设质背书两种。委任背书是指持票人为委托他人（被背书人）代为领取票款而为的背书。委任背书确立的法律关系不属于票据上的权利转让与被转让关系，而是背书人（原持票人）与被背书人（代理人）之间的民事代理关系，该关系形成后，被背书人可以代理行使票据上的一切权利。但在此情形下，被背书人只是代理人，并未取得票据权利，背书人仍是票据权利人。《票据法》第 35 条第 1 款规定："背书记载'委托收款'字样的，被背书人有权代背书人行使被委托的汇票权利。但是，被背书人不得再以背书转让汇票权利。"设质背书是指背书人以票据权利设定质押为目的的背书。背书人为出质人，被背书人为质权人，二者之间产生一种质押关系，而不是一种票据权利的转让与被转让关系。《票据法》第 35 条第 2 款规定："汇票可以设定质押；质押时应当以背书记载'质押'字样。被背书人依法实现其质权时，可以行使汇票权利。"票据设质，实质上是《担保法》规定的权利质押的一种。

第二，依背书的效力不同，背书可分为一般转让背书和特殊转让背书。一般转让背书是具有完全的、无限制效力的转让背书，其依记载事项完全与否，又可分为完全背书和空白背书。完全背书又称记名背书，是指需要载明被背书人名称并由背书人签章的背书。空白背书又称无记名背书，是指不记载被背书人名称的背书。《票据法》不承认无记名背书。特殊转让背书是转让效力受到一定限制的背书，又可分为禁止背书的背书、无担保背书、回头背书[①]和期后背书[②]等。

(2)背书的格式

①应记载事项。各国票据法均规定，背书应记载背书人签章、被背书人名称(空白背书除外)和背书日期。第一，背书人签章是确定背书的债务人地位及其担保责任的依据，故此属绝对应记载事项。第二，被背书人名称。我国《票据法》第 30 条规定："汇票以背书转让或者以背书将一定的汇票权利授予他人行使时，必须记载被背书人名称。"这一规定表明，我国票据法不承认不记名背书。如果背书人不作成记名背书，即不记载被背书人名称，汇票转让将不能成立，背书行为无效。第三，背书未记载日期的，视为在汇票到期日前背书。《票据法》第 29 条也有此规定。这表明，背书并不会因未记载背书日期而无效，而是以法律的补充规定来确定背书日期，这主要是为了保护善意持票人的权利不因背书未记载日期而无效。

②任意记载的事项。《票据法》第 34 条规定："背书人在汇票上记载'不得转让'字样，其后手再背书转让的，原背书人对后手的被背书人不承担保证责任。"其中的"不得转让"，即为任意记载的事项。

③不得记载的事项。《票据法》第 33 条规定："背书不得附有条件。背书时附有条件的，所附条件不具有汇票上的效力。将汇票金额的一部分转让的背书或者将汇票金额分别转让给二人以上的背书无效。"此规定即为不得记载

---

① 回头背书是以票据上的债务人为被背书人的背书，体现为票据上的原债务人(包括出票人、背书人、承兑人、保证人)又成了票据债权人(持票人)。主要包括：(1)出票人为持票人。当票据经过背书又返回出票人时，持票人对其前手没有追索权，即以往所有在票据上背书或签名的债务人，对他都不负保证责任，持票人仅享有对承兑人的付款请求权。(2)背书人为持票人。当持票人为背书人时，对该背书人的后手无追索权。(3)承兑人为持票人。当票据辗转流通到承兑人之手时，承兑人作为现实的持票人，对所有人都没有追索权。(4)保证人为持票人。经过回头背书取得票据的保证人除可以向被保证人行使追索权外，其余适用于所处的地位。

② 期后背书是指在票据被拒绝承兑、被拒绝付款或者超过付款提示期限后进行的背书。它不同于一般的到期后背书。一般的到期后背书是指在汇票到期后、尚未发生拒绝付款时进行的背书，或者提示付款期限尚未终了时进行的背书。期后背书只发生民事效应，而不发生票据效力。期后背书的，只有背书人承担票据责任，背书人的前手不对被背书人承担票据责任。

的事项。

(3)背书连续

以背书转让的票据，背书应当连续，即票据第一次背书转让的背书人是票据上记载的收款人，前次背书转让的被背书人是后一次背书转让的背书人，依次前后衔接，最后一次背书转让的被背书人是票据的最后持票人。如图1所示。

背书连续的效力，对持票人而言有三：一是背书连续产生证明力，可证明持票人享有汇票权利；二是背书形式上不连续，而实质上连续，即以其他合法方式取得汇票的，必须依法举证，证明其汇票权利；三是形式和实质均不连续时，持票人只能行使追索权或利益偿还请求权。《票据法》第31条第1款规定："以背书转让的汇票，背书应当连续。持票人以背书的连续，证明其汇票权利；非经背书转让，而以其他合法方式取得汇票的，依法举证，证明其汇票权利。"

付款人应负查验背书是否连续的责任，背书不连续而付款的，造成的损失由付款人承担。

第一次背书	第二次背书	第三次背书	第四次背书	
被背书人： 乙公司	被背书人： 丙公司	被背书人： 丁公司	被背书人： 丁公司开户银行	贴粘单处
背书人：甲公司 （签章） 2012年7月1日	背书人：乙公司 （签章） 2012年7月18日	背书人：丙公司 （签章） 2012年7月30日	背书人：丁公司 委托收款 （签章） 2012年8月2日	

图1　汇票的背书样式

2. 承兑

承兑是指汇票付款人承诺在汇票到期日支付票据金额的票据行为。有关承兑是汇票特有的票据行为的介绍，已在前文提及，此处不再赘述，下面仅就汇票承兑的效力、分类、程序和格式作简要介绍。

(1)承兑的效力。付款人一经承兑，便成为汇票的主债务人，应当承担到期付款的责任。该责任是一种绝对责任，具体表现为：第一，承兑人于汇票到期日必须向持票人无条件地支付汇票上的金额，否则将承担迟延付款责任；第二，承兑人必须对汇票上的一切权利人承担付款责任，该权利人包括付款请求权人和追索权人；第三，承兑人不得以自身与出票人之间的资金关系来对抗持票人，从而拒绝支付汇票金额；第四，承兑人的票据责任不因持票人未在法定期限内提示付款而解除。

(2)承兑的分类。承兑的分类标准一般有两种：一是依承兑有无限制，分为单纯承兑和不单纯承兑。前者是指付款人完全依汇票文义而不附加任何条件的限制或改变原汇票文义所为的承兑；后者是指对汇票上记载的文义加以变更或限制而为的承兑，又可分为部分承兑①和附条件承兑。《票据法》第 43 条不承认附条件承兑，附有条件的，视为拒绝承兑。二是依承兑的方式不同，分为正式承兑和略式承兑。前者是指付款人在汇票正面记载“承兑”字样和承兑日期并签章的承兑行为；后者是指付款人只签章而无承兑文句的承诺行为。略式承兑的签章必须在汇票的正面记载，以免与空白背书相混淆。《票据法》第 42 条只承认正式承兑。

(3)承兑的程序。汇票承兑的程序因汇票付款日的不同而有所差异。除见票即付的汇票无须提示承兑外，定日付款、出票后定期付款、见票后定期付款的汇票均应提示承兑，具体包括提示承兑和承兑两个步骤。

①提示承兑。提示承兑是指持票人向付款人出示汇票，并要求付款人承诺付款的行为。提示承兑是承兑的前提和条件，是行使和保全票据权利的手段。依据《票据法》第 39 条、第 40 条的规定，定日付款或者出票后定期付款的汇票，持票人应当在汇票到期日前向付款人提示承兑；见票后定期付款的汇票，持票人应当自出票日起 1 个月内向付款人提示承兑。汇票未按照规定期限提示承兑的，持票人丧失对其前手的追索权。

②承兑。持票人向付款人提示承兑后，付款人应在一定期间内作出是否承兑的决定。《票据法》第 41 条第 1 款规定：“付款人对向其提示承兑的汇票，应当自收到提示承兑的汇票之日起 3 日内承兑或者拒绝承兑。”付款人收到持票人提示承兑的汇票时，应当向持票人签发收到汇票的回单，该回单上应当记明汇票提示承兑的日期并签章。

(4)承兑与拒绝承兑的格式

关于承兑的格式，《票据法》第 42 条第 1 款规定：“付款人承兑汇票的，应当在汇票正面记载‘承兑’字样和承兑日期并签章；见票后定期付款的汇票，应

① 部分承兑是指汇票付款人仅就汇票金额的一部分所作出的承兑。部分承兑之后，承兑人仅就承兑部分的汇票金额承担付款责任；未承兑的部分，视为其拒绝承兑。

当在承兑时记载付款日期。”由此可见，我国只承认书面的正式承兑，承兑不能以口头方式或电报、传真等其他书面方式来表示。另外，根据该条第 2 款的规定，汇票上未记载承兑日期的，以付款人收到提示承兑的汇票之日起的第 3 日为承兑日期。付款人决定承兑，并依法记载承兑事项后，应将汇票交还给持票人。

在国外，拒绝承兑一般只需口头表示并退票即可。但在我国，依据《票据法》第 62 条第 2 款的规定，付款人拒绝承兑的，必须出具拒绝证明或者退票理由书，否则，要承担由此而产生的民事责任。

3.付款

(1)付款的概念及其效力。票据付款有广义和狭义之分。广义的付款是指一切票据债务人向票据权利人支付票据金额的行为。狭义的付款是指付款人或担当付款人向票据权利人支付票据金额的行为。此处所讲的付款是指狭义的付款。

付款是一种消灭票据债权债务关系的行为，付款人依法足额付款后，全体票据债务人的责任，包括付款责任和担保责任都被解除；而且付款人无须在票据上为任何意思表示，付款后即可收回票据。故严格来讲，付款并不是票据行为，只是一种准票据行为。

(2)付款的程序。包括提示、支付和收回汇票三个步骤。《票据法》第二章第五节对此作了专门规定。

①提示付款。提示付款也称付款提示，是指持票人在法定期限内向付款人出示票据，行使付款请求权以保全票据权利的行为。依据《票据法》第 53 条的规定，持票人提示付款的法定期限如下：第一，见票即付的汇票，自出票日起 1 个月内向付款人提示付款；第二，定日付款、出票后定期付款或者见票后定期付款的汇票，自到期日起 10 日内向承兑人提示付款。持票人未按照规定期限提示付款的，将丧失对其前手的追索权；但在作出说明后，承兑人或者付款人仍应当继续对持票人承担付款责任。持票人通过委托收款银行或者通过票据交换系统向付款人提示付款的，视同持票人提示付款。此外，持票人在特定情形下可不为付款提示。

②票款支付。付款人或者代理付款人在付款时应当尽审查义务，即应当审查持票人提示的汇票背书是否连续以及提示付款人的合法身份证明或者有效证件。审查无误的，应于提示付款的当日足额付款，不得分期或延期付款。付款人及其代理付款人因恶意或重大过失而付款的，应当自行承担责任。

在实践中，持票人和付款人往往是委托银行代理收款或付款。该受托银行不是汇票的当事人，只是代理人，只能依照委托按汇票上记载的内容进行资金结算，即仅限于按照汇票上记载的事项将汇票金额转入持票人账户或划出付款人的账户。

③收回汇票。汇票是返还证券，付款人付款后，有向持票人收回汇票的权利。对持票人拒不记载"收清"字样和签章的，付款人可拒绝付款。例如，《票据法》第 55 条规定："持票人获得付款的，应当在汇票上签收，并将汇票交给付款人。持票人委托银行收款的，受委托的银行将代收的汇票金额转账收入持票人账户，视同签收。"

(四)追索权①

1.行使追索权的当事人

追索权作为票据权利的一种，是法律上为补充付款请求权而设定的第二次权利。追索权的当事人分为追索权人和被追索权人。

(1)追索权人。追索权人是指行使追索权的当事人，也就是持票人，一般包括最后持票人和因清偿而取得票据的人。前者是最初行使追索权人，但在回头背书的情形下，持票人对其前手无追索权。后者是指因被追索而清偿票据债务后，可以向其他票据债务人行使再追索权的人，其与持票人享有同一权利。

(2)被追索权人。又称偿还义务人，是指负有偿还持票人票据金额及其损失的责任的人，包括出票人、背书人、保证人、承兑人等，他们原则上对持票人负有连带清偿责任。持票人可以不按照汇票债务人的先后顺序，对其中任何一人、数人或者全体行使追索权。但持票人为出票人时，对其前手无追索权，只对承兑人有追索权；持票人为背书人时，对其后手无追索权；在汇票上记载"不得转让"字样的背书人，对其直接被背书人的后手不负票据责任，即不受追索。

2.追索权的特征

追索权具有如下特征：(1)追索原因的法定性，只有追索权人发生到期不获付款、期前不获承兑或其他法定情形时，才产生追索权；(2)追索权行使的前提性，即只有持票人履行了保全手续才可行使；(3)追索对象的可选择性，即被追索人不以持票人的前手为限，而自由选择追索对象；(4)追索权主体的可变更性，即被追索人履行了票据义务后成为持票人，可再追索，从而使追索权主体发生更替；(5)追索权的可转移性，一般债权一经清偿就消灭，而追索权可由

① 追索权的概念在前文已作阐释，此处主要介绍追索权的其他内容。

追索权人(持票人)不断地向其前手追索,直至票据上最后债务人偿还后,整个票据关系才归于消灭,追索权也消灭。

3.追索权行使的实质要件

追索权的发生须具备一定的条件,该条件包括实质条件和形式条件。追索权行使的实质要件是持票人的付款请求权得不到实现,依情形的不同,可分为到期追索和期前追索。前者是指在汇票到期被拒绝付款的情况下行使追索权;后者是指在汇票到期日前承兑人拒绝承兑,或承兑人(或者付款人)死亡、逃匿、被依法宣告破产或因违法而被责令终止业务活动等情况下行使追索权。《票据法》第61条对此作出了明文规定,即"汇票到期被拒绝付款的,持票人可以对背书人、出票人以及汇票的其他债务人行使追索权。汇票到期日前,有下列情形之一的,持票人也可以行使追索权:(一)汇票被拒绝承兑的;(二)承兑人或者付款人死亡、逃匿的;(三)承兑人或者付款人被依法宣告破产的或者因违法被责令终止业务活动的"。

4.追索权行使的形式要件

追索权行使的形式要件是持票人行使追索权所必经的程序,也称"追索权行使的程序"。依我国《票据法》的相关规定,追索权行使的程序包括:(1)按法定期限提示承兑或提示付款;(2)取得拒绝证明、退票理由书或其他合法证明。具备以上要件后,追索权人还要依照法定的方式来行使追索权,具体包括通知拒绝事由,确定追索对象并请求偿还,以及提供行使再追索权的相关利息和费用收据。

八、本票和支票的法律制度

(一)本票的法律制度

1.本票的概念与特征

本票是指出票人签发的,承诺自己在见票时无条件支付确定的金额给收款人或者持票人的票据。在国外,本票依出票人的不同,可分为银行本票和商业本票。我国票据法只承认银行本票,且为记名式本票和即期本票。在我国,银行本票又可以分为定额本票和不定额本票。

本票具有一般票据所共有的性质,但又有不同于汇票和支票的一些特点。具体表现为:(1)本票是自付证券。本票是出票人自己承诺支付款项的票据;而汇票和支票是委付证券,是由出票人委托他人支付款项的票据。(2)基本当事人只有两方。本票出票时当事人只有出票人和收款人,出票人即为付款人,所以本票无须记载付款人的名称;而汇票、支票当事人一般有出票人、付款人和收款人三方。(3)本票无须承兑。本票是自付证券,其出票人始终是主债务人,必须对本票债务人承担绝对的偿付义务,因此,本票无须承兑,这与汇票须经承兑有所不同。

2.本票的记载事项

本票是一种要式证券,因此,《票据法》第75条对本票上的记载事项作了明文规定。本票必须记载以下事项:(1)表明“本票”的字样;(2)无条件的支付承诺;(3)确定的金额;(4)收款人名称;(5)出票日期;(6)出票人签章。

本票上未记载上述规定事项之一的,本票无效。同时,《票据法》第76条要求本票上记载付款地、出票地等事项的,应当清楚、明确。本票上未记载付款地的,以出票人的营业场所为付款地;本票上未记载出票地的,以出票人的营业场所为出票地。

3.本票行为的法律规范

本票与汇票有许多共同之处,汇票中的有关规定,如出票、背书、保证、付款、追索权等具体制度,都可适用于本票,而此处仅对本票的特性进行阐述。

(1)出票人的规定。根据《票据法》及有关法规的规定,本票的出票人必须具有支付本票金额的可靠资金来源,并保证支付;本票的出票人限于经中国人民银行批准办理银行本票业务的银行机构。

(2)票据权利时效。本票的出票人在持票人提示见票时,必须承担付款责任;本票的付款期限自出票日起最长不得超过2个月;本票的持票人未按照规定期限提示见票的,丧失对出票人以外的前手的追索权。

(二)支票的法律制度

1.支票的概念、种类及其特征

支票是出票人签发的,委托办理支票存款业务的银行或者其他金融机构在见票时无条件支付确定的金额给收款人或者持票人的票据。

我国《支付结算办法》第115条规定的支票有三类:(1)现金支票,指支票正面印有“现金”字样,只能用于支取现金的支票;(2)转账支票,指支票正面印有“转账”字样,只能用于转账的支票;(3)普通支票,指支票上未印有“现金”或“转账”字样,既可用于支取现金也可用于转账的支票。但是,普通支票左上角划两条平行线的,则为划线支票,只能用于转账,不得支取现金。

支票与本票、汇票相比,具有如下特征:(1)付款人要求不同。支票的付款人仅限于办理支票存款业务的银行或者其他金融机构。这与汇票有明显区别,汇票的付款人不局限于金融机构。(2)支票不必经过承兑,不存在承兑行为。而汇票在出票时或出票后必须经过承兑。(3)支票是委付证券,是一种支付命令,要求委托人即出票人与付款人之间具有资金关系。而本票是自付证券,是一种支付承诺。(4)支票必须见票即付。见票即付是支票付款的唯一形式,而汇票、本票则有定期、定日等多种付款形式。

2. 支票的记载事项

支票具有要式性,《票据法》第 84 条规定,支票必须记载下列事项:(1)表明"支票"的字样;(2)无条件支付的委托;(3)确定的金额;(4)付款人名称;(5)出票日期;(6)出票人签章。支票上未记载前述事项之一的,支票无效。

另外,《票据法》还规定,支票上的金额可以由出票人授权补记,未补记前的支票,不得使用;支票上未记载收款人名称的,经出票人授权,可以补记;支票上未记载付款地的,付款人的营业场所为付款地;支票上未记载出票地的,出票人的营业场所、住所或者经常居住地为出票地;出票人可以在支票上记载自己为收款人;支票的付款人为支票上记载的出票人开户银行。

3. 支票行为的法律规范

支票行为包括出票、背书、付款以及追索权的行使等。这些行为除应遵循《票据法》总则对票据行为的有关规定外,还必须遵守以下规定:

(1)支票存款账户的开立。开立支票存款账户时,申请人必须使用其本名,提交证明其身份的合法证件,并预留其本名的签名式样和印鉴;开立支票存款账户和领用支票,应当有可靠的资信,并存入一定的资金。

(2)支票的签发。其一,禁止签发空头支票。支票的出票人所签发的支票金额不得超过其付款时在付款人处实有的存款金额。出票人签发的支票金额超过其付款时在付款人处实有的存款金额的,为空头支票。其二,支票的出票人不得签发与其预留本名的签名式样或者印鉴不符的支票。

(3)出票人必须按照签发的支票金额承担保证向该持票人付款的责任。出票人在付款人处的存款足以支付支票金额时,付款人应在当日足额付款。付款人依法支付支票金额的,对出票人不再承担委托付款的责任,对持票人不再承担付款的责任。但是,付款人以恶意或者有重大过失付款的除外。

(4)支票限于见票即付,不得另行记载付款日期。另行记载付款日期的,该记载无效。支票的持票人应当自出票之日起 10 日内提示付款;异地使用的支票,其提示付款的期限由中国人民银行另行规定。超过提示付款期限的,付款人可以不予付款;付款人不予付款的,出票人仍应对持票人承担票据责任。

九、涉外票据的法律适用

1. 涉外票据的定义

涉外票据是指在票据关系上具有一定涉外因素的票据。根据我国《票据法》第 94 条第 2 款的规定，涉外票据是指出票、背书、承兑、保证、付款等行为中，既有发生于中国境内又有发生于中国境外的票据。由此可知，我国对涉外因素的认定主要是采取行为地主义，即只要有一项票据行为是发生在境外，该票据就可认定为涉外票据。

2. 涉外票据法律适用的具体规范

根据《票据法》第 94 条、第 95 条的规定，涉外票据的法律适用，一般遵循"履行条约义务"、"适用国内法"和"遵守国际惯例"三大原则。涉外票据法律适用的具体规则包括：

(1)涉外民事行为能力的法律适用。关于票据行为能力的法律适用，各国票据法规定了三种不同的立法例，即本国法主义、行为地主义和折中主义。我国《票据法》采取折中主义，即票据债务人的民事行为能力，适用其本国法律；如果票据债务人的民事行为能力，依照其本国法律为无民事行为能力或者为限制民事行为能力而依照行为地法律为完全民事行为能力的，适用行为地法律。

(2)关于出票时记载事项的法律适用。在理论上，基于"场所支配行为"的法律原则，票据行为适用行为地法。综观我国票据法，在涉外票据行为的法律适用上采用国际通行规则，同时又有条件地承认付款地法律，即汇票、本票出票时的记载事项，适用出票地法律；支票出票时的记载事项，适用出票地法律，经当事人协议，也可以适用付款地法律。

(3)其他具体规定。①附属票据行为，如背书、承兑、付款和保证行为，适用行为地法律。②票据追索权的行使期限，适用出票地法律。③票据的提示期限、有关拒绝证明的方式、出具拒绝证明的期限，适用付款地法律。④票据丧失时，失票人请求保全票据权利的程序，适用付款地法律。

十、票据违法行为的法律责任

任何违法行为都应受到制裁，任何违法行为人都应承担相应的法律责任，这是法律的基本原则，票据违法行为也不例外。《票据法》第六章专门规定了票据违法行为人的法律责任；《刑法》(1997 年修订)、《票据管理实施办法》和《支付结算办法》也对有关票据违法行为的法律责任进行了规定。概括起来，票据违法行为的法律责任包括刑事责任、行政责任和民事责任三类。

（一）票据犯罪行为的刑事责任

票据犯罪行为属于严重的票据违法行为，要受到刑事制裁。

1. 有下列票据欺诈行为之一的，依法追究行为人的刑事责任：(1)伪造、变造票据的；(2)故意使用伪造、变造的票据的；(3)签发空头支票或者故意签发与其预留的本名签名式样或者印鉴不符的支票，骗取财物的；(4)签发无可靠资金来源的汇票、本票，骗取资金的；(5)汇票、本票的出票人在出票时作虚假记载，骗取财物的；(6)冒用他人的票据，或者故意使用过期或者作废的票据，骗取财物的；(7)付款人同出票人、持票人恶意串通，实施前六项行为之一的。

上述(1)构成伪造、变造金融票证罪；(2)至(6)构成金融票据诈骗罪，分别按照《刑法》第 177 条、第 194 条的规定追究刑事责任；(7)按共同犯罪，以串通行为的性质定罪，追究刑事责任。

2. 金融机构工作人员在票据业务中玩忽职守，对违反票据法规规定的票据予以承兑、付款、贴现或者保证，并且造成重大损失，构成犯罪的，按玩忽职守罪依法追究刑事责任，即是依照《刑法》第 397 条的规定，处 3 年以下有期徒刑或者拘役；情节特别严重的，处 3 年以上 7 年以下有期徒刑。

（二）票据违法行为的行政责任

1. 实施上述七项票据欺诈行为之一的，因情节轻微，不构成犯罪的，依照国家有关规定给予行政处罚。

2. 金融机构的工作人员在票据业务中玩忽职守，对违反《票据法》规定的票据予以承兑、付款、保证或者贴现，未构成犯罪的，对直接负责的主管人员和其他直接责任人员给予警告、记过、撤职或者开除的处分。

3. 票据的付款人对见票即付或者到期的票据，故意压票、拖延支付的，由中国人民银行处以压票、拖延支付期间内每日票据金额 0.7‰的罚款；对直接负责的主管人员和其他直接责任人员给予警告、记过、撤职或者开除的处分。

4. 签发空头支票或者签发与其预留的签章不符的支票，不以骗取钱财为目的的，由中国人民银行处以票面金额 5%且不低于 1000 元的罚款。

5. 违反中国人民银行规定，擅自印制票据的，由中国人民银行责令改正，处以 1 万元以上 20 万元以下的罚款；情节严重的，中国人民银行有权提请有关部门吊销其营业执照。

（三）票据违法行为的民事责任

1. 金融机构工作人员在票据业务中玩忽职守，对违反《票据法》规定的票据予以承兑、付款、贴现或者保证，并对当事人造成损失的，由该金融机构和直接责任人员依法承担赔偿责任。

2.票据的付款人故意压票、拖延支付，对持票人造成损失的，依法承担赔偿责任。

3.签发空头支票或者签发与其预留签章不符的支票，不以骗取钱财为目的的，持票人有权要求出票人赔偿支票金额2%的赔偿金。

4.依照《票据法》规定承担上述赔偿责任以外的其他违法行为，对他人造成损失的，应当依法承担民事责任。

十一、票据法律制度存在的问题

随着票据的广泛使用和票据业务的创新，尤其是电子商业汇票和支票影像系统的出现并投入使用，票据纠纷呈现出日益复杂化和多样化的趋势，现行《票据法》渐现滞后性和不适应性。主要表现在以下几个方面：

（一）票据签名拓展问题

根据中国人民银行于2009年10月颁布的《电子商业汇票业务管理办法》的规定，电子商业汇票应采用电子方式，而以电子方式的签字不可能为《票据法》第7条规定的本名。此外，随着使用笔名、艺名现象的普遍化，不少人的笔名和艺名在社会上的知晓度甚至超过了本名，此时，使用笔名、艺名或许更易为相对方所接受。这些现象凸显出票据相关法律法规与判例实践之间的冲突，不利于票据的正常流通。

（二）利益返还请求权问题

虽然《票据法》第18条对票据的利益返还请求权作出规定，但是，有关利益返还请求权的性质及适用范围等问题在理论界仍存在争议。此外，该条仅笼统规定，出票人或者承兑人应返还其与未支付的票据金额相当的利益，但是并未明确“与未支付的票据金额相当的利益”是指票载未支付金额，还是指票载未支付金额及其利息。

（三）票据变造的责任认定[①]

对于《票据法》第14条第3款所规定的票据变造问题，由于票据文义发生了变化，权利义务关系也发生了变化，因而在票据流通过程中，存在一个票据变造前和变造后权利义务该如何确认的问题。

（四）票据金额的认定问题

《票据法》第8条规定，票据金额以中文大写和阿拉伯数字同时记载，二者

---

① 李伟群：《全国票据法修改研讨会综述》，载《法学》2011年第1期。

必须一致，二者不一致的，票据无效。该规定有利于避免当事人之间产生纷争，便于金融机构在接受票据时处理上述纷争；但是，该规定有违票据的流通性，与国际通行做法不符。也就是说，当票据金额记载出现二者不一致时，应朝着尽量使已发生的行为有效的角度来作法律解释，以维护票据交易的安全。

第四节　非票据结算的法律规定

票据结算之外的结算方式主要包括汇兑、托收承付、委托收款、银行卡等结算方式。本节主要根据《银行卡业务管理办法》、《支付结算办法》等规范性文件，简要说明上述非票据结算方式的有关法律规定，国内信用证结算、电子支付在最后两节介绍。

一、银行卡

（一）银行卡的概念与分类

1. 银行卡概念

银行卡是指经批准由商业银行（含邮政金融机构）向社会发行的具有消费信用、转账结算、存取现金等全部或部分功能的信用支付工具。银行卡作为现代金融领域的新型支付工具，具有使用方便、集多功能于一体的特点，备受市场青睐。近几年，银行卡发卡量以及交易金额持续增长（如图 2 所示）。据中国人民银行发布的资料，各类银行卡业务总体保持增长态势，同比增速持续放缓。银行卡消费业务同比快速增长，银行卡渗透率达到 40.5%。截至 2012 年第一季度末，全国累计发行银行卡 31.02 亿张，较 2011 年第四季度末增长 5.2%，同比增长 21.5%，同比增速较上年同期加快 3.8 个百分点。其中，借记卡累计发卡量为 28.12 亿张，较 2011 年第四季度末增长 5.6%，同比增长 21.7%，同比增速较上年同期加快 4.8 个百分点；信用卡累计发卡量为2.90亿张，较 2011 年第四季度末增长 1.8%，同比增长 20.0%，同比增速较上年同期放缓 5.7 个百分点。[①]

① 参见中国人民银行：《2012 年第一季度支付体系运行总体情况》，http://www.pbc.gov.cn/publish/zhifujiesuansi/1070/2012/20120522154538015235876/20120522154538015235876_.html，下载日期：2012 年 8 月 3 日。

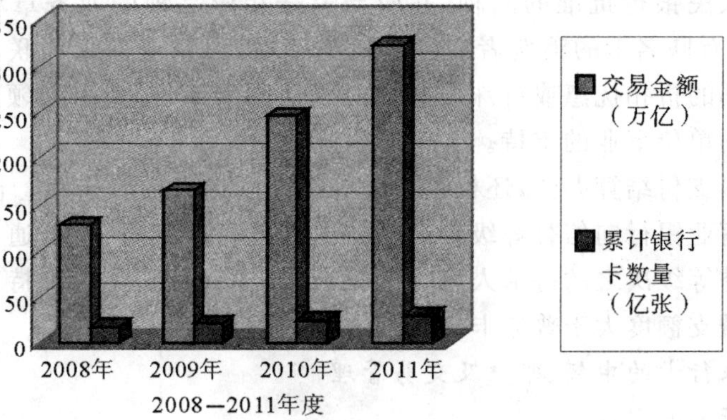

图 2　近年来银行卡的增长变化状况

（根据中国人民银行发布的《2008 年至 2011 年的支付体系运行总体情况》制作）

2. 银行卡的种类

银行卡依据不同的划分标准可有不同的分类。例如，按币种的不同，可以分为人民币卡、外币卡；按信息载体的不同，可以分为磁条卡、芯片（IC）卡等；按使用对象的不同，可以分为单位卡和个人卡；按持卡人信用额度的不同，可以分为信用卡和借记卡。

（1）信用卡。信用卡是指商业银行向个人和单位发行的，凭以向特约单位购物、消费和向银行存取现金，并具有消费信用的特制载体卡片。按是否需要向发卡银行交存备用金，信用卡分为贷记卡、准贷记卡两类。贷记卡是指发卡银行给予持卡人一定的信用额度，持卡人可在信用额度内先消费、后还款的信用卡。准贷记卡是指持卡人须先按发卡银行要求交存一定金额的备用金，当备用金账户余额不足支付时，可在发卡银行规定的信用额度内透支的信用卡。

（2）借记卡。借记卡是指持卡人先将款项存入卡内账户，再进行消费的银行卡。借记卡按功能不同，可分为转账卡（含储蓄卡，下同）、专用卡、储值卡等。其中，转账卡是实时扣账的借记卡，具有转账结算、存取现金和消费功能；专用卡是具有专门用途、在特定区域使用的借记卡，具有转账结算、存取现金功能，这里的“专门用途”是指在百货、餐饮、饭店、娱乐行业以外的用途；储值卡是发卡银行根据持卡人要求将其资金转至卡内储存，交易时直接从卡内扣款的预付钱包式借记卡。此外，所有的借记卡都不具备透支功能。

另外，还有一种特殊的银行卡叫联名/认同卡，它是商业银行与盈利性机构/非盈利性机构合作发行的银行卡附属产品，其所依附的银行卡品种必须是已经中国人民银行批准的品种,并应当遵守相应品种的业务章程或管理办法。[①] 凡持有联名卡的消费者在联名机构消费,可享受商家和联名单位提供的一定比例的折扣优惠或特殊服务。对于认同卡而言,持卡人领用认同卡代表其对认同单位事业的支持。

此外,《支付结算办法》还根据信誉等级不同将银行卡分为金卡和普通卡。金卡是指商业银行向信誉等级较高的持卡人发行的银行卡,普通卡则是商业银行向信誉等级次之的持卡人发行的银行卡。一般而言,金卡持卡人在善意透支时的透支额度大于普通卡持卡人的透支额度。

(二)银行卡的申领、账户及交易管理

1.银行卡的申领

根据《银行卡业务管理办法》第 28 条的规定,单位申领单位卡的,必须在中国境内的金融机构开立基本存款账户,凭中国人民银行核发的开户许可证申领单位卡。个人申领银行卡(储值卡除外),应当向发卡银行提供公安部门规定的本人有效身份证件,经发卡银行审查合格后,为其开立记名账户。银行卡及其账户只限经发卡银行批准的持卡人本人使用,不得出租和转借。

2.银行卡账户及交易的管理

(1)银行卡账户资金的管理。具体包括:[②]①单位人民币卡账户的资金一律从其基本存款账户转账存入,不得存取现金,不得将销货收入存入单位卡账户;单位外币卡账户的资金应从其单位的外汇账户转账存入,不得在境内存取外币现钞。②个人人民币卡账户的资金以其持有的现金存入或以其工资性款项、属于个人的合法的劳务报酬、投资回报等收入转账存入;个人外币卡账户的资金以其个人持有的外币现钞存入或从其外汇账户(含外钞账户)转账存入。③除国家外汇管理局指定的范围和区域外,外币卡原则上不得在境内办理外币计价结算。④持卡人销户时,单位人民币卡账户的资金应当转入其基本存款账户,单位外币卡账户的资金应当转回相应的外汇账户,不得提取现金。

(2)银行卡交易业务的管理。具体包括:①单位人民币卡可办理商品交易和劳务供应款项的结算,但不得透支;超过中国人民银行规定起点的,应当经中国人民银行当地分行办理转汇。②发卡银行对贷记卡的取现应当每笔授

---

① 财政部会计资格评价中心编:《经济法基础》,经济科学出版社 2012 年版,第 289 页。

② 参见《银行卡业务管理办法》第 29 条、第 31 条、第 32 条、第 34 条。

权，每卡每日累计取现不得超过2000元人民币；发卡银行应当对持卡人在自动柜员机（ATM机）取款设定交易上限，每卡每日累计提款不得超过5000元人民币。[①] ③储值卡的面值或卡内币值不得超过1000元人民币。④商业银行发行认同卡时，不得从其收入中向认同单位支付捐赠等费用。⑤发卡银行依据密码等电子信息为持卡人办理的存取款、转账结算等各类交易所产生的电子信息记录，均为该项交易的有效凭据；发卡银行可以交易明细记录或清单作为记账凭证。⑥银行卡通过联网的各类终端交易的原始单据至少保留两年备查。

（三）银行卡风险管理

根据《银行卡业务管理办法》第44条的规定，通过借记卡办理的各项代理业务，发卡银行不得为持卡人或委托单位垫付资金。而对信用卡业务却无此限制，因此，防范信用卡持卡人滥用信用额度，避免给发卡银行造成损失是银行卡风险管理的重点，具体包括以下内容：

1. 发卡银行对持卡人的资信的审查

发卡银行对持卡人的资信的审查一般包括：(1)应当认真审查信用卡申请人的资信状况，根据申请人的资信状况确定有效担保及担保方式。(2)应当对信用卡持卡人的资信状况进行定期复查，并应当根据资信状况的变化调整其信用额度。(3)应当加强对止付名单的管理，及时接收和发送止付名单。

2. 风险控制指标的管理

发卡银行应当遵守下列信用卡业务风险控制指标：(1)同一持卡人单笔透支发生额个人卡不得超过2万元（含等值外币，下同），单位卡不得超过5万元。(2)同一账户月透支余额个人卡不得超过5万元，单位卡不得超过发卡银行对该单位综合授信额度的3%。无综合授信额度可参照的单位，其月透支余额不得超过10万元。(3)外币卡的透支额度不得超过持卡人保证金（含储蓄存单质押金额）的80%。(4)从《银行卡业务管理办法》施行之日起新发生的180天（含180天，下同）以上的月均透支余额不得超过月均总透支余额的15%。(5)准贷记卡的透支期限最长为60天；贷记卡的首月最低还款额不得

---

① 早期借记卡在自动柜员机每日累计取现不得超过5000元，但随着经济的发展以及人们生活水平的提高，这种限制已无法满足人们的需要。鉴于此，中国人民银行于2007年5月17日印发《关于改进个人支付结算服务的通知》，将借记卡在自动柜员机取款的交易上限由每卡每日累计5000元提高至2万元。各银行可在2万元的限度内综合考虑客户需要、服务能力和安全控制水平等因素，确定本行每卡单笔和每日累计提现金额。

低于其当月透支余额的10%。

3.风险管理的内部控制

根据《银行卡业务管理办法》第六章的有关规定，发卡银行应当建立风险管理的内部控制制度。其中包括：(1)建立授权审批制度，明确对不同级别内部工作人员的授权权限和授权限额。(2)建立对止付名单的管理制度，及时接受和发送止付名单。(3)对持卡人透支款项和诈骗款项，应当及时采用适当的方式予以追偿，即扣减持卡人保证金、依法处置抵押物和质物；向保证人追索透支款项；通过司法机关的诉讼程序进行追索等。

(四)银行卡当事人之间的权利义务

1.发卡银行的权利与义务

(1)发卡银行的权利。根据《银行卡业务管理办法》第51条的规定，发卡银行的权利包括：①有权审查申请人的资信状况、索取申请人的个人资料，并有权决定是否向申请人发卡及确定信用卡持卡人的透支额度。②对持卡人透支有追偿权；若持卡人不在规定期限内归还透支款项的，有权申请法律保护并依法追究持卡人或有关当事人的法律责任。③对不遵守其章程规定的持卡人，有权取消其持卡人资格，并可授权有关单位收回其银行卡。④对储值卡和IC卡内的电子钱包可不予挂失。

(2)发卡银行的义务。依据《银行卡业务管理办法》第52条的规定，发卡银行的义务包括：①应当向银行卡申请人提供有关银行卡的使用说明资料，包括章程、使用说明及收费标准。②应当设立针对银行卡服务的公平、有效的投诉制度，并公开投诉程序和投诉电话；对持卡人关于账务情况的查询和改正要求应当在30天内给予答复。③应当向持卡人提供对账服务，除特定情形外应按月向持卡人提供账户结单。④向持卡人提供的银行卡对账单应当列出以下内容：交易金额、账户余额；交易金额记入有关账户或自有关账户扣除的日期；交易日期与类别；交易记录号码；作为支付对象的商户名称或代号(异地交易除外)；查询或报告不符账务的地址或电话号码。⑤应当向持卡人提供银行卡挂失服务，应当设立24小时挂失服务电话，提供电话和书面等两种挂失方式，书面挂失为正式挂失方式。并在章程或有关协议中明确发卡银行与持卡人之间的挂失责任。⑥发卡银行应当在有关卡的章程或使用说明中向持卡人说明密码的重要性及丢失的责任。⑦发卡银行对持卡人的资信资料负有保密责任。

此外，发卡银行应当本着权利与义务对等的原则制定银行卡申请表及信用卡领用合约。商业银行发展受理银行卡的商户，应当与商户签订受理合约，该受理合约不得包括排他性条款。

2. 持卡人的权利与义务

(1)持卡人的权利。根据《银行卡业务管理办法》第53条的规定，持卡人的权利主要体现为：①享有发卡银行对其银行卡所承诺的各项服务的权利，有权监督服务质量并对不符合服务质量要求的进行投诉。②有权知悉其选用的银行卡的功能、使用方法、收费项目、收费标准、适用利率及有关的计算公式。③有权在规定时间内向发卡银行索取对账单，并有权要求对不符账务内容进行查询或改正。④借记卡的挂失手续办妥后，持卡人不再承担相应卡账户资金变动的责任，司法机关、仲裁机关另有判决的除外。⑤有权索取信用卡领用合约，并应妥善保管。

(2)持卡人的义务。根据《银行卡业务管理办法》第54条的规定，持卡人应承担的义务为：①申请人应当向发卡银行提供真实的申请资料并按照发卡银行规定向其提供符合条件的担保。②持卡人应当遵守发卡银行的章程及《领用合约》的有关条款。③持卡人或保证人通讯地址、职业等发生变化，应当及时书面通知发卡银行。④持卡人不得以和商户发生纠纷为由拒绝支付所欠银行款项。

此外，我国《银行卡业务管理办法》还就银行卡业务审批、计息和收费标准等作出明确规定。

(五)银行卡立法的完善

随着信用卡市场的迅猛发展，利用信用卡套取资金等风险隐患凸显。中国人民银行发布的资料显示，信用卡授信总额和信用卡期末应偿信贷总额(信用卡透支余额)均保持快速增长。信用卡逾期半年未偿信贷总额小幅增长，占期末应偿信贷总额比例略有上升。截至2012年第一季度末，信用卡授信总额2.79万亿元，同比增长33.2%，较2011年第四季度增加1847.85亿元，增长7.1%；期末应偿信贷总额7520.86亿元，同比增长58.7%，较2011年第四季度减少608.7亿元，环比下降7.5%。截至2012年第一季度末，信用卡逾期半年未偿信贷总额120.35亿元，较2011年第四季度增加10.04亿元，增长9.1%；信用卡逾期半年未偿信贷总额占期末应偿信贷总额的1.6%，较2011年第四季度上升0.2个百分点。[①] 随着信用卡透支余额大幅增长，《银行卡业

① 参见中国人民银行：《2012年第一季度支付体系运行总体情况》，http://www.pbc.gov.cn/publish/zhifujiesuansi/1070/2012/20120522154538015235876/20120522154538015235876_.html，下载日期：2012年8月3日。

务管理办法》中的许多规定已远远落后于形势发展,对管理模式、发卡行、收单市场、网络支付等内容并无专门规定,无法有效满足当前经济发展的现实需要。由此,学界呼吁对分散于《合同法》、《刑法》、《担保法》、《民法》、《商业银行法》以及《银行卡业务管理办法》的相关法律规定进行整合,形成一部全面、系统、细致的规范银行卡市场的法律法规,如通过制定专门的《银行卡条例》,明确信用卡交易中各方当事人的地位和权利义务,允许在法律许可范围内实施信用卡管理模式创新,推动我国信用卡产业的健康发展。

二、汇兑

(一)汇兑的概念和种类

汇兑又称"汇兑结算",是汇款人委托银行将其款项支付给收款人的结算方式,这一方式便于汇款人向异地的收款人主动付款,适用范围十分广泛。依据划转款项的不同方法及传递方式的不同,汇兑可以分为信汇和电汇两种。

(二)汇兑的规则

1.汇兑凭证的签发与受理规则

根据《支付结算办法》第171条的规定,签发汇兑凭证必须记载下列事项:(1)表明"信汇"或"电汇"的字样;(2)无条件支付的委托;(3)确定的金额;(4)收款人名称;(5)汇款人名称;(6)汇入地点、汇入行名称;(7)汇出地点、汇出行名称;(8)委托日期;(9)汇款人签章。汇兑凭证上欠缺前述记载事项之一的,银行不予受理。

汇兑凭证上记载收款人为个人的,收款人需要到汇入银行领取汇款,汇款人应在汇兑凭证上注明"留行待取"字样;留行待取的汇款,要指定单位的收款人领取汇款的,应注明收款人的单位名称;信汇凭收款人签章支取的,应在信汇凭证上预留其签章;汇款人确定不得转汇的,应在汇兑凭证备注栏注明"不得转汇"字样;汇款人和收款人均为个人,需要在汇入银行支取现金的,应在信汇、电汇凭证的"汇款金额"大写栏,先填写"现金"字样,后填写汇款金额。

汇出银行受理汇款人签发的汇兑凭证,经审查无误后,应及时向汇入银行办理汇款,并向汇款人签发汇款回单。

2.汇入款项的支取规则

汇入银行收到汇出银行的汇兑凭证之后,应审查汇兑凭证上联行专用章与联行报单印章是否一致,确认无误后,再根据收款人的不同情况进行相应审查并办理付款手续。对此,我国的《支付结算办法》第176条作了详细规定:

(1)对开立存款账户的收款人,汇入银行应将汇给收款人的款项直接转入其账户，并向其发出收账通知。

（2）未在银行开立存款账户的收款人，凭信汇、电汇的取款通知或“留行待取”的，向汇入银行支取款项时，须交验本人的身份证件，在信汇、电汇凭证上注明证件名称、号码及发证机关，并在“收款人签盖章”处签章；信汇凭签章支取的，收款人的签章必须与信汇凭证上的预留签章相符。银行审查无误后，以收款人的姓名开立应解汇款及临时存款账户，该账户只付不收，付完清户，不计付利息。

（3）支取现金的，信汇、电汇凭证上必须有按规定填明的“现金”字样，才能办理；未填明“现金”字样，而需支取现金的，由汇入银行按国家现金管理规定审查支付。

（4）收款人需要委托他人向汇入银行支取款项的，应在取款通知上签章，注明本人身份证件名称、号码、发证机关和“代理”字样以及代理人姓名；代理人代理取款时，也应在取款通知上签章，注明其身份证件名称、号码及发证机关，并同时交验代理人和被代理人的身份证件。

（5）转账支付的，应由原收款人向银行填制支款凭证，并由本人交验其身份证件办理支付款项；该账户的款项只能转入单位或个体工商户的存款账户，严禁转入储蓄和信用卡账户。

（6）转汇的，应由原收款人向银行填制信汇、电汇凭证，并由本人交验其身份证件；转汇的收款人必须是原收款人。原汇入银行必须在信汇、电汇凭证上加盖“转汇”戳记。

3.汇兑的撤销和退汇

（1）汇兑的撤销。汇款人对汇出银行尚未汇出的款项可以申请撤销，对汇出银行已经汇出的款项可以申请退汇。但转汇银行不得受理汇款人或汇出银行对汇款的撤销或退汇。

（2）汇兑的退汇。汇入银行对于收款人拒绝接受的汇款，应即办理退汇；对于向收款人发出取款通知，经过2个月无法交付的汇款，应主动办理退汇。

三、托收承付

（一）托收承付的概念和适用范围

托收承付亦称异地托收承付，是指根据购销合同由收款人发货后委托银行向异地付款人收取款项，由付款人向银行承兑付款的结算方式。

使用托收承付结算方式的收款、付款单位，必须是国有企业、供销合作社以及经营管理较好并经开户银行审查同意的城乡集体所有制工业企业。办理托收承付结算的款项,必须是商品交易,或因商品交易而产生的劳务供应的款项。代销、寄销、赊销商品的款项,不得办理托收承付结算。托收承付结算方式的结算起点为每笔1万元,新华书店系统可减为每笔1千元。

(二)托收承付的适用条件与签发规则

1.前提条件

根据《支付结算办法》的有关规定,办理托收承付,除符合前述适用范围的规定外,还必须具备以下三个前提条件:(1)收付双方使用托收承付结算必须签有购销合同,并在合同上注明使用托收承付结算方式。(2)收款人办理托收,必须具有商品确已发运的证件;没有发运证件的,特殊情况可凭其他有关证件办理托收。(3)收付双方办理托收承付结算,必须重合同、守信用。此外,如果收款人对同一付款人发货托收累计三次收不回货款的,收款人开户银行应暂停收款人向付款人办理托收;付款人累计三次提出无理拒付的,付款人开户银行应暂停其向外办理托收。

2.托收承付凭证的签发

签发托收承付凭证必须记载下列事项:(1)表明"托收承付"的字样;(2)确定的金额;(3)付款人名称及账号;(4)收款人名称及账号;(5)付款人开户银行名称;(6)收款人开户银行名称;(7)托收附寄单证的张数或册数;(8)合同名称、号码;(9)委托日期;(10)收款人签章。托收承付凭证上欠缺前列事项之一的,银行不予受理。

3.托收承付的程序

(1)托收。它是指收款人按照签订的购销合同发货后,委托银行向付款人收取款项的行为。收款人开户银行接到托收凭证及其附件后,应按规定认真进行审查,必要时,还应查验收付款人签订的购销合同。凡不符合要求或违反购销合同发货的,不能办理托收。审查时间最长不得超过次日。

(2)承付。承付是指由付款人向银行承认付款的行为。付款人开户银行收到托收凭证及其附件后,应当及时通知付款人。付款人应在承付期内审查核对,安排资金。

承付货款期依验单付款和验货付款而不同。验单付款的承付期为3天,付款人在承付期内未向银行表示拒绝付款的,银行即视作承付,并在承付期满的次日(法定休假日顺延)上午银行开始营业时,将款项按照收款人指定的划款方式,划给收款人。验货付款的承付期为10天,从运输部门向付款人发出提货通知的次日起算。收付双方在合同中明确规定,并在托收凭证上注明验货付款期限的,银行从其规定。

付款人在承付期满日银行营业终了时，如无足够资金支付，其不足部分，即为逾期未付款项，按逾期付款处理。付款人开户银行对付款人逾期支付的款项，应当根据逾期付款金额和逾期天数，按每天万分之五计算逾期付款赔偿金。

此外，付款人在承付期内，有正当理由的，①可向银行提出全部或部分拒绝付款。

四、委托收款

(一)委托收款的概念及适用范围

委托收款是收款人委托银行向付款人收取款项的结算方式。该结算方式适用范围十分广泛，在同城、异地均可以使用。既适用于在银行开立账户的单位和个体经济户各种款项的结算，也适用于水电、邮电、电话等款项的结算，单位和个人凭已承兑的商业汇票、债券、存单等付款人债务证明办理款项的结算，均可以使用委托收款结算方式。委托收款的款项的划回方式分邮寄和电报两种，具体方式的选用由收款人决定。

(二)委托收款的规则

1. 委托

收款人办理委托收款应向银行提交委托收款凭证和有关的债务证明。签发委托收款凭证必须记载下列事项：(1)表明“委托收款”的字样；(2)确定的金额；(3)付款人名称；(4)收款人名称；(5)委托收款凭据名称及附寄单证张数；(6)委托日期；(7)收款人签章。欠缺记载前列事项之一的，银行不予受理。此外，委托收款以银行以外的单位为付款人的，委托收款凭证必须记载付款人开户银行名称；以银行以外的单位或在银行开立存款账户的个人为收款人的，必须记载收款人开户银行名称；以未在银行开立存款账户的个人为收款人的，必须记载被委托银行名称。欠缺记载的，银行不予受理。

2. 付款

① 具体理由包括：(1)没有签订购销合同或未订明托收承付结算方式购销合同款项；(2)未经双方事先达成协议，收款人提前交货或因逾期交货，付款人不需要该项货物的款项；(3)未按合同规定的到货地址发货的款项；(4)代销、寄销、赊销商品的款项；(5)验单付款，发现所列货物的品种、规格、数量、价格与合同规定不符，或货物已到，经查验货物与合同规定或发货清单不符的款项；(6)验货付款，经查验货物与合同规定或发货清单不符的款项；(7)货款已经支付或计算有错误的款项。

银行接到寄来的委托收款凭证及债务证明，审查无误后办理付款，将款项划给收款人。银行在办理划款时，付款人存款账户不足支付的，应通过被委托银行向收款人发出未付款项通知书。

付款人审查有关债务证明后，对收款人委托收取的款项需要拒绝付款的，可以出具拒绝证明，连同有关债务证明、凭证寄给被委托银行，办理拒绝付款事宜。

第五节　国内信用证结算的法律规定

信用证因其信用支持、结算灵活、融资便利等优势，早已在国际贸易结算中得到广泛应用。为了适应国内贸易活动的需要，促进市场经济的健康、快速发展，中国人民银行借鉴国际贸易惯例，于 1997 年 7 月颁布了《国内信用证结算办法》。该办法主要适用于境内企业之间的商品交易结算及融资。此外，最高人民法院先后公布了《最高人民法院关于严禁随意止付信用证项下款项的通知》(2003 年 7 月 16 日公布)和《关于审理信用证纠纷案件若干问题的规定》(2005 年 10 月 24 日公布，以下简称《信用证规定》)，以有效解决实际适用国内信用证所引发的纠纷。

一、信用证的概念与分类

信用证(Letter of Credit，L/C)，[①]是指开证银行依照申请人(购货方)的申请向受益人(销货方)开出的有一定金额、在一定期限内凭信用证规定的单据支付款项的书面承诺。

在信用证业务中，根据银行付款的条件、开证行的责任、付款方式等的不同，可对信用证作如下分类：[②](1)按信用证是否要求受益人提交单据，划分为跟单信用证和光票信用证；(2)根据开证行对所开出的信用证所负的责任来区分，信用证分为可撤销信用证和不可撤销信用证；(3)按信用证付款方式的不

---

① 根据《跟单信用证统一惯例 600》(UCP600)对信用证所作的定义，信用证指一项不可撤销的安排，无论其名称或描述如何，该项安排构成开证行对相符交单予以交付的确定承诺。其中，"相符交单"是指与信用证条款、《跟单信用证统一惯例 600》的相关适用条款以及国际标准银行实务相一致的交单。

② 此处有关信用证的分类，主要根据我国国内信用证的相关规定进行介绍。

同，划分为即期信用证、远期信用证和议付信用证等。

我国的《国内信用证结算办法》对信用证作了如下限制：(1)国内信用证具有不可撤销性和不可转让性，不可撤销性是指信用证开具后，在有效期内，未经有关当事人同意，不得予以修改或撤销；不可转让性是指受益人不得将信用证权利转让给他人。(2)信用证只适用于国内企业之间商品交易产生的货款结算，并且只能用于转账结算，不得支取现金。(3)申请人须向开证银行交纳不低于开证金额20%的保证金。(4)信用证有效期为受益人向银行提交单据的最后期限，最长不得超过6个月。(5)未规定交单期的，银行不接受迟于装运日后15天提交的单据。(6)商业发票必须是国家税务部门统一印制的发票。

二、信用证结算的过程

信用证结算过程比较复杂(如图3所示)，一般包括以下几个步骤：(1)开证申请。申请人(买方)先向其开户银行提出开证申请；开证行根据申请人提交的开证申请书、信用证申请人承诺书及购销合同，决定是否受理开证业务。开证行在决定受理该项业务时，应向申请人收取不低于开证金额20%的保证金，并可根据申请人的资信情况，要求其提供抵押、质押或其他金融机构出具的保函。(2)通知。银行开出信用证交给受益人所在地(卖方地)银行，通知行收到信用证，应认真审核，审核无误的，应填制信用证通知书，连同信用证交付受益人。(3)议付。卖方地银行收到信用证后，通知卖方按信用证条款发货并准备好相应单据，卖方将全部单据连同信用证一并交给卖方地指定银行，该银行根据信用证条款逐项审核单据无误后，将货款扣除议付利息后交给卖方。(4)付款赎单。卖方地指定银行将全部单据寄交给开证银行，开证银行经审核无误后偿付货款，并通知买方付款赎单，买方拿已付款的银行单据到货运公司提取货物。

三、信用证的条款

按《国内信用证结算办法》的规定，签发信用证应包括以下条款：(1)开证行名称及地址；(2)开证日期；(3)信用证编号；(4)不可撤销、不可转让信用证；(5)开证申请人的名称和地址；(6)受益人名称及地址；(7)通知行名称；(8)信

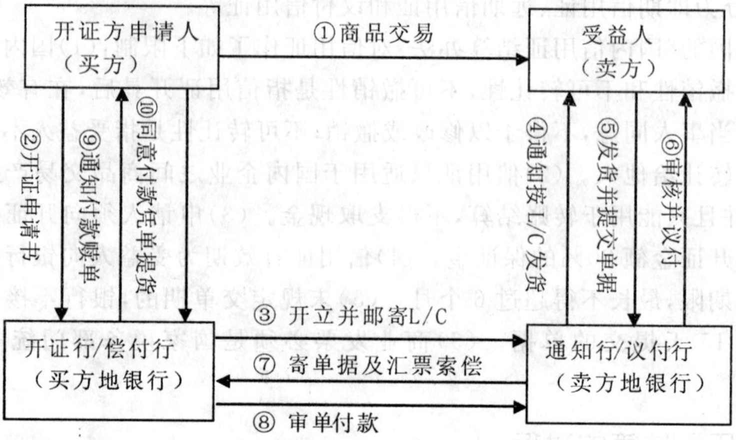

图3　不可撤销跟单信用证流程图

用证有效期及有效地点；[1](9)交单期；[2](10)信用证金额；(11)付款方式；[3](12)运输条款；[4](13)货物描述；(14)单据条款；(15)其他条款；(16)开证行保证文句。

四、信用证结算的当事人

信用证结算的基本当事人包括以下人员：

(1)开证申请人(Applicant)，是向银行申请开立信用证的当事人，在国际贸易中，开证申请人一般为买方。

(2)开证行(Issuing Bank)，是应开证申请人委托，为其开立信用证的银行。一般为买方开户行。

---

① 信用证有效期为受益人向银行提交单据的最迟期限，最长不得超过6个月；信用证的有效地点为信用证指定的单据提交地点，即议付行或开证行所在地。

② 交单期为提交运输单据的信用证所注明的货物装运后必须交单的指定日期。未规定该期限的，银行不接受迟于装运日后15天提交的单据。

③ 付款方式可分为即期付款、延期付款或议付。延期付款信用证的付款期限为货物发运日后定期付款，最长不得超过6个月。议付信用证应在此条款中指定受益人的开户行为议付行，并授权其议付。

④ 运输条款包括：(1)运输方式；(2)货物装运地和目的地；(3)货物是否分批装运和转运，未作规定的，视为允许货物分批装运和转运；(4)货物最迟装运期，未规定此期限的，信用证有效期视为货物最迟装运期。

(3)受益人(Beneficiary),是信用证上所指定的有权享受该证权益的当事人,一般为卖方。

(4)中间行(Intermediary Bank),是受开证行委托,对信用证进行付款、议付、通知、保兑的银行。主要包括通知行(Advising Bank)、议付行(Negotiating Bank)[①]、付款行(Paying Bank)、偿付行(Reimbursing Bank)和保兑行(Confirming Bank)。

五、信用证结算关系

信用证结算关系包括以下五种关系:(1)开证申请人与受益人之间基于订立购销合同而产生的合同关系,这是信用证开立的基础。但信用证一经开出,就不受该购销合同的约束。(2)开证申请人与开证行之间以开证申请书和承诺书建立起来的委托代理关系。(3)开证行和通知行之间基于合同建立的委托代理关系,通知行既可依约只履行通知义务,也可依约成为保兑行或议付行。(4)通知行与受益人之间的通知关系。(5)付款行与受益人之间的无条件付款关系。

六、信用证存在问题

信用证作为一种贸易结算方式和贸易融资工具,已得到国内外实践的广泛认可,它将银行信用、商业信用及"物流、资金流和信息流"等优势融为一体,不仅能够促进国内外贸易的发展,还有利于银行控制风险。但是,与国际贸易中信用证的广泛使用相比,我国的国内信用证发展相对滞后,无论是外部环境、制度规范,还是风险管理、业务操作,都存在一些亟待研究解决的问题。[②]从我国目前的制度环境来看,仍缺乏完备的法律法规和制度规范,从而制约着信用证作用的发挥,这主要体现在以下几个方面:[③]

首先,相关制度的修订不及时,无法有效满足实践发展的需求。自国际商会于 1929 年发布第一个版本迄今,根据贸易市场环境变化,《跟单信用证统一惯例》已历经 7 次修订,目前的最新版本为《跟单信用证统一惯例 600》

---

① 在我国,议付行必须是开证行指定的受益人的开户行。

② 杨新兰:《国内信用证发展策略探析》,载《国际金融》2010 年第 7 期。

③ 朱崇实主编:《金融法教程》,法律出版社 2011 年第 3 版,第 329~332 页;杨新兰:《国内信用证发展策略探析》,载《国际金融》2010 年第 7 期。

(UCP600)。而我国《国内信用证结算办法》[①]自1997年颁布实施以来，从未根据国际惯例的更新及国内贸易的变化进行过实质性修订，以至于与国际立法或惯例严重脱轨，无法满足实践部门的需要。

其次，未明确和统一有关付款纠纷的裁决依据，致使国内信用证纠纷在法律适用上缺乏准确的执行规范。最高人民法院发布的《关于审理信用证纠纷案件若干问题的规定》，规定《跟单信用证统一惯例》可以作为调整国际信用证法律关系的依据，但并未明确该惯例能否同样适用于国内信用证，给具体实践带来困扰。例如，对于单证不符的情况下银行的付款责任问题，《国内信用证结算办法》与《关于审理信用证纠纷案件若干问题的规定》之间存在冲突，这让银行无所适从。

再次，《国内信用证结算办法》在适用性方面存在不足，缺乏可操作性。具体表现为：(1)《国内信用证结算办法》要求"提交委托收款申请书和议付凭证"、付款时"受益人交单应填制委托收款凭证"，而《跟单信用证统一惯例600》(UCP600)却未就办理议付的文件及凭证进行限定。相比之下，前者增加了不必要的操作环节，因为在实务中，银行之间常采用交单面函方式进行索款的处理。(2)UCP600未就通知行的业务处理时间进行限定，而《国内信用证结算办法》则规定"收到信用证或信用证修改书的次日起三个营业日作出处理"，而且未明确规定"处理"的内容和方式，容易产生纠纷。(3)实践中，部分商业银行可以在申请人落实付款担保的情况下予以开证，但《国内信用证结算办法》却规定银行"应向申请人收取不低于开证金额20%的保证金"。

最后，《国内信用证结算办法》缺乏统一、明确的单据审核标准。依据《跟单信用证统一惯例》，单单相符、单证相符是履行付款义务的唯一条件。相比之下，《国内信用证结算办法》对单据的格式、内容的要求比较简单，造成各商业银行在实践中对单据的审核标准把握不一。例如，《国内信用证结算办法》未规定"商业发票必须是原始正本发票"，存在制度性漏洞，这就给受益人伺机利用副本发票或发票复印件套取银行资金提供了空间。

---

① 在2009年，中国人民银行曾发布了《关于征求对中国人民银行〈国内信用证结算办法〉修订意见的函》。

第六节 电子支付法律制度

电子支付是伴随网络技术的发展而产生的新的支付结算方式，相关法律制度仍然处于构建阶段。本节主要根据中国人民银行于2005年10月26日颁布的《电子支付指引(第一号)》，中国银监会于2006年3月1日起实施的《电子银行业务管理办法》、《电子银行安全评估指引》，以及2010年9月1日起正式施行的《非金融机构支付服务管理办法》及其实施细则等相关法律规范，对电子支付法律制度进行简单介绍。

一、电子支付概述

随着微电子技术的发展和信息技术日臻成熟，采用电子支付方式进行货币给付和资金清算的电子银行以及第三方支付方式逐步兴起，加快了金融电子化的进程。在电子信息系统的支持下，电子支付得以更加便捷、高效地实现现金存取、汇兑、直接消费和贷款等功能。有关资料显示，网上银行和网上支付的用户规模在2012年上半年的增速分别达到14.8%和12.3%，截至2012年6月底，两者用户规模分别为1.91亿和1.87亿。手机在线支付的发展速度异常突出，截至2012年上半年，使用该服务的用户规模为4440万人，较2011年底增长约1400万人。[①]

(一)电子支付的概念

目前，学界对电子支付有广义和狭义两种理解。狭义的电子支付主要指电子资金划拨业务；广义的电子支付，除了资金划拨之外，还包括网上银行所开展的许多新型金融服务，如电子现金、电子钱包、信用卡等。[②] 我国在立法上采用广义解释。例如，《电子支付指引》第2条规定，电子支付是指单位、个人(以下简称客户)直接或授权他人通过电子终端发出支付指令，实现货币支付与资金转移的行为。所谓的电子终端是指客户可用以发起电子支付指令的计算机、电话、销售点终端、自动柜员机、移动通讯工具或其他电子设备等。

---

① 中国互联网络信息中心(CNNIC)：《第三十次中国互联网络发展状况统计报告》，2012年7月，第6页。

② 张楚主编：《电子商务法初论》，中国政法大学出版社2000年版，第236页。

（二）电子支付的特点

与传统支付方式相比，电子支付具有以下特点：(1)电子支付通过电子数字化形态进行款项支付，而传统支付方式则是通过现金的流转、票据的转让及银行的汇兑等物理实体形态完成款项支付。(2)电子支付的工作环境是一个开放性的系统平台，而传统支付方式则是在一个较为封闭的系统中运行。(3)电子支付使用的是先进的网络和通讯等手段，而传统支付使用的是传统的通信媒介。(4)电子支付具有不受时空限制的特性，而传统支付往往会受到时空限制的影响，因此，电子支付具有方便、快捷、高效、经济的优点。

（三）电子支付的分类

根据不同的标准，可以对电子支付进行不同划分。

1.根据发起电子支付指令的电子终端的不同，电子支付可以分为网上支付、电话支付、移动支付、销售点终端交易、自动柜员机交易和其他电子支付等类型。[①]

2.根据服务对象的不同和支付金额的大小，电子支付可以分为大额电子支付和小额电子支付。

3.按照平台主体的不同，电子支付可分为以商业银行等金融机构为平台主体的电子银行支付体系，以及一般以第三方支付平台为代表的第三方支付体系。

二、电子银行支付法律制度

（一）电子银行概念

对于电子银行(Electronic Banking)的概念，理论界尚无统一界定。有学者认为，网上银行是指银行利用因特网技术，通过因特网向客户提供各种金融服务的银行，它是计算机、网络和银行的三位一体，主要利用网络上的虚拟银行柜台向客户提供全天候的网上金融服务，因此又被称为网络银行、电子银行、在线银行。[②] 也有学者提出，网络银行的本质是银行业为客户提供金融服务的一种新手段，由于服务方式的改变，使得参与服务各方之间的权利义务关系也发生改变，所以，凡是通过电子渠道提供的银行产品和服务均为网络银行

① 《电子支付指引(第一号)》中即采用此分类方法。

② 姚立新著：《电子商务下的金融创新与运作》，中国财政经济出版社 2000 年版，第181页。

业务。[①] 还有学者认为，电子银行，又称网络银行、网上银行、互联网银行、在线银行，是指通过因特网或者其他电子通讯手段，向客户提供各种金融性产品和金融服务的银行机构或虚拟网站。[②]

依国际上银行业比较权威的监管机构——巴塞尔银行监管委员会(BCBS)于 1998 年发布的《电子银行与电子货币活动风险管理》，及随后于 2000 年发布的《电子银行集团活动白皮书》，电子银行被定义为利用电子通道为客户提供金融产品和服务的银行，这种服务包括零售、批发和大额业务，具体产品和服务的种类有存贷、账户管理、金融顾问、电子账务支付等等。[③] 这是国际权威金融监管机构首次以书面和正式文件的形式对电子银行所作出的定义。我国的电子银行自诞生以来，立法部门和政府监管机构至今未明确规定其概念，只是中国银监会所颁布的《电子银行业务管理办法》第 2 条中，采用列举的方式明确了电子银行的业务范围，具体包括利用计算机和互联网开展的银行业务，利用电话等声讯设备和电信网络开展的银行业务，利用移动电话和无线网络开展的银行业务，以及其他利用电子服务设备和网络、由客户通过自助服务方式完成金融交易的银行业务。

(二)电子资金划拨法律制度

1. 电子资金划拨的概念

电子资金划拨(Electronic Funds Transfer)又称电子资金移转，是指通过自动柜员机、电话、电脑等电子终端设备，以命令或指示授权金融机构于所连接账户中扣账或入账，借以将一定金额的货币价值移转至他人账户的资金移转行为。[④] 电子资金移转的范围，包括使用网络或销售点(POS)自动转账、自动柜员机交易、直接存提资金及电话方式移转资金等形式进行的资金转账。与传统手段相比，电子转移具有安全、简单、迅捷的特点。在电子资金划拨中，客户输入指令时无须注明转移原因，转移一经完成收款人即取得资金的完整权利，而无论其基础关系是否合法。

2. 电子资金划拨的相关当事人的法律关系

---

① 齐爱民、刘娟等著：《网络金融法原理与国际规则》，武汉大学出版社 2004 年版，第 59 页。

② 朱崇实主编：《金融法教程》，法律出版社 2011 年第 3 版，第 327 页。

③ 参见《电子银行和电子货币交易的风险管理(巴塞尔委员会)》关于“电子银行”和“电子货币”的定义。

④ 王文宇、林育廷著：《票据法与支付工具规范》，台湾元照出版公司 2008 年版，第 235 页。

一般来讲，电子银行涉及的主体包括客户、商家、银行以及银行间的清算系统等，关系较为复杂，因此，明确各方主体的法律地位及其相互间的法律关系显得尤为重要。归纳起来，电子资金划拨的相关当事人的法律关系主要包括以下几种：

(1)客户与银行间的法律关系

客户与银行的法律关系是电子资金划拨的各种法律关系中最主要的一种，也是立法规制的重点。当客户使用网络银行系统时，无论是在线转账还是汇款，一般都与银行建立合同委托关系。与传统支付形式相比，这种合同关系有其独特之处：其一，合同的形成是无纸化的过程，即当事人之间通常不需要纸质化的要约与承诺；其二，合同形成往往以一定的“预先交流”为前提，银行通常要求客户办理一定的申请手续或预先授权；其三，要约与承诺生效的瞬时性，即客户向银行发出的指令及银行接受指令并按指令行事都可能在瞬间完成，消费者很难撤回自己的指令；其四，银行与客户之间的权利义务关系具有较强的恒定性和明确性，因为客户在与银行确立关系时，双方之间的基本权利义务就已经大致明确，具体交易中的权利与义务有许多类似之处；其五，在交易关系中，银行始终处于主导地位，负责制定交易规则、控制交易设施及交易的有关信息等。

(2)银行之间的法律关系

按照美国银行间的清算系统(CHIPS)、英国银行间的清算自动支付系统(CHAPS)的规则，电子资金划拨的参与银行之间各自负有合同义务。一般而言，“发起行”指受消费者委托发出电子支付指令的银行；“接受行”则指电子支付指令接收人的开户银行，或者接收人未在银行开立账户时，电子支付指令确定的资金汇入银行。由于银行均参加同一系统，故可以利用各银行与银行清算系统所签订的共同规约(跨行业务参加规则)来规范银行之间的基本关系及责任分担。基于共同规约，银行对他行可能会享有契约上或其他的请求权。

(3)银行与银行清算系统之间的法律关系

依目前的制度设计，建立与维持银行清算系统运作的机构一般是中央银行。在电子资金划拨系统中，中央银行很少承担因为错误或欺诈导致资金划拨的失败、延误或失误等责任，通常由参与银行分担损失。

(4)商家与银行的法律关系

客户(买方)与商家(收款人)间通常由于一定的基本原因关系，如买卖、赠与、借贷等等而进行转账、汇款。但商家不能基于电子支付行为向接收银行主张权利，因为他们彼此之间并无契约关系。

3. 电子资金划拨相关当事人的权利与义务

(1)银行的权利与义务。其一是银行的权利,即银行有权要求付款人或指令人按时支付所指令的资金并承担因支付而发生的服务费用。其二是银行的义务。以电子支付为交易基础的银行业务中,银行的义务主要是根据客户的指令要求完成一定的行为,如划拨一定的资金,代为收费等。与传统银行业务相比,网上银行业务中银行义务的特点表现为:第一,交易义务之外的附随义务,即银行履行客户指令要求时,必须遵循合理的交易安全程序,如采用合适的密码技术予以确认等;第二,义务的时限性,网上银行交易的速度极为快捷,银行对接受指令前的风险不承担责任;第三,义务履行不当时的责任限制,如因银行延误资金入账给客户造成损失的,银行赔偿的范围限于资金移动费用、因不恰当处理发生的附加费用以及利息,对损失产生的结果不负赔偿责任(即结果损害除外);第四,对无权限交易的责任限制,即如果银行对支付指令的确认已经采用了交易上合理的安全手段,则该无权限交易造成的损失由客户自行承担;第五,订立契约时的告知义务,对服务提供者的责任、客户的责任、交易工具丢失的责任、错误的纠正程序、交易记录的领取方法、交易工具失灵时的对策等,银行均应在电子资金转移的“条款和条件”作出预先声明;第六,对网上银行业务中的电文数据真实性的维护义务,银行在电子化交易中因占有记录交易信息的电文数据而居于主导地位,因此,银行有义务谨慎保护该电文数据,并负责管理相关信息处理的整体过程。

(2)客户的权利与义务。其一是客户的权利,即客户有权要求银行按照指令及事先约定的要求提供服务,并有权向银行追偿因银行过错所遭受的损失。其二是客户的义务,客户除了应向银行交纳一定的服务费用外,还须承担以下义务:第一,电子资金移动工具遗失或被盗后的及时通知义务;第二,妥善保护和控制电子交易所需的密钥,如果密钥已被披露,应及时通知有关当事人;第三,谨慎地按照交易规则向银行发出支付指令。

4. 电子资金划拨的程序

电子资金划拨程序,是从客户发出电子支付指令,到接收银行收到支付命令并按照支付命令做账的全过程,一般包括以下几个阶段:(1)付款人向付款人银行签发支付命令;(2)付款人银行接收支付命令;(3)付款人银行向中间银行发出支付命令;(4)中间银行接收支付命令;(5)中间银行向收款人银行签发支付命令;(6)收款人银行接收支付命令,然后将款项贷记收款人账户,并向其发出收账通知。

(三)法律责任

为了规范电子银行交易,厘清银行与客户之间的法律责任,《电子支付指引》、《电子银行业务管理办法》及《电子银行安全评估指引》等法律规范,为明确电子银行业务过程中各当事人的法律责任提供了法律依据。

1. 金融机构的法律责任

首先,未按要求开办电子银行业务的法律责任。金融机构未经批准擅自开办电子银行业务,或者未经批准增加或变更需要审批的电子银行业务类型,造成客户损失的,金融机构应承担全部责任。

其次,未完成指令时的损失赔偿。[①] 金融机构在提供电子银行服务时,因电子银行系统存在安全隐患、金融机构内部违规操作和其他非客户原因等造成客户损失的,金融机构应当承担相应责任。金融机构已经按照有关法律法规和行政规章的要求,尽到了电子银行风险管理和安全管理的相应职责,但由于其他金融机构或者其他金融机构的外包服务商失职等原因,造成客户损失的,由其他金融机构承担相应责任,但提供电子银行服务的金融机构有义务协助其客户处理有关事宜。

最后,金融机构开展电子银行业务违反审慎经营规则但尚不构成违法违规,并导致电子银行系统存在较大安全隐患的,中国银监会将责令该金融机构限期改正;逾期未改正,或者安全隐患在短时间难以解决的,中国银监会可以视不同情形,采取下列措施:(1)暂停批准增加新的电子银行业务类型;(2)责令金融机构限制发展新的电子银行客户;(3)责令调整电子银行管理部门负责人。

2. 客户的法律责任

因客户有意泄露交易密码,或者未按照服务协议尽到应尽的安全防范与保密义务而造成损失的,金融机构可以根据服务协议的约定而免责,但法律法规另有规定的除外。此外,客户发现自身未按规定操作,或由于其他自身原因造成电子支付指令未执行、未适当执行、延迟执行的,应在协议约定的时间内,按照约定的程序和方式通知银行。银行应积极调查并告知客户调查结果。银行发现因客户原因造成电子支付指令未执行、未适当执行、延迟执行的,应主动通知客户改正或配合客户采取补救措施。

---

① 参见《电子银行业务管理办法》第 89 条,《电子支付指引》第 42 条、第 43 条也作了类似的规定。

(四)电子银行存在的法律问题

虽然我国的电子银行业务和电子银行立法都取得了巨大的发展,从而极大地促进了我国经济和金融业的繁荣,但是,在网络银行业运营过程中仍然存在着一些问题。例如,电子银行系统自身风险、电子银行与客户资金遭受窃取风险凸显银行安全法规的制度漏洞;网络银行交易管辖权难以确定;传统银行分业监管与网络银行混业经营之间存在冲突;网络银行内部监管规定不够明确等。这些问题亟须解决,否则将严重阻碍网络银行业的进一步发展。

三、第三方支付法律制度

随着网络交易的盛行,网络支付方式渐趋于多样化,常见的支付工具包括电子信用卡、电子借记卡、电子支票和电子现金等。其中,信用卡因为具有可以赊购、便于电子交易、适用范围广等优势,一直是网络支付中的主要支付工具。但在网络交易中,信用卡除支付问题外,还存在信赖不足与信用风险的问题。例如,卖方希望采取先付款后发货,而买方则希望先见货后付款。① 而且,不同银行的信用卡需申请不同的清算体系,增加了交易成本和实际操作难度。为解决信用卡的上述弊端,连接各个银行和商户的第三方支付工具应运而生。艾瑞咨询最近公布的数据显示,2011 年第三季度,支付宝以 48.35%的份额继续占据市场首位;财付通以 20.07%的市场份额排名第二;银联在线支付、快钱和汇付天下,分别以 8.57%、7.84%和 7.84%的市场份额分居第三、第四和第五位(如图 4 所示)。②

(一)第三方支付的概念与分类

1.第三方支付的概念

第三方支付,又称第三方支付工具,是一种网上支付方式,指具备一定实力和信誉保障的非银行独立机构,采用与各大银行签约的方式,提供与银行支付结算系统接口的交易支持平台的网络支付模式。③ 作为一种金融服务创新,第三方支付在我国主要有支付宝(AliPay)、易宝(YeePay)、财付通、快钱、

① 王文宇、林育廷著:《票据法与支付工具规范》,台湾元照出版公司 2008 年版,第 26 页。

② 参见王维东:《艾瑞咨询:2011 年 Q3 中国网上支付交易规模达 6155 亿元 第三方支付迎来行业发展小高潮》,http://ec.iresearch.cn/54/20111024/153890.shtml,下载日期:2012 年 8 月 3 日。

③ 帅青红主编:《网上支付与电子银行》,机械工业出版社 2010 年版,第 166 页。

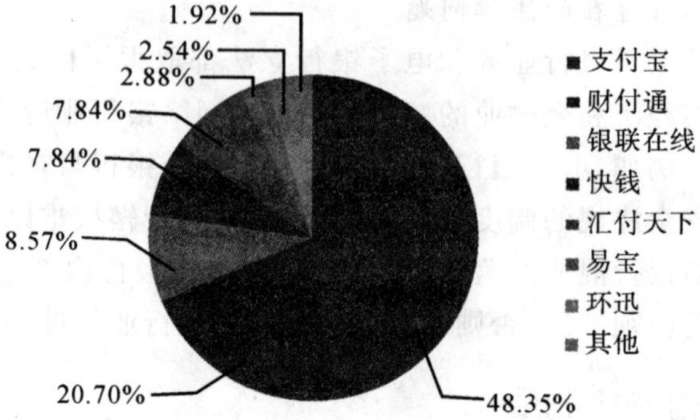

图4 2011年中国第三方网上支付核心企业的互联网支付业务的交易规模和市场规模

首信易、环讯、贝宝中国(PayPal China)等等。这类支付工具大都通过网络交易服务平台,即第三方电子支付机构,为商家与消费者提供一个独立而有公信力的交易平台,确保双方收付款的安全和快捷,极大地促进了电子商务的发展。

2.第三方支付的种类

对第三方支付工具的分类,目前还没有统一的标准。依照不同的标准,可以将第三方支付工具分为以下类型:

(1)根据第三方支付机构对交易的介入程度,可以将第三方支付分为监管型第三方支付与非监管型第三方支付。其中,监管型第三方支付指的是买卖双方达成付款意向后,由买方将款项划至其在支付平台上的账户,然后卖家发货给买家,买家在收货后通知第三方支付机构,由第三方支付机构将买方先前划来的款项从买家的账户中划至卖家在支付平台上的账户。这种模式实质是以第三方支付机构作为信用中介,在买家确认收到商品前,代替买卖双方暂时保管货款。此类模式的典型代表是阿里巴巴的"支付宝"。

非监管型第三方支付是指第三方支付机构只是负责按照付款方指令将款项从其账户中划付给收款方账户,以虚拟资金充当介质来完成网上款项支付,使支付交易只在支付机构系统内循环,第三方支付机构并不关心交易是否真实发生或者是否真正完成。

(2)根据所提供的业务模式,可以将第三方支付分为银行网关型第三方支付与账户支付型第三方支付。其中,银行网关型第三方支付指第三方支付机构通过与各大银行签约,集成银行网关,为网上交易提供统一的支付界面,其主要功能是方便用户进行银行结算，降低电子商务网站的支付门槛，节约银行网关开发成本。这类模式的典型代表为首信。

账户支付型第三方支付指为了建立网上交易双方的信任关系，保证资金流和货物流的顺利对流，通过改造支付流程，实行"第三方代收代付"和"信用担保"。在这种模式中，第三方支付机构不仅能保证资金的安全转让，还可担任货物的信用中介，从而约束和监管交易双方的行为，在一定程度上减少交易双方对彼此信用的猜疑，增强客户对网上交易的信心，提高网络购物的可信度，降低网络交易欺诈风险。这类支付模式以支付宝为代表。

（二）第三方支付的法律关系

1.第三方支付的参与主体

网络交易的法律关系比较复杂，涉及多个法律主体，主要有网络买家、网络卖家、第三方支付工具（第三方支付服务提供商）、电子商务平台提供商、银行、第三方认证机构、第三方物流等。第三方支付中的基础法律关系主体主要是买卖双方以及第三方电子支付机构。依据《非金融机构支付服务管理办法》的规定，第三方电子支付机构须是在中华人民共和国境内依法设立的有限责任公司或股份有限公司，且为非金融机构法人。这一规定有两层涵义，其一，第三方电子支付机构应采取公司制形式，以保证其治理结构符合现代商业的要求；其二，第三方电子支付机构不同于银行，不属于金融机构。

2.第三方支付参与主体的权利义务

在第三方支付中，支付双方都必须是支付平台的用户，用户与支付平台之间的权利义务关系由支付平台提供的服务协议予以确定，客户只有在接受服务协议的条款后才能成为支付平台的用户。支付平台用户通过注册获得一个在支付平台中的虚拟账户，该虚拟账户与客户在某一银行开立的真实账户相联结，用户可以通过指令实现虚拟账户与真实账户之间的资金转移。虚拟账户并非真实的资金账户，它只表示支付平台代为保管的用户的资金数额，虚拟账户下的资金实际上是从用户的银行账户转移到支付平台的银行账户，资金的移动其实全部在现实的银行账户之间进行。资金的转移形成保管关系，而非债权债务关系，这与银行的储蓄关系有所不同，用户转移到虚拟账户的资金并非用于储蓄或借贷，而是用于支付目的，第三方支付平台既不拥有也不得擅自挪用客户用于支付的资金。在第三方支付组织破产时，用户的资金不能作为破产财产处理，而要依保管关系返还给用户。

（三）第三方支付的监管规则

第三方支付平台关系到网络交易的健康发展和交易资金的安全，应当对其准入资质作出明确的法律规定。《非金融机构支付服务管理办法》及其实施细则等相关法律规范的出台,在一定程度上规范了非金融机构的支付服务行为,有利于防范支付风险,保护当事人的合法权益。

1.非金融机构支付服务的界定

非金融机构支付服务是指非金融机构作为收付款人之间的中介机构,提供以下部分或全部货币资金转移服务,具体包括网络支付、预付卡的发行与受理、银行卡收单以及中国人民银行确定的其他支付服务。

其中,网络支付是指非金融机构依托公共网络或专用网络,在收付款人之间转移货币资金的行为,包括货币汇兑、互联网支付、移动电话支付、固定电话支付、数字电视支付等。预付卡是指非金融机构以营利为目的发行的、可以在发行机构之外购买商品或服务的预付价值,包括采取磁条、芯片等技术,以卡片、密码等形式发行的预付卡。银行卡收单是指通过销售点(POS)终端等为银行卡特约商户代收货币资金的行为。

2.资格审查和准入

(1)申请人条件

《非金融机构支付服务管理办法》第8条规定支付业务许可证的申请人应当具备下列条件:①在中华人民共和国境内依法设立的有限责任公司或股份有限公司,且为非金融机构法人;②有符合本办法规定的注册资本最低限额;[①]③有符合本办法规定的出资人;④有5名以上熟悉支付业务的高级管理人员;⑤有符合要求的反洗钱措施;⑥有符合要求的支付业务设施;⑦有健全的组织机构、内部控制制度和风险管理措施;⑧有符合要求的营业场所和安全保障措施;⑨申请人及其高级管理人员最近3年内未因利用支付业务实施违法犯罪活动或为违法犯罪活动办理支付业务等受过处罚。

(2)提交材料

申请人应当向所在地中国人民银行分支机构提交下列文件、资料:①书面申请,载明申请人的名称、住所、注册资本、组织机构设置、拟申请支付业务等;②公司营业执照(副本)复印件;③公司章程;④验资证明;⑤经会计师事务所审计的财务会计报告;⑥支付业务可行性研究报告;⑦反洗钱措施验收材料;⑧技术安全检测认证证明;⑨高级管理人员的履历材料;⑩申请人及其高级管

① 根据《非金融机构支付服务管理办法》的规定,申请人拟在全国范围内从事支付业务的,其注册资本最低限额为1亿元人民币;拟在省(自治区、直辖市)范围内从事支付业务的,其注册资本最低限额为3千万元人民币。上述注册资本最低限额为实缴货币资本。

理人员的无犯罪记录证明材料；⑪主要出资人的相关材料；⑫申请资料真实性声明。

3. 批准

中国人民银行分支机构依法受理符合要求的各项申请，并将初审意见和申请资料报送中国人民银行。中国人民银行审查批准的，依法颁发《支付业务许可证》并予以公告。截至 2012 年 6 月 28 日，第四批第三方支付牌照正式发放。至此，获得第三方支付牌照的企业达到 95 家。

《支付业务许可证》的有效期为 5 年，自颁发之日起算。支付机构拟于《支付业务许可证》期满后继续从事支付业务的，应当在期满前 6 个月内向所在地中国人民银行分支机构提出续展申请，每次续展的有效期为 5 年。

（四）第三方支付存在的风险

虽然我国对第三方支付已形成一些基本监管规则，当事人的合法权益也得到一定程度的保护，但仍存在诸多不足之处，具体如下：

1. 法律主体定位模糊

对于第三方支付机构而言，在交易双方通过支付平台进行交易的过程中，货款由买方先划入其在支付平台的账户，待买方收到货物并确认后，由第三方支付机构将货款从买方账户划入卖方账户；反之，则将货款退还给买方。在这一过程中，第三方支付机构对交易的安全起到保证作用，可以将其视为保证人。而作为银行网关型第三方支付机构，其作用相当于日常交易中负责银行转账支付的银行，与合同法律关系完全无关。这种多重的身份属性，造成第三方支付机构的主体地位定位模糊，不利于实施监管。

2. 用户数据泄露风险

当前，第三方支付机构使用不同的技术方法拥有庞大的用户数据，如个人档案、交易记录、银行授权资料等，但是却没有就如何存储和使用用户数据作出具体承诺。在监管方面，至今没有相应法律法规与技术标准对第三方支付机构的用户数据采集、存储和使用进行规范，也没有提出相应的风险防范制度与救济手段。上述交易数据和用户隐私处于极大的风险中，日渐影响到第三方电子支付市场的健康发展。如何保障交易数据安全成为用户关注的焦点，也应是法律规制的重点。

3. 资金沉淀风险

在通过第三方支付平台进行交易的过程中，资金通常会在第三方支付机构处滞留，即所谓的资金沉淀。交易沉淀资金的法律问题首先是资金所有权问题，这关系到沉淀资金的利息的法律归属。当买方或者支付方对第三方平台的虚拟账户充值后，资金从买方的账户划至第三方支付平台的虚拟账户。根据结算周期，这笔货款将产生一定的存款利息，而这些利息的归属取决于资金所有权是否发生转移。如果第三方支付机构只是货款的保管人，则始终不具有资金的所有权。因此，有关货款利息的归属问题应当予以明确规定，以平衡第三方支付平台交易中各参与者的利益。

4. 洗钱风险

非监管型支付模式的第三方支付公司可以提供非交易性支付平台账户的资金划转服务，可能会成为实施资金非法转移、信用卡套现、洗钱、偷税等违法犯罪活动的工具。当前，用户可以匿名在网上开立账户，网络发生的交易可能和实际交易并不一致，而第三方支付机构不属于金融机构，我国相关法律法规也没有规定第三方支付平台的反洗钱义务，所以第三方支付交易并未纳入反洗钱监管范围，很难把握交易资金的真实来源和去向。这些制度性缺陷给了违法者利用第三方平台进行洗钱等非法交易活动的可乘之机，存在巨大的潜在法律风险。显然，如何加强监管、打击网上洗钱犯罪行为，是第三方支付法律规范亟待解决的重要问题。

复习思考题

1. 试述支付结算的概念及原则。
2. 试述目前我国支付结算制度存在的主要问题及其完善建议。
3. 何谓银行卡？现行法律法规中银行卡当事人的权利义务有哪些？
4. 简述最近几年中国银行卡发展现状、存在问题以及法律对策。
5. 票据的概念及其法律特征是什么？
6.《票据法》规定："以欺诈、偷盗、胁迫等手段取得票据的，或者明知有前列情形，出于恶意取得票据的，不得享有票据权利。持票人因重大过失取得不符合本法规定的票据，也不得享有票据权利。"这条规定是否与票据的无因性相矛盾？
7. 简述背书的分类。
8. 票据法中的抗辩权如何体现？其意义如何？
9. 根据《票据法》的规定，分析汇票、本票和支票的异同。
10. 试述信用证的概念和基本结算关系。
11. 针对我国国内信用证所存在的问题，应从哪些方面予以改进？
12. 电子银行业务与传统支付结算业务手段相比，有何利弊？
13. 试述电子银行在国内的发展状况以及存在的法律问题。
14. 国内第三方支付存在哪些法律风险以及应如何应对？

第8章

涉外银行法律制度

20世纪80年代以来，随着我国银行业对外开放政策的不断推进，外资银行开始进入中国市场。与此同时，中资商业银行也通过各种途径走出国门，参与国际竞争。我国涉外银行法律制度正是在这样的背景下产生和发展起来的。为了促进银行业有序开放和健康发展，我国陆续出台了许多法律、法规和规章制度。在宏观层面，我国涉外银行法律制度包括两大部分，即规范外资银行的法律制度和规范中资商业银行海外活动的法律制度；在微观层面，涉外银行法律制度主要涵盖银行业的市场准入、任职资格管理、业务范围、内部控制和法律监管等。而随着我国加入世界贸易组织，《服务贸易总协定》和《中国入世议定书》附件九的生效促进了我国涉外银行法律制度的重大调整和更新，这不仅为外资银行在我国的发展开拓了空间，也为中资商业银行的海外竞争创造了有利条件。

第一节　我国涉外银行的发展及相关立法

一、我国涉外银行的发展历程

(一)外资银行的发展

外资银行进入中国市场已有一百多年的历史。新中国成立后，汇丰银行、东亚银行、华侨银行和渣打银行等四家外资银行被允许继续在上海营业。随着中国社会经济步入改革开放时期，作为金融对外开放整体战略的重要组成部分，我国银行业对外开放从1980年到现在大致经历了四个发展阶段。

1. 1980年至1993年

在此阶段，中国银行业对外开放的总体战略是，通过外资银行的进入引进外汇资金，并改善对外资企业的金融服务，创造更好的投资环境。1980年，日本输出入银行在北京设立代表处；1981年，南洋商业银行在深圳设立分行，成为改革开放以来外资银行在中国设立的第一家营业性机构。在不断适应经济金融发展需要、稳步推进银行业对外开放的方针指导下，中国银行业不断扩大对外开放地域，逐步从经济特区扩展到沿海城市和中心城市。截至1993年底，外资银行在中国13个城市共设立76家营业性机构，主要经营对外资企业和外国居民的外汇业务，资产总额达到89亿美元。[①]

2.1994年至2001年

在这一阶段，中国经济体制改革取得突破性进展，加快了建立社会主义市场经济体制的步伐。对外贸易全面发展，外商投资显著增加，对外开放的总体格局基本形成。为进一步提高对外开放水平和改善投资环境，中国制定并实施了相关政策，完善了涉外经济法规，保持了外商来华投资的良好势头，外资银行业务随着外资企业在中国的迅速成长以及中资企业国际业务的拓展而得以迅猛发展。在修订和完善《中华人民共和国经济特区外资银行、中外合资银行管理条例》(1985年颁布)的基础上，中国于1994年颁布了全面规范外资银行的第一部法规——《中华人民共和国外资金融机构管理条例》，规定了外资银行在华经营的市场准入条件和监管标准。自此，外资银行在华经营逐步进入法制化、规范化的发展轨道。

在第一阶段开放成果的基础上，中国银行业对外开放的地域扩展到全国范围，外资银行可以在中国所有城市设立分支机构。为促进外资银行业务进一步发展，中国于1996年颁布了《上海浦东外资金融机构经营人民币业务试点暂行管理办法》，向外资银行开放对外资企业及境外居民的人民币业务，使外资银行在中国的发展得以加速。截至1997年底，在华外资银行营业性机构达到175家，四年内增加了99家，资产总额增长3倍多。[②]

亚洲金融危机爆发后，外资银行在亚洲地区的发展趋于谨慎，在华机构布局和业务拓展也明显放缓，甚至有个别外资银行退出了中国市场。1998年至

---

① 参见中国银监会：《中国银行业对外开放报告》，http://www.cbrc.gov.cn/chinese/home/docView/20070322E53EB19A80F47157FFF41FBA56F2E700.html，下载日期：2012年8月10日。

② 参见中国银监会：《中国银行业对外开放报告》，http://www.cbrc.gov.cn/chinese/home/docView/20070322E53EB19A80F47157FFF41FBA56F2E700.html，下载日期：2012年8月10日。

2001 年期间，在华外资银行营业性机构仅净增 15 家。[①] 为促进外资银行在华发展，我国政府适时出台了一系列措施。例如，批准深圳成为继上海之后的第二个允许外资银行经营人民币业务的试点城市；允许外资银行进入全国银行间同业拆借市场，解决其人民币业务资金来源问题；放宽外资银行经营人民币业务的地域限制，允许上海市外资银行将人民币业务扩展到江苏和浙江，允许深圳市外资银行将人民币业务扩展到广东、广西和湖南。在外汇贷款规模逐年收缩的同时，上述措施有效地促进了外资银行人民币业务的发展。

3. 2002 年至 2006 年

这一阶段，中国银行业对外开放发生了巨大变化。中国于 2001 年 12 月 11 日加入世贸组织，在五年过渡期内，中国认真履行承诺，有序推进银行业对外开放，稳定的开放预期和适时的政策调整有力地推动了外资银行在中国的快速发展。这一阶段的开放措施主要包括：

履行加入世贸组织的承诺。自加入世贸组织之日起，向外资银行开放对所有客户的外汇业务；逐步将外资银行经营人民币业务的地域从加入时的上海、深圳、天津、大连四个城市扩大到全国所有地区；逐步将外资银行人民币业务的客户对象从外资企业和外国人扩大到中国企业和中国居民。同时，逐步放松对外资银行在华经营的限制，取消有关外资银行人民币负债不得超过外汇负债 50%的限制；放宽对外资银行在境内吸收外汇存款的比例限制；取消对外资银行在华经营的非审慎性限制，在承诺基础上逐步给予外资银行国民待遇。

在履行加入世贸组织承诺的同时，中国还根据经济发展和金融改革的需要，在承诺之外积极实施了一系列自主开放措施。具体包括：第一，积极支持和鼓励外资银行在中西部和东北地区发展，提前向外资银行开放西安、沈阳、哈尔滨、长春、兰州、西宁等城市的人民币业务，放宽其在这些地区经营人民币业务的盈利资格条件，并为外资银行在中西部和东北地区设立机构和开办业务开辟绿色通道，在同等条件下优先审批其设立机构和开办业务的申请。第二，适时调整外资银行营运资金政策，逐步减少经营本外币业务的营运资金档次，降低营运资金要求。第三，允许外资银行与中资银行同步开办衍生产品交易业务、合格境外机构投资者境内证券投资托管业务、代客境外理财及托管业

① 参见中国银监会：《中国银行业对外开放报告》，http://www.cbrc.gov.cn/chinese/home/docView/20070322E53EB19A80F47157FFF41FBA56F2E700.html，下载日期：2012 年 8 月 10 日。

务、允许外资银行开办代理保险业务。第四,根据与香港和澳门特别行政区签订的《关于建立更紧密经贸关系的安排》(CEPA),允许香港和澳门地区银行以优惠条件在内地设立机构和开办业务。第五,调整外资金融机构参资入股中资银行的比例,允许合格的境外战略投资者按照自愿和商业原则投资入股中资银行,参与中国银行业改革。

根据相关规定,外国银行分行、独资银行和合资银行均属于营业性机构,经批准可按规定经营存款、贷款、结算、托管和代理保险等业务,并可在符合开业时间、盈利状况和审慎经营等条件后申请开办人民币业务。与此同时,中国还积极鼓励外资银行开展金融创新,允许外资银行在华开办金融衍生产品交易业务、境外合格机构投资者境内证券投资托管业务、个人理财业务、代客境外理财业务、电子银行等业务,促进了外资银行业务品种和服务方式的多元化。

截至2006年年底,在中国注册的外资独资和合资法人银行业机构共14家,下设19家分支行及附属机构;22个国家和地区的74家外资银行在中国25个城市设立了200家分行和79家支行;42个国家和地区的186家外资银行在中国24个城市设立了242个代表处。[①] 同时,在华外资银行的本外币资产总额达1033亿美元,占中国银行业金融机构总资产的1.8%,存款总额397亿美元,贷款余额616亿美元;外汇资产总额676亿美元,存款总额178亿美元,贷款余额359亿美元;人民币资产总额2788亿元,存款总额1706亿元,贷款余额2003亿元。[②] 此外,外资银行经营的业务品种超过100种,115家外资银行机构获准经营人民币业务。[③]

4.2007年至今

我国银行业于2006年12月11日起全面对外资开放,外资银行在法人导向政策下得以平稳、健康的发展。法人导向政策是指在自愿选择商业存在状

---

① 参见中国银监会:《中国银行业对外开放报告》,http://www.cbrc.gov.cn/chinese/home/docView/20070322E53EB19A80F47157FFF41FBA56F2E700.html,下载日期:2012年8月10日。

② 参见中国银监会:《中国银行业对外开放报告》,http://www.cbrc.gov.cn/chinese/home/docView/20070322E53EB19A80F47157FFF41FBA56F2E700.html,下载日期:2012年8月10日。

③ 参见中国银监会:《中国银行业对外开放报告》,http://www.cbrc.gov.cn/chinese/home/docView/20070322E53EB19A80F47157FFF41FBA56F2E700.html,下载日期:2012年8月10日。

态的基础上，鼓励外资银行设立或者转制为法人银行。从国际经验看，许多国家主要是通过强制要求或者制定政策来实现这一导向。例如，允许外资银行的法人银行从事全面业务，对外资银行的分行实施一定的审慎性限制，特别是对零售业务的限制。采取这一政策的主要原因是：(1)许多国家的法律规定，银行破产清算时存款人的清偿顺序是本国存款人优先。外资银行分行是母行的组成部分，一旦母行发生流动性风险或者支付危机，外资银行分行所在国家的存款人将无法得到优先清偿保障。(2)在全球化背景下，跨国银行在任何地区、任何业务领域的风险都可能迅速传递到分行，分行所在国监管当局却无法对此实施风险隔离。而对于当地注册的法人银行，监管当局则可以通过资本充足率、损失拨备覆盖率、大额授信集中度、资金跨境流动以及存款支付能力等监管措施，实施风险隔离，最大限度地维护本国金融体系的稳定和保护本国存款人利益。(3)许多国家存款保险制度的安排只允许外资法人银行加入，一般不吸收外资银行分行。基于以上原因，为有效保护本国公众存款人利益，监管当局通常鼓励外资银行在境内设立或转制为法人银行。

截至2011年底，45个国家和地区的181家银行在华设立209个代表处；14个国家和地区的银行在华设立37家外商独资银行(下设245家分行)、2家合资银行(下设7家分行、1家附属机构)、1家外商独资财务公司；26个国家和地区的77家外国银行在华设立94家分行。外资银行在我国27个省(市、区)50个城市设立机构网点，同时，共有6家外资法人银行分行获准在其所在城市辖区内的外向型企业密集市县设立支行。35家外资法人银行、45家外国银行分行获准经营人民币业务，25家外资法人银行、25家外国银行分行获准从事金融衍生产品交易业务，5家外资法人银行获准发行人民币金融债券。在华外资银行营业性机构资产总额(含外资法人银行和外国银行分行)2.15万亿元，同比增长23.60%；各项存款余额1.32万亿元，增长25.27%；各项贷款余额9,785亿元，增长7.10%；流动性比例为69.53%；实现税后利润167.3亿元；不良贷款率为0.41%；外资法人银行资本充足率为18.83%，核心资本充足率为18.38%。总体上看，在华外资银行营业性机构的主要指标均高于监管要求，基本面健康。①

时至今日，中国银行业已形成以长江三角洲、珠江三角洲和环渤海经济圈为核心、向周边地区辐射的开放格局，开放的广度和深度均发生了质的变化。

---

① 参见《中国银行业监督管理委员会2011年报》，第27页。

(二)中资商业银行的海外发展

改革开放之后的很长一段时间内,与外资银行在我国"高调"发展形成鲜明对比的是,中资商业银行在海外的发展,无论是规模还是速度,都显得相对"低调"。不过,在2001年我国加入WTO之后,尤其是随着2006年银行业的全面对外开放,中资银行在海外的发展速度明显加快,机构数量、资产规模和经营绩效等均出现大幅度的提高。

截至2010年底,5家大型商业银行在亚洲、欧洲、美洲、非洲和大洋洲共设有89家一级境外营业性机构,收购或参股10家境外机构,6家股份制商业银行在境外设立5个分行、5个代表处,2个城市商业银行在境外设立2家代表处,我国银行业利用境内外两个市场、两种资源的能力进一步提升。①

2011年,中国银行业审慎稳妥推进机构海外布局,拓展业务范围。中国工商银行新设孟买分行等11家海外分支机构;中国农业银行伦敦代表处和首尔代表处升格为伦敦子行和首尔分行的申请已获当地监管机构批准;中国银行新设12家海外分支机构,其中伊斯坦布尔代表处的设立进一步覆盖了海外空白地区;中国建设银行新设莫斯科代表处等2家海外分支机构;交通银行新设胡志明市分行等4家海外分支机构。②

二、涉外银行发展的积极意义

银行业改革开放是金融业对外开放的重中之重,更是我国改革开放基本国策的有机组成部分。从内容上看,它不仅包括外资银行的引入,同样也意味着我国商业银行走出国门,参与国际银行业竞争。银行业的实践表明,涉外银行的发展具有重要意义。

(一)外资银行在华发展的积极意义

作为涉外银行的重要主体之一,外资银行在促进我国金融市场深化、推动金融市场创新等方面均有不可替代的作用。具体包括以下几点:③

1.促进金融市场深入发展和加快银行业改革开放步伐

随着我国银行业的逐步对外开放,外资银行在我国的机构数量不断提高、

① 参见《中国银行业监督管理委员会2010年报》,第34～35页。

② 参见《中国银行业监督管理委员会2011年报》,第27页。

③ 参见中国银监会:《中国银行业对外开放报告》,http://www.cbrc.gov.cn/chinese/home/docView/20070322E53EB19A80F47157FFF41FBA56F2E700.html,下载日期:2012年8月22日。

经营范围不断扩大，日益融入中国银行业的各个层面，提升了我国金融市场的功能，活跃了同业竞争。2002 年召开的全国金融工作会议明确了国有商业银行改革的方向和目标；2003 年年底，选择中国银行、中国建设银行进行股份制改革试点，并向这两家银行注入 450 亿美元资本金；2005 年，批准中国工商银行股份制改革方案，对其注资 150 亿美元；2008 年，中国农业银行也获得中央汇金投资有限责任公司大约 190 亿美元的注资。目前，我国大型国有商业银行已经全部完成股份制改造，引入了合格的境内外战略投资者并在资本市场成功上市，其他配套政策措施正在稳步实施。银行业的改革，特别是外资金融机构作为长期战略投资者的进入，推动了中资银行公司治理的完善，引进了银行管理的专业人才，提高了银行业的风险管理能力、金融创新水平及综合竞争实力。从总体上看，银行业对外开放有效促进了银行业改革的快速、全面以及深入开展。

2. 推动银行业金融创新

外资银行将先进的管理理念、成熟的管理技术和产品引入中国市场，促使中资银行提高创新意识和创新能力，加快了中资银行在制度、管理和技术等方面的创新步伐。在组织架构方面，中资银行开始优化内部管理架构，推行垂直化管理体制，逐步强化业务管理线的职能；在业务流程方面，中资银行加快以客户为中心、以风险控制为主线的业务流程再造，推行前、中、后台相互分离的控制系统，有效促进了信息管理系统的升级和完善，充分提高了经营分析和管理能力；在经营模式方面，中资银行积极探索经济资本增加值、风险调整后的资本回报率等业绩考核方法，逐步发展高附加值产品，提高中间业务收入，开拓零售业务，实现业务发展模式和盈利模式的转变和优化。中资银行的金融创新能力和资源配置效率显著提高，综合竞争力不断增强。

3. 深化中外资银行合作

中国银行业对外开放以来，中外资银行的合作日益密切，从业务合作到股权合作，逐步形成了共同发展、互利共赢的格局。一方面，在业务合作方面，中资银行在外资银行管理技术和研发优势的支持下积极创新业务品种，提高风险控制能力；外资银行从中资银行融入资金，以弥补经营人民币业务的资金缺口，并与中资银行建立代理关系，提高结算效率和业务覆盖范围。另一方面，在业务合作的基础上，中外资银行展开了更深层次的股权合作。外资金融机构的投资入股，不仅增强了中资银行的资本实力，改变了中资银行单一的股权结构，更重要的是有利于中资银行提高公司治理水平，实现管理模式和经营理念与国际先进银行逐步接轨。同时，参股中资银行也为外资银行提供了参与和分享中国经济发展和银行业改革成果的机会，极大地提高了外资银行在中国的市场份额，有利于进一步开拓中国市场。

4.提高银行业监管水平

在银行业对外开放进程中，我国参照国际银行监管惯例，逐步创造公平、统一、透明的监管环境，在统一中外资银行监管标准方面取得了重大进展。同时，根据外资银行发展状况，我国不断完善外资银行监管制度和监管体系，建立风险评估、外国银行分行综合评价和母行支持度评价等监管指标体系，提高了外资银行监管水平。此外，我国还通过加强银行监管的国际交流与合作，来提高银行业风险的监管和防范能力。目前，我国已经同包括美国、英国、加拿大、德国、韩国、新加坡、法国、澳大利亚、意大利和香港、澳门在内的多个国家和地区的金融监管当局建立了双边监管合作机制，内容包括信息交换、市场准入和现场检查中的合作、监管信息保密、监管磋商等。作为发展中国家的代表，我国积极参与制定《有效银行监管核心原则》和《新资本协议》等银行监管国际标准，并不断创造条件推动其本地化实施，促进我国银行业监管的国际化和专业化。

（二）中资银行海外发展的积极意义

外资银行的引进固然重要，然而我国商业银行的发展也需要走出去——参与国际竞争，因为银行业的竞争早已跨越国界。可以说，我国商业银行在境外设立机构和开展业务活动，在诸多方面都具有积极意义。

1.扩大影响。中资商业银行在境外设立运营机构，特别是国有商业银行和大型股份制商业银行在主要发达市场经济国家开设分支机构，对于提高我国银行业在国际金融市场中的影响力和品牌认知度具有重要作用。

2.分散风险，增加盈利。客观而言，经济全球化为银行业金融机构在世界范围内分散经营风险提供了有利条件。通过多种形式的境外活动，中资商业银行不仅可以在一定程度上分散风险，更好地实现稳健经营，而且可以分享全球经济发展成果，特别是在新兴经济体国家设立分支机构，有助于分享这些国家经济高速增长带来的“红利”，从而增加盈利。

3.促进银行业创新。与世界知名的跨国银行巨头相比，我国商业银行在经营管理、金融创新产品开发等方面还存在明显的不足。通过在海外参与国际银行业竞争，我国商业银行可以近距离感受和学习国际知名银行的管理经验及金融产品的研发技术，这有助于提高我国银行业的整体实力和国际竞争力。

4.改进银行业监管。银行业的海外扩张和业务拓展在给商业银行带来新的利润增长点的同时，客观上也给银行业监管者带来了新的挑战。银行业监管者不仅要加强常规监管、调整监管政策和策略，以适应商业银行海外经营监管需要，而且要加强与东道国银行监管者之间的合作。除此之外，还应强化与国际银行业监管组织的沟通与协调。由此可见，中资商业银行的海外活动客观上也有助于推动我国银行业监管者不断改进监管政策，提高监管效率和监管水平。

三、涉外银行发展的法律保障

(一)《服务贸易总协定》

《服务贸易总协定》(以下简称“《协定》”)是世界贸易组织(以下简称“WTO”)管辖下的一揽子协议之一，是乌拉圭回合多边贸易谈判的结果，1994年4月签署于摩洛哥马拉喀什。《协定》本身条款由序言和六个部分29条组成。前28条为框架协议，规定了服务贸易自由化的原则和规则，第29条为附件(共有8个附件)。主要内容包括：范围和定义、一般义务和纪律、具体承诺、逐步自由化、机构条款、最后条款等，其核心是最惠国待遇、国民待遇、市场准入、透明度及支付的款项和转拨的资金的自由流动。《协定》适用于各成员采取的影响服务贸易的各项政策措施，包括中央政府、地区或地方政府和当局及其授权行使权力的非政府机构所采取的政策措施。

《协定》的宗旨是在透明度和逐步自由化的条件下，扩大全球服务贸易，并促进各成员的经济增长和发展中国家成员服务业的发展。考虑到各成员服务贸易发展的不平衡，《协定》允许各成员对服务贸易进行必要的管理，鼓励发展中国家成员通过提高其国内服务能力、效率和竞争力，更多地参与世界服务贸易。金融服务隶属于服务贸易的范畴，中国已经是WTO的成员国，因此必须接受《服务贸易总协定》的约束，严格履行在其项下所作的承诺，包括进一步对外开放我国的金融市场。毫无疑问，《服务贸易总协定》的相关规定对我国银行业的对外开放和中资商业银行的海外发展具有重要影响。具体而言，这些规定主要表现为：

1. 服务贸易范围

《协定》规定的服务贸易涵盖：自一成员领土向任何其他成员领土提供服务；在一成员领土内向任何其他成员的服务消费者提供服务；一成员的服务提供者通过在任何其他成员领土内的商业存在提供服务；一成员的服务提供者通过在任何其他成员领土内的自然人存在提供服务。

2. 最惠国待遇和透明度原则

对于最惠国待遇,《协定》第2条规定:(1)关于本协定涵盖的任何措施,每一成员对于任何其他成员的服务和服务提供者,应立即和无条件地给予不低于其给予任何其他国家同类服务和服务提供者的待遇。(2)一成员可维持与第(1)款不一致的措施,只要该措施已列入《关于第2条豁免的附件》,并符合该附件中的条件。(3)本协定的规定不得解释为阻止任何成员对相邻国家授予或给予优惠,以便利仅限于毗连边境地区的当地生产和消费的服务的交换。

《协定》第3条对透明度原则的规定包括:(1)除紧急情况外,每一成员应迅速公布有关或影响本协定运用的所有普遍适用的措施,公布时间最迟应在此类措施生效之时。一成员为签署方的有关或影响服务贸易的国际协定,也应予以公布。(2)如第(1)款所指的公布方式不可行,则应以其他方式使此类信息可公开获得。(3)每一成员应就以下事项迅速并至少每年一次向服务贸易理事会通报,具体包括对本协定项下具体承诺所涵盖的、对服务贸易有重大影响的任何新的法律、法规、行政准则,或现有法律、法规、行政准则的任何变更。(4)每一成员对于任何其他成员所提出的有关提供其普遍适用的任何措施或属第(1)款范围内的国际协定的所有具体资料的请求,应迅速予以答复。每一成员还应设立一个或多个咨询点,以根据请求就所有此类事项和第(3)款中的通知事项,向其他成员提供具体信息。此类咨询点应在《建立世界贸易组织协定》(本协定中称"《WTO协定》")生效之日起2年内设立。对于个别发展中国家成员,可在咨询点的设立时限方面给予适当的灵活性。咨询点不必是法律和法规的保存机关。(5)任何成员可将其认为影响本协定运用的、任何其他成员采取的任何措施通知服务贸易理事会。

3. 银行服务范围

《协定》第29条附件部分,对银行相关服务作了如下规定:"……(ⅴ)接受公众存款和其他应偿还基金。(ⅵ)所有类型的贷款,包括消费信贷、抵押信贷、商业交易的代理和融资。(ⅶ)财务租赁。(ⅷ)所有支付和货币转移服务,包括信用卡、赊账卡、贷记卡、旅行支票和银行汇票。(ⅸ)担保和承诺。(ⅹ)交易市场、公开市场或场外交易市场的自行交易或代客交易:(A)货币市场工具(包括支票、汇票、存单);(B)外汇;(C)衍生产品,包括但不仅限于期货和期权;(D)汇率和利率工具,包括换汇和远期利率协议等产品;(E)可转让证券;(F)其他可转让票据和金融资产,包括金银条块。(ⅺ)参与各类证券的发行,包括承销和募集代理(无论公开或私下),并提供与该发行有关的服务。(ⅻ)货币经纪。(ⅹⅲ)资产管理,如现金或证券管理、各种形式的集体投资管理、养老基金管理、保管、存款和信托服务。(ⅹⅳ)金融资产的结算和清算服务,包括证券、衍生产品和其他可转让票据。(xv)提供和传送其他金融服务提供者提供的金融信息、金融数据处理和相关软件。(xvi)就(v)至(xv)目所列的所有活动提供咨询、中介和其他附属金融服务,包括信用调查和分析、投资和资产组合的研究和咨询、收购咨询、公司重组和策略咨询。"

4. 市场准入与国民待遇原则

关于市场准入,《协定》第16条要求:(1)对于通过《协定》第1条确认的服务提供方式的市场准入,每一成员对任何其他成员的服务和服务提供者给予的待遇,不得低于其在具体承诺减让表中同意和列明的条款、限制和条件。(2)在作出市场准入承诺的部门,除非在其减让表中另有列明,否则一成员不得在其一地区或在其全部领土内维持或采取按如下定义的措施:(a)无论是以数量配额、垄断、专营服务提供者的形式,还是以经济需求测试要求的形式,限制服务提供者的数量;(b)以数量配额或经济需求测试要求的形式,限制服务交易或资产总值;(c)以数量配额或经济需求测试要求的形式,限制服务业务总数或以指定数量单位表示的服务产出总量;(d)以数量配额或经济需求测试要求的形式,限制特定服务部门或服务提供者可雇用的、提供具体服务所必需且直接有关的自然人总数;(e)限制或要求服务提供者通过特定类型法律实体或合营企业提供服务的措施;以及(f)以限制外国股权最高百分比或限制单个或总体外国投资总额的方式限制外国资本的参与。

与市场准入问题密切相关的是国民待遇问题,对此,《协定》也作出了原则性规定:(1)对于列入减让表的部门,在遵守其中所列任何条件和资格的前提下,每一成员在影响服务提供的所有措施方面给予任何其他成员的服务和服务提供者的待遇,不得低于其给予本国同类服务和服务提供者的待遇。(2)一成员可通过对任何其他成员的服务或服务提供者给予与其本国同类服务或服务提供者的待遇形式上相同或不同的待遇,满足第(1)款的要求。(3)如形式上相同或不同的待遇改变竞争条件,与任何其他成员的同类服务或服务提供者相比,有利于该成员的服务或服务提供者,则此类待遇应被视为较为不利的待遇。在乌拉圭回合谈判结束时,共有71个成员(当时欧盟的12个成员计为1个)在其承担特定义务计划表中列出了金融服务的内容,但总体开放水平较低。乌拉圭回合后,各成员方继续就金融服务进行磋商,以期进一步改善各成员方开放各自金融市场的承诺。1995年7月,达成《临时金融服务协议》,即第二协议;1997年12月,达成《金融服务协议》,即第五协议。

显然,作为WTO成员方之一,遵守《协定》的规定是我国应尽的义务。然而,我们也应该看到,该协定也是我国商业银行走出国门、参与国际市场竞争的重要保障。

(二)《中国入世议定书》附件九关于银行业对外开放的框架性规定

《中国入世议定书》附件九——《服务贸易具体承诺减让表》对中国银行业的对外开放作出了框架性的规定，主要内容包括：

1. 银行服务范围。具体包括：a. 接收公众存款和其他应付公众资金的承兑；b. 所有类型的贷款，包括消费贷款、抵押贷款、商业交易的代理和融资；c. 金融租赁；d. 所有支付和汇划服务，包括信用卡、赊账卡和贷记卡、旅行支票和银行汇票(包括进出口结算)；e. 担保和承诺；f. 自行或代客外汇交易。

2. 地域限制的取消。对于外汇业务，自加入时起，无地域限制。对于本币业务，地域限制将按下列时间表逐步取消：自加入时起，开放上海、深圳、天津和大连；加入后1年内，开放广州、珠海、青岛、南京和武汉；加入后2年内，开放济南、福州、成都和重庆；加入后3年内，开放昆明、北京和厦门；加入后4年内，开放汕头、宁波、沈阳和西安；加入后5年内，将取消所有地域限制。

3. 客户规则。对于外汇业务，允许外国金融机构自加入时起在中国提供服务，无客户限制。对于本币业务，加入后2年内，允许外国金融机构向中国企业提供服务；加入后5年内，允许外国金融机构向所有中国客户提供服务。获得在中国地区从事本币业务的营业许可的外国金融机构，可向位于已开放此类业务的任何其他地区的客户提供服务。

4. 营业许可。外国金融机构在中国设立外国独资银行的，在提出申请前一年的年末总资产须超过100亿美元；外国金融机构在中国设立外国银行分行的，在提出申请前一年的年末总资产须超过200亿美元；外国金融机构在中国设立中外合资银行的，在提出申请前一年的年末总资产须超过100亿美元；从事本币业务的外国金融机构资格则为在中国营业满3年，且在申请之前连续2年盈利。

(三)我国相关立法概览

在推动我国银行业对外开放和促进商业银行海外业务发展的过程中，我国先后出台了许多重要的法律、法规和规章。这些规范性法律文件包括两大方面：

1. 外资银行立法

这方面的立法，较早可以追溯到1985年国务院制定的《中华人民共和国经济特区外资银行、中外合资银行管理条例》(1994年被废止)。目前，规范外资银行活动的法律主要包括：《中华人民共和国银行业监督管理法》(2003年)、《中华人民共和国行政许可法》(2003年)、《中华人民共和国商业银行法》

(2005 年修订)；国务院制定的《中华人民共和国外资银行管理条例》(2006 年)；中国银监会制定的《外资银行并表监管管理办法》(2004 年)、《商业银行与内部人和股东关联交易管理办法》(2004 年)、《商业银行外部营销业务指导意见》(2005 年)、《商业银行个人理财业务管理暂行办法》(2005 年)、《外资银行法人机构公司治理指引》(2005 年)、《电子银行业务管理办法》(2006 年)、《中华人民共和国外资银行管理条例实施细则》(2006 年)、《〈中华人民共和国外资银行管理条例实施细则〉公布后有关问题的公告》(2006 年)、《商业银行资本充足率管理办法》(2007 年修订)、《商业银行集团客户授信业务风险管理指引》(2010 年修订)、《金融机构衍生产品交易业务管理暂行办法》(2011 年修订)；中国银监会和国家发改委联合制定的《商业银行服务价格管理暂行办法》(2003 年)；中国人民银行、中国银监会和国家外汇管理局联合制定的《商业银行开办代客境外理财业务管理暂行办法》(2006 年)等等。

2.境外金融机构立法

我国对商业银行境外机构进行全面规范的最早立法是中国人民银行在 2001 年制定的《商业银行境外机构监管指引》(2010 年被废止)。目前，中资商业银行在境外设立分支机构和代表处参与国际竞争，除了要遵守我国《中华人民共和国银行业监督管理法》(2003 年)、《中华人民共和国行政许可法》(2003 年)和《中华人民共和国商业银行法》(2005 年修订)的基本规定之外，还应该符合中国人民银行制定的《境外金融机构管理办法》(2001 年)、中国银监会制定的《中资商业银行行政许可事项实施办法》(2006 年)、《商业银行合规风险管理指引》(2006 年)和《商业银行流动性风险管理指引》(2009 年)等规范性法律文件的要求。

四、当前涉外银行的发展与相关立法所存在的问题

改革开放之后，我国涉外银行的发展几乎是从头开始，经过三十多年的不断努力，无论是外资银行的引进，还是中资银行的海外拓展，都取得了骄人的成绩。然而需要注意的是：

一方面，涉外银行的发展质量有待提高。客观而言，外资银行虽然已经极大地促进了我国国有银行改制和整个银行业的发展，但是依然有很大潜力可以挖掘。同时，外资银行在我国境内经营过程中常出现的一些违法违规现象，还有待进一步规范。此外，与外资银行在华发展情况相比，中资商业银行在海外发展的速度和成绩均存在不小的差距，可谓任重道远。

另一方面，相关立法存在不足。在涉外银行立法方面，尽管我国已经制定

了大量的规范性法律文件，但是随着银行业的高速发展，产品创新可谓日新月异，现有的法律规范体系日益受到挑战，需要不断的更新和完善。

第二节 外资银行法律制度

根据《外资银行管理条例》以及《外资银行管理条例实施细则》等相关制度规范，我国外资银行法律制度在内容上主要包括：外资银行的市场准入；外资银行的任职资格管理；外资银行的业务范围；外资银行的公司治理与监管等。

一、外资银行的市场准入

（一）设立外资银行的资（本）金要求

根据《外资银行管理条例》第 8 条的规定，外商独资银行、中外合资银行的注册资本最低限额为 10 亿元人民币或者等值的自由兑换货币，注册资本应该为实缴资本。在我国境内设立分行的，应当由其总行无偿拨给不少于 1 亿元人民币或者等值的自由兑换货币的营运资金。外商独资银行、中外合资银行拨给各分支机构营运资金的总和，不得超过总行资本金总额的 60%。外国银行分行应当由其总行无偿拨给不少于 2 亿元人民币或者等值的自由兑换货币的营运资金。国务院银行业监督管理机构根据外资银行营业性机构的业务范围和审慎监管的需要，可以提高注册资本或者营运资金的最低限额，并规定其中的人民币份额。

（二）外国银行作为股东和设置代表处的条件

根据《外资银行管理条例》第 9 条的规定，拟设外商独资银行、中外合资银行的股东或者拟设分行、代表处的外国银行，应当具备下列条件：①具有持续盈利能力，信誉良好，无重大违法违规记录；②拟设外商独资银行的股东、中外合资银行的外方股东或者拟设分行、代表处的外国银行，应具有从事国际金融活动的经验；③具有有效的反洗钱制度；④拟设外商独资银行的股东、中外合资银行的外方股东或者拟设分行、代表处的外国银行，应受到所在国家或者地区金融监管当局的有效监管，并且其申请经所在国家或者地区金融监管当局同意；⑤国务院银行业监督管理机构规定的其他审慎性条件。此外，拟设外商独资银行的股东、中外合资银行的外方股东或者拟设分行、代表处的外国银行，其所在国家或者地区应当具有完善的金融监督管理制度，并且其金融监管当局已经与国务院银行业监督管理机构建立良好的监督管理合作机制。

（三）设立外商独资银行的金融机构股东的准入条件

《外资银行管理条例》第 10 条规定，拟设外商独资银行的股东应当为金融机构，除应当具备本条例第 9 条规定的条件外，其中唯一的股东或者控股股东还应当具备下列条件：①为商业银行；②在中华人民共和国境内已经设立代表处 2 年以上；③提出设立申请前 1 年年末总资产不少于 100 亿美元；④资本充足率符合所在国家或者地区金融监管当局以及国务院银行业监督管理机构的规定。

（四）中外合资银行股东的准入条件

《外资银行管理条例》第 11 条规定，拟设中外合资银行的股东除应当具备本条例第 9 条规定的条件外，其中外方股东及中方唯一或者主要股东应当为金融机构，且外方唯一或者主要股东还应当具备下列条件：①为商业银行；②在中华人民共和国境内已经设立代表处；③提出设立申请前 1 年年末总资产不少于 100 亿美元；④资本充足率符合所在国家或者地区金融监管当局以及国务院银行业监督管理机构的规定。

（五）设立分行的外国银行准入条件

《外资银行管理条例》第 12 条规定，拟设分行的外国银行除应当具备本条例第 9 条规定的条件外，还应当具备下列条件：①提出设立申请前 1 年年末总资产不少于 200 亿美元；②资本充足率符合所在国家或者地区金融监管当局以及国务院银行业监督管理机构的规定；③初次设立分行的，在中华人民共和国境内已经设立代表处 2 年以上。

二、外资银行的任职资格管理

（一）董事、高级管理人员和首席代表任职的积极条件

根据《外资银行管理条例实施细则》第 64 条的规定，董事、高级管理人员和首席代表的人员应当是具有完全民事行为能力的自然人，并具备下列基本条件：①熟悉并遵守中国法律、行政法规和规章。②具有良好的职业道德、操守、品行和声誉，有良好的守法合规记录，无不良记录。③具备大学本科以上（包括大学本科）学历，且具有与担任职务相适应的专业知识、工作经验和组织管理能力；不具备大学本科以上学历的，应当相应增加 6 年以上从事金融或者 8 年以上从事相关经济工作经历（其中从事金融工作 4 年以上）。④具有履职所需的独立性。外资银行的董事、高级管理人员、首席代表，在中国银监会或者所在地银监局核准其任职资格前不得履职。

（二）董事、高级管理人员和首席代表任职的消极条件

根据《外资银行管理条例实施细则》第 66 条的规定，有下列情形之一的，不得担任外资银行的董事、高级管理人员和首席代表：①有故意或者重大过失犯罪记录的。②担任或者曾任因违法经营而被接管、撤销、合并、宣告破产或者吊销营业执照的机构的董事或者高级管理人员的，但能够证明自己没有过错的除外。③指使、参与所任职机构阻挠、对抗中国银监会及其派出机构进行监督检查或者案件查处的。④违反职业道德、操守或者工作严重失职，给所任职的机构造成重大损失或者恶劣影响的。⑤本人或者其配偶负有数额较大的债务且到期未偿还的。⑥法律、行政法规、部门规章规定的不得担任金融机构董事、高级管理人员或者首席代表的情形。⑦中国银监会认定的其他情形。

（三）任职资格的核准或者取消

《外资银行管理条例实施细则》第 67 条规定，中国银监会负责核准或者取消外资银行下列人员的任职资格：①外商独资银行、中外合资银行的董事长、行长（首席执行官、总经理），外商独资银行分行、中外合资银行分行的行长（总经理）；②外国银行分行的行长（总经理）；③外国银行代表处的首席代表。此外，该实施细则第 68 条还规定，中国银监会可以授权外资银行所在地银监局核准更换外商独资银行分行的行长、中外合资银行分行的行长、外国银行分行的行长（总经理）、代表处首席代表的任职资格。

《外资银行管理条例实施细则》第 69 条规定，各地银监局负责核准或者取消本辖区外资银行下列人员的任职资格：①外商独资银行、中外合资银行的董事、副董事长、董事会秘书、副行长（副总经理）、行长助理、首席运营官、首席风险控制官、首席财务官（财务总监、财务负责人）、首席技术官、内审负责人和合规负责人；②外商独资银行分行、中外合资银行分行的副行长（副总经理）和合规负责人，外国银行分行的副行长（副总经理）和合规负责人；③支行行长；④其他对经营管理具有决策权或者对风险控制起重要作用的人员。

任职资格的取消。《外资银行管理条例实施细则》第 76 条规定，外资银行董事、高级管理人员和首席代表存在下列情形之一的，中国银监会及其派出机构可以视情节轻重，取消其一定期限直至终身的任职资格：①被依法追究刑事责任的；②拒绝、干扰、阻挠或者严重影响中国银监会及其派出机构依法监管的；③因内部管理与控制制度不健全或者执行监督不力，造成所任职机构重大财产损失，或者导致重大金融犯罪案件发生的；④因严重违法违规经营、内控制度不健全或者长期经营管理不善，造成所任职机构被接管、兼并或者被宣告破产的；⑤因长期经营管理不善，造成所任职机构严重亏损的；⑥对已任职的

外资银行董事、高级管理人员、首席代表，中国银监会如发现其任职前有违法、违规或者其他不宜担任所任职务的情形；⑦中国银监会认定的其他情形。

三、外资银行的业务范围

（一）外商独资银行和中外合资银行

根据《外资银行管理条例》第 29 条的规定，外商独资银行、中外合资银行按照国务院银行业监督管理机构批准的业务范围，可以经营以下外汇业务和人民币业务的部分或者全部：吸收公众存款；发放短期、中期和长期贷款；办理票据承兑与贴现；买卖政府债券、金融债券，买卖股票以外的其他外币有价证券；提供信用证服务及担保；办理国内外结算；买卖、代理买卖外汇；代理保险；从事同业拆借；从事银行卡业务；提供保管箱服务；提供资信调查和咨询服务；经国务院银行业监督管理机构批准的其他业务。此外，经过中国人民银行的批准，外商独资银行、中外合资银行也可以经营结汇、售汇业务。

（二）外国银行分行

根据《外资银行管理条例》第 31 条的规定，外国银行分行按照国务院银行业监督管理机构批准的业务范围，可以经营部分或者全部外汇业务以及对除中国境内公民以外客户的人民币业务，具体涵盖：吸收公众存款；发放短期、中期和长期贷款；办理票据承兑与贴现；买卖政府债券、金融债券，买卖股票以外的其他外币有价证券；提供信用证服务及担保；办理国内外结算；买卖、代理买卖外汇；代理保险；从事同业拆借；提供保管箱服务；提供资信调查和咨询服务；经国务院银行业监督管理机构批准的其他业务。此外，外国银行分行可以吸收中国境内公民每笔不少于 100 万元人民币的定期存款，还可以在经中国人民银行批准之后，经营结汇、售汇业务。

（三）外国银行代表处

根据《外资银行管理条例》第 33 条的规定，外国银行代表处可以从事与其代表的外国银行业务相关的联络、市场调查、咨询等非经营性活动。

四、外资银行的公司治理与监管

（一）外资银行的公司治理

公司治理涉及公司股东会、董事会、监事会、管理层、股东及其他利益相关者之间的相互关系，主要包括公司治理架构、公司治理机制等方面。健全的公司治理应保障银行具备明晰的组织架构、科学的决策机制、合理的激励机制、透明的信息披露机制以及有效的约束机制，保证银行有明确的经营目标，安全、稳健、合法、高效运行，同时保护股东、员工、客户等所有利益相关者尤其是存款人的合法权益。

1.外资银行股东会运行规则

银监会《外资银行法人机构公司治理指引》第二章就外资银行股东会的相关问题进行了详细规定。外资银行可以根据实际情况成立股东会，决定银行的重大事项，包括决定银行的经营方针和投资计划，选举和更换董事，审议批准董事会、监事(会)的报告，审议批准银行的年度财务预决算方案，对银行增资、减资、转让出资等重大事项作出决议。设立股东会的银行，股东会由全体股东组成，股东会会议由股东按照出资比例行使表决权。股东会会议一年应至少召开一次，不能出席会议的股东可授权他人参加，被授权人应持有书面的授权书。此外，需要注意的是，银行股东的资质应该符合《外资银行管理条例》及其实施细则的有关规定。变更持有资本总额5%以上的股东时，应以书面形式向监管部门真实、准确、完整地报告新股东的背景及与其他股东之间的关联关系、财务状况、资本补充能力等，并就其诚信作出承诺。

2.外资银行的董事会制度

《外资银行法人机构公司治理指引》第三章对外资银行董事会作出如下规定：

(1)董事会组成和独立董事任职资格。外资银行应设立董事会，其成员不少于3人，其中应至少有1名执行董事和1名独立董事。执行董事是指在银行内同时担任管理职务的董事，独立董事则是指不在银行担任除董事外的其他职务，并与所受聘的银行及其股东不存在任何可能妨碍其进行独立客观判断的关系的董事。独立董事除应具备其他董事的任职条件外，还应具有本科以上学历或同等学力，5年以上的法律、经济、金融、财务等专业的工作经历，熟悉与商业银行经营管理相关的法律法规，能够阅读、理解和分析商业银行的主要财务会计报表。在银行的股东机构任职者以及与该银行或其股东有利害关系者不能担任独立董事。

(2)董事会运作规范。董事会向股东(会)负责，依据相关法律及银行章程行使职权，其基本职责包括召集股东会，执行股东会决议，向股东(会)报告工作，决定公司的经营计划和投资方案，制定年度财务预决算方案，决定内部管理架构的设置，聘任或解聘行长(总经理)及其他高级管理人员，有效监督管理层，制定银行的基本管理制度等。董事会所有成员对银行负有诚信勤勉义务。董事的行为不得超越银行章程所赋予的权利，不得利用职权谋取私利或损害银行利益。董事会在外资银行公司治理过程中扮演着不可或缺的角色，为此，董事会必须保证银行合法合规经营，在履职时应充分考虑股东、债权人、员工及其他利益相关者的合法权益；确保所制定的发展目标和发展战略符合国家政策法规及银行实际情况，并督促管理层采取具体落实措施；努力倡导银行形成健康的企业文化、良好的道德氛围以及诚实信用的价值准则；建立正规的会议制度，明确董事会会议召开的方式、频率、议事规则和表决程序，并保存完整的董事会会议记录。董事会可根据银行的需要和实际情况成立各专业委员会，代表董事会负责某一领域的决策，或向董事会提供某一领域的专业意见，并对该领域业务情况进行检查和监督。各专业委员会应具备清晰的目标、权限和责任。

3. 外资银行高级管理层的设计

外资银行的高级管理层包括行长（总经理）、副行长（副总经理）、财务负责人、合规负责人等。行长（总经理）、副行长（副总经理）应由董事会选派任命。高级管理层人员应具备《外资银行管理条例实施细则》中规定的任职资格，并按规定报监管机构核准或备案，同时，这些人员必须诚实可靠，恪尽职守，审慎经营，不得利用职务之便以任何手段为自己或他人谋取不正当利益。高级管理层向董事会负责，依据银行章程在董事会授权下开展各项经营管理活动，制定机构日常运作的业务计划，并在董事会批准后负责具体实施。依据外资银行公司治理的内在要求，高级管理层应当按照中国银监会于 2007 年颁布的《商业银行内部控制指引》，建立完善的银行内部控制制度，确保银行安全稳健运行；选任合格人员管理各个业务部门和分支机构，并对银行各项经营活动和业务风险进行严格监控；建立高级管理层向董事会定期报告的制度，及时、准确、完整地报告银行的经营业绩、财务状况、风险状况及其他重大事项；建立和完善各项会议制度，并制定相应的议事规程。

4. 外资银行的监督约束机制

有效的公司治理结构离不开规范的监督约束机制，因此，外资银行必须建立有效的监督约束机制，对董事会、高级管理层的履职情况进行监督。首先是监事（会）制度。《外资银行法人机构公司治理指引》第 36 条规定，银行应根据需要和实际情况设立监事会，其成员不得少于 3 人，其中监事长 1 人。监事会由股东代表和适当比例的员工代表组成，具体比例由银行章程规定，员工代表由全体员工推举产生。不设监事会的银行应设 1 名监事，履行监事会的职责。监事（会）向股东（会）负责，履行监督董事会和高级管理层的职责，包括检查银行财务，对董事会成员、高级管理层人员违反法律、法规或银行章程的行为进行监督并纠正，防止董事会、高级管理层的行为损害银行、股东、员工及其他利益相关者特别是存款人的合法权益,定期向股东(会)报告董事、高级管理层的履职情况等。其次是内审和外审制度。《外资银行法人机构公司治理指引》第40条规定,银行应在董事会下设立单独的内审部门,负责对银行各项业务的合规情况、风险状况、内控制度的有效性及执行情况、经营业绩等进行稽核检查,考核高级管理层及各部门负责人的履职情况,并将检查结果及时向董事会报告。内审部门负责人的任免应由董事会直接负责。境外银行在中国境内设立的全资子银行也可由其总行内设的审计部门负责其审计工作。同时,该指引第41条还要求银行按照有关监管规定,聘请外部审计师在每个会计年度终了时对银行进行全面审计,外部审计师由董事会聘请、监事(会)认可,审计报告报董事会和股东(会),并抄报监事(会)。再次是关联交易控制制度。银行应按照《商业银行与内部人和股东关联交易管理办法》的有关规定,建立针对关联交易的监督和控制机制,包括设立专门的关联交易控制委员会,其成员应包括独立董事、风险管理部门负责人等,并由独立董事担任负责人。银行的关联交易应符合诚实、信用和公允原则,不得以优于非关联人同类交易的条件进行,独立董事对关联交易有一票否决权。需要注意的是,关联交易的范围除授信、资产转移、提供服务等形式外,还应包括对关联方的投资。

5.外资银行的激励机制

外资银行公司治理不仅需要规范的监督制约机制,而且也离不开有效的激励机制。从内涵上讲,银行的激励机制应当与其价值准则、经营目标、发展战略和内控环境等相联系;从内容上看,激励机制应该包括与绩效挂钩的职位晋升机制和薪酬机制等,其中薪酬制度和绩效评价无疑最受关注。银行的薪酬制度应当能够全面评价员工的工作业绩,并考虑长期和短期的风险。绩效考核应作为对被考核人拟定薪酬和其他激励措施的依据。作为一项基本原则,任何人都不应决定本人的薪酬政策和绩效评价。银行可根据需要和实际情况在董事会下设置专门的薪酬委员会,负责拟定董事、监事和高级管理层成员的薪酬方案,报董事会审议通过后负责监督实施。不设薪酬委员会的银行应设专门部门或专人履行薪酬委员会的职责。其他员工的薪酬政策由高级管理层制定,行长(总经理)、副行长(副总经理)及内审负责人的绩效评价由董事会负责,并由监事(会)进行监督。高级管理层负责考核各部门负责人,各部门负责人负责考核部门员工。

6.外资银行的信息披露和报告制度

国内外银行业的公司治理实践表明,完善的信息披露与报告制度能够有效提升银行公司治理的水平和绩效。外资银行应建立公开透明的信息披露制度，信息披露应遵循真实性、准确性、完整性、连续性和可比性原则。《外资银行法人机构公司治理指引》第 49 条规定，资产总额高于 10 亿元人民币且存款余额高于 5 亿元人民币的银行应按照《商业银行信息披露暂行办法》[①]的规定制作年度报告并向公众作出信息披露。该指引第 50 条则规定，资产总额低于 10 亿元人民币或存款余额低于 5 亿元人民币的银行，可采取适当方式，于每个会计年度结束后 4 个月内公布银行该年度的有关信息，公布的信息内容至少应包括主要股东的名称，董事会、高级管理层的人员组成，银行的组织架构，年度财务报告摘要、关联交易情况等。银行应向客户充分披露和揭示产品风险，不得向客户隐瞒产品风险甚至误导客户。除按有关规定定期向监管机构报送财务报表和有关资料外，外资银行还应主动、及时报告银行发生的重大事项以及股东的最新动态等。

总体而言，近年来外资银行已经初步建立起符合监管要求的公司治理结构，治理机制也日趋完善。但是，最新的调查评估表明，外资银行的公司治理在独立性、适应性、健全性和有效性等方面仍然存在一定程度的不足。

（二）外资银行的监管

1.外资银行监管的基础性规范

外资银行营业性机构应当根据相应监管要求，制定本行的业务规则，建立、健全风险管理和内部控制制度；遵守国家统一的会计制度和国务院银行业监督管理机构有关信息披露的规定；确定存款、贷款利率及各种手续费率；交存存款准备金；计提呆账准备金；向所在地的银行业监督管理机构报告跨境大额资金流动和资产转移情况；聘请在中华人民共和国境内依法设立的会计师事务所对其财务会计报告进行审计，并应当向其所在地的银行业监督管理机构报告；向银行业监督管理机构报送财务会计报告、报表和有关资料。[②] 对于外国银行分行而言，其营运资金的 30% 应当以国务院银行业监督管理机构指定的生息资产形式存在；营运资金与准备金等项相加之后的人民币份额与其人民币风险资产的比例不得低于 8%，国务院银行业监督管理机构可以要求风险较高、风险管理能力较弱的外国银行分行提高前款规定的比例；应当确保资产的流动性，流动性资产余额与流动性负债余额的比例不得低于 25%；境

① 《商业银行信息披露暂行办法》已在 2007 年被中国银监会发布的《商业银行信息披露办法》取代。

② 参见《外资银行管理条例》第 35 条，第 36 条，第 38 条，第 39 条，第 41 条，第 49 条，第 51 条，第 52 条。

内的本外币资产余额不得低于境内的本外币负债余额。在我国境内设立2家及2家以上分行的外国银行，应当授权其中1家分行对其他分行实施统一管理。①

相关事项报告制度。具体包括：(1)外国银行分行应当就以下事项向该分行或者管理行所在地的中国银监会派出机构报告：未分配利润与本年度纯损益之和为负数，且该负数的绝对值与贷款损失准备尚未提足部分之和超过营运资金30%的；对所有大客户的授信余额超过其营运资金8倍的；境外联行及附属机构往来的资产方余额超过境外联行及附属机构往来的负债方余额与营运资金之和的；中国银监会认定的其他情形。(2)外资银行营业性机构应当向所在地中国银监会派出机构及时报告的重大事项包括：财务状况和经营活动出现的重大问题；经营策略的重大调整；除不可抗力原因外，外资银行营业性机构在法定节假日以外的日期暂停营业2日以内，应当提前7日向所在地中国银监会派出机构书面报告；外商独资银行、中外合资银行的重要董事会决议；外国银行分行的总行、外商独资银行或者中外合资银行股东的章程、注册资本和注册地址的变更；外国银行分行的总行、外商独资银行或者中外合资银行股东的合并、分立等重组事项，以及董事长或者行长(首席执行官、总经理)的变更；外国银行分行的总行、外商独资银行或者中外合资银行股东的财务状况和经营活动出现的重大问题；外国银行分行的总行、外商独资银行或者中外合资银行股东发生重大案件；外国银行分行的总行、外商独资银行或者中外合资银行的外方股东所在国家或者地区以及其他海外分支机构所在国家或者地区金融监管当局对其实施的重大监管措施；外国银行分行的总行、外商独资银行或者中外合资银行外方股东所在国家或者地区金融监管法规和金融监管体系的重大变化；中国银监会要求报告的其他事项。(3)外国银行代表处应当及时向所在地中国银监会派出机构报告其所代表的外国银行发生的以下重大事项：章程、注册资本或者注册地址变更；外国银行的合并、分立等重组事项以及董事长或者行长(首席执行官、总经理)变更；财务状况或者经营活动出现重大问题；发生重大案件；所在国家或者地区金融监管当局对其实施的重大监管措施；其他对外国银行经营产生重大影响的事项。②

特别监管措施制度。国务院银行业监督管理机构根据外资银行营业性机构的风险状况，可以依法采取特别监管措施。这些措施包括：约见有关负责人

① 参见《外资银行管理条例》第44～48条。

② 参见《外资银行管理条例实施细则》第93条、第95条、第96条。

进行警诫谈话；责令限期就有关问题报送书面报告；对资金流出境外采取限制性措施；责令暂停部分业务或者暂停受理经营新业务的申请；责令出具保证书；对有关风险监管指标提出特别要求；要求保持一定比例的经中国银监会认可的资产；责令限期补充资本金或者营运资金；责令限期撤换董事或者高级管理人员；暂停受理增设机构的申请；对利润分配和利润汇出境外采取限制性措施；派驻特别监管人员，对日常经营管理进行监督指导；提高有关监管报表的报送频率；中国银监会采取的其他特别监管措施。①

2.外资银行并表监管

并表监管是指母国监管当局在合并资产负债表基础上，对银行或银行集团在全球范围内面临的所有风险予以监督控制，而不论其机构注册于何地的一种监管方法。并表监管是20世纪60年代银行业务国际化的迅速发展对银行监管提出的要求，它源于欧美等金融发达国家银行监管的法律实践。基于外资银行的特殊身份和风险控制需要，中国银监会在2004年制定《外资银行并表监管管理办法》，明确了外资银行并表监管的基本内容。银监会对设立营业性分支机构或附属机构的独资、合资银行，以及在华设立两家以上(含两家)营业性分支机构的外国银行，实行并表监管。通过并表方式，银监会可以全面监管在华注册外资法人机构的全球经营和风险状况，监管外国银行在华总体经营和风险状况，并关注该机构全球经营风险和市场表现。

(1)并表监管制度下的主报告行

主报告行是指独资、合资银行的总行，以及经外国银行总行或授权的地区管理部指定、向银监会派出机构备案的合并财务报表和综合信息上报机构。主报告行的职责包括：向并表监管局②报送或备案监管报表、重大事项说明、报告和其他监管资料，并对报送和备案内容的真实性、准确性和及时性负责；向并表监管局统一提交涉及多家境内分行的业务申请，并抄报相关属地监管局③；代表所属外资银行参加银监会召开的工作或研讨会议，并以该外资银行的名义提出意见和建议，参加会议的主报告行应及时向母行(总行)或地区管理部报告会议情况，并及时通报境内其他营业性分支机构。外资银行对中国相关监管法规的意见和建议应由主报告行汇总后统一向并表监管局提出，获得反馈意见后，主报告行应及时传达给境内其他营业性分支机构；报告母行

① 参见《外资银行管理条例实施细则》第94条。

② 并表监管局是指外资银行主报告行所在地银监会派出机构。

③ 属地监管局是指外资银行其他营业性分支机构所在地的银监会派出机构。

(总行)和母国(地区)经济金融方面的相关信息;负责外资银行境内营业性分支机构的信息披露工作;执行监管当局的其他要求。[①]

(2)并表监管制度下的非现场监管

中国银监会负责指导和监督派出机构对外资银行的非现场并表监管工作。并表监管局应监督主报告行按季上报境内机构合并财务报表。其中,独资、合资银行境外分支机构和附属机构的财务报表和集团合并财务报表按年度上报书面材料。并表监管局应监督主报告行及时备案下列事项:已公布的年报和境内营业性分支机构的会计年度信息披露;外部评级机构的评级结果;母行(总行)对外发布的重要新闻稿;涉嫌被调查事件的说明文件;母国(地区)监管当局的评价和重大监管措施;母国(地区)金融、经济政策的重大调整说明;《外资金融机构管理条例实施细则》规定的其他相关材料。并表监管局应收集外资银行业务管理制度,并与主报告行或地区管理部高级管理人员就外资银行区域管理模式、管理信息系统、风险及授权管理、合规管理、信贷管理和财务管理等风险管理内容进行沟通。此外,并表监管局应依据相关规定向银监会上报下列事项:外资银行备案的重大事项和各项管理制度;并表数据上报错误情况;并表考核指标违规及异常变动情况;并表监管意见。[②]

(3)并表监管制度下的现场检查

银监会负责组织、指导和协调外资银行并表现场检查,并表现场检查的组织方式分为两种:一是委托并表监管局和属地监管局派出检查组,根据检查计划分别实施并表现场检查;二是由银监会组织外资银行监管人员组成检查组,对并表机构实施并表现场检查。银监会每年根据风险监管情况和现场检查周期确定外资银行并表现场检查计划,并对检查形式、检查内容和检查重点提出指导性要求。在银监会组织的并表现场检查中,银监会将统一制定检查方案,检查组应按照检查手册和检查方案中的程序及要求实施现场检查,并在规定的时间内完成检查任务。结束现场部分的作业后,检查组应完成《检查事实与评价》和相应的CAMELs/ROCA评级,并就所涉及的事实与被检查机构高级管理人员进行最后确认。检查结束后,检查组应将《检查事实与评价》、CAMELs/ROCA评级结果和检查档案移交给所在地银监会派出机构。全部检查计划完成后,检查组应汇总并表现场检查报告,连同单家机构的《检查事实与评价》和评级情况一并上报银监会。并表现场检查的监管意见由银监会统一

① 参见《外资银行并表监管管理办法》第4条、第10条。

② 参见《外资银行并表监管管理办法》第12～14条、第17条、第18条。

协调，银监会将根据《检查事实与评价》提出建议，并反馈给相应的银监会派出机构。银监会派出机构负责并表现场检查的跟进和处理，并根据《检查事实与评价》和银监会的建议，向所在地并表机构出具现场检查意见书，要求其整改。对于违规行为，银监会派出机构也应根据有关规定依法予以处罚。最后，银监会派出机构应在并表现场检查结束后3个月对整改措施执行情况进行跟踪，或对所在地并表机构实施后续现场检查，并及时将整改情况上报银监会。①

(4)并表监管制度下的外部审计和三方会谈

符合并表监管条件的外资银行原则上应聘请同一会计师事务所，负责对其境内营业性分支机构和附属机构进行审计和并表审计。主报告行应在会计年度结束前一个月向并表监管局备案本会计年度聘请的外部审计师和审计组，同时抄报相应的属地监管局，如更换会计师事务所，主报告行还应提交书面说明。银监会派出机构如对外资银行聘请的外部审计师的审计质量持有负面意见，可以在收到备案书后14个工作日内建议外资银行更换审计组或会计师事务所。主报告行应在会计年度结束后五个月内将《并表审计报告》和《并表管理建议书》报并表监管局，属地监管局应在收到《并表审计报告》和《并表管理建议书》后30个工作日内，向并表监管局反馈有关外部审计质量的评价意见。并表监管局负责根据外资银行综合监管情况，提出并表三方会谈计划，并表三方会谈由银监会组织，参加方为银监会、并表监管局、属地监管局、外部审计师和主报告行。会谈结束后，并表监管局应完成并表三方会议纪要，并监督主报告行及时反馈整改意见的落实情况。②

3.外资银行的外债管理制度

我国境内外资银行的外债包括境外借款、境外同业拆入、境外同业存款、境外联行和附属机构往来(负债方)、非居民存款和其他形式的对外负债。为促进境内中、外资银行公平竞争，有效控制外债规模，防范外债风险，国家发改委、中国人民银行和中国银监会在2004年制定了《境内外资银行外债管理办法》，明确了外资银行外债管理的基本要求。

国家发改委、中国银监会和国家外汇管理局，根据国民经济和社会发展需要、国际收支状况和外债承受能力，以及境内外资银行的资产负债状况和运营资金需求等，合理确定境内外资银行的外债总量以及中长期和短期外债结构调控目标。境内外资银行借用外债，签约期限在1年期以上(不含1年期)的

① 参见《外资银行并表监管管理办法》第23～25条、第27～29条。

② 参见《外资银行并表监管管理办法》第31条、第32条、第34～36条。

中长期外债，由国家发改委按年度核定发生额；签约期限在1年期以下的短期外债，由国家外汇管理局核定余额。每年2月底之前，境内外资银行须分别向国家发改委或国家外汇管理局提出关于本年度中长期外债发生额或短期外债余额的申请。其中，外商独资银行、中外合资银行分别通过商业注册所在地的发改委或外汇局的分支机构，逐级向国家发改委或国家外汇管理局提出申请；外国银行分行由其在中国境内的主报告行直接向国家发改委或国家外汇管理局提出申请，没有主报告行的，应通过商业注册所在地的发改委或外汇局的分支机构，逐级向国家发改委或国家外汇管理局提出申请。国家发改委、国家外汇管理局根据境内外资银行的上年度外债借用情况、其境外总行或地区管理部批准的本年度对中国境内债务人的年度授信限额、境内贷款项目需求（中长期外债）及流动性需要（短期外债），分别核定境内外资银行本年度中长期外债发生额和短期外债余额。境内外资银行在本年度新借入的中长期外债不得超过国家发改委核定的额度；本年度内任一时点的短期外债余额不得超过外汇局核定的余额。外债总额确定后，境内外资银行可以根据业务需要，在年度内向国家发改委或国家外汇管理局申请进行一次调整，国家发改委或国家外汇管理局根据情况决定是否批准。①

4.外资银行衍生产品业务风险监管

根据中国银监会于2004年发布的《金融机构衍生产品交易业务管理暂行办法》（2011年修订）第3条的规定，衍生产品是一种金融合约，其价值取决于一种或多种基础资产或指数，合约的基本种类包括远期、期货、掉期（互换）和期权。衍生产品还包括具有远期、期货、掉期（互换）和期权中一种或多种特征的混合金融工具。显然，金融衍生产品的复杂性远远超过一般金融产品，因此，外资银行在开展金融衍生产品业务时也将面对更为复杂的风险。具体而言，这些风险包括信用风险、市场风险、流动性风险、操作风险和法律风险。信用风险是指交易对手不能履约而带来的损失，是外资银行从事衍生产品业务面临的主要风险之一，衍生产品业务的信用风险主要存在于场外衍生产品。市场风险是指由于市场因素（通常为利率、汇率、股票和商品价格等）导致衍生产品价格或价值变动而引起的风险。衍生产品业务流动性风险包括两类，一是市场流动性风险，二是资金流动性风险。市场流动性风险是指在市场不活跃或报价无规则情况下，银行因不能对所持有头寸及时平仓而遭受的损失；资金流动性风险是指如果以成交价支付资金，可能因为资金困难而蒙受巨大损

① 参见《境内外资银行外债管理办法》第4～6条、第8条、第9条。

失，引发资金流动性风险的主要因素是交易合约的提前终止。操作风险是指因不适当或失败的内部程序、人员或系统，或外部事件而导致的损失，它与人为错误、系统失效、不充分的程序和控制紧密相连，同时能在无意中引发其他风险，是由各分行直接承担的主要风险之一。法律风险则是指由于合约在法律范围内无效，合约内容不符合法律规定，或者由于税制、破产制度等法律方面的原因所造成的损失。

银监会在监管过程中，应该根据其在2005年发布的《外资银行衍生产品业务风险监管指引(试行)》第二章第二点的规定，采取有效措施，督促外资银行董事会和高级管理层发挥有效监督作用，规范衍生产品的业务运行。具体要求如下：

(1)监督外资银行董事会和/或高级管理层积极参与和有效监督衍生产品业务的风险管理。董事会的主要职责包括：审核、批准衍生产品政策框架，这一政策框架所确定的衍生产品业务发展战略和风险承受度应与本机构的经营战略、资本状况和管理能力相一致；明确新产品的定义和本机构经批准的衍生产品交易品种和经授权的交易活动；定期了解本机构衍生产品业务的风险敞口，定期审核、评估重要的风险管理政策，重点是衍生产品业务的风险承受度；督促高级管理层采取必要措施识别、计量、监测和控制衍生产品业务风险；积极促进和鼓励董事会和高级管理层之间、高级管理层和其他相关人员之间就衍生产品业务风险管理进行定期交流。

(2)监督高级管理层履行其相应职责。高级管理层主要职责包括：制定衍生产品业务的风险管理政策和程序，确保从事衍生产品业务的各分行具备相应的政策和程序；建立有效的内部控制体系，确保各分行遵守既定的政策和程序。

(3)监督外资银行在获得相应批准和授权的情况下从事衍生产品业务，要求其在新产品开发和业务发生重大变化时申请总行(地区总部)批准，并及时向当地银监局备案。从事与外汇、股票和商品有关的衍生产品交易以及场内衍生产品交易应遵守国家外汇管理及其他相关规定。

(4)监管机构应要求外资银行具备经董事会批准的对新产品的定义，建立严格的新产品内部评估和批准程序。新产品通常指衍生产品的附属资产发生变化从而导致风险也变化的产品，或者对同一产品而言，交易能力发生了变化，如交易商/活跃交易商。

(5)监督高级管理层至少每年对衍生产品业务的风险管理体系和操作程序进行一次综合评估。新产品推出频繁或系统发生重大变化时，应相应提高评估频率。同时,要求高级管理层定期与风险管理人员、交易人员和监管机构进行积极沟通,保证衍生产品业务的开展配备了充分的资源和称职的人员。

(6)监督外资银行风险管理的独立性。独立性主要指所有风险管理人员应完全独立于衍生产品业务人员,包括交易和销售人员,并向不直接涉及业务的管理层汇报。

(7)要求高级管理层具备对衍生产品业务进行并表管理的能力(对外国银行分行而言,并表范围指中国境内分行),提供并表风险信息,参与风险管理的人员必须完全了解所从事的衍生产品业务的所有风险。

(8)要求外资银行风险管理人员的薪酬设计独立于交易业务,并保证足以吸引合格的专业人士。同时,对交易人员的薪酬设计要避免与审慎风险管理原则相冲突,如避免与短期交易结果直接挂钩的巨额奖金。管理人员应尽量降低交易人员的奖金发放可能造成的负面影响,通常的审慎做法包括根据长期交易表现或风险调整后的交易结果来发放奖金等。

(9)监督外资银行制定衍生产品交易员守则,至少包括但不限于以下内容:交易员的资格认证;交易员的职责,包括交易授权和权限,头寸、风险敞口、损益管理职责等;对交易员的激励、奖惩和监督机制;强制休假制度和定期脱岗培训;交易员职业操守等。

(10)要求外资银行具备衍生产品销售守则、产品开发和销售控制程序,内容至少包括客户甄别(客户性质和金融知识复杂程度)、客户适合度分析、对交易对手必要的尽职调查、对销售人员的专业知识和职业道德的要求,以确保衍生产品尤其是复杂产品和面向零售客户的产品销售有组织、可控制,且符合公认的职业道德要求,避免错误销售,同时有效防范法律与声誉风险。

此外,银监会还应发挥现场检查、非现场监测和监管信息报告制度的积极作用,加强对外资银行开展金融衍生产品业务的监管,促进外资银行健康发展。

5.外资银行代客境外理财业务和托管业务监管

为了全面贯彻中国人民银行、中国银监会、国家外汇管理局在2006年联合制定的《商业银行开办代客境外理财业务管理暂行办法》的有关规定,同时也为了更好地规范代客境外理财业务、促使外资银行稳健经营和保护投资者的合法权益,中国银监会于2006年发布了《关于外资银行代客境外理财业务和托管业务市场准入事项的通知》,对外资银行开展相关业务的程序性要求和准入条件作出了明确规定。

(1)程序性要求

外资银行开办代客境外理财业务和代客境外理财托管业务的申请，由所在地银监会派出机构受理和初审，银监会审查和决定。申请开办代客境外理财业务和代客境外理财托管业务的外资银行，由其主报告行或总行向所在地银监会派出机构提交申请材料。所在地的银监会派出机构应自受理之日起20日内将初审意见及申请材料报银监会，同时将初审意见抄报上一级银监会派出机构。银监会应自收到完整申请材料之日起3个月内，作出批准或不批准的决定。①

(2)准入条件

外资银行开办代客境外理财业务，必须满足《商业银行开办代客境外理财业务管理暂行办法》第9条规定的条件，具体包括：应当是外汇指定银行；建立健全了有效的市场风险管理体系；内部控制制度比较完善；具有境外投资管理的能力和经验；理财业务活动在申请前一年内没有受到中国银监会的处罚；中国银监会要求的其他审慎条件。而外资银行开办代客境外理财托管业务，则必须具备下列条件：有专门负责托管业务的部门；有足够熟悉托管业务的专职人员；具备安全保管托管资产的条件；具备安全、高效的清算、交割能力；没有重大违法违规记录；中国银监会规定的其他审慎性条件。

6.外资银行的终止与清算

外资银行的终止与清算除了要遵守我国《公司法》和《破产法》的一般性规定之外，还应符合《外资银行管理条例》和《外资银行管理条例实施细则》的有关要求，而条例及其实施细则中关于外资银行终止和清算的规定主要包括：

(1)外资银行的终止

根据《外资银行管理条例实施细则》第110条的规定，外资银行自行终止的情形有：外商独资银行、中外合资银行章程规定的营业期限届满或者章程规定的其他解散事由出现的；外商独资银行、中外合资银行股东会或者董事会决定解散的；外商独资银行、中外合资银行因合并或者分立需要解散的；外国银行、外商独资银行、中外合资银行关闭在中国境内分行的。外国银行、外商独资银行或者中外合资银行可以依法申请关闭在中国境内的分行。外国银行代表处自行终止活动的，应当经国务院银行业监督管理机构批准予以关闭，并在法定期限内向原登记机关办理注销登记。此外，如果外商独资银行、中外合资银行有违法违规经营、经营管理不善等情形，不予撤销将严重危害金融秩序、损害社会公众利益的，由中国银监会按照国务院于2001年颁布的《金融机构

① 参见《关于外资银行代客境外理财业务和托管业务市场准入事项的通知》第一点。

撤销条例》的规定予以撤销。

(2)外资银行的清算

中国银监会批准外商独资银行、中外合资银行自行解散或者外国银行、外商独资银行、中外合资银行关闭在中国境内分行的，自批准决定生效之日起，被批准自行解散、关闭的机构应当立即停止经营活动，交回金融许可证，并在15日内成立清算组。清算组成员包括行长(总经理)、会计主管、中国注册会计师以及中国银监会指定的其他人员，外商独资银行、中外合资银行的清算组成员还应当包括股东代表和董事长。清算组成员应当报经所在地中国银监会派出机构同意。清算组应当自成立之日起30日内聘请在中国境内依法设立的合格的会计师事务所进行审计，自聘请之日起60日内向所在地中国银监会派出机构报送审计报告。被解散或者关闭的外资银行营业性机构及其分支机构所在地的中国银监会派出机构负责监督解散与清算过程，并将重大事项和清算结果逐级报至中国银监会。[①]

清算组应当在每月10号前向所在地中国银监会派出机构报送有关债务清偿、资产处置、贷款清收、销户等情况的报告。被清算机构的全部债务清偿完毕后，清算组申请提取生息资产，应当向所在地中国银监会派出机构报送清算组组长签署的申请书、清算情况报告和中国银监会要求的其他资料，由所在地中国银监会派出机构进行审批。清算工作结束后，清算组应当制作清算报告，报送所在地中国银监会派出机构确认，并报送工商行政管理机关申请注销工商登记，在中国银监会指定的全国性报纸和所在地中国银监会派出机构指定的地方性报纸上公告。清算组应当在公告日3日前将公告内容书面报至所在地中国银监会派出机构。[②]

外商独资银行、中外合资银行因解散而清算，清算组在清理财产、编制资产负债表和财产清单后，发现外商独资银行、中外合资银行财产不足清偿债务的，经中国银监会同意，应当立即向人民法院申请宣告破产。外商独资银行、中外合资银行经人民法院裁定宣告破产后，清算组应当将清算事务移交给人民法院。外国银行将其在中国境内的分行改制为由其总行单独出资的外商独资银行的，原外国银行分行应当在外商独资银行开业后交回金融许可证，并依法向工商行政管理机关办理注销登记。经批准关闭的代表处应当在依法办理注销登记手续后15日内，在中国银监会指定的全国性报纸及所在地中国银监

① 参见《外资银行管理条例实施细则》第113条、第114条、第117条、第118条。

② 参见《外资银行管理条例实施细则》第121～123条。

会派出机构指定的地方性报纸上公告，并将公告内容报送所在地中国银监会派出机构。①

近年来，特别是在中国银监会成立之后，我国对于外资银行的监管能力得到了极大的提高，这有力地促进了外资银行的健康发展和整个银行业的稳健经营。然而从当前的外资银行监管实践看，我国在准确把握外资银行风险特殊性、深刻认识外资银行监管的特殊性、审慎防范外资银行风险和培养高素质监管队伍等方面，还存在不足。如何尽快弥补这些不足，已然成为我国银行业监管者亟须解决的问题。

第三节 中资商业银行涉外法律制度

一、中资商业银行涉外经营活动的主要法律制度

中资商业银行包括国有商业银行、股份制商业银行、城市商业银行和城市信用社股份有限公司等。中资商业银行境外机构则指中资商业银行境外分行、全资附属或控股金融机构、代表机构。《中华人民共和国银行业监督管理法》，中国银监会先后制定的《中资商业银行行政许可事项实施办法》(2006年)、《商业银行合规风险管理指引》(2006 年)、《商业银行流动性风险管理指引》(2009 年)等构成了我国目前规范中资商业银行涉外经营活动的主要法律文件。

(一)准入条件与申请程序

1.准入条件

《中资商业银行行政许可事项实施办法》第 60 条规定，中资商业银行申请设立、参股、收购境外机构，申请人应当符合以下条件：资本充足率不低于8%；权益性投资余额原则上不超过其净资产的 50%(合并会计报表口径)；最近 3 个会计年度连续盈利；申请前 1 年年末资产余额达到 1000 亿元人民币以上；有合法足额的外汇资金来源；公司治理良好，内部控制健全有效；主要审慎监管指标符合监管要求；银监会规定的其他审慎性条件。

2.申请程序

《中资商业银行行政许可事项实施办法》第 61 条规定，国有商业银行和股

① 参见《外资银行管理条例实施细则》第 128 条、第 130 条、第 132 条。

份制商业银行申请设立境外机构的由银监会受理、审查并决定。银监会自受理申请之日起6个月内作出批准或不批准的书面决定。城市商业银行申请设立境外机构的由所在地银监局受理并初步审查,银监会审查并决定。银监会自收到完整申请材料之日起6个月内作出批准或不批准的书面决定。

(二)任职资格管理

申请中资商业银行各类高级管理人员任职资格,拟任人应当了解拟任职务的职责,熟悉拟任职机构的管理框架、盈利模式,熟知拟任职机构的内控制度,具备与拟任职务相适应的风险管理能力。从任职资格管理的角度看,中资商业银行境外机构的高级管理人员不仅要符合《商业银行法》和《银行业监督管理法》等法律法规的一般性要求,而且要符合《中资商业银行行政许可事项实施办法》等规章规定的特别要求。具体包括:①拟任中资商业银行境外机构董事长、副董事长的,应具备本科以上学历,从事金融工作6年以上,或从事相关经济工作10年以上,能较熟练地运用1门与所任职务相适应的外语。②拟任中资商业银行境外机构行长(总经理)、副行长(副总经理)的,应具备本科以上学历,从事金融工作6年以上,或从事相关经济工作10年以上(其中从事金融工作3年以上),且能较熟练地运用1门与所任职务相适应的外语。[①]

此外,《中资商业银行行政许可事项实施办法》第135条规定了国有商业银行、股份制商业银行境外机构董事和高级管理人员的任职资格申请程序,即由法人机构向银监会提交申请,银监会受理、审查并决定,银监会自受理之日起30日内作出核准或不予核准的书面决定。城市商业银行境外机构高级管理人员的任职资格申请,由法人机构向其所在地银监局提交,银监局受理并初步审查,银监会审查并决定。银监会自收到完整申请材料之日起30日内作出核准或不予核准的书面决定。

(三)境外机构变更

中资商业银行境外机构升格、变更营运资金或注册资本、重大投资事项、变更股权、分立、合并以及银监会规定的其他事项,须经银监会许可。中资商业银行境外机构变更事项应由中资商业银行总行向银监会提出申请,由银监会受理、审查并决定,银监会自受理之日起3个月内作出批准或不批准的书面决定。[②]

---

① 参见《中资商业银行行政许可事项实施办法》第125条、第127条。

② 参见《中资商业银行行政许可事项实施办法》第82条、第83条。

(四)境外机构终止

中资商业银行境外分支机构终止营业的(被依法撤销的除外),应当提出终止营业申请。中资商业银行境外机构的终止营业申请,由银监会受理、审查并决定,银监会自受理之日起3个月内作出批准或不批准的书面决定。[①]

二、境外机构的监管

根据我国《银行业监督管理法》第2条第4款的规定,中国银监会负责中资商业银行境外机构活动的监管。从中资商业银行的境外实践活动看,银监会应该重点关注其合规风险和流动性风险。

(一)合规风险监管

根据《商业银行合规风险管理指引》第3条和第4条的规定:合规是指使商业银行的经营活动与法律、规则和准则相一致;合规风险则是指商业银行因没有遵循法律、规则和准则,可能遭受法律制裁、监管处罚、重大财务损失和声誉损失的风险。合规管理是商业银行一项核心的风险管理活动,商业银行应综合考虑合规风险与信用风险、市场风险、操作风险和其他风险的关联性,确保各项风险管理政策和程序的一致性。商业银行合规风险管理的目标是通过建立健全合规风险管理框架,实现对合规风险的有效识别和管理,促进全面风险管理体系建设,确保依法合规经营。

《商业银行合规风险管理指引》第29条明确规定,银监会应根据商业银行的合规记录及合规风险管理评价报告,确定合规风险现场检查的频率、范围和深度。检查的主要内容包括:商业银行合规风险管理体系的适当性和有效性;商业银行董事会和高级管理层在合规风险管理中的作用;商业银行绩效考核制度、问责制度和诚信举报制度的适当性和有效性;商业银行合规管理职能的适当性和有效性。商业银行应及时将合规政策、合规管理程序和合规指南等内部制度向银监会备案,境外分支机构或附属机构应加强合规管理职能,合规管理职能的组织结构应符合当地的法律和监管要求。

(二)流动性风险监管

从历次国际金融危机来看,流动性不足往往是造成银行崩溃的重要原因,因此,银行业监管者必须加强对商业银行流动性的监管。中国银监会于2009年发布的《商业银行流动性风险管理指引》是商业银行流动性风险管理的重要法律文件,该指引第4条规定,流动性风险管理是识别、计量、监测和控制流动

① 参见《中资商业银行行政许可事项实施办法》第88条、第89条。

性风险的全过程。商业银行应当坚持审慎性原则，充分识别、有效计量、持续监测和适当控制银行整体及在各产品、各业务条线、各业务环节、各层机构中的流动性风险，确保商业银行无论是在正常经营环境中还是在压力状态下，都有充足的资金应对资产的增长和到期债务的支付。商业银行应该确保其流动性风险管理策略、政策和程序涵盖银行的表内外各项业务，以及境内外所有可能对其流动性风险产生重大影响的业务部门、分支机构和附属公司，并考虑正常情况和压力状况下的流动性风险管理要求。

中国银监会应该综合运用多种监管手段，督促商业银行建立健全流动性风险管理体系，有效识别、计量、监测和控制流动性风险，维持充足的流动性水平以满足各种资金需求和应对不利的市场状况。当发现商业银行的流动性风险管理体系存在缺陷或出现流动性风险时，银监会有权及时采取措施，最大限度地降低流动性风险对被监管机构的影响，维护银行体系的安全、稳健运行，保护存款人利益。银监会在并表基础上对商业银行的整体流动性风险进行考核。商业银行在境外设立的分支机构、子公司应满足东道国监管当局对流动性风险管理的要求。银监会将根据我国和东道国法律环境、监管要求及货币管制政策等因素，决定是否对境外分支机构、子公司的流动性进行单独考核。①

影响单个机构或整个市场的流动性事件发生时，银监会作为母国和东道国监管者，应加强与境内相关职能部门及境外监管部门的沟通联系，充分了解商业银行境外分行或子行流动性状况对境内总行或母行流动性风险的影响以及境外总行或母行流动性状况对境内分行或子行流动性风险的影响。流动性事件包括但不限于：银行财务状况明显恶化；银行通过市场融资或吸收存款获取资金的途径即将丧失；银行或监管部门将进行影响较大的信息披露；银行信用评级被显著调低；银行资产负债表突然出现系统性的杠杆化或去杠杆化；监管部门决定对资产或抵押物在法人间的转移或跨境转移进行或放松限制；出现严重的市场紊乱，对央行或支付清算系统造成明显冲击。②

(三)跨境监管合作

对中资商业银行境外活动的有效监管，也离不开中国银监会同东道国监管当局之间的紧密合作。中国银监会应该参考巴塞尔银行监管委员会发布的有关跨境银行监管的要求，与东道国监管当局在划分监管责任的基础上加强

① 参见《商业银行流动性风险管理指引》第5条、第68条。

② 参见《商业银行流动性风险管理指引》第83条。

合作,交流监管信息,确保商业银行境外机构得到充分的监管。在平等协商的基础上,银监会可以通过与东道国监管当局签订双边监管备忘录的方式,明确双方的权利、义务和具体合作的内容,定期交流监管信息。银监会与东道国监管当局未签订双边监管备忘录的,可通过互访或信函,了解商业银行境外机构的经营和风险情况,主要内容包括:资产质量;盈亏状况;内部控制状况;管理层的管理能力;计算机操作系统的可靠性;东道国监管当局采取的监管措施。在东道国监管当局发现商业银行境外机构存在严重问题时,银监会可与对方沟通和协商,并采取积极有效的监管措施。

事实上,中资商业银行境外机构的经营成败不仅关涉海外业务本身,而且也往往会对整个中资商业银行产生重大影响,因而,必须加强对境外机构的监管,以确保中资商业银行的整体稳健性。目前,困扰我国中资商业银行海外机构监管的难题主要包括:第一,法律规范不健全,且系统性较差。例如,银监会在废止《商业银行境外机构监管指引》之后,并没有制定专门的法律文件加以替代,相关规范只是散见于不同法律之中,影响了规范的实施效果。第二,中资商业银行及其海外分支机构的并表监管效果不理想。第三,在督促中资商业银行加强其海外分支机构内部监管方面,力度不够且手段不足。第四,中国银监会与东道国监管当局之间的交流与合作水平还有待进一步提高。

复习思考题

1. 简述外资银行在我国的发展状况以及存在的法律问题。
2. 简述外资银行的设立条件以及业务范围。
3. 简述中资银行涉外经营机构的监管。

参考文献

[1] 朱崇实主编:《金融法教程》,法律出版社2011年第3版。

[2] 曹龙骐主编:《金融学》,高等教育出版社2006年第2版。

[3] 朱大旗著:《金融法》,中国人民大学出版社2007年第2版。

[4] 陈晓著:《中央银行法律制度研究》,法律出版社1997年版。

[5] 韩龙主编:《金融法》,清华大学出版社、北京交通大学出版社2008年版。

[6] 黄名述、汪世虎著:《中国票据法论》,西南师范大学出版社1997年版。

[7] 李昌麒主编:《经济法学》,法律出版社2008年第2版。

[8] 李怀珍主编:《有效银行监管方式研究与实践》,中国金融出版社2007年版。

[9] 李婧著:《中国近代银行法研究(1897—1949)——以组织法律制度为视角》,北京大学出版社2010年版。

[10] 李力著:《宏观调控法律制度研究》,南京师范大学出版社2001年版。

[11] 黎四奇著:《金融企业集团法律监管研究》,武汉大学出版社2005年版。

[12] 黎四奇著:《金融监管法律问题研究——以银行法为中心的分析》,法律出版社2007年版。

[13] 刘明康主编:《中国银行业改革开放30年》,中国金融出版社2009年版。

[14] 刘平著:《中国近代银行监管制度研究(1897—1949)》,复旦大学出版社2008年版。

[15] 刘晓勇著:《银行监管有效性研究》,社会科学文献出版社2007年版。

[16] [美]艾伦·加特著:《管制、放松与重新管制》,陈雨露、王智洁、蔡玲

译，经济科学出版社 1999 年版。

[17] [美]大卫·G. 梅斯等著：《改进银行监管》，方文等译，中国人民大学出版社 2006 年版。

[18] [美]萨缪尔森、诺德豪斯著：《经济学》，萧琛等译，人民邮电出版社 2008 年版。

[19] 倪振峰等：《银行法学》，复旦大学出版社 2010 年版。

[20] 齐爱民、刘娟等著：《网络金融法原理与国际规则》，武汉大学出版社 2004 年版。

[21] 漆多俊主编：《经济法学》，复旦大学出版社 2010 年版。

[22] 漆多俊著：《经济法基础理论》，法律出版社 2008 年第 4 版。

[23] 漆多俊主编：《经济法学》，武汉大学出版社 2004 年版。

[24] [日]金泽良雄著：《经济法概论》，满达人译，中国法制出版社 1999 年版。

[25] 上海市国有资产监督管理委员会编：《并购与重组》，上海财经大学出版社 2006 年版。

[26] 孙应征主编：《票据法理论与实务解析》，人民法院出版社 2004 年版。

[27] 唐波主编：《新编金融法学》，北京大学出版社 2005 年版。

[28] 陶广峰主编：《金融法》，中国人民大学出版社 2009 年版。

[29] 王广谦主编：《中央银行学》，高等教育出版社 2006 年版。

[30] 王文宇、林育廷著：《票据法与支付工具规范》，台湾元照出版公司 2008 年版。

[31] 王卫国主编：《银行法学》，法律出版社、法律出版社 2011 年版。

[32] 汪鑫主编：《金融法学》，中国政法大学出版社 2011 年第 4 版。

[33] 王煜宇著：《金融法学》，武汉大学出版社 2010 年版。

[34] 王志诚著：《票据法》，台湾元照出版公司 2010 年第 4 版。

[35] 谢怀栻著：《票据法》，法律出版社 1990 年版。

[36] 杨松等著：《银行法律制度改革与完善研究》，北京大学出版社 2011 年版。

[37] 姚立新著：《电子商务下的金融创新与运作》，中国财政经济出版社 2000 年版。

[38] [英]霍华德·戴维斯、大卫·格林著：《全球金融监管》，中国银行业监督管理委员会国际部译，中国金融出版社 2009 年版。

[39] 曾筱清著:《金融全球化与金融监管立法研究》,北京大学出版社2005年版。

[40] 张楚主编:《电子商务法初论》,中国政法大学出版社2000年版。

[41] 张文显著:《法理学》,高等教育出版社2007年第3版。

[42] 张忠军著:《金融监管论——以银行法为中心的研究》,法律出版社1998年版。

[43] 赵万一主编:《商法学》,法律出版社2001年版。

[44] 郑玉波著:《票据法》,台湾三民书局1977年版。

[45] 中国注册会计师协会编:《经济法》,中国财政经济出版社2012年版。

[46] 财政部会计资格评价中心编:《经济法基础》,经济科学出版社2012年版。

图书在版编目(CIP)数据

银行法学／刘志云主编．—厦门：厦门大学出版社，2013.7
(厦门大学法学院经济法学系列)
ISBN 978-7-5615-4609-3

Ⅰ．①银… Ⅱ．①刘… Ⅲ．①银行法—法的理论 Ⅳ．①D912.280.1

中国版本图书馆 CIP 数据核字(2013)第 075547 号

厦门大学出版社出版发行
(地址：厦门市软件园二期望海路 39 号 邮编：361008)
http://www.xmupress.com
xmup @ xmupress.com
南平市武夷美彩印中心印刷
2013 年 7 月第 1 版 2013 年 7 月第 1 次印刷
开本：720×970 1/16 印张：28.5 插页：2
字数：496 千字 印数：1～3000 册
定价：42.00 元